三十六计

四

图文版

原著◎南朝宋·檀道济
主编◎赖咏

中国书店

目 录

第四编 《三十六计》智谋经典

第四章 混战计智谋经典

第二十二计 关门捉贼 …………（1137）
有骄狂心，无防身计 …………（1137）
不敢行险，自投罗网 …………（1138）
预防他计，得施己计 …………（1139）
围城打援，破窦降王 …………（1140）
关门捉贼，重占长安 …………（1142）
设伏聚歼，大败陈友谅 ………（1143）
丘福冒进，兵败身亡 …………（1146）
围敌困城，收复台湾 …………（1148）
三河之战，大败清军 …………（1149）
请君入瓮，诱杀杜立三 ………（1152）
断绝后路，计整黎元洪 ………（1155）
狂妄日军，受挫平型关 ………（1159）
诱敌深入，巧歼王牌 …………（1161）
以快制快，拦腰斩蛇 …………（1163）
诱敌入瓮，重振雄威 …………（1165）
置之死地，决战求生 …………（1168）
全面封锁，重点打击 …………（1173）
逆境奋进，重振雄风 …………（1177）
柯达公司，占日市场 …………（1181）
巧做广告，创造奇迹 …………（1183）
"关门捉贼"，搜挖人贩 ………（1186）
第二十三计 远交近攻 …………（1189）
伐交伐谋，城濮大战 …………（1189）
伐交攻心，孙膑平叛 …………（1193）
远交近攻，统一六国 …………（1196）
恩威并施，收服南越 …………（1202）
隆中妙对，联吴抗曹 …………（1203）
远交近攻，针锋相对 …………（1205）
为计不周，中计中计 …………（1207）
分化瓦解，各个击破 …………（1209）
联金灭辽，宋反失国 …………（1211）
三人斗法，蒋胜冯、阎 ………（1213）
又打又拉，创造奇迹 …………（1217）
远交近伐，攻占波兰 …………（1219）
德国行诈，缓解危机 …………（1221）
苏日订约，转嫁危机 …………（1223）
借力美国，抑制英苏 …………（1225）
施放烟幕，偷袭珍珠港 ………（1226）
远交近攻，通用复兴 …………（1229）
远交近攻，开拓市场 …………（1232）
放弃小利，结交客户 …………（1235）
针对市场，制定战略 …………（1237）
第二十四计 假道伐虢 …………（1239）
伐虢为名，巧取虞国 …………（1239）
巧言善辩，避开祸端 …………（1241）
深谋远虑，居奇得相 …………（1242）
深谋远虑，消灭强敌 …………（1244）
欲行其计，须防强手 …………（1246）
虎牢之战，大破窦军 …………（1248）
假道荆南，平叛灭藩 …………（1252）
以隐求仕，假道伐虢 …………（1254）
借鸡下蛋，"借"中求伸 ………（1258）
老蒋下野，孙科倒台 …………（1260）
苏联施计，占领波兰 …………（1261）
以假示真，入侵挪威 …………（1265）
假意借道，真意侵捷 …………（1267）
寻找机会，借鸡下蛋 …………（1269）
内安外援，伊黛发展 …………（1272）

借钱赚钱,两步进行 …………（1275）
武田制药,打假有方 …………（1277）
永不满足,开拓进取 …………（1278）
第五章 并战计智谋经典 ……（1280）
第二十五计 偷梁换柱…………（1280）
庄公设计,兼并三军 …………（1280）
智伯骄愚,三家灭之 …………（1281）
以假乱真,蒙混过关 …………（1283）
巧释异兆,计骗董卓 …………（1284）
抽其劲旅,大败敌方 …………（1286）
宋江改名,梁山易帜 …………（1287）
篡改诏书,雍正继位 …………（1289）
巧借“幽灵”,丹东破敌 …………（1291）
一具尸体,掩护千军 …………（1293）
一颗螺丝,击落U—2 …………（1297）
偷梁换柱,巨款购铀 …………（1298）
苏军使计,突占喀布尔 …………（1299）
把握心理,诱人消费 …………（1305）
白手起家,求美塑美 …………（1307）
不懈奋斗,后来居上 …………（1315）
第二十六计 指桑骂槐…………（1325）
立威慑众,齐国称霸 …………（1325）
齐楚相争,问鼎中原 …………（1328）
赵奢收税,不避权贵 …………（1329）
优孟装扮,巧计行谏 …………（1331）
善于讽谏,晏子计高 …………（1332）
旁敲侧击,范睢谏王 …………（1334）
顺水推舟,杜绝恶俗 …………（1336）
杀鸡儆猴,秦先灭韩 …………（1338）
李广智勇,计败匈奴 …………（1340）
班超出使,力服鄯善 …………（1342）
令行禁止,曹操除恶 …………（1343）
刚正威严,巧治苏州 …………（1346）
大岗法官,巧计救人 …………（1347）
创造机会,打造总裁 …………（1350）
三菱公司,指桑骂槐 …………（1361）
第二十七计 假痴不癫…………（1362）
装疯卖傻,箕子避祸 …………（1362）
石碏定计,大义灭亲 …………（1364）
佯作疯癫,孙膑脱险 …………（1368）
卧薪尝胆,吴越争霸 …………（1370）
忍辱胯下,终成大事 …………（1373）
苏武牧羊,执节终归 …………（1375）
以屈求伸,终遂大愿 …………（1378）
曹操痴愚,以计取胜 …………（1380）
司马装痴,除敌夺权 …………（1382）
朱棣装病,起兵“靖难” …………（1383）
明扬暗抑,惩治衙内 …………（1385）
假象惑敌,战胜法军 …………（1386）
假装失态,蒙骗沙皇 …………（1390）
“愚蠢”福特,巧发大财 …………（1392）
假痴不癫,成功阶梯 …………（1395）
第二十八计 上屋抽梯…………（1399）
先击弱敌,逐个击破 …………（1399）
“登高去梯”,计迫楚服 …………（1400）
赵高弄权,李斯受骗 …………（1407）
巧计退兵,诱杀张郃 …………（1411）
乾隆弄权,压制贤臣 …………（1413）
上屋抽梯,智破疑案 …………（1415）
假之以便,唆之使前 …………（1417）
第二十九计 树上开花…………（1420）
张仪设计,诓骗楚王 …………（1420）
骊姬设计,谋害太子 …………（1421）
奉献娇妹,“移花”夺权 …………（1425）
田单布局,复国建勋 …………（1428）
张良妙计,太子登基 …………（1431）
因局布势,借阉除阉 …………（1434）
奇袭智取,破敌占城 …………（1435）
虚构军队,迷惑敌人 …………（1436）
漂亮女郎,巧窃机密 …………（1439）
借力打力,为难政敌 …………（1442）
金钱开道,一本万利 …………（1443）
心理战术,瓦解敌军 …………（1445）
树上开花,摩根成功 …………（1446）
信义感召,创造奇迹 …………（1471）
巧借亚运,老窖飘香 …………（1472）
善用机会,借题发挥 …………（1474）
酒赠总统,借机扬名 …………（1476）
第三十计 反客为主…………（1478）
田氏乘隙,巧代齐政 …………（1478）

临难不避，班超杀使 …………（1480）
王莽沽誉，代汉建新 …………（1481）
张华推棋，酌情进谏 …………（1483）
石勒卑辞，欺骗王浚 …………（1485）
培植羽翼，大获全胜 …………（1488）
崇祯伺机，清除阉党 …………（1490）
善抓战机，决胜莱芜 …………（1492）
半明半暗，解放海南 …………（1497）
用敌之计，战胜强敌 …………（1500）
南北会战葛提斯堡 ……………（1503）
以少对多，大胜敌军 …………（1508）
先发制人，夺制空权 …………（1509）
全面空袭，地面决胜 …………（1510）
不避风险，选点投资 …………（1512）
改换包装，展示销售 …………（1516）

22计 关门捉贼

有骄狂心，无防身计

东汉外戚擅权，例子不仅只有窦氏。桓帝时期，外戚梁冀秉政，权与君侔，朝野侧目。梁冀一门，前后有七人封侯，三人立为皇后，六人册为贵人，二人拜大将军，夫人女儿称君食邑者七人，驸马三人，其余为九卿、中郎将、河南尹、京兆尹、校尉者五十七人。梁冀独揽大权，把宫禁侍卫都换上了自己的亲信，宫内一切动静，梁冀了如指掌。四方贡献，珍奇之物，其上品先入梁府。官吏赏罚黜陟，由其一言，门庭若市，贿赂公行。许多人因为触怒梁冀，被其杀害。汝南人袁著，十九岁时入京，向梁冀建议及时退身，以求自全，袁著本自善意，却不料梁冀不仅听不进去，反而派人捉拿袁著。袁著无奈，假装病死，扎了一个草人，放在棺木中埋葬，然后改名换姓，四处逃亡。但梁冀鹰犬遍及国中。不久，袁著被人捉住，梁冀下令，乱棍打死。

梁冀秉政日久，威行内处，天子形同虚设，大政方针，日常公务，一概不得插手。梁冀自以为宫禁内外，皆由亲信控制，风吹草动，无所不知。既然一切握于掌中，便可高枕无忧。于是恣行暴虐，日益骄狂。殊不知指掌之内，未必一切了然，其中巨细，时有变化。处于宫禁朝廷之间，如入危境，稍有不慎，马上招来祸端。何况梁冀权高逼主，势必遭忌，竟然傲视一切，自以为得计，岂有不败之理？

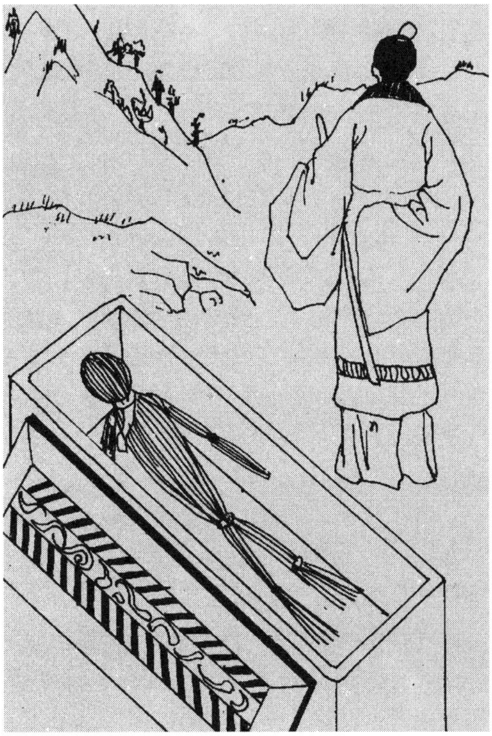

梁冀所为，早已引起桓帝的怨恨。后来，梁冀认邓贵人为女儿，刺杀其姐夫，又欲杀其生母。桓帝闻讯大怒，决计诛杀梁冀。他借上厕所之机，向宦官唐衡询问有没有什么可靠的人，可为诛杀梁冀之助。唐衡推荐中常侍单超、小黄门史左悺、中常侍徐璜、黄门令具瑗四人。于是桓帝便召单超等人入内室，对他们说：“梁将军兄弟专擅朝政，迫胁内外，公卿以下，莫不承其颜色行事。今朕欲诛之，你们看怎么样？”宦官对外戚擅权，自然心中不满，但梁冀势力太盛，单超等人不了解桓帝的底细，不敢贸然表态，便问："梁冀诚为国之奸贼，早该加以诛戮。但臣等懦弱庸愚，不知陛下究竟意下如何？"桓帝说："这还不明白吗？请你暗中设法诛之。"单超又说："诛之不难，只恐陛下腹中狐疑。"桓帝说："奸臣危国，罪固当诛，有什么可狐疑的！"桓帝与单超等人定计，噬单超之臂出血，以为盟誓。定盟决计之后，单超对桓帝说："陛下既已决计，勿与人言，恐事机汇漏，为人所疑。"桓帝允诺。

单超等人与桓帝往来密切，逐渐也引起了梁冀的注意。公元 159 年 8 月，梁冀派中黄门张恽入禁中值宿，以防不测。桓帝闻讯，立即行动。黄门令具瑗派人捉住张恽，责以"擅入禁中，欲图不轨"之罪。桓帝驾临前殿，召诸尚书入朝，宣布梁冀罪状，命尚书令尹勋等群臣持兵器守卫各部门，命具瑗率禁宫守卫千余人包围了梁冀的府第，收回梁冀的大将军印绶，改封为比景都乡侯。梁冀见势不妙，与夫人一起自杀。梁氏宗族亲戚不分老幼，一律以弃市论，牵连公卿、列校、刺史、二千石不计其数，被诛杀者数十人。

梁冀架空桓帝，实际上已经形成了对桓帝的围困之势。但是，其门未关，桓帝并未成为瓮中之鳖，而梁冀竟然高枕安卧，不图久远之计。及闻桓帝举动异常，仅派张恽入值，观其形势，不能果断行事。其门欲关不关，不仅打草惊蛇，而且授人以柄。由此观之，梁冀之败，不仅在于疏忽而已。

不敢行险，自投罗网

关门捉贼，要在关门。但关门二字，切不可作教条式的理解。政治斗争就好像下围棋，你中有我，我中有你，互设疑阵，互相围困。生活中，人们常说："退一步乾坤大，饶一着万虑休。"但是，在政治漩涡之中，往往是一步错，步步错，全盘皆输，一败涂地。关键时刻，敢走险棋，当然会有胜负未卜之虞，但收局认输，死路一条，却是一件更划不来的事情。因此，高屋建瓴，立于不败之地，固为上策；拼死一搏，鱼死网破，亦不失为大丈夫风范。棋盘上的棋子是死的，人却是活的。善于在你我混杂、胜负未卜之际孤注一掷，才有可能走出真正的活棋。

曹魏正始年间，曹爽与司马懿结怨。曹爽为人骄奢无度，自以为天下无敌，经常作长夜之饮，或外出游玩，流连忘返。谋臣桓范曾劝曹爽说："大将军总揽万机，典掌禁兵，不宜经常出游，一旦有人关闭城门，如何是好？"曹爽不听，我行我素。这一时期中，司马懿表面上步步忍让，可忍亦忍，不可忍亦忍，但在暗中，朝廷有名望的元老重臣，已经基本上被他拉拢过去。为了使曹爽不生疑心，司马懿装作老病不堪的样子，甚至喝粥都要由人喂，弄得满脸满襟，狼狈不堪。说起话来，上气不接下气，前言不搭后语，似乎奄奄一息，朝不保夕。

曹爽放松了警惕，继续宴饮游乐，司马懿加紧准备，迅速行动。公元 249 年春正月，魏帝谒高平陵，曹爽与其弟中领军曹羲、武卫将军曹训、散骑常侍曹彦随行。司马懿在洛阳城内以皇太后的名义，传令关闭城门，勒兵占据武库，派兵阻断洛水浮桥，以司徒高柔假节行大将军事，控制曹爽军营；太仆王观行中领军事，控制曹羲军营。部署已定，派人去见魏帝，奏称："大将军曹爽背弃顾命，败乱国典，内则僭拟君王，外则擅权蠹政，据禁兵，窃要职，安插亲信，伺察至尊，天下汹汹，人心思乱。臣受先帝之命，奉太后之旨，罢曹爽、曹羲、曹训吏兵，以侯爵归于私第，如敢稽留车驾，便以军法从事！”

司马懿送来的奏章，被曹爽扣留。但是，洛阳已经被司马懿控制，曹爽成了丧家之犬，随从慌慌张张，曹爽也六神无主。只好与魏帝留宿于伊水南岸。司马懿派人去说服曹爽归降，声称只是免官而已，可保富贵。曹爽闻言，犹豫不决。

其实，曹爽虽然丧失其官，司马懿此时所得，亦不过一座空城。司马懿关门的时机，选择得并不算十分恰当。胜负未卜，关键要看曹爽敢不敢走险棋。谋士桓范闻变，逃出洛阳，来见曹氏兄弟。他对曹爽说：“当与天子共诣许昌，征发中方兵马，讨伐司马懿。”如果曹爽采用此计，围困洛阳，亦可收关门捉贼之功，而曹爽同样犹豫不决。桓范又转向曹羲，对他说：“你读了这么多书，难道连这么明显的形势都看不清楚？以曹氏门第，欲求贫贱度命，岂可得乎！匹夫一人，尚百计求活，您手中有天子，令于天下，谁敢不从！”曹羲不答。桓范又说：“从这里到许昌，不过二宿路程。许昌城内，府库颇丰，我身上又带有大司农印章，谷食亦不成问题。”曹氏兄弟始终拿不定主意。一直到了五更，曹爽终于垮了下来，投刀于地，说：“我亦不失做富家翁！”定计归降。桓范闻言，痛哭流涕地骂道：“曹真英雄豪壮之士，谁料到生下你们这些猪一样的后代，自取灭族之祸！”

曹爽兄弟回到洛阳，司马懿派人守住他的住宅。高墙之上，设有角楼，曹爽兄弟一举一动，全在司马懿掌握之内。曹爽自投罗网，尚不知死期将至。几天以后，司马懿以大逆不道的罪名，将曹爽夷灭三族。

预防他计，得施己计

王朝之末，天子之威荡然无存，有异志者乘机而起，或拥兵自重，或握权胁主。新贵新臣，各为身谋，各为其主，往往一场混战。及局势澄清，营垒分明，往往不免于决战。当是之时，双方竭力拉拢势力，扩大阵营，围困对方，只有技高一筹者，才能在混战之中站稳脚跟，脱颖而出，掌握局面，因势利导，成就大业。

北周末年，杨坚以皇后之父的身份，参决朝政。杨坚善于拉拢人心，朝中才干之士，多投其门下，因此位望日隆，朝野瞩目。北周天元帝对杨坚素怀疑忌，几次打算除掉他，都因没有把柄而不果。曾对杨后骂道：“必族灭你一家！”一次，天元帝召杨坚入宫，预先吩咐左右，如回话慌张，便下手诛杀。杨坚心知其谋，从容不迫，对答如流，天元帝看不出破绽，只好罢手。

天元帝病死以后，幼子宇文阐即位，是为周静帝。静帝年方八岁，刘昉、郑译、李德林诸人密谋，假称遗诏，命杨坚辅政。事情来得突然，众臣不知底细，仓促之间，无所措其手足，大权遂落入杨坚之手。

杨坚得政，逐步进行篡位的计划。他广泛拉拢朝臣，亲附者重用，异己者贬逐，很快便控制了局面。但是，宇文氏旧臣颇多，在朝者握权，在外者握兵，宗室诸王实力也很雄厚，杨坚必须小心从事。他首先把亲信卢贲安排作相府宿卫，握重兵以自卫，以防不测，然后以千金公主将远嫁突厥为由，请赵、陈、越、代、滕等五位在外州的宗室王入京送行，把五王扣留在京城，控制

起来，消除隐患。静帝幼冲，太后本为杨坚之女，生变的可能性不大。宗室诸王已被控制起来，无计脱身。只剩下几位元老重臣，不肯归顺，杨坚一一收拾，逐个围困。

杨坚密谋篡位，元老重臣亦不甘失败，杨坚担心相州总管尉迟迥有异谋，借合葬之名，征其入朝。不料激起变故，尉迟迥举兵造反，许多州郡起兵响应，形成了军事对抗的局面。州郡起兵，朝中旧臣及宗室诸王也暗中联络，内外合势，一时之间，杨坚内外交困。赵王宇文招善密谋，他邀请杨坚至其府第作客。杨坚不察，带着酒肴前往。宇文招在室后埋伏下壮士，引杨坚入室。宇文招的儿子、亲戚排列左右，佩刀而立。杨坚随从皆被挡在门外，只有大将军杨弘、大将军元胄坐于门侧。杨弘与元胄是杨坚心腹之人，又有勇力。酒酣之际，宇文招假借切瓜，手持佩刀，企图行刺。元胄见势不妙，说："相府有事，不可久留。"请杨坚离席。宇文招大怒，斥责说："我与丞相说话，你是何人，胆敢插嘴！"元胄怒目而视，宇文招惊惧，赐酒，说："吾无恶意，我何必如此猜疑？"又伪装呕吐、喉干，屡欲入后室，元胄疑有阴谋，屡加阻拦。宇文招无计可施，又命元胄入厨取水，元胄不应，持刀肃立。正好滕王宇文逌来到，杨坚前迎。元胄对杨坚耳语道："情形异常，公宜速去！"杨坚说："他们又无兵马，能成什么大事！"元胄说："先发制人，一旦伏兵杀出，大事去矣！"不久，元胄听见室后有甲胄之声，不由分说。拉起杨坚就走，边走边说："相府里公事繁忙，公何得如此！"宇文招见杨坚逃去，持刀追赶，元胄挡在门口，拼力拒战，宇文招被堵在室内，眼看着杨坚溜之大吉，气得以指弹案，血流不止。几天以后，杨坚以谋反之罪，处死了赵王。此将事变，若非元胄在侧，杨坚入网罗之中，几乎没有生还的希望。这种事情以后还发生了几次，但都没有成功。

杨坚吸取教训，更加小心谨慎。同时加紧行动，消灭对手。不久，州郡叛乱平定，朝中大臣就范，宗室诸王大多被诛，周静帝完全掌握在杨坚手中。次年，杨坚废黜静帝，自立为帝，建立隋朝。

围城打援，破窦降王

公元620年，唐高祖李渊派李世民率兵进攻东都洛阳（今河南洛阳）。在扫清洛阳外围敌人后，集中兵力猛攻洛阳城，因王世充守备严密久攻不克。

就在这个时候，窦建德在周桥打败孟海公，随即率大军十余万前来洛阳支援王世充。李世民召集将佐商议对策，萧瑀、屈突通、封德彝等老将都主张撤军，以避免腹背受敌。李世民不同意撤军，他说："王世充的部队已遭到我军重创，他城里的粮草眼看就要断绝，军心不稳，上下猜忌，洛阳城不用我们攻打，很快就会自破。而窦建德刚打败孟海公，正在得意忘形，趾高气扬，部队不整，松散懈怠。我们要迅速占据虎牢（今河南荥阳西北汜水镇），扼住窦建德前进的咽喉要道。如果他冒险向我军进攻，我就打败他；如果他迟疑，不向我军进攻，那么王世充等不了十天半月，就会不攻自破。洛阳一破，我军气势倍增，一箭双雕，全在此行。反之，如果窦建德抢占了虎牢，然后他们合力来攻。那我们就很危险。"李世民决定留下屈突通帮助齐王李元吉继续围困洛阳，严防王世充出城突围。李世民亲自率领步骑兵三千五百人，驰奔虎牢，凭险据守。

窦建德率军从荥阳（今河南荥阳东北）西进，见虎牢为唐军占据。只得在板渚（今河南荥阳牛口峪附近）安营扎寨。两军相持二十多天以后，李世民突然接到一个情报，说窦建德要等唐军喂马的草料用完，不能不到城外河边喂马的时候，发兵突袭虎牢。李世民立即决定将计就计一面派人到河北岸牧马，引诱窦军出击；一面部署军队做好迎敌准备。果然窦建德指挥十万大军全部出动，列阵于虎牢之前、汜水之畔，大张旗鼓，声势逼人。这时唐军只有三千多人，面对敌军压顶之势，军中出现了畏惧情绪。李世民为了弄清敌军的虚实，登上高丘，观察了窦军的布阵情况，然后对将士们说："窦建德起事以后，没有经过大的战役，没有见过大的阵势。现在这乱哄哄的样子，看来气势汹汹，实际行动不一，纪律不严，又傲慢自负。我们要坚守不战，待他们疲劳怠惰，士气下降，时间一长，他们饥饿了，必然撤退。那时，我们乘势追击，定能取胜。我和大家约定，午后一定打垮敌人！"从而安定了军心，也鼓舞了士气。窦建德派出三百骑兵向唐军挑战，李世民派出二百人应战，忽进忽退，不分胜败，打了一阵，各自退回。

到中午的时候，窦建德军列阵已达六小时之久，将士们站立得又疲劳又饥饿，实在坚持不了，都坐在地上，又争相饮水，来回走动，盼望收兵。李世民派兵到窦建德阵前试探，见窦军战阵已乱，认为出击时机已到，立即命令各路兵马出战。李世民率轻骑兵在前面冲杀。大部队紧跟在后，东渡汜水，直闯窦军战阵。窦建德毫无准备，仓促应战，没等他部署好，唐军已杀到面前。李世民带领史大奈、程知节、秦叔宝、宇文歆统到敌军阵后大张旗帜，一阵冲杀。窦军将士见到唐军旗帜，不战而溃。唐军追击 30 里，俘虏五万人，斩着三千多，活捉窦建德。其余窦军大部溃散，只有一百多人逃回。

李世民消灭窦建德军以后，将窦建德等用囚车送到洛阳城下给王世充看。王世充见了痛哭流涕，自知走投无路了，就亲率部众出城向李世民投降。

李世民围歼王世充战役胜利的实践给人们一个启示："关门捉贼"，有时会发生门外干扰。在这种情况下，不要轻易开门，把贼放跑。当排除干扰后，敌人见挣扎无望，就会俯首就擒。

关门捉贼，重占长安

唐朝后期，政治愈加腐败，人民苦不堪言，只有反抗才能生存，当时，农民起义纷起，而黄巢义军则是其中实力较强的一支。

黄巢最初几年曾在山东、河南、安徽、湖北一带流动作战，杀贪官以平民愤；打富济贫，灭权贵以图平均。黄巢后来率众南下杭州（今浙江杭州市）、越州（治所在今浙江绍兴）、衢州（治所在今浙江衢县）、建州（治所在今福建瓯）、福州（治所在今福建福州市），一直打到广州。黄巢本欲在广州建立政权，但所率农民多是北方壮士，不服水土，多数染病，于是又率众北上，由广州进入湖南，再进入湖北。当时唐朝宰相王铎被僖宗抢先派到江陵（今湖北江陵），以堵黄巢义军北上，但王铎虽受命而来，却坐镇江陵，闻黄巢以五十万部众长驱直入，各州守官，望风而逃，王铎也就吓破了胆。黄巢知道王铎是朝廷派来江陵堵截的，就直向江陵找王铎，准备大打一仗，哪知到了江陵，王铎已逃得不见影了。黄巢又折回下江州（治所在今江西九江）、信州（治所在今江西上饶）、池州（治所在今安徽贵池），由采石过长江，攻进泗州（治所在今江苏泗洪东南），直驱洛阳。由洛阳过潼关取长安。

黄巢义军纪律严明，深得群众的拥护，义军所向披靡，势如破竹，穿州过县，犹入无人之境。

当黄巢攻下东都洛阳时，唐僖宗就做好了逃跑的准备。黄巢过了潼关，僖宗就带着太监田令考，连宰相、大臣都瞒着，悄悄地溜出长安向兴元（治所在今陕西汉中市东）逃跑。那天等到日中大臣们上朝，还不见僖宗出来接受朝拜，便着急起来，最后才知道僖宗已经溜了。唐王朝的大臣们也逃的逃，藏的藏，使黄巢不费吹灰之力，于唐僖宗广明元年（公元880年），在京城人民的夹道欢迎中从春明门进入了长安城。

黄巢的义军进入长安后，立即将皇室大臣的财物分送给京城中的穷苦百姓，并由大将尚让安抚群众说："黄巢起兵，本为百姓，不像李氏王朝虐待你们，不管人民的死活。现在义军做主，你们只管安居乐业，不要害怕。"

黄巢入京以后，开始时没有住进皇宫，只令人保护内城，自己住到太监田令考的住宅里。并且申明军纪，约束士卒，颇得京城人民拥护。但不多几日，黄巢就在一些人的逢迎劝说下，挈眷入宫，做了大齐皇帝，改元金统。拜尚让等人为相。此时，黄巢由于大享宫廷快乐，完全忘记了唐僖宗还存在，唐的旧臣势力还存在，没有及时追击僖宗，僖宗得以从容逃脱。僖宗逃到成都，召集旧臣商量反扑。他们训练士卒，补充武器，调集军队，积极准备反攻。又千方百计暗中收买黄巢手下的将领与唐朝降将，唆使他们叛离。关派使臣请沙陀（西突厥别部）李克用部增援，共同对付起义军。这一切，黄巢未予充分重视。唐僖宗中和元年，即黄巢大齐金统二年（公元881年）五月，唐军的军事部署已经完成，形成了对长安义军的包围圈。

这时，黄巢派尚让进袭凤翔（今陕西凤翔），唐将郑畋事先伏兵要隘，自带诱兵，出阵高冈，尚让以为郑畋不懂军事，就挥众杀过来，哪知刚到龙尾陂，唐朝伏兵突然杀出，将义军截击成数段。尚让一看上当，就只好退军，但已损失过半。

凤翔一战，唐军得胜，就使唐军急欲夺功，于是尾追尚让而来。尚让回军入长安，禀报黄巢凤翔失败经过，说唐军已齐集于长安城下，形势已很危急。黄巢与诸将分析了唐军的阵容之后，即定下了以退为进关门捉贼的策略。黄巢突然于五月初六向东退出长安，露宿于坝上。唐军程宗楚、唐弘夫、王处存等率军杀进城去。入城的官军，看到城内早已没有一个义军了，就松弛下来，大肆抢劫财物、强奸妇女，尽情享乐，把个长安城闹得乌烟瘴气。当天半夜，义军迅速回师，衔枚急走，直趋长安城，义军在孟楷率领下，人人争先、奋勇冲杀，而官军士卒，金银财物满袋，包袱沉重，那里顾得上打仗，所以义军到处，只杀得唐军尸横遍地。都统程宗楚等人，半夜突闻黄巢义军进城，慌乱之中不分东西南北，无法召集指挥士卒，只得单枪匹马，与义军部众鏖战，最后力不能支，被义军杀死，长安城又回到黄巢义军手中。可见，义军拥有的不仅是仇恨和反抗，同样掌握高深的战略战术，是一支军事上成熟的部队。

设伏聚歼，大败陈友谅

鄱阳湖之战，是元朝末年朱元璋和陈友谅两个割据势力之间进行的一场战争。

1351年，以刘福通为首的元末红巾军农民起义爆发。1355年，刘福通迎立韩林儿为帝，号小明王。在刘福通起义影响下，长江、淮河流域广大地区农民纷纷起义。

1352年，出身贫农的朱元璋投入濠州郭子兴的起义军，由于作战勇敢，很快升为总兵。1355年，郭子兴死，朱元璋被小明王任命为郭部的左副元帅，实际掌握着军政大权。1356年，朱元璋攻占集庆（今江苏南京），改为应天府。他接受了谋士朱升提出的“高筑墙，广积粮，缓称王”的著名策略，经过四五年的努力，在所占地区巩固之后，开始进行统一江南的作战。

当时，南方各个割据集团中兵力最强、势力最大的是占据江西、两湖大部地区的陈友谅，其次是建都平江（今江苏苏州）的张士诚。朱元璋根据谋士刘基的建议，确定了先陈后张，统一江南，然后北上灭元，统一全国的方针。

正当朱元璋准备打陈友谅之际，陈友谅也积极策划消灭朱元璋。1360年闰5月初一，陈友谅率舟师十万，攻占太平，夺取采石，杀死农民军领袖徐寿辉，自立为皇帝，国号汉。初五，他约张士诚夹攻朱元璋。

当时，陈友谅舟师十倍于朱。朱元璋的部下，有的主张投降，有的主张战不胜再走。朱元璋最后采纳刘基建议，决定在应天与陈友谅决战。他利用陈友谅求战心切，骄傲轻敌的心理，决定诱其深入，设伏聚歼，打败陈军。朱元璋让陈友谅的老友康茂才写信向陈友谅诈降，表示愿为内应，并约定在江东桥（今南京江东门附近）会合，以呼“老康”为暗号。

应天城滨长江东南岸，北枕狮子山，东倚紫金山，南控雨花台，幕府山、乌龙山屏列于外，长江环绕于西及北部。朱元璋部署：常遇春等率兵三万埋伏于石灰山侧；徐达等率兵列阵于南门外；赵德胜率兵横跨新河筑虎口城；杨璟驻兵大胜港；张德胜、朱虎率舟师出龙江关；朱元璋自率主力埋伏于卢龙山（今南京狮子山）。并规定信号：陈军入伏，举红旗；伏兵出击，举黄旗。在此之前，朱元璋派胡大海率兵西攻信州（今江西上饶），威胁陈友谅侧后，进行牵制。

陈友谅接到康茂才的信后，信以为真，便不等张士诚的答复，于5月初十率军自采石进抵大胜港，待到江东桥连呼“老康”不应，方知受骗，仓促派万人登陆立栅。

朱元璋看到陈军进入伏击圈，乘其立营未固之际，发出信号，刹时鼓声震天，伏兵四起，水陆夹击，陈军大乱，争相登舟而逃。此时正值退潮，陈军巨舰搁浅，将士被杀和落水而死者甚多，被俘二万余人。陈友谅乘小舟逃回江州（今江西九江），朱军缴获巨舰百余艘。张士诚守境观望，未敢出兵。朱元璋挥军乘胜追击，夺回安庆、太平，又连续取得信州、袁州等地。

陈友谅在应天战败后，内部矛盾激化，将士离心。朱元璋乘机向西推进，仅一年间（1361年）就相继攻占了蕲州、黄州、兴国、抚州等地，并于次年收编了龙兴（即洪都，今南昌）的守军，连下瑞州、吉安和临江，实力大大增强。

1363年2月，张士诚围攻小明王的最后据点安丰。刘福通战死，小明王向朱元璋告急求援。朱元璋3月率兵救安丰，三战三捷。4月，陈友谅乘朱军主力救安丰、江南空虚之机，以号称

60万的大军围攻洪都，占领吉安、临江、无为州。这一次陈友谅特地制造了数百艘巨舰，舰高数丈，上下三层，每层都设置有上下可通的走马棚，下层设板房作掩护。另有艕几十艘，艕身裹以铁皮，据传大的可载三千人，小的可载二千人。

陈军登陆后，用云梯等攻城器械从四面八方向洪都城发起猛攻。洪都朱军统帅朱文正派诸将拒守各城门，自己率二千人机动策应。一日，陈军攻抚州门，用状如箕的竹盾抵挡矢石，奋力攻城，城垣被攻坏三十余丈。朱军一面施放火炮、火铳、擂木、火箭，一面抢修城垣，且战且筑，一夜之间终于修复。朱军伤亡甚重，但城中军民仍然死守。

朱文正于6月派人向朱元璋告急，这时朱元璋已回到应天，遂一面命洪都再坚守一月，疲惫陈军；一面命徐达率主力回师应天集中。7月初六，朱元璋率舟师号称二十万往救洪都，16日进到湖口。为把陈友谅困于鄱阳湖中，朱元璋派戴德率军一部屯于泾江口，另派一军屯于南湖嘴，切断陈的归路；调信州兵守武阳渡，以防陈军逃跑；朱元璋亲率舟师由松门进入鄱阳湖。

陈友谅围攻洪都八十五天未下，士气沮丧。听说朱军来援，陈军撤洪都之围，东出鄱阳湖迎战。7月20日，两军在康郎山（今江西鄱阳湖内康山）水域遭遇。陈军以巨舰列阵，迎战朱军。朱元璋把水军分为十一队，每队配备大小火炮、火铳、火箭、火枪、神机箭和弓弩等，令各队接近敌舟时，先发火器，再射弓弩，靠近敌船时再短兵格斗。

21日，双方主力开始交战。朱元璋命徐达、常遇春、廖永忠等率先冲入陈军阵中。徐达身先士卒，率部勇猛冲击，击败陈友谅前军，毙敌一千五百人，缴获巨舰一艘。俞通海乘风发炮，焚毁陈军二十余艘舟船。激战中，朱军也受到很大伤亡。

陈军骁将张定边奋力猛攻朱元璋所乘的指挥船。朱的指挥船正欲规避，突然搁浅，陈军乘机围攻。朱军士兵竭力抵抗，陈军不能靠近。正在危急之时，常遇春射中张定边；俞通海、廖永忠又以轻舟飞速来援。张定边见朱军来势凶猛，引军后退，廖永忠率轻舟跟踪追击，张定边再次中箭负伤。战至日暮，双方鸣金收军。朱元璋初战获胜后，恐张士诚乘虚进袭后方，命徐达回应天坐镇，以防不测。

22日，朱元璋亲自布阵，准备决战。陈友谅联舟布阵，望之如山，而朱军舟小不能仰攻，连战受挫，右军被迫后退，朱元璋连杀队长十余人，仍不能止。这时，部将郭兴建议采取火攻。朱元璋乃命用七艘船满载火药，扎上草人，穿上甲胄，令勇士驾驶，在黄昏时趁东北风迫近敌舰，顺风放火，转瞬间烧毁陈军水寨中的数百艘舟船，陈军死伤过半，友谅弟陈友仁、陈友贵等均被烧死。朱元璋乘势发起猛攻。毙敌二千余。

23日天明，双方再交锋，陈军不仅没有后退，反而步步紧逼，朱元璋乘坐的指挥船又被围攻。亲兵将领韩成换上朱元璋的冠服，当着陈军投水身死，迷惑陈军。陈友谅已为朱元璋死，向后稍稍退军。朱元璋刚刚换乘他船，他的指挥船便中炮起火。

24日，陈军先头舟船由于运转困难遭到朱军环攻，全部被毁。朱军俞通海等将领乘六艘快船突入陈军船队，陈军巨舰迎击。朱军以为六船覆没，后发现六船又从陈军巨船中绕出，士气大振，发起猛攻，双方自七时战至十三时，陈军不支，向后败退。陈友谅企图退守鞋山，但被朱军扼住山口。陈友谅只好收拢部队，转取防御。当天晚上，朱军控制江水上游，陈友谅也移泊渚矶。

两军相持三日，陈军屡战屡败，形势渐趋不利。陈军右金吾将军主张烧船登陆，南走湖南；左金吾将军则主张继续打下去。陈友谅最后决定采纳右金吾将军的意见。左金吾将军因建议不当，怕陈治罪，率部向朱元璋投降，右金吾将军见大势已去，也率部投降朱军。

朱元璋屡向陈友谅挑战。陈大怒，下令将俘虏一律杀掉；而朱元璋却放还全部俘虏，瓦解陈军士气。朱元璋判断陈军可能突围退入长江，乃移军湖口，并置火筏于江中；又派兵夺蕲州、兴国，控制长江上流。

经一个多月激战，陈军归路截断，粮食奇缺。陈友谅于 8 月 26 日率楼船百余艘冒死突围，企图经南湖嘴进入长江，退回武昌。陈军行至湖口，朱军乘机以舟师、火筏四面猛攻。陈军混乱奔逃，又遭泾江口朱军伏兵截击，陈友谅中箭而死，军队溃败，五万余人投降。

1364 年 2 月，朱元璋攻下武昌，陈友谅子陈埋投降。1367 年 9 月，朱元璋消灭了张士诚，不久又迫降了浙东的方国珍，基本统一了江南。1368 年，朱元璋称帝，国号明。同年，明军北上灭元。此后，明军又进军四川和云南，统一了全国。

在一系列战役中，由于朱元璋注意了基地的建立和巩固，根据不同情况提出不同的战略和策略；稳步推进，先翦肘翼，后捣腹心；注意争取暂时的同盟者或使之保持中立，打击主要的敌人，所以取得一个又一个胜利。

“关门捉贼”是对敌采取四面包围，一举全歼的战法。朱元璋在这次战役决战前就关死了鄱阳湖战场的北大门，并在侧翼部署了重兵，防止陈友谅逃跑。陈友谅则以为自己兵多、船大、盲目地与朱元璋决战，根本没想到后路，结果战败后走投无路，全军覆没。

丘福冒进，兵败身亡

公元 1409 年，明成祖朱棣委任丘福为征虏大将军，以王聪、火真为左右副将，以王忠、李远为左右参将，发兵十万，出塞征讨逃居塞北的元主本雅失里。大军出发前，朱棣深怕丘福轻敌冒进，招致失败，特意告诫说：“用兵作战，千万要谨慎。部队到达开平（府名，今内蒙古自治区多伦地区）以北，即使见不到敌人也要格外留意，以防不测。与敌人作战更要依据情况相机用兵，不可固执一端。如一战不利，可寻机再战，切记不要冒险行动。”丘福叩头礼拜，只说了句“谨遵圣谕”，便想辞行告退。朱棣感觉到他不大在意的情绪，又叮咛说：“历史上只凭着血气之勇，疏忽大意，招致失败的事例很多。你这次领兵远征，切不可贸然行动，一定要牢记在心。”丘福虽然口里连连称是，心里却认为朱棣对元朝的败残兵马看得过重，有些多余，仍怀着满不在乎的心情，踏上了征途。

明军一路畅行无阻，很快便顺利地进到塞北。行军的顺利，使丘福愈加轻敌，他竟将大军甩在后面，仅带领一千轻骑疾速前进。到达胪朐河（今克鲁伦河)南岸,与蒙古的前哨部队相遇。丘福出兵迎战,打退了敌骑,乘胜渡过了胪朐河。在继续追击中,俘虏了敌人的一名尚书,使他十分高兴。为了庆贺胜利,丘福开怀畅饮,把那个尚书押到席前,声色俱厉地问道:“本雅失里逃到哪里去了,快快如实讲来!”尚书战战兢兢地答道:“他听说大军前来征讨,就吓得慌忙向北逃窜,估计现在不过走出三十里的路程,按常规正在埋锅造饭,在下情愿当向导,带大军前往追击。”丘福正在兴头上,一听敌人逃走不远,立即喝令:“赶快上马随我前去捉拿这个狂贼!”将领们见主将轻率行动,很不放心,连忙劝阻,说:“将军不可操之过急,待大军到达之后再纵兵追赶不迟。”丘福哪里肯听,令俘虏的尚书在前领路,纵马扬鞭,向北疾驰而去。

丘福领着一千人马迫近敌营,蒙军只用少量人马抵挡了一阵,便佯败撤退。丘福乘胜追击,蒙军边打边退,连续两天。参将李远看出了门道,向丘福建议,说:“将军轻信间谍的谎话,孤军深入,现在已经陷入进退两难的地步,继续前进正合敌意,向后撤退敌人也会乘势追击,惟一的办法是就地坚守。为了迷惑敌人,白天可令部队大张旌旗,擂鼓呐喊;晚上可使人手执火炬,发炮助威,以张声势,使他不知虚实,不敢轻举妄动,借以迁延时日,等我大军到达,再合力进攻,方可扭转形势。即使不能取胜,也可保障全师回朝。”丘福一心想乘胜追击,吃掉敌人,对陷入进退两难的说法,已很不高兴,及至听到不能取胜也可全师回朝的话,不由得火冒三丈,怒气冲冲地申斥说:“身为大将,理当准备马革裹尸而还,岂能不讲歼敌制胜,先想班师回朝?!这种懦夫的腔调,居然出自我明朝的将领之口,真令人感到羞愧!”李远连忙转变语气,说:“将军不必动怒,我只是想提醒将军,不要忘记圣上的谆谆告诫。至于如何对敌,我李远一切听从您的将令。”副将王聪等人趁机劝解说:“希望将军谨遵圣谕,切勿疏忽大意。”丘福正在气头上,越听越恼,声色俱厉地说:“你等依令行事,违令者斩首勿论!”说罢便一马当先,向敌军追去。将士见主将催马向前,只得紧紧跟着追击。

从将跟着丘福追赶了一段路后,突然看到敌军勒转马头,回军迎战。这时丘福才发现形势有变,急忙下令停止追击。可是,蒙军已从四面八方围了上来。副将王聪奋勇冲杀,战死在乱军之中。丘福率领众将突围，死战不能得脱，全部丧入敌手。后军赶来，见前军覆没，失去指挥，便人心慌乱，东逃西散，十万大军覆没于塞外草原。曾经披坚执锐，屡建奇功的丘福，因不听明成祖的“御嘱”，轻敌受骗，中了对方诱敌深入之计，结果落了个兵败身亡的下场。

围敌困城，收复台湾

公元 1624 年，荷兰殖民主义者称霸海上，悍然出兵侵占了我国领土台湾，对台湾实行残酷的殖民统治。

1659 年 10 月，民族英雄郑成功率军进攻南京失败后，退守金门、厦门一带。他见大陆各省已基本被清军攻占，感到要光复中原，仅靠厦门地盘太小，决意收复台湾，驱逐荷兰侵略者，继续坚持抗清斗争。这时，一个名叫何廷斌的人，从台湾来到厦门，求见郑成功，建议郑成功收复台湾。他把荷兰殖民者的布防情况全部透露出来，并将台湾水道及要塞绘成地图，给郑成功作参考，表示如果收复台湾，他愿意做向导。郑成功听后非常高兴，更坚定了他收复台湾的决心。

经过充分的准备，1661 年 3 月初，郑成功在金门举行了隆重的誓师仪式。23 日中午，郑成功亲自率领数百艘战船，2 万余人，浩浩荡荡从金门料罗湾出发，第二天清晨抵达澎湖。岛上百姓听说郑成功要收复台湾，无不欢欣鼓舞，他们争相送来慰劳品，并愿作先锋船的向导。

郑成功正想率军向台湾前进，不料狂风暴雨大作。等了 3 天，风雨仍未停止。郑成功考虑到久等下去，会坐失战机，于是他当机立断，于 30 日下令大军冒着暴风雨横渡海峡。经过一夜的艰苦航行，第二天黎明在鹿耳门内禾寮港和北线尾登陆。

郑军的突然出现，使荷兰侵略军大为震惊。但他们从来不把中国人放在眼里，竟狂妄地宣称：“25 个中国人加在一起也抵不上一个荷兰士兵”，“只要放一阵排枪，打中其中几个人，他们便吓得四散逃跑、全部瓦解”。荷兰侵略军在台湾总共只有 2000 多人，分布在台湾城、赤嵌楼等几个要塞和港口内的舰船上。荷兰侵略军头目揆一，企图以坚固的城堡借助坚舰利炮，对郑军实施反击。

在北线尾，荷兰舰长贝德尔率领 240 人，以 12 人为一排，向刚登陆不久的 4000 名郑军发起了攻击。郑军以部分兵力正面迎击，以一部分兵力绕到敌军后面，前后夹击敌人。敌军腹背受敌，四散逃命。郑军乘势奋勇追杀，歼敌 180 余人，贝德尔也被当场击毙，荷军残部乘船逃进了台湾城。

在安平港外的海面上，荷兰侵略军的 4 艘舰船企图阻击郑军，结果被郑军 60 艘战舰包围起来。郑军从四面八方向荷军最大的“赫克托”号猛烈轰击，“赫克托”号很快就被击沉，船上的士兵全部下海喂鱼。

被团团围困的赤嵌楼守军，在郑军的强大攻势下，惶惶不可终日，频频向揆一求援。揆一派出 200 名士兵渡海而来，企图为赤嵌楼解围。郑成功迅速派“铁人”部队出击。身穿铁甲的“铁人”们挥舞着明晃晃的大刀向海边冲击，刚刚爬上来的 60 名敌军士兵很快就被“铁人”砍得血肉横飞，身首异处。留在海上的荷兰兵见状，立即调船头逃回了台湾城。

郑军打退了敌人的援兵之后，又乘胜进攻赤嵌楼，并切断了赤嵌楼的水源。4月初四，赤嵌楼的敌军终于被迫投降。

赤嵌楼被攻破之后，荷兰殖民军侵台总督揆一玩弄缓兵之计。4月初五，他派人对郑成功说，如果郑军撤退，荷军除年年照例给郑军纳贡外，并愿送银10万两给郑军劳师。郑成功严辞拒绝说："土地我故有，当还我。"

4月初七，郑成功亲自指挥围攻台湾城。但是，台湾城城墙坚固，守备完善，荷军在城上设有20门大炮，火力猛烈，对郑军威胁很大。郑成功见强攻一时难以奏效，为了减少伤亡，就决定长期围困，严密封锁，将敌人困死在城里。

台湾城被郑军整整围困了8个月。城内眼看就要弹尽粮绝，而且水源也被截断了。这时困守城里的荷军只剩下870人。郑成功在下令荷军投降无效后决定发起总攻。12月初6清晨，郑军的大炮开火了，两个小时后，郑军占领了乌特利支堡，然后居高临下，用大炮猛轰台湾城，炮火摧毁了大部分城墙，毙伤许多荷军。城内荷军乱作一团。揆一见大势已去，不得不于12月13日竖起白旗，率部投降。至此，沦陷了38年的台湾重新回到了祖国的怀抱。

三河之战，大败清军

三河（安徽巢湖西部重镇）之战，是太平天国时期太平军和清朝湘军之间进行的一次战争。

1851年1月11日，洪秀全在广西金田村举行起义，建立太平军，开始了太平天国农民革命战争。太平军于1853年建都天京（今南京），随后北伐西征，控制了西自武汉、东到镇江的长江沿线，在天京以西的湖北、江西、安徽3省居于优势。1856年发生天京事变，使太平天国受到严重损失，太平军从战略进攻开始转为战略防御，天京以西战局逐渐出现不利太平军的局势。到1858年8月，湖北、江西先后沦入敌手，成为湘军的进攻基地。

这时，清朝钦差大臣和春、德兴阿统率的江南、江北大营再次进逼天京。1858年六七月间，太平军的将领们在安庆东北的枞阳镇召开会议，作出新的军事部署，决定由前军主将陈玉成、后军主将李秀成联合作战，共同解救天京之围。在陈玉成统帅下，已进入鄂豫边境的太平军回兵东征，重新占领了庐州（今合肥）和其他一些城镇，与李秀成会师了滁州乌衣。8月，他们乘胜直下浦口，袭破清军的江北大营，前锋一直东进到苏北的扬州。

与此同时，江西的湘军以淮南的太平军主力东进苏北，乘机攻进安徽。湘军主帅曾国藩秉承咸丰帝的旨意，派骁将李续宾率精锐北援庐州，进攻太湖。太湖的太平军守军，在城外挖濠筑垒，铸炮聚粮，布置严密。

9月5日，清军以一部牵制守军，主力分5路攻城。太平军冲出城垒与敌激战。9月7日、8日，太平军将士又多次冲出城外，攻击清军，双方互有杀伤。清军势大，先后攻毁了太平军在枫香铺、小池驿、东山头南首的营垒。

9月21日，清军副都统多隆阿等将大炮密运山头，轰击东山南面；参将谢承祐等由西北面攻城，李续焘等分攻东岸下垒。太平军专防前面，不料敌军由山后抄袭，下垒遂被攻陷。东岸浮桥守军亦败，东山头第1大垒又被清副将鲍超攻陷。接着清军进攻第2、3垒，并分段攻城。城中火药局被火箭击中，敌军从西北两面登城，太平军从东南两面突围而出，退守石牌镇及潜山县，太湖县城遂陷。

9月27日，李续宾派副将赵克彰等进至潜山县北门外的彰法山驻营。太平军结队出战，由于寡不敌众，败退回城，城外七垒被敌攻陷。清军逼攻县城，缘登数次，都被太平军将士以炮石击退。但城外营垒被毁，守城相当困难。当夜四更，太平军由东门退出，潜山又告陷落。10月1日，上下石牌诸垒也都被清军攻陷。

潜山西北120里的桐城县是通向皖北的枢纽，最为要害。太平军由1853年克复后，据守迄今。该城高而坚，北门跨山，太平军于山上筑垒2座，东北一带筑大垒3座、小垒4座，西南一带筑垒4座，以护城池。清军先锋赵克彰等至五里墩，桐城太平军分5路出击，激战不胜，退回城中，西南4垒遂被攻破。

次日，太平军从西门出攻，另派一军由东北隐蔽出击，从山后绕抄。恰值李续宾率大队清军到来，太平军措手不及，败退回城固守。李续宾率各军逼城就营，督军攻破了东面两大垒。垒仅1门，太平军战士誓死不退，全部战死垒中。小垒守军被迫出走，伤亡很大，第3大垒又很快陷落。清军围攻北门山上大垒，发炮命中起火，守军顽强抗击，多被焚死，两垒又失。

李续宾乘夜命各部环攻四门。三更时，清军乘隙缘登。太平军与敌接战不利，开东门冲出，被清军伏兵截击，前后受敌，损失严重。10月13日，桐城陷于敌手。

李续宾攻占桐城后，率马步14营于10月21日进扑舒城。太平军在距城30里处跨山修垒，派千余人屯守。次日，清军分路包围袭击，守军众寡不敌，被迫撤走。10月23日，李续宾率部在舒城外西南扎营，太平军出城冲击一阵后退回。

舒城太平军于城西北筑有大垒两座，高抵城垣。24日，李续宾派李续焘等往攻，鏖战4时，1垒突然中炮起火，守军被迫撤退。清军续攻第2垒。城中守军打开西门，准备冲击增援，但被大部清军阻击。垒中守军放弃阵地，进入城中。是夜四更，太平军从东门撤出，转移到三河镇。李续宾接连获胜，气焰嚣张，倾全力扑向三河镇，意在攻打庐州。

月余之间，太平军连失4城，安庆也受到攻击，安徽形势十分危急。10

月，陈玉成得悉此情，立即统率苏北的太平军主力迅速西援，并联络李秀成等军共同破敌。

三河镇在庐州府南80里，为水陆要冲。太平天国在此筑大城一座，环以9垒，凭河设险，屯储粮草军火，接济天京、庐州。

李续宾军于11月3日到达三河。李续宾认为，要想破城，必须先破城外的9个营垒。其部署是：丁锐义、彭祥瑞等率所部攻击河南大街、老鼠夹一带的营垒；副将黄胜日、杨得武等部攻东北迎水庵、水晶庵一带的营垒；总兵李续焘、李运络部攻击西南储家越一带的营垒。11月7日，清军分路进犯，守军迎头痛击，毙敌千余人。清军付出重大代价后，攻陷9垒。

这时，陈玉成统率大军赶到，从庐江县西20里的白石山、三河镇南30里的金牛镇，连营数10里，包抄李续宾军的后路。为了达到全歼敌军的战役目标，陈玉成传令庐州守将吴如孝出师南下，阻断舒、桐之敌的西援通道，从而形成对敌军四面包围的态势。清军闻讯大惊，李续宾急忙派人去九江、桐城调集援军，但远水不解近渴，难济燃眉之急。

11月14日，陈玉成统率大军向前冲击压迫清军。是夜，李续宾被迫整队，向南迎战。15日晨5鼓，李军出动，黎明时到达樊家渡、王家祠堂等处，与太平军接战。双方交战之初，陈玉成军前队稍有失利。忽然，大雾迷漫，咫尺莫辨。关键一刻，李秀成率所部及时赶到，使太平军实力大增，陈军将士精神振奋，勇气百倍。两军合兵一处，奋战猛击，重创敌军。清军左路游击李运络营坚持不住，先自溃逃。紧接着，运同丁锐义、参将张嵩龄、都司张养吾等营相继溃败。太平军又击败清军中路和右路各营。

这时，李续宾军率后备兵力来援，双方展开了一场恶战。激战中，三河守将吴定规率师杀出，包抄李续宾军的背后。李续宾大败，狼狈逃回营中，闭垒不出，传令诸将死守营垒，不许后退。

陈玉成、李秀成等率军将清军团团围住，集中兵力，先弱后强、先外后里地猛攻敌垒。太平军战士前仆后继，英勇拼杀，连续攻破清军7座营垒，敌总兵李续焘、副将彭祥瑞又带兵溃逃。太平军占据敌垒后，挖断河堤放水，断绝敌人退路。

李续宾命令各部到月夜时分路突围逃生。清军匆忙整理装束，准备逃跑。届时，李续宾犹豫不决，又想死守待援，但军心已动，兵无斗志，部队一片混乱。太平军乘机四面围攻，猛力格杀，乃获大胜，李续宾被迫自缢而死，曾国藩弟曾国华等被斩杀。

这时，敌将孙守信、丁锐义、李存汉退守最后营垒，负隅顽抗。太平军紧紧围困，环攻3日，至11月18日夜破之，斩杀孙守信、丁锐义等，仅李存汉等少数人逃走。至此敌军全部被击溃，太平军歼敌数千人。李续宾部陆军是湘军中一支最凶悍的部队，它的覆灭，对敌方是一个沉重的打击。

三河大捷后，太平军很快收复舒、桐、潜、太4县，进攻安庆之敌也不战自退。1860年，太平军又集中优势兵力粉碎了清军江南大营，使太平天国的革命形势趋向好转。

三河之战是太平军进行的一次典型歼灭战。太平军在作战指导上的优越表现在：一、指挥员知己知彼，集中优势兵力打击敌人，确保战役目的实现。二、战术灵活，部署周密，实现了正面攻击、侧后包抄和阻援部队的互相配合，协同作战。三、坚持连续作战，不使残敌有喘息之机。

请君入瓮，诱杀杜立三

请君入瓮作为谋略手段，在官场被广泛使用。从广义上讲，瓮好比圈套，请君入瓮，就是诱人入圈套。

揭开中国近现代史，使用请君入瓮计谋的不乏其人，那些从乱世中闯出来，青云直上的大奸雄们最爱使用这个阴谋。

横行东北的一代枭雄张作霖就是其中之一。他被清廷招降后，卖友求荣，诱骗悍匪杜立三入"瓮"，就是一个极典型的例子。

杜立三是辽西一带著名的悍匪，出身土匪世家，其父和三个叔父均为土匪头子。

杜立三17岁开始当土匪，苦练绝技，双手打枪，百发百中，而且此人手段毒辣，杀人如麻。杜立三深知在江湖上立足必须讲究"信义"，所以他在群匪中颇有威信。在当时东北的几股土匪中，杜立三是最强悍的土匪头子。

杜立三在新民、辽阳、海城交界的地方，精心构筑自己的巢穴。他修筑碉堡，深挖壕沟，严密防守，把此地的巢穴搞得易守难攻。清政府多次派兵围剿他，均以失败而告终。

杜立三虽然是绿林土匪，但他十分仇恨帝国主义，多次抗击俄国侵略者，当时入侵东北的俄军不敢轻易进入杜立三的地盘。

杜立三每次出行，骑着高头大马，腰佩双枪，后面三个卫兵，同样装束。他的部队组织严密，每个小队10人，有一人指挥。每次激战，杜立三双手挥枪，飞驰众匪之前，其他土匪也是不要性命，直往前冲，战斗力较强。

有一次，张作霖与杜立三发生矛盾，张依仗自己兵多人众，想趁机一举消灭杜立三的小股马队，谁知杜立三带着马队一冲，张匪的人马即乱成一团，溃不成军。张作霖一看不好，猛挥马鞭，打马而逃。杜立三和张作霖骑的都是快马，杜从辽阳一直追到镇安县。张作霖部丢盔弃甲，损失惨重，总是摆脱不掉追兵，情况非常危险。

张作霖手下有个叫汤玉麟的土匪头目，外号汤二虎，他曾自立山头，横行乡里，后来带人投靠了张作霖，二人成了患难兄弟。不过后来张作霖独霸东北后，并没有与这位兄弟有福同享，而是逼汤辞职，夺了他的权。这是后话。

镇安县有个大地主，人称"汤二爷"，此人是地方一霸，有权有势，对官府和绿林两面应酬，对官府两面三刀，对绿林暗中勾结，深得各路土匪敬仰。这位"汤二爷"曾被汤玉麟认作本家，二人有些交情。于是，张作霖就带着汤玉麟、张作相、张景惠等逃到"汤二爷"家中，乞求保护。

张作霖在危难之中，拉下面皮，拜倒在"汤二爷"脚下，称他为"义父"，乞求"义父"从中调解，给以保护。

这时，张作霖在东北土匪中已小有名气，"汤二爷"也乐得收这个"义子"。杜立三追兵赶到，"汤二爷"把两个土匪头子拉上筵席，畅谈利害，随后摆上香案，让二人结为"金兰之好"，张作霖保命要紧，把同甘苦、共患难、

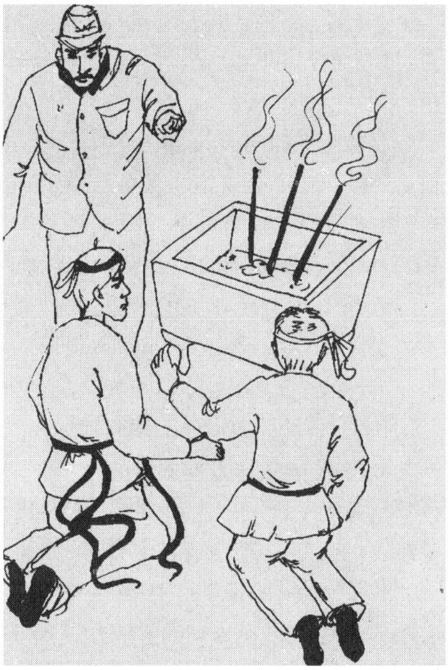

生死与共的话说一通，终于靠脸皮厚，保全了性命。

悍匪杜立三也是个黑心人，但他黑的程度远不及张作霖。张作霖是脸皮又厚心又黑，杜立三哪里是他的对手。后来杜立三果然栽在张作霖手里。

张作霖投降清军后，做了右路巡防统领的小官。东三省总督徐世昌为了消灭杜立三，派殷鸿寿到新民府会见张作霖，令张作霖缉拿杜立三。张作霖接到这个命令，想起当年被杜追杀的情景，至今仍心有余悸。张作霖想：如果与杜硬拼，等于自取灭亡。诡计多端的张作霖想到，若能擒杀杜立三，立下一大功，一定会升官进爵，不免又有点跃跃欲试。经过精心考虑，张决定采用智取的方法对付杜立三。

张作霖决定利用当年的友情，以劝降为名，把杜立三骗进新民府，然后擒杀。

于是，张作霖派人到杜家游说。杜立三对张作霖早就看不起，认为他没有骨气，一口回绝。杜立三说：“如今，我们已是两股道上的人，他为官，我为匪，各走各的道。我们是有骨气的，不羡慕他升官发财。”

在杜家碰壁，张作霖早就料到了。他毫不气馁，又决定实施第二个方案：请杜立三的同宗叔父杜泮林劝驾。

杜泮林，黑山县人，自幼熟读经书，是个秀才，他崇尚侠义，爱看《水浒》，与绿林胡匪多有交往。

杜泮林虽然只是杜立三的堂叔，但杜立三对他言听计从，杜泮林也时常让侄儿学《水浒》中的人物，要有英雄豪杰的侠义气概。杜泮林与张作霖私交很深，时常为张出谋划策，张作霖是草莽出身，斗大的字识不了几升，杜又曾向新民府的增韫保举过张作霖，因而张作霖对杜泮林感激不尽，拜其为“义父”。

张作霖看这位“义父”过于相信自己，就想要个花招，玩一玩这位“义父”，此等黑心肠人物，哪里管你是什么“义父”。

张作霖亲自到杜府拜见杜泮林，大讲“改邪归正”的好处，分析杜立三受招抚的前途和继续打家劫舍的危险性。凭着三寸不烂之舌，竟说得杜泮林有点动心了，张作霖趁热打铁，又让杜泮林见了殷鸿寿委员。杜泮林这位迂腐的老糊涂，以君子之心度小人之腹，听了二位的花言巧语，对张作霖的话竟确信无疑。老夫子提笔给杜立三写信，之乎者也，甲乙丙丁、一二三四，摆出一大堆理由，劝侄儿受招安，信中说：“游侠非终身之事，梁山岂久居之区，一经招安，不仅出人头地，而且耀祖荣家。”悲哉老夫子，自己没弄个状元、进士之类，只考了个秀才，没有能够耀祖荣家，竟希望土匪侄儿光宗耀祖，不也太痴了吗？

杜立三一生杀人如麻，机智胆大，这一次竟也糊里糊涂。看了杜泮林的信后，觉得叔父不愧秀才出身，讲得很有道理。决定不放弃这次受招安的机会，想把草帽换顶清朝的狗尾巴帽子戴戴。于是，收拾停当，准备去新民府。

杜立三全副武装，骑高头大马，带着护卫长和几名护卫，奔赴新民府。

张作霖吃过杜立三的亏，深知杜立三的厉害。这次杜立三自投罗网，张作霖怎能不暗暗得意，但他一点也不敢掉以轻心。他精心挑选精壮兵士 50 名，在险要处设防，准备端掉杜立三的老窝。

1907 年 4 月 26 日，天刚拂晓，杜立三带着 13 名卫士到新民府招待处。

只见张作霖身着便衣，十分潇洒，草莽武夫之气一点也看不到，而且对杜热情招待，十分殷勤，二人共进午餐。杜立三胆子本来就大，又见张和颜悦色，并无杀机，于是放松了警惕，身边只安排了两名随从。

过了中午，张作霖陪杜立三来到殷鸿寿住处，由张作霖引见。殷鸿寿大讲杜立三是民族英雄，抗俄有功，是绿林中第一豪杰，又说，如今朝廷爱惜人才，一定要向朝廷保荐，赦免他的罪恶，而且提升他为军官，为国效力。殷的一番夸奖赞扬，使杜立三飘飘然。

杜立三虽然感到这些话很中听，但他心中依然警惕别人的暗算，应酬几句，稍事休息，便起身告辞。殷鸿寿高声喊道：“送客！”暗示埋伏在屋门口的武士动手。

杜立三走到门口，跨出门外转身向殷鸿寿说：“请留步！”这位绿林胡匪死到临头，还想礼貌一番，话音未落，汤玉麟等几个彪形大汉一拥而上，七手八脚地把杜立三捆绑起来，接着把杜的几名随从一起拿下。

当晚，在新民府大营两边，把杜立三和他的两个贴身随从一同枪决。

当年杜立三对张作霖讲义气，没有杀张作霖，而今张作霖对杜立三毫不客气，一夜都不肯让他多活。

秦朝末年，刘邦赴项羽的鸿门宴，项羽以“妇人之仁”而未杀刘邦，后来刘邦和项羽垓下大战，项羽兵败，自刎于乌江。

李宗吾说项羽心不够黑，故用“妇人之仁”，脸不够厚，故有“匹夫之勇”，如此则不能成大业。

刘邦不顾亲生父亲、亲生女儿，又杀韩信，又杀彭越，可谓心黑如炭。

刘邦不顾礼义廉耻，朋友之谊，父子亲情，可谓脸厚胜城墙。

杜立三赴张作霖的鸿门宴，张作霖没有项羽的“妇人之仁”，杜立三不死才是怪事。

杜泮林听到杜立三被杀的消息，捶胸大哭，十分气愤，大骂张作霖不仁不义。但张仁霖“英雄”海量，不同“义父”计较，诡辩说他的举动是“为大义而不顾小节”，是“大仁大义，保境安民，为民除害，乃正义之举”；又说，“杜立三恶贯满盈，凶暴残忍，不杀不足以平民愤”，“你老人家大义灭亲，为国尽忠，令人敬佩，这次兵不血刃，为地方除一巨害，完全是老人家的功劳，张某决不瞒功欺上，一定报请徐总督给予老人家奖赏。”

杜泮林老泪纵横，指责张作霖：“朋友讲究信义二字，你与立三是金兰弟兄，没料到你会欺骗我，我痛心者，是我骗了我的侄子。侄子虽不是我亲手所害。却死在我手……”最后，杜泮林乞求张作霖对杜的家属好生照顾，对杜的部属有所安抚。张作霖满口答应，表示对杜立三的家属一定尽到朋友之情。

张作霖只顾卖友求荣，扩充自己的实力，哪里管什么诺言。他令人包围杜家，此时杜家老小已经出走。于是，就把杜立三的衣物、弹药、财宝装了几十辆大车，送往新民府巡防营，据为己有。

张作霖消灭了辽西最强悍的土匪杜立三，使新民府知府沈金鉴、东三省总督徐世昌非常高兴。沈金鉴上书徐世昌，徐世昌上书朝廷，请求给张作霖以嘉奖。

不久之后，朝廷下令授张作霖为蓝翎都司，以游击尽先补用，晋升为奉天巡防前路统辖五营的统领，张作霖的帮兄帮弟也鸡犬升天，各自晋升一级。

到 1909 年，张作霖又剿灭了两支较大的蒙匪。由于剿匪有功，他青云直上，又升为兆南镇守使，兵力由 5 营扩大到 7 营，手下达 3500 多人，为以后称霸东北，创造了条件。

断绝后路，计整黎元洪

“置之死地而后生”是我国古代兵法的一项著名的用兵原则。这项原则，一般就是在敌强我弱，士兵斗志不坚，军心不齐的情况下，来用的一种非常措施。像项羽“破釜沉舟”，使士兵只有向前，后退无路，只有向前拼死力战，才能生存。再如韩信“背水列阵”，也是断绝士兵的退路，使他们团结一致，拼死作战，死里求生，转败为胜。

这个古人用兵的原则，也被近现代某些军政要人用于政治斗争中。当这些人要拉拢一个犹豫不决的人时，常常采用切断他的退路的办法，使他不得不投入自己的怀抱，然后就可利用他。

民国初年，袁世凯就用此法拉拢了黎元洪。

1911 年，武昌革命党人起义后，袁世凯看到武汉军政府都督黎元洪是被迫依附革命的，是可以为己所利用的人物。于是，对黎元洪采用了一个长期的有步骤的先拉拢，断绝后路，迫使他倒向自己，最后将其“囚禁”的谋略手段。

在南北议和的时候，袁世凯有意抬高黎元洪的身价，处处对他表示推重。袁世凯派特使带着停战条款来到武昌时，声明一定要见黎元洪。这时，黎元洪已逃走，盖章时，袁的特使一定要盖黎元洪的都督章。这使黎元洪改变了以前在军政府内事事要听革命党人意见的态度，逐渐强硬起来。

南北议和，清帝退位，孙中山辞去大总统职务，袁世凯在北京就任临时大总统。袁世凯组织政府，任命各部部长，外交、内务、财政、陆海军、交通各重要部门均掌握在袁世凯亲信手中，革命党人只占有司法、农林、工商、教育几个次要部门。

袁世凯在黎元洪已担任副总统的情况下，又任命黎元洪兼任参谋总长。这一任命，其用意很深：一是可以以黎首义都督和副总统的双重身份，抵制革命党人黄兴任参谋总长；二是为日后把黎从湖北调开，削弱黎的实权，埋下伏笔。

黎元洪虽然积极倒向袁世凯，但他仍然是武汉革命军政府的都督，受到一部分革命者的拥护。袁世凯明白，如果不割断黎元洪与革命者的联系，就不能使黎元洪彻底倒向自己。

武汉军政府中有一个叫张振武的革命者，控制着一部分革命政权，成为黎元洪推行反革命政策的障碍；武汉还有孙武、蒋翊武，他二人与张振武合称“三武”，是武昌起义之功臣。

当时，张振武仍然掌握着两支部队，一支是将校团。该团由张振武的心腹方维任团长，约有3000多人；另一支是原兵部总监所辖的六个大队，共千余人。1912年春，黎元洪下令遣散，张振武将其改编为军务司护卫队。

张振武多次抵制黎元洪篡夺革命权力，成了黎元洪的眼中钉。

张振武作为湖北首义功臣，手下有军队，黎元洪不敢在湖北杀害他。为此，黎元洪颇费心机，想出一个借刀杀人的诡计来，让张振武和方维进北京，借袁世凯之手杀掉张振武。

最初，黎元洪想用调虎离山计，将张振武调到北京，等时机成熟后再杀张振武。

袁世凯看到黎元洪虽是革命阵营中的人，但拉他一把就会倒向自己，可以达到分裂革命阵营的目的。黎元洪与袁世凯密谋调虎离山之事，袁世凯派心腹与黎联络。

调虎离山的方法是：先由袁世凯电邀武昌首义的革命党人进京，再由黎元洪致电袁世凯作推荐。

1912年春，袁世凯多次发电武昌，召革命党人首领和起义将领进京。

5月份，孙武、蒋翊武、张振式等人作为首义有功人员被“举荐”到北京。袁世凯给“三武”授以“总统府军事顾问”的虚衔。

张振武是一个干事业的人，他对这个虚衔不满，曾当面质问段祺瑞：“难道我们湖北人只会做顾问吗？”他还多次向袁世凯呈递条陈，要求做点实事。袁世凯随意授予他一个“蒙古屯垦使”的名义。袁本意并不是要张去搞屯垦，张振武却要设立专门机构，申请经费，袁以财政困难为由予以拒绝。

张振武感到在北京难以发挥自己的才干，拂袖而去，回到武昌。

张振武回到武昌后，挂起了屯垦事务所的牌子，每月向黎要1000大洋，筹备精兵，准备开往蒙古屯垦。

黎元洪看调虎离山计未能实现，就决心及早借袁世凯之手杀掉张振武。于是，黎、袁又加紧勾结，策划新的阴谋。

8月初，袁世凯又频频来电，敦请张振武迅速进京，共商国是，说什么"屯垦事正在筹商，何以经行回鄂？仰速来筹划进行"。黎元洪又拨给张路费4000元，摆酒宴为张振武送行。张振武看袁世凯、黎元洪态度恳切，不知其中有诈，就决定再次进京。黎元洪假心假意地说什么："对于张君，元洪可抚心自问，绝无丝毫相待不好之心，此言可鉴天日"。临行时，黎、张二君握手作别。

张振武哪里知道，此次北上之路，正是一条死亡之途。

1912年8月10日，张振武和方维一行30余人抵达北京。

张振武一到北京，北京的大小官员均热情接待。袁世凯几次召见，询问湖北的军政情况，听取张振武开发蒙古屯垦的宏伟计划，并倍加称赞。

张振武为各方面的诚恳态度所感动，特向袁世凯呈递了《上袁大总统书》，建议筹边之策略。

为了消除南北党见，8月14日，张振武在德昌饭店宴请同盟会和共和党要人，同盟会方面宋教仁、张继，共和党方面张伯烈、刘成禺等皆出席。

当张振武希望大家"消除党见，共维大局"，且为之多方奔走之时，北京和武汉之间密电往来，正加紧协商杀掉张振武的阴谋。黎元洪在给袁世凯的电报中说："不杀张不独为全鄂之害，实为天下之害。"黎元洪还派心腹进京，面见袁世凯，对袁说"鄂部队俱已布置妥当，万无他虞，请即日行刑"。

1912年8月15日晚8时，为了联络南北感情，张振武在当时北京最豪华的饭店——六国饭店宴请北方将领。北洋军队的头面人物，毅军统领姜桂题，拱卫军司令段芝贵，参谋次长陈宧等出席。

宴会在10时结束，客人们一个个红光满面，酒足饭饱。张振武送走客人，乘马车离开六国饭店，准备回下榻的西河沿金台旅馆。马车行至前门棋盘街牌楼下，突然一声呼叫，伏兵四起，一拥而上，将张振武五花大绑。

正在此时，段芝贵来到张振武面前，从上衣口袋里掏出杀张振武军令，张振武看到军令上盖着总统府的大印。

随后，张振武被押往西单玉皇阁京畿执法处，等待审讯。

早在一个小时以前，段芝贵的拱卫军和京师步军统领衙门的骑兵已冲进了金台旅馆，方维和随行人员均被逮捕，然后被关押在城外玉皇阁的京畿执法处。

16 日凌晨，未经任何审讯的张振武被枪决。与此同时，方维也在城外遇害。

谋杀张振武，是黎元洪政治阴谋的大暴露。这个阴谋是从挑拨张振武、孙武、蒋翊武之间的关系开始的。

“三武”同为武昌首义的功臣，又同为革命党人，但三人存在着矛盾，这种矛盾使黎元洪有机可乘。如果“三武”团结一致，不但不会使湖北军政大权落入黎元洪之手，更不会导致革命党人被黎屠杀。

谋杀张振武是黎元洪向袁世凯投靠的又一重大表现。然而，袁世凯比黎元洪更加毒辣、狡猾，他枉杀了张振武之后，在报纸上全文披露了黎元洪发给他要求杀掉张振武的密电的原文，电文中黎元洪称：

“张振武……怙权结党，桀骜自恣。赴沪购枪，吞蚀巨款，当武昌二次蠢动之时，人心惶惶，振武暗煽将校团乘机思逞……”“迈更遗惑军士，勾结土匪，破坏共和，图谋不轨，狼子野心，愈接愈厉……元洪爱既不能，忍又不敢，回肠荡气、仁智俱穷，伏乞将张振武立予正法，其随行方维系同恶相济，并乞一律处决，以昭炯戒。”

张振武被杀，引起了全国革命者的公愤。8 月 22 日，同盟会本部发布启事，将黎元洪除名。

黎任社长的大同社也以黎为“共和之敌”，将该社改为大同公社，罢去黎社长职务。

袁世凯为什么要将黎元洪的电报公布在报纸上呢？这自有袁的用意。

袁世凯这样做的目的是为了离间黎元洪和革命党人的关系，使其彻底失去革命党人的拥护。革命党人起来造黎元洪的反时，黎元洪必然对革命党人实施武力镇压。这样，黎元洪就与革命党人彻底决裂，此时再轻轻地拉黎一马，黎就必然投入袁的怀抱。

事实的发展正如袁世凯所料。电报原文公布之后，黎元洪成了过街老鼠，人人喊打，完全成了革命的罪人。在这种情况下，黎元洪别无选择，只有硬着头皮，与革命党人决裂，历数张振武 15 条罪状，为自己辩护，但这 15 条所谓“罪状”，毫无根据，更激起武汉革命党人的愤恨。革命党人计划在 1913 年 10 月 10 日武昌起义一周年时起事，推翻黎元洪。参加起事向南湖二马队恐事不密被泄，决定提前到 24 日夜起事，但 23 日被黎的侦探侦知，遂被黎镇压下去。马队二标起事向城内进攻失败，马队一标革命党人密谋再举事，也被黎镇压下去。黎元洪指派心腹，在武昌城内大肆屠杀革命党人，被杀者在千人以上。

黎元洪彻底撕下了革命的假面具，站在了反革命一边。

1913 年 6 月，黎不惜降低身份，向袁世凯发效忠电，袁拉拢黎的目的达到了。

1913 年 7 月，南方革命军发动反对袁世凯的二次革命，黎元洪站在袁世凯一边，成为袁镇压二次革命的帮凶。同时，又血洗湖北。

黎元洪失去了革命者的支持，当袁世凯镇压了革命以后，就回过头来收拾黎元洪。他强迫黎元洪离开武昌，到了北京，被袁世凯安排在囚禁过光绪帝的瀛台。

黎元洪到北京，成了袁世凯的政治俘虏，虽然名义上是副总统，但无实权，每日只好“散步、读书、阅报、写字”，除此之外，无事可作。袁世凯对他还不太放心，特意派人“保护”。

黎元洪落此下场，只能“遥望长江，不禁泪下”。

就政治权术来讲，袁世凯老谋深算，黎元洪根本不是他的对手。

狂妄日军，受挫平型关

山西位于黄土高原的东部，是华北五省中地势高、地形复杂的省份。其东北部山峦起伏，太行山、五台山等形成天然屏障恒山则脱颖而出、直入云端。这些大小连绵的山脉、千壑万岭，构成众多的关隘险塞，平型关便是其中之一。抗日战争中一场漂亮的歼灭战便发生在这里，这就是人们熟知的平型关大捷。

平型关地势险峻，位处太行山西麓、恒山南侧，西有险关雁门，东有峻峰太白山，周口店至原平的铁路在其附近经过，可谓由平原进入山西高原的门户之一。1937 年日本掀起全面侵华战争后，便在大规模攻击华北平原上沿平汉、津蒲两条主干线分布的重镇的同时，也开始把矛头指向可扼制整个华北局势的山西。它一方面西进平绥线，取大同、包头等，在南口遭守军顽强抵抗后，便又转进迂回，径奔张家口；另一方面则主力向西南挺进，夺晋冀边陲重镇，西跃太行山岭，步步逼近省垣。当时，中国方面主要是第 2 战区，拥有数十万重兵，但由于执行了单纯阵地防御战，尽管广大指战员多次奋力拼杀，然而整个战局却日益严峻，日军节节胜利，而我军则接连败北，不可收拾，造成了“皇军不可战胜”的神话。到 9 月中旬，日军已占领大同、包头、蔚县等地，中国守军大部退到雁门关、平型关、神池一线沿内长城防御拒敌。根据战区指挥机关部署，以国民党两主力军分守平型关及其以西的茹越口，另一部主力军坚守雁门关第 18 集团军（八路军）将主力部署在平型关和雁门关侧背，配合主力部队反攻日军。为此，第 115 师和第 120 师分别出陕入晋，在晋东北和晋西北地区集结待命，准备迎击来犯的日军。

9 月下旬，第 115 师主力第 343 旅和独立团在林彪师长的亲自率领下，沿铁路经繁峙、大营等地进抵上寨、下关地区；另一部主力第 344 旅和直属队在聂荣臻副师长的指挥下，沿公路经五台、龙泉关等地到上寨、下关集结，与先遣部队会合。部队刚刚做短暂休整，便接到日军已逼近平型关守军阵地的消息，奉命开赴前线，投入战斗。原来，西进涞源、灵邱、浑源一线，准备直下忻口、太原的是日军第 5 师团，这个“大日本皇军精锐之师”的首领便是曾任关东军高参、只身独闯马占山大营、为日军侵占东北立下汗马功劳的板垣征四郎。21 日，该部第 21 旅团攻下灵邱，一路没遇到中国军队的有力抵抗，便以骄横姿态沿灵邱主大营公路追击败退下来的国民党部队，直趋平型关而来。22 日,由三浦敏事少将旅团长亲自指挥的这部日军在平型关正面阵地与守军激战,双方经反复冲杀争夺,伤亡都很重,日军攻势受挫。23 日,日军主力陆续赶到,向公路两侧守军阵地猛攻,并以战车助战,守军势单力孤,苦战竟夜,几乎全军覆灭,阵地尽为平地,东西跑池及部分高地被日军占领。然后,日军主力继续深入,后援部队也源源涌来。

为了有力地打击日军的嚣张气焰,减轻平型关正面阵地的压力,以有力地配合主力反击,八路军总部命第 115 师主力急进至平型关地区,寻机给日军以迎头痛击。根据总部指示,林彪于23 日夜晚率部进至平型关东南约15 公里的冉庄隐蔽集结。24 日,天空阴云密布,不久便下起了倾盆大雨,林彪的部队冒雨连夜急行,第二天拂晓便到达平型关东北公路南侧山地设伏,沿二三公里长的沟底公路布下了阵地,等待必经此地的日军助攻部队一部的到来。

25 日清晨,天仍下着大雨,八路军 115 师第 343 旅 685 团在杨得志团长、第 686 团在李天佑团长的带领下,已埋伏在关沟、老爷庙、蔡家峪、韩家湾地区公路的南侧,第 244 旅 687 团和 688 团也在预定地区设伏完毕。上午 8 时半,从小寨到老爷庙之间约二三公里长的公路上,开来日军载重汽车 80 余辆,马车百余辆,连成一字长线。车上日军千余人,另有部分骑兵押运,满载着军需物资由东而西,向东驶来。这实际上是 21 旅团的一支补给部队,正趁刚刚停雨的机会向前线日军运输给养。但由于道路泥泞,车队行动缓慢,而且队形无法始终保持一致,经常被偶尔受阻的车辆打乱,日军又未事先向沟两侧山地进行侦察前进,因而,对 115 师的伏击一无所知。八路军借机从南侧猛攻沟底公路,枪炮声、喊杀声顿起,响彻整个山谷。日军顿时大乱,许多士兵还未明白发生了什么便纷纷倒毙。接着,八路军指战员冲向公路,在浓浓的烟雾中,或匍匐前进、或滚身而行,逼近敌人后,用手榴弹消灭日军,然后就是激烈残酷的白刃战。一阵吼叫过后,又一批日军倒了下去。

然而,战斗并非就这样进行下去。八路军终究习惯了游击战,而对山地运动战缺乏足够的经验。他们知道自己面对的是日本人,但作为第一次交手的敌人,他们却没明白这批训练有素并满脑子是武士道精神的家伙与内战时期国民党军队有什么不同,既然都是敌人,面对惨败又能有什么不同反应呢! 所以,当战士们冲到公路上,手握明晃晃的刀枪,向还在车底顽抗的日军高喊:“老乡,交枪不杀!”时,回答他们的就只有子弹,一批战士就这样惨死在垂死的敌人面前。直到这时八路军将士才终于醒悟了,于是愤怒的子弹更猛烈地射向了敌阵,战斗越加激烈起来。

毕竟是经过常年强化训练的日军,尽管地形不熟,处于被动挨打的地位,但很快其指挥官便发现北侧的老爷庙是控制公路两侧的制高点,他呼喊着,指挥残部向这里冲来。这里本来八路军没来得及设伏,是在战斗打响后由第二梯队抢占的。当日军疯狂扑上来时,遭到的命运与沟底公路上的并没两样。几次冲锋之后,日军的攻势消失了,八路军各后续部队全线出击,很快便把所有的敌人分割包围,逐车逐沟地加以渐次消灭。这样,日军的大炮失去了作用,闻讯而来的飞机也只能眼睁睁地看着自己的军队被吃掉,又悻悻而归。

战至中午,师预备队688团也攻了上来,八路军两面夹击,左右围攻,最后终于把辛庄、小寨、老爷庙一线山谷公路上的日军千余人完全彻底地歼灭掉了。战斗结束后,这段二三公里长的两山夹沟中,路上、坡上、沟壕里,那厚厚的黄土地面,尸骨狼藉,血肉模糊;车上车下,到处是半坐半卧的日军尸体。

在八路军围歼21旅团补给部队的同时,板垣急令其各部驰援平型关,其中一部由浑源向南夺占了关北之团城口等地,击溃了我军按计划出击部队;另一部由蔚县驰进关口正面,发动攻势,与守关我军展开激战,致使第2战区反攻计划告吹。但115师仍主动出击,向关正面之东跑的日军2000余人发起进攻,并很快占领了部分高地及以南的阵地,只等国民党军队全线出击,便可消灭此敌。可是,国民党军队各部不仅不主动出击,而且在八路军已扼制此敌攻势的情况下仍袖手坐观,使已十分疲惫的115师官兵处于极为不利的境地。面对这种情况,为保存实力,作战后需必要休整,以伺机再战,115师奉命撤出战斗。这样,中国军队以平型关为依托,组织有力的反击战的时机便失去了。30日,日军付出沉重代价终于占领了这座雄关,然后便长驱直入,平型关之战由此结束。

平型关之战,尽管中国军队未能有效地阻敌进军山西,彻底打乱日军的作战计划,但是,广大官兵浴血奋战,尤其是八路军115师一举歼敌3000余人,击毁汽车100余辆,缴获了大量枪枝弹药和军需物资。

八路军首战平型关,极大地震撼了侵华日军,振奋了中国人民的抗战士气。

诱敌深入,巧歼王牌

1947年春,蒋介石调集了以整编74师等全美械装备的精锐主力部队为骨干,计45万多人的兵力,由陆军司令顾祝同统一指挥,编成了3个机动兵团,于3月下旬对山东解放区发起了重点进攻。当时,敌阵势之大,攻势之猛,大有"黑云压城城欲摧"的势头。

华东野战军司令部里,陈毅司令员对粟裕副司令员说:"中央急电,中央军委、毛主席指示:敌人密集靠拢不好打,只要有耐心,歼敌机会总是有的……可诱敌深入。"

粟裕说:"毛主席的指示非常正确,目前,我军在兵力、装备上同敌人相比都处于劣势，不能硬拼，只有按照主席指示，诱敌深入，在局部上形成优势，再对敌实施围歼。”

陈毅说：“我们可先将主力部队转移到新泰、蒙阴以东地区待机行动。”

按照中央军委和毛主席的指示精神，我军开始有计划地转移。

5月11日，情报机关向陈毅司令员报告，我军刚一后撤，敌人就迫不及待地乘机前进，尤其是第一兵团司令汤恩伯一变过去稳扎稳打的战法，不待其他兵团统一行动，便贸然突进，打头阵的是张灵甫的整编74师，最为嚣张，已孤军深入到孟良崮，从而造成中央突出。

陈毅看着情报，轻声说：“我看时机到了。”

粟裕接过情报，“74师先到了。陈老总，原先我们想第一个打右翼暴露的第7和第48师的计划要调整一下喽。”

陈毅哈哈笑着说：“这可是74师送上来的。我倒要看看蒋介石的天下第一师是不是比其他部队经得住打噢！”

粟裕说：“张灵甫可是蒋介石的心腹干将，还是美国人培植出来的得意门徒，他最崇拜拿破仑、希特勒，因为作战有功，一再受到重用，还被蒋介石誉为模范军人。”

陈毅说：“我也听说过，国民党吹得他好生了得，徐州绥靖公署副主任李延年就说过，有10个74师，就可以统一全中国。有74师，就有国民党。牛皮吹得不小噢。”

“哈哈，哈哈！”粟裕大笑起来：“确实，蒋介石的这个嫡系御林军几次同我们交手，都未受到我军的重创，他就了不起了，不知道我们的厉害，也看不起他的顶头上司汤恩伯，还以为其他将领都是草包。”

陈毅接着说：“那我们可不客气了。从地形上看，74师现正在坦埠一带，他们再往前走就进了孟良崮山区，那里的地形和态势都十分有利于我军歼灭74师，我看可以在孟良崮吃掉他！”

粟裕说：“我同意这个作战方案，可以向中央军委报告！”

拂晓，国民党的74师进至孟良崮山区。在行进的大队里，驶出一辆白色的轿车，“吱”的一声，停在路边。

车门打开，从车上走下身材魁梧的74师师长张灵甫。他拿着望远镜看了看周围，全是石质山，他心里一惊：此地质不易构筑工事，而且重装备也难以随行。

张灵甫看完地形,问副官:“这里是何处?”

副官赶紧回答:“部队现正行进在孟良崮。”

张灵甫问:“友军都在什么位置?”

副官报告说:“我师的右翼有3个整编师,左翼有两个整编师,这5个师同我们很近。另外第5军和整编11师正在新泰、莱芜一带,离我们也不远。”

张灵甫把手一挥:“打电报给南京,向老头子报告,我张灵甫已与共军主力相遇,我们要把共军消灭在他们的解放区里!”

在华东野战军司令部里,宽大的会议室里坐满了各路大将。

陈毅正在用他那浓重的四川口音说:“毛主席和中央军委已批准了我军的作战方案。我们要把蒋介石的御林军74师消灭在孟良崮。这次战斗,我们决定以5个纵队的兵力集中打74师,另外4个纵队的兵力负责打援,要关好门来打,坚决消灭狂傲不可一世的74师!”

粟裕站起身来,看了看四周:“现在命令,5月13日晚,各纵队开始行动。第1、第8两个纵队,分别从敌人74师两翼插入敌纵深,割裂开它与左右邻的联系;第4、第9纵队从正面攻击敌人;第6纵队在垛庄一带切断敌人的退路,用陈老总的话说,要关好门打。”

陈毅猛地站起:“要不惜任何代价,不准74师跑掉一个人!”

5月14日,解放军各纵队完成了对敌74师的包围。同时,打援的4个纵队也进入了战斗状态。

与此同时,南京总统府的蒋介石认为决战的时机已经到来。他一面电令张灵甫固守孟良崮,一面命令左右翼的5个师对解放军进攻部队实行两面夹击。又电令第5军、第11师对解放军实行反包围,准备在孟良崮地区与解放军决战。并亲自下手谕:“鲁南决战,只许成功,不许失败!”

5月14日,战斗打响了。解放军指挥员如下山猛虎,直捣74师,其他各路攻击部队也对被围之敌展开了猛烈围歼。74师如瓮中之鳖,全军溃败。

经过三昼夜的激战,蒋介石不可一世的王牌军就被完全、彻底、干净地消灭了。战至16日,华东野战军全歼敌人33万余人,敌师长张灵甫也被击毙。

以快制快,拦腰斩蛇

朝鲜战场的第一次战役粉碎了麦克阿瑟的“圣诞攻势”。但是,麦克阿瑟的野心不死,经过整顿,又组成了东西两个重兵集团,沿着清川江、赴战岭一线向朝鲜北方发动了进攻。

中国人民志愿军司令部里,彭德怀总司令和韩先楚副司令员正在研究作战计划。参谋长看着沙盘上的敌阵说:“我看麦克阿瑟这次部署的是一字长蛇阵啊。”

彭德怀风趣地说:“这回麦克阿瑟的阵法可以说是铜头、铁尾、豆腐腰。这豆腐腰可不禁打啊!”

他沉思了一会儿,说:“韩副司令,我看,这回恐怕你要亲自出马了。”

韩先楚副司令爽快地说："彭总，我看你已是胸有成竹了，赶快拟定作战方案吧。"

彭德怀向沙盘俯下身子，说："老韩，你来看。"

韩先楚走向前来，看着彭德怀。

彭德怀说："敌人摆的是长蛇阵，没有什么新鲜玩艺，我想，你可以指挥38军、42军，直插三所里、龙源里、殷山里、顺川，实施战役迂回，在迂回中，拦腰斩蛇，切断敌人的退路，歼灭美军的主力部队。你看怎么样？"

韩先楚看着沙盘，说："好，彭总，你这个决策可是制敌于死命的一着好棋啊！"

彭德怀说："如果没有什么意见，我看作战总体方案先这样定下来，咱们分头进行动员，做好准备。"

韩先楚说："就按彭总的决策办。"

三天后，韩先楚副司令组织精干的指挥所，携带电台，随38军向三所里突进。

部队在开进途中，为了实行中央突破拦腰斩蛇的作战方案，韩先楚命令部队一举攻克德川与宁远两城，全歼了两城的南韩伪军。

由于歼敌心切，韩先楚同38军军长梁兴初分乘两辆汽车，一前一后超越了38军的先头部队，一直向三所里前进。

嘎日峰山口。这里山高崖陡，地势险要，真是"一夫当关，万夫莫开"。

梁兴初一边用军帽擦着头上的汗，一边环视地形，说："如果从这里切断敌人的退路，就能够歼灭三所里以北的美军与南韩伪军。"

正当他们看地形的时候，情报机关报告："发现土耳其的一个旅正在向这个山口急进！"

韩先楚问："土耳其人还有多远？"

情报机关回答："比我军离这山口要近。"

韩先楚急了，大叫："崔醒农！"

侦察处长崔醒农赶紧过来。

韩先楚说："你赶紧乘车去催促我军，传达我的命令，要先头部队跑步抢占嘎日峰山口！"

崔处长接受命令后，飞一般乘车驶去。

38军先头部队在强行军；

土耳其部队在急行军；

38 军先头部队一个尖刀班登上山口；

土耳其派先头部队一个连登上山口；

尖刀班用机枪对准土耳其旅的先头连一顿横扫，敌人倒下一大片。

我军后续部队赶到，连续冲击，消灭了敌人先头连，38 军俘敌 120 人，并占领山口。

此时，韩先楚命令 38 军的侦察分队以神奇的动作、急袭的手段炸毁了三所里与龙源里的两座大桥，把敌人的退路完全切断了，敌军成了断了腰的蛇。

38 军大部队赶到。

韩先楚、梁兴初发出命令："立即对山口以北的美军、南韩伪军展开围歼，动作要快。"随即，韩副司令、梁军长率部似下山猛虎向敌军扑去。

敌军急行军退却，惊魂未定，仓促还击，四下溃散。38 军将士越战越勇，满山遍野搜山抓俘虏。

此战役 38 军仅缴获美军坦克、炮车、汽车就达 1000 多辆。

美军全线溃败，麦克阿瑟震惊之余，为了保存实力，命令他的部队全线撤退。

38 军尚在酣战之际，韩先楚、梁兴初及时把战况报告了彭德怀，彭德怀高兴地在电话上高呼：38 军万岁！

抗美援朝二次战役胜利结束了。时隔 40 多年，谁都没有忘记直捣三所里、龙源里的这支英雄部队，谁也没有忘记断敌退路、关门打狗的奇谋良策。

诱敌入瓮，重振雄威

李舜臣是朝鲜著名的民族英雄，抗倭名将，杰出的军事谋略家。历任权管、郡守、左议政，赐号"宣武功臣"。在壬辰卫国战争中，先后任全罗左道和三道水军统度使。他运用出色的军事战略，指挥朝鲜海军多次击败入侵的日本海军，取得了一系列海上作战的胜利，为整个卫国战争的最后胜利做出了重大贡献。1598 年 11 月，在著名的露梁海战中，与中国水军总兵陈横共同指挥中朝联合舰队，大败倭军。李舜臣在海战中壮烈牺牲。著有《李忠武功全集》。

李舜臣的用兵特点是：善于利用有利地形，诱敌深入，打击敌人。下面这则海战故事就很清楚的说明了这一点。

从 1591 年起，日本就积极准备发起侵朝战争。李舜臣在国家危难之际，出任全罗左道水军节度使这一海军要职。他一到职，竭尽全力加强海军建设，做好反侵略战争的各项准备。其中最有贡献的一件事就是改造"龟船"。改造后的"龟船"，长约 40 米，宽约 4 米，船身及上面的"龟壳"用硬木制作，包上铁板，板上装有密集的钉子，敌人的炮火不易伤害它，在接舷战时，敌人也无法攀登。船头有个大龙口，在行进中，龙口喷射浓烟，可隐蔽自己，迷惑敌人。船头和四周都设有炮眼、枪眼，士兵在船内就可以向敌人发射火力。船的两侧还设计有十面船桨，战斗时一齐划动，船行飞快，进退自如。加大后的船体，可多存淡水和粮食，适合长时间、远距离航行。经过李舜臣改造后的"龟船"在后来的对日战争中发挥了重大的作用。比如在

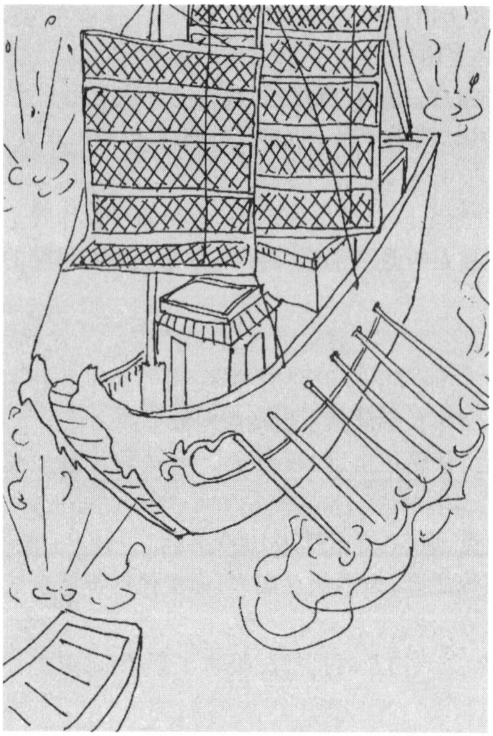

1592年5月底至6月上旬的唐浦战役中,李舜臣指挥"龟船"充当先锋,冲入敌阵,左冲右撞,往来穿梭,同时发射各种火炮,将敌舰撞破或击沉。他还令"龟船"冲向敌旗舰并将其撞破。由于李舜臣拥有改造后的先进船只"龟船",加上他善于运用灵活多变的战术,使自恃强大的日本侵略者在海上累战累败,连主力也被歼。

为了挽回败局,日本侵略者施反间计,使昏庸腐朽的朝鲜国王罢免了李舜臣的三道水军统制使职务。李舜臣苦心经营的朝鲜水军在1597年7月的作战中几乎全军覆没,朝鲜水军的大本营闲山岛被日本人占领。日水军在朝鲜海面又恢复了毫无顾忌的自由往来,日陆军再次向朝鲜腹地推进。

此时,朝鲜舆论一致要求李舜臣复出。朝鲜当局迫于国内舆论的强大压力,重新任命李舜臣为三道水军统制使,委以挽救国家危亡的重任。但同时,朝鲜当局认为,朝鲜水军已垮,靠水军难以御敌,令李舜臣率军登陆作战。

临危受命,再次复出的李舜臣以军事谋略家的眼光,洞察形势,认为水军绝不可废。但他上任时,手下只有12艘劫后仅存的战船和在他复职的路上跟来的120多名官兵。而他的对手是拥有600多艘战船和数万名水兵的日军舰队。

李舜臣并不气馁。他就以这12只战船和120名官兵为基础,首先补充了一部分兵员,加紧训练。其次,重新选择新的水军基地。面对敌众我寡、敌强我弱的形势,李舜臣感到,要想以少胜多,以弱胜强,必须出奇制胜,必须把敌人引诱到有利于我军作战的地形与水域中来,才能展开战斗,以我之长,击敌之短。于是,李舜臣指挥朝鲜水军击退前来偷袭的八艘敌舰后,便主动把统制使的大本营移到金罗道的右水营隐蔽起来。

对这一带的地形,李舜臣是了如指掌的。右水营的前海有狭长的鸣梁海峡和险要的珍岛碧波亭。碧波亭在珍岛的东北方,地势非常险要,前有甘釜岛阻挡,港内可隐蔽数十艘战船;碧波亭西北边的鸣梁海峡,长两公里多,最宽处有四五百米,狭长处只有300米,每天海潮涨落四次。涨潮时,海水由东向西流向海峡;落潮时,海水由西向东急速退向海面。因退潮时发出巨大的声音,所以得名鸣梁海峡。这里历来是海战的重要地区。

李舜臣认为这里是杀敌的好战场，决定利用这险要地形，把日军引诱进来加以歼灭。为了阻挡敌船撤退，李舜臣还派人在鸣梁海峡东西两个出口处，暗设铁索和木桩，目的是要让涨潮时驶入的敌舰，退潮时不能驶出，给朝鲜水军提供一个瓮中捉鳖的场所和机会。

此时，日军水军在消灭了朝鲜水军的主力以后，骄傲自大，到处追歼零散的朝鲜水军和战船，企图在朝鲜水军重建之前将其全部歼灭，以解除日本大军进一步入侵朝鲜的后顾之忧，牢牢控制制海权，实现丰臣秀吉“水陆并进”的计划。

9 月 16 日，日军派出 330 多艘战船和 2 万多名水兵，借着涨潮的时机由东向西进攻驻在鸣梁海峡的朝鲜水军。日军傲气十足，根本没有把朝鲜的“残存水军”放在眼里。

在敌我双方兵力十分悬殊的情况下，个别朝鲜水军的指挥官临阵畏惧，不敢应战。李舜臣却胸有成竹，沉着指挥。他首先命令部下将众多的难民船和老百姓的渔船伪装成战船，排列在朝鲜水军的战船之后，以壮军威；同时又组织了陆战队，隐蔽在海峡两侧，准备随时消灭登陆的敌人。他说：兵法上讲“必死则生，必生则死”，我们只有拼死杀敌，勇往直前，不存在生还的心理，才有可能得胜。全军将士如有畏缩不前的，一律军法惩处。

一切布置停当后，李舜臣亲自率领朝鲜水军战船 12 艘出战，将大批敌船引诱进海峡的最险要处鸣梁口（兀突峡）。日军乘着满潮，大批战船涌进鸣梁口。他们看见朝鲜水军的战船很少，便把朝鲜战船团团围住轮番攻击。当他们发现了李舜臣的指挥船时，便不顾一切地扑上前来。面对敌人的攻势，李舜臣下令指挥船抛锚停船，以示寸土不让的决心。他的这一行为，鼓舞了部下将士英勇战斗。将士们见主帅如此舍生忘死，都拼死向敌船冲去。经过浴血奋战，击沉了包括日军指挥船在内的三艘日军战船，杀死了日军指挥官马多时。日军在失去主将和指挥后，一片混乱，他们远望，又发现朝鲜战船的后面还排列着数不清的大小“战船”，对朝鲜水军的实力顿生疑窦，并产生了恐惧感。他们不敢恋战，企图回窜。

这时恰好退潮，海水急速逆流向东。这正是朝鲜船队等待歼敌的最好时机。李舜臣命令指挥船起锚，立即指挥战船顺着潮水大举反攻。日军抵挡不住，迅速撤退，争先恐后，企图驶出海峡。

退潮水浅，李舜臣事先派人暗设在峡口海面的铁索和木桩等发挥了重要作用，挡住了日军船只的退路。这一突如其来的情况，使日军战船更加恐慌，互相拥挤，互相冲撞，乱成一团，无法形成战斗力。朝鲜水军在李舜臣的指挥下，抓住有利时机，向日本战船发起了猛烈的攻击。不用多时，就击沉日军战船 30 余艘，击毙日军 4000 多名，取得了著名的鸣梁大捷，再次粉碎了日军“水陆并进”入侵朝鲜的作战计划，有力地鼓舞了朝鲜水军的士气。

李舜臣又抓住这一有利时机，大力扩充水军，加紧制造武器和建造战船，重振了朝鲜水军的雄威。

兵书《百战奇略》上讲：“用少者务隘”。这就是说敌众我寡时，如在隘路中作战，敌兵虽多却施展不开，我兵虽少却能灵活机动，就一定能够取胜。李舜臣鸣梁大捷，以少胜多，重振朝鲜水军雄威的事例，又一次证明了“用少者务隘”的道理。

置之死地，决战求生

斯大林格勒（现名伏尔加格勒）位于伏尔加河下游，顿河大弯曲部以东约60公里，是前苏联南方的政治、经济、文化中心和水陆交通枢纽，也是重要的军工基地和高加索石油的转运站。

根据1942年夏季进攻计划，德军统帅部企图在苏德战场南翼集中兵力，攻占高加索和斯大林格勒，占领巴库和富饶的伏尔加河下游地区，然后北取莫斯科，南出波斯湾。德军统帅部原定由“B”集团军群（司令博克元帅，7月15日起为魏克斯上将）的第6集团和坦克第4集团进攻斯大林格勒。7月13日，希特勒下令坦克第4集团（司令保卢斯上将）的任务是攻占斯大林格勒，扼守顿河中游地区，保障“A”集团军群向高加索进攻。第6集团军是当时德军实力较强的集团军，辖6个军（其中2个坦克军）共18个师，约25万人，坦克740辆、火炮和迫击炮7500门，由第4航空队1200架作战飞机担任支援。

苏军最高统帅部正确分析了形势，计划通过顽强的防御削弱并阻止德军集团，不让它进至伏尔加河，从而赢得时间，建立预备队，待条件成熟后转入反攻，以求全歼德军重兵集团，扭转苏德战场形势。

斯大林格勒会战从1942年7月17日德军进攻斯大林格勒开始，至1943年2月2日苏军在斯大林格勒地域全歼德军结束，分为2个时期，即：苏军防御时期和苏军反攻时期。

防御时期(7月17日—11月18日)的战斗行动

第1阶段　远接近地防御(7月17日—8月17日)德军第6集团组成南北2个突击集团，企图从行进间突破苏军防御，向卡拉奇方向发展进攻，围歼顿河右岸的苏军，并从西南突向斯大林格勒。7月17日，德军第6集团军的先头部队在顿河河曲的奇尔河的齐姆良河一线，与苏军第62、第64集团军的前进支队接触，斯大林格勒会战开始，经过激烈战斗，至22日，苏军各前支队退到基本防御地区，德军两路突击集团突破苏军防御，分别进至布齐诺夫卡和卡尔斯亚地域。8月5日，德军前出至阿勃加涅罗沃地域。

7月28日，苏军最高统帅斯大林发布第227号命令，指出苏德场的危急情况，谴责了“退却”情绪，号召千方百计阻止法西斯德军前进，为保卫前苏联的每一寸领土，坚持到流尽了后一滴血。第227号命令鼓舞了苏军指战员的士气，他们深刻理解祖国再一次面临生死存亡的危险，决心不怕任何牺牲来保卫前苏联的每一寸领土，挫败德军的进攻。

8月初，斯大林格勒地域明显分成2个独立的战役方向：一个是西北方向，一个是西南方向。两个方向都直接通向斯大林格勒。斯大林格勒方面军的防御地带宽度已从530公里扩展到800公里，其战斗编成达8个集团军。为了保证对防御部队的指挥，苏军最高统帅部于8月7日决定，将斯大林格勒方面军左翼第64、第57、第51集团军，连同统帅部预备队近卫第1集团军和空军第8集团军编为东南方面军，由叶廖缅科上将任司令员。斯大林格勒方面军保留第63、第21、第62集团军和坦克第4集团军。8月9

日，苏军最高统帅部为了密切两个方面军之间的协同，决定由叶廖缅科指挥两个方面军。最高统帅部于8月初在斯大林格勒方面军编成后开始组建空军第16集团军，以增强航空兵力量。

8月5日至10日苏军进行英勇战斗，阻止德军从西面和南面向防御的外部围廓推进。东南方面军于9至10日实施反突击，迫使德军坦克第4集团军暂时转入防御。至8月17日，德军前进了60至80公里。苏军经过1个月艰苦的远接近地防御，退守斯大林格勒外层围廓。

第2阶段　近接近地防御(8月18日—9月12日)8月中旬，德军统帅部以意大利第8集团军展开在苏军第63、第21集团军的正面，而将第6集团军调出加强进攻斯大林格勒的突击集团。8月19日，德军第6集团军组成北突击集团，由特廖霍特罗夫斯卡亚地域向东，坦克第4集团军组成南突击集团，由阿勃加涅罗沃地域向北，对斯大林格勒实施向心突击。两个集团兵力各为9个师，力图从西面和西南同时实施突击，攻占斯大林格勒。8月23日，是斯大林格勒保卫战最艰巨的一天。这一天，德军切断了第62集团军与斯大林格勒方面军主力的联系。为防止德军从北和西北面突入城市，斯大林格勒方面军急速派出预备队和工人歼击营，在顿河和伏尔加河之间的地带组织防御。23日下午，德军出动几百架飞机对城市进行密集轰炸，入夜又出动飞机约2000架进行袭击。苏军105架歼击机起飞迎战。当天德机被击落120架。斯大林格勒市区遭到严重破坏，伏尔加河岸的油库中弹起火，燃烧的石油沿河漫流，沿岸城市成了一片火海。

8月25日，斯大林格勒城防委员会宣布戒严，第2天通过关于加速构筑街垒的决议，并号召居民保卫自己的城市。26日斯大林任命朱可夫大将为最高统帅副手。29日朱可夫由莫斯科飞到卡拉奇以北约3公里的卡梅申—斯大林格勒方面军野战指挥所，协调与组织斯大林格勒地域的防御。

8月下旬至9月上旬，苏军向德军发动了几次反突击，迫使德军部分兵力北撤，从而减弱了对斯大林格勒市区的突击，德军被阻止在西方市郊。

在斯大林格勒南接近地上，东南方面军与德军坦克第4集团军展开激战。争夺内层围廓的激战一直持续到9月12月，这时战线距市区只有2至10公里。

随后苏军两个方面军的部队撤向市区围廓,结束了近接近地上的防御作战,德军突击集团从东北和西南直接逼向斯大林格勒市区。

第3阶段　抗击德军对斯大林格勒市区的强击(9月13日—11月18日)从9月12日起,斯大林格勒的城市防御由东南方面军第62、第64集团军负责:前者防守城市北部和中部,后者防守南部。苏军最高统帅部继续向斯大林格勒地域增调预备队。

9月12日,希特勒下令第6集团军不惜任何代价,迅速攻占斯大林格勒。此时德军从高加索和西方向调来9个师又1个旅,加强进攻的力量。进攻斯大林格勒的德军兵力共达13个师(其中3个坦克师和1个摩托化师),约17万人,火炮和迫击炮1700门、坦克近500辆。

9月13日,德军第6集团军组成2个突击集团,向市区中部进攻:1个集团以4个师的兵力从东面的亚历山大罗夫卡地域进攻;1个集团以3个师的兵力从东北的萨多瓦亚车站地域进攻。当天日终前,德军向北推进到"街垒"工厂、"红十月"工厂区附近,占领了南部萨多瓦亚车站。

市区争夺达到白热化程度,市内的街道和广场都变成激烈的战场。德军不顾重大伤亡,每天从早到晚连续冲击。苏军利用建筑物组成支撑点和抵抗枢纽部进行顽强的抵抗。双方对每个街区、每栋楼房、每层楼都反复争夺。

早在9月3日,斯大林即命令朱可夫在斯大林格勒北部地区向德军进攻,以便吸引德军进攻斯大林格勒的兵力。从9月上旬到中旬,苏军近卫第1集团军和第24、第66集团军在斯大林格勒以北不断发动进攻,力求击溃德军并与第62集团军会合。苏军的企图未能实现,但吸引了德军8个师的兵力及一部分炮兵、坦克和空军,使苏军守城部队的险境得到缓和。

9月21日,德军4个师向城市中部的伏尔加河突进。苏军奋勇抵抗。至9月26日,德军遭受重大伤亡后占领了市区中部和南部。

市区争夺战开始后,苏军最高统帅部不断以大本营预备队加强斯大林格勒前线,有力地支援了战斗。伏尔加河区舰队的运输工作,也对防御战斗起了重大作用。仅从9月12日至15日就为第62集团军向伏尔加河右岸运送人员达1万名,物资达1000吨。

9月28日,苏军最高统帅部将斯大林格勒方面军改称顿河方面军(司令员罗科索夫斯基中将),东南方面军改称斯大林格勒方面军(司令员叶廖缅科上将)。两个方面军直接由最高统帅部指挥。

苏军守城部队利用市区建筑构成支撑点,储备弹药、粮食和医药用品,以供长期坚守。德军反复冲击,付出重大伤亡,但始终未能攻下。

10月上旬,希特勒命令"B"集团军群使用全部兵力攻占斯大林格勒。德军对工厂区和奥尔洛夫卡地域展开猛烈的冲击,同时在市区中部对近卫步兵第13师重新发起猛攻。在市区争夺战中,德军航空兵出动率达到进攻以来的最高点,平均每昼夜出动1000架次以上。经过激战,德军终于突入"街垒"和"红十月"工厂外的小镇地域。

10月份,德军不断向斯大林格勒增调兵力。至10月9日,德军攻城集团共8个师9万人,苏军第62集团军有5.5万人,在德军占优势的情况下,双方在拖拉机厂、街垒厂、“红十月”厂展开了激烈争夺战，战斗持续到11月18日。

10月15日德军占领拖拉机厂。17日苏军第138师增援工厂区的战斗。在伏尔加河畔的每一寸土地上展开了残酷的争夺战。苏军以顽强的战斗，大量杀伤敌人，德军的攻势逐渐减弱。11月11日，德军发起最后一次进攻，占领了“街垒”厂南部并进至伏尔加河岸。第62集团军被分割成3部分。苏军凭着这3块阵地牵制着进攻的德军，直到苏军在斯大林格勒地域转入反攻。

至1942年11月8日，斯大林格勒保卫者阻止了德军优势兵力的多次进攻，守住了重要的战略要地。至此，斯大林格勒会战苏军防御阶段结束，同时也是前苏联卫国战争第1阶段——战略防御阶段的结束，从此前苏联卫国战争进入第2阶段——根本转折阶段。

德军向斯大林格勒方向先后调来50个师的兵力，连续进攻4个月之久，但未能实现其战略意图。在此期间，德军死伤近70万人，损失火炮和迫击炮2000余门、坦克和强击炮1000余辆、飞机1400余架。

反攻时期的战斗行动(1942年11月19日—1943年2月2日)苏军最高统帅部确定1942年底至1943年初的作战企图是：根本改变战争进程，解放南方最重要的工业区，突破德军对列宁格勒的封锁，巩固莫斯科—斯摩棱斯克战略方面的态势。鉴于德国尚未尽其全部力量，苏军最高统帅部决定，必须逐次消灭敌人，首先在战场南翼实施进攻，围歼斯大林格勒地域的敌军集团，进而击溃德军在南翼的全部军队。

早在9、10月间，苏军最高统帅部即着手制定围歼斯大林格勒地域德军的反攻计划，并进行组织准备。反攻企图是，从谢拉菲莫维奇和克列茨卡亚地域的顿河登陆场以及斯大林格勒以南的湖泊地域，对德军集团的两翼实施突击，尔后沿卡拉奇、苏维埃茨基向心方向发展，围歼斯大林格勒附近的德军主力。

苏军围歼斯大林格勒敌军集团的战略性进攻战役，从1942年11月19日开始，一直持续到1943年2月2日。反攻行动分为3个阶段。

第1阶段　从11月19日至30日，苏军突破德军防御，粉碎其侧翼集团，合围德军第6集团军和坦克第4集团军的部分兵力。

11月19日晨7时30分，西南方面军和顿河方面军揭开了反攻的序幕。很快，苏军占领了顿河左岸重要支撑点卡拉奇，同时在拉斯波平斯卡亚地域包围了罗马尼亚第3集团军第4、第5军，并很快将其歼灭，俘2.7万人。

斯大林格勒方面军左翼部队于11月20日在斯大林格勒以南转入反攻，突破敌防御。第51集团军机械化第4军于22日突进到苏维埃茨基。23日该机械化军与西南方面军坦克第4军在卡拉奇、苏维埃茨基会师，合围了德军第6集团军和坦克第4集团军的一部兵力，共22个师，总计33万人。苏军很快构成了绵亘的合围。从11月24日至30日，顿河方面军和斯大林格勒方面军对被围德军展开猛烈攻击，将敌压缩在约1500平方公里的地域内

此时西南方面军近卫第1集团军、坦克第5集团军和斯大林格勒方面

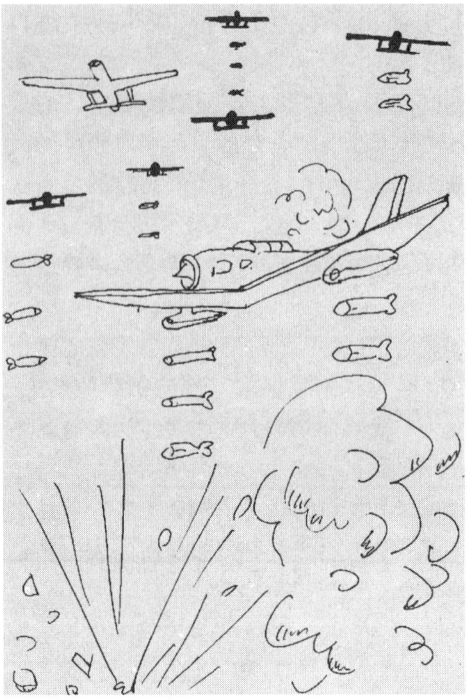

军第51集团军向西南和南面发展进攻，沿克里瓦亚河、奇尔河、顿河、科捷尔尼科沃以北之线构成宽达500余公里的合围面。

第2阶段　苏军在12月间歼灭德军新组建的两个突击集团，粉碎德军的解围企图。

苏军对斯大林格勒的德军完成合围后，最高统帅部决定：以顿河方面军和斯大林格勒方面军歼灭被围德军集团；另以西南方面军和沃罗涅日方面军左翼军队，在合围对外正面向罗托夫方向发展进攻。

德军为了解救其被围集团，开始在科捷尔尼科沃和托尔莫辛地域集中精锐军队，企图向斯大林格勒实施突击，突破苏军合围正面。

"顿河"集团军群在韦辛斯卡亚至马内奇河600公里上，共展开30个师。但该集团军群的部队严重缺额，战斗力很差，缺乏进攻能力。此时德军又面临1941年冬在莫斯科城下的处境。苏军攻占卡拉奇以后，切断了德军通往斯大林格勒的主要补给通路，第6集团军只有依靠空运补给勉强维持。

第3阶段，从1943年1月10日至2月2日，苏军全歼德军被围集团。

经过1942年12月的进攻，苏军将合围推进到距德军被围集团200至250公里以外，为彻底歼灭德军被围集团创造了有利条件。至1943年1月初，被围的德军第6集团军阵地被压缩得越来越小，且受到苏军严密的空中封锁，空运补给几乎中断，处境恶化，总兵力已减少到25万人，覆灭已成定局。

12月底，苏军最高统帅部制定了歼灭德军第6集团军的作战计划，由顿河方面军负责实施。1943年1月8日，苏军指挥部向被围德军发出最后通牒，令其放弃抵抗，缴械投降。但德军仍坚持顽抗到底。1月10日苏军转入进攻，第65集团军由西向斯大林格勒实施主要突击，至12日日终前，方面军的主要突击集团前伸到罗索什卡河第2防御地带。1月15日，苏军调整部署后继续进攻。16日晨苏军占领皮托姆尼克地域机场，德军只有靠古拉克机场空运物资。17日日终前，苏军前出到大罗索什卡、冈恰拉、沃罗波诺沃一线，德军在预先构筑的阵地上进行顽抗。1月22日，苏军重新准备后，在全线发起进攻。第21集团军切断了古姆拉克以东的铁路线，第64和57集团军占领了斯大林格勒南部，第65集团军攻占了亚历山大罗夫卡和哥罗迪舍。古姆拉克机场也被苏军占领。在粮尽援绝、饥寒交迫的情况下，保卢斯向德军统帅部请求向西南分散突围，但这个请求再次遭到拒绝。

1月25日，苏军进到斯大林格勒西郊。26日，由西向东进攻的第21集团军与由东向西进攻的第62集团军在马马耶夫岗会师。德军第6集团军被分割成南北两个集群，一个在市中心，一个在“街垒”工厂和拖拉机厂地域。

1月27日至31日，苏军第64、第57、第21集团军对南部敌军集群实施总突击，第62、第65、第66集团军则展开歼灭北部集群的战斗。31日，南部集群停止抵抗，刚被希特勒提升为元帅的保卢斯及其参谋长施密特少将被俘。德军第11军军长旋特雷克尔被俘。

至此，苦战200个昼夜的斯大林格勒会战，终于以前苏联军民的辉煌胜利宣告结束。

斯大林格勒会战，是第二次世界大战中苏德战场上的一次大决战。两国在伏尔加河与顿河之间的广阔战场，展开了惊心动魄的激战。苏军取得这次会战的胜利，具有重大的军事政治意义。

当时，苏联已经到了无路可退的地步，守不住斯大林格勒就可能输掉整场战争。面对德军的强大攻势和闪电突击战术，也不可能有足够的时间选择作战地点，只能集中兵力、顽强防守，一方面守住战略要点，尽可能地保存有生力量，另一方面赢得时间，建立预备队，待条件成熟后转入反攻。首先保证不被围歼，待德军攻势已成强弩之末，再大举反攻，对其实施分割包围，逐个歼灭。而德军大军团远征作战，攻击战略要点，也只有向前进攻一条路可走。因而双方都投入重兵展开决战。结果苏联军队经过防御、反攻两个阶段，顶住了德军的包围进攻，最后实施反包围，关门捉“贼”，歼灭了德军重要军事力量。此战成为二战的转折点。

全面封锁，重点打击

1990年8月20日，海湾石油富国科威特突遭劫难，同属阿拉伯联盟国家的海湾军事强国伊拉克出动14个师约10万人的兵力，在空军支持和海军的配合下，对其进行了大规模武装入侵。不到一天时间，占领了首都科威特城，进而控制了科威特全境。

伊拉克出兵占领科威特的消息震惊了波斯湾，也震惊了全世界，更使美国和一些西方经济大国诚惶诚恐、坐立不安。美国的惊慌并非无缘无故，伊拉克侵占科威特引发的中东动荡和潜在威胁，恰恰触动了它最敏感的神经。

中东地区的地理位置极其重要：是亚、非、欧洲交接地，与阿拉伯海、红海、地中海、黑海和黑海相濒，被称作“三州五海之地”，可扼博斯普鲁斯海峡、达达尼尔海峡、苏伊士运河、曼德海峡和霍尔木兹海峡，这一地区一直是苏美战略争夺的重点。对苏联来说，据有此地可以夺取不冻港并获得从东面包抄西欧的突破口，加强东西两线战略联系，对北约集团构成严重威胁。对西欧和美国来说，这一地区不仅是连接三大州海陆空交通的枢纽，而且还是遏制、堵截苏联南下地中海和印度洋的战略屏障。美国前总统艾森豪威尔曾说：“仅仅从地理角度讲，在整个世界战略上没有比中东更重要的地区。”

中东的石油储量、产量雄居世界之冠。伊拉克吞并科威特以后，就可以控制世界石油总储量的20%，成为仅次于沙特阿拉伯的世界第二大储油大国。如果萨达姆的行为不被制止，或者他将集结于沙特边境的军队再往前一伸，进一步控制住沙特阿拉伯和阿联酋，就意味着世界油库的65%掌握在萨达姆手中，届时，美国及其他西方工业大国赖以生存的"黑色血液"，将成为萨达姆掣肘、威胁他们的一个重大筹码。这对于整个西方经济无疑是个危险信号。

因此，伊拉克入侵并且吞并科威特美国绝不容许，西方列强绝不容许，科威特和其他中东国家(即便同是阿拉伯国家)也绝不容许。

联合国自然不能袖手旁观、坐视不管。8月2日，紧急通过一项决议，要求伊拉克立即无条件地将其入侵科威特领土的全部军队撤至入侵前的位置。8月18日，安理会通过664号决议，要求伊拉克政府允许外国公民尽快撤离科威特和伊拉克，不得采取任何危害外国公民人身安全和健康的行动，并派出官员前往伊拉克与之讨论外国公民的安全问题。8月25日，安理会通过665号决议，呼吁在海湾地区部署海军力量的国家必要时采取与具体情况相称的措施，以阻止出入伊拉克的船只，并对其货物和目的进行检查，以确保对伊贸易制裁的实施。接着，又相继通过了666号、667号决议，强烈谴责伊军侵犯外国使馆的行为，要求伊拉克立即释放被扣留的外交人员和外国侨民。

国际社会也迅速做出了反应：8月20日，美国总统布什在白宫宣布美国强烈谴责伊拉克对科威特采取的军事入侵，要求伊拉克立即无条件地撤出军队。并指示美国驻联合国代表要求安理会召开会议。同时签署命令冻结伊拉克在美国的财产，宣布美国将考虑采取必要的行动，"以保护美国在海湾的长期切身的利益"。3日，美国、苏联两国外长发表联合声明，要求伊拉克"恢复和保障科威特的主权、民族独立、合法政权和领土完整"。4日，欧共体12国召开会议，确定要对伊拉克施加压力，对其停止军火供应、政治接触和贸易关系。阿拉伯联盟部长理事会、海湾合作委员会、非洲统一组织以及欧洲、亚洲、非洲、拉丁美洲和大洋洲的许多国家和地区也都相继发表声明或公报，要求伊拉克撤出科威特，用和平方式解决两国的争端。

伊拉克在国际政治中陷于孤立。但是它仍然一意孤行。

9月8日，欧共体12国外长在罗马举行特别会议，一致表示要对伊拉克实行“更严厉、更有效和更紧迫”的禁运。25日，安理会通过670号决议，决定对伊拉克实行空中封锁。10月29日，联合国安理会通过第678号决议，授权联合国成员国在伊拉克于1991年1月15日之前仍拒不执行从科威特撤军等安理会有关决议的情况下，使用一切必要的手段，维护、执行有关决议，恢复海湾地区的和平与安全。

伊拉克在经济上陷入困境，空中、海上的封锁和禁运切断了它对外的经济贸易，也扼紧了它的经济命脉。

美国早在大声呼吁、搞软攻势的同时，也磨刀霍霍，加紧了军事进攻、武力解决的准备，它称此为“沙漠盾牌”计划。

面对联合国的严厉制裁和以美国为首的反伊联盟的强大军事压力，伊拉克没有表现出丝毫的退让和松动。萨达姆信任伊拉克在8年两伊战争中壮大起来的军事实力，他觉得自己凭120万军队、500万民兵、5600辆坦克、6000辆装甲车、4000多门火炮、770余架作战飞机、800多枚导弹和大量生化武器，完全可以与美国为首的多国部队放手一搏，至少不会吃大亏。更重要的，他认为反伊联盟内部肯定存在着可以利用的弱点和矛盾，只要伊拉克外交手段得力，争取时间，拖中待变，是可以出现有利于己的国际形势的。

首先他考虑依赖的是苏联，虽然它在海湾问题上对伊拉克也很强硬，连续在联合国制裁伊拉克的决议中投赞成票，并中断了对伊的武器供应，但苏联多年来一直与伊拉克关系密切，伊拉克得到了来自苏联的大量的军火和经济援助。更重要的是，苏联和美国多年来在国际问题上一直是对立派，颇有凡是你支持的我都反对的意思。海湾危机爆发后，苏联坚持并一再强调要通过和平途径用政治手段解决危机，因此伊拉克认为苏联是可以接近和靠拢的力量。

其次，西方阵营也不是珠联璧合，没有漏洞可钻。西方一些大国对美国在全球推行霸权主义早就心怀不满，希望在国际事务中扩大影响、重振雄风，因而在很多问题上对美国的提议和做法多有“保留”和“补充”。此次海湾危机爆发后，萨达姆把伊占科威特同历史遗留的阿以问题扯到一起，提出要以撤出科威特换取以色列撤出被占领阿拉伯领土，得到了以法、英为代表的一些国家的同情。

在萨达姆的战略思考中，最具有现实威慑力的一张王牌，就是把以色列拖入战争。10月8日，以色列在耶路撒冷的圣殿山屠杀游行示威的巴勒斯坦人，制造了震惊阿拉伯世界的“圣殿山血案”。10月9日，萨达姆发表声明，强烈谴责以色列，警告以色列必须撤出被占领的阿拉伯领土，否则就要进行“报复以色列屠杀巴勒斯坦人行为”的快速行动。虽然类似的抗议谴责已是老调常弹，其用意也很明显：“告诉”阿拉伯世界的兄弟们以色列才是他们头号的敌人，“提醒”他们不要忘记在以往同以色列的斗争中是美国一直包庇和支持着以色列，甚至在联合国作出以色列撤出被占阿拉伯领土的第243号决议后，美国都没有派兵，也没有其他表示。却在伊拉克问题上大动干戈。显然，他想把以色列拖进来，引起阿拉伯国家的同仇敌忾，把反伊联盟“捅个窟窿”。

但是，萨达姆算计错了，事情远没有如他所想发展下去。

苏联方面没有能够给予他实际援助，甚至连强有力的声援都没有，尽管萨达姆派外长阿齐兹专程去苏联游说、拉关系、做工作，但当时的苏联正危机四伏、困难重重，戈尔巴乔夫自然不愿意、也没有能力公开跟美国作对，引火烧身。美国总统布什在联合国的游说和国务卿贝克来往穿梭于欧、亚诸大国所做的游说、许愿显然收到了效果，西方诸国也都明白自己“坐不到头把交椅”，该发牢骚就发点牢骚，该跟着干的时候还得跟着干，他们有人出人，有钱出钱，名为主持正义，实则助美国一臂之力。萨达姆希望看到反伊联盟的裂缝则一直到海湾战争打完也没有出现，这倒多亏了以色列的出人意料的忍性，精于算计、在任何事情上都不肯吃亏的犹太人对萨达姆的百般挑衅装听不见，甚至在几颗伊拉克的“飞毛腿”砸到头上之后还无动于衷，显然美国的工作做得到家，当然它也绝对不敢开罪美国。阿拉伯兄弟们没有了头号敌人，就冲萨达姆这个第二号较开了劲。

当萨达姆在政治、外交上连连失利，越来越陷入被动、孤立局面的时候，美国没有忘记挥舞手中的“大棒”，紧锣密鼓地调集以其为首的多国部队，自陆地、天上、海里对其伊拉克和被占领的科威特进行了包围和封锁。

美国不惜血本，在海湾陈兵 43 万人。其中陆军 26 万人，海军 5 万人，空军 4 万人，海军陆战队 8 万人。将海军的一半作战舰艇、陆军 2/3 最强大的重型坦克部队和海军陆战队的 90% 的作战部队投入海湾。美国陆、海、空三军摆出进攻性部署，对伊拉克形成四面包围之势。陆路方面，在沙特境内，与海湾合作委员会部队相接，美国部署了三个装甲师、1 个机械化师、1 个机械化步兵师、1 个机械旅、2 个装甲骑兵团和 1 个战斗航空旅，在宽大正面和己方纵深内形成了可守可攻之势；同时海军陆战队 3 个远征旅、1 个陆军机械化步兵师和英军 1 个装甲旅，在沙特东北部呈梯次部署；在沙特西部地区前沿一线依次配备有埃及、叙利亚、摩洛哥等国军队，其后为法国地面部队，为美军一线部队提供翼侧保障。具有高度机动性能的第 82 空降师、第 101 空中突击师、第 11 防空炮兵旅及特种作战部分随时根据战场情况实施机动。空中方面，除配置于沙特的空军部队外，在土耳其南部基地美国 14 架 F—111 战斗机和 48 架 F—16 战斗机构成北出之势；卡塔尔的 44 架美军 F—16 战斗机、阿联酋的 24 架美军 F—16 战斗机、阿曼的 24 架美军 F—15 战斗机可以从东部实施牵制；位于印度洋迪戈加西亚美军基地的 26 架 B—52 战略轰炸机可进行全方位的战略支援。在海路方面，“威斯康星”号战列舰和中东特混舰队在海湾海域，“中途岛”号、“独立”号、“萨拉托加”号及“肯尼迪”号几个航母战斗群分别于阿曼湾、阿拉伯海域、红海和地中海实施海上监视和封锁，形成对伊拉克的环形立体包围。

1991 年 1 月 17 日，美国总统布什一声令下，对伊拉克军队的总攻开始，美军为主的多国部队，依靠先进的武器装备和周密的作战部署，用最小的代价换取了战争的胜利。多国部队首先进行空袭，用最先进的装备、最猛烈和最准确的爆炸制造了一场燃烧着烈焰的“沙漠风暴”，空中打击摧垮了伊拉克大部分战略力量，摧垮了其空军、海军，严重孤立了伊拉克最高领导集团，分割了伊军的空中和地面联系，切断了伊军的补给，瓦解了士兵的斗志，伊军处在最后崩溃的边缘上。直到此时,多国部队才发动起地面进攻,伊拉克人只进行了100小时的抵抗,在损失了41个师、3500辆坦克、2000辆装甲车、2000门火炮、103架飞机,几乎丧失了抵抗能力后,萨达姆宣布投降,表示无条件接受安理会自1990年8月20日伊拉克占领科威特后通过的所有12项有关决议。而迅速打击并制服伊军数十万军队的多国部队阵亡仅为126人。

海湾战争以美国为首的反伊联盟大获全胜结束,伊拉克自出兵侵占科威特开始就在国际政治舞台上陷入孤立,并且在美国的努力下,越陷越深;外交上一败涂地,得不到一个国家的公开援助和支持;经济上处于全面封锁之下;军事上处于重重包围之中。早已处于四面包围、成了“门内之贼”,遭受彻底失败当然在所难免。

逆境奋进,重振雄风

1982年和1983年两年间,号称“钟表皇后”的瑞士钟表业,在世界市场上遇到了强劲的竞争对手——日本、香港廉价美观的石英电子钟表的激烈挑战,瑞士钟表在世界市场上的销售量急剧下落到第三位,年产量从原来占世界产量的40%,猛跌到1982年的9%,从而结束了一个世纪以来瑞士钟表称霸世界的局面。瑞士两家最大的钟表业集团两年亏蚀5.4亿瑞士法郎,钟表公司股票下跌,整个钟表业面临全面破产的境地。

钟表业的失败,使沉迷于美梦中的瑞士钟表业者幡然醒悟。以汤姆克为首的一大批钟表企业家在逆境中奋起改革,力挽狂澜。经过两年多的拼搏,瑞士钟表终于再度卫冕,夺回“钟表之王”的桂冠。汤姆克本人也因此被誉为瑞士钟表业的“大救星”。

瑞士钟表业的起落沧桑,告诫人们:在科学技术飞速发展的今天,谁忽视了新技术的研究和应用,谁就会被飞速发展的社会所淘汰!

瑞士地处欧洲中部,是个国土只有4.1万平方公里,人口仅600多万的小国家,因地处内陆,进出口原料和产品不大方便,着重发展那些原料消耗少、技术密集型的工业。因此,钟表工业便成了瑞士重要的经济支柱之一。

瑞士钟表业已有400多年历史,它是从家庭手工业开始的,钟表工人世代相传,迄今仍以中小企业为主。目前,瑞士共有280多家钟表制造厂,员工达43000多人,为瑞士两家最大的钟表业集团——瑞士钟表业公司

ASUAG 和瑞士钟表工业协会 SSIH 所控制。20 世纪 60 年代,瑞士钟表达到鼎盛时期,全国每年共生产各类钟表近亿只,总值 40 多亿瑞士法郎,远销世界 150 多个国家和地区,钟表产量及出口量均占世界首位,素有“钟表王国”之称。

瑞士钟表不但销售量占世界首位,而且还以品种多、质量好而在世界上享有极高的声誉。瑞士的许多名牌手表成了财富、权势和地位的象征。被誉为“表中之王”的瑞士“劳力士”,尽管每块售价高达 8000 美元,仍然是世界市场上的热门珍藏品,那价格昂贵、金质镶钻的“卡剎埃”,也同样是国际市场上的抢手货;而“浪琴”、“欧米加”等,则成了达官贵人、绅士淑女引以为荣的财富。此外,“雪铁那”、“雷达”、“铁梭”等,也是人们孜孜以求的奢侈品……

一个世纪以来,人们提起瑞士便想起它的钟表。钟表成了瑞士的象征而名扬四海。

20 世纪 70 年代中期开始,特别是 80 年代初以来,由于资本主义世界经济危机的猛烈冲击和日本、香港、美国、南朝鲜等竞争对手的迅速崛起,使瑞士钟表“巨人”每况愈下,难以为继。钟表年产量由 70 年代前期占世界总产量的 40% 以上(有的年份甚至高达 80%),猛跌到 1982 年的 9%;手表年产量从 1973 年的 9600 万块下降到 1982 年的 5300 万块;外销量从 8200 万块滑落到 3100 万块;销售总值退居世界第三位。瑞士两家最大的钟表集团,1982 年和 1983 年两年累计亏损 5.4 亿瑞士法郎。有 1/3 的钟表工厂倒闭,数以千计的小钟表公司纷纷宣告结束营业,一半以上的钟表工人不得不离开了几代人都赖以为生的钟表工厂,悲哀地加入了失业的队伍……整个瑞士钟表业发生了有史以来的最严重危机,面临全面破产的危险。

那么,日升月恒的瑞士钟表业,何以在如此短暂的时间里拱手退出“钟表之王”的宝座?而号称亚洲“四强”之一的日本,何以在一夜之间夺得世界钟表业桂冠?这场具有戏剧性色彩的钟表之战,能给人以什么启迪呢?

在瑞士钟表业历史上,曾记载着一个颇为有趣的故事:

1905 年,汉斯·威斯多夫研制成一块准确而可资信赖的机械手表,并在伦敦创造“劳力士钟表公司”。1919 年,他将劳力士公司迁往瑞士日内瓦。当时,为了替手表找到一个恰当的名字,威斯多夫绞尽脑汁,创造了“劳力士”(Rolex)这个词,它的字母少得可以挤刻在表面上,他还把这个词用各国的语言发音,以便检验各种音调是否响亮,及各种语言的谐音是否吉利。可是,聪明的威斯多夫惟独忘了日文。也许他认为,那贫穷的岛国日本,压根不是高贵的“劳力士”栖息之地。于是,直到今天,日文的劳力士只能照搬“Rolex”的字母。

然而,20 世纪的 80 年代,威斯多夫的继任者及其他瑞士钟表业却受到了这不知是有意还是无意的疏忽的惩罚。在最近动荡不安的 10 年中,日本钟表业制造商秉持其大量生产的技巧、先进的电子技术,源源推出准确、廉价、精美的石英电子钟表,并以其咄咄逼人的竞争力,给瑞士钟表业以致命的打击。

最令瑞士人后悔莫及的是,日本、香港等地生产的石英电子钟表,最早却是瑞士人发明的。瑞士历来以生产传统的机械表闻名天下，到20世纪60年代，瑞士人首创了生产电子表技术，并研制成世界上第一块电子表。遗憾的是，在从传统的机械表转向生产电子表的过程中，瑞士人表现出惊人的保守和迟钝。他们认为，石英电子表不过是"难登大雅之堂的小玩意"，所以他们听任日本人发展电子表。

瑞士人的高傲和自信，把整个钟表业一步步引向不能自拔的深渊。直到70年代初期，面对来势凶猛的日本、香港、美国、南朝鲜钟表业的激烈挑战，瑞士人才渐次醒悟，预感到前程的坎坷，这才开始着手研究电子表。但他们仍然顽固地解释说："那是为绸缪未来可能的变迁；我们现在还无需变迁，但要着手应付可能的变迁。"这种情形正如日内瓦国际管理研究院钟表业专家俄斯·钦耐德指出的："以往，瑞士钟表业者深信他们已是该行业的佼佼者，无惧于任何人的打击。直到70年代初期，他们还天真地以为危机只是短暂的；而事实上，那已是乾坤转寰的问题，继起的经理们更未能完全体识当时的处境。"

瑞士人的迟钝和自信，使日本钟表制造商喜不自胜。机敏的日本人早就预测到：在未来10至20年时间内，市场上手表的需求量最大的将是准确而价廉物美的手表，而石英电子钟表正迎合了这种需求。事实也正是如此。一块随时可以丢弃、价值仅10美元的石英表，每个月的准确误差不超过15秒；而瑞士"表中之王"劳力士，每个月的准确误差或快于180秒，或慢于120秒。两者相比，无疑石英电子表占了绝对优势。因此，到了1983年，瑞士钟表业不得不悲哀地退出"钟表国王"的宝座。

为扭转钟表业急剧衰落的局面，近几年来，瑞士各级政府和实业界有识之士，采取许多抢救措施，力图重振昔日霸业。以瑞士银行公司和瑞士联合银行为首的7家银行，首先发起组成银行集团出面抢救。他们投资10亿瑞士法郎，买下了瑞士两家最大的钟表业集团——瑞士钟表业公司ASUAG和瑞士钟表工业协会SSIH公司的98%的股票，并将两大公司合并，于1983年5月组建阿斯钟表康采恩，撤换了原来的领导成员，由银行集团派任欧内斯特·汤姆克担任康采恩总经理。

汤姆克，1985年45岁，他原来是一个医学博士，1978年弃医从技，出任埃塔钟表零件公司经理。他不仅是个有丰富的管理经验的企业家，而且还是一个微电子技术的积

极开拓者。几年前，汤姆克就预感到，80年代瑞士钟表业将会遇上强劲的竞争对手，如果不从传统机械表转向主要生产石英电子表，瑞士将失去钟表王国的地位。因此，他著书立说，呼吁发展瑞士的微电子技术。他出任埃塔钟表零件公司的经理后，看到日本生产的世界上最薄型手表，对瑞士钟表业构成极大的威胁，好战的汤姆克决心要赢得这一“薄型钟表战”。汤姆克亲自制订改革方案，更新生产工艺，将原来制作手表的“三部曲”精简成“一部曲”。半年之后，埃塔公司生产的厚度仅2毫米的薄型手表——斯沃奇，震动了国际钟表业界，就连日本人也连连称奇。

汤姆克担任总经理之后，首先把人才视为振兴霸业的关键。他把工程师、设计师当作知心朋友，大胆委之以重担。在设计会上，他鼓励设计师大胆创新，各抒己见，并特别欢迎对自己的方案提出异议。假日里，他经常和这些穿着随便的设计师们上山野餐，沟通感情。但汤姆克对失职的管理人员却丝毫不留情面。上任伊始，他就解雇了一大批不称职的管理人员。当某一部门的负责人因部门管理混乱时，汤姆克便会立即严厉地发出解雇警告。

在产品结构上，汤姆克采取由生产机械表为主转为生产电子表为主的战略决策。阿斯钟表康采恩成立之前，原来两家钟表公司主要生产浪琴、雪铁那、雷达以及欧米加、铁梭等名牌表，这些高档名牌表虽然仍处于领先地位，但有相当一些牌子利润不高，无力与大量廉价的石英电子表抗衡。汤姆克果断地淘汰了一些牌子，同时对一些仍有市场的名表进行革新换代。

“欧米加”曾经是瑞士高档名牌手表之一。但70年代以来，在与日本、香港石英表的竞争中，连连失利，欧米加手表厂严重亏损，仅1980年亏损额就达4000万瑞士法郎。汤姆克分析说，欧米加亏损的原因有三条：一是改变石英表太迟，以致被日本和香港抢去市场；二是销售战略失误，销售人员缺乏现代化的市场知识，未能及时掌握市场需求动向；三是产品结构不合理。该厂每年生产1500多个品种的欧米加手表，其中许多品种生产批量很小，有的甚至每年仅生产5块，这不仅不利于提高生产效率、降低生产成本，而且也给工厂的管理带来许多麻烦。为收复失地，汤姆克对该厂进行全面整顿，制订了改革方案，首先将5450名职工裁减或调职，最后仅剩下1555人；其次，减少品种，坚决淘汰一批利润不高的品种，并将大量卖不出去的存货废弃。

汤姆克在淘汰一批名牌表的同时，研制出一批被誉为振兴瑞士钟表业“旗手”的新式石英钟表，其中最具竞争力的就是薄型斯沃奇表。

斯沃奇，是一种圆形长针日历表，全塑表壳表带，表身精美轻巧，并有许多不同的颜色，带有草莓、香蕉等多种不同香味。由于采用新的制表工艺，零件比普通表减少一半，具有抗震性能强，防水性能好，并能经受得起30米深的水压等优点。在生产过程中，汤姆克采用最先进的设备，如机器人操作等，因而成本很低，每块售价才30美元。该表问世后，销量扶摇直上，首批出口美国400万块，一下子就被抢购一空。接着，汤姆克又在日本设立“日本瑞士钟表公司”，专门推销这种新式表。1986年他以一块7000日元的价格，在日本推销，计划三四年后年销量100万块。汤姆克说：“在最大的钟表国取得成功，瑞士便可重新确立世界王牌的地位。”

瑞士联邦政府和企业界人士致力振兴钟表业，不仅是为了恢复瑞士的传统经济，而且还想以钟表业为突破口，开拓瑞士新技术革命的道路。早在1978年，联邦政府就作出决定，在4年内增拨2400万法郎的研究经费，用于研究微电子技术；同时还拟定增建一个“电子元件检测中心”。到1984年，所确定的有关电子表元件的科研项目，已有37项目已经完成。因此，可以说在资金和科研上，瑞士钟表业已基本上完成了由生产机械表为主，转向生产电子表为主的战略转移。

阿斯钟表康采恩的子公司马林微电子技术公司，今后将成为瑞士微电子技术的中心。目前该公司已安装了一条制造新的集成电路的生产线，制造性能更高、价格更低的集成电路。这种仅2微米大小的超微型集成电路，除了在本国钟表业应用外，还可以向其他行业提供服务，并发展到向世界市场大批生产。

汤姆克并不为成功而停步。目前，他正设法改进阿斯钟表康采恩的许多毫无竞争性的中档牌子。此外，继续发展用于航天工业、深水作业以及大型国际体育比赛用的高精确度钟表。瑞士生产的这类钟表每天误差不超过百万分之1秒，其中原子钟可保持3000年误差不超过1秒。这类钟表在国际市场上一直享有盛誉。

经过几年的调整之后，瑞士钟表业终于渡过了有史以来最严重的危机，进入新的发展阶段。1984年，瑞士钟表出口总值达40亿瑞士法郎，占世界市场的40%，恢复到1981年前的水平。1985年，瑞士钟表业又传捷报，出口金额总计43亿瑞士法郎。瑞士钟表业终于击败日本，再度夺回了“钟表王国”的桂冠。

柯达公司，占日市场

伊斯曼·柯达公司是美国最大的照相机和摄影器材制造商，出售胶卷占公司总销售额的65%。20多年来，柯达公司在日本出售的胶卷数量比其他任何国家都要少。之所以如此，是因为柯达公司与占有大部分市场的富士和樱花（即柯尼卡）胶卷公司存在激烈的竞争。

到1975年，柯达胶卷在日本的销售量剧增，彩卷比黑白卷增长更快。然而，到了1976年，运往日本的胶卷首次下降了10%，其中黑白卷下降了16%。按日元计算，彩卷和黑白卷下降数量的对比是富有戏剧性的：按数量计算彩卷占所有胶卷的50%，但按日元计算则占78%。

柯达公司总裁兼首席执行官华特·华伦先生对形势作了一个判断，认为日本对胶卷的需求正在稳步增长，柯达胶卷的质量也优于富士和樱花胶卷，问题一定是出在推销环节上。公司决定对其在日本的胶卷推销采取进一步的行动。

1977年1月，华伦先生指示国际摄影部主任维利·罗宾逊，让其经销部门对当前存在的问题和机遇进行评估，并提出可行的解决办法，期限3个月。罗宾逊立即带领经销部门人员着手行动，派5名市场分析人员赴日本调查柯达胶卷在日本的经销状况。

经过近1个月的紧张工作，罗宾逊于1月29日向公司提交了一份评估报告。这份报告中最重要的思想是经销工作的重点应是彩卷而不是黑白卷。同时，报告也提出了以下问题：柯达彩卷与其竞争对手存在价格上的差距；和富士卷相比，在货架上的位置不显眼；品牌知名度不高，人们不敢贸然试用，除售货员推荐，顾客是不买柯达彩卷的。调查表明，售货员并不积极推荐柯达彩卷。所以，下一步行动的主要目标是设法让经销商更积极地推销柯达彩卷，提高品牌的知名度和最终销售量。初步确定的经销战略是：通过降价来缩小价格差距，改变价格与价值的关系，鼓励试用，使那些不信或很少相信名牌的人转向购买柯达产品；战略的重点是争取零售商，发挥他们的干劲。为此，罗宾逊的经销部门提出了3个可供选择的办法：

第一是从1977年3月1日开始持续进行3个月的大减价。降价的幅度比原来提出的要大，并给零售商以折扣优惠，换取在货架上占据更大的地盘，提高零售商个人推销的积极性。这样可以让零售商在顾客中提高柯达彩卷的知名度和通过介绍柯达胶卷的优点，改善价格与价值的关系。解决这个问题估计要花520万美元。

第二是从1977年3月5日开展大规模的广告推广活动。初期推销活动的想法来源于名叫“小猫招贴画赠送活动”。这个活动是每买一个胶卷免费赠送一种招贴画。这个招贴画是印有5只小猫的彩色图片。由于日本人迷信小猫的种类与走好运有联系，所以这些小猫是经过挑选的。招贴画还配上让顾客看起来有趣的背景。柯达向经销商店还送去大量展示商品的设备，以便展示。配合报纸杂志上的广告，又制作了一个精美的15秒钟电视广告。这项解决办法估计总开支为960万美元。

第三是在全日本范围内开展一次为期3个月的“柯达杯”彩色摄影作品大奖赛，规定参赛作品使用柯达公司免费赠送的胶卷。这样，鼓励了对柯达胶卷的使用。同时开展必要的广告和公关活动，加以配合，如竞赛的组织和作品的评奖邀请日本人参加，刊播获奖作品或举办获奖作品展览等。这项活动的总开支估计为600万美元。

1977年2月6日，华伦召集他的经理们开会确定上述推销方法。大家对几个方案进行了充分的讨论，各抒己见。一位高级国际部经理认为，广告推广活动的想法是好的，但日本是一个潜力不大的市场。在柯达仅占7%

份额的市场上用3个月的时间进行推销、花费这么多钱是得不偿失的。他说，很多日本人听从售货员的推荐，不如用降低批发价的办法来激发零售商，这样比搞广告推广更有积极性，同时也能节约开支。柯达公司在日本的经销经理布什比较了各个方案的优缺点，他指出，日本的零售商喜欢要招贴画和彩色商品展示设备，因为这样能吸引更多的人到商店来。由于商店经营的不只是柯达产品，所以，零售商希望产生连锁效应，而单纯减价则不能招徕新顾客。和照相联系起来，招贴画也能大大提高柯达品牌的知名度。另外，他强调指出，柯达是市场上质量最好的胶卷，降价能在国内外招徕一些顾客，但按计划将价格下降过猛反而会引起人们的怀疑，不如保持原价，以免影响品牌的声誉。同时给零售商一定的折扣，调动其积极性。另一位在日本的经销经理哈特曼指出，日本人非常喜欢审美欣赏和审美比赛，"摄影作品大奖赛"如组织得好，很容易在日本产生轰动效应，一举创出名牌。同时零售商为展出而感到骄傲并赠送小猫的招贴画，这样可吸引那些不相信这个牌子的顾客，而他们正在成为攻克的主要目标之一。

倾听了各位的意见后，总裁华伦说，公司的目标是扩大在日本的市场份额，必要的话可增加一定的开支。哈特曼先生受到鼓励，大胆地提出了一个把上面的三种方案综合起来考虑的方案。他说："日本的彩卷市场是十分诱人的，我相信公司的这项活动中的投入将会获得可观的报酬，失去这次机会是令人惋惜的。"这时，公司财务经理提醒说，综合方案的开支不小，如推销总支出超过1400万元，公司的财务将会出现一定的困难。其他一些人也表示了相同的忧虑。

华伦十分赞同哈特曼的设想。他力排众议，确定的推销方案是：广告推广和摄影大奖赛活动同时进行。同时也给零售商一定的折扣；公司拿出1600万美元支持这项活动，罗宾逊立即拿出具体行动计划书；罗宾逊和哈特曼负责整个活动；财务经理提供一份公司的财务状况报告书。

正如华伦所预料的，在以后的5年中，柯达彩卷在日本的销售节节上升，夺得了日本彩卷市场份额的40%，足与富士匹敌。这几年中，日本彩卷的市场需求也增加了65%。此时，华伦的目光又转向了其他亚太国家和地区。

可以看出，这是一个促销策略组合运用的事例。但围绕提高柯达品牌的知名度，迅速扩大在日本的胶卷市场份额这个最终目标，它强调了服务于经销商（这里主要是零售商），尽最大努力满足他们的要求，确实是一种行之有效的方法。正是它，使柯达公司在日本的发展获得了前所未有的成功。

巧做广告，创造奇迹

美国汽车公司一向是美国汽车制造业的骄子，与福特、通用等大公司相对峙。

然而，当历史的脚步刚刚迈入20世纪60年代，美国汽车公司便连遭重创。在竞争对手的围追堵截、前后夹击之下，该公司的销量锐减，库存严重，营业额直线下降。

一片阴霾笼罩着美国汽车公司的上空。

这天上午，该公司的会议室里坐满了神情忧郁的股东，大家一言不发，在焦急地等待一位据说能挽回败势的神秘人物。

会议主席引进一位看上去30多岁，神态优雅，轻松自信的女士。

主席介绍道："我们讨论如何夺回市场，应该听听广告界权威人士的意见。这位就是玛莉·维尔丝女士。"

没有掌声，一对对冰冷的眼睛，一张张铁板似的面孔，显露出明显的怀疑和轻视。

面对如此冷峻而难堪的场面，玛莉却镇定自如，她莞尔一笑，饱含深情地说："我非常理解各位的心情，也深切了解我的力量远不足以为各位分忧。事实上，活力存在于各位自己，根本无需外人分担。"

短短几句话，却像一股春风驱走了会场上的寒云冷雾，温暖了身处逆境的股东们的心，这些企业界强人的目光开始变得柔和起来。

机智过人的玛莉一下子就抓住了与会者的心，她接着说：

"虽然贵公司的命运掌握在各位自己手中，但是别人的一点微不足道的小意见，也很有可能会启发各位的灵感，去找出挽回颓势的良方。"

这些话令高傲的股东们听起来很舒服。

"坦白地说，贵公司的汽车在设计上、造型上、性能上都敌不过福特车，但有一点却是可以不输给他们的，那就是对顾客的爱心。比如贵公司新出的旅行车后厢有地毯，就颇讨人喜欢。"

玛莉·维尔丝不愧是驾驭人们心理活动的高超艺术家。此时股东们急于要弄清的正是：既然自己有力量改变自己，那么，这种力量在哪里呢？玛莉真诚坦率地指出了公司的弱点与优势，使股东们对自己公司的现状有了清醒的认识。

玛莉乘机扩大战果："各位千万不可深藏不露，要想法把自己的优点强调出来，要让顾客真切地体会你们的爱心。"

话音刚落，会议室里响里了一阵热烈的掌声。玛莉以出色的口才和优雅的风度征服了在座所有的股东。

此后，玛莉广告公司为美国汽车公司设计了一批出色的广告，加上公司各方的努力，销路稳步增长，终于摆脱了困境。

玛莉·维尔丝的名声由此大振，人们称她是最能替"上帝"着想的女人。

在卡内基工学院，玛莉选

择了工业设计专业。毕业后她应聘到梅西百货公司做广告工作。这位刚刚大学毕业的女学生,立即遇到了一个施展才华的机会。

梅西百货公司的经理发现刚刚问世的超短裙很适合60年代女孩子爱表现自己、爱出风头的心理,想大大做一笔生意。

可如何做广告进行宣传呢?他找到了刚来的玛莉。

"我很欣赏超短裙,准备大量生产,你看如何设计广告最能吸引人?"

"这种广告设计,看似容易实际很难。"玛莉想了一下回答道。

"为什么?"经理有些不解地问。

"因为让那些秀脚姑娘穿上这种裙子,那种英姿勃发的神韵、青春洋溢的气息,不是任何广告所能表达的。"

"照你的意思,是要用模特儿做时装表演?"经理显然感兴趣了。

"当然这是最理想了,但这种方式也有缺点。"

"什么缺点?"

"无法同时展开,要在全国销售店同时表演,那又得雇多少模特儿。"

"依你看怎么办?"经理不由地着急了。

这时玛莉才和盘端出了自己的办法,"用对比法吧。"看着经理疑惑的表情,玛莉进一步解释,"就是利用摄影技巧,让一个模特儿穿两种裙子,一种长裙,一种短裙,同时在一个镜头出现。"

经理恍然大悟:"对,对!除非是瞎子,任何人看了,都会对女孩子穿超短裙欣赏不已。"

广告做出来了。看到这幅对比明显的广告的人,无不觉得长裙难看,超短裙美观。那些年轻的姑娘们,一下子被这幅广告抓住了。梅西公司的超短裙一下风靡市场。

1966年4月,37岁的玛莉与另外两位女士合办了一家广告公司并开始实施她的"施肥计划"。

布兰尼佛喷气式客机公司就是这个计划的首选目标。

一开始,玛莉就碰了钉子,这位经理不相信广告的效用,对她很冷淡。

经过一番唇枪舌箭,经理终于同意试试看。

一连三天,她把自己关在办公室里,潜心研究。她为这幅广告定的原则是:图案要醒目动人,简洁有力,既切合飞机这一主题,又要给人一种慑人的气势。

一个个的草图画出来,又被她推翻了;而同事的建议也没一个合她的心意。几天的苦战使玛莉心烦意乱,她决定驱车出去散散心。

雨后的傍晚,空气清新,一道彩虹横贯长空,玛丽突然来了灵感,一幅动人的图案出现在眼前:一道长虹由布兰尼佛公司的标志喷发出来,相形之下,其他航空公司只有金色或银色一种色彩,显得单调、暗淡、无力。

当这幅不同寻常的广告作品呈现在经理面前时,他不禁激动地说:"真棒!构思透出的气势使我们公司占了上风。更重要的是,它激发了我的雄心,激发了全体职工的进取心,就像你设计的那道彩虹,这才是决定公司命运的活力。"

这幅不同凡响的作品,不仅惊动了飞机公司全体员工,而且震动了整个广告业。一时间，嘲笑、讽刺、谩骂的声音汇成一片，说玛莉不该把广告当作诗作。

直觉告诉玛莉，必须巧妙地利用这种攻击，为自己的广告扩大宣传。于是她在报刊上激烈地反击了对她的指责。

争论吸引了人们的好奇心，玛莉的广告几乎是家喻户晓了。爱美是人的天性，人们为图案的壮美所折服，随之而来的是布兰尼佛航空公司的生意大振。

玛莉不仅由此获得了巨大的成功，而且得到一个意想不到的个人收获。

她与布兰尼佛航空公司经理从相识到相知，到相互倾慕，终结秦晋之好。

“关门捉贼”，搜挖人贩

1992 年 9 月 25 日夜 11 时许。

N 省 L 县公安局城关派出所民警林国强、刘安顺带领 4 名治安联防队员，在县城主干大街巡逻。突然，两名操外地口音的女青年神情慌张地追上来，连声询问：“派出所在哪里?”林国强、刘安顺见状，未作多言，立即将二人带到派出所。两名女青年待情绪稍稍安定一些后，讲述她们的经历：

她们一人姓倪，一人姓唐，都是 20 岁，家分别住在 S 省 A 县和 B 县，她们到 C 市寻找劳务，被一男一女聘请，来 N 省 H 市进货。到 L 县城后，她们逐渐感到气氛不对。4 个住进了一家私人开办的小旅馆。晚饭后，领路的男人安能把小倪叫到他的房间，先用言语试探，继而一把扯过小倪，拉到床上强行奸污。事发后小倪强忍悲伤，等安能睡熟后，悄悄溜走，拉上小唐，直奔大街，寻找派出所。

城关派出所所长纪云听完了简单的叙述后，意识到这可能捕得“大鱼”，立即安排围捕人贩子。正在熟睡的安能被公安干警从旅馆房间的被窝里提了出来。再到女人贩子的房间里，已没有了影。原来警觉的女人贩子转身不见了小唐和小倪，预感不妙，立即下楼开溜了。

派出所的干警连夜突审，安能闪烁其词，拒不交代。审讯人员从安能的供词中搜寻蛛丝马迹，认定一定会有人贩的接头人来取“货”，便决定设网守候。果不出所料，次日上午，有两个 40 岁左右的农民到旅馆，问有没有住着一个姓安的人，早已守候多时的干警不费吹灰之力将2人擒获。

3犯被收审后，审讯人员渐渐理清了眉目。安能系S省C市J县农民，9月20日与C市某区青年妇女庄玉秀在C市某劳务市场以雇工做生意为名，骗得倪唐2人前来。同时用暗语电报和L县某镇农民侯立、冯华联系好，由2人看人后面议价格，再行转卖。惊觉逃走的女人贩子庄玉秀的情况也已查出，此人时年28岁，嫁到L县某镇孙家庄，1991年曾因拐卖妇女被公安局审理，因怀孕，同年被取保候审。

但3犯在交代中或不提供真实姓名、地址、或避重就轻，闪烁其词。城关派出所派出专人专车，集中力量顺线追踪，历时6个多月，直到1993年4月，已认定该团伙拐卖8名妇女的犯罪事实。而审查中3犯涉及的仅被拐卖到周围各县和内蒙古的妇女就有30多名。县公安局的领导和有关干警磋商后认为：此案定有隐情，切不可轻易结案，丢失现索。

1993年4月22日下午，L县公安局简陋的小会议室里，局长文廷砸下了重重的拳头：预审提前介入，由经验丰富的预审科副科长宋木君带队，抽调得力干警组成“9.25”拐卖妇女团伙案专案组，深挖细查，实施关门捉贼之计，绝不容一个犯罪分子漏网。

专案组夜以继日，风餐露宿，冲破重重阻力。调查取证，抓捕罪犯和解救被拐卖妇女同时进行。在两个多月的时间里，干警先后行程万余里，调查取证数百人，提审在押犯40多人次，形成案卷1400多页，拍摄了大量照片。到6月底，已抓获人贩子30余人，解救被拐卖妇女54人。消息不胫而走，地、县领导给予专案组表彰和慰问，新闻单位纷纷报道：特大拐卖妇女犯罪团伙被破获。

案件的侦破到此也似进入了尾声。对在押人贩子多次审讯，有的东拉西扯，有的干脆封口，调查案卷中有价值的线索几乎没有。是结案请功还是继续深挖？干警和有关领导又一次苦思冥想：抓获的30余罪犯，他们分属N省、S省两个省区，是谁在牵线搭桥？又是如何勾结在一起拐卖妇女的？这其中似乎还隐藏着关键性人物。他们决定：扩大战果，寻机突破。

就在这时，专案组了解到，本县某镇一农民买了一名S籍妇女，立即驱车前往解救，并希望由此获得突破。

被拐人李某，S省Z县农民，读过初中。在公安人员的耐心劝导下，她道出了自己人生中一段血泪的历史：1990年8月的一天，不到25岁的李某怀孕3个月，到C市做工。在火车站，碰上了一名叫严三皮的青年人。严三皮劝说李某帮做一趟药材生意，回来后再给她找一份工作，当即把李某骗上开往Q市的火车。他们从S市转车，到了L县某镇孙家庄一个名叫孙召的农民家。孙家在距村约500米菜地里有一个不足6平方米的小庵棚，当晚就在这个小屋内，严三皮用刀威逼，将李某强奸。李某后悔莫及，夜里偷跑又被严三皮抓住毒打一顿。第二天，严三皮和孙召怕被周围的人发现，便将李某挟持到孙召舅舅吴军家。吴军年近四十，曾因轮奸、拐卖妇女罪被判处有期徒刑18年。见到李某的当晚，欲施奸污，李某呼天抢地，拼命反抗，吴军拳脚相加，直到发泄完兽欲为止。随后李某被送孙家时被孙召强奸，转移时又被孙召的弟弟强奸。最后卖给一农民为妻，生一女孩，现在有家难回，只得在他乡存身。

李某的哭诉,使一个个办案多年的钢铁汉流下热泪,也更坚定了他们深挖到底的决心。干警们根据李某提供的情况和已掌握的事实分析,相当多的拐卖事件与孙姓家族有牵连,专案组决心以孙家为突破口,查个水落石出。

专案组人员以计划生育调查为名进驻孙家庄。进村后,一说了解孙家情况,群众有的躲、有的跑,推不了的也是一言不发。从派出所掌握的情况得知,孙家家长为孙孝利,长女孙莲,女婿文地池为S省人。共有四个儿子:孙奎、孙中(孙召)、孙伟、孙彬,其中孙召还担任村民组长。查派出所常住人员资料,孙家四兄弟名字乱用,年龄不清,合用一人发型不同的照片,一人多名,其中担任村民组长的孙召就用过孙中、文飞、孙涛等名字。平时,孙氏兄弟如狼似虎,横行乡里,家中藏有日本军刀,动辄找邻里寻衅闹事,群众敢怒不敢言。

孙家拐卖妇女已有历史,在此案以前,孙氏家长孙孝利、长子、次子和女婿因拐卖人口罪已被判处徒刑,正在服刑。孙孝利的妻子吴荣、长媳庄玉秀二人被取保候审。

专案人员进入孙家庄后,孙家长女孙莲、大儿媳庄玉秀、二儿媳刘英去向不明。第二次再进孙家,孙家人员还是闻讯潜逃,只留下几个年幼的孩子。专案组人员当机立断,对孙家进行搜查,查获大量受害妇女的衣物和用品以及日本军刀、部分家庭成员的照片和车票、信件等。抓捕孙氏家族成员的时机已经成熟。

调查发现孙彬虽不露面,但他还在请人收麦子,可见离居住地不远,是看见公安人员和警车才躲起来的。专案组人员制定了周密的计划:分成两组,将警车停在离孙家庄约两公里的地方,不吸烟,不打电筒,凌晨2时分南北夹击。

当晚,躲在麦地里的孙彬束手就擒。孙彬认为公安机关并不掌握他的罪行,拒绝回答。审讯持续3个多小时,就连他是否是孙彬都无法认定。回到县局,专案人员千方百计找到受害人当面指证,孙彬才无法抵赖。在强大的攻势下,孙彬陆续供述了参与拐卖妇女十多名的犯罪事实,从而逐渐揭开了以孙氏家族为首的庞大拐卖妇女犯罪团伙的内幕。

随着此案的扩展,办案经费越来越紧张。面对这种情况,县委、县政府领导当即拍板:坚持到最后一刻,哪怕是卖县政府的最后一辆车!省公安厅、公安部获悉后,也迅速拨出专项办案经费。公安部有关领导指示:"除恶务尽!"

网不断地张大,有关案犯更为明晰。专案组开始在全国范围内抓捕仍然逍遥法外的罪犯。

刘英,孙召之妻,本是重要同案犯,一直下落不明。1993年7月中旬,专案组发现一封信,是从南方某地寄给刘英被拐卖在L县的妹妹的。落款署名为一广东男子,但口气颇像刘英。专案组立即与当地公安部门取得联系,同时派员挤上南下列车,直奔目的地。在当地公安部门的配合下,果然抓获了用其妹妹身份证在合资企业打工的刘英。

1993年11月,L县公安局副局长贺英超带领6名干警开始远征S省。需要他们抓捕的罪犯分布在M市、C市、G市等四个地市,真实姓名、住址、年龄和身体相貌都不是很清楚。他们日夜兼程,赶到C市。次日,S省公安厅主要领导听取了案情汇报,挑选了打拐经验丰富的干警,与L县公安部门联合开展抓捕。突破口选择在本案团伙之一的李兰兰处,因了解到李的丈夫刑满释放不久,李可能在家与其夫团聚。干警宋木君带领追捕组冒雨步行10余里山路,果然将李兰兰抓获。突审后弄清最早在L县小旅社被抓的安能和其他在逃人犯的情况。

赶回C市的又一个晚上,抓捕人员再次选择了晚上看电视的时间,边抓边审,一夜使6名案犯落网。

不到一个月,去S省执行抓捕任务的人员行程近万公里,抓获10名要犯,带回7名,另3名由当地公安机关处理,使本案接近大功告成。

1994年3月12日晚9时,县公安局刑警大队副指导员赵功带领另外两名抓捕人员从边疆顶风冒雪,返回L县公安局,案发时即潜逃的主犯庄玉秀被乖乖地从警车上押下,至此,一个特大拐卖妇女犯罪团伙终于被彻底摧毁,案犯全部就擒。

23计　远交近攻

伐交伐谋,城濮大战

公元前632年的晋楚城濮之战,是春秋时期晋、楚两个诸侯国争霸中原的一次战争。在这场战争之初,楚国的实力强于晋国,而且楚国有许多盟国,声势浩大。城濮之战以楚国出兵攻宋,宋成公派人来晋求救为引子展开。但晋国并不靠近宋国,远道救宋,必须经过楚国的盟国曹、卫,形势于晋不利。可是,晋军制订了正确的战略战术,运用谋略争取了齐、秦两个大国的援助,取得了“伐交”、“伐谋”方面的优势,最终击败了楚军,争得了中原霸主的地位。

春秋时期,地处江汉之间的楚国日益强盛,它控制了西南和东面的许多小国和部落。在楚文王时期，楚国开始北上向黄河流域发展，攻占了申（今河南南阳北）、息（今河南息县西南）、邓（今河南漯河市东南）等地，并使蔡国屈服，楚乘齐桓公死后，齐自内乱，霸业衰落之机乘势向黄河流域扩展，控制了鲁、宋、郑、陈、蔡、许、曹、卫等小国，公元前638年，楚王在泓水之战中打败了宋襄公，开始向中原发展，期望成就霸业。

正当楚国图谋中原称霸之时，在今天的山西西南的晋国也逐渐强盛起来。公元前636年，流亡在外19年的晋公子重耳在秦国的帮助下回国即位，称晋文公，晋文公即位后，实施一些改革措施和外交活动，逐步具备了争夺中原霸权的强大实力。

早在晋文公即位的那年，周襄王遭到他兄弟勾结狄人的攻击，王位被夺，文公及时抓住了这个尊王好机会，平定了周室的内乱，护送周襄王回到洛邑。襄王以文公助王有功，便赐以阳樊、温（今河南温县西）、原（今河南济源西北）等地。晋文公遂命赵衰为原大夫，狐溱为温大夫，管理这一对争霸中原有战略意义的地区。由于晋文公抓住了“尊王”这块招牌，在诸侯中的地位大大提高。晋国势力的迅速发展，引起了楚国的不安。楚国急于想阻止晋国的进一步向南发展，而晋国要想夺取中原霸权，就非同楚国较量不可。因此，晋、楚之间的矛盾日益尖锐起来。

公元前634年，鲁国因和莒、卫两国结盟，几次遭到齐国的进攻，便向楚国请求援助。而宋国因在泓水之战中被楚国击败，襄公受伤而死，不甘心对楚国屈服，看到晋文公即位后晋国实力日增，也就转而投靠晋国。楚国为了保持其中原的优势地位，便出兵攻打齐、宋，并借以制止晋国的向南扩展。晋国也正好利用这一机会，以救宋为名，出兵中原。这样，晋楚两国的军事交锋便不可避免的发生了。

公元前633年冬，楚成王率领楚、郑、陈、蔡等多国军队进攻宋国，围困宋都商丘。宋国的公孙固到晋国告急求援。于是文公和群臣商量是否出兵及如何救宋。大夫先轸力劝晋文公出兵救宋，他认为，救宋既能够“取威定霸，”又报答了以前晋文公流亡到宋国时，宋君赠送车马的恩惠。但是宋国不靠近晋国，劳师远征救宋，必须经过楚国的盟国曹、卫；而且楚军实力强大，正面交锋也恐怕难以取胜。晋国的狐偃针对这一情况，建议晋文公先攻曹、卫两国，那时楚国必定移兵相救，那样宋之围便可解除。晋文公采纳了这一建议。尽管如此，晋国感到真正的敌人是楚，要对付如此强大的敌人，必须做好充分的准备。晋国按照大国的标准，扩充了军队，任命了一批比较优秀的贵族官吏出任军队的将领。

经过一段时间的准备，晋文公于公元前632年1月，将军队集中在亚国和卫国的边境上，借口当年曹共公侮辱过他，要求借道卫国进攻曹国，遭到卫国拒绝。晋文公迅速把军队调回，绕道从现河南汲县南黄河渡口过河，出其不意地直捣卫境，先后攻占了五鹿及卫都楚丘，占领了整个卫地。晋军接着又向曹国发起了攻击，3月间，攻克了曹国都城陶丘（今山东定陶），俘虏了曹国国君曹共公。

晋军攻占了曹、卫两国，但楚国却依然用全力围攻宋都商丘，宋国又派门尹般向晋告急求救。晋文公开始感到左右为难了。不出兵救宋吧，宋国国力不支，一定会降楚绝晋；出兵吧，自己兵力单薄，没有必胜的把握，况且直接与楚发生冲突，会有忘恩负义之名。（文公当初流亡路过楚国时，楚成王招待他非常周到，不仅留他住了几个月，最后还派人护送他到秦国。）这时，先轸分析了楚与秦、齐两国的矛盾，建议让宋国表面上同晋国疏远，然后由宋国出面，送一份厚礼给齐、秦两国，由他们去请求楚国撤兵，晋国则把曹共公扣押起来，把曹、卫的土地赠送给宋国一部分。楚国同曹、卫本是结盟的，看到曹、卫的土地为宋所占，必定会拒绝齐、秦的劝解。这样楚国就将触怒齐、秦，他们就会站在晋国一边，出兵与楚作战。晋文公对此计十分赞赏，且马上施行。楚国果然上当中计，拒绝了秦、齐的调停。而齐、秦见楚国不听劝解，大为恼怒，便出兵助晋。齐、秦的加盟，使晋、楚双方的力量对比发生了根本性的变化。

楚成王看到齐、秦与晋联合，形势不利，就令楚军从前线撤退到楚地申，以防秦军出武关袭击它的后方。同时命令戍守谷邑的大夫申叔迅速撤离齐国，命令尹子玉将楚军主力撤出宋国。子玉对楚成王回避晋军很不满意，他对成王说："你过去对晋侯那么好，他明明知道曹、卫是楚的盟国，与楚的关系密切，而故意去攻打它，这是看不起你。"楚成王说："晋侯在外流亡了19年，遇到很多困难，而最后终于能够回国取得君位，也尝尽艰难，充分了解民情，这是上天给他的机会，我们是打不赢的。"但是子玉却骄傲自负，听不进楚成王的劝告，仍要求楚王允许他与晋军决战，并请求增加兵力。楚成王勉强同意了他的请求，但不肯给他多增加兵力，只派了少量兵力去增援他。于是，子玉以元帅身份向陈、蔡、许、郑四路诸侯发出命令，相约共同起兵，他的儿子也带了六百家兵相随。子玉自率中军，以陈、蔡军队为右军，许、郑军队为左军，风驰雨骤，直向晋军扑去。

子玉逼近晋军后，为了寻求决战的借口，派使者宛春故意向晋军提出了一个"休战"的条件：晋军必须撤出曹、卫，让曹、卫复国，楚军则解除对宋都的围困，从宋国撤军。中军元帅先轸提出一个将计就计的对策，以曹、卫与楚国绝交为前提，私下答应让曹、卫复国；同时，扣押楚国的使者，以激怒子玉来战。晋文公采纳了他的计策。子玉得知曹、卫叛己，使者又被扣，便恼羞成怒，倚仗着楚国的优势兵力，贸然带兵扑向晋军，寻求决战。

晋文公见楚军来势凶猛，就命令晋军后撤，以避开它的锋芒。有些将领不理解文公的意图，问文公："没有交手，为什么就后退呢？"文公说："我以前在楚的时候曾对楚王说过，如果晋楚万一发生了战争，我一定退避三舍。我是遵守诺言的。"实际上，晋军的"避退三舍"，是晋文公图谋战胜楚军的重要方略。晋军"避退三舍"（九十里）后，退到了卫国的城濮，这里距离晋国比较近，后勤补给、供应方便，又便于齐、秦、宋各国军队会合；在客观上，"避退三舍"也能起到麻痹楚军、争取舆论同情、诱敌深入、激发晋军士气等作用，将晋军的不利因素变为有利因素，为夺取决战奠定了基础。

晋军退到城濮停了下来。这时，齐、秦、宋各国的军队也陆续到城濮和晋军会师。晋文公检阅了军队，认为可以与楚军决战。这时，楚军追了九十里也到达城濮，选择有利的地形扎下营，随后就派使者向晋文公挑战，晋文公很有礼貌地派了晋使回复子玉说："晋侯只因不敢忘记楚王的恩惠，所以退避到这里。既然这样仍得不到大夫（指子玉）的谅解，那也只好决战一场了。"于是双方约定了开战的时间。

公元前632年4月4日，晋楚两军决战开始。晋军针对楚军中军强大，左右翼军薄弱的部署特点，和楚军统帅子玉骄傲轻敌，不谙虚实的弱点，发起了有针对性的攻击。晋军把驾车的马蒙上虎皮，出其不意地首先向楚军中战斗力量差的右军——陈、蔡军进攻，陈、蔡军遭到这一突然而奇异的进攻，惊慌失措，弃阵逃跑，楚右翼就很快崩溃了。

晋军同时也把进攻的矛头指向楚左军。晋军主将狐毛在指挥车上故意竖起两大镶有彩带的大旗，非常醒目，远远就可望见，狐毛和许、郑联军一接触，便故意败下阵来。在逃跑时，在车的后面拖了很多树枝，树枝刮起的尘土，遮天蔽日，给在高处观阵的子玉造成了错觉，以为晋军溃不成军了，于是急令左翼部队奋勇追杀。晋中军元帅先轸等到楚军已被诱至，便指挥中军横击楚军，晋上军主将狐毛回军夹击楚左军。楚左军退路被切断，陷于重围，基本就歼，子玉见左右两翼军都已失败，急忙下令收兵，才保住中军，退出战场，城濮之战最终以晋胜楚败而告终。

晋在城濮之战的胜利，首先在于晋国君、臣能够准确分析交战之初的客观形势及利弊，制订出了先胜弱敌、避免过早与楚正面交锋、争取齐、秦两国支持的谋略。随后，在决战之时，晋军敢于先退一步，避开楚军的锋芒，以争取

政治、军事上的主动。此外，晋军“知己知彼”，能根据敌人的作战部署，灵活地选择主攻方向，先攻敌人的薄弱环节，各个击破，因而获得了这场战争的胜利。纵观城濮之战的整个过程，我们不能不得出这样的结论：克敌制胜的上策在于以谋略战胜敌人。

伐交攻心，孙膑平叛

齐宣王命田忌和孙膑收复边城，平息公子郊师叛乱。孙膑对齐宣王道：“公子郊师区区乌合之众，之所以敢与国家为敌，是因为有魏国作后盾。秦国乃魏国劲敌，大王可派能言善辩的说客，前往秦国游说秦王与齐国结盟，请秦国出兵进攻魏国；韩赵两国早有与齐国结盟之意，只是因为我国内乱，才没有立盟，大王可派使者前往韩国与赵国，确定立盟之事，然后请韩赵两国同时出兵。若三国出兵，庞涓将无暇顾及公子郊师。此外，大王再派一使者前往楚国，答应割让城邑给楚国，使楚国不再与魏国和好，魏国将更为孤立，此时我们再出兵收复边城，轻而易举。”

齐宣王问孙膑何人出使这几个国家最为合适，孙膑道：“禽滑聪慧过人，能言善辩，可出使楚国、韩国，他既能让反复无常的楚王，因贪利，再来一次反复；又可使老谋深算，犹豫不决的韩王看清利害，出兵相助。大王可命高大夫出使赵国，高大夫秉直的性格，很容易让赵王相信我们诚意。大王可命邹忌出使秦国……”

齐宣王不解，打断他道：“邹忌引咎辞职，他嘴上不说，心里非常不满，如果让他当使者，去而不返事小，若他有意坏寡人大事，如何是好？”

孙膑道：“邹忌在相国位置上发号施令多年，如今做普通百姓，很不习惯，他很想找个机会显示一下自己的才能，以期得到大王的赏识，再回朝中，大王若给他这个机会，他一定会尽心尽力。”

齐宣王道：“为何非给他这个机会不可呢？寡人完全可以派别人前往秦国。”孙膑道：“此次伐交，秦国最为重要，因为只有秦国方能与魏国抗衡，秦国出兵，才可使庞涓顾西而不能顾东。大王命失去相国职位的邹忌前往秦国，不用多言，秦王便可从中窥视到大王的胸怀，任何一个国君，只要不是糊涂的君王，都愿与胸怀大度的君王结盟，而不愿与斤斤计较的国家为伍，这是其一。其二，邹忌会尽最大努力游说秦王，这将使秦王感到，曾与大王为敌的人也如此全力为国，可见这个国家的朝政一定非常稳定，任何一个国家都不愿与危机四伏，动荡不安的国家结盟，除非这个国家另有所图。还有，邹忌说话滴水不漏，颇有大国使者的风度。所以，前往秦国，非邹忌莫属。”

齐宣王由衷赞成孙膑的宽大胸怀和用人之道。

齐国迟迟未出兵收复边城，庞涓估计齐国是打算派使者游说韩、赵、楚、秦等国，共同对付魏国，他对庞葱道：“这是孙膑惯用的伎俩，兵家称之为伐交……庞葱，你若是我，打算如何对付孙膑的伐交之策？”

庞葱道：“赵国与韩国惧怕叔父，叔父可派使者恐吓他们，若与齐国结盟，魏国大军将直逼他们的国都；楚王是个贪图利益又自命不凡的人，叔父可送给楚王珠宝与赞美之言，楚王就不会帮助齐国；秦国是一个贪得无厌的国家，韩国为成皋一战，送城邑给秦国，秦国还不满足，叔父可答应秦王共同瓜分韩国的土地，秦国必然不与齐国结盟。”

庞涓满意地笑道：“庞葱，你很有长进……不过，你太小瞧韩国与赵国了，孙膑为他们攻克上党，使韩赵连为一体，只是恐吓，阻止不了他们与齐国结盟，应该分而治之，对赵国可以恐吓，对韩国可以恩威并用，韩国的军队经孙膑训练之后，已非昔日那样不堪我们一击；而对秦国，轻易不要答应他们的条件，秦国一直想东进，不论你答应他任何条件，都无法满足他东进的欲望，只有以威相对。”

庞涓让庞葱出使韩国，他对庞葱道：“韩国对我们很重要，若说服韩国与我们结盟，秦国就不足为虑，若不能说服韩国，事情就有些麻烦。”

庞葱到达韩国的时候，禽滑也到达了韩国，齐魏两国的使者都是为结盟而来，韩王一时拿不定主意，他问朝中大夫们如何是好。

申大夫赞同履行与齐国盟约，反对与魏国和好，他对韩王道：“魏国野心勃勃，又言而无信。它一直想吞并韩、赵两国，只是东有齐国，西有秦国，才未能如愿，我们不能与这样的国家结盟。”

左大夫的意见与申大夫截然相反，他对韩王道：“我不否认魏国有野心，凡是大国都有野心，只要我们善于在大国间周旋，他们就无法灭亡韩国，我们之所以答应与魏国结盟，就是为了与其周旋，使魏国没有借口对我们用兵，否则，弄的太僵，魏国真对我们动用军队，齐国内乱不止，无力帮助我们，韩国将难以御敌。”

韩王不想与魏国对抗到底，又担心魏国言而无信，他想要一个两全其美之策。司马大夫道：“大王可告诉魏国使者，若让魏国的太子申来韩国做人质，韩国便与魏国结盟。太子申是魏王最宠爱的儿子，太子申做人质，魏国就不敢进犯韩国。”

庞涓本不想答应韩国苛刻的条件，但他听奸细说齐国出使秦国的使者是邹忌，便对庞葱道：“孙膑太会选人了，邹忌出使秦国，秦国肯定与齐国结盟，如果韩国再乘机兴风作浪，我们就难以对付了……先答应韩王的要求，以后再想办法让太子回来。”

韩国答应与魏国结盟，申大夫感到愧对孙膑和远道而来的禽滑，他特意向禽滑表示歉意。禽滑对他道：“孙先生本来就没指望韩国帮助齐国，只要韩国不出兵帮助魏国，我此行的目的就算达到了。”

申大夫道：“禽先生尽可放心，韩国虽未与齐国结盟，但朝中大夫，包括大王都把齐国当做友国，决不会出兵帮助魏国进攻齐国。”

禽滑道：“我说的出兵，不是指帮助魏国进攻齐国，而是帮助魏国对付秦国，如果秦国出兵攻魏，韩国不出兵相助，庞涓便东西不能两顾，我们就可以乘机收复边城，平息叛乱。”

申大夫有些为难，道：“秦国一向威胁韩国，如今仍占据着韩国的边城，大王做梦都想收回边城，魏国若与秦国交兵，大王非出兵不可。”

禽滑微微一笑，道：“收回边城，未必需要出兵，只要一句话，秦王就会将边城还给韩国。”

申大夫道：“请禽先生明示。”

禽滑道：“秦国出兵攻魏，必走函谷关，秦国兵出函谷关与魏军交战之时，韩国可屯兵秦韩边境，威胁函谷关，然后派人告诉秦王：若秦国归还韩国边城，韩国将按兵不动，若秦国不归还边城，韩国将出兵截断秦军的粮道与退路。秦国将不得不归还边城。”

申大夫赞叹道：“好，好一句话！禽先生的智谋，可与孙先生媲美！”

禽滑笑笑，道：“不瞒你说，这是孙先生的主意……来时孙先生让我告诉你，只要这次韩国不帮助魏国，韩国有难，齐国决不会袖手旁观。”

申大夫道：“请禽先生转告孙先生，只要能收回边城，寡君决不会帮助魏国。”

禽滑出使韩国干得漂亮，邹忌干得也很漂亮，秦国答应与齐国结盟，三十万军队出函谷关，进入魏国。庞涓率魏国大军迎击秦军，决心与秦国军队一争高下。庞涓临行，仍惦记齐国的公子郊师，他嘱咐驻守齐魏边境的费将军：“宁可失去齐国边城，也不可失去公子郊师，只要公子郊师在，齐国就不会安宁。”

齐宣王决不会容公子郊师与自己分庭抗礼，他命田忌、孙膑立即收复边城、平息叛乱。齐太后听说此事，质问宣王道：“听说你又要出兵讨伐郊师？”

齐宣王解释道：“不是讨伐，是请郊师兄弟回到太后身边。”

齐太后冷笑道：“什么请，别糊弄我这个老太婆了，我心里明白……大王，我还是那句话，国家的事我不管，但你们兄弟之间的事，我不能不管，无论你有什么理由，也不能伤害郊师，你若伤害郊师，我就是死在你面前。”

齐宣王道：“太后放心，王儿已经下命，只准收复边城，不得伤害郊师，伤害郊师者，将与郊师同葬。”

齐太后道：“田忌与孙膑若不遵命呢？”

齐宣王道：“违抗君命，就是死罪。”

田忌和孙膑指挥齐军将公子郊师盘踞的廪丘、范城、马陵分而围之。公子郊师依仗魏国的支持，负隅顽抗，命令叛军拼死守城，一场血战似乎在所难免。

田忌对孙膑道：“孙先生，边城内外，皆齐国士兵，有的人还是乡邻亲戚，若能兵不血刃收复边城，才是上策。不知军师可有妙计？”

孙膑道：“攻心。”

田忌道：“如何攻心？”

孙膑道：“凡有乡邻亲戚在城中者，让他们写一书信，信中除了叙旧之外，告诉城内的乡邻亲戚，弃暗投明者，我们将既往不咎，然后用弓箭将书信射入城中……”田忌道：“如此发信，信会落入他人之手。”

孙膑微微一笑，道：“我要的就是这种结果，如此一来，一封信将一传十，十传百，城内的叛军就都将知道我们的态度。《孙子兵法》上说：投之亡地然后存，陷之死地然后生。我是反其道而用之，让叛军有生路可走，求生是人的本能，只要有生路，多数士兵将无心守城，军心必然浮动，将军们就是有天大本事也无法控制军队，我们若此时攻城，即使不能兵不血刃，也将是轻而易举。”

田忌赞叹道：“好，一封书信，胜过十万大军！”

孙膑的攻心之箭纷纷落入叛军手中，果然一传十，十传百，守城叛军军心浮动，廪丘叛军逃兵过半，范城叛将开城投降。叛军首领高将军对公子郊师道：“孙膑攻心不攻城，说明他的确技高一筹……不过，同时也说明他对公子不敢轻举妄动。只要公子在，我们就有希望，公子不如做个人情，告示全军，愿意走的，可以走，愿意留的，随公子前往魏国，待庞涓大军凯旋，我们再卷土重来。”

公子不快地道：“我不去魏国！”

高将军道：“孙膑用兵如神，我们不是他的对手，我们应该先避其锋芒……”

公子郊师打断他，道：“你们都怕孙膑，我不怕，我就是要看看他有多大本事。”

高将军道：“公子，现在不是逞能的时候，如果此次兵败，公子即使侥幸不死，也不可能再集结这么多军队，更不可能夺取王位。”

公子郊师道：“躲到魏国就有可能吗？吃人家的残汤剩饭，看人家的脸色行事，被人家使唤过来，使唤过去，那种丧家之犬的滋味好受吗？”

高将军道：“今日听别人使唤，是为了将来夺取王位使唤别人……公子，成大事的人，要能忍耐屈辱。当年晋国的公子重耳，漂泊国外十数年，受尽困苦，吃尽屈辱，最终回到国家，不但做了大王，而且成了霸主，名留史册……公子为何不能成为第二个重耳呢？”

公子郊师道：“我真无法忍受魏国人盛气凌人的样子，尤其是庞葱……”

高将军道：“孔夫子有句话：小不忍则乱大谋。为了王位，公子就忍一忍吧……”

公子郊师最终听从高将军的劝告，率残部弃城而逃。齐国军队网开一面，放公子郊师一条生路。

田忌有些遗憾，他对孙膑道：“如果不是大王有命，我决不放过公子郊师。”孙膑道：“他还要回来，下一次，他在劫难逃。”

远交近攻，统一六国

秦统一六国之战发生在公元前230到公元前221年。秦国用了十年时间将韩、赵、魏、楚、燕、齐东方六国逐一灭掉，统一了天下。秦国之所以能够取得胜利，应该说，正确地采用“远交近攻”的战略指导方针，是夺取胜利的关键所在。

秦昭王时期，东方六国采用苏秦的“合纵”之策，共同对付秦国。秦昭王便向范雎请教如何破坏东方六国的这种“合纵”抗秦联盟。范雎仔细认真地分析了当时秦国的情况和东方六国的状况。指出东方六国之所以能够合纵抗秦，很重要的一点是：他们认为秦国是他们的共同敌人，是对他们生存的最大威胁。因此，为了共同的利益，使他们暂时放弃了彼此之间的矛盾和争执，齐心协力团结抗秦。而作为秦国，就应利用东方六国之间存在的矛盾，首先与距离秦国较远，矛盾不十分尖锐的楚国、燕国和齐国搞好关系，使他们感到秦国不但没有吞并他们的想法，而且还有与他们结好的愿望。以松懈他们对秦国的警惕，进而达到拆散东方六国建立的反秦联盟的目的。然后，集中力量打击与秦国邻近的韩国、赵国、魏国。这不但可以解除了秦国进攻齐国、燕国和楚国时，可能出现的后顾之忧。并且可以切断南方的楚国与燕国和齐国的联系，为第二步再攻打楚、燕、齐三国创造条件。这就是范雎所提出的“远交近攻”战略的核心。秦昭王对范雎的建议大为赞赏。自秦昭王到秦王嬴政，历代秦国君主无一例外，将“远交近攻”定为国策，坚决执行，并根据不同情况，制定对付东方六国的具体策略。

秦国自商鞅变法后，不仅土地扩展了，而且拥有当时中国最富庶的四川平原和关中地区，使秦国的国力大增。到秦王嬴政时期，秦国已拥有“战车万乘，奋击百万，沃野千里，蓄积饶多”。这就为秦灭六国奠定了雄厚的物质基础。

而东方六国，虽一度采用苏秦的合纵抗秦之计，集六国之财力、物力共同对付秦国，也曾取得了一些胜利，并一度迫使秦国不敢轻易进攻六国。但随着时间的流逝，到秦王嬴政时期，六国各自为自己的利益着想，各怀私心，再也不能合力同心抗击秦国了。

秦王嬴政在发动统一战争前，召集文武官员全面分析了东方六国的各自情况，为确定灭亡六国的策略，提供依据。

李斯认为：在东方六国中，韩、魏、燕的力量最弱。特别是韩国，早在公元前254年就已向秦国称臣。而现在的韩国又处在秦国的三面包围之中，什么时候想灭掉它，随手即得，可谓掌中之物。而魏国自马陵、桂陵两战被齐国的孙膑打败后，国势日益衰落，又不断遭到秦的进攻，领土日渐缩小，也不可能对秦国构成威胁。而燕国远离秦国，况且地广人稀，土地贫瘠，国力较弱，并且与赵国和齐国的矛盾很深，彼此之间多次发生战争，结果损兵折将，日渐衰落。

那么只有楚、赵、齐三国可谓六国中的强国，但现在它们也很难与往日处在鼎盛的时期相比。

赵国虽然“地方二千里，带甲数十万”。是仅次于秦国的第二强国。但自赵孝成王之后，开始衰落，太原、上党相继落入秦国之手。特别是长平一战，秦国坑杀赵国降卒四十万，使赵国从此再没能恢复元气。虽然赵国后来联合魏国和楚国，打退了秦国对邯郸的围攻，但作为强国的历史已经一去不返了。

南方的楚国虽有“带甲百万”，土地五千里。但自都城郢被秦攻破后，

都城被迫东迁，以避秦军的锋芒，最后迁到寿春。而此时的楚国，君臣上下俱无复国图强之志，只求苟且偷安。

而齐国这时只知独立保境，从不援助其他国家的抗秦，加之此时的齐国已经几代无良将，因此国力也日渐衰落。

李斯根据自己对东方六国情况的分析，向秦王嬴政建议，凭借秦国的强大，“足以灭诸侯，成帝业，为天下一统”。否则一旦“诸侯复僵（强），相聚合纵”，那就错过了万世难得的机会。应不失时机地发动对东方六国的战争，统一天下。

卫缭也提出建议，为破坏东方六国的合纵，建议秦王嬴政应采取“毋爱财物，赂其豪臣，以乱其谋”的策略。从敌国内部进行分化，瓦解。以配合正面进行的军事斗争。

韩非则进一步提出了秦灭东方六国的具体方案，那就是：“破天下之纵，举赵亡韩，臣荆（楚）魏，亲齐燕，以成霸业之名。”即首先进攻近处的赵国和韩国，同时暂时稳住楚国和魏国，拉拢燕国和齐国，等灭赵之后，再逐一灭掉其他五国。韩非的这一战略，实际上是继承和发展了秦国自秦昭王以后所一直奉行的“远交近攻”这一既定的国策。

秦王嬴政采纳了他们的建议。确定了在“远交近攻”这一战略决策的指导下，首先重点打击赵国，并乘势灭掉韩国，而后一举再灭魏国，控制中原。打破东方六国的合纵可能，然后消灭楚国，最后再灭燕、齐。实际上这是一个先弱后强，由近及远各个击破的方针。

这样便开始了在“远交近攻”战略指导下历时十年的统一战争。

公元前236年，秦国抓住赵国进攻燕国致使内部空虚这一时机。一面派使者去燕国，向燕王表示秦国愿意出兵援燕，并商定一旦灭赵，两国平分其地，燕王听后大喜；一面派大将王翦率秦军经上党地区进攻赵的都城邯郸。又派将军桓龁率军攻打邯郸以南地区造成对赵国的合围。赵王闻讯，急忙把进攻燕国的军队调回，命大将李牧迎击王翦，扈辄阻击桓龁，双方互有胜负，很快形成对峙局面。后来桓龁采用迂回战术大败扈辄，斩杀赵军十万余人。但很快李牧挥军救援，又将桓龁击退，双方又呈对峙状态。消息传到咸阳，秦王嬴政听罢焦躁不安，担心时间久了，东方六国看出秦国的意图，再结合纵进攻秦国。于是，急忙召集会议商议对策。卫缭说：“我知道赵王身边有一宠臣名叫郭开。此人生性嫉妒而又十分的贪财,与李牧素来不睦。大王可不惜重金行贿,让他在赵王面前诋毁李牧,加之赵王生性多疑,必然中计。”

郭开在得到秦国贿赂他的金银后,立刻在赵王面前造谣说:“李牧击败桓龁却不回击王翦,而按兵不动,大王几次催他进兵,他都以各种借口加以搪塞,拒不领命。我看他这是心怀异志。大王对他可要警惕呀,别忘了他现在手中可掌握有几十万军队,一旦他投降了秦国,回过头来打我们,那可就……。”赵王忙问:“那我该如何?”郭开言道:“可先夺取他的兵权,改由赵葱为将。”赵王听信了郭开的话,杀了为赵国曾屡立战功、威震秦国的李牧,由赵葱为将。赵军将士见此个个寒心,致使兵无斗志。

正当秦军集中力量攻打赵国时,韩王安却慑于秦国的声威,派人到秦国请降。秦王嬴政大喜,立刻派内史腾前去接受韩国的土地。公元前 230 年,秦借口韩国仍与赵、楚搞合纵,派兵攻打韩国,很快俘获了韩王安,其地置为颍川郡。这样韩国在六国中首先被秦国所灭。

公元前 229 年,秦国利用赵国发生大地震和旱灾的机会,派王翦再次攻打赵国。秦军一举突破井陉,攻克邯郸,赵王迁也当了秦国的俘虏,赵国灭亡。

秦灭赵后,陈兵于燕、赵边境,虎视燕国。这时燕王才如梦初醒,意识到当初秦军出兵援燕是假,一旦它灭掉了赵国,下一步就是攻打燕国。燕王后悔当初不该听信秦国的挑拨而与赵国交战,如今赵国已亡,燕国再也没有什么天然屏障可以抵御秦军了。早先燕王的谋臣鞠武曾建议燕王:“西约三晋,南连齐、楚,北媾匈奴以图秦”的方针,这实际上是一种合纵拒秦的战略。但现在赵国已亡,失去了时机。燕王无奈只好听从太子丹的建议,把燕国的命运都押在刺客荆轲的身上,幻想通过他刺死秦王,以挽救燕国。燕太子丹一直把荆轲送到易水河边,两人洒泪而别。

秦王嬴政听说燕国愿意割地请和,所派使臣已达咸阳。又听说燕使还将秦国叛将樊于期的人头给送来了,很是高兴,亲自接待荆轲。荆轲献上樊于期的人头后,又献上燕国准备割地的地图,一边展开,一面用手将燕国准备割让给秦国的地方一一指给秦王。当最后地图全部打开时,突然在地图中间藏着一把明晃晃的匕首。说时迟,那时快。荆轲右手抓住匕首,左手抓住秦王的袍袖,要秦王放弃攻燕。秦王大惊失色,用力挣脱。情急之中想拔佩剑,结果由于剑长,加之心情紧张,怎么拔也拔不出来。又见荆轲举着匕首奔来,秦王只好绕着大殿的柱子躲避荆轲,危急之中,一个侍医将随身携带的药箱砸向荆轲。此时秦王又忘了下令召集殿外的武士。众人则大叫让秦王从背后抽出宝剑,果然秦王抽出了佩剑,回身一剑砍断了荆轲的左腿。荆轲倒在地上,将手中的匕首掷向秦王,被秦王躲过,击中了大殿的柱子。荆轲见未击中秦王,不禁仰天长叹一声:“此番未能击杀秦王,非我荆轲之过,实乃天意,上天要亡燕国啊。”

秦王嬴政马上派大将王翦和辛胜率军大举攻燕。在易水边,秦军大败燕代联军,并乘胜攻占燕都蓟,燕王喜与太子丹逃到辽东。秦将李信追击千里,最后迫使燕王喜杀死太子丹向秦国投降,燕亡。

秦灭韩、赵、燕以后，基本上控制了黄河中下游地区，只剩下孤立无援的魏国。公元前225年，秦国派王贲率军从关中出发，直捣魏国的大梁。怎奈大梁城墙高厚，异常坚固，屡攻不克。于是秦军便引黄河和鸿沟之水，灌进大梁。大梁终于被秦军攻克，魏王假投降，魏亡。

至此东方六国已有四国灭亡，只剩下南方的楚国和东方的齐国。在齐楚之间，攻齐，必须越过新破之国，人心未附，补给困难，依据“远交近攻”的战略方针。秦王决定先攻楚国。虽然过去秦国曾数次大败楚国，但楚国毕竟是一个大国，秦国不敢轻视。因此，在出兵前秦王嬴政召集部将商议攻灭楚国的策略。将军李信年少气盛，又在灭燕的战争中俘获燕王，深得秦王的赏识。于是秦王首先问李信：“寡人想攻取楚国，依将军看来，需用多少兵力才能取胜呢？”李信答道：“依末将看来，最多不过二十万人！”秦王嬴政转过头来又问老将王翦：“老将军依你看呢？”王翦回答说：“楚国乃是一个大国，要想灭楚非六十万人不可。”秦王听罢很不以为然，不禁脱口说道：“看来王将军真是老啦，连打仗也不如以前勇猛而变得胆小起来，李将军不愧年少有为，勇猛果敢，那么我就任命你为主将，蒙恬为副将，率军二十万即日起兵，攻打楚国。望将军早日奏凯回师，寡人当亲自前往迎接。”李信得意洋洋，与蒙恬领兵二十万杀奔楚国。王翦见此情景，便借口自己年老体衰，告老还乡，回到老家频阳以度晚年。

开始秦军进攻比较顺利，很快李信攻占了楚国的平舆，蒙恬攻占了寝，大败楚军。秦军连胜之后，开始骄傲轻敌，而楚军在大将项燕的指挥下，利用秦军的麻痹轻敌，突然发起反击。在楚军的猛烈打击下，秦军溃不成军。楚军连续追击三天三夜，攻下秦军营垒两座，杀死都尉七人。这是秦国在统一六国战争中蒙受的一次最惨重的失败。

秦王嬴政得到秦军失利的消息后，勃然大怒。这才意识到，王翦当初的主张是正确的。于是他亲自来到王翦的家乡，登门向王翦赔礼：“寡人不用将军的计策，结果李信大败而回，使我军蒙受了很大的耻辱。又据报告，楚军正向我边境逼进，我秦国处境危急。现在将军您虽然有病在身，怎么能单独把我抛弃呢？”王翦答道：“老臣我身染重病，很是虚弱，很难领兵出征了，还望大王选择更有能力的人为将吧。”秦王说：“我已经找到了这样的大将了。将军你就不必再多说了。”王翦说：“如果大王非坚持让我领兵出征的话，那么灭楚非需用六十万人不可。”秦王答道：“一切

均由将军一人定夺,打仗之事全都要仰仗将军了。"

王翦率大军六十万灭楚,秦王嬴政一直送到灞上。王翦鉴于李信轻率进军的错误,在攻入楚国后,采取以逸待劳的作战方针,在陈邑、商水,上蔡、平舆一带构筑营垒。

楚王负刍听说秦国再次来攻,而且又是倾全国之兵出动时,也动员了全国的力量,准备和秦军决一死战。

项燕鉴于秦国这次是以六十万大军来攻,领兵的又是老谋深算的名将王翦。便仍采取上次打败李信的战术,在寿春以北的淮河北岸构筑营垒,用坚固的防守,首先挫败秦军的锐气,等到对方久攻不下,粮草不济时,再指挥楚军全线出击,向秦军反攻,一举将其赶出楚境。从当时秦楚力量对比上看,项燕的这一战略无疑是正确的。六国之中除楚国外,只剩下一个齐国,而它又一直抱着保境的观念不放,因而楚国不能指望齐国出兵援助自己。而秦国在吞并了四国后,可谓兵强马壮,士气正盛。虽然前次李信攻楚受挫,这对于秦国这个"带甲百万"的强国,是不会对它产生严重影响的。所以贸然进攻秦军,只能加速自己的失败。当项燕看到王翦把军队扎在建好的营垒里面的时候,更加坚信了自己的主张,即不能主动进攻秦军,而是与之对峙。

因此,秦、楚两军在淮河对峙达数月之久。楚王负刍见项燕数月没有动静,以为他胆怯而不敢与秦军交战,便几次派人催促他进攻秦军。项燕反复说明自己的理由,无奈楚王固执己见。甚至怀疑项燕不主动进攻,是与秦军有什么密谋。项燕只好改变原来的计划,率军离开营垒,从西面进攻秦军。结果秦军营垒坚固,楚军根本无法攻破,而且死伤很多。项燕只好领兵又改从东面攻击秦军。

楚军的这些动向,早被王翦了解的一清二楚。于是他利用楚军疲惫不堪,又离营而去的有利时机,下令全军出击,与楚军大战于涡河。秦军奋勇冲杀,楚军只得且战且退。不想又遇到涡河的阻拦,真是前有所阻,后有追兵。顿时楚军队伍大乱,被秦军杀死和落水而死的不计其数。只见河面上漂满了楚军的尸体,项燕也在蕲被秦军杀死。

王翦一面命蒙武率军攻占淮河以北的楚地,自己则亲自率军直扑楚都寿春,俘虏了楚王负刍。第二年,王翦又平定了江南的楚地。

现在六国之中只剩下齐国。这时的齐国,内部混乱不堪,民心涣散,虽然有人曾提出建议,与其坐以待毙,不如主动出击。这实际上是纸上谈兵,无济于事。齐王建不甘心就这样为秦所灭,还想作一番挣扎,他把军队集中在齐国西部,准备抗击秦军。

公元前221年,秦军避开了齐军重兵防守的西部。避实击虚,而从防守薄弱的北部发起进攻,地插齐国的都城临淄。在对齐国施加压力的同时,秦国还对齐国采取政治诱降的策略。许诺只要齐王答应投降的话,秦国可以给他五百里封地。在秦军的压力下,齐王建出降。秦王嬴政终于用了十年的时间,完成了灭六国,统一天下的大业。

李斯、韩非和卫缭发展了由范雎提出的"远交近攻"的谋略,并把这一谋略从单纯地运用于军事斗争发展到与政治、外交斗争相结合。因而在实行过程中，能够依据情况，交相使用，灵活掌握，依次击灭六国。

秦灭六国之战，可说是“远交近攻”谋略成功运用的范例。

恩威并施，收服南越

当初，隆虑侯周灶攻击南越，正好遇到暑热潮湿的天气，士卒们害了大瘟疫，军队无法越过山岭。一年多后，吕后去世，就停止用兵。南越王赵佗因此就用武力威胁、财物贿赂闽越、西瓯、骆等族，使他们都归附南越。拥有东西一万多里的土地，乘坐天子的车驾，悬挂天子的大旗，称号、制度都和中国相同。

汉文帝为赵佗在真定的亲人坟墓设置守邑，每年按时祭祀；并且召见赵佗的堂兄弟，给他们高官做，厚赐宠爱他们。又派陆贾出使南越，赐书信给赵佗说：“朕不是高皇帝嫡后所生，所以被安置在朝廷之外，在代奉守北面的边疆。由于路途辽阔遥远，消息不通，本性朴质愚笨，所以没有写信问候你。高皇帝离群臣而崩逝，接着孝惠皇帝也去世；吕后自己监临国家政事，不幸地生了病，诸吕乘机作乱，靠着功臣的力量，已把诸吕诛杀了。朕因为王、侯、吏等不应允朕的辞让，不得不立为天子；现在已经正式即位了。不久以前，听说你送将军隆虑侯书信，要求保护亲家、堂兄弟，并且要求免掉防守长沙的两位将军。朕为了你信里的要求，免掉了博阳侯陈濞将军，你在真定的亲人和堂兄弟朕已派人去慰问，并且整修好你祖先的坟墓。前几天听说你在边境发动军队，不停地侵略，为害百姓。在那时候，长沙百姓因战事关系，生活困苦，南郡尤其厉害；就是你自己的国家，也不可能得到什么好处吧！因为战事一发，一定会杀死很多士卒，伤害了良将官吏，使别人妻子成寡妇，使别人儿女成孤儿，使别人父母孤独无依；得到的好处只有一点点，而丧失的却有十倍，这种事朕是不忍心做的。朕原先想厘定和你百越相错的长沙土地，问主管的官吏，官吏说‘这是高皇帝当初为间隔长沙土地而划分的’，既然这样，朕就不敢擅自改变了。现在朕纵使得到你的土地，也大不到哪里去；得到你的财物，也富不了多少。所以朕愿意划分五岭以南的地区，由你自己统辖。虽然你现在已号称为帝，但和朕两帝并存，却没有一个使者来往互通讯息，是会引起争执的；两帝争执不相退让，这是仁者不愿做的事。朕希望和你彼此放弃以前的嫌隙，从今以后，一直到永久，都能照常互通使者。”

陆贾到了南越。南越王很害怕，向陆贾叩头谢罪，愿意接受文帝诏令，永远做汉朝的藩臣，奉守进贡的职责。于是下令全国老百姓说：“我听说两雄不能够并存，两贤也不能够并生于世。汉朝皇帝是个贤明的天子。从今以后，我要除掉帝制、天子车驾、天子大旗等。”就写书信给汉文帝，内容说：“蛮夷大长、老夫臣赵佗冒昧而犯死罪，再拜上书给皇帝陛下，老夫原先是越的官吏，高皇帝赐给臣赵佗玉玺，封为南越王。孝惠皇帝即位时，为了道义，不忍心断绝对我们南越的照顾，所以赐给老夫很优厚的财物。吕后主政时，才把我们看成蛮夷，不和中国相等，颁出命令说：‘不要给蛮夷南越金钱、耕田器具、马、牛、羊等器具和家畜；就是要给与，也给公的，不要给母的。’老夫的国家处在偏僻的地方，马、牛、羊年龄已老，将来死光了没有母的可繁殖。

所以自己认为没有祭品不能修好祭祀之礼，会有该死之罪，就派内史藩、中尉高、御史平等共三人上书给吕后谢罪，但都没有回返。只听说老夫的父母坟墓已毁坏铲平，兄弟宗族等以罪论死。所以老夫的官吏就相互讨论说：‘现在对内被汉朝所压制，不能振作奋起，对外无法表现本国的高人一等，和他国不同，’所以更改名号为帝，自己做本国的帝王，并不敢做有害天下的事。但吕皇后听说老夫自立为帝，非常生气，削去南越的属籍（越本受汉封，汉把越看成诸侯王，所以属籍于汉），派使者去，也不能通达讯息。老夫私下怀疑长沙王是个谗佞的大臣，一定是他在破坏老夫和汉的关系，所以就发动军队攻打长沙王的边境。老夫住在越已经四十九年了，到现在已经抱孙子了。可是仍然早起晚睡，睡也睡不安稳，吃也吃不出美味，眼睛不看细肤丰润的美女，耳朵不听钟鼓美好的乐音，原因是不能够事奉汉朝，心情不好的缘故。现在很幸运地陛下能够哀怜我们，让我们回复原来的封号，像以前一样地互通使者，而能够回复汉臣；老夫就是死了，名声也不会毁灭。老夫现在就改掉封号，不敢再称为帝了。”

隆中妙对，联吴抗曹

诸葛亮的“隆中对”，是分析当时形势，确定“联吴抗曹”，富有斗争策略意义的一篇对策。在这篇对策中，诸葛亮根据当时客观形势，指出曹操强盛，最大顽敌，应要集中力量以对付之，但在未完成一切必要措施之前，无法与之争锋。其次，孙权势力亦相当稳固，同时在曹操严重威胁下，因此正好利用孙权来共同对付曹操，以确定“联吴抗曹”的外交政策。这就抓住当时重要之敌——曹操。至于刘表、刘璋这两个政权，则都有隙可乘，应当抓紧机会将其地盘夺取过来，然后在内政外交各方面做好准备工作，分兵进取中原，统一中国。

魏蜀吴三国鼎足之势已成之后，诸葛亮与曹操在争夺地盘时，都非常注意争取次要敌人，以攻击主要敌人，当时较为保守的东吴，都是他们积极争取的对象。

首先就刘备而言，诸葛亮于草庐之中已作过精辟分析。诸葛亮认为刘备取得荆益两州以后，应该巩固孙权联盟，然后军事上从汉中江陵两大战略营地，在条件成熟时，两面夹攻洛阳。所以刘备在攻克汉中以后，即命驻防荆州的关羽，进兵襄樊，北向宛洛，使此作战计划成为实际。

建安二十四年七月，关羽进攻樊城，樊城守将于禁投降，庞德俘擒被杀。与此同时，关羽又出兵攻打襄阳，樊襄形势危急。操得知关羽进攻樊襄消息，亲来前线驻扎洛阳，指挥战局。当时因许都离前线太近，曹操开始一度曾想将首都迁往邺城，后恐人心动摇，停止迁都计划。

在十分危急关头，曹操集中全力以对付关羽的同时，注意拉拢孙权，利用孙权消灭关羽，以解除襄樊的威胁。当时曹操战略就是抓住主要之敌关羽，争取次要之敌孙权，采取矛盾利用，各个击破方针。操之谋臣司马懿与蒋济，劝操利用孙权与刘备之间矛盾，对孙权采取外交攻势，加深他们的分裂以破坏吴蜀联盟。蒋济认为："刘备，孙权，外亲内疏，关羽得志，权必不愿也，可遣人劝蹑其后，许割江南以封权，则樊围自解。"操认为此计可行，并采纳之。

吴蜀之间为争取荆州，确有矛盾，为曹操所用。荆州是三国时代战略重地，守之可得天下，所以曹操、孙权、刘备都在争夺荆州。就孙权方面而言，刘备得益州之后，势力开始强大，如果再占据荆州，势必在其建邺上游出现一个强力的霸主，这叫孙权如何安心？再如以吴国君臣对于荆、益二州觊觎已久，而现在落于刘备之手，这岂能不使他们眼红？故当操写信给孙权，许割江南以封之，孙权便积极行动起来：一方面派吕蒙偷袭关羽根据地江陵，同时作书与曹操，表示愿袭杀关羽来报答，并请求曹操不要将此军事秘密让关羽知道，使关羽有准备。这样，曹操争取到次要之敌孙权以联合作战，对付主要之敌关羽，使其陷于围困之中。

不久，曹操率部进驻摩陂，并增派十二营到宛县前线，拨给徐晃指挥。同时，徐晃亦配合全局，开始对关羽进行反攻。这时孙权命吕蒙偷袭江陵已经得手，关羽听到根据地已失去，只得迅速撤退。归路军队溃散，羽没有退到江陵，即在十二月间被孙权擒杀。曹操此次利用孙、刘矛盾，消灭关羽，不但解除樊城的威胁，而且就战略而言，还使蜀汉失去荆州重地之路，以后诸葛亮几度对魏用兵，只能出秦川一路，而无法"命一上将将荆州之众以向宛洛"。蜀汉两面钳击之攻势从此流产。此后对魏蜀战争来讲，于曹操方面极为有利。

荆州之失守，说明一个问题，刘备对于诸葛亮的联吴外交，始终不大重视，至少没有做到缓和对吴国紧张的形势。对于镇守荆州人选，尤其处置不当，他不应该留下关羽守荆州。关羽其人，"刚而自矜"，既缺乏政治外交手段，又缺乏政治头脑，如何能让他孤悬一方，抗衡吴魏？当荆州失守，关羽被害之后，他忿而伐吴。"群君多谏，一不从"；在出师时，黄权曾"请为先驱以尝寇"，他不听，等到大军为吴将陆逊所败，他还说："吾乃为逊所折辱，岂非天耶！"可见他对吴根本就瞧不起，对吴蜀联盟根本不重视。抓不住主要敌人，敌打一气，如何不败。

刘备死后，诸葛亮辅阿斗，将全部精力放在改革内政与对外关系问题上。诸葛亮始终主张联吴抗曹，他深知，以弱小之蜀国，与强大之魏国为敌，非先联络吴国不可。将吴国联络好以后，它纵然不能协同攻魏，蜀亦可无东顾之忧，而得以全力对魏，魏则不能不以一部分兵力防吴。因此诸葛亮于辅政之初，即派邓芝使吴，重申旧好。此时，孙权还未与魏断绝来往，迟迟不肯接见邓芝，邓芝即上表曰："臣今来，亦欲为吴，非但为蜀也。"孙权方才接见。但孙权仍旧以蜀弱魏强为虑，邓芝曾给他解释："吴蜀二国，四州之地。……蜀有重险之固，吴有三江之阻，合此二长，共为唇齿。进可并吞天下，退可鼎足而立，此理之自然也。大王今若委质于魏，魏必上望大王之入朝，下求太子之内侍。若不从命，则奉辞伐叛。蜀必顺流，见可而进。如此，江南之地，非复大王之有也。"孙权听此议论，觉得确有道理，于是便和魏断绝关系，与蜀联和。从此蜀吴盟好，不但诸葛亮攻魏之师得以大举，就是终蜀之世，两国和好关系亦未断绝。此可证明，诸葛亮外交政策之正确无疑。

远交近攻，针锋相对

建安二十一年（公元216年）冬，曹操驻军居巢，进攻濡须。

建安二十二年（公元217年）春，孙权派遣都尉徐详前去面见曹操，请求降顺。曹操回答要派遣使臣改善双方的关系，决心重新结为姻亲。

建安二十三年（公元218年）十月，孙权将往吴郡，亲自骑马在庱亭射虎。老虎咬伤了马，孙权用双戟向虎投去，虎受伤后退，随从张世也立即挥戈刺杀，将老虎捕获。

建安二十四年（公元219年），关羽将曹仁围困在襄阳，曹操派左将军于禁前往救援。适逢汉水暴涨，关羽派水军参战，全部俘获于禁等人率领的步、骑兵三万人，都送往江陵，只有襄阳城还未攻破。孙权在内心畏惧关羽，表面上却想要为自己表功，写信给曹操，请求出兵进攻关羽以示为曹操效力。曹操为了使关羽、孙权能长期互相对立、争斗，用驿马快速传送孙权的亲笔信，命令曹仁用强弓将这封信射给关羽看。关羽看信后，拿不定主意，未能立即撤军。

这年闰月，孙权进攻关羽，先派吕蒙偷袭公安，俘虏了将军士仁。吕蒙带领军队又攻南郡，南郡太守麋芳献城投降。吕蒙占领了江陵，安抚全城的老弱，解除对于禁的囚禁。陆逊率领又一支军队，夺取了宜都，又取得了秭归、枝江、夷道，引军还驻夷陵，扼守峡口，严防蜀兵东下。关羽退回当阳，向西保卫麦城。孙权派人劝说关羽，关羽假意表示投降，在麦城城墙上，树立军旗，树立许多假人，然后借机逃走，军队四散，只剩下十多个骑兵。孙权先派朱然、潘璋截断关羽后撤的道路。

十二月,潘璋的司马叫马忠的在章乡俘获了关羽与他的儿子关平、都督赵累等,于是平定了荆州。这年疫病流行,全部免除荆州民众租税。曹操呈请孙权为骠骑将军、假节,兼任荆州牧,封为南昌侯。孙权派校尉梁寓向汉帝进献贡品,并令王惇买马,又遣送朱光等回归北方。

建安二十五年(公元220年)正月,曹操死,太子曹丕继任丞相、魏王,年号改称太康。秋季,魏将梅敷派张俭来要求得到安抚、接纳。南阳郡所属的阴、酂、筑阳、山都、中庐五县民众五千家前来归附。这年冬天,新继任的魏王曹丕称帝,改年号为黄初。黄初二年(公元221年)四月,刘备在蜀称帝。

孙权从公安来鄂县建都,改称鄂县为武昌,以武昌、下雉、寻阳、阳新、柴桑、沙羡六县为武昌郡。五月,建业宣称,天降甘露。八月,修筑武昌城,孙权向诸将下达命令说道:"当生存的时候不能忘记灭亡,在安全的时候一定要考虑危险,这是古人有益的教导。从前有个人叫隽不疑,这是汉代的名臣。他生活在社会安定和平的时代,但刀剑从不离身。这说明君子之人认为,军备是不可废弃的。何况我们现在居住在国境的边沿,像豺狼一样凶恶的敌人,可以通过多种渠道向我们接近,难道能够轻率疏忽而不考虑突然出现的灾难吗?最近听说将军们外出,每个人都喜欢谦和简朴,不带随从警卫,可以说这是虑患不周、不爱护自己。要爱护自己,立功扬名,使君亲安心,为什么要使自身遭受危险污辱呢?应该严加警戒,切实重视这个重大问题,遵照我的意见办事。"

从魏文帝曹丕称帝以来,孙权派遣使者自称是魏的属国,又遣送于禁等人回归。十一月,曹丕下达奖赏孙权的文书,文书中写道:"圣明君王的律法,根据道德标准确立官位封号,根据功劳大小规定俸禄等级。功劳大的人享受的俸禄就优厚,道德崇高的人得到的尊敬就隆重。所以周公有辅佐武王、成王的功劳,太公有施展雄才使周朝强大的功劳,他们分封土地,接受各种赐物,这是为了表彰他们的大功,特殊对待卓越的人物。近代汉高祖称帝的初年,分封肥美的土地,使不姓刘的八位(八姓)功臣身居王位,这是前代的盛事,后代帝王应该作为龟鉴、准则的。我个人的道德与帝王并不相称,承受天命,身居帝位,统治万国,执掌国家的大政,很想对天下的治理,能够比同前代盛世,所以日夜辛劳。考虑你天性忠诚纯洁,在社会上声名显著,有辅佐帝王的大才。洞明历代王朝更替的次序,能远见汉废魏兴,派遣使臣,远从潜水、汉水而来。得知我称帝的消息,立即归附,呈上文书,自称属国。并敬献丝绸麻布等南方特产作为贡品。遣送各位将军回归本朝。你的忠诚恭敬发自内心,在外也有明显的表现。你的信义可以铭刻金石,普盖山河,我很赞赏。现在封你为吴王,派遣使持节太常高平侯邢贞,授予你印章、文书、金虎符第一至第五、左竹使符第一至第十;授任大将军使持节督交州,兼任荆州牧;赐予你青土,外包白茅;要回答、称扬我的任命,将国家的东部治理好。要上缴前骠骑将军南昌侯的印章文书。现在还加授你九种赏赐,要敬听以下的命令。因为你安抚了国家的东南方,治理好长江下游南岸地区,汉民与夷人安居乐业,没有人怀有二心,因此赐予你大车、兵车各一辆,黑色公马八匹。你重视生财、奖励农耕,仓库满装积存的谷物,因此赐予你王侯穿着的礼服礼帽,还有与礼服、礼帽相配套的红色着木的复底鞋。你用道德感化民众，鼓励推行礼教，因此赐予你三面悬挂的乐器。你发扬美喜、祥和的社会风气，能笼络、安抚百越，因此赐予你在红色涂门的住所里居住。你发挥了才能智谋，任用贤良方正的人为官，因此赐予你可以有纳于檐下的殿坛台阶。你能发扬忠诚、勇敢精神，清除奸诈、邪恶的坏人，因此赐予你勇士百人。你扬武于山陵以外的海疆，在荆南显示出强大威力，剿灭凶残的败类，捕获了罪人，因此赐予你斧、大斧各一件。你的文臣在内和睦、武将在外信从，因此赐予你红弓一张、红箭百枝、黑弓十张、黑箭千枝。你能以忠贞、严肃、恭敬、俭朴作为道德修养的根本，因此赐予你祭祀用的美酒一卣，还有与盛灌这种美酒相配套的玉柄勺。要恭敬地对待你的职务啊！要切实遵行训言，服从命令，勉力辅佐我的国家，永远保持你显赫的功业。”

这年，刘备率领军队进攻吴国，到达巫山、秭归，派遣使者诱导武陵山区民众，假说给予印章、符信、许诺封官赏赐。于是武陵山区各县及五溪民众皆反吴助蜀。

孙权任命陆逊为大都督，率领朱然、潘璋等将迎战。

孙权派遣都尉赵咨出使魏国。

魏帝曹丕问道：“吴王是什么样的君主？”赵咨对答说：“吴王聪明仁智，属于有雄略的君主。”

魏文帝询问这种评价的具体内容，赵咨说道：“在众多平凡人当中特殊接纳鲁肃，这是吴王广听于众的聪明；在众多的军人中，对吕蒙越级提拔，这是吴王的仁；夺取荆州，没有死伤一个人，这是吴王的智；占据荆、扬、交三州，如猛虎般注视天下，这是吴王的雄才；对于您，他屈己称臣，这是吴王的谋略。”

魏帝要封赏孙权的儿子孙登，孙权认为孙登年纪幼小，上书辞谢。又派遣西曹掾沈珩陈述谢意，还奉献江南地方特产。立孙登为王太子。

黄武元年（公元 222 年）正月，陆逊率领将军宋谦等进攻蜀国五所军营，五所军营全部打破，斩杀了军营的守将。三月，鄱阳宣称出现了黄龙。蜀国的军队分散占据险要的据点，前后建立了五十多所军营，陆逊根据战斗任务的大小派遣军队对付敌人，从正月到这年的闰月，将敌人打得大败，临阵斩首、自动投诚与被迫请降的有几万人。刘备逃窜，未被俘虏。

为计不周，中计中计

设计远交近攻，而不明利害，不辨形势，结果中人之计，例子不仅只有西晋的贾南风。

东晋安帝时，司马元显专权，蠹乱朝政。当时，桓玄拥兵江陵，占据将近三分之二的国土，于是有夺位之志。派了许多人伪造符瑞，声称自己命应帝王，当建大业，弄得人心惶惶。北府兵将领刘牢之，骁勇善战，兵强马壮，屡立战功，因为不受朝廷信重，同样也是怨气冲天，于是阴怀异志，以观时变。

公元 401 年冬，桓玄给司马元显的父亲司马道子写了一封信，暗示将入京问罪。司马元显见信大惧。张法顺说：“桓玄承袭祖宗之威德，素有豪气，据有荆、楚，而阁下所管，不过三吴一隅。眼下公私困竭，恐其乘乱而入，应当及早设法。”司马元显问计，张法顺便建议派刘牢之为先锋，司马元显率大

军继后，乘桓玄立足未稳，一举将其消灭。司马元显依计而行。次年春，东晋朝廷下诏，历数桓玄罪状，以司马元显为骠骑大将军、征讨大都督，刘牢之为前锋都督，出兵讨伐桓玄。

刘牢之虽为前锋，却满脑子都是自己的小算盘。他的想法是，司马元显对自己素无尊重信任之意，如果消灭了桓玄，司马元显权势益大，而自己功名日盛，肯定会遭到嫉恨。自己拥有强兵猛将，何不坐山观虎斗，让桓玄除掉司马元显，然后自己乘隙击败桓玄，掌握朝政？于是屯兵不进。

桓玄对刘牢之的举动十分清楚。他知道刘牢之与司马元显不睦。但是，这两个人又都是自己的对手，唇亡齿寒。不分离刘牢之，司马元显的架子就仍然撑着，不会从根本上动摇。于是桓玄决定乘刘牢之观望之机，将其稳住，然后司马元显便将不战自败。

刘牢之的想法，已被张法顺看透。当司马元显派他去说服刘牢之时，张法顺便在回京后对司马元显说："观刘牢之颜色，恐怕不会与您一条心。不如召其入京，杀了他，否则会坏了您的大事。"司马元显不肯相信。后来，张法顺又劝司马元显说："桓玄的兄弟常为桓玄打探消息，应当将其斩乎，以绝后患。如今，胜败之机，在于前锋。刘牢之反复无常，万一有交，则祸败立至。可令刘牢之杀死桓玄的兄弟，以示无二心。如违命不从，亦可及早防备。"司马元显又不从。

桓玄从江陵出发，一路东行。刘牢之从京口出发，一路西行。刘牢之到了溧洲，参军刘裕请求出去，刘牢之不许。刘牢之的舅舅何穆应桓玄之请，劝说刘牢之："自古以来，戴震主之威，挟不赏之功而能自全者，您见过吗？越国的文种、秦国的白起、汉朝的韩信，奉事明君，功成之日，尚不免诛戮夷灭，何况司马元显示乃凶愚之人？如今，您战胜则灭宗，战败则灭族，何不幡然改图，以求富贵？"刘牢之的外甥何无忌则受刘裕之托，说服刘牢之出兵攻击桓玄。刘牢之的儿子也对父亲说："今国家衰危，天下之重，在大人与桓玄。如果大人纵桓玄凌侮朝廷，使其威望日隆，权势日重，将来如何收拾？"刘牢之则认为："今日取桓玄，易如反掌，但司马元显却是更危险的对手。"于是决计向桓玄请降。

刘牢之的儿子作为信使，来到桓玄军中。桓玄对他热情接待，拜为咨议

参军,设宴其饮,观赏名书古画,以悦其心,而桓玄左右皆知刘牢之既降,便将受到诛戮,偷偷取笑,而刘牢之之子浑然不觉。

刘牢之投降,桓玄势如破竹,直捣建康,司马元显全军溃散,仅与张法顺一个逃回府中,随即被桓玄捉住。晋安帝无奈,拜桓玄为都督中外诸军事,丞相,录尚书事,领扬州牧,徐、荆、江三州刺史,假黄钺,总百揆。东晋朝廷,完全被其控制。司马元显及其亲信被斩于建康市中,司马道子被贬出京城。

司马元显被杀以后,桓玄任命刘牢之为会稽内史,解除了他的兵权。刘牢之说:“刚一开始便夺我兵权,这是大祸临头了!”刘牢之的儿子借故路回父亲军中,劝其与桓玄决战。刘牢之与刘裕商量,刘裕说:“将军以劲卒数万,望风降服,桓玄得志,威震天下,朝野人情皆已去矣!大势已去,吾不能从。”刘牢之又与其他将领商议,参军刘袭说:“天下最不可做的事情便是造反。将军近日反司马元显,今日又反桓玄,反反复复,何以自立!”众将闻言,一哄而散。刘牢之计穷,一筹莫展,自缢而死。

刘牢之自以为可借桓玄之手诛灭司马元显,然后诛灭桓玄,远交近攻,万无一失,殊不知桓玄打的是同样的主意。其中关键,在于刘牢之的计划与桓玄相比慢了一个节拍。假如刘牢之争取桓玄中立,回师建康,诛灭司马元显,控制朝廷,然后回师西向,与桓玄决战,胜负不可逆料,却也不至于一败涂地。当是时,谁先控制朝廷,谁就占有了优势。桓玄知道刘牢之与司马道子的远近,刘牢之却不知道桓玄与司马道子的远近。双方使用同一计策,第一步走完以后,下一步要看的便是实力。远交近攻之计的精髓,便是在逐步消灭近敌的过程中不断壮大自己的实力,而使原来的远敌、强敌不断变成近敌、弱敌。刘牢之本有取胜之望,却坐视桓玄壮大,还谈什么远交近攻?

分化瓦解,各个击破

李渊原是隋朝太原留守,贵族地主出身,在隋末农民战争年代,乘机而起,以争天下。当时农民起义军在北方边境上有李乾、薛举、梁师都、刘武周、高开道等部;在黄河流域的,有李渊、王世充、李密、窦建德、孟海公、徐园郎等部;在江西一带有沈法兴、林士弘、肖铣等部;在江淮之间有杜伏威、宇文化及陈稜等部。在长期激烈战斗中,李渊父子运用战略战术,先后击败这些对手。

李渊在太原起义，首先得到山西豪杰响应，取得很多地主的支持，很快召集数万队伍，并决计西进关中。在此期间，面临两个急需解决的问题：一是强大突厥屡袭太原，对李渊西进是一个严重威胁；二是李渊曾镇压过农民起义，与农民为敌，现在如何对待农民起义？李渊采取了两面手法：对待突厥关系上，他派刘文静去进行与李乾、薛举、梁师都、刘武周一样称臣于突厥，在最大的限度内和突厥取得妥协；对农民起义态度上，则采取软化拉拢手段，与李密建立友好关系，并推李密为主，其目的将在农民起义空隙中保存自己力量，并求得发展。此一斗争方法的运用产生显著战略效果：其一，李渊向西进军，得到李密支持，并使李渊阻挡住东部隋军，以便利自己西进；其二，突厥因为李渊对自己称臣，不加防备，停止对太原侵扰，使李渊集中兵力向西扩张；其三，李渊进入关中，改编许多支起义军，在很短时间，得到精兵九万，军事力量因而大大加强，向西进军并占领长安。

李渊集团进入关中之后，山东群雄自相竞逐，自相残杀，因此李渊集团的战略计划，第一步即打击西北一带割据力量，从而巩固并扩展他们自己统治，割据西北一带是李轨、薛举、梁师都与刘武周等，均和突厥相勾结，为消灭西北一带的割据势力，必然遭到突厥反对。如何解决此问题？李渊集团采用分化瓦解、矛盾利用、各个击破斗争策略。首先打击对象是盘踞在兰州、天水一带之薛举。薛举企图联合梁师都，并勾结突厥共同进攻，但此企图并未实现，唐以金帛厚贿突厥，拆散他们之间联盟。同年，唐利用李轨与薛举之间矛盾，与李轨通书结好，使薛举陷于孤立，从而消灭薛举集团。

薛举之子薛仁杲投降之后，唐之进攻刀锋指向割据河西武威一带的李轨。唐除结好吐谷浑使李轨孤立之外，主要用分化手段瓦解李轨集团，亦即李轨集团内部分裂因素，为李唐所用。事实就是如此：唐将安修仁安兴贵返家"奕世豪望"拉拢过来，安等在公元619年5月发动政变，结果李轨集团被消灭。唐占据河西地方。

当唐用政治分化手段，进攻李轨时，刘武周却于619年3月勾结突厥进攻太原。但在此场斗争中，唐军终于取得胜利。唐之胜利，应归功于李世民的善于用兵，但唐拆散刘武周与突厥的联盟，从而使刘武周势力孤单，亦是不可忽视的原因。

唐打败这几个力量之后，背后与侧面的威胁基本上解除，因此西北一线的军事行动，暂告一段落，而将它的进攻锋芒指向东方广大地区。

自618年李密兵败到唐军东进两三年间，东方与南方农民兼并战争形势已有很大变化。兼并结果，只剩下山东王世充、河北窦建德及南方杜伏威三支最大力量，此三支力量的总和是超过李唐集团的，但是三支力量中任何一个则赶不上李唐集团，如果此三支力量是个统一力量，与唐对抗，谁胜谁负也很难断定。但实际情况是，他们不仅分散，而且还处于敌对状态，例如王世充进攻窦建德的黎阳，窦建德就进攻王世充的殷州，以报复黎阳之役，这样一来，胜负之数即不难断定。

还在唐向东进攻之前，李渊即已调兵遣将，派遣说士到东方活动，并将李密旧部与以前反隋起义军（如王薄等）拉拢过来。尤为重要者即江淮地区之杜伏威，亦接受唐的封号，与唐合作，并于621年派兵助唐，此即唐在政治上取得的一个极大胜利。这个胜利又使唐在战略形势上取得极为有利的地位。窦建德的北方罗艺盘踞的幽州，罗艺早已降唐，西方的山西是唐的领地，窦建德与王世充已经受唐的两面包围，而杜伏威与唐合作，唐对窦建德、王世充的包围形势便已形成。

620年7月，唐稳定西北局势之后，即由李世民统帅大军，进攻王世充，王世充自知不敌，向窦建德求救，为了维持夏政权在河北、山东的统治，为向西部作进一步发展，窦建德对李唐的进攻王世充决不会坐视不救，在621年3月击败孟海公之后，亲率十万大军援助王世充。

唐遣李世民前去虎牢，据险御敌，阻止窦建德西进，然后伺机而战，将窦建德打垮。此计运用结果，窦建德为虎牢之险所阻，不能西进，陷于进退维谷之境。5月间，唐军伪装粮草完尽，引诱窦建德军前来决战，窦建德中计，全军出动，自板渚出牛口布阵，北距大河，西薄汜水，南达鹊山，长达二十里。李世民立于高处看窦建德的阵势，曾说窦军“风险而嚣，是无纪律，逼城而阵，有轻我心”。即不难看出此军的动态。

李世民按兵不动，以逸待劳，用部分部队吸引住窦建德军全部。直到晌午，窦军“士卒饿倦，皆坐列，又争饮水”，阵势紊乱，李世民看到决战时机已到，乃以轻骑渡汜水，进攻窦军。此时窦建德与群臣正在聚合，仓促应战，阵势大乱。李世民率精锐插入窦军阵后，并改换唐旗帜，窦军更加混乱，甚至迅速溃散。唐军追杀三十里，俘获五万余人，窦建德亦受伤被擒。

这是决定性战役。窦建德败亡之后，王世充看到大势已去，不得不自缚投降。王世充、窦建德与杜伏威是统一战争中东方三大实力，彼等的成败是统一战争胜败关键之所在。杜伏威归附于唐，窦建德、王世充先后失败，这个关键问题已为李唐所解决，因而可以说唐已取得胜利，统一战争基本上已告结束，在中国历史上代隋而立即为唐帝国。

在对敌斗争中，善于利用敌人矛盾，进行分化瓦解工作，往往能够起到军事斗争所不能起到的作用。如成吉思汗在向外扩张斗争中，即利用各国之间矛盾，分化瓦解，各个击破。第一，成吉思汗利用蒙古人民对金之仇恨，发动对金战争，先后两次击败金人，金入蒙古版图。第二，利用汉人、契丹与女真统治者之间矛盾，以孤立金国统治者，在战斗最激烈时，契丹人、汉人往往倒戈，多叛附蒙古军，以致造成金国失败。第三，利用各国内部矛盾，各个击破。成吉思汗所进攻的国家的政治腐败，内讧频仍，相互敌视，相互混战，这些矛盾正好为成吉思汗加以利用，分化瓦解，各个击败。所以，蒙古对外战争不长，率领军队不多，竟席卷半个世界，建立起庞大的蒙古帝国。可见，政治上施展阴谋诡计，能起着军事斗争所不能起到的作用。诚如辛弃疾所言：“阴谋之守坚于城，阴谋之攻惨如兵。”

联金灭辽，宋反失国

宋、辽自“澶洲之盟”后，两国之间使节往来不断，差不多维持了将近百年的和平。这时，宋朝官吏冗赘，军政荒疏，期间虽有王安石变法，意欲挽救颓势、终因党争激烈，小人弄权，而告失败，国事日见不堪。辽国也因帝王荒淫，权臣弄权，内政颇为混乱，早已失却了游牧民族慓悍、尚武的精神。这时，在辽的后方，东北的女真人趁势崛起，建立了大金政权，并于数年之内，将辽人国土侵凌了大半。宋朝正值童贯当权，童贯在洮西讨伐羌人中立了功，大受徽宗的嘉许，竟然得意地以为辽人也可以不在话下了。于是向朝廷建议伐辽。政和元年（公元1111年），宋派遣端明殿大学士郑允中充“贺生辰使”，而以童贯为副使，出使辽国，借以窥探辽人虚实。此行果然发现辽政没落，并在辽国结识了一个失意的政客，名唤马植。《宋史》上说：“马植，本燕人。世为辽国大族，行污而内乱，不耻于人。政和初，童贯出使道卢沟，植夜见其侍史，自言有灭燕之策，因得谒童贯。与语，大奇之，载与归。易姓名曰李良嗣，荐诸朝，即献策曰：‘女真恨辽人切骨，而天祚荒淫失道，本朝若遣使自登莱涉海结好女真，与之相约攻辽，其国可图也。’议者谓祖宗以来虽有此道，以其地接蕃，禁商贾舟船不得行，百有余年矣。一旦启之，惧非中国之利。徽宗召见，问所来之因，对曰：‘辽国必亡，陛下念旧民遭荼炭之苦，复中国往昔之疆，代天谴责，以治伐乱，王师一出，必壶浆来迎。万一女真得志，先发制人，后发制于人，事不侔矣。’帝嘉纳之，赐姓赵氏，以为秘书丞，图燕之议自此始。”

应该说，如果单纯从军事角度上来考虑，赵良嗣的计谋并没有什么错误，赵的这一番议论也颇有战国苏秦、张仪之类纵横家的模样。但是，赵良嗣和宋朝君臣们都忘掉了战争不仅仅是单纯的军事行为，它还受着政治、经济诸多要素的影响。并且，他们只看到了辽天祚帝的失政，却没有看到宋徽宗本人的更严重的失政，所谓的“以治伐乱”，听来简直是一种讽刺。《孙子兵法》说：“知己知彼，百战不殆。”宋的君臣们恰恰是犯了“知彼不知己”的错误。

对于赵良嗣的计策，朝中也有反对意见，但事有凑巧，当时金辽交战，辽东地方大乱，有住在当地的一批汉人高药师、曹孝才等二百人，乘大船逃难，漂流到山东半岛，传报金人得胜辽人溃败的情形。地方官报告给朝廷，徽宗闻报大喜，便与蔡京、童贯商议，决定采用赵良嗣的建议联金攻辽。

重和元年（公元1118年），宋派遣武义大夫马政率同高药师等自登州入海，以买马为名，试探性地前往金国结好，并参见了金太祖阿骨打。随后，金人也遣使来答聘。双方展开了非正式的秘密外交。

宣和二年（公元1120年），宋徽宗特派赵良嗣与王为专使，往金国谒见阿骨打，正式提出了联兵攻辽的要求。双方初步商讨的结果，大致决定南北共同出兵。金自平地松林南趋古北口，宋自雄州北趋白沟，以夹攻辽人。原则上宋取辽之南京（即今北京），金取辽之中京（即辽宁宁城），幽燕原为中国版图，归中国所有，至于西京云州（今大同一带）俟灭辽后再议。金助宋收复失地，则宋须纳币于金以为酬谢，数目与以前纳辽相同。双方互相遣使协商达成了协议，当时两国的秘密通使，都经渤海上的海路，因此又称“海上之盟”。

宋人正拟北伐，国内发生了方腊之乱，于是童贯率兵前去征讨方腊，伐辽之事为之耽搁。金人乃单独出兵攻取了辽的中京、西京，留下南京等待宋人进兵。辽人得以在南京苟延二年。

宣和四年，方腊已平，于是以童贯为河北河东路宣抚使，发兵十五万，以巡边为名去伐辽应金。当时领枢密院事郑居中力陈不可，以为宋辽盟约不可破坏，宰相王黼说：“中国与辽名为兄弟之邦，实为仇敌，我不取燕云之地，亦必为女真所得。”徽宗以为然，遂令童贯进兵。童贯督师到高阳关，都统种师道谏道：“今日之举譬如邻居被盗，我不能相救，反要勾结盗匪乘火打劫，无乃不可。”童贯不听，即分兵两路，种师道从东路进趋白沟，辛兴宗从西路进趋范村，却都被辽人击败，徽宗不得已诏令班师。辽主耶律淳遣使来与宋朝说：“女真背叛本朝，当亦为南朝所恶，今图一时之利，弃百年之好，结豺狼之邦，他日之祸，可谓得计乎？况救灾恤邻，古今通义，惟大国图之！”童贯面对辽使，竟赧然不知所对。

宋兵之败是在宣和四年五月，六月辽主耶律淳忽然病死，其妻萧氏以太后临朝称制。宋朝拟乘丧再度北伐。朝散郎宋昭上书谏道：“辽不可攻，金不可邻，他日金必败盟为中国之患，请诛王黼、童贯、赵良嗣三人以谢天下。”触怒了当政的王黼，被免职。九月，宋师再度北伐，声势甚盛，无奈将领怯懦，刘延庆闻败失据，仓皇后退，北伐又一次失败。

金人见宋人无力攻克辽军，便挥师南下，一路势如破竹，辽人望风而溃，十二月金太祖攻入燕京，辽人在北方的统治宣告结束。

辽亡后，宋、金就土地问题发生争执，金人以两国夹攻而不见南朝一步一卒为理由，态度十分傲慢，最后，总算达成协议，宋收取燕京及六州之地，但须岁输银二十万两，绢二十万匹，此外另输“燕京代税钱”一百万缗。宋金接壤，开始订交，便签订了一项不平等条约。此次远交近攻虽然最终收回了燕京失地，却是因人之力，并且，从此与强悍的金人为邻，远比与契丹人打交道困难得多了。

宋人还沉醉在收复燕京的喜悦中，金兵已然南下，终于二帝被虏，汴京沦陷，淮河以北之地尽入于金，直至高宗南渡，才得以在南方建立政策，延续宋祚。

三人斗法，蒋胜冯、阎

1929年，蒋介石“统一”了中国，但中国又产生了几个新的实力派。除了蒋介石外，尚有以李宗仁为首的桂系、以冯玉祥为首的西北军、以阎锡山为首盘踞山西的晋系,以张学良为首的奉系。

这几个地方实力派,并不听从蒋介石的“领导”,他们有人有枪,根本不买蒋介石的账。比较而言,蒋介石的实力最强。于是,在这些派别中,展开了“合纵”与“连横”的斗争。这种形势很像战国时期的形势,蒋介石好比强秦,李宗仁、冯玉祥、阎锡山、张学良好比各诸侯国。

在这种情况下,李、冯、阎、张应联合起来,共同对付蒋介石,这就是“合纵”。蒋介石应分化他们的联合,然后各个击破,这就是要“连横”。

蒋介石先向桂系李宗仁开刀,在下手之前,先派人与阎锡山、冯玉祥联络,开始了“连横”。在蒋桂争斗中,冯、阎袖手旁观,因为他们没有认识到与桂系李宗仁联合的重要性。

蒋介石用重金收买、分化瓦解、军事进攻相结合的方法将桂系击败,桂系被迫由武汉退回广西,桂系首领李宗仁等也逃到香港。

冯、阎也失去了一次联合抗击蒋介石的机会。

蒋介石又千方百计拉拢张学良,使张站在了自己的一边。

当蒋介石向冯玉祥进攻时,冯玉祥认识到要打败蒋介石就必须联合阎锡山,而蒋介石也认为如果要彻底打垮冯玉祥必须拉拢阎锡山。

于是,一场冯玉祥“合纵”,蒋介石“连横”的斗争开始了。

蒋介石连横的前奏是挑拨冯玉祥和阎锡山的关系。蒋介石造谣说冯玉祥联合苏联,准备进攻山西,阎锡山半信半疑。

此后,蒋介石、冯玉祥、阎锡山三人之间出现了微妙的关系,三人互相借力,都想制服对手。于是,一场防计与用计的斗争开始了。

在冯玉祥与蒋介石的冲突中,阎锡山是举足轻重的人物。阎锡山想借助蒋介石的力量把冯玉祥的西北军逐出豫、陕,自己称王北中国。但与此同时,阎锡山又借冯玉祥抬高自己的身价。因此,阎锡山既压冯媚蒋,又联冯抗蒋。虽然阎锡山对蒋介石暗送秋波,却总不投入蒋介石的怀抱,而是一直若即若离。阎玩的是两面手法。

从蒋介石这一方看,蒋介石竭力拉拢阎锡山,但没有一点真心,目的无非是先稳住阎锡山,把冯玉祥赶下台,然后回过头来收拾他。

从冯玉祥这一方看,处境危难,要想抗拒蒋介石就必须联合阎锡山,除此之外,别无选择。想拉住阎锡山,只有一个办法,就是引诱蒋介石把矛头指向阎锡山,阎锡山一旦感到自危,就必然加紧同冯玉祥的联合。

1929 年 5 月 8 日,国民党中央政治会议推蒋介石为主席,23 日,国民党中央常委会决议,革除冯玉祥的一切职务,永远将冯开除党籍,并下令查办。

6 月 7 日,蒋介石致电阎锡山,委任阎为北路军总司令,并要求阎锡山帮助他进攻冯玉祥,逼迫冯玉祥出洋。

阎锡山一看电报,心中怒气顿生,区区北路军总司令阎锡山怎能放在眼里。为了进一步抬高身价,就必须作出要与冯联合的姿态让蒋看看,而这种表示又必须是委婉的。

阎锡山对蒋表示不主张内战,提倡和平解决,并扬言他要和冯玉祥相偕下野出洋。随后,他派人到天津订购船票,到日本安排住处,摆出一副决心引退的样子。

阎锡山多次邀请冯玉祥到太原共商反蒋大计，但冯玉祥怀疑阎锡山另有他图，不敢贸然入晋。冯玉祥看到阎锡山上述举动，消除了怀疑。阎又派冯玉祥敬重的老友李书城向冯游说，冯决心入晋。

6月21日，冯玉祥为了表示诚意，特带夫人李德全和女儿，从华阴山动身去山西，于24日到达太原，受到阎锡山的热情接待。

冯玉祥以为阎锡山真的与他共商反蒋大计，实际上阎锡山把冯玉祥当作了向蒋介石讨价还价的砝码。阎锡山立即行动，派人四处活动，准备出国的服装用具，在外界看来，似乎阎、冯就要手拉手出洋了。

蒋介石得到情报，感到了事情的严重。如果阎锡山、冯玉祥并肩出洋，无疑是使西北军与晋军联合起来，蒋介石各个击破的目的就难以实现了。

蒋介石看到北路军总司令的诱饵引不起阎锡山的兴趣，就又委任阎锡山为西北宣抚使，全权处理西北善后事宜。

阎锡山对宣抚使一职毫无兴趣，不加可否，反而以强硬的态度向蒋表示，一定要与冯玉祥同时出洋，如果中央不批准，则坚决辞去国府委员的职务。蒋介石又急忙致电挽留，并决定自己屈尊去北平与阎锡山晤谈。于是，阎锡山的身价倍增。

蒋介石与阎锡山在北平会谈的结果是，蒋介石委任阎锡山为全国陆海空军副总司令，阎锡山的地位在军队中提到了蒋介石一人之下，万人之上了。至此，阎锡山借助冯玉祥抬高自己身价的计谋得以完全实现。

同时，阎锡山答应蒋介石尽快解决西北军。蒋阎达成了共同对付冯玉祥的秘密协议。至此，蒋介石拉拢阎锡山的计划已初步完成。

7月2日，阎锡山突然"得病"住进了医院，闭门谢客。7月4日，他又退了去日本的船票。从此，阎锡山对冯玉祥也改变了态度，他以冯玉祥住晋祠不便为由，将冯玉祥诱骗到建安村软禁起来，村四周派军队封锁。

冯玉祥看阎锡山态度变化，软禁自己，也不商讨共同反蒋大计，知道蒋介石与阎锡山已达成秘密交易，阎锡山出卖了自己。

冯玉祥虽然是行伍出身，但十分聪明，如今被软禁，当然不能坐以待毙，他要想法拆散蒋、阎的勾结，以寻求出路。他以为拆散蒋、阎勾结还必须从蒋介石身上想办法。这个办法是"以毒攻毒"，用"连横"破坏"连横"。

冯玉祥在软禁中，设法授意留陕主持西北军的宋哲元，要他绕开阎锡山，直接与南京政府联系，向蒋介石靠拢。西北军将领对阎锡山背信弃义十分气愤。冯玉祥被扣在建安村，军饷无法解决。西北本属贫困地区，西北军军费困难，问题亟待解决。他们得到冯玉祥的指示后，感到靠近南京政府也是一条暂时出路。于是，西北军在 7 月中旬派参谋长陈琢如到南京求见蒋介石，表示西北军接受中央指挥，要求接济军饷。蒋介石认为西北军向他屈服了，瓦解冯系已经不需要阎锡山了。狡猾的蒋介石不知自己正好中了冯玉祥的计谋。于是，蒋介石派于右任、贺耀祖到西安宣慰与点编冯玉祥的部队，安抚冯部的将领，供应军饷。为了笼络西北军将领，蒋介石下令把已经被他免职的鹿钟麟、薛笃弼、熊斌、唐悦良等人又请回南京，亲自召见、宴请。8 月 16 日，特任鹿钟麟为军政部长。8 月 22 日又任命冯的另一亲信李鸣钟为全国编遣委员会遣置部主任。从此，蒋介石与西北军的关系由对抗转为合作。

1929 年 8 月，是蒋介石自鸣得意的时期。桂系首领李宗仁、白崇禧、黄绍□已逃居香港，两广皈依中央，冯、阎争相求媚于蒋，西北军分化。张学良已顺从，东北军听从蒋介石的指挥。真可谓万事如意。

1929 年 8 月 1 日，蒋介石召开第二次编遣会议，要求各实力派交出军队，皈依蒋介石的国民党中央。否则，压上一顶反革命的帽子，用武力征服。于是，蒋介石与各实力派的关系顿时紧张起来。

全国编遣会议之后，阎锡山开始感到他自身也难保了。冯系靠拢蒋介石，更使他孤立，他猜想蒋、冯可能已有新的交易，下一步将是冯、蒋联合起来对付晋系。8 月 6 日，阎锡山向蒋介石投了一块问路石，请辞山西省主席职。8 月 10 日，蒋介石就发部命令，准阎锡山辞去所兼各职，阎锡山一看大事不好，这表明蒋介石已经对自己不满意，也说明阎在控制冯系上的地位已经不重要了。他预见到蒋介石不久就要对晋系采取行动。至此，阎锡山感到压冯媚蒋的方针有些失策。为了摆脱困境，他决定再走拉冯抗蒋的道路。

中秋节之夜，阎锡山亲往建安村，当面向冯玉祥赔礼道歉，提出联合反蒋。冯玉祥指示宋哲元靠拢蒋介石，本为拆散蒋、阎联盟，至此，冯玉祥的计划得以完全实现。于是，冯玉祥遂欣然向阎锡山表示，愿捐弃前嫌，合作反蒋。

1929 年 10 月 10 日，宋哲元等 27 位西北军将领，联名发表拥戴冯、阎，讨伐蒋介石的通电。

于是，一场大战在中原大地展开。当战争进行到不可开交的时候，蒋介石技高一筹，又拉拢张学良率重兵入关，借张学良的力量占领了平津地区，威胁阎锡山的后方。蒋、冯、阎大战，蒋介石获得了最后胜利。

这场"合纵"与"连横"的斗争，蒋介石的最终胜利，仍然是因为他联合了张学良这个有实力的人物。也就是"连横"战胜了"合纵"。但蒋介石并不感激张学良，东北军最终也被瓦解了，张学良本人则因西安事变而被软禁几十年。

从局部看，冯玉祥的"合纵"取得成功，蒋介石对阎锡山的"连横"失败。但从全局看，蒋介石对张学良的"连横"取得成功，而冯玉祥、阎锡山对于张学良的"合纵"归于失败。

可以说，从局部看，冯玉祥是用"合纵"计破了蒋介石的"连横"计。

又打又拉，创造奇迹

1814 年4 月6 日，拿破仑皇帝在内外交困下被迫宣告退位，流放地中海上的厄尔巴岛，波旁王朝复辟。反法联盟几十万大军驻扎在巴黎等地，法国面临着极大的威胁。5 月 13 日，塔列朗被任命为波旁王朝的外交大臣后，他参与了一系列外交活动，显示了高超的外交才能，创造了外交奇迹。

首先，塔列朗要与同盟国谈判缔结和约。当时，同盟各国完全可以把法国瓜分，或者勒索巨额赔款，使法兰西民族濒于灭亡。塔列朗为改变法国这种处境，展开了积极的外交活动。他利用自己多年来与拿破仑一直貌合神离暗中出卖为资本，以同盟国"自己人"的身份讨价还价，为法国争得利益。早在 3 月 31 日，塔列朗就与俄国外交大臣涅谢尔罗捷一起，代表俄国沙皇亚历山大起草了《告巴黎人民书》，后作为盟国的宣言发表。现在，塔列朗又利用列强需要对各国都有利的均势(俄国首先需要有一个强大的法国与普鲁士对抗)和对法国尚存的几十万军队的恐惧，于 5 月 30 日和同盟国在《告巴黎人民书》的基础上签订了《巴黎和约》，规定：法国仍然保留 1792 年疆界内的国土。战败的法国，居然能保持它的领土完整，甚至不必付出赔款，这不能不被认为是一个奇迹。

但是，更大的奇迹还在后头。为讨论法国放弃的被其征服的土地的归属问题，列强决定召开维也纳会议。1814 年6 月 24 日，伦敦会议决定：维也纳会议必须根据俄、英、奥、普四大国的安排进行。但在伦敦会议上，已暴露列强之间的重重矛盾。俄国一心要吞并华沙大公国，普鲁士十分垂涎萨克森王国，而英、奥不愿俄、普再扩张。《巴黎和约》使法国逃过了毁灭的厄运，保存了国家，但已非昔日的强国。它不能让列强拼命扩大地盘，从而使自己降为次等国。为此，塔列朗受命参加维也纳会议。

出席会议之前，塔列朗作了周密准备。首先，他替路易十八起草了带往维也纳的训令。这项训令的核心，是为了保住法国已取得的外交成就，并实现法国关于安排战后欧洲政治布局的主要目标。目标中最重要的两条，就是防止俄国吞并波兰，摧毁普鲁士鲸吞萨克森的计划。

接着，塔列朗又开始在四大国中寻找盟友。英国传统的欧洲政策就是大陆各国保持均势，它充当仲裁，从中渔利，因而特别反对俄国扩张。塔列朗决定先同英国接触。维也纳会议前，英国外交大臣卡斯尔累到巴黎与塔列朗会谈，同意法国摧毁俄国吞并波兰的计划。这次会谈，成为塔列朗取得成功的重要因素。

1814 年 9 月 23 日，法国使团到达维也纳后，塔列朗马上鼓动如簧之舌，在反法同盟之间挑拨离间，设法搞垮这个同盟。虽然会议中的显要人物许多曾是塔列朗旧日的对手，而且他的叛变名声不好，但他坦然自若，行为举止竟像个战胜国派出的高贵使者。因为他看到，失去了共同敌人后，同盟者从第一天就互相咬起来了。俄国称霸欧洲的威胁使得别的列强需要同法国拉关系。这正是塔列朗的可乘之机。

塔列朗的第一步棋是设法挤进四大国会议，取得发言权。他先是振振有词地向四国提出，同盟国与法国既已签订和约，维也纳会议的文件上就不该再出现“同盟国”的字样，为同盟国的解体制造根据。后又提出“正统主义原则”。用以捍卫法国的利益，使法国免遭瓜分，同时又用来遏止普、俄扩张。塔列朗把这条原则先同卡斯尔累、梅特涅商量，征得他们的同意，俄、普最后也只得接受。战胜国首先根据这个原则来安排各国疆界，如各大国的要求仍得不到满足时，便分割拿破仑统治过的小邦或小盟国作为“补偿”。

塔列朗在维也纳会议上最重要而艰巨的任务是为波兰和萨克森问题上同亚历山大进行的斗争。

9 月 30 日，塔列朗声明：第一，法国只承认会议所有成员参加的会议通过的决议；第二，法国希望波兰回到 1805 年或 1772 年第一次被瓜分前的状态；第三，法国不同意任何牺牲萨克森独立的分割。同时，他在一些小国间拼命煽动，俨然像个维护小国利益，反对各大国的骑士。暗地里，他又在大国中接近奥、英，反对俄、普。

各国对俄、普间关于波兰和萨克森的私下协议，本来就很不满。法、奥认为萨克森作为一个缓冲国存在是很重要的。因此，塔列朗起劲鼓动奥国出来反对侵犯萨克森，并扬言法国有 20 万军队，有时还说有 40 万，暗示自己对俄、普的野心还是有实力作为后盾的。

为了波兰问题，塔列朗两次与亚历山大激烈交锋，但沙皇自恃有 20 万军队占领波兰，寸土不让，后又宣布要任意处理波兰问题。普鲁士为造成既成事实，干脆侵入萨克森。一时间，各国关系紧张，面临着再次爆发战争的威胁。

俄、普两国的贪婪，给塔列朗造成了破坏旧反法同盟、建立新反俄普同盟的时机。12 月 25 日，他试探着向卡斯尔累建议成立英奥法同盟，当时后者还下不了决心。可是没过几天，局势又进一步紧张了。12 月 30 日，俄国大使声称非照俄国的方案办事不可。卡斯尔累当场提出抗议。次日，他余怒未消地前来拜访塔列朗。这时，塔列朗又提出建立英法奥同盟。卡斯尔累立即表示同意，并提出由他来起草条约的草案。1815 年 1 月 3 日，三国代表签了字。这是个秘密防御同盟条约。英、奥、法三国宣誓一致行动，保证《巴黎和约》的实施；三国在它们中间任何一国受到攻击时，有责任立即互相支援；法、奥各出兵 15 万，并配备相应的大炮辎重；英国若不能提供规定的士兵人数，则要为每个士兵付出20英镑；建立军事委员会，万一俄军进攻西欧，要订立联合军事计划。条约上签名的顺序是塔列朗、梅特涅和卡斯尔累。

从这天起，在召开四国会议时，梅特涅和卡斯尔累就坚持要请塔列朗也参加会议。1月11日，塔列朗被正式邀去参加四国讨论每个问题的会议。从此，四国会议变成了五国会议。而在五国会议上，总是3票对2票，问题就好解决了。法、奥、英在波兰问题上只得让步，但在萨克森问题上，塔列朗的方案胜利了；把萨克森分成两半，少而贫的一部分划给普鲁士，多而富的一半留给萨克森国王。

经过几个月的外交角逐，塔列朗取得了重大胜利。现在，法国重新成为强国之一；各大国保证遵守《巴黎和约》，法国保住了1792年的领土完整；英、俄、奥、普四国反法同盟瓦解，而有利于法国的法、英、奥反俄、普的同盟秘密成立了；塔列朗挤进了四国会议，使决定国际问题的会议都能听到法国的声音；法国东北部仍保留有一个较强的缓冲国萨克森，使法国的世仇普鲁士未能因鲸吞整个萨克森而变得更强大。

法国处境迅速改善，这要归功于塔列朗创造的外交奇迹。

利用矛盾，又打又拉，争取盟友，瓦解对手，这是塔列朗成功的秘诀。国与国之间只要有相同的利益，化敌为友是完全可能的。塔列朗充分施展个人的外交才能，深谋远虑，手段灵活，既坚持了既定方针，又作了必要的妥协，终使反法同盟变为英、法、奥反俄、普的同盟，创造了外交上的奇迹。

远交近伐，攻占波兰

第一次世界大战德国战败后，被迫让出大片土地，但泽被划归波兰辟为自由港，东普鲁士和德国之间隔着狭长的“波兰走廊”。希特勒上台后就把眼睛盯向波兰。

1938年慕尼黑会议后，德国顺利地占领了捷克斯洛伐克，随后向波兰提出将但泽和“波兰走廊”并入德国版图的要求，这一要求遭到波兰政府的严辞拒绝。于是，1939年4月3日，希特勒秘密批准了突袭波兰的“白色方案”。

在此前后，希特勒施放了大量和平烟幕，并采取远交近伐的计谋，欺骗了许多国家，达到了进攻的突然性。1939年4月28日，作为缓兵之计，希特勒与波兰签订了《德波友好条约》，与英国签署了宣布“永不开战”的《英德宣言》。与此同时，却紧锣密鼓地加快筹划全面战争。他认为应该在短时间内解决波兰；要在英、法未做好战争准备之前征服西欧，在征服西欧的同时着手对苏联的作战部署。善于玩两面派手法的希特勒于1919年8月23日与苏联签订了《苏德互不侵犯条约》，既保证了苏联不插手波兰事务，又利用与西欧的紧张关系麻痹了苏联，以便随后伺机再吃掉苏联。

为了欺骗世界舆论和制造入侵波兰的借口，希特勒命令海军侦察部门与秘密警察联合制定了所谓的“希姆莱战役”计划。他们秘密挑选了一些党卫军分子和正在监狱中服刑的罪犯，伪装成波兰军人，于8月31日晚8时，向德国的边境城市格莱维茨的无线电台发动进攻。他们同德国警察相

互进行了佯射之后，“夺占”了电台。接着，一个军官来到麦克风前，用波语宣读了盖世太保早就拟好的文稿，煽动反德宣传，说“波兰反德战争的时刻来到了”。之后，党卫军分子立即枪杀了那些罪犯，并把他们的尸体展示出来，作为“波兰军人”进攻德国的“证据”。

与此同时，德国所有的电台，都无中生有地广播了所谓希特勒对波兰的和平建议，指责波兰粗暴地拒绝了这些“公平和切实可行的建议”。这样，在欧洲和平的最后一个晚上，希特勒又把“一盆脏水”泼到了波兰人的头上。

这时德军正在借着夜幕的掩护，进入了最后的冲击出发阵地。坦克手坐进坦克里，最后一次检查各部分机械状况；不同口径的火炮撤掉伪装网，缓缓地抬起了黑洞洞的炮口；野战机场的飞机旁，地勤人员正忙着为飞机加油、装弹，飞行员们坐在飞机里静静地等待着起飞的信号。在无数的大大小小的作战地图上，波兰就像一个凸出物一样，深深地嵌进德国张开的大嘴里。62个师共160万名德军、装备火炮和迫击炮6000门、坦克和自行火炮2800辆、飞机2000架，分为南北两大集团军群，像一把巨钳，准备夹碎波兰这个胡桃。

波兰战前采取了亲英、法而远苏联的政策，错误地判断了形势，认为只要英法军在西方牵制德军，德军主力就不能东调，德军侵波兵力不会超过30个师，还认为战争会像以往那样缓慢地展开，波军有充足的时间进行战争动员，因此将100万波军分七个集团分布于靠近边境的月牙形防线上。

9月1日4时45分，大地突然震颤起来，耀眼的火球刺破浓雾，一团一团地掠过德军一线部队的头顶，直飞波兰境内。在猛烈的炮火准备的同时，德军把75%的步兵、93%的坦克师和摩托化步兵师用于第一梯队，分三路向波兰发起了进攻。德军步兵比波军多50%，飞机多3.5倍，坦克多14倍。德军航空兵袭击了波兰的21个飞机场，将本来就为数不多的波军飞机大部摧毁。德军大批轰炸机对波兰的30多个城市和主要交通枢纽进行了密集突击，大火蔓延，浓烟四起，居民一片混乱，纷纷离家出走，向东逃去。与此同时，在但泽港外进行“友好访问”的德军军舰乘机炮击波兰海军基地和整个韦斯特普拉特半岛。潜伏在波兰境内的德国特务组织也大搞恐怖破坏活动。德军实施的首次突击，迫使波军节节败退。

英国和法国在向德国抗议无效的情况下，于9月3日11时和17时对德宣战,尔后英属殖民地澳大利亚、新西兰和印度、南非联邦、加拿大也先后对德宣战。战争已涉及到欧洲以外的其他各洲,因此,德国入侵波兰和英、法对德宣战,成了第二次世界大战正式开始的重要标志。

希特勒并没有因为英、法宣战而停止入侵波兰的行动,相反,德军加快了进攻速度,更加猛烈地向波兰腹地推进。至9月7日,德军重创了波军主力,在北和西北方向占领了波兰走廊,强渡维斯瓦河,打开了通向华沙的通道;在西和西南方向突破了波军整个的防御纵深,前出到维斯瓦河和华沙附近地区。波兰政府被迫于9月6日迁往卢布林,波军总参谋部也于次日转移到布列斯特。

从9月8日起,德军开始合围波军主力并迂回华沙。于9月16日完成包围。9月17日,德军发出最后通牒,令华沙当局在12小时内投降。这时,波兰政府已逃往罗马尼亚,华沙军民拒绝投降,奋勇抗战。9月27日,德军出动1150架飞机对华沙进行密集轰炸,造成了大量军民的伤亡。华沙军民弹尽粮绝,华沙沦陷。9月28日,华沙城防司令部被迫签字投降。至9月30日,其他地区被围的波军也陆续被歼,波兰就此灭亡了。

在德波战争中,波军伤亡20万人,被俘42万人,大批犹太人和波兰居民惨遭杀害。德军伤亡与失踪约4.2万人。10月8日,希特勒颁布法令宣布原波兰并入德国,并建立"总督辖区"。

德国行诈,缓解危机

1939年10月23日,纳粹德国的官方报纸《人民观察家报》第一版的显著位置刊出了《丘吉尔自己炸沉了雅典娜号》为标题的报道。该文声称,英国的雅典娜号邮船是9月3日被英国海军大臣安放的定时炸弹所炸沉的。战后,在纽伦堡对战犯的审讯中已再一次证实,这是希特勒向全世界撒下的又一个弥天大谎。

雅典娜号邮船被击沉的事件,发生在第二次世界大战初著名的"西线静坐战"或称"假战争"期间。自从开战以来,希特勒极力把握"一次只能对付一个国家"的行动准则,因此,当德军于9月1日以重兵入侵波兰而无法分身他顾之际,希特勒在战略上必须设法暂时"稳住"英、法等国,而后加以各个击破。正如德国最高统帅部的将领约德尔将军所说："如果说我们没有在1939年崩溃，那仅仅是由于在波兰战役期间，英、法两国将近110个师在西方对德国的23个师完全按兵未动的缘故。"凯特尔将军也认为，德国军人一直担心英、法军队在波兰战役期间发动进攻。假如他们发起了进攻，"他们所遇到的将会只是德国的一道军事纸屏，而不是真正的防御"。正是基于这样一种严峻的战略形势，希特勒决定对英、法等国暂时采取有限克制的"总政策"，即下令将部分陆、空部队调往西线，但不一定投入作战，他对所属部队严令规定，"即使在英国和法国迟疑地启衅之后，我军地面部队或我方飞机每次越过西部国境，以及对于英国的每一次空袭，都必须有我的明确命令"。对海军，希特勒于9月3日要求"不得对任何客船，即使有军舰护航的客船，进行袭击"。然而，客观上由于德国潜艇的无线电台在此期间为保密而全部保持静默，以至9月4日才将希特勒的命令通知到所有的潜艇。也正是在希特勒下达命令的时刻——9月3日，发生了击沉雅典娜号邮船事件。

1939年9月3日晚9时许，德国海军兰普少校指挥的U—30号潜艇，正奉命对不列颠岛的航线入口处可能出现的武装商船进行严密警戒。当一艘满载1400名乘客的英国邮船雅典娜号在赫布里底群岛以西约200英里处出现时，兰普少校将其当成一条正在执行巡逻任务的武装商船，因而未给对方发出任何警告，即指挥潜艇发射鱼雷，将邮船击沉海底，当即造成120人死亡，其中包括28名美国人。

事件发生之初，希特勒和海军司令很快意识到了这一事件极有可能造成的严重后患。因为，尽管德、英之间的海上摩擦一直未停，但这次击沉英国邮船，还造成了28名美国人的死亡，其严重性质显然非同小可。因为希特勒清楚地记得，在第一次世界大战中，也恰恰是因为德国击沉了卢西坦尼亚号之后，美国才正式参战的，并最终导致了德国的失败。因此，希特勒的当务之急是要"尽一切努力"来避免激怒美国。毫无疑问，这"一切努力"都必然是以欺骗为前提的。

接到英国伦敦传来雅典娜号邮船被击沉的消息后，希特勒即命海军司令部进行"查对"，海军司令部则通过宣传机器当即否认德国海军击沉了邮船。其理由，一是他们曾经下令所有潜艇舰长遵守海牙公约，不得不予警告就攻击船只。但由于所有德国潜艇正保持无线电静默，因而无法立刻查明事件真相。二是在雅典娜号邮船沉没的附近海域，当时并没有德国潜艇。

9月4日，希特勒为尽可能防止美国方面因这次造成28名美国公民死亡的惨祸而做出激烈的反应，指派国务秘书威兹·萨克约见美国代办亚历山大。萨克一再声称，在出事地点附近没有一艘德国舰艇。紧接着，纳粹的官方报刊就纷纷宣称，雅典娜号邮船是英国人的"苦肉计"，是为了激怒美国使其及早对德作战而自行炸沉的。

德国海军于9月3日出海的潜艇迟迟未能全部返航。击沉雅典娜号邮船的凶手——U—30号潜艇于9月27日回港时，得到了潜艇司令邓尼茨海军上将亲往码头迎接的特殊"礼遇"。潜艇进港时，兰普少校采取了多种临时措施，并命令全体人员严守秘密。当天深夜，德国海军总司令部即下达三点指令：一是对这一事件应予彻底保密。二是考虑到兰普少校的这一行动并非有意，因而没有必要诉诸军事法庭。三是政治上的解释将由海军总司令部处理。

根据海军总司令部的保密要求，邓尼茨海军上将亲自部署消灭一切可能泄露秘密的证据，涂改U—30号潜艇的航海日志和兰普少校日记中提到的有关雅典娜号的全部字迹，并命令该潜艇的全体人员立誓绝对保密。

希特勒的保密措施是以攻为守，转嫁危机。直到10月22日晚上，还令宣传部长戈培尔亲自在电台上指控丘吉尔自己炸沉了雅典娜号。以便为进一步对英国提出"和平建议"，进行欺骗外交而"洗清"德国的罪名。

希特勒在雅典娜号邮船被击沉前后所做的一切，都是为了离间英美之间的关系，改善自己所处的战略环境。为达此目的，不遗余力地抓住了三个环节。一是赖，把炸船的罪名转嫁英国；二是拉，即尽一切努力来避免激怒美国；三是保，即通过向外示假和对内特别是当事人实行威胁与安抚并举的措施来掩盖事实的真相。

苏日订约，转嫁危机

1940年6月，法国在与希特勒德国的战争中溃败，不久就同德国签订了城下之盟。此时，欧洲的一些小国已被德国扫荡征服，英国的力量也仓皇退出欧洲大陆，形势对德国极为有利。

这时，苏联感到了问题的严重性。苏联原先希望英、法能与德国长期对抗，两方各自消耗力量，而自己则趁此机会积极备战，使国防得到进一步巩固和加强。但是没想到英、法这么不堪一击。现在看来苏联不得不单独和德意两个法西斯国家斗法了。斯大林当初曾为自己和德国签订《互不侵犯条约》而得意，现在他很清楚，希特勒如果想进入苏联的话，是绝不会想到还有那么一个"条约"的。

让斯大林更为担心的事接踵而来。当年9月27日，德国、意大利、日本三国签订了军事同盟。日苏关系一向紧张，日本对共产主义又深恶痛绝，这一同盟对苏的意味太明显不过了。1941年春来，德国军队大量从西线向东调派，虽然希特勒依然在大喊苏德亲善，但对苏战争随时可爆发这一点是任何人都能看出来的。斯大林感到自己有腹背受敌的危险，因而忧虑不安。

苏联政府认真分析研究了错综复杂的国际形势，认为德国目前是最危险的敌人。德国在欧洲大陆已站稳脚跟，现在它惟一的称霸障碍就是苏联，因此它必然急于打垮苏联。而日本目前一方面在中国陷足甚深，另一方面热心于趁英、法、荷等国无力顾及南洋地区的殖民地这一绝好时机，全力南进，发动东南亚战争。因此，日本可能暂时不会腾出手来进攻苏联。同时，日本还可能希望与苏联保持良好的关系，以解除它南进的后顾之忧。综上分析，斯大林决定，把主要力量用来对抗德国，对日本则采取两个措施：一是大力支援中国的抗日战争，以便利用中国最大限度地拖住日本的手脚；二是利用日本急于南进，顾忌苏联的心理，与它进行谈判，缓和关系。

果然不出苏联政府所料，日本首先向苏联提出缔结《日苏中立条约的建议》。本来斯大林觉得与日本缓和是有点求着日本，现在一看变为日本求自己了，就迅速提高价码，要求日本必须先放弃它在北库页岛上的石油、煤炭企业之后，再缔结条约。日本则提出先签订条约再讨论库页岛问题。苏联对此断然拒绝，日本只好决定暂不会谈。

这样经过了数次讨价还价，谈判仍无任何进展。1941 年 4 月 7 日，日本外相松冈再次来到莫斯科，与苏联外长莫洛托夫会谈。双方在库页岛问题上各不相让，谈判几濒破裂。松冈准备提前回国，宣告谈判破产。

恰在这时，斯大林得到了日本正与美国进行秘密谈判的消息。他非常担心一旦日本与美国达成妥协，即将置苏联于十分不利的处境。斯大林当即决定，立刻接见松冈。

4 月 12 日下午，斯大林在克里姆林宫接见了松冈外相。一番争执后，斯大林爽快地做出让步，同意先缔结两国中立条约，有关北库页岛问题留待以后协商解决。第三天下午，《苏日中立条约》正式签订。条约主要内容是：双方保证两国的友好和平关系，任何一方受到第三国的攻击时，另一方在冲突始终将保持中立。同时，日、苏双方同时发表声明：日本宣布尊重蒙古的领土完整和不可侵犯，苏联保证尊重满洲国的领土完整和不可侵犯。

《苏日中立条约》的签订，对苏联有巨大的益处。这个条约巧妙地利用了日德、日美之间的矛盾，使自己摆脱了东西两线作战的威胁，巩固了东部边境的安全，改善了苏联的战略地位。同时这个条约还加深了日美之间的矛盾，增强了德日之间的不信任感，使日本最终首先把进攻矛头指向美国，而始终未向苏联发兵。

苏联虽然与日本签订了中立条约，但始终未受条约的限制。不久莫洛托夫对中国驻苏大使说："这个条约和中国没有关系，两国的关系不变，苏联继续支持中国抗战。"日本本想通过中立条约迫使苏联停止支持中国，但最终没有达到目的。在日本袭击珍珠港，美国宣布与日、德作战后，苏联立刻宣布对日作战，而根本不理会五年为期的《苏日中立条约》。

当年英、法与希特勒签订《慕尼黑协定》，企图把希特勒的锋芒引向东方，去威胁苏联，但是这一"祸水东引"的计划破产了，德国最先进攻的恰恰是英、法。苏联与日本签订的《苏日中立条约》，可谓是基于类似深远谋略的"祸水南引"计划,但这回苏联成功了。

借力美国,抑制英苏

1941年9月17日,在英国和苏联的军事压力下,伊朗老国王将王位传给了他年仅21岁的儿子穆罕默德·礼萨·巴列维。新国王上任后,英国和苏联加紧了对伊朗的控制。在1942年1月29日签订的苏、英、伊三国同盟条约中,规定英、苏政府有权"派海陆空军驻扎在伊朗"。伊朗政府必须"以其所有的全部资源并尽一切可能办到的方法和同盟国合作,使苏、英得以履行保卫伊朗免遭德国或其他国家的侵略的义务。"同盟条约还要求伊朗为了保证反法西斯战争的胜利,必须暂时"献出"它独立自主的权利。同盟条约签订后,苏联、英国更加紧了对伊朗的控制,占据其港口、铁路和机场,支持国内的反国王势力。年轻的穆罕默德·巴列维国王处境越来越难。有一日,巴列维忽然又听到一个消息:说英国、苏联正在暗中策划,用另一个更加听话的傀儡来替换他。英苏同恺加王朝最后一个王储的儿子哈米德·米尔扎亲王建立了联系,想以他取代穆罕默德·巴列维。

怎么办呢?穆罕默德·巴列维面临着一次艰难的选择,是保护王位,挽救伊朗,还是就任人推翻?如何才能保住王位呢?巴列维国王分析了当时的国际国内形势,觉得伊朗国力弱小,受制于苏联、英国,必须借助外来大国抵制英、苏。同德国结盟无疑是早日寻死,无任何可能。美国虽在中东还无大的影响,但它在反法西斯战争中,在国际舞台上的作用正日益增大,而且它又是反法西斯同盟国中的重要一员。因此,伊朗只有依靠美国,才不会被英苏以任何借口灭掉,他也会借此保住王位。

穆罕默德·巴列维向远在德黑兰几千英里外的美国求救。罗斯福总统出于美国未来发展战略的考虑,决定参加在伊朗的角逐。1942年9月,美国突然决定其驻中东的军队进驻伊朗,成立了美国驻波斯湾司令部。到1942年底,已有近3万名美国军事人员到达伊朗。美国势力的插入,令苏联、英国很不高兴。但出于战争的需要,只好让出自己的一部分地盘给美国。

巴列维国王看自己的以夷制夷策略取得初步效果,就更加向美国靠拢,并于1943年9月9日正式向德国宣战,从而成为反法西斯同盟国成员,借此取得美国的好感。1943年11月28日—12月1日美、苏、英在伊朗首都德黑兰举行首脑会谈期间,穆罕默德·巴列维充分利用苏、英、美三国在伊朗利益的冲突和矛盾,借助美国压苏、英确保伊朗主权的完整。在12月1日发表的《德黑兰宣言》中,苏、英、美三国政府"肯定伊朗在促进反对共同敌人的战斗中,特别是对大西洋彼岸国家向苏维埃社会主义共和国联盟运输军火提供便利条件方面所给予的援助。上述三国确认战争给伊朗造成的特殊困难,同意向伊朗政府提供各种可能的经济援助。……美利坚合众国、苏维埃社会主义共和国联盟、联合王国政府在维护伊朗的独立、主权和领土完整方面,是完全一致的"。《德黑兰宣言》使巴列维国王减轻了对自己国家主权和独立的担忧。

根据《德黑兰宣言》和德黑兰会议精神,英国人、俄国人和美国人应在作战行动结束后6个月内撤离伊朗。1945年8月,第二次世界大战结束后,美、英都表示了从伊朗撤军的愿望。但是,受伊朗战略地理位置和丰富的石油资源的引诱,苏联迟迟不作撤军的表示。1949年12月19日在莫斯科举行的大国外长会议上,当讨论到盟国军队从伊朗的撤军问题时,苏联代表拒绝就撤军期限作出决定。苏联人还不断支持伊朗北部库尔德人提出的民族自治和独立的要求。在苏联的扶持下,伊朗库尔德民主党宣布成立"库尔德共和国"。在伊朗阿塞拜疆地区,在苏联军事支持下,阿塞拜疆民主党人建立了自己的武装部队,夺取地方政权。前往镇压的伊朗军队中途被苏联军队阻挡。巴列维国王大有失去对伊朗北部地区控制的危险。

巴列维审视战后形势,利用两大意识形态间的激烈对抗,继续采用他的以夷制夷策略。不过这次不再是美国对英、苏,而是利用美国和英国,迫使苏联从伊朗撤军。巴列维又一次向美国求救。

经过第二次世界大战,美国、英国更加重视伊朗的地位,把它作为遏制苏联的重要一环。对于伊朗国王的求助,美、英立即答应。1946年1月,在美国的怂恿下,伊朗正式向联合国控诉苏联政府违背1942年苏、英、伊三国同盟条约中关于战后盟国占领军从伊朗撤退的规定,并指责苏联占领军支持阿塞拜疆人和库尔德人的分裂活动,要求苏军如期撤军。苏联政府威胁伊朗,若它再在联合国控告苏联,伊朗将要考虑其行为的严重后果。针对苏联的威胁,美国政府公开表示,如果伊朗政府不敢向联合国提出苏军撤离问题,美国政府将自己提出。1946年3月18日,伊朗在美英支持下,又把苏联拒绝撤军的问题提交联合国安理会讨论。美国除支持伊朗外,还自己直接同苏联对抗。1946年3月,美国总统杜鲁门在给斯大林的一封信中写道:倘若俄军军队在一个星期内还不开始调回,并在6个星期内,全部撤离完毕的话,美国海军就会源源不断地开进波斯湾,与此同时,美国军队就在伊朗登陆。经过一场激烈的外交争斗,1946年4月4日,伊朗在美、英的默许下同苏联达成了撤军协议,到5月6日,苏联军队基本上从伊朗撤回到自己境内。

巴列维在苏联撤军后,丝毫未兑现它在苏伊撤军协议中做的诺言:即增加阿塞拜疆人在伊朗议会中的席位。他在美、英支持下,不顾苏联政府的强烈反对,派伊朗军队进入阿塞拜疆和库尔德斯坦,大肆屠杀反对派人士,加强了他对那里的统治。

在一个弱小国家遭两个以上大国的侵略和威胁时,利用这些大国间的矛盾,用借夷制夷之计,造成敌人间的争斗和竞争,从而保存自己的主权完整或独立,不失为一种应急之策。但是这种计谋如运用不好,极易造成"前门赶虎,后门进狼"的情况。

施放烟幕,偷袭珍珠港

1941年12月7日清晨,太平洋上的明珠夏威夷群岛风光明媚,瓦胡岛南端的珍珠港内舰艇麇集,街道上车辆穿梭,市民们有的在作晨祷,有的在进早餐,有的在海边漫步……一派和平安宁的景象。突然间,战云突起,祸从天降。数百架飞机黑压压地呼啸而来,一条条航空鱼雷飞向战舰,一枚枚

重磅炸弹铺天盖地落向机场、仓库和工厂。顿时,爆炸声震耳欲聋,瓦胡岛地动山摇,硝烟滚滚,火光冲天。港湾内舰艇倾覆,机场上飞机燃烧,街道上房屋倒塌,人们呼天号地……

日军不宣而战,他们承袭中日甲午战争、日俄旅顺口战争的样式,背信弃义地向美军太平洋舰队所在地——珍珠港发动了突然袭击。太平洋战争爆发了!

其实,在太平洋地区,早就酝酿着一场战争。30年代初,日军发动的侵华战争就触及到美国的利益。同时,日本为攫取东南亚的石油资源,深感以珍珠港为基地的美国太平洋舰队已成为日军南进的巨大障碍,认为只有消灭或瘫痪美国太平洋舰队,才能解除南进的后顾之忧。

为此日本海军联合舰队司令山本五十六大将于1941年8月精心炮制了袭击珍珠港的作战计划,决定以320架飞机、6艘航空母舰、两艘巡洋舰和11艘雷击舰组成强大的突击编队,秘密接近夏威夷群岛,到达瓦胡岛以北200海里处,对停泊在珍珠港的美国太平洋舰队进行突然袭击。母舰航空兵主要攻击美军战列舰和航空母舰,部分航空兵负责消灭空中和机场上的美军飞机。按照偷袭计划,突击部队于8月下旬开始在九州的鹿屋、大分、佐伯湾等8个地区秘密训练。训练后期,以集结在佐伯湾的战列舰为目标,连续进行了3次综合演习,以确保行动万无一失。

日本一边磨刀霍霍,一边采取外交和政治手腕麻痹美国,继续与美国进行外交谈判,千方百计给美国领导人制造和平假象。而在暗中,日本人却加紧刺探珍珠港地区的军情,派遣200多名间谍潜入瓦胡岛收集情报;用潜水艇潜入珍珠港附近进行抵近观察;组织军官化装成游客、商人,分赴檀香山,对预定的偷袭航线进行侦察。通过一系列的侦察活动,日军统帅部在战前把瓦胡岛美军的防御设施,飞机、舰船的种类、数量及其停泊位置,美军在平时和节假日的活动规律等,全部查个一清二楚。

11月22日,参战的舰艇云集日本边远的北方港口——单冠湾。其中包括:航空母舰"赤城"号、"加贺"号、"苍龙"号、"飞龙"号、"翔鹤"号和"瑞鹤"号,以及战列舰2艘、巡洋舰3艘、驱逐舰9艘、潜艇3艘、油船8艘、舰载飞机400架。机动编队由南云忠一海军中将率领。

1941年12月7日4时,在波涛汹涌的北太平洋上,天空阴云密布,灰暗的海面，一支庞大的舰队在向南急驶。6 艘航空母舰排成两路纵队，在它们的四角有两艘高速战列舰和两艘重巡洋舰。此外，还有 3 艘潜艇组成的先遣巡逻队和由 8 艘油船组成的补给部队。这就是 11 月 26 日 6 时从单冠湾出发去偷袭珍珠港的日本海军舰队。

12 月 7 日(夏威夷岛时间)拂晓前，南云率领的机动编队到达珍珠港以北大约 200 海里的海域。行动时间到了。6 时整，南云一声令下，第一攻击波 183 架飞机起飞，扑向珍珠港。

12 月 7 日是星期天。当南云指挥的机动编队扑向夏威夷群岛时，美国总统罗斯福正在华盛顿欣赏他的邮票，罗斯福夫人正在兴致勃勃地举行宴会。夏威夷、檀香山广播电台正在播放轻松的爵士音乐；珍珠港是那样宁静、安闲，有些军官在舰上进餐，有些士兵则刚刚起床；太平洋舰队司令和夏威夷防区司令正在打高尔夫球；近百艘各种战舰整齐地停泊在珍珠港中心的福林岛周围；机场上的飞机井然有序地排列着；防空部队的高射炮旁也只有少数几个炮手在闲聊。整个基地完全是一片假日的景象。

偷袭珍珠港的机群，经过 1 小时 40 分钟的飞行，于 7 时 55 分到达珍珠港上空。当时，美空军基地的指挥官，正在家中进早餐，听到飞机声还以为是自己的飞机在演习，便探头朝天看去，看到飞机低飞下来一直折进港口，便生气地跳起来骂道："这些糊涂家伙，总该知道有严格规定，禁止直转……"话音未落，炸弹像倾盆大雨般地倾泻下来，霎时间，岛上 7 个机场，港内大部舰船和基地主要军事设施，同遭袭击。仅仅几分钟，数百架飞机几乎全部被击毁在地面，不到一小时，大部分舰船被击沉和炸伤。到处烈火熊熊，浓烟滚滚。

"亚利桑那号"战列舰犹如火山爆发。附近舰上的人目睹它几乎蹦离了水面，裂成两半。只过了 9 分钟，这艘 3.26 万吨的巨型军舰的两段舰身就都葬身海底了，只剩下残骸上的熊熊火焰、滚滚黑烟。舰上 1500 多名官兵很少有生还的。舰列的最后一条军舰"内华达号"左舷中了一枚鱼雷，后甲板中了一颗炸弹，船首下沉了一大截。

各舰上的官兵纷纷纵身跳海，企图游向不远的福特岛，但是水面已漂满了油，有些地方油层厚达 6 英寸。油着火烧了起来，在水中的人多半葬身火海。

日军突击机群第一波，经过 45 分钟连续攻击，几乎没有遇到什么抵抗，顺利地完成了突击任务，于8时40分返航。突击机群第二波167架，8时55分开始了第二次突击，猛烈之状，如同前波。成批的炸弹，又覆盖在已被攻击过的目标上。与此同时，偷偷潜入珍珠港的日本袖珍潜艇施放水雷，攻击美舰，并封锁港口，第二攻击波持续到9点30分。

历时2小时的空袭，日机共投射鱼雷50条，投掷炸弹556枚，炸毁炸伤美舰40余艘（其中8艘战列舰全遭毁伤），击毁击落美机232架，毙伤美军3681人。此外，美军码头、机场和船台等设施均遭到严重损坏。而日军在战斗中仅损失袖珍潜艇5艘，飞机29架，亡官兵55人。日军偷袭珍珠港，使美国太平洋舰队元气大伤，日军因此顺利地从海上连续侵占美、英、荷等国在西南太平洋的领地。得势一时的日军，从此骄横跋扈，不可一世。

远交近攻，通用复兴

位处美国汽车王国的底特律市，有一家世界最大的汽车制造商，它与同处该市的福特汽车公司年纪不相上下，都是近100岁。这100年来，可以说福特和通用各领风骚50年，前者在前50年雄踞世界汽车界霸主地位，后者却在后50年出尽风头。

俗话说："富甲不过三代。"20世纪80年代以来，许多迹象表明通用的地位开始动摇了，给人一种岌岌可危的感觉。这种威胁来自太平洋上一个以精明和顽强著称的岛国——日本。

20世纪80年代似乎注定了通用汽车公司运途坎坷。80年代的头一年通用汽车公司就发生了自60年代以来的首次年度亏损，亏损额高达7.6亿美元。

对通用公司来说，这是一场地震，震源当然来自日本。近些年来，励精图治的日本人，不断发展其汽车制造技术，当他们认为他们的汽车可以开出国门时，便大举进攻美国本土，其气势似乎是在雪其二战中受核弹摧残之耻。五十铃、马自达、三菱、本田、丰田等汽车商纷纷开赴美国战场，其中最大，最具威力的日本战车当属丰田汽车公司。通用汽车公司的地下岩石的地应力不断增大，到1980年，世界汽油价格高涨，节能、价廉、质优的日本小汽车便大行其道。以大型车为经济支柱的通用公司，其销售量锐减；一度曾最畅销的后轮驱动的小型车——切夫特也被日产的前轮驱动超小型车替代；广为人知的X型车也遇到大批退货，……通用公司终于发生地震。

面对来势汹汹的日本人，通用公司并不是束手无策，被动挨打。早在70年代中期，它就着手实施了一项耗资达50亿美元的V型车计划，旨在与本田最热门的Accord以及同类进口车一较高低。1981年6月，这项计划结出了果子，通用推出了V型车，大出意料的是市场反应冷淡，大量V型车积压，通用公司背负了沉重债务，5年的努力付之东流。

而与此同时，通用还在日夜不停设计着一种新型车——S型车，也是用于对付日本人的，预计1984年投产。可是V型车的前车之鉴，S型车也面临"卿命蒲之虞"，是舍是要，通用骑虎难下。

从此，通用不得不仰仗他身后这一位世界上最孔武有力的巨人——美国联邦政府在对日汽车贸易中做做手脚来维持日子。

(一)危难中受命的罗杰·史密斯

罗杰·史密斯生于1925年,父亲是一名不太走运的工厂主,遗传给他的似乎并没有什么过人之处,不高的身材,普通的相貌,甚至也不是能说会道,似乎与美国头号大企业的总裁有些格格不入。

他是在一个工业环境中长大的,少年时曾在父亲的厂里干过一阵,二战时在海军服过役,1949年在密西根大学获得工商管理硕士学位之后,在通用公司当了一名会计,由于勤奋、细心,他获得了好名声。

1970年被升为财务出纳局长,一年后成为主管公司财务的副总裁,再过一年他首次出任正职。由于工作成绩卓著,并显示出领导全局的能力,1981年1月,通用公司在遭受20余年来的第一次严重困难时,把他推上了最高的领导位置,成为通用汽车公司的第十任总裁。

罗杰·史密斯受命于危难之时,首先面对的是严重的财政赤字,接着,V型车投产失败,公司雪上加霜,流动资金负债剧增至原来的四倍,流动资金不足原来的1/5。而此时的S型车也前途暗淡……公司的现状和未来发展都叫人一筹莫展。

这些都是史密斯的拦路虎,但他更明白,他的真正敌人乃是日本的汽车制造商,其中对通用最有威胁的是日本最大汽车制造公司——丰田公司。

他明白,美国汽车之所以败给日本汽车主要是在成本价上,美国汽车生产厂家的劳动力成本比日本每小时高出8美元,平均每一辆小型车,日本汽车厂家比美国的汽车厂家节省500美元。

自从V型车失败后,史密斯赶快给S型车把脉,得出结论:日本汽车厂可以用比通用少2000美元的成本生产出一辆类似S型车。如再坚持下去又必将是竹篮打水一场空。他果断作出决定,S型车计划下马。

由于美国汽车工人联合会(UAW)的权力过于强大,降低工资和福利水平根本行不通,眼前通用汽车公司要在成本上取得与日本汽车公司同等的竞争力是不可能的,史密斯明白,这是一个长远目标。

面对这个非一朝一夕能解决的难题,通用的路在何方?因此,史密斯决定作一个长远打算,他悄悄雇佣了6人的“公司智囊团”制订一个“战略计划”,任务很清楚:最终打败日本人。

因此一个远交近攻的策略应运而生。

(二)“远交”明举

史密斯上任前,通用公司的前任总裁们都习惯地把日本汽车商看作是敌人而与之斗争,但这回史密斯要改变这个“习惯”。

1981年5月,即史密斯上任几个月后,日本汽车厂家不得不接受华盛顿和东京之间的一个协定:至少在1984年以前,日本压缩对美国汽车的出口。这是美国面对日本汽车总产量首次超过美国和日本汽车大举占领美国市场的恐慌的结果。

史密斯明白,他只有三年或最多四年的时间来实施新的战略,错过这个时间,日本汽车将恢复对美国市场的大举进攻,通用就再没有机会迎头赶上了。

他一改前任的做法,停止生产本公司汽车,转过来与日本汽车商“结交”。一方面边挨骂边裁员；另一方面他购买日本厂家铃木的5%的股份，作为交换，铃木公司将在出口限制解除后，每年卖给通用公司8万辆超小型车。通用将把这些车重新以斯普林特命名，通过“雪佛莱”销售系统卖出去。与此同时，通用公司拥有其34%的股份的日本汽车生产厂家五十铃，也同意每年向通用公司提供20万辆汽车。以后，通用公司又与一家成本更低的出口商——南朝鲜的Daewoo汽车公司达成了类似的协议。

尽管有了这些合同和协议，但仍满足不了通用公司的经销系统的需要量，史密斯估计公司每年共需要100万辆小型车和超小型车。由于有了进口的限制。通用不可能从日本人手里获得更多的汽车。于是他想到了联营，既满足了销售系统的需要，又填补了公司小汽车生产线的空白。

一个最合适的人选冒了出来，他就是日本最大的汽车公司丰田公司。丰田因为美国限制日本汽车进口，因此打算在美国本土制造汽车，但它又不想冒太大的险搞单干，于是就有了联营的想法。1981年圣诞前夕，丰田派人访问了罗杰·史密斯，提及以后两个公司间合作的可能性，以后谨慎的日本人害怕美国人捞到太多好处，不是摇摆不定，就是热情所剩无几。

反反复复经过多次谈判后，直到1982年末，联营最终有了眉目。1983年初，通用与丰田宣布两家公司正式联营，定名NUMMI——新联合汽车制造厂。

联营给双方都带来了好处。通用公司使得其在加州弗莱蒙特的一家汽车工厂得以为继，且不必花费大量财力物力研究新车，而有物美价廉的汽车生产，并且还可以学到丰田汽车公司的许多技术；而丰田不但省下了在美国设厂所需的4亿美元，而且开始能够与美国的零部件配给商和汽车工人打交道，这对他立足美国是很有裨益的。

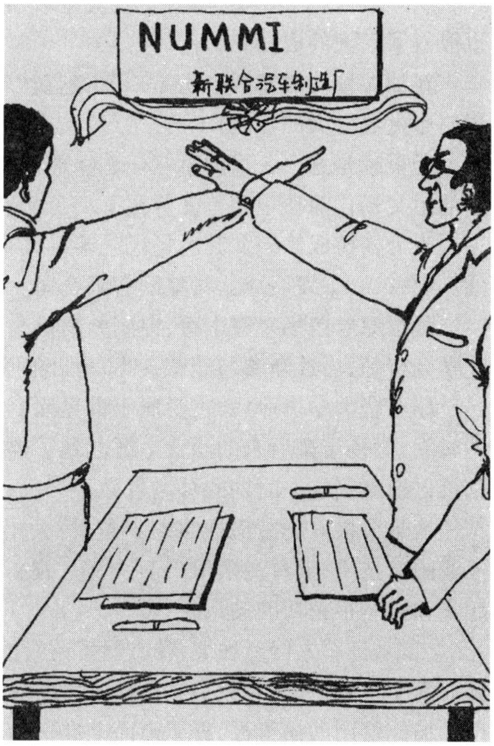

1985年2月，新联合汽车制造厂的产品雪佛莱·诺瓦斯如期投产了，每辆车的实际成本要比福特或克莱斯勒生产的国内车便宜很多。

史密斯的这些“远交”手段虽然是在美国人的声讨声中进行的，但结果已证明了他的成功和高明，在他上任的短短3年中，通用获得了50亿美元的盈利。

（三）“近攻”暗施

虽然史密斯不断向日产汽车和它们的公司“献媚”，但是他在暗中却不断向日本汽车公司进攻。他清醒得很，这些“献媚”是暂时的不得已之举，其最终的目的是为了击溃日本人。就目前而言，通用的不利就在于生产技术上比不上日产汽车，至于劳动成本，完全可以通过高科技和新技术的运用来弥补，因此要改变目前这种不利的局面，通用就必须加紧开发其技术，使得通用取得一种没有任何日本厂家可以匹敌的技术上的优势。

为此，在通用与丰田谈判期间，史密斯就暗中制订了一个“土星计划”，用以向日本人发动进攻。

史密斯看中了休斯航空公司，休斯航空公司是一间高科技的研究机构，其在电子、自动化控制等许多科技领域中走在世界最前沿。史密斯花费了50亿美元买下了它。投资开发了QMF机器人。QMF机器人的投资使通用汽车公司成为全美最大的机器人生产厂家，为公司未来工厂的自动化提供了优势。

1985年7月，通用公司宣布选定了位于田纳西州纳什谷以南30英里处的面积2000英亩的农场作厂址。因为这里的地理位置和交通都很适合通用生产“土星”汽车。同时，公司开始为80年代末设计一种代号通用—10型的中型汽车，拨款70亿美元，是有史以来代价最高的单项汽车生产项目。

尽管日本汽车节节胜利，通用公司在美国还是保证了超群的市场份额，通用公司不满足在市场上对日本人进行防守，便采取攻势，开发新技术，同日方进行联营，这种灵活的战术，决定了它能够长期保持这一优势地位。

罗杰·史密斯的确是“重新设计了整个通用公司。”

远交近攻，开拓市场

新加坡饮料大王杨至耀把“远交近攻”的谋略运用在市场开拓上，同样也取得了巨大的成功。

新加坡杨协成有限公司是一家经营饮料的跨国集团，它的工厂和分公司遍布世界各大洲，总员工达三万多人。

杨至耀是这个公司的第三任总经理。杨协成不是一个人的名字。杨至耀的祖父杨仁溜在福建晋江曾买下一个酱油厂，酱油厂的原名叫黄协成，买下后改为杨协成酱园。其后杨氏兄弟五人赴新加坡创业，仍以此为业，从酱油厂起家，一举发展成饮料集团有限公司。

父亲原希望杨至耀学医，但阴差阳错改成了化学。加入公司后，一度任化学分析师，后逐渐参与经营，1985年出任公司总经理。

杨至耀大学毕业后，曾受雇于世界闻名的“雀巢”食品公司。这一年多的时间，对杨至耀后来的经营生涯起到了很关键的作用，他后来的许多做法都可以追溯到这一时期的耳濡目染。

他是个极其聪慧机敏的人，“雀巢”公司有许多先进的管理方法和食品工业的新技术，他看在眼里，记在心里，视野豁然开朗。杨协成酱园的迅猛起飞和这有很密切的关系。

当年，日军入侵新加坡，曾查封了所有的食品业。杨协成酱园因中了炸弹而幸免于难，这就是杨协成有限公司的前身。

杨氏酱园因祸得福，成了市面上惟一的生产厂家，获得了一个短暂的发展机会。经过杨氏三代人的努力，杨氏系列饮料已形成独特的风味，在新加坡市场上很受消费者欢迎。

杨至耀上任后，清楚地看到了公司的前景不容乐观。新加坡地域狭小，市场很有限，加之经济繁荣稳定，各类厂家如雨后春笋，竞争非常激烈。杨氏饮料如果想大有发展，在新加坡立于不败之地，必须发展国外市场，实施“远交近攻”之策。

杨至耀的想法得到了家族集团的首肯，于是他暂时放下日常事务，开始飞赴各地考察投资环境。

1988年，杨至耀飞赴中国，这位当年只造酱油的南洋客的后代，以完全崭新的面貌回到了故乡。

他发现此时的中国市场正面临着西方饮料的强大挑战，可口可乐、咖啡已覆盖了中国的大部分饮料市场。

杨至耀又飞赴美国，对美国饮料市场结构进行考察，着重研究“重庆”东方食品公司的产品。他对这个食品公司的崛起很感兴趣，很欣赏鲍洛奇先生的那句话：给美国人换换口味。

西方饮料能占据东方市场，那么东方饮料能否占有西方市场呢？杨氏家族能否也让美国人换换口味呢？

思考着这一系列的问题，杨至耀回到新加坡。

经过兄弟们的多方磋商，决定在中国和美国这两大消费市场实施开拓计划：在美国作逆向式经营，在中国作适应性经营，两处均避开西方饮料的强大竞争。

东南亚的华人市场前景十分广阔，要发展根本用不着这么远涉重洋，这样做的风险也实在很大。许多人对杨氏集团的这一选择很不理解，甚至暗含讥讽，等着看他们的笑话，被碰得头破血流大败而归，到了那时候，恐怕新加坡也会没有他们的立足之地。

送往美国的杨氏饮料一开始果真遇到种种困难，由于多方面的原因，只能进入各城市的唐人街销售。看来要打入美国市场确非易事。

杨至耀是个坚韧不屈的硬汉子，认准的事不会轻易回头。他经过多方查询，终于找到了一个好办法，买下“重庆”公司的商标！

这是具有决定意义的一步，虽耗资5000万美元，杨至耀也在所不惜。买下“重庆”商标后，杨氏饮料便顺利地进入美国各超级市场，并逐渐打开销路,被美国消费者所接受。

“重庆”商标对于东方食品具有无可替代的权威性,人们认为只有它才是真正的东方食品,鲍洛奇创造了一个奇迹。

销路打开后,杨至耀在马里兰州买下一块20公顷的土地和工厂,将其改建成饮料工厂。不久,他又在加拿大安大略省买下又一块土地和工厂。这样,再也用不着远隔重洋运送产品了,两大杨氏饮料工厂顺利开工,基本满足了这一地区的销售。

正如杨至耀所料,在美国,东方饮料还没有竞争对手,重庆公司只经营罐头食品,与饮料无缘。

杨氏饮料在远离新加坡的美国市场站稳了脚跟,与“重庆”公司结成了经营伙伴。

在中国市场,杨至耀决定避开西方饮料的强大竞争,专营东方饮料。

那时,中国的饮料生产业还很不发达,产品也单一陈旧,正是推出新产品的大好时机。由于传统文化的影响,大多数人仍然喝不惯那些“怪味”十足的可乐之类,这是一个潜在的巨大市场。

和西方饮料业相比,杨氏饮料也许只能算个弱者,但和中国当时饮料生产现状相比,杨氏饮料已处于领先的地位。

看清了这些优劣之处后,杨至耀开始涉足中国市场。

1988年12月,杨氏集团与广州白云区首先签订了豆奶生产线合同,首期投资二百万美元。豆奶并非传统产品,但在新加坡销售时,其口味品质均很受欢迎。华人的习惯心理是相通的,杨至耀相信豆奶也一样能赢得大陆的消费者,更何况,食用豆制品本是东方食品的特点,无论城乡都没有例外。杨至耀记得自己很小的时候起,便被大人喂豆腐脑、豆浆之类的东西,那股浓烈的特殊气味令他终生难忘。

第一条生产线建成投产后,试销良好。杨至耀再一次增加投资三百万美元,增建了“汽水新品种”生产线。

合资经营的新发饮料公司正式开业。白云区是他的第一个贸易经营伙伴。

市场的前景是非常诱人的,简直无法和新加坡相比。杨至耀深受鼓舞,准备全力以赴在大陆建成杨氏饮料王国,并以此辐射中国北方。

在广州市郊,杨至耀已着手作前期准备,拟定在这里建起一座新兴的饮料城,其规模之大,属东南亚之最。

杨至耀在又一个市场上获得了成功。

中国和美国两大消费市场成为杨氏饮料集团的两大支柱,无论什么样的风雨波折都不能动摇它的根基了。

初步赢得市场后,杨至耀一直抓住“品质至上”的管理不放松。对于不符合要求的原材料,一律舍弃,不计钱财,决不允许有丝毫的马虎。一次,有一大批进口的酸梅原料不合格,杨至耀毫不犹豫全部销毁,公司为此损失了一大笔资金。

在杨氏公司的中心实验室里,摆放着几百种外国食品新品种,很多专业人员在认真地进行各类分析和比较。

杨至耀深知，在当前高科技的发展时代，小农经济式的闭塞经营早就落伍了，要时刻前进，时刻更新，才能处于不败之地。

基于这一思想，杨氏集团又率先推出盒装饮料，一举获得轰动效应。其他公司迟至70年代才推出这种产品，杨氏公司遥遥领先了一步。

后来，杨氏集团又陆续推出新品种罐头和饮料自动售买机，都获得了很好的效益。

杨至耀的经营才华深受工商界的赞赏，荣获新加坡公共服务星章。

对于杨氏饮料公司来说，他运用"远交近攻"的策略拓展美国、中国两大市场，是公司得以起飞的巨大基石。也是公司由家族企业转向跨国集团的关键之所在。

杨至耀说：

"我们时刻都在捕捉熟悉的、可以发展的机会。只要条件适合，而且是我们熟悉的工业，我们就会考虑投资。我们过去这么做，以后将继续这么做。"

杨至耀仍然没有放弃东南亚市场，在新加坡之外的马来西亚、香港、菲律宾等地均驻有贸易机构。

杨氏饮料集团的发展还大有可为。人们寄期望于这位新加坡的企业之星。

放弃小利，结交客户

荷伯·科恩是美国著名的谈判专家。在他过去的几十年的谈判生涯中，参加过数千次各种各样的谈判，从国内的企业吞并到与国际恐怖分子谈判，从代表政府机构进行的谈判到和一些小商店的店主交往，可以说他经历过凡是人们能够想象得到的任何场面。

在他所著的《人生与谈判》一书中，记叙了他与一家电器商店老板的谈判经历。这是一次生动、有趣的谈判。荷伯·科恩利用他丰富的谈判经验和善变灵敏的思路，在很短的时间内(45分钟)做成了一桩公平的交易。

荷伯·科恩开车来到城中一家电器商店，准备在这里购买一台家庭需要的PCAVHC塞拉达—维森录像机和一台有遥控的21英寸"XY"牌电视机，但他对所要购买的商品的市场行情一无所知。怎样才能既买到称心如意的商品，又不至于被商店老板多赚去自己的钱呢？科恩决定先不动声色地观察、了解，再见机行事。

当他看到商店中空空荡荡、冷冷清清的只有他一个客人时，便装作很悠闲地与老板攀谈起来：从与此商店近邻的一家商业中心的开业，谈到了客流量的增减，谈到一个信誉好的商店对附近居民的重要性；商店老板还谈到了他目前的处境，谈到了他不喜欢人们用赊购卡来购货……

闲谈中，荷伯·科恩装作不经意地问店主有关录像机的性能如何，店主给他介绍了怎样使用，并随口说道："在商业中心开张前，一个经理一次就给他们企业买走了两三台，可最近没人来买了。"

科恩随即问道："如果他们买两台以上，你是不是也跟大商店一样打折扣？"

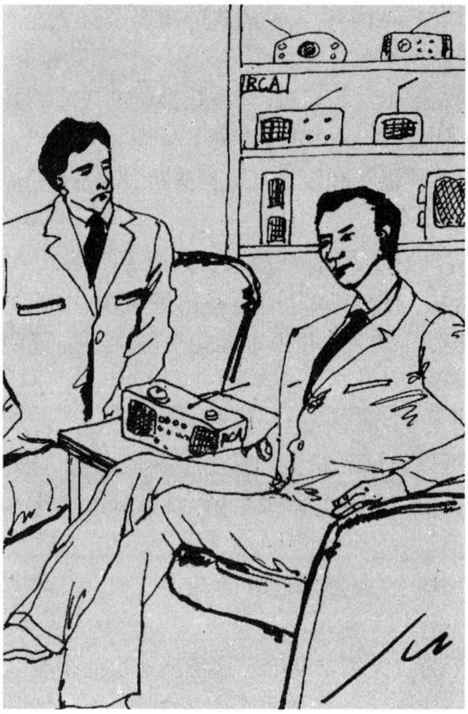

"当然了，买得多，我们就卖得便宜。"

到这时候，科恩才表示对录像机感兴趣，请老板给他推荐一台。

老板很热情地向他推荐道："RCA 是你最好的选择，我自己就有这样一台。"

科恩看了店主给他作的演示，诚恳地说："我信赖你，就像我相信你推荐的这是最好的型号一样，所以，我也相信你在价格上也是公道的。我不打算跟你进行任何讨价还价，你要多少钱，你出个公平价，我马上就付给你现金。"

"谢谢你。"店主高兴地说。

"我信赖你的诚实，"科恩漫不经心地说，"我以为我了解你，你出的数字我绝不还价，即使我觉得去别的商店转转也许更好些。"

店老板这时写出了一个数字，但没有让科恩看到。

"我希望你得到合理的利润，但我自己也希望得到合理的价格。"科恩继续说。

"还有，如果我还买这台带遥控的'XY'电视机，会不会在总价上打点折扣？"

"你的意思是要一揽子交易？"

"对了，我想就是按你刚才说的。"

"等一等，"他喃喃道："让我把这几个数字加一下。"

当他最后要给科恩报总价时，科恩又说道："还有一件事，我要提一下，我希望我付给你的价格是公平的——一次双方都获益的交易。如果是这样的话，3 个月后，我的企业也要买这么一套，现在就可以定了。"

"当然，"老板说，"让我到屋里去一下，马上回来。"他去查了一下账本，然后写下了一个数字。

见此情景，科恩进一步大胆地说："我正在考虑几分钟前说过的话，你说的关于你们的资金周转问题，我现在有个主意，我原先没有想到，我本来打算记账，现在我给你付现金，你看是不是更方便些？"

"是的，"老板说，"这样会给我很大帮助，尤其在目前。"他一边说，一边又写出另一个数字。

"你给我安装一下行吗？你知道我不住在城里。"科恩进一步要求说。

"行啊，我给你安装。"老板爽快地答应。

"好了,把你写的价格给我,我马上付你现金。"

最终他们以公平的价格做成了这笔交易。商店老板不仅帮科恩把机子安装好了,还送了一个录像机架给他。

两个月后,科恩实现了他的许诺:给他的公司购买了第二台录像机设备。

再以后,科恩与商店老板成了朋友,建立了亲密的信任关系。

科恩在这次谈判中,尽管事先毫无准备,却能在交谈中抓住细微的信息,顺藤摸瓜,了解对方的想法,利用他的观点,动之以情,并以长远利益来说服商店老板放弃眼前小利,其中暗含了"远交近攻"战术的运用。

针对市场,制定战略

1979年,我国开始实行对外开放、对外搞活的基本经济政策后,放宽了家用电器的进口。日商抓住这一时机,立即瞄准目标,组织调查研究分析中国市场,他们根据"市场=人口+购买力+购买动机"的原理进行分析,得出自己结论。

首先,日本人注意到,尽管中国居民的工资收入很低(1978年职工年平均工资只有644元),家电产品购买力看起来很困难,但东方民族具有勤俭持家的传统美德,善于精打细算安排家庭开支,而且有着十分执著的攒钱习惯,这与有钱就花、喜欢即时消费的西方人截然不同。此外,中国居民还有互帮互助的好传统,亲朋好友之间互相借款购买中低档家电产品就更有可能。因此,日本的市场研究人员认为,经过一个或长或短的时期,最迟到1985年,中国普通居民完全有可能形成对价格相对便宜的低档家电产品——如黑白电视机、单缸洗衣机等的购买能力。

其次,中国人口众多,家庭数量可观。如果家庭人口平均按4人计,10亿之众,应该有2.5亿个家庭。又按中等收入以上的家庭占1/5计算,就有5000万个家庭具有中低档家电产品的购买能力。这样应该可以形成5000万台(件)的庞大家电市场潜力,这是世界其他任何国家的市场都难以望其项背的。

再次,随着经济文化交流的增加,西方现代家庭消费模式势必会波及中国,有可能加速中国普通家庭"消费革命"的进程,自行车、手表、缝纫机、收音机这"老四大件"的消费迅速进入单缸洗衣机、黑白电视机、收录机、电风扇等"新四大件"的消费阶段,并经历短暂时间进入双缸洗衣机、彩色电视机、电冰箱、录放像机等家电产品的消费阶段。这种"消费革命"的进程,在中国可能比日本来得更猛。

第四,日本人注意到中国已宣布不再搞政治运动,把工作重心转移到经济建设上来。他们认为,中国可以有10年经济稳定发展期,就必然带来经济的高速发展和城乡居民货币收入的大幅度提高,随之形成强大的家电产品消费市场则指日可待。

据此分析预测,日本家电生产企业分阶段有针对性地制定了三种开发中国市场的战略。

1. 市场培养战略。主要战术方案是广泛、持久的广告宣传,目标是使中国顾客建立起对日本家电产品和企业的强烈印象,唤起并刺激中国城乡居民的消费需求。于是,日本各大厂家利用中国引进国外电视剧之机,不惜工本在中央台和地方台大作广告。随着《铁臂阿童木》、《尼尔斯骑鹅旅行记》、《排球女将》等电视连续剧在中国的播映,日立、松下、东芝、索尼等厂家及其产品牌号几乎达到了家喻户晓、妇孺皆知的程度。日本人懂得,开始的投入,意在刺激和培养需求欲望,这种战略的目的,不是号召消费者立即购买而是侧重于培养感情、建立印象、刺激需求,从而形成可观的潜在市场需求。可以说,日本企业在打开中国家电市场之前,就已经在观念上先打开了中国消费者心理的市场。10年来中国消费者对日本原装家电产品津津乐道,踊跃认购,其热衷劲经久不衰,不能不说日本企业市场培养战略已大见成效。

2. 市场渗透战略。分两步走:一是利用港澳同胞回内地探亲捎带家电产品作为馈赠礼品的机会,向广东及华南等地区渗透。为刺激港澳同胞携带,日本在香港利用多种形式展开广告宣传攻势,同时通过百货公司、专业商店等多方促销。二是通过中国政府机关、高校及科研机构、社会团体的订货,推销高档大规模消费类电子产品。如日本电视机厂家配合市场战略而采用的产品策略主要是:(1)中国电压系统与日本不同,须将100伏电压改为220伏电压。(2)中国若干地区电力不足,电压不稳定,电视机需有稳压装置。(3)要适合中国的电视频道制式。(4)为适合中国人的消费习俗,电视机耗电量要低,而音量却要较大。(5)要提供质量保证和修理服务。(6)在订价上,考虑当时中国尚无外国电视机的竞争,而且中国国产电视机还是初步生产,质量不佳,于是价格订得比国产机高出几十元人民币。

日本企业的努力从1983年开始见效,比他们的预期早1~2年。一时间,大批家电产品进口订单从中国飞向日本,日本的原装产品和进口散件组装充斥中国市场。此情况于1985年达到高峰,以致外国通讯社称,日本家电厂家正夜以继日、马不停蹄地加班加点为中国市场赶制产品。

然而,精明的日本人也知道,家电产品消费需求的急剧增长,必然会刺激中国国内家电工业的发展,中国当局也绝不会长期依赖进口来满足国内市场需要。为此,日本企业又确定了开发中国家电市场的第三个战略。

3. 市场拓展战略。其要点是:市场开发的重点由产品市场转向生产设备和技术市场，由输出产品转向输出生产线和制造技术。日本各大家电企业纷纷伸出热情的手；或派人来中国，或邀请中方有关人员到日本考察，积极洽谈成套生产线和技术方面的交易。结果，几年的功夫，一下子涌进几百条上千条的各种电子产品生产线。后来中国家电产品积压、市场疲软，即是以上“引进”的滞后效应。

现在，日本家电企业又开始认识到，设备和技术的输出也有饱和之日。他们便把市场开发的下一步方向放在关键元器件、原材料和技术专利的出口上，采取高价策略，从中国消费者和厂家身上赚得更大利润。

日本制定的这套步步为营、成龙配套的开发中国家电市场的战略是极为成功的，使他们在一个相当长的时期内取得相当可观的收益。但从发展中国家电工业的角度看，日本人的成功并非是好事，至少大大阻碍了我国产品的开发与经营，迫使中国不少家电厂家亦步亦趋，被动地跟着日本企业转，甚至始终甩不掉依赖性。中国企业应从日本的成功中吸取些东西，奋起走出国界！

24计 假道伐虢

伐虢为名，巧取虞国

公元前658年（周惠王十九年，楚成王十四年）。

晋国大夫荀息在一日早朝出班奏曰：“请大王把我国所产所出的良马和垂棘所出的美玉赠送给我们的邻国虞国，以便借他们的通路去攻打虢国。”

晋献公满脸不高兴，说：“良马和美玉都是我国的珍宝，哪能就这样平平常常地送给虞国呢？”

荀息笑着说：“大王不必担心，如果我们能实现向虞国借道进兵虢国的话，这些珍宝就如同我们暂时存藏在外边的府库一样，是丢失不了的。”

晋献公明白了荀息的意图，但又忧虑地说：“虞国有个忠臣宫子奇，我怕他看透我们的计谋，阻拦这件事就坏了。”

荀息想了想说：“当然宫子奇会出来阻拦的，但这个人胆子小，不会强力劝阻，即便劝阻，虞公一旦主意拿定，也不会听的。”

晋献公大喜：“那好，请荀大夫明日起程，前往虞国借道，三军将士做好出征的准备。”

荀息到虞国后，拜见虞国虞公，虞公说：“荀大人此番来我国，不知有什么事啊？”

荀息说：“此次我受献公之命来贵国，代表大王向贵国表示祝贺。”

虞公惊曰：“这贺又从何说起啊？”

荀息十分诚心地说：“前不久冀国大逆不道，攻击贵国，先占颠轻，又占鄍地，虞国军民奋起反抗，打败了冀国敌人。这完全依靠您的英明圣德啊！为此，我们大王特派我来虞国祝贺。还让我给您带来了我们国家的珍宝，请

您笑纳。”

随后,荀息将良马和美玉献给虞公。

虞公高兴地围着良马看了又看,把美玉捧在手上,久久舍不得放下。

乘此机会,荀息又说:“我来之时,晋大王还有一事相求虞公。”

虞公爽快地说:“晋献公有什么事只管讲。”

荀息说:“现今虢国野心勃勃,不断遣派部队扰乱我国南方边境,为了保卫国土,我国决心同虢国交战,为此晋大王请求您能借给我们进军的道路以讨伐虢国。”

虞公听罢,哈哈大笑:“不就是借道伐虢国吗?我不但借道给你们,还可派十万精兵,为晋献公当先头部队。”

荀息喜出望外:“那我替晋大王谢谢虞公了。”

这时,宫子奇劝道:“大王,借道之事请先不要仓促答应,我们商量以后再告诉晋大王不迟。”

虞公满脸不高兴:“宫大夫不要再说了,我主意已定了。”

这年夏天,晋国借虞道去伐虢国,虞公派出部队为晋军当先导,晋军很快占领了虢国的下阳。

公元前655年(晋献公二十二年),晋献公又向虞公借道进攻虢国。

宫子奇闻讯,赶紧进宫规劝虞公:“虢国是虞国的外围屏障,虢国灭亡了,虞国也必然会跟着遭殃。晋国借道之事千万不能再答应了!上次借道给晋国已是十分不当了。俗话说:辅车相枕,唇亡齿寒啊!我们不但不能借道给晋国,还应该联合虢国去抗击晋国才是啊!”

虞公听罢,不高兴地说:“你一介文人,又懂什么?晋国与我国是一个宗族的人,是一个祖先,他们哪能欺凌侵害我们呢?”

虞公不听宫子奇的劝阻,再次许诺晋国借道进攻虢国。

宫子奇仰天长叹:“虞国的末日快到了!虞国将与虢国同归于尽了!”随即带领家眷逃往国外。

同年8月17日,晋军借道围攻虢国迁移的国都上阳。12月1日,晋军将虢国消灭,虢公逃奔洛阳。

灭虢后,晋军回师,以休整为名,驻军在虞国。一日,乘虞公不备,发动突然袭击,轻而易举地将虞国消灭,从而一举灭虢、虞两国。

由于晋军占领了虢、虞,便控制了秦军东进的咽喉,对晋国与秦国后来的争霸产生了重要影响。

巧言善辩，避开祸端

在战国时，秦国进攻赵国，在长平一战取胜后，又进一步围攻赵国都城邯郸。楚国派春申君、魏国派晋鄙各领兵去赵国援助。但是魏王又害怕秦国进行报复，便令军队驻汤阴（今河南汤阴），不肯前进，同时又派辛垣衍到邯郸，通过平原君说服赵王，和魏王一起遵秦王为帝。而齐国的鲁仲连却反对投降，主张坚决抗秦。于是便展开一场投降与反投降的辩论。鲁仲连先从秦国的侵略本性谈起，然后讲到尊秦的危害性。不应对秦抱什么幻想，只有坚决抗秦才有出路。

鲁仲连见到了辛垣衍一言不发，辛垣衍说："我看，居住在这个围城之中的人，都是有求于平原君的。今天我看您先生的玉貌，不像一个想要求照顾的人，为什么老居住在这个围城之中而不走呢？"鲁仲连说："天下人都认为鲍焦是心胸狭窄、忧愁苦闷不得善终的，都错了。现在大家都没有见识，都只知道为自己打算。那秦国乃是抛弃礼义而崇尚在战场上夺得头功的国家，采用权术对读书讲欺骗利用，像对待奴隶一样对待他的臣民。那秦王竟然毫无顾忌地称了帝王，过后就用他那一套手段来统治人民，治统天下，那么我鲁仲连只有赴东海而死了！我是不能忍耐做他的顺民的。所以要见将军您为的是帮助赵国啊！"辛垣衍说："先生您打算怎么样来帮助赵国呢？"鲁仲连说："我要使魏国和燕国都来帮助它，齐国和楚国是已经支持了的。"辛垣衍说："燕国，那我是相信他们会听从您的；至于谈到魏国，我就是魏国人，先生您有什么办法让魏国也来帮助它呢？"鲁仲连说："这是因为魏国还没有看到秦国称帝的害处。假如魏国看清了楚国称帝的害处，就一定会帮助赵国的。"辛垣衍说："秦国称帝的害处究竟怎么样？"鲁仲连说："从前齐威王曾是讲仁义的了，带领天下诸侯去朝拜周天子。过了一年多，周烈王死了，各国诸侯都去吊丧，齐国晚到一步，周王发怒说：'呸，你妈是奴婢！'结果被天下人耻笑。从前人家活着的时候就去朝拜，人家死了又去咒骂一顿，确定是不能忍受别人要求的。天子，本来就是那样，没有什么奇怪的。"

辛垣衍说："先生您就是没见到过仆役吗？十个人去听从一个人指挥，难道是力气比不上，聪明才智不如他吗？只是怕他呀！"鲁仲连说："这样看来，魏国对秦国来说，就像仆役吗！"辛垣衍说："是的。"鲁仲连说："那么，我准备叫秦王把魏王剁成肉酱！"辛垣衍很不高兴地说："嘻！也太过分啦，这是先生您说的，先生又怎么能够叫秦国把魏王剁成肉酱呢？"鲁仲连说："本来就能够，让我说给你听吧。从前鬼侯、鄂侯、文王，这是商纣王手下三个大诸侯。鬼侯有个女儿长得很漂亮，把她献给纣王，纣王嫌她长得很难看，于是把鬼侯剁成了肉酱。鄂侯就在纣王面前替鬼侯争得很急切、辩得很激烈，纣王因此把他杀了晒成肉干。文王听到这个消息，长叹几声，纣王就把他下在羑里的监狱里关了一百天，想置于死地。天下怎么还有这样的人，本来和人家地位不相上下，结果反而把自己降到任别人宰割的地位啊？齐闵王要到鲁国去，夷维子拿着马鞭做随员，对鲁国人说：'你们准备怎样来接待我们的国君？'鲁国人说：'我们准备要用十副三牲来招待你们的国君。'夷维子说：‘你们这是用哪里来的礼节，招待我们的国君的？他是我们的国君，天子啊。天子出来巡查，诸侯都得离开宫室，交出全部钥匙，卷起衣袖，捧着小炕桌，在大厅下面侍候用膳；等天子吃喝完了，才退下去处理国事！’鲁国人听了，把城门都锁上，拒绝齐闵王进入鲁国。闵王只好到薛国去，借路经过邹国。正在这个时候，邹国的国君死了，齐闵王打算去吊丧。夷维子对邹国王了说‘天子要来吊丧，你们丧家一样定要把灵柩移个方向，原设置在北面现在放南面，好让天子坐北朝南吊丧。’邹国的臣子都说：‘如果一定要这样办，我们宁可用剑自杀了！’结果是齐闵王不敢进入邹国国境。这些邹国和鲁国的臣子，对待他们的国君，他活着时不能好好侍奉供养，他死了以后也不能好好遵守礼节。但是别人要用对待天子的礼节强加于邹、鲁的臣子，他们是不答应的。现在秦国是有兵车万辆的大国，魏国也是有兵车万辆的大国，彼此都自称为王。看见别人打一次胜仗，就要捧他做皇帝，照这样下去，是使我们三晋的大臣，还不如邹、鲁仆妾哩！再说秦王这个贪心不知足的人真的称了皇帝，那他还变换一批诸侯的大臣。他要去掉那些他认为不行的，换上那些他所喜欢的。他又要把他的女儿和爱说坏话的女人嫁给诸侯去做妃子，住在魏王的宫廷里，魏王哪里还能够过着平安的日子呢？那么，你辛垣衍将军又怎么能够像原来那样得到魏王宠信呢？”于是辛垣衍站起身来，一再拜谢，请罪说：“我起初认为您先生是一个无能之辈，今天我才知道先生您的确是个天下有才德的高人。请让我离开这里吧，日后不敢再提尊秦王为皇帝的话了。”秦国的将军们都听到了这个消息，于是就下令军队撤离邯郸五十里。适巧遇到魏公子无忌（偷到虎符）夺下大将军晋鄙的兵权，带领大军救赵击秦，秦军撤围而去。

这件事情尽管说的委婉隐晦，但“假道伐虢”的目的是明确的，是毫无疑义的。由于鲁仲连能言善辩，说服了辛垣衍，才使魏、赵避免了一起“假道伐虢”悲剧的发生。

深谋远虑，居奇得相

吕不韦是战国时期卫国阳翟的大富商，他经常往来于当时各国的大都市进行贸易活动，凭着他的精明的头脑获利还算不小，但是，他对自己的成绩并不是十分满意，因为他对自己的能力有着更高的估计，觉得自己还应该能够做出一番更加轰轰烈烈的事业出来。

这一天，他来到当时的赵国的都城邯郸贸易，在那里，他遇到了秦国在赵国的质子公子异人，所谓质子，是当时诸侯国之间为了互相表示信任或是为了其他原因而将本国的公子王孙送入对方国内以为人质，人质的处境是很不相同的，如果本国强盛或者自己有被立为王的可能，所在国就会对自己重视些，反之，就不会有人对你那么客气了，公子异人在秦国的众多王孙中地位并不十分突出，继承王位的可能性不大，况且秦赵两国关系并不十分融洽，时常有战争发生，异人的境遇也就可想而知了。

吕不韦在邯郸见到异人后，感觉到这是一个好机会，回家后和他父亲——大概也是一个精明的老商人吧，进行商议，吕不韦先问他的父亲：“耕田种地的利润有多少呢？”

“大概有十倍的利润吧。”父亲掐着指头算了一番后对他说。

“那么贩卖珠宝玉器呢?”

“百倍的利润。”这回问到了老本行,父亲不假思索地答道。

吕不韦紧接着又问:“如果扶持一个人登上国君的宝座呢?”这回父亲没有马上回答,毕竟这种买卖他还从来没有做过。“那可是没法算得过来的了吧。”良久父亲才缓缓地回答道。

于是吕不韦高兴地说:“如果真像你说的那样,辛辛苦苦地种一辈子地,竟然不能得到温饱,而立一个国君可以获得无穷利润,并且泽及后世,我知道我该怎么做了。”看着父亲疑惑不解的样子,吕不韦解释到:“如今秦国的王孙异人在赵国为人质,这个异人是秦国太子安国君的庶子,他母亲夏姬并不十分得到安国君的宠爱,况且他的兄弟们多达二十几个,异人被立为王储的希望十分渺茫,现在秦赵连年征战,两国关系又不算好,因此他在赵国的境况不是十分良好,我听说他连出门的车辆都备不齐整呢。”

“这个异人又与你有什么关系呢?”父亲不解地问。

“这是一个还没有被人发现的宝贝呀,我的一本万利的生产就得从他身上生发开来呀,你就等着瞧吧。”

吕不韦来到邯郸,见到公子异人,对他说:“你现在的处境我很清楚,我可以帮助你摆脱困境,得到秦国的王位。”看着异人不信任的样子,吕不韦继续说:“秦王已经老了,王位眼看就是你的父亲的了,在你的父亲的诸多儿子们中,公子子奚是最有可能被立为太子的,他身处秦国本土,又有母亲在安国君身边替他说话,身边还有士仓的辅佐;而你既非嫡长,又不被宠爱,况且久在他国为质子,这个国家又是敌国,某一日若背约,连你的生命都将不保,更不用说回秦为嗣子了,不过我有一计,可以使你返回秦国,并且被立为嗣。”异人问计,吕不韦说:“现在太子身边惟有华阳夫人最受宠爱,太子可以说对她言听计从,我如今虽然不怎么富裕,但是筹措千金还是可以的,我就带上这些钱入秦见机行事好了。”异人听后,非常高兴,说:“果然能够达到目的,一定与你共同分享秦国。”

吕不韦于是变卖了家产,筹措了千金,留下一些给异人,让他在赵国广交宾客,树立名声,剩下的带着入秦,先向华阳夫人的弟弟阳泉君献上厚礼,得以进见，然后对他说："你就要有塌天的祸事来临了，自己还完全不知道呢。"阳泉君一下子被他说愣了，忙问何意，吕不韦这才慢慢地说："你现在依托你的姐姐，享有超常的富贵，就连你的门下的人也都无不富贵，可是太子的门下却无有你的这般显赫；你家藏珍宝无数，骏马盈厩，美女充满后庭，过于招摇，而老王年纪已经很大了，一旦老王死去，太子继位，而你的姐姐华阳夫人没有子嗣，子奚必将为储君，而子奚又有士仓辅佐，一旦华阳夫人年长色衰，你们王后这一党可就要失势了，只恐怕那时，你的门上都要长满蓬蒿了，如今公子异人在赵国为质，虽然人很贤明，可是远在敌国，国内又无有奥援，天天望着西方，希望能够回到秦国，依我所见，如果你能够鼓动华阳夫人，让她在安国君面前为异人美言，立异人为储，这样，异人本来没有继承王位的希望却就有了，王后本来没有儿子也变成有了儿子，异人感激王后，王后可以永保其位，而你岂不也就可以永保富贵了吗。"

一席话说得阳泉君如醍醐灌顶，连连称妙，于是进宫将吕不韦的意思当作自己的意思向华阳夫人陈述一番，说得华阳夫人汗下如雨。于是华阳夫人便经常在太子面前说些异人的好话，并劝太子让异人回国，立他为嗣，流着眼泪说："妾有幸能够侍奉您，可惜得是妾至今无子，我想让您立异人为嗣，则妾就终身有靠了。"安国君耐不过这如花似玉的美人的再三请求，便答应了她。于是两人刻玉符为凭，立异人为嗣，并请吕不韦辅佐教导他。

这时，秦王去世，安国君继位，是为孝文王，要赵国将异人遣送回来，赵国这时才知道了异人的价值，不想放他了，吕不韦乃对赵王说："异人是秦王的宠子，宫中无母，王后想要认他为子，这才要赵国将他送回去，假使赵国坚决不送，秦国不管这个人质，发兵屠赵，赵国留着这么一个空的人质有什么用呢？如果赵国将公子异人以隆重的礼节送回去，他回去以后得以立为太子，一定感激赵国的恩德，岂不是好。"赵国于是将异人送回秦国。

异人至秦，前去拜见华阳夫人，吕不韦让他穿上楚国的服装，王后一见大喜，说异人真是一个孝顺的孩子，知道我是楚国人，就穿了楚国的服装来见我，给他改名叫子楚，于是秦王立他为嗣子，没有几年，孝文王去世，子楚继立，是为庄襄王，而以吕不韦为相，封为文信侯，食邑十二县。至此，吕不韦的投资获得了最大的收获。

深谋远虑，消灭强敌

王国宝死后，司马道子好不容易才使王恭与殷仲堪罢兵归镇。风波暂时平息下去。但是司马道子的势力也大受削弱。司马道子的儿子司马元显年方十六，文辞俊美、颇有才干，当时官拜侍中。他对父亲说："王恭、殷仲堪日益骄横，必为后患，应该暗中做些准备。"司马道子见儿子如此深谋远虑，非常高兴，使任命他为征虏将军，以徐州为驻地，配置文武官吏以及大批士卒，谋划讨伐王恭与殷仲堪。

公元398年，豫州刺史庾楷因司马道子割其辖内四郡，大为不满，遣其子庾鸿对王恭说："司马道子任用王愉、司马尚之、司马休之兄弟，权势炙手，假借朝廷之威削弱方镇。前车之鉴，不可忘记。应当趁其谋议未成之机，早日下手除掉。"王恭以为其言有理，联络殷仲堪等人同攻京师。双方定计，以王恭为盟主,刻期举兵。两路大军浩浩荡荡,直奔京师而来。八月,殷仲堪先锋将杨佺期、桓玄至湓口,击败王愉,将其擒获。

司马元显对司马道子说:"前此王恭兴兵,不加讨伐,遂有今日之祸,如果继续退让,下一个就轮到您遭殃了。"于是司马道子把讨伐王恭、殷仲堪之事,全都交给司马元显处理。九月,晋室以司马元显为征讨都督,卫将军王珣、右将军谢琰、谯王司马尚之各司其职,率兵参战。不料,官军小胜之后,白石一战,大败溃退,形势对司马元显极为不利。

这时,王恭一伙内部也出了问题。北府兵将领刘牢之在王恭麾下素不得志。刘牢之部下多为北土人士,骁勇善战。王恭依靠刘牢之的支持,却不把他放在眼里。自从胁迫司马道子除掉了王国宝之后,王恭自以为才气地望无人可比,威无不行,战无不胜,把刘牢之当作自己的附属。刘牢之亦颇负才干,见王恭待其如此无礼,深怀愧耻。王恭举兵之初,刘牢之便劝谏说:"将军乃国之元舅;司马道子乃天子之叔。司马道子当国秉政,为将军除掉亲信王国宝,来书致歉,看来已经为将军所折服。割庾楷之四郡,于将军何干!"王恭不从其言,刘牢之更加怏怏不乐。司马元显知道以后,便派庐江太守高素前去游说,许诺刘牢之,一旦叛归朝廷,击灭王恭,便用刘牢之代替王恭的职位与名号。刘牢之动心,对其子刘敬宣说:"王恭过去蒙受先帝大恩,今为帝舅,不能翼戴王室,反而举兵进攻京师。我实在不清楚王恭心里到底打的什么主意。一旦攻入京师,还能臣服陛下吗?我打算奉国家之命,反戈一击,以顺讨逆,未知可否?"刘敬宣说:"朝廷虽无成康之美,亦无幽厉之恶。如今王恭举兵向阙,蔑视天威,与大人亲非骨肉,义非君臣,虽曾共事,而素不协睦。今日讨之,于情义何伤!"于是刘牢之决意叛附朝廷。

王恭听人报说刘牢之有叛志,不肯相信。自以为待其不薄,不至于此。于是设酒宴,当众拜刘牢之为兄,把精良装备,全部交给他。又命帐下大将颜延为前锋,率军急进。王恭此举,更勾起刘牢之的心腹之事。行至竹里,刘牢之杀死颜延,遣其子刘敬宣及女婿高雅之回师进攻王恭。王恭不备,士卒溃散,落荒而逃。后来被人擒住,押送京师斩首。王恭溃散,殷仲堪只好退军。

王恭败死,殷仲堪攻势受挫。司马元显又准备击灭殷仲堪,彻底消除后患。

右卫将军桓修献计说:"殷仲堪之兵,可以口舌破之。这些人倚仗王恭之势,意图跋扈。如今,王恭已灭。其心沮丧恐惧。如果以重利买通桓玄与杨佺期，二人必喜。桓玄可以牵制殷仲堪，杨佺期则可以倒戈击灭殷仲堪。”司马道子与司马元显依计而行，任命桓玄为江州刺史，以杨佺期为雍州刺史，贬殷仲堪为广州刺史，令其收兵。

桓玄与杨佺期追随殷仲堪，各有自己的打算。桓玄野心勃勃，杨佺期怀才不遇。两个人都企图借机发展自己的势力，问鼎朝廷。接到朝廷委任之后，殷仲堪大怒，桓玄与杨佺期心中暗喜，不肯听从其调度。殷仲堪百般威胁，才使残兵败将回到荆州。回到荆州以后，殷仲堪、桓玄、杨佺期，形成了新的联盟。殷仲堪有兵而无职，桓玄有职而无兵，于是桓玄成为盟主，联络各方势力，连名上疏，为王恭诉冤。司马元显暂时无力进攻荆州，只好为殷仲堪恢复原职。

与朝廷妥协以后，殷仲堪与桓玄、杨佺期又开始内讧。植玄在荆州，恣为不法，殷仲堪左右早就劝殷仲堪杀掉他。后来，桓玄成为盟主，日益矜伐，对杨佺期百般裁抑。杨佺期心中怀恨，便密劝殷仲堪在盟誓之时，袭而杀之。殷仲堪害怕桓玄被杀，杨佺期不可控制，坚决不许。但是，嫌隙已成，不可弥合。三人各归本镇以后，殷仲堪又与杨佺期联姻，以为互援，牵制桓玄。桓玄处于其压制之下，恐为其吞灭，于是奏请朝廷为其扩大所辖地盘。司马元显正欲在他们之中制造矛盾，于是许诺，任命桓玄为都督荆州四郡军事，又命桓玄之兄桓伟代替杨佺期之兄杨广的南蛮校尉之职。杨佺期动其部伍，准备与殷仲堪其袭桓玄。不料，殷仲堪虽与杨佺期联姻，还是对他不甚放心，坚决制止。杨佺期既不能独力攻灭桓玄，见殷仲堪从弟屯兵北境，不解其意，只好打消原意。

殷仲堪无谋少断，同盟叛离，亲信又不能用，实际上已经陷入孤立局面。公元399年，荆州水灾，平地水深三丈，饥民遍地。桓玄欲乘机攻灭殷仲堪，发兵西上，写信给殷仲堪说：“杨佺期受国恩而图逆，天下共诛之。如今，我已屯兵江口，如果您同意，便应杀掉其兄杨广；如不肯相从，我便率兵来攻。”殷仲堪无计可施，捉住桓玄之兄桓伟，命其写信，要桓玄罢兵。桓玄不加理睬。殷仲堪派兵阻击，又屡被桓玄打败。殷仲堪请杨佺期来援，而无粮饷军。杨佺期大怒，冒险出战，结果被桓玄击败，单骑落荒而逃，遭擒被杀，传首建康。殷仲堪闻报，逃往长安，亦被捉住，桓玄逼其自杀，兄弟亲朋，多遭戕害。桓玄擢拜荆、江两州刺史，都督八州军事，权势日隆。

从司马道子、司马元显秉政以来，东晋朝廷内讧纷起，焦点人物，层出不穷。其势力消长盛衰，令人应接不暇，眼花缭乱。而其中成败，无不在于用计之当否。假途伐虢，当时诸人几乎皆用此计，亦几乎皆中此计。利之所在，利令智昏；势之所存，有分有合。惟善用此计者，能高瞻远瞩，使人中计而不中人之计，削人之势、夺人之利而使自己利势双合。

欲行其计，须防强手

北齐时期，权臣和士开深受世祖信重，朝廷大臣怨其奸佞，咬牙切齿。为了永保权位，和士开采纳了祖珽的建议，劝说世祖及早禅位于太子，以防宗室及外臣在其死后夺取帝位。世祖准奏，太子即位，是为后主。此后，和士开之宠长盛不衰，日益骄恣。

黄门侍郎冯子琮，以太后妹夫的身份，参与朝政。冯子琮本来对和士开十分巴结，及后主即位，自恃亲贵，忌和士开擅权，遂与之相互排挤，日益不和。后来，冯子琮升任右仆射，权势渐重，与和士开的矛盾日益激化。冯子琮企图除掉和士开，但和士开深受后主及太后的宠爱，不得下手，于是便在宗室诸王之中选择琅琊王高俨，倾心结纳。计划废黜后主，另立高俨，诛杀和士开，独专国柄。

高俨有宠于太后，身兼京畿大都督、领军大将军、御史中丞、录尚书事等数职，出入仪卫，颇为壮观，服器宫室，与后主等量齐观。不过，这些优宠之礼，高俨并不满足。他曾经对世祖说："吾兄懦弱，如何控制左右！"世祖赞赏他的刚决之气，曾打算废掉后主，另立高俨。其事不果，怏怏不乐。又见和士开、穆提婆等人专横奢纵，心中不平。和士开与穆提婆二人也私下议论说："琅琊王目光奕奕，逼人心魄，与其对话，不觉流汗，比天子还要令人畏惧，应该尽早提防，采取对策。"于是将高俨迁往北宫，五日一朝，不得随时面见太后。后来，和士开又欲令高俨出京任外官，夺其兵权。高俨大怒，冯子琮乘机进言，指责和士开离间高俨与太后，高俨更怒，声称要杀掉和士开，冯子琮竭力赞成，并策划真机立高俨为帝。

公元571年7月，高俨令亲信上表弹劾和士开之罪，请求收监。为了不被后主和太后察觉，冯子琮把这份奏表夹在其一些无关紧要的公文之中呈送禁中。后主马马虎虎，一起批复。冯子琮拿到批文，交给高俨，高俨便称诏，命领军库狄伏连捉拿和士开，于是调动京畿士卒，埋伏于神虎门外。这一天，和士开早朝，库狄伏连在门外见和士开到来，把他骗到行台，伏兵涌出，乱刀砍死。

高俨的本意，只想诛杀和一人。不料事端一开，不可中止。冯子琮力劝高俨尽诛异己，乘机夺位。高俨于是率三千余名士卒屯于千秋门，围住皇宫。后主派人召高俨入宫，不从。后主大惧，六神无主。这时，双方都注意到一个重要人物，即宿将斛律光。斛律光参与辅政，屡立战功，朝野瞩目，而且掌握兵权。谁得到他的支持，便等于胜券在握。高俨召请斛律光，后主也召请斛律光。关键时刻，斛律光倒向了后主。斛律光入宫，对后主说："小儿辈弄兵，不足为虑。"于是与后主同往千秋门。斛律光至千秋门，先派人对士卒宣告陛下驾到。士卒闻讯，惊慌失措，散去大半。后主驻马于河桥之上，遥呼高俨，高俨不动，斛律光于是来到高俨面前，对他说："天子之弟杀一匹夫，算得了什么！不必惊慌。"把高俨硬拉到后主面前，对后主说："琅琊少年少无知，肠肥脑满，轻举妄动。年长以后自然懂事。希望陛下宽赦其罪！"后主把高俨痛打一顿，暂时饶过。冯子琮及高俨亲党皆被处死。不久，后主派人将高俨杀死，时年十四。

运用假途伐虢之计，关键在于拉拢势力。和士开处于世祖与后主之间，翻云覆雨，窃取政柄，自以为得计，却不料遭冯子琮暗算，身首异处。冯子琮处于后主与琅琊王之间，纵横捭阖，上下其手，自以为得计，却不料被斛律光轻轻一句话，弄得前功尽弃。强中自有强中手，声势宜壮，自不必说；而主谋之人的才干，尤需注意。否则，徒有声势，望风瓦解，如何成得大事。

虎牢之战，大破窦军

公元618年5月，晋阳（今山西太原）起兵刚好一年的李渊称帝，建立唐朝，开始了历时七年、历经六大战役的统一中国的战争。其中第三战役中的虎牢之战堪称关键的一战。

李渊次子、秦王李世民西灭薛秦、北平刘武周后，唐政权稳固了关中统治。但是独霸江南、定都洛阳、自立郑国的王世充和占据山东、河北、定都洺州（今河北永年县）、自称夏王的窦建德却成为唐统一北方的两大障碍，形成唐、郑、夏三足鼎立的格局。

唐要想统一北方，自然要东进灭掉夏、郑，第一进攻目标选谁为上策呢？从地理位置上来看，唐、夏之间隔着太行山，长途跋涉，翻山越岭去攻打夏军，显然是疲劳之战，不利之举，况且守在夏国边界一侧的唐军又不是主力部队。而郑国就在唐朝东大门崤山之外，正是首当其冲。加之此时王世充政权摇摇欲坠——派系斗争严重，属下得力战将秦叔宝、程咬金先后倒戈投奔唐朝；管区内横征暴敛，民不聊生，众心离异。王世充已是众叛亲离、怨声载道，可谓机不可失。

李渊父子分析三国对峙的形势后，毅然确定郑国为东进的第一目标。为了集中兵力攻郑，对夏则采取"先联后打"之策，利用郑、夏两国过去有过磕磕碰碰，不算和睦，派使臣与窦建德说和，稳住颇有实力的夏军。

公元620年7月1日，秦王李世民亲率大军直奔盘踞在洛阳的王世充杀来。

大敌当前，生死攸关，王世充岂敢疏忽。他一得到唐军出关的消息，立即作出全面迎击的部署——选拔精兵强将固守洛阳，并在洛阳附近的襄阳（今河南襄城）、虎牢（今河南汜水镇西侧）、河内（今河南沁阳）布下重兵，王世充本人则亲自统领三万人马前敌迎战唐军。然而，唐军来势凶猛。李世民集中五万名步兵和骑兵直取洛阳城西的主要据点兹涧（今河南磁涧）。郑军虽经顽强抵抗，终至败北，放弃兹涧，退守洛阳孤城，王世充再也不敢轻举妄动了。

李世民乘胜分兵四路——南据寿安（今河南宜阳）、北围河内（今河南沁阳）、攻回洛城（今河南孟津东）、东截洛口（今河南旧巩县东北），而李世民自领大军屯兵洛阳以北的北邙山中连营几十公里，对郑都洛阳形成四面进逼的态势。

战事仅数日，王世充接连损兵折将、丧师失地，洛阳也被围得铁桶一般。他深感形势不妙，思来想去，又别无良策，只好试试有无言和的可能。8月的一天，在洛阳西北的青城宫，唐、郑两军隔水对阵。只见门旗开处，李世民威风凛凛立于唐军阵前。王世充百般无奈，在马上欠身向李世民说道："我王世充只求洛阳自守，从未想向西扩张势力。比如熊、谷二州，离洛阳这样近，我要取之岂不是易如反掌，举手之劳？既然大家是友好邻邦，所以我才没有这样做。"不料，李世民毫不容情，根本不吃他那一套，厉声喝道："你要知趣，就乖乖投降，你的富贵还可以保住，你要是顽抗到底，只有死路一条！"王世充乞求和平共处就此告吹。

隔水对话不久，唐军继续出兵，扫平洛阳外围的大多数据点，郑属州郡纷纷也投降，郑政权呈土崩瓦解之势。王世充求和不成，反遭羞辱，被围困孤城洛阳之中，覆灭之时指日可待，岂能坐以待毙？他一面加固城防，困兽犹斗；一面派人乞援窦建德西进解围。

在此期间，唐军虽四面围攻，但屡屡受挫，僵持足有8个月之久。唐军将士昼夜劳困，疲惫不堪，士气大衰，再加上远离家乡金日，归乡意愿日浓。总管刘弘基请求班师的密报传至西都长安，唐高祖李渊密敕还师。然而李世民却坚不还师，甚至下军令"洛阳未破，师必不还，敢言班师者，斩！"从而刹住了班师回朝之风，稳住了军心，继续围攻洛阳。

再说夏王窦建德，唐、郑两军开战之初，一时好不得意。他以为，"鹬蚌相争，渔翁得利"，先坐山观虎斗，待两败俱伤之时再见机行事，所以，李世民大举发兵进攻洛阳时，他一面接受与唐联合之意，一面集中兵力围剿周边义军队伍，稳固后方根据地。然而战事发展并未使窦建德遂心如愿，而已明显地看出唐强郑衰。如果唐灭掉郑，就地北上攻夏，夏必有唇亡齿寒之忧，也许夏、郑联手抗唐才是上策。因此，夏与唐联合之际，也始终与郑保持信使往来，只是"攘外必先安内"，稳住后方，迟迟未发兵西援而已。

公元612年2月。王世充的儿子率兵数千人从虎牢往洛阳运粮，遭到唐军毁灭性打击，使孤城洛阳给养贫乏更加艰难。此时窦

建德已收服徐圆朗、孟海公两支农民义军，自认时机成熟，率军十余万渡江南下，攻克周桥（今山东菏泽附近）；3月，率众西奔解救洛阳。夏军一路至滑州（今河南滑县）、酸枣（今河南延津），接连攻陷荥阳（今河南荥阳）、阳翟（今河南禹县）等处。尔后，兵分两路，一路沿河运粮草，一路陆地行精兵，长驱西进，屯兵成皋（今河南汜水镇）附近，中军大帐设在板渚（今河南汜水镇北黄河东侧）。窦建德一面派人通报王世充，告之夏国援军已到；一面致书李世民，要求唐军退至潼关，双方才可如前和好。

唐军因久攻洛阳不下，军心浮动，稍事平稳。一看十几万夏军浩浩荡荡，再次骚动。在此紧要关头，李世民立即召开军事会议，广听众将献策。萧禹、屈突通、封德彝等声称王世充坚守孤城固若金汤，难以攻克；窦建德锋锐气盛，不易抵挡；若腹背受敌，恐对我不利；稳妥的办法是退兵据险而守，伺机再战。郭孝恪、薛收等人不被对方貌似强大的假象所迷惑，指出："世充粮尽，内外离心，我当不劳攻击，坐收其弊。建德新破孟海公，将骄卒惰，吾当进据虎牢，扼其襟要。……若不速进，贼入虎牢，诸城新附，必不能守，二贼合力，将若之何？"李世民听罢议论，权衡利弊，说服众将，统一思想，作出决策——对东都洛阳围而不攻，坐待其粮尽自溃，对窦建德要主力出击，力求全歼。随后发兵两路，一路由屈突通等协助李渊四子齐王李元吉领兵继续围困洛阳，深沟壁垒，严防王世充突围；一路由李世民亲自率领精骑3500余人，东经洛城（今河南孟津东）、巩县（今河南巩县东北）昼夜兼程，直奔虎牢。

虎牢是成皋（今河南汜水镇）西侧的要塞，为郑、夏联手的枢纽，是王世充固守洛阳的东大门，是唐、夏必争的战略要地。如果窦建德抢先占据虎牢，唐军新收服的州郡便会转而叛离，还将吸引附近州郡降服，导致郑夏联手抗唐，使唐军难以应付。

公元621年3月25日，虎牢关郑军守将沈悦一见唐军长驱直入，势在必夺，自知不敌，便开城投降。建德来迟一步，无法挺进，只好连营板渚、成皋一带。

夏军营盘刚一扎下，李世民就带领亲兵近将五百人策马东出虎牢，一路设下伏兵，自己则与尉迟恭敬德及随从二骑步步接近夏营。当四骑离夏营一公里半处，发现夏军巡营骑兵，李世民大喝一声："吾乃秦王也，看箭！"话音刚落，箭已穿身，一骑翻身落马，余者飞驰回营禀报。建德闻讯，急令五六千骑兵将士追杀。世民从容不迫，叫随从先走，自己搭弓、敬德执枪断后，边退边射，箭无虚发。追兵既不敢贸然逼进，前去送死；又求功心切，紧追不舍，步步进入唐军的伏击圈。此时伏兵四起，犹如从天而降，由地钻出。夏军防不胜防，死的死，伤的伤，逃的逃，降的降，大败而归。李世勣、秦叔宝、程咬金等奋力截杀，斩首三百多人，抓获夏将殷秋、石瓒等人，凯旋回营。李世民初战告捷，士气大振。4月，派出王君廓率轻骑一千余人抄窦建德粮道，俘获大将军张青特，夏军锐气大挫。

窦建德西援出师不利，不仅一个月有余未能前进一步，反而损兵折将、粮草遭截，一时将士思乡，军心涣散。这时，建德挚友凌敬和爱妻曹氏劝阻其退兵，以便保存实力，北取河内，南攻河阳（今河南洛阳东北），乘虚占据河东，威胁关中，迫使夏军后撤，解除洛阳之围。然而，建德固执己见，认为援郑“见难而退，示天下以不信”。再加上王世充派人贿赂他的手下诸将，“以乱其谋”，敦促建德进兵。建德认为自己有众将支持，决策无误，继续进逼虎牢。并商定，待唐军军马无草料到黄河北岸放牧的时候袭取虎牢。谁知，唐军探报得知虚实回禀秦王，李世民于是将计就计，牧马诱敌。

公元621年5月1日，李世民把千余匹马引渡黄河以北放牧，伪装成军中粮草已尽，迷惑窦建德，而本人又连夜返回虎牢帐中坐镇。第二在早晨，窦建德获悉唐军牧马河北，喜出望外，立即全军出击。自板渚至牛口渚（今河南汜水镇北）列阵10公里，鼓声大震，声势浩荡，唐军望而生畏。

李世民胸有大略，沉着冷静，登高远望，观敌阵。他沉思片刻，回头对诸将说：“窦建德起兵山东以来，从未遇到过强敌。今天冒险前来，呼喊喧闹，军容不整，军纪不严，列成大阵直逼我营，是轻视我军实力。我却按兵不动，以逸待劳，等他锐气已衰，锋芒已钝，列阵时间一长，兵卒必将饥肠辘辘，士气下降。我等乘此出击，无不获取。今与诸将预约，时过中午，就能破敌。”

果然不出所料。时至中午，夏军“兵士饥倦”，有的争抢喝水，有的席地而坐，犹如一盘散沙。李世民一看，时机已到，下令出击。放牧河北的马群也调回合击。一时唐军势如倒海翻江、所向披靡，东渡汜水、直冲敌阵。窦建德正在帐中议事，一听传报，来不及整队，仓促迎战，被唐军冲杀得七零八落、溃不成军。唐军乘胜追杀十五公里，夏军死伤三千有余，被俘虏五万多人。建德也身带枪伤落荒而逃，藏在牛口渚芦苇丛中。哪知唐营车骑将军白士让和杨武威二人早就瞄准金盔金甲之人驰奔而来，追杀不舍。白士让追上窦建德坐骑举枪便刺，宝马屁股挨了一枪，疼痛难忍，一尥蹶子，就把窦建德掀翻下马。没容站起，长枪已到，他连忙摇手惊呼：“休要杀我，我是夏王。若能相救，富贵与共。”白、杨二将一听，夏王在此，心花怒放，一跃下马，捆绑个结结实实，回营请功去了。

夏军即已大败，李世民回头又来紧攻洛阳。王世充惊恐万状，打算突围去襄阳（今湖北襄樊），再重建基业。但遭到众将一致反对，只好率领群臣将士二千余人开城投降。至此，历时两个月的虎牢之战以李世民全胜、窦建德遭擒、王世充降唐而告结束。

李世民挂帅来征，西讨北伐东进，历经四大战役，一举灭秦、平刘、歼夏、降郑，为全国统一奠定了基础。公元624年春天大唐统一了全国。

假道荆南，平叛灭藩

宋太祖赵匡胤陈桥兵变，黄袍加身后不久，即开始着手进行统一全国的工作。这时，上承五代十国的混乱局面，整个中国被无数大大小小的军阀割据势力分裂着。南方除了南唐、吴越等几个大的敌国外，还有一些独立的不受中央命令的节度使，如荆南、武平等。这些节度使与唐时的藩镇极为类似，长官割据一方，俨然地方土皇帝。节度使死后，或传给儿子，或传给部将，完全不受中央节制。因此消灭这些割据势力也就成了北宋建国初年的一项大任务。

占据今湖北西部、四川东部的荆南高氏，在后周太祖显德年间，曾被周太祖封其主高保融为南平王。高保融迂腐无能，委政于其弟高保勖。宋太祖即位时，高保融去世，高保融继立。过了两年，保勖又死，保融子高继冲继立。

在高继冲即位的十年前，即周广顺元年（公元951年），南唐灭楚的时候，南唐中主李璟派大将边镐为开平节度使，镇守湖南。边镐不服人心，有故楚将王逵、周行逢、张文表等，共推辰州刺史刘言为主，称武平留后，发兵叛变，进攻潭州，赶走了边镐。于是南唐所得湖南之地复失。广顺三年，周太祖特拜刘言为武平节度使。不久，刘言被王逵所杀，王逵又被其部将潘叔嗣所杀，诸将拥立周行逢为主，移镇朗州。在周世宗显德三年，周朝正式委任周行逢为武平节度使。周行逢在湖南励精图治，境内一时士民安乐。

宋太祖建隆三年（公元962年），周行逢去世。周临死时，召见亲信将吏，把他的儿子周保权托付给他们，并说："衡州刺史张文表，与我一起从贫贱中起事，建立功名。因为没有得到行军司马的官职，心中常怀不满，我死后，他必定会乘机作乱，可以派杨师璠去讨伐他。"说完即撒手归西了。周行逢死后，武平军务由其子周保权统领，而此时的周保权年方11岁。

张文表听说周保权继立，果然很是愤怒，说："我和周行逢同起于贫贱，一起建立功名，怎么能够卑躬屈膝去事奉一个乳臭未干的小娃娃呢？"正好这时有一支被周保权派往永州去换防的军队路过衡阳，张文表就夺取了这支部队的指挥权，穿上白色的丧服，好像要到武陵前去奔丧的样子。

叛军路过潭州的时候，行军司马廖简正好任潭州留后。廖简向来看不起张文表，丝毫不作防备。正在饮酒间，有人报告说张文表带兵来了，他还一点也不在乎，大剌剌地对四座宾客说："张文表不来便罢，来了就会马上变成我的俘虏。"照常饮酒谈笑，不做准备。不一会儿张文表果然率众进来了，廖简来不及拿弓，只好坐在座位上破口大骂，过足了嘴瘾后被张文表一刀杀死。张文表占有了廖的印绶，自称临时留后，向宋朝政府奉表上告。

周保权于是立即命令杨师璠率众讨伐张文表，将父亲的遗言告诉大家，边说边哭，泪流满面，颇为煽情。杨师璠也被感动得热泪盈眶，回头对部众们说："你们看，小郎君尚未成人便有了如此水平了。"军士们也很激动。

周保权一边调兵遣将,一边向荆南借兵,同进向朝廷求援。

宋太祖于是派中使赵璲等人携带诏书到潭州晓谕众人,让张文表到京师来赴罪,同时又命令荆南发兵援助周保权。

此是,荆南节度使是刚刚继位的高继冲。宋太祖早就有统一荆南的意图。先前卢怀忠出使荆南的时候,就对他说过:“江陵的人心向背,山川地形,我都想了解清楚些,你可多留心些。”卢怀忠回来汇报说:“高继冲手下士兵不过三万人,虽然五谷丰登,但横征暴敛却使百姓们苦不堪言,要攻取它很容易的事情。”于是太祖召见宰相范质等人说:“荆南已经是一个四分五裂的国家了,如今正好利用武平的事情,向荆南假道出师,顺便就可以攻占它,看来是不会不成功的。”于是将既定的方针交付给李处耘等人。

宋朝发兵,同时令荆南调发三千水军赶赴潭州,帮助平叛。同时向荆南借道。

李处耘到达襄州,先派人对高继冲说明借路的意思,请求为军队供应粮草饮食。高继冲同他的手下商量好对策,便以黎民百姓害怕为借口,请求让宋军驻扎在百里之外,然后将给养送去。李处耘又派人前往,高继冲手下的孙光宪和梁延嗣都主张答应宋军的要求。而兵马副使李景威劝说高继冲道:“朝廷虽然是从我们这假道收复湖南,但恐怕会乘机袭击我们。请给我三千人马,驻守在荆门要害之处,夜间发动攻击,朝廷军队必然退却,然后回师讨伐张文表,献给朝廷,那样,朝廷必定对我们既敬重又存畏惧,不然的话,恐怕我们就有大祸临头了。”高继冲不听,说:“我高家累世侍奉朝廷,决不会有这等事的。”孙光宪也说:“李景威只是峡江中的一个草民出身,哪里知道胜败之理。中原自从周世宗时候已有统一天下的志向,宋朝兴起,采取的一切措施,其规模更是弘大深远。如今朝廷发兵讨伐张文表,犹如大山压卵,其势不可挡,湖湘平定之后,哪里还有再借路回去的道理呢?依我看,不如早早将疆土奉上,这样,湖湘百姓可以免受刀兵之苦,而您也可以保有富贵。”高继冲认为孙说得不错。李景威见状,说:“大事去矣,还活着做什么呢?”自己掐住脖子闭气而死。

高继冲于是派梁延嗣和他的叔父高保寅送上牛酒,犒劳宋师,借机观察宋军的动向。李处耘以超出常规的礼节接待他们,两人喜出望外,派人向高继冲报告一切平安。

宋军所驻的荆门距离江陵有一百余里。这天晚上,宋将慕容延钊招待延嗣等人宴饮,而李处耘则秘密派遣轻骑兵数千人兼程前进。高继冲正在等着高保寅和梁延嗣回来,突然听说宋军来到,马上惶恐不安地出城迎接,在江陵城北十五里的地方遇到宋师,亲自将宋兵引入城中。宋朝的军队占领了重要路口,高继冲甚是害怕,将三州十七县十万二千三百万户的户口簿子呈献上来,投降了宋朝。

而此时,在武平杨师璠进军讨伐张文表已经取得了决定性胜利。当初,张文表听说宋朝军队前来讨伐,暗中派人向宋朝特使赵璲表示忠诚,陈说到朗州奔丧,被廖简所鄙薄,因而当即展开私人格斗,实在没有反叛的意思。赵璲认为自己奉持诏书晓谕张文表,得到他的归顺,非常高兴,立即派人安抚他。经过潭州城外的战斗,杨师璠大败张文表,取得胜利,活捉了张文表。

杨军进入潭州后，放火大肆抢掠，赵璲也紧接着到达入城。第二天，赵璲在军府大厅宴请将领官吏。指挥使高超对他的部众说："看朝廷使者的意思，必定让张文表活着离开，倘若张文表到了京城后，谗言加害朗州，我们就没命了。"于是，就在街上将张文表斩了。到宴会结束后，赵璲召见张文表，高超说："张文表阴谋作乱，末将已将他斩首了。"赵璲叹息良久，亦毫无办法。

要处耘收录荆南后，增兵赶奔朗州。周保权很是恐惧，召见观念察判官李观象商量对策，李观象说："张文表已被诛杀，可是朝廷并不班师，必然要全部收取湖湘之地而后已。如今，荆南高氏已经束手听命，北面的屏障已经失去，所谓唇已亡，齿难独存，朗州势难保全了，我看不如归顺朝廷，还可以保有富贵。"周何权想听从他，可是张崇富等人都不同意，于是共同筹划防御之策。

宋太祖派人告谕周保权及其部将说："朝廷的大军替你们解脱了危难，为什么你们反而要抗拒大军，自取灭亡，而且不顾湖湘的生灵将被荼炭呢?"周保权不做理睬，于是宋朝大军进军讨伐，克服了岳州、朗州之地，活捉了周保权。湖湘之地尽平，共得十州、一监、六州、十六县、九万七千二百八十八万户。

以隐求仕，假道伐虢

士人的隐，是中国传统文化中一个独特的文化现象，从上古的巢父、许由开始，到封建社会的末期，历朝历代，都有一些读书人屏弃了世俗生活中的一切，官禄爵位，甚至妻子家庭，结茅于山林之中，养志于林泉之下，过着一种半是神仙半是苦行僧的生活。

士人之隐，不外两种原因，一种是主动的隐，视世俗为羁绊，为追求纯粹的个性的解放和心灵的自由，挣脱开名缰利索，避居山林之中。远如庄周、近如晋之孙登，可说是此一类的代表。一种是被动的隐，如孔子所说："邦有道则仕，邦无道则隐。"虽然有着安邦治国、匡扶天下的宏伟抱负，但是偏偏治世少，乱世多，不但志不得伸，甚至一不小心还会惹来杀身之祸，徒受其辱，反不如结茅林下，耳根清净的为好。历史上的隐士们大多属于这种类型。

按说隐士们既然已经挣脱了名缰利索，与世无争，机心全无，不该再与什么兵法计谋之类有什么瓜葛了。怎么还会与"假途代虢"挂上钩呢？对于那些主动的隐士来说，其已绝意世俗，宛若神仙了，兵法权谋之类的东西是与他们沾不上边了;但是对于那些被动型的隐士们来说,情况就不完全相同了。

历代帝王,只要稍微有一点脑筋,还不至于愚蠢到白痴的地步,能够读两句书,就对孔夫子的那句名言还能明白一二。他们可不想让山林中挤满了隐士们,从而显得自己政治的无道,杀伐并不是最好的办法,虽然也有不少皇帝用过这种手段,更好的方法莫若礼请他们出山,这样便可向世人宣示自己的贤明,使得隐士们都出山了。即或有一两个不识相的死不肯出来,那就越发要对其礼遇隆重些,你给他们的招待越高级,就越显得你自己更高尚。看哪,这个君王是多么的伟大,多么虚怀若谷。隐者与帝王各得所需皆大欢喜。

有了君王的礼遇,隐居对于某些人来说,更成了一种养名的手段,你越是固辞不出,越显得你人格的高尚,就越能得到好名声,将来出山就能得到越发好的待遇。于是慢慢地隐居失去了它本意,变成一种沽名钓誉的手段了。以隐求仕,山中三月,胜过寒窗十年。

对于这些以隐养名,以隐求仕的先生们来说,隐居恰如兵法上的"假途伐虢"之计。隐如虞国,仕如虢国,借隐居这条路来得到出仕的机会,从而获得高官厚禄,最后,名与利双收,正如晋人虞与虢兼得一般。当然,因为各人操作手段的高下不同,最终结果也不尽相同:功成名就者有之,不得其门者亦有之;同时因为各人的作为不同,受人钦羡者有之,遭人讥笑者亦有之。各拈数例,以见隐者一斑。

谢安是六朝谢氏家族中的一个风流人物,"在他的一生中,隐逸与仕宦大致各有二十年的光景。他隐就隐得潇洒,仕就仕得显赫;隐时的风流名士,仕时是风流宰相,可谓一生风流;隐时并未忘情天下,仕时也未忘情山水。他既追求个人的精神自由,又不推却应尽的责任,在国家危难之秋挺身而出,同时,又在履行社会责任时仍尽量满足个人精神自由。"某位学者的这番话虽然有些过誉,但也大致概括出了谢安隐而复仕,仕而显赫的一生。的确,谢安之风流在于他为士人树立了一个魏阙与山林相结合的理想人格,正如天才浪漫的大诗人李白咏:"但用东山谢安石,为君谈笑靖胡沙。"

谢安少时就有重名,才四五岁的时候,便有人见而惊叹:"此儿风神秀彻,后当不减东海。"王东海即当时的清谈领袖人物王蒙。果然,谢安十八九岁时便已成为善谈玄理的名士了。王蒙在一次与谢安清谈后,对其大为赞赏,说他"颇有逼人之势。"

对于跻身名士的谢安来说,求官职同拾取草芥一样容易,名士头衔无异于进入朝廷的一张优待门票,况且,王谢名门子弟进入仕途也是十分容易的。然而,谢安此时却只想逍遥于清谈胜场,迟迟不肯踏入仕途。二十来岁的时候,司徒府要辟他为掾属,拜为著作郎,他称病推辞了。后来,索性归隐故居会稽,与当时名士王羲之、许询、沙门支遁等人"出则渔弋山水,入则言咏属文",似乎没有入世的意思了。当时的扬州刺史庾冰听说谢安的重名,多次赴会稽敦请他出山。庾冰在当时以皇亲国戚的身份主持朝政,权倾内外,是个炙手可热的人物,谢安无奈,只得赴任。在任上敷衍了数月,就找了个借口辞职返回东山了。

正像我们上面说的，谢安越是不肯出山，名气就越大，而朝廷就越是不肯放过他。于是，尚书郎、琅琊王友、吏部郎，一项顶清要显赫的乌纱帽不断向他飞来，谢安还不动声色，拒不受聘。后来这游戏玩得有些过了，朝廷一着恼，好嘛，你不是要隐吗，我就让你隐个痛快，宣布对谢安禁锢终身。于是，谢安更得专情于山林之中了，东山之中，有酒，有琴，有友，有妓，比起饿死首阳山的伯夷、叔齐来，谢安的隐居生活可说是太潇洒了。

而谢安的隐居则给他带来了更大的名声。谢安的弟弟谢万当时任西中郎将，总藩作之重，但是名声还不如谢安大。有这样一个故事，谢有一同乡在南方做官，后被免官，回来时身边只带有五万把卖不出去的蒲葵扇。谢安有意帮忙，便随手抽取一把，与人清谈时总是执在手上，于是京师士庶竞相购买，五万把扇子不几天便销售一空，也算是用了一次“假途伐虢”之计进行了一次商业促销活动吧。

士林之中爱慕谢安的风流，颇有如今追星族们的热忱与痴迷。谢安祖籍是今天的河南一带，南渡以后，家族中人仍然保持着那一口河南腔，加以谢安有轻微的鼻炎，语音越发重浊。他用这种声音作“洛下书生咏”，引得众人纷纷效颦。可是众人并不是个个都有鼻炎，怎么学也不十分像，竟有聪明人用手捏了鼻子以达到那种迷人的效果。

但是谢安并不是真心想这么长久地隐下去，隐对他来说是一种养望的手段，是为以后出山作一种铺垫。他的心思还是时时在朝堂之上的。有一次，谢安与子侄们品诗论文，说到《诗经》，谢安问：“你们觉得《诗经》中哪一句写得最好呢?”谢玄答道：“昔我往矣，杨柳依依；今我来思，雨雪霏霏。”这是一句千古佳句。而谢安却说：“我更喜爱那句‘于谟定命，远猷辰告’，此句偏有雅人深致。”这句诗意思是说：宏图已定，布告四方。从这么一句话的诗句中谢安体会到的深致恐怕是建功立业，功成名就时的深致吧。

谢安隐够了，终于是要出山的。他的夫人眼看着别人都纷纷显赫了起来，而自己的丈夫还是一个布衣，便顾不得名门闺秀的矜持，说：“大丈夫难道不应当如此吗?”谢安揉揉鼻子说：“恐怕不得不如此了。”于是谢安终于要出山了。

谢安的出山也是有些迫不得已，当时谢家的重要人物相继退出政治圈子。堂弟谢尚三年前病死，兄长谢奕两年前卒于官，弟弟谢万一年前兵败被废，而子侄辈都还年幼。在此情形下，如果谢安再不出山，谢家在东晋王朝中的地位就要衰落了。于是，他顾不得选择官位的大小高低，桓温只是给他一个司马官，他便接受了。而此时，谢安已四十一岁了。

谢安的始隐终仕，难免要受到一些人的讥笑。一次在桓温的酒席宴上，有人送给桓温一种名叫“远志”的草药，此草又名“小草”。桓温奇怪地问，为什么一种东西会有如此不同的两个名字呢？这时参军郝隆眼瞅着谢安说：“处则为远志，出则为小草。”众人全都会心地大笑起来。

但是，谢安总算还不是一棵真正的小草，十几年后，他登上了首相之位，在他主持的淝水之战中，战胜了前秦的大军，保全了东晋王朝的偏安局面。也为自己赢得了好的名声。可以说，是运用隐、仕两种手段较成功的一位。

另一位成功者是唐代的李泌。李泌身历唐玄宗、肃宗、代宗、德宗四朝，隐时则遁迹山林，学道练功，宛然神仙模样，仕时则拯危救难，力挽狂澜，真正宰相人才。

《旧唐书·李泌传》说李泌“少聪敏，博涉经史，精究易象，善属文，尤工于诗，以王佐自负”。隐约可以看出分以后仕与隐的两种经历。他少年时就有“神童”之称，七岁时被唐玄宗召入宫中面试，以一首脱口而出的咏棋诗而受到唐玄宗的器重。

但是，有如此际遇的李泌并没有像孔子所说的那样“邦有道则仕，无道则隐”，恰恰相反，他在此时因“操尚不羁，耻随常格仕进”，并没有应试科举，而是独自一人离开长安，云游学道去了。

李泌一去就是十五六年，但是他并非完全屏弃了尘世。天宝年间，大唐帝国渐渐露出了衰象，李泌从嵩山上书陈述时局的危机和自己的看法。玄宗没有忘怀这个当年受他褒奖的神童，于是立即召见，令他待诏翰林院，供职太子东宫。后来，因杨国忠的谗言而愤然离朝，继续隐居去了。

安史之乱，玄宗奔蜀，肃宗继位，正是国家危难之机，李泌又主动出山以力挽狂澜。肃宗对李泌可说是言听计从。卧则对榻，行则同车。一时四方文状，将相迁除，皆与泌参议，权逾宰相。

但李泌终究是个很聪明的人，他不愿意让自己被官爵的金笼头羁绊起来，从而失却了自己的天性，于是他自称“山人”，对于送上门来在别人眼里荣耀无比的官位固辞不受。无奈，肃宗只得授他以散职，而总揽朝政。

李泌屡献奇计，对于安定局势可以说是劳苦功高。然而他时刻不忘自己的山人本色，对于肃宗的屡屡重赏，丝毫不受，说山野之人用不着这些身外之物。肃宗越发感动，以至于说只要先生开口，朕将倾其所有，尽你选择。李泌只是一笑说，如果能够为陛下收复两京，功成之日，只求借陛下大腿为枕酣眠一回。不久，唐军击退叛乱大军，危机解除，李泌心情得以放松，终于能够沉沉睡去。这时，肃宗恰恰来到，他阻止了侍从，不许他叫醒沉睡的李泌，然后登榻坐下，将李泌的头抱起来，轻轻地搁在自己的腿上，实现了李泌当初的要求。

随着大军的节节胜利，李泌意识到自己是应该离去了，于是他乞游衡山，继续自己的隐逸生活。唐肃宗也来了个顺水推舟，挽留了一阵子后，也就应允了。《资治通鉴》记载了君臣之间的这段对话：

泌曰："臣今报德足矣，复为闲人，何乐如之？"

上曰："朕与先生累年同忧患，今方相同娱乐，奈何遽欲去乎？"

泌曰："臣有五不可留，愿陛下听臣去，免臣于死。"

上曰："何谓也？"

泌曰："臣遇陛下太早，陛下任臣太重，宠臣太深，臣功太高，迹太奇，此其所以不可留也。"

李泌不愧是一个学过道的人，他深深地了解功高震主和高处不胜寒的道理，于是轻轻地挥一挥手，很洒脱地离开了。

但是，李泌终于也有洒脱不起来的时候，代宗继位后，又被征召入宫，这回代宗也想把宰相的职位送给他，被李泌又一次固辞了。他还是像肃宗时一样，全不顾君臣礼数，时常便服上朝。对于他的不羁，代宗想到了一个好的办法。大历三年，端午节，王公贵族、公主大臣们都纷纷向代宗献上各种珍奇玩物以为节礼。惟独李泌一无所献，还是一身便装来了。代宗便向李泌索要礼物了，问他为何一无所献。李泌答道，臣的一身衣食皆陛下所赐，剩下的就是一个身体了，拿什么奉献呢？代宗偏偏等的就是这话，便说我所需要的就是这个呀。李泌急得连忙申辩，无奈已是中了人家圈套，代宗便说，先生既然已经自献己身，便要听我来安排了。于是令绝粒二十年的李泌必须饮酒食肉，又为他娶了一名门之后，之后再授以官爵，不怕他不接受了。

既被系上名缰利索，李泌便免不了受些官场浮沉的罪了。数度遭人猜忌。被贬出京，再也潇洒不起来了。

终于代宗去世，德宗继位，这位德宗皇帝把朝政搞得一团糟，于是又想起了被贬在外的李泌，李泌重又被召回朝，受到重用，安定了时局。被德宗任命为宰相。完成了他匡扶天下的志愿，也受到了后世人的称赞。

借鸡下蛋，"借"中求伸

景德四年，真宗皇后郭氏病逝，皇后位子成了空缺，立谁为后成了当时朝廷的一件大事。

在无数妃嫔中，真宗最宠爱的要算刘德妃了。这位刘德妃生得小巧玲珑，纤腰秀眉，颇有些像汉代赵飞燕的模样。郭皇后一死，刘德妃表面上很悲伤，但心里却乐开了花。暗想："该死的郭皇后死了，眼下皇后位置有了空缺，这是个求之不得的好机会。这个空缺，怎么也不能让别人先占了，我一定要想出办法，让皇上把我封为皇后，享一世的荣华富贵。"

于是，刘德妃使出浑身解数，百般讨好真宗。每见到真宗，便娇语千转，媚态频生，似乎饶有万种风情，也难尽其芳容丽质，也难显其一片爱心。

刘德妃对后宫的情形非常明白，眼下皇上年过四十，膝下无子，皇上也为后继无人时时叹息发愁。原来，郭皇后连生三子，长子赵禔，次子赵祐，三子赵祇，都早早地夭亡了。杨妃百般祈祷，好不容易生了一子，也夭折了。皇上望子心切，又选纳了前朝宰相沈伦的孙女为才人，可是沈氏也没有生子。

如今皇上没有后嗣，如果比门第，刘德妃显然不是对手，杨妃的祖辈，也曾有过通达显赫的时候。杨妃的叔父杨知信还在本朝任天武军副指挥使，门第也算凑合。沈才人，虽是后进宫的，但祖父是前朝宰相，父亲曾任光禄卿，门第显赫。而刘德妃呢，出身低下，是随着一个叫龚美的蜀地人，流落到京城，仗着自己的美貌和心机结识了皇上。因此，在门第上是无法与对手匹敌的，要成为后宫之主，当务之急，就是替皇上生个龙子，只有如此，才可扬长避短，击败对手。

刘德妃仍像平时那样表面上谦恳，但心里却巴不得为皇上生一子，以此取得后位。无奈肚皮不争气，熊罴难梦，祈祷也不灵，眼看着时光一天天过去，可肚皮一点也不见动静，朝廷已开始议论册封皇后之事。

“这可怎么办？莫非是自己真的不行？”刘德妃心里十分焦急，如果自己生不出皇子，那肯定当不成皇后。

情急之下，刘德妃想出了一着妙计。她找来了自己的侍女李氏，悄悄地作了吩咐。

当天晚上，侍奉皇上就寝的不是刘德妃，而是李侍儿，而刘德妃却甘愿叠被铺床，抱衾送枕。

也是真宗皇帝命该有子，李侍儿侍他就寝的当晚，春风一度，暗结珠胎。过了不久，李侍儿果真生了一男儿，真宗替他取名为受益，李侍儿因此被封为才人。

刘德妃把受益看作自己的儿子，严加保护精心培养。他一面嘱咐心腹，只说皇嗣为自己所生，不得把真相泄露，一面请求真宗立她为皇后。真宗本来就宠爱她，所以对她把受益作为自己的儿子也满不在意，并决定立她为后。

当真宗把立刘德妃为皇后一事告知大臣们时，参加政事赵仁安近身叩首道：“陛下您想要立继后，不如立沈才人，沈才人出自相门，乃众望所归。”

真宗生气地说：“皇后不可以按门庭高低而立，况且刘德妃是太子生母，立为皇后，当之无愧。”

众大臣仔细一想，皇上就只有这么一个儿子，不立生母为后，还能立谁呢？因此，也就不再奏谏了。

刘德妃在自己无法生孩子的情况下，运用“借鸡下蛋”之法，借用李侍儿，生下了“自己的儿子”。儿为太子，母为皇后，她终于如愿以偿了。

老蒋下野，孙科倒台

1931年发生“九一八”事变，日本帝国主义开始大规模侵略中国。

在汪精卫、孙科等人的逼迫下，蒋介石决定与粤方讲和，宣布释放被幽禁了8个月的胡汉民。

10月14日，蒋在张人杰的陪同下来到南京双龙巷胡宅见胡汉民，蒋说：“过去的一切，我都错了，请胡先生原谅，以后遇事，还得请胡先生指教。”

9月24日，蒋介石给汪精卫一封亲笔信，信中说：

“弟当国三年，过去是非曲直，愿一人承之。惟愿诸同志以党国危亡在即，各自反省，相见以戒，勿使外间以为中山党徒只顾内争，不恤国难。”

9月30日，宁粤双方在广州举行会谈，粤方要求蒋介石下野，由宁粤召开统一会议，产生统一的国民政府。

12月15日，蒋被迫辞去国府主席、行政院长和国民革命军总司令等职。

蒋介石通电下野，电云：

“中正许身革命，进退出处，一以党国为前提；解职以后，仍当本国民之天职，尽党员之责任，捐摩顶踵，同纾国难。”

蒋介石在与汪精卫、胡汉民、孙科的斗争中败下阵来，但他仍有办法令孙科等人下台。

四届一中全会推林森为国府主席，孙科为行政院长，张继、伍朝枢、戴季陶和于右任，分别担任立法、司法，考试和监察院长。

孙科资望不足，才干平平，不足以管理国民党的烂摊子。

胡汉民说到孙科，有一段很风趣的话：“因为他是孙中山先生之子，所以有革命的脾气；因为他在国外长大，所以有洋大人的脾气；因为他是独子，所以有大少爷的脾气；他有时只发一种脾气，有时两种一同发，有时三种一同发。”

身为行政院长，有三种脾气的孙科，面对下野的蒋介石一种脾气也发不出来，因为蒋介石虽然下野，但仍握有实权。

支持蒋介石的宋子文控制了财政系统，他为抵制反蒋势力，给财政部的公职人员发了三个月的薪水，让他们暂时离职。当时，蒋系特务机构已成规模，对不忠于蒋的人时常给点厉害看看。因此，蒋的亲信多数不敢叛蒋附孙。

由黄埔系控制的中央军，是效忠蒋介石的，不听孙科的命令。

蒋介石看孙科对财政无办法，就让何应钦向孙科要军饷，逼得孙科一筹莫展。

在外交方面，孙科任用陈友仁当外交部长，要张学良保卫锦州，建议同日本绝交，公开反对蒋介石的不抵抗政策。孙的用意很好，但他手中无权难以实施。

财政、外交两个方面的问题孙科都解决不了，军事问题更不用提。因此，孙科陷入困境，只得于1932年1月2日，召开中央政治会议紧急会议，决定由林森、孙科出面邀请蒋介石重返南京。

孙科被迫给蒋发一电报,电云:

“新政府虽已产生,以先生及殿堂(胡)季新(汪)两兄均不来京,党国失去重心……国事不易收拾……务望莅京坐镇,则中枢有主,人心自安。”

稍后,张继与何应钦又到奉化劝驾。这正是蒋介石所期望的,因此,蒋倒也未做作,答应出山。

17日,蒋、汪会商,并由二人联名致电在香港的胡汉民,请他共赴国难,胡汉民想起被蒋软禁的日子,仍然心有余悸,遂推病不从。

18日,孙科也亲到杭州。

晚间,蒋在西子湖畔烟霞洞设宴招待汪、孙。席间,决定以成立以蒋作宾为首的外交委员会,同意孙科辞职,由汪精卫组阁。

25日,孙科正式辞去行政院长职。

26日,蒋夜访汪,对汪说:“请兄速行组织行政院,主持大政,中正愿不受名位,竭诚相助。”

28日,中政会任汪为行政院长。

3月上旬,国民党在洛阳召开四届二中全会,决定成立军事委员会,任蒋为委员长。

蒋介石东山再起,孙科倒台。

事实证明,玩政治,孙科决不是蒋介石的对手。

苏联施计,占领波兰

第二次世界大战全面爆发后,摆在苏联领导人面前的最紧迫的任务是:进一步加强苏联的军事战略地位,尽力维护本国安全,避免或推迟卷入战争。为实现这一目标,苏联政府在政治、经济、军事、外交等领域采取了许多重大措施。1939年9月~1940年8月,斯大林趁德军西进之机,在苏联西部边界扩充领土,力图在德国势力范围以东构筑一道北起波罗的海、南达黑海的防线,即“东方战线”,以便从地缘政治的角度改善苏联对纳粹德国的防御态势。

1939年9月3日,里宾特洛甫指令德国驻苏大使舒伦堡立刻拜见苏联的外交人民委员莫洛托夫,并探明;在德军即将对波军发起强大的攻势时,“苏联是否愿意出动军队,打击在俄国利益范围内的波兰军队,并且从他们那一边进占该地区。”苏联政府正在密切注视着波兰战争的进展和英、法政府的动静。莫洛托夫模棱两可地表示,苏联政府将出兵波兰,但“对于德国在军事上的意想不到的迅速成就,感到十分惊讶”。因此,“具体行动的时机尚不成熟”,如“操之过急”,反而可能会促使对手团结,因此,出兵波兰尚需时日。

苏联此时拖延出兵,除莫洛托夫所说的原因之外,还有以下几个因素:(1)出兵波兰尚需寻找一个堂而皇之的“正当理由”;(2)远东哈拉哈河冲突的走向;(3)英、法会不会真正出兵进攻德国。

9月5日舒伦堡与莫洛托夫会晤后,柏林与莫斯科之间来往如梭,舒伦堡一再拜访莫洛托夫,来往电报十分频繁,其中心内容就是协商苏联出兵一事。与此同时,苏联政府发布命令:对6个军区预备役兵员进行集训,基辅和白俄罗斯特别军区的部队进入战备状态,建立乌克兰、白俄罗斯方面军,即把基辅军区改组成乌克兰方面军,由3个集团军组成,铁木辛哥出任司令;并把白俄罗斯军区改组成白俄罗斯方面军,由4个集团军、1个骑兵机构化快速集群和1个独立步兵军组成,由科瓦廖夫任司令。计约100万大军,向西部边境云集。

9月9日,日本驻莫斯科大使拜会苏联外交人民委员会,声明日本政府愿意签订停战协定。英、法政府继续维持对德宣而不战的状态。

于是,9月10日,莫洛托夫转告舒伦堡,苏联政府"打算乘德国继续进军的机会,宣布波兰正在土崩瓦解,因此苏联必须救援受到德国'威胁'的乌克兰人和白俄罗斯人。这种说法可以使苏联的干涉在群众面前师出有名"。

9月14日,莫洛托夫召见舒伦堡,明确指出:苏联的准备工作进展顺利,只是考虑到政治上的原因,苏联政府想在华沙陷落后再谈入波事宜。

9月14日和15日,苏联主要宣传媒介《真理报》和《消息报》先后发表文章,指责波兰人压迫乌克兰人和白俄罗斯人,开始为占据波兰东部领土制造理由。

9月15日,当里宾特洛甫获悉苏军的准备工作已经完成并即将出动时,他再将指令舒伦堡拜会并通告莫洛托夫:德军数日内将攻占华沙,苏联现在对波兰采取行动,"这是我们欢迎的。这样一来,苏联政府使我们无需为了消灭波军的残部而追击到俄国的边界了"。他希望事先知道苏军"开始推进的日期和时间",以便德方"也好作出相应的安排"。

此时此刻,苏联领导人对德军的迅猛进军既担忧又惊讶。如果德军越过8月23日划定的分界线,德军领导人很可能不愿意从新占的领土撤退,从而对苏联边界构成直接威胁。因此,苏联政府决定,在德军尚未到达波兰东部诸省时,则出兵占领波兰东部领土。

9月16日,舒伦堡再次要求苏联政府"现在就定一个开始出兵的日期和时刻。"莫洛托夫表示:即将进行干涉。同日,苏联同日本签订停战协定,协定规定,双方军队于9月16日停止军事行动。

9月17日凌晨2时,斯大林接见并正式通知舒伦堡,红军4小时后将沿波格茨克——卡美涅茨——波多尔斯基一线开出国境。关于这次会见，舒伦堡在发给柏林的电报中作了详细的记述：“斯大林于晚上两点接见了我，在座的有莫洛托夫和伏罗希洛夫。斯大林宣布，红军将于今晨6时沿波洛茨克——卡美涅茨——波多尔斯基一线全线越过苏波边境。为了避免意外事故，斯大林迫切要求我们同意德国飞机今天不要飞越比亚威斯托克——布列斯特——里托夫斯克——伦堡（利沃夫）的东侧。苏联飞机今天将开始轰炸伦堡以东地区。……斯大林给我念了一份今晚即将交给波兰大使的照会，并将把抄件在一天之内送给所有使团，然后予以公布。这份照会包括了苏联行动的理由。念给我听的草稿有三处是我们无法接受的。在答复我的异议时，斯大林胸有成竹地修改了我的文本，现在照会看来是我们满意的了。”

9月17日凌晨3时，苏联副外交人民委员波将金召见波兰驻苏联大使使日博夫斯基，向他递交了苏联政府的照会，照会声称：“鉴于波军的失败，苏联政府认为，有必要对同血统的乌克兰人和白俄罗斯人今后的命运进行关注。”接着，苏联外交人民委员莫洛托夫发表广播讲话称：“谁也不知道波兰领导人现在何处……苏联政府认为向自己居住在波兰的乌克兰弟兄和白俄罗斯弟兄伸出援助之手是自己的神圣职责……苏联政府已吩咐苏军总指挥部命令军队越过边界去保卫西乌克兰和西白俄罗斯人民的生命和财产安全。”

苏军的入侵行动，实际上是17日凌晨5时40分开始的。当时的波兰军队在德军的猛烈冲击下已丧失统一的指挥，他们不知道如何对付苏军。苏军行进中散发了大量传单，号召波兰军队“掉转自己的枪口，去反对地主和资本家！……每一个人都要支援红军部队前进！”并说，他们是来帮助波兰人打德国人的。于是，部分波军停止了战斗。但是，波兰人很快发现，苏军攻占波兰的城市并企图解除波军的武装；于是，在维尔纽斯、比亚威斯托克、乔尔特科和奥兰纳等地区，波军进行了激烈的抵抗。但毕竟力量悬殊，乌克兰方面军和白俄罗斯方面军的7个集团军、1个机械化集群、8个航空兵群及1个独立步兵军共60余万人，越过苏波边境线，进驻波兰东部的西乌克兰和西白俄罗斯。苏联的突然进攻对正在西线鏖战的波军来说无疑是雪上加霜。

9月18日晚，苏德两国电台播发了一份联合公报，颠倒黑白地继续为自己的不道德行径辩护。公报称：

“为了防止对于苏德各自在波兰作战的目的产生种种无稽的谣言，德国政府和苏联政府声明，德苏军队的活动并不含有任何违反德苏两国利益的目的或违反德苏两国缔造的互不侵犯条约的精神和条文的目的。相反，德苏军队的目的是要在波兰恢复由于波兰国家的瓦解而遭到破坏的和平与秩序，同时帮助波兰人民创造新的政治生活条件。”

波兰总统莫布齐茨基获悉红军越过苏波边界后发表声明，宣布：“为了保护共和国的象征和保护宪法权力的泉源”，他决定暂时离开波兰，并准备在某个可以保证政府行使主权的地方建立行政中心，继续维护本共和国的利益。当晚离开波兰，进入罗马尼亚。

苏军进入波兰后，苏德两国就双方的势力范围进行了一系列具体磋商。德国政府允诺将履行条约，但斯大林对“德国统帅部届时是否把军队……撤到已经商定的一线——皮萨河、纳雷夫河、维斯瓦河、桑河一线——仍持怀疑态度。为了消除斯大林的疑虑，19 日，里宾特洛甫通过舒伦堡转告斯大林，由元首授权在莫斯科达成的协议“当然要予以遵守”，因为这些协议是“苏德之间新的友好关系的奠基石。”

9 月 20 日，苏德军方在比亚威斯托克举行会议，就苏德两国的军事行动作了协调。德军表示，凡超过 8 月 23 日议定书所规定的分界线达 150 英里以上的，将立刻开始撤退到四条河流的分界线。对北段边界的划分，苏联采取了十分谨慎的态度，因为 8 月 23 日的秘密议定书对维尔纽斯地区没有划定分界线。

9 月 22 日，苏军占领了比亚威斯托克和利沃夫。

9 月 25 日，斯大林在接见舒伦堡时建议，德国放弃对立陶宛的要求，苏联愿以卢布林省及整个华沙省以东至布格河的领土相交换。

9 月 27 日，里宾特洛甫再次飞抵莫斯科，与苏联政府于 9 月 28 日签订苏德边界友好条约。条约规定：苏德“两国政府在前波兰国家领土上，划定界线，作为两国国界”。双方承认该界线是“两国最后的国界”。任何第三国对此项决定不得干涉。两国政府将各自在自己界线以内的原波兰领土上“实行必要的改革”。此外，该条约的秘密议定书还规定，将波兰的卢布林省和华沙省部分地区划归德国，作为交换，立陶宛国家的领土划归苏联的利益范围。立陶宛西南方向一角之地仍留给德国。通过这一划分，苏联从波兰分得约 20 万平方公里的领土，人口达 1300 万。

在签订边界条约的同一天，苏军抵达苏德分界线。越过分界线的德军先头部队，奉命撤回该线以西，苏德军队友好地会师了。在这场战争中，约 23 万波兰官员被苏军俘虏，并押送苏联内地；而苏军只死亡 737 人，伤 1862 人。华沙的守军于 9 月 28 日向德军投降，波军残部的零星抵抗一直坚持到 10 月初。

在签订边界条约的同一天，苏德政府还发表了联合声明，宣称：由于波兰国家的灭亡，“从而为东欧的持久和平奠定了坚实的基础。”声明号召英、法停止对德战争，否则，“苏联政府和德国政府将共同协商采取必要的措施”。

边界划定后，苏联政府即把占领区划分为西乌克兰和西白俄罗斯两大行政区,并建立了相应的临时行政机构,南方以利沃夫,北方以比亚威斯托克为行政中心。临时行政机构的成员由当地拥护苏联的居民、红军军官组成。城市成立了工人纠察队,农村成立了村苏维埃和保卫委员会。10月22日,在利沃夫产生了西乌克兰人民会议,在比亚威斯托克出现了西白俄罗斯人民会议。10月27日,西乌克兰人民会议发表《关于建立乌克兰国家政权的宣言》,同时要求加入苏联。10月29日,西白俄罗斯人民会议也发表了类似的宣言。苏联最高苏维埃第五次特别会议于11月1~2日通过法令,批准西乌克兰加入乌克兰苏维埃社会主义共和国,西白俄罗斯加入白俄罗斯苏维埃社会主义共和国。就是在这次最高苏维埃会议上,身为苏联人民委员会主席兼外交人民委员的莫洛托夫,发表了苏联关于对外政策的长篇演说,其中包括侵略者和被侵略者相互换位的错误言论。提到波兰时,他俨然以征服者的口吻说道:"波兰统治阶级曾大言不惭地宣称,他们的国家如何'巩固',他们的军队如何'强大'。然而,首先由德军,随之由红军,给了波兰一个迅速的打击,于是凡尔赛条约的这个怪胎便荡然无存。"无论苏联的出师声明,或是苏德两国政府的联合声明,还是莫洛托夫的长篇报告,都千方百计地为德国的侵略行径进行辩护,为苏联对波兰的不义行为涂脂抹粉。它们把纳粹德国说成有了和平意图的国家,把苏军入侵波兰说成是履行"解放使命",把波兰的正义的卫国战争说成是帝国主义性质的战争,英、法好似成了侵略者。这就违背了起码的历史事实,颠倒了是非,严重挫伤了波兰人民的民族感情。正如雅鲁泽尔斯基所说,苏联尽管使用了大量的"漂亮辞藻",但其行动毕竟是"违背波兰独立权利"和"反列宁主义的"。

以假示真,入侵挪威

在第一次世界大战中和第二次世界大战初,丹麦、挪威、瑞典三个北欧国家都宣布中立。但在第二次世界大战中,除瑞典始终保持中立地位外,丹麦、挪威的中立地位都受到了破坏。应该说,在第二次世界大战前夕,甚至在第二次世界大战刚刚全面爆发时,参战双方也都愿意尊重北欧三国中立,认为这对他们双方都没有坏处。后来的问题,首先是由瑞典北部耶利瓦勒铁矿的矿砂引发的。瑞典北部的铁矿蕴藏量达40亿吨,属欧洲第3位,且多为富矿。瑞典铁矿可说是德国战时工业的生命线。

战争第一年,德国年消耗铁矿砂1500万吨,其中就有1100万吨要靠从瑞典进口。在夏季,瑞典的铁矿砂还可以用船只从瑞典港口律勒欧经波的尼亚湾,越过波罗的海运往德国。在与英法开战后,这也还是一条比较可靠的安全运输路线;因为从北海进入波罗的海的几处海峡,已被德国有效封锁,英国的军舰和潜艇都进不去。可是一到严冬,这条运输线就无法使用了,因为波的尼亚湾和波罗的海的海面结了厚厚的冰,船只无法通行。这时瑞典耶利瓦勒铁矿的矿砂,就只有经铁路运往挪威北部的港口纳尔维克,再用船只经挪威东部领海运往德国。这一运输线有两个优越条件:一是从所处纬度讲,虽然与前述波的尼亚湾运输线相近,其中有一段还处在北极圈内,纬度更高,但因受大西洋暖流的影响,海面不结冰;二是由于挪威是中立国,而整个运输路线都在挪威领海以内,可以避免英国海军和空军的袭击。

所以挪威的中立，对德国更有利。英国当时的海军大臣丘吉尔看到了这一点，大战爆发后最初几周即建议内阁批准在挪威领海布雷，但首相张伯伦不愿破坏挪威中立，不赞成丘吉尔的建议。

1939 年 11 月 30 日，苏联为防止日后苏德开战时，德国利用芬兰领土打击列宁格勒及苏军北部防线，向芬兰发动了先发制人的战争。苏联的这一行动，给丘吉尔提供了一个“假途灭虢”的借口和机会：组织英法远征军，以援助芬兰抗击苏联入侵为由，假道挪威、瑞典，顺势占领挪威沿海的纳尔维克等港口及瑞典的耶利瓦勒铁矿及运输矿砂的铁路线，从而一举截断德国的铁矿砂供应，卡死德国战时工业的生命线。

这时，苏德战争尚未爆发，苏德互不侵犯条约还有效，从形式上看，苏联是站在德国一边的。因而英法以援助芬兰抗击苏联为名，出兵斯堪的纳维亚半岛，就名正言顺了。然而，与此同时，德军参谋总部也看到了这一点。德国海军元帅多次提醒希特勒注意英法借口援助芬兰截断德国铁矿砂供应这一严重威胁，并建议采取先发制人的行动，抢在美国之先，以保护铁矿运输线为由，出兵占领挪威，实质上也是使的“假途灭虢”计。

希特勒开始对英法军队是否会很快出兵挪威持怀疑态度，也不想破坏挪威中立，因而迟迟没有下决心，但在海军的促动下，仍部署了一个代号“威塞演习”的以入侵挪威为目标的行动计划。英法也因张伯伦的态度犹豫，加上英法之间协商和协调行动需要时间，而未能很快采取行动，但准备工作一直在紧锣密鼓地进行着。然而，2 月 16 日在挪威南部领海发生的一桩意外事件，促成英法和德国双方都进一步坚定了入侵挪威的决心。这一天，一条从南大西洋载回 299 名英国俘虏的德国船“阿尔特马克号”，受到英国驱逐舰的追逐，逃入挪威南部一个峡湾避难，丘吉尔了解到此船载有 300 名英国俘虏，便命令英舰哥萨克号驶入挪威领海解救俘虏。战斗中，打死德兵 4 人，打伤 5 人。

当时，有两艘挪威炮艇在场，但未敢采取任何行动，看着英国军舰进入本国海域，救走了德国船上的英国战俘，事后，挪威政府为英国军舰侵入自己领海动武向英国政府提出抗议。英国政府则认为，挪威准许德国人使用自己的领海运输英国俘虏，违反了国际法。而希特勒则认为，挪威的抗议不过是故作姿态，挪威炮艇眼见英舰对德船动武而不干预，说明挪威政府甘当英国帮凶。

由此，英、法、德都以保护航行安全为由，决心出兵挪威；因为芬兰已于 1940 年与苏联媾和，英法借口援助芬兰，借道挪威的理由已不存在。最后，英法将开始入侵挪威的时间定在 1940 年 4 月 8 日；而希特勒则将入侵时间定在 4 月 9 日晨 5 时 15 分。本来英法定的时间早一天。但因德国海军行动迅速诡秘（伪装为英国军舰），将士作战果断勇敢，却反倒比英、法抢先了一步。德国人“假道”成功了，英法人“假道”则成了泡影。由于丹麦海域也处于德国铁矿砂供应线上，而且紧扼波罗的海的出口，所以德国在入侵挪威的同时，也“假道”占领了丹麦。只不过丹麦在希特勒的一纸最后通牒威胁下便投降了，没有费德国人一枪一炮。

处在敌我两国中间的小国，当受到敌方武力胁迫时，某方常以出兵援助的姿态，把力量渗透进去。当然，对处在夹缝中的小国，只用甜言蜜语是不会取得它的信任的，一方往往以“保护”为名，迅速进军，控制其局面，使其丧失自主权。然后再乘机突然袭击，就可以轻而易举地取得胜利。此计在军事、外交、政治上都是“以假示真”法，真真假假施计于人，方可取胜，所以这一计的实践，在古今中外的历史上都不罕见，而且总有新意。

假意借道，真意侵捷

1968年8月20日，苏联军队从空中和地面同时对捷克斯洛伐克进行了突然袭击。

当日夜23日，在布拉格机场的导航台上，突然红灯警报响起，值班人员赶紧打开报警通讯装置，里面传出十分紧急的呼救声：“我是苏联的一架运输机，因执行命令飞越布拉格上空，现飞机发生机械故障，我请求允许紧急迫降！”

值班人员请示后，立即回答：“布拉格机场按照国际惯例允许你机降落，请按照我的导航命令飞行。”

5分钟后，这架苏军空降师的安—12运输机降落在离机场导航台不远的跑道上。

运输机内，瓦吉尔少校环视着100多个荷枪实弹的武装伞兵，下达战斗命令：

“大家记得，今年6月份，我们参加‘波西米亚森林’代号的军事演习时，熟悉了布拉格机场的地形，对每个人在机场上应处在什么位置，不需我再重复了，要行动迅速，不准出一点差错，立即行动！”

布拉格机场的机械维修车闪着红灯，停靠在运输机边。运输机舱门打开，机场机械师准备登机时，突然听到一声低沉的命令声：“不准动，动就打死你！”紧接着一支手枪顶住机械师的腰部。

黑暗中，100多个苏军士兵从运输机上跳下，迅速占领了机场各要害部位。

机场导航台中心，瓦吉尔少校微笑着对大家说：“各位先生小姐，我们的军队准备在机场降落，请你们不要惊慌，照常工作，接收其他飞机着陆，我将十分感谢！”

不一会儿，在驻东德南

部的第24集团军的战斗机和轰炸机的掩护下,驻白俄罗斯维杰布斯克的一个空降师,在聂瓦少将的率领下,在布拉格机场着陆。

瓦吉尔少校向从飞机上走下的聂瓦少将举手敬礼。聂瓦少将还礼后,立即命令:“瓦吉尔少校同志,海格尔上校同志,按照预定作战方案,你们要迅速向布拉格市区推进,必须在天亮以前按计划到达指定位置。马上出发!”

乘坐在坦克和越野运输车内的苏军士兵发动马达,向布拉格市区突进。此时,整个布拉格沉寂在黑暗中。

机场中央的一辆装甲坦克内,聂瓦少将不时对步话机发布一道道命令。

天快拂晓,聂瓦少将走出坦克,在跑道上踱来踱去。

突然,步话机内传来海格尔上校的声音:“报告少将同志,根据您的命令,我军已突进到布拉格市区,未遭任何阻击,现我们已控制了市内所有交通要道和伏尔塔瓦河上的大桥,并且包围了中央大厦,占领了邮电总局和电台电视台等新闻机构。”

“我知道了,请按计划,继续推进。”聂瓦少将答道。

随后,聂瓦少将命令:“接通莫斯科!”

莫斯科最高统帅部,几位苏联领导人正在传看前方战报,他们的脸上露出了欣慰的笑容。他们清楚地知道,自从杜布切克上台后,捷克斯洛伐克“自由化”趋势急剧发展,整个东欧离心倾向日益增长,对苏联极为不利。在苏联对捷克斯洛伐克施加了一系列的政治、经济压力失败后,决定入侵捷克斯洛伐克,将捷共中央领导层中的反苏派一网打尽。

在苏军入侵捷克斯洛伐克前,为取得成功,苏军陆军元帅提出了运用“假途灭虢”之计。从5月至8月上旬,在历时100天左右的时间里,做了大量的准备工作。在苏联本土和几个入侵方向上分别举行了13次以侵捷为背景的演习。在6月下旬,苏联又倡议组织有苏、德、波、匈、捷5国参加的代号为“波西米亚森林”的在捷境内进行的联合军事演习。演习中,苏军借机向捷境内集结了兵力作战物资,熟悉战区地形。这次演习的主要地区,就是后来苏军入侵的地带,演习所使用的部队,就是后来入侵的先头部队。

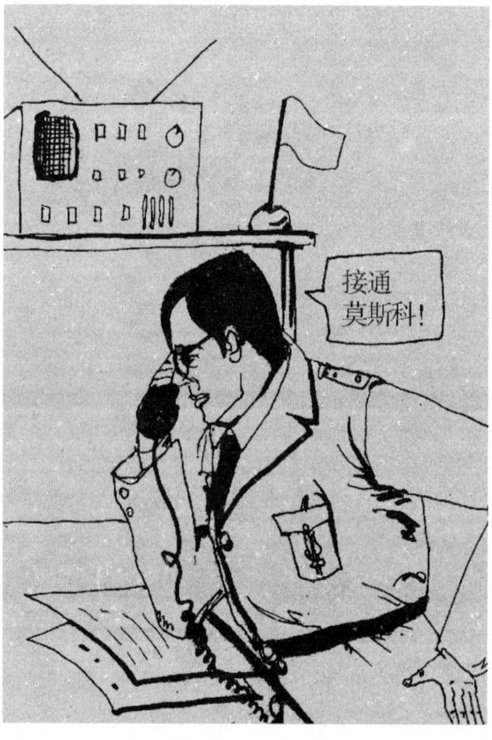

在聂瓦指挥的第一空降师占领了布拉格市区的

同时,苏军最高统帅部又派出了运输机和直升机的分遣队,在捷克的布选约维策、布拉迪斯拉伐、布尔诺等地机场,作为空运军队、装备和补给品的前进基地。

在捷克的科希策地区,由苏军伊凡偌维奇中将率领的直升飞机部队,占领了整个铁路枢纽和机场。

在苏军入侵捷克同时,所有通讯部队和系统,都收到了电文命令:“8 月 20 日至 8 月 21 日均使用最强发射频率,向西德、奥地利方向输送干扰电波。”

由伏克尔元帅指挥的导弹部队,也在同时向西德、奥地利使用了大量最现代的金属反射体,使西方监视布拉格上空的雷达屏幕上出现了一片白雾。

8 月 22 日,莫斯科国防部内。苏军总参谋长正在向最高统帅部的巨头们汇报入侵捷克战况:“根据最高统帅部的命令,此次反击捷克斯洛伐克的行动,苏军投入兵力为 3 个集团军、23 个师约 20 万人,坦克 700 辆,作战飞机 800 架。”

他用教竿指着地图,继续说:“行动总部设在波兰的累格尼察。在聂瓦少将指挥的空降兵占领布拉格主要战略地的同时,我军的第 1 坦克集团军 4 个师和东德 1 个摩托化步兵师组成的 A 集团军,以主力从东德直插捷境向南挺进,封锁了西德、奥地利边境。”

有人问:“其他部队是不是也按预定作战方案前进的?”

总参谋长答道:“是的。由第 20 集团军的 5 个师、驻波我军 1 个坦克师和东德装甲兵第 7 师组成的 B 集团军,向布拉格实施主要突击;以我军第 3 集团军 7 个师、波军 1 个坦克师、1 个摩托化步兵师和匈牙利 1 个摩托化步兵师组成的 C 集团军。从捷克北、东、南边境宽大正面上实施辅助突击,割裂和控制捷克东半部地区。”

一位书记处的领袖问:“全部结果怎样?”

“是这样的,”参谋长一指作战地图,“整个过程,我军仅用了 22 个小时,就占领了捷克斯洛伐克全境。”

此刻,在从捷克斯洛伐克飞往苏联的一架大型运输机上,空荡荡的机舱内坐着十分沮丧的捷共中央领导人杜布切克、斯沃博达等。他们正在连夜被押往莫斯科。

苏军入侵捷克斯洛伐克的成功,是世界战争史上“假途伐虢”的又一重要例证。

寻找机会,借鸡下蛋

成都至海南的火车上,旅客发现自己的座位下面,钻进去一个人。等那位地板先生一觉醒来,和坐在自己头上的人吹起牛来,并呈上“总经理”名片,旅客吃惊不小。

此人叫罗先友,在内江,老罗凭“两只手十根指头”,借鸡下蛋,办起了中日出租汽车分公司等 4 家企业。干得正来劲,老罗又闯海南——想借一个下大蛋的鸡。

家里的摊子怎么办?

“顾得到捡西瓜,顾不上捡芝麻。”

张大千先生18岁时说过这么一句话:“内江巴掌大一块天,人再出名也就是那么一回事。”罗先友也是这意思:“乡下戏班子在山里头唱久了,还想到县城亮亮相哩!”于是,他决定到海南去“抓地皮”。

老罗在选择行业上有独到见解:“最大的分配不公,恐怕是行业分配不公。有些行业,累死累活也不讨好;有些则费力不大成效大。”

1988年,罗先友实际上只带了5000元,便大着胆子去炒房地产!真是雄心大,钱袋瘪。这叫做“办超越人力、财力的事”。不仅如此,他老先生似乎思维刁钻,尽打海口市中心黄金地段的主意,还不想掏现钱。时逢“海南热”,地价惊人。一小块地皮,索价成百万、上千万。或者,你带重金来修楼,而后与海南人对半分。老罗他不这么干。

住进低档旅店,买上一辆自行车,他开始满城跑。看到哪家店铺口岸好,便闯进去。

“我们要修大厦,能否长期租用你们的地皮。大厦建成后,每年向你们包干交利润10多万元。”罗先友一副憨厚可爱的样子。

“开玩笑!你交那点利润,还不如我们现在出租门面的租金。”地主说。

街上,南国骄阳似火。罗先友跑得汗溲溲。“潇洒植物”椰子树,勾勒出街市轮廓线,也构成老罗一张张翻卷的页码。自己跑,也请“包打听”,跑了140多家,均是有“谈”无“判”。好不容易有了意向,旋又反悔。

熟人看着这位面带盐霜的“自行车经理”,笑道:“又想不花钱,又想抓地皮,你那是‘罗氏定理’,不通!”老罗认为通:“我不寻求普遍机会,是找偶然机会——守株待兔,就是碰这一个。等它喝醉,来就撞上。”

夜去昼来,挨户求索,他有了发现:在文明西路、西湖公园地段,背靠东有一家厂子,虽有少许门面,更多是背靠街的宿舍,没怎么发挥商业价值,而且厂子将迁往城外。现有的2亩多地盘盖大楼吧,厂方又没资金,罗先友找来了。

“地皮租给我们70年,盖内江大厦。建成后,每年包干上交11万。这样,你们将有770万的收入。”这是可观的数字。倘若卖地,价格仅为三四百万。老罗代表着内江办事处,人又诚恳,很快取得厂方信任——仅先付租金5万。

地皮一落实,他立刻通过新闻界发布消息:“海口将建内江大厦,实际是给四川建一个窗口,欢迎集资,并预收房款。”于是,蜀中18家单位签署意向性合同,以2000余元1平方的价格将大厦预订完毕,轻而易举集资2000万。修大厦的钱不成问题了。

乘桴桴于海,你就是准备着有一天自己会被搁浅于沙滩。1989年,“海南热”急剧降温!

来琼的7000余家公司,仅剩4000。“10万人才过海峡”,成了人才大回归。那18家购房单位,也全都撤回。

罗先友哇,你那房子还能不能盖?敢不敢盖?盖房的钱从何处来?

修!而且修16层,五六十米高、建筑面积为1.4万平方米的豪华大厦!

优秀人物,关键时刻方显英雄本色:“低潮修建、高潮卖。只要预收资金高于贷款利息，就可以边修边等待高潮。别人不上，我上，大家不修，我修，房子就会更加紧俏。”加之地处市中心，不管低潮高潮，建好都能卖得掉。

当时，建筑队伍无房可修，正愁养不起工人。你没有房子建、我拿给你建，价格正该下浮7%—8%，管理费、材料价差，你也别想吃！而且，还可以挑选最得力的队伍、一级队伍也只能按二级队伍收费——结果选中了江苏省一建。

大厦终于破土动工了，汽车轰隆轰隆。罗先友成了每天工作十五六个小时的“工作狂”、跑银行，跑工地，跑码头。跑跑跑，风雨兼程，口舌燎泡。干得热闹，也被讲得热闹：“他是不是喝醉了?”“会不会成胡子工程?”干得有点眉目了，诽声一转“罗先友发了!”“买了新加坡或者菲律宾或者马来西亚的护照，带巨款跑了!”而老罗此时正站在千米见方的基础坑处，考虑如何修改设计、更有效地利用每一寸空间，他想把安全楼梯改成剪刀形双进式，环形走道改成工字形通道，加高某些楼层开间，解决设备安装维修问题。坚持将图纸一改，结果增加效益二百万元，节约设备材料费近百万元，当听有人说他“跑了”，老罗淡然一笑：走着瞧。

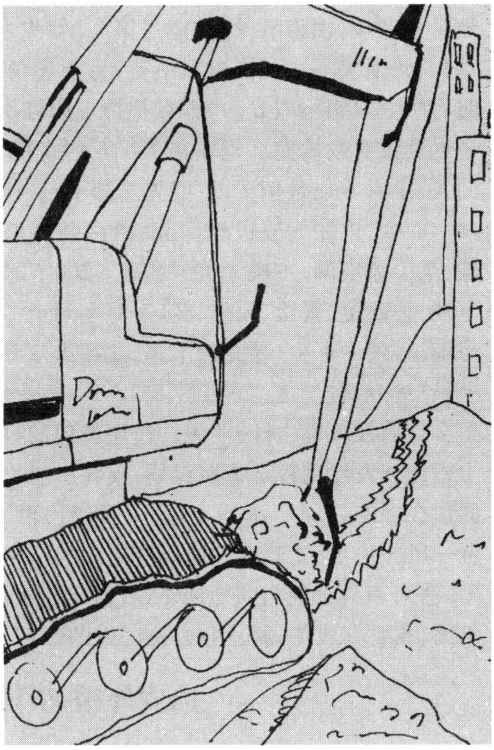

按内地惯例，应先给建筑公司30%的备料费。罗先友的路数，还是一个“赊”字：“请你们先垫资，我们记账，一两年后付款，反正房子在这里，不行还可以抵押。”

“行!”建筑队只求糊口，即便是“跳楼价”，只要有人给，总比无人问津好。

大厦主体工程修到七八层，对方已垫资350万，老罗仍是不着忙，先修着吧。

建材呢，欠着。设备呢，先给很少定金，装好再说。这两项，便赊欠七八百万。

倘若经济领域也归纳36计的话，罗先友玩得风车斗转的“借鸡下蛋”，便是一个大谋略。用他的话讲：“负债经营是先进办法。外国商界，只要某人有能力，就可以汇集资金。中国人喜欢一步步积累，人老了，快死了，还没做到大事!”

罗先友借来的鸡终于开始下蛋了。

大楼尚未竣工，已是预售一空，购方必须先付 10% 房款，半月后再付 45%。3 个月内，1000 多万元到位，“用他们的钱都用不完，”底层有人想买去做商场，每平米出价 1.1 万元，不卖！出租每年可坐收四五百万。于是，一至四层出租，再留两层自用，其余的 10 层全部出售。建楼造价为每平米 1600，现卖到三四千，共卖得 4000 多万，净赚二千多万！

借鸡下蛋，最怕别人的锅已经烧热，你还没有蛋给人家打下去。罗先友资金组合巧妙，建筑、材料、设备费用虽然都是赊，但没有哪一笔到了该付时不付的。甚至，还可以表现一些大方，因而信誉极好。在海南，人人都以为他是大老板，因为从没有“露过馅”。罗先友做事，手头没有两三个方案，不动兵马，他决不在一棵树上吊死，另外还预备着两棵。就说贷款吧，起码同时有两三家银行应允，才算有把握。内江大厦建成，他们准备的资金手段，还远远没有发挥完。每夜在 7.5 元的客房下榻，却要修数千万元造价大楼的人，十有八九是骗子，可罗先友却不是，他是一位白手起家的实业奇才。

而今，内江大厦拔地而起，洁白的外墙，海蓝的玻璃幕墙，花岗岩的裙墙，全中央空调，主机为美国名牌。200 门直拨及传真电话，卫星天线，闭路电视，集商贸、餐饮、娱乐、客房、写字间于一体，总面积达 1.4 万平方米。在海南，盖楼的不少，漂亮的不多，被评为92海南省样板工程的内江大厦，称得上是“鹤立鸡群”了。

除内江大厦之外，罗先友还用类似的招数，先后在海南获得了近 400 亩土地的开发使用权。老罗谋划，仅在三亚修 8 栋别墅，便可赚 2000 多万，从而使在琼的总资产达到 1 亿。一年后，再力争股票上市，又可售出 1 亿资金。风声一出，立刻有人愿以一比三的价格认股。

“海南有个地名叫鹿回头，我可不回头！如果政策不变，我不垮台，三五年内，我要办成跨国公司，赚外国人的钱！”罗先友野心勃勃地说。

内安外援，伊黛发展

对妇女的压迫在人类历史上持续了多长时间，谁也说不清。这种压迫从精神到肉体，从内心到服饰，可以说无所不在。随着现代文明的出现，这种压迫开始瓦解，但是它的阴影却迟迟不肯离去。20 世纪初的美国，对妇女的一个明显压迫就是要束胸。

像中国一度以三寸金莲为女性之美一样，20 世纪初美国妇女美的标准是胸部平坦，“像男孩子那样”。尤其是少女，如果胸部高耸，便被认为没有教养，是下等人，为社会所不齿。为了成为这样的“美女”，女孩子们只有早早地束胸，虽然因违反天性而痛苦，也惟有默默地忍受着。历史已发展到冲破这种愚昧、反人性的陋习的时候了。而最先向旧传统挑战，担当起这一历史责任的却是一位似乎平常的女性——伊黛·罗新撒尔。

许多具有历史意义的突破，往往是从一件不起眼的小事开始的。

那时伊黛在纽约与邓肯太太合股开了一家很小的服装店。一天，邓肯太太对伊黛说：“你知道，我那小女儿的胸部特别丰满，要替她捆扎得平坦真不容易，而她又疼得厉害，你看是否有办法改进一下衣服，让她少受点罪？”

早就对当时的妇女服装业不满的伊黛，已在思考如何冲破传统，改变流行的样式。好友的恳求，使她下决心进行一番改革。

她把注意力集中在如何解除束胸给妇女带来的痛苦上。困难在于，她不可能一下打破旧的传统，那将招致惨败。经过一番苦心揣摩，伊黛想出了一个理想的折衷方案。她用一副小型的胸兜来代替捆胸的束带，然后在上衣胸前缝制两个口袋来掩饰乳房的高度。这种设计由于掩饰巧妙，没有引起社会上的轰动，而一定程度上解脱了妇女们束胸之苦。一时间服装成了畅销货，伊黛的小店也热闹起来了。

意外的成功促使伊黛去思考，妇女占人口的半数，如果能设计出一种解除她们束胸苦恼的服装，不仅可以获利，而且可以打破旧的服装传统，开创一个更加适合女性天性、自然、美丽、大方的女服时代。就这样，具有历史意义的胸罩诞生了。

当第一批胸罩做好后，伊黛却犹豫了。旧的道德观念是可怕的，这一设计一旦遭社会的同声谴责，白费精力不算，她和邓肯太太的小服装店也就完了。思考再三，她终于下了决心："不管它！社会接受也好，不接受也好，我要以我的设计公开向传统挑战，而且不计一切后果，奋战到底！"同时，她也做了充分的准备，一是扩大投资，成立"少女股份有限公司"，以壮声势；二是采纳邓肯太太的建议，暂时不在报纸上做广告，以免过多地刺激社会舆论。

第一批胸罩在纽约市场上出现了。似平地惊雷，妇女界轰动了，服装界轰动了，市民也轰动了。胸罩很快被抢购一空，出乎伊黛的意料。虽然有一些人跳出来攻击，叫喊要禁止胸罩流行，但附和者寥寥，伊黛最担心的报刊对此事一言不发。而姑娘们看到反对之声不大，便争相购买胸罩，销量直线上升。

伊黛意识到，发展的时机来了。她果断地抓住了这一机会，迅速加大投资，购置设备，招聘工人，扩大生产，创造了工业发展史上的奇迹。几年时间，"少女公司"由十几名工人增加到数千职工，销售额由几十万美元，骤增到几百万。30年代，严重的经济危机袭击美国，工业萎缩，大批企业倒闭，惟有伊黛开创的胸罩业一花独放，兴盛不衰。

正当"少女公司"借销售胸罩而大获成功，要进一步大展宏图的时候，一场内战突然爆发，几乎使公司倒闭。原因在于两位合伙人的经营方针大相径庭。

伊黛有大企业家的素质，主张目前重要的不是分配利润，恰恰相反，要尽可能地借债以扩大投资，发展生产。这无疑是战略家的眼光，因为胸罩的市场需要量相当大，只有扩大生产，才能最终获取最大利润。而邓肯太太则显得目光短浅，主张公司只能在自己能力内求发展，借钱背利息投资是没有必要的。分歧很快发展到激烈的争吵。

"所谓自己的能力，包括借钱的本领在内，据我的观察，几乎没有一家生意不借钱，包括那些大公司。"伊黛极力想说服对方。

"借钱拉股，你是比我强，你就是靠这一套起家的嘛。"邓肯太太冷冷地说道。这一下刺伤了伊黛的自尊心，同她吵了起来。

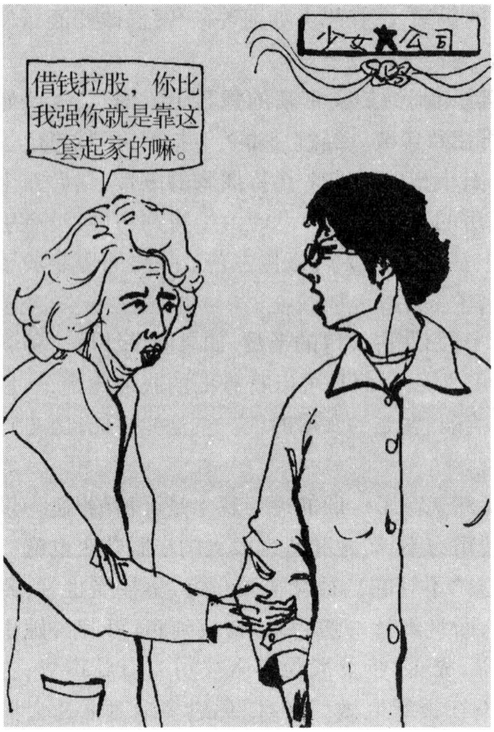

少女公司
借钱拉股，你比我强你就是靠这一套起家的嘛。

"这个生意我出的资本多,可老板由你当!"看来邓肯太太的不满是多方面的。

"当初你同意我当经理,怎能怪我?"伊黛已经控制不住自己了,"我没想到你这么无赖,你要不想合伙,就散伙,用不着胡说八道!"此言一出,双方立刻意识到,一切都结束了,邓肯太太的回答是:"好,马上算账,拆伙!"

当时公司刚刚购置了一批新设备,采取的分期付款的形式,两人一拆伙,全部现金都被邓肯太太带走还不算,伊黛还得借一笔钱给她,自己剩下的是一部分机器和一大笔债务。而邓肯太太并未就此罢手,她四处散布,好像公司就要倒闭了,不明真相的债权人纷纷登门逼债,有的要拿机器作抵押,有的要拿公司存款作抵押。当时胸罩刚开始流行,许多人对此抱怀疑观望的态度,伊黛出去借款,人们一听她是生产胸罩的,担心好景不长,大都不肯投资。不久,许多职工离去,只剩下30多名工人,"少女公司"危在旦夕。

在这众叛亲离、四面楚歌的危难时刻,伊黛·罗新撒尔显示出一个出色女性的坚强品格和一个大企业家百折不挠的气度。她坚信事在人为,给自己带来希望的胸罩业一定会前程无量。经过几个不眠之夜的反复思考,伊黛确定了安定内部、寻找外援的经营原则,并立即着手实施。

第一步,她要维持住仅剩的几十个人,不给外界一个"已经倒闭"的印象。她把工人召集在一起,开诚布公地说:"各位都看得出来,我现在遇到了很大的难题,现在我只问你们一句话,你们希望我把公司关掉,还是希望我继续干下去?"她知道,这些人之所以没一走了之,正是希望公司出现转机。果然,大家几乎一致希望她继续干下去。伊黛懂得管理心理学(或许是一种天赋吧),目标一致,事情就好办了,"既然各位愿意捧场,我就向各位提一个要求,希望大家做我的股东。"在场的人大惑不解,公司到了这种地步,手里哪有钱投股。伊黛看出了他们的心思,亲切地说:"我请各位做我的股东,是感谢各位在我危难之时对我的支持,所以不需要各位拿出股本来。其实,你们的精神支持,就是对我的最佳投资,我准备拿出十分之一的股权作为对各位的报酬。"

安定内部的方针取得了圆满的成功。公司的业务虽然没完全恢复,但几十名目标一致,决心同伊黛同舟共济的工人,为公司的振兴打下了坚实的基础。

第二步，要争取外援。伊黛现在最需要的是资金，没有资金，公司很难再维持下去。碰了几回钉子之后，伊黛意识到，以她目前的境况，找私人借款是很难的，要想办法取得银行家的支持。她想起丈夫生前说过，纽约运通银行经理约翰逊，是个思想解放的人，肯于为创业者提供帮助。伊黛决心去试一试。

“你是创制胸罩的公司负责人，对吧？”一见面，看过名片，没等伊黛开口，约翰逊就以显然知道的口吻问。

“你怎么知道的？”伊黛感到很意外。

“吃银行这碗饭，一定要有长而灵敏的触角，否则，就不够资格做一个替大众看守钱包的管家。”约翰逊笑着说。

看着这位年近60、精神旺盛、态度亲切的银行家，伊黛紧张的心情松弛下来了。她向约翰逊详细介绍了自己目前的情况。听完后，约翰逊沉思一会儿，开始提问了，“你为什么认为胸罩这一行很有发展前途？”这对一个银行家来说非常重要，要把钱投向有发展前途的事业上。伊黛对这一问题显然心中有数。

“第一，它是由我自己开发出来的新产品。第二，它目前是女人所渴望的东西。第三，它将来必定是每个女人不可缺少的用品。”

约翰逊边听边点头，对伊黛的回答表示满意。接着他又提了一些经营方面的问题，伊黛回答得也很出色。但是，这毕竟是对一个濒临破产、前景难测的行业的投资。一旦失策，不仅给银行带来无可挽回的损失，还将损害自己几十年树立起来的声誉。约翰逊点燃一支雪茄，起身离开座位，在房内踱了几步，突然转过身对伊黛说：“你准备借多少？”

“50万美元。”

“好，你准备办手续领钱吧。”

“呵！你答应了？”伊黛简直不敢相信这是真的。

“是的，如果我放弃了你这个客户，有一天被董事会知道了，我只有卷铺盖了。”约翰逊半开玩笑地说。

事后有人说约翰逊当时那么做根本没道理，有人说他是凭灵感，也有人说他是碰运气。但约翰逊不这样看，他认为自己有三个理由这样做。首先是伊黛的创业精神，其次是伊黛的厚道作风，第三是伊黛的创新观念。还有一点约翰逊没有谈到，那就是他自己具备一个出色银行家的风格，敢于冒风险支持像伊黛这样有能力、有思想、一时不利的企业家。

实践证明约翰逊不愧是位有眼光、有胆识的银行家。到1959年，“少女公司”的年营业额已达3400万美元，成了银行的大户头。

借钱赚钱，两步进行

古人云“有用者不可借，不可用者求借。借不能用者而用之，匪我求童蒙，童蒙求我”。

路维格藉以成功的借钱公式有两个步骤：

第一步，他准备借钱把一艘货船买下来，改成油轮（载油比载货更有利可图）。他到纽约去找了几家银行谈借钱的事。人家看了看他那磨破了的衬衫领子,问他有什么可做抵押。他承认他并没拥有什么东西。但是他有一艘老油轮在水上——就是叫他背部受伤的那艘船——也许他可以利用他的船借笔钱。

“他来到这家银行,”大通银行的人回顾说:“告诉我们,他把油轮租给了什么石油公司。他每个月收到租金,正好可以每月分期还他要借的这笔款子。因此,他建议把租契交给银行,由银行去跟那家石油公司收租金,这样就等于他在分期还款。”

这种做法听起来有些荒唐,许多银行是不愿意接受的。但实际上,这对银行还是相当保险的。

路维格本身的信用也许不是万无一失,但是那家石油公司的信用却是可靠的。银行可以假定石油公司按月付钱没问题,除非有预料不到的重大经济灾祸发生。退一步说,假如路维格把货轮改装油轮的做法结果也跟一些其他的做法一样失败了,但只要那艘老油轮和那家石油公司继续存在,银行就不怕收不到钱。路维格的精明处在于利用他人可靠的信用来增强自己的信用。

结果银行就这样把钱借给他了。路维格买了他所要的旧货轮,改成油轮,租了出去,然后再利用它来借另一笔款子,从而再买一艘船。

这情形继续了几年。每当一笔债付清之后,路维格就成了某条船的主人。租金不再被银行拿去,而是由他放入自己的口袋了。他的现金状况,他的信用情形、他的衬衫领子,都迅速地改进了。

到这时,他又产生了一个更妙的念头,——如果他可用一艘现有的船来借钱,为什么不能以一艘还没有建的船来借钱?

这是他利用借钱来赚钱的第二步骤。

路维格的新方法是这样的:他设计一艘油轮,或其他有特殊用途的船。在还没有开工建造的时候,他就找到人,愿意在它完工的时候,把它租出去。手里拿着租契约,他跑到一家银行去借钱建船。这种借款是延期分期摊还的方式,银行要在船下水之后,才能开始收钱。船一下水,租费就可转让给银行,于是这项货款就像上面所说的方式一样付清了。最后,等待一切交代完毕,路维格就以船主的身份把船开走,可是路维格当初一毛钱也没花。

开始时这种想法再次震撼了银行。但是,仔细地研究之后,他们觉得他的话很有道理。因这时路维格本身的信用已经没有什么问题了。何况,跟以前一样,还有别人的信用加强还款的保证。

“这一类的贷款,”大通银行的人说,“我们叫做‘双重文件’——意思是说这笔款是由两个公司,或者两个人分别保证偿还,而他们之间的经济又互相独立。因此,即使中间有一方偿还不了,另一方也会把债务解决。银行于是有了双重的保障。”

当路维格发明的这种贷款方式畅通之后,他可以着手建立他的巨大财富了。他先去租借别人的码头和船坞。继而借别人的钱建造自己的船。他的小造船公司成立之后,在第二次世界大战期间,美国政府购买了他所造的每艘船。他的造船公司就这样迅速地成长起来了。

武田制药，打假有方

据法国《医生日报》报道，1993 年法国医药市场上大约有 5% 是假冒药品。治疗支气管炎、风湿的众多东亚"神药"都称是纯天然制品。有一种治疗支气管炎的药品，标签上写着内含 18 种草药，但在德国经化验却含有大量的可的松。

国际贸易商会估计，假药在全世界医药市场上占 5% ~6%。另一些组织认为，制药工业因假药每年损失 360 亿马克。这相当于全世界最大的制药厂家——美国的默克公司年销售额的 3 倍。要想有效地打击制售假药，采取对策极为困难。国际制药商协会联合会的里 · 阿诺尔德把各种困难归结为一点："只要假药同真药一样大小、一样颜色，医生、药剂师和病人就很难鉴别真伪。"在这种困难面前，难道就没有一点办法了吗？办法总会有的。几十年前，武田制药采取的公关、销售策略就很值得借鉴。

在 20 世纪 60 年代初，台湾的武田制药公司研制的合利他命 F 荣获世界专利。这种药不但信誉好，而且单位利润率高。于是引起台湾岛地下工厂的觊觎，仿冒的假合利他命 F 开始出现，并很快给武男制药公司的市场造成冲击。

武田制药公司当时面临的形势是非常严峻的。一方面，当时台湾的法律保障不够细密，商标法、专利法及刑法中妨害农工商的章节还未修正，正牌厂商很难有合理的回报；另一方面，遇到类似的情况，通常的做法是对假冒的厂商进行刑事诉讼，要求民事赔偿，或再登报道歉，但武田制药公司苦于对地下工厂资料匮乏，无法采取法律行动。

经过公司有关部门的策划，一个严谨的以行销应变策略来保护自己的公关活动开始实施。

1966 年，武田制药公司推出了一项看似刺激消费的活动——"武田制药爱福彩券"抽奖。此次抽奖设 1600 多名有高级奖品大奖，参加的条件非常简单，只要消费者购买合利他命 F 百锭一盒，便可参加。具体要求是，消费者要在空盒上注明自己的姓名与住址，以及药房的店名地址。

在空药盒雪片般寄来参加抽奖时，武田制药公司动员了许多专家来鉴定盒子的真伪。通过这一活动，他们不但掌握了消费者的基本资料，还有一个更主要的收获就是，那些出售伪药的药店、药房悉数成了武田制药的瓮中之鳖。

随后，武田制药公司立刻发信给每一位购买到假药的消费者，向他说明假药的害处，并告诉他如何分辨假药。同时，公司派人劝导那些贩卖假药的药店、药房，再加上治安机关的追查，以及消费者亲自到药店、药房当面愤怒指责，使得药店、药房再也不敢寄希望于假药牟取暴利。

武田制药的这一公关活动计划，部署得相当严密，具有多元功能。药品有其特殊的属性，若消费者事前知悉武田制药的清除假药行动，在害怕买到伪药的恐惧压力下，会影响到销售。而武田制药公司掌握了这一点，以赠奖这一刺激消费的"激将法"淡化了清除伪药的严肃行动。通过这一公关活动，武田制药公司不但建立起了消费者资料档案，而且对购买到假药的消费者有再一次接受产品知识的机会，加深了对武田药品的认识，更主要的是截断了地下厂商的销售通路，彻底根除了地下厂商的危害。台湾的地下工厂一向被认为是"老鼠搬家"，今天被抓，今晚便将简单的机械搬到他处，另起炉灶，因此造成抓不胜抓的状况。而武田制药公司由其生存所需的销售渠道下手，这正是"假途伐虢"成功的最大因素。

永不满足，开拓进取

法国著名的时装设计大师皮尔·卡丹，现在已经70多岁了。他从身无分文开始起步，40多年来，创下了辉煌的业绩，在法国拥有17家企业，在巴黎总统府旁拥有大片华丽的房屋，在威尼斯、曼哈顿、东京广置房地产。全世界110个国家、540家工厂直接或间接地为其工作，受其影响的人超过200万。

皮尔·卡丹成功的秘诀是什么呢?

说起来，皮尔·卡丹的经营策略并不复杂。他知道，凭个人的能量是不能称霸服装市场的，因为一个人的精力毕竟有限。于是他只负责提供产品的设计草图或服装的图案，然后把新的设计转包给国内和国外的合作者，在全世界建立起一个生产皮尔·卡丹服装的"卡丹王国"，借助大家的力量共创皮尔·卡丹的事业。他本人只扮演一个开拓者的形象。当然，皮尔·卡丹对自己产品的形象是十分维护的，每位转包商根据他的设计生产出来的服装，在行销之前一定要将最后的成品交给他过目认可。

皮尔·卡丹还有一个过人之处在于他的胆识。他不仅仅把目光盯在时装设计上，还时时关心着世界局势的变化，在开拓皮尔·卡丹服装市场方面，他永远是捷足先登，领先其他竞争对手进入市场。

1957年，日本还未完全从太平洋战争的废墟中站起来，皮尔·卡丹就不顾法国同行的嘲笑，在日本率先开设了皮尔·卡丹公司。到了1991年，他在日本的营业收入高达2.5亿美元。

1976年，中国社会政治风云涌动的年代，皮尔·卡丹又一次不顾同业的窃笑，踏上了中国的土地。10年来，他在北京开设美心饭店，展出系列服装，提高知名度，一时间皮尔·卡丹的名字响彻长城内外。他还用从中国赚到的钱买丝绸等布料运回法国，又生产出一批具有浓厚东方情调的服装。

1977年，皮尔·卡丹与俄罗斯洽谈，1983年对印度大感兴趣，1991年，又派属下往越南洽谈合同。

皮尔·卡丹在世界各地获得了巨大成功。他在走访各国谈生意的过程中，各国奇特的风土人情，民族建筑又给这位设计大师以新的灵感，使其服装艺术日臻完善。

皮尔·卡丹具有全球战略的眼光不仅表现在他大胆开拓各国服装市场上，还表现在他经营品种的多样化上。他的产业早已超出布料、时装之外，广泛涉足各个领域，如家具、珠宝、汽车、鞋帽、床单、闹钟、行李箱，甚至飞机和酒类都在他的经营之列。

皮尔·卡丹是法国10家豪富之一。他的家里墙上挂的是几幅色彩斑斓的现代派绘画，厅里除了一套沙发外，全部是他自己动手设计的几何形家具。他还喜欢不断更换房间的摆设，寻找新奇和完美。用皮尔·卡丹的话来说："时装的含义是制作和创造，我有属于自己的风格，从不模仿别人，我按自己的风格进行创造。让别人不用看名字就能识别出来。"

已经70多岁的皮尔·卡丹，至今还没有建立自己的小家庭。他把一生的心血都花在时装设计上，为人们的生活增添美，在全世界刮起一股皮尔·卡丹旋风。

皮尔·卡丹的服装设计是一种美，他的经营策略也是一种美，一种气势磅礴的美，一种征服全球的美。

第五章 并战计智谋经典

25计 偷梁换柱

庄公设计,兼并三军

周桓王三年(公元前715年),郑庄公假托周天子之命,纠合齐、鲁两国兵马前往攻打宋国。宋殇公听说郑、齐、鲁三国兵马入境,大惊失色,急忙召见司马孔父嘉问计。孔父嘉奏道:我已派人打听清楚,周天子并无讨伐宋国之命,齐、鲁两国是受郑庄公的欺骗才出兵的。现在三国合兵而来,其锋甚锐,不可与它正面争战,惟有一计,方可使郑军不战而退。殇公说:郑国明知今日攻宋,有利可得,怎会轻易退兵呢?孔父嘉说:郑庄公亲自出马,领兵攻打宋国,其国内防守必然空虚,因此,只要我们以重金收买卫国,要卫国联合蔡国,以轻兵袭击郑国本土,威胁郑都荥阳,这样,郑庄公就自然会退兵回援了;而郑兵一退,便群龙无主,齐、鲁两国兵马也不会再留下为郑国卖命了。宋殇公听从了孔父嘉的献策,并立即要他挑选二百辆兵车,带上黄金、白璧、绸缎,连夜赶往卫国,请求卫国联合蔡国出兵袭击郑国。卫宣公接受了宋国的礼物,果真派右宰丑领兵与孔父嘉会合,经由间道,其不意,直逼郑都荥阳城下,郑世子忽和大夫祭足急忙传令守城。这时,宋、卫的兵马已在郑都城外大肆抢掠,掳去了大量人畜辎重;接着,右宰丑便要趁势攻城。孔父嘉说:我们袭击荥阳得手,只是乘其不备,应该得利便止;如果继续留下攻城,万一郑庄公回兵救援,将会对我形成内外夹攻之势,那是很危险的;不如就此借道戴国,胜利回师;我估计当我军离开这里时,郑庄公的兵马也该从宋国撤退了。于是,按照孔父嘉的布置,宋、卫两国兵马向戴国进发,想从戴国假道。却不料,戴国国君以为宋、卫兵马是来攻打戴国的,便关上城门死守。孔父嘉大怒之下,多次攻城,但总也攻不下来。

却说郑庄公领兵攻打宋国,本来是很顺利的。郑军大将颖考叔已攻破郜城,公孙阏已攻破防城,分别向郑庄公大营告捷。怎料到正想乘胜挺进之时,忽然接到世子忽从国内送来的告急文书,说是宋、卫两国兵马正进逼郑都。这时,庄公表面上不动声色,只教传令班师。当大军回至半路时,又接到国内送来军报,说是宋、卫军马已撤离荥阳城外,向戴国方向去了。庄公听到这一情报后,想了一下,便传令颖考叔、高渠弥、公孙阏、公子吕等四将,将兵马分为四队,偃息旗鼓,转道向戴国进发。……

再说孔父嘉、右宰丑率领宋、卫联军进攻戴国,又得到蔡国领兵相助,满以为一举成功,却忽然接到探马来报说,郑国上将公子吕领兵救戴,已在离城五十里处下寨。接着，又听说戴君得知郑兵来救，已经打开城门将郑军接进城内去了。这时，孔父嘉便对右宰丑说：现在戴国有了帮手，他们必定会合兵向我军求战，你我何不站在壁垒之上，观察城内动静，也好有所准备。于是孔、丑二将便一起登上壁垒，仔细观察城内情形，对着城内指手画脚。正在说话间，忽听一声连珠炮响，城上一时竟遍插郑军旗号，郑将公子吕全身披挂，站在城楼上，大声叫道：多多感谢二位将军费力，我们已经取得戴城了。原来这是郑庄公设的“偷梁换柱”计：假说是要公子吕领兵救戴，其实庄公就坐在戎车之中，只等进了城，便就势并了戴国之军，把戴君给赶走了。孔父嘉在城外见庄公不费吹灰之力便占了戴城，一时气愤填胸，决心要与庄公决一死战。当他正在心中筹划之时，忽报：城中派人来下战书。孔父嘉当即批复来日决战，并约会卫、蔡两国，将三路军马，齐退后二十里，以防自相冲突；由孔父嘉领军居中，蔡、卫军分列左右，三支军队相距不过三里。如此部署之后，各军遵令行动。刚把寨营安好，忽听寨后一声炮响，火光接天，都说是郑兵到了，孔父嘉认为这是庄公使的疑兵计，命令全军不许动乱！不一会儿，左边火光又起了，而且喊声震天，探马来报，说是左营蔡军被劫。孔父嘉叫继续挥军向左，慌忙间迷失了方向，遇上一队兵马便互相厮杀起来，结果发现竟是卫国的人马，于是两军合在一起，赶回中营，谁知中营却已被郑将高渠弥占了，且左有公孙阏，右有颖考叔领兵杀到，一直杀到天亮，孔父嘉无心恋战，夺路而走，遇上高渠弥，又杀了一阵，孔父嘉弃车徒步，跟随的只有二十余人，右宰丑阵亡，余下的三国兵马辎重，全被郑军俘获，就这样，郑庄公用“偷梁换柱” 计既得了戴城，又兼了宋、卫、蔡三国之师。

智伯骄愚，三家灭之

春秋末期，晋国有掌管大权的“六卿”，即范氏、中行氏、智氏、赵氏、韩氏、魏氏。晋出公十七年（公元前458年），智瑶为政，称智伯，与赵、韩、魏共分争权败逃的范氏、中行氏的封地。出公欲伐四卿，兵败身死，智伯立昭公曾孙骄为晋君，是为敬公。智伯操政令大权，拥有土地最多，因而“四卿”中以智伯势力最强，他怀着消灭韩、赵、魏，取代晋君的打算。公元前403年，智伯为了逐步消灭韩、赵、魏，便依照亲信疵之计，以晋敬公将出兵伐越为借口，令他们各献出自己的部分领地，如有不允，将诈称晋侯之令，出师有名，灭之在理。韩康子、魏恒子，虽想抗拒，但权衡利弊，只好割地给智伯。

智伯得韩、魏地后更加骄纵，又向赵襄子要地。赵本与智伯有隙，坚决不给。智伯愤怒之极，立即率韩、魏、智三家兵马攻赵。赵襄子自知不敌，便出走至晋阳（今山西太原东南），晋阳是其父赵鞅辖地，赵鞅派尹铎（赵氏家臣）治理晋阳，对百姓宽大，百姓对赵氏较为亲附。

晋阳占地利、人和，智伯虽率三家大军围攻仍不能下，又引水灌城。水距城墙顶仅五六尺，城内也灌进不少水，但全城仍没有一人动摇逃跑，连妇孺老幼都同赵襄子一起，坚守城池。

智伯亲自坐车巡视水情，魏恒子居中，给他驾车，韩康子立于车右。智伯放眼四顾，只见水势浩大，晋阳城变成了一个孤岛。于是智伯趾高气扬地对两人说：“我今天才知道水能使人灭国！”魏恒子忙用手肘轻轻地碰了一

下韩康子，韩原子也用脚踩了一下魏恒子的脚背，彼此心照不宣。因为他们想到汾水可以灌魏都安邑（今山西夏县西北），绛水也可以灌韩都平阳（今山西临汾西南）。

谋士疵对智伯说：“韩、魏一定反叛。”智伯问：“何以见得？”疵说：“我是根据人情事理推断出来的，你胁迫韩、魏出兵前来攻赵，赵灭之后，灾难就该降临到他们头上了。这次，您和他们约定打败赵襄子之后，三家平分赵氏的领地。如今晋阳城只差五六尺就整个给淹没了，城内粮食断绝，战马被宰食，城陷赵亡，指日可待。眼见三家即将瓜分赵氏的领地，而他们两人不但没有稍露欣喜的样子，反而颇为忧愁，难道这不能说明他们意欲反叛吧？”

次日，智伯将疵这番话告诉韩康子与魏恒子，二人心里吃惊不小，但是在表面上故作镇静，很从容地回答智伯说：“这是为赵氏游说之辞，望智伯切勿听信此类谗言，以免徒增怀疑，松懈我们的攻城斗志。难道我们两家就不知道赵国即将攻下，我们即将分得赵地吗？我们怎么去干那种既危险，又无成功把握的蠢事呢？”智伯听他二人这样一说，也就不在意了。韩、魏二人走了之后，疵又来见智伯，说：“主上怎可将我的话告诉他们二人呢？”智伯颇为惊奇，便问：“你从何而知？”疵回答说：“我一进来，碰见他们，两人同时恶狠狠地拿眼瞪我，匆匆离去。故我推测，主上已将我的话告诉他们了。”智伯仍不醒悟。疵见智伯既贪且愚，还非常骄横，今后难免有杀身灭族之祸，便借故请求出使到齐国去了。

晋阳城内被围困的赵襄子，眼见水势日益高涨，城危在旦夕，召谋士张孟谈进帐共商对策。张孟谈说：“对解救晋阳之危，臣已思索良久。今智氏联韩、魏攻赵，灭赵后必以同样手段灭韩、魏。臣知韩、魏并不甘心受智氏驱使。依臣之见，可以用‘偷梁换柱’之计解晋阳之危。臣愿只身前往劝说韩、魏，与我们联合对付智伯。”赵襄子大喜，说；“赵氏宗族得以保存，全仰赖卿之帮助。”于是即派张孟谈潜出晋阳，秘密会见韩康子、魏恒子，说：“赵、韩、魏三国唇齿相依，唇亡则齿寒。今智伯统率你们两家攻赵，倘赵灭，韩、魏也会跟着灭亡，不如韩、赵、魏三家联盟伐智。”韩康子和魏恒子二人也坦然地说：“我们都知这个道理。只怕智伯防范严密，事未做到，我们的密谋泄露了。”张孟谈又说：“此计出自我们三人，别人谁也不知，只要我们守口如瓶,还怕什么?”经张孟谈反复劝说,他们终于同意订盟,约定日期,届时赵、韩、魏三家各率人马共击智军。订盟后,张孟谈悄然回到晋阳城内,向赵襄子复命。

等到约定之日,赵襄子派人连夜摸上水堤,杀掉守兵。将水堤挖决,将晋水灌入智伯军营。智军措手不及,顿时全军大乱、韩、魏两军从左右两翼掩杀过来,赵襄子也率军由城内杀出从正面加以攻击,智伯的军队被杀得大败而逃,多数人被晋水吞没,智伯也被杀死。由于智伯骄纵轻敌,中了“偷梁换柱”之计,在韩、赵、魏三卿盟军的攻击下,全军覆没,智氏宗族也全部被消灭。

以假乱真,蒙混过关

伍员,春秋时楚国人,字子胥,后世提到他,一般都称呼他的字,即伍子胥。伍氏乃楚国世家望族,伍子胥的父亲名叫伍奢,是楚平王太子建的太傅;伍子胥的兄长名叫伍尚,为棠邑大夫。楚平王七年(公元前522年),楚平王夺去太子建所宠爱的秦女占为己有,并废太子,太子建逃往宋国。太子太傅伍奢进言劝谏,楚平王大怒,将伍奢及其长子伍尚杀害。

原来,楚平王听信奸臣太子少傅费无忌谗言,想把伍奢父子三人一起杀掉。但伍子胥为人机智刚勇,楚平王派人来逮捕他,他贯弓执矢,怒向校尉,校尉不敢进前,他乘势逃走,决心待机为父兄报仇雪耻。

伍子胥得知太子建在宋国,便前往跟从他。两人又由宋逃到郑,由郑逃到晋。太子建与晋顷公合谋妄图灭郑,事情败露,太子建被杀。伍子胥带着太子建的遗孤公子胜向吴国逃奔。

二人昼伏夜行,来至楚、吴交界地面的昭关(今安徽省含山县西北)。昭关地势险要,可谓一夫当关,万人莫开。为捉拿伍子胥,楚平王派大将在此镇守,悬挂着伍子胥画像,严格盘查过往人等。伍子胥二人来至昭关附近,遇上隐居此地的神医扁鹊的徒弟东皋公。东皋公侠肝义胆,嫉恶扬善,在昭关曾见过伍子胥的画像,因此认出眼前的逃难者便是伍子胥,对他很是同情。他告诉伍子胥说,关上检查甚严,你这样过关,等于自投罗网。因此将他们请到自己家中,并表示一定想方设法帮他出关。

伍子胥在东皋公家住了几天,东皋公还没把出关

的计谋策划出来，只是每日美食款待。伍子胥见出关无望，心急如焚。这天夜里，他忧心忡忡，焦躁不安，辗转反侧，难以成眠。由于极度地忧愁和悲伤，一夜之间，正当壮年的伍子胥的满头乌发全变成了白发，像换成了另外一个人。第二天清晨，东皋公见状，又惊又喜，祝贺伍子胥命运有了转机。他对伍子胥说，你的相貌改变了，检查的人很难认出来，我现在有了保你蒙混过关的好办法。

东皋公有一位好朋友叫皇甫纳，长得与伍子胥相像。东皋公将皇甫纳请来，给他穿上伍子胥的衣服，装扮成伍子胥的样子；同时将伍子胥装扮成仆人的样子，又用药汤给他洗脸，改变了皮肤的颜色。乔装打扮之后，一行人黎明时分行至关前。正如所料，守关军兵把皇甫纳误认为伍子胥，抓了起来。守关将士们听说抓到了伍子胥，喜出望外，争相观看，便忽视了对其他行人的盘查。于是伍子胥和公子胜乘着守军丧失警惕和秩序混乱之机，夹杂在行人之中，混出关去，逃出虎口。

伍子胥入吴后，辅佐阖闾夺取王位，整军修武，国势日强。不久，带兵攻破楚国，因军功，封于申。因此又称申胥。

过关入关，是伍子胥一生事业的重要转折点。而东皋公之所以能够使伍子胥渡过“水泄不通，鸟飞不过”的难关，靠的就是“偷梁换柱”之计，即用皇甫纳做替身，偷换伍子胥这棵“梁柱”，以假乱真，渡过难关。

计谋的运用，并非全然随心所欲，它也要受客观条件的制约。东皋公之所以高明，在于他在实施“偷梁换柱”之计的过程中，既及时地捕捉和利用有利的客观条件（如伍子胥头发的变白和皇甫纳与伍子胥的相像），又积极发挥主观能动性，人为地制造假象（如改变二人的装束等），终于骗过敌人，赢得胜利。

巧释异兆，计骗董卓

当初，董卓欲废黜少帝刘辩，立陈留王刘协为帝时，由于荆州刺史丁原仗其大将吕布的虎威横加阻拦而一时未逞。后来，董卓帐下的虎贲中郎将李肃以巧语劝降了吕布，并且借吕布之手杀了丁原，为董卓更立新君扫除了障碍，立下了大功。可董卓得势之后，一直未表其功。及至董卓迁都西去时，李肃仍不过是个骑都尉。为此，李肃暗中怀恨于董卓，但一直没有机会泄心头之怨。

司徒王允巧用连环计离间了董卓与吕布的关系后的一天，王允、吕布请李肃去郿坞把董卓诓骗入朝欲杀董卓。李肃觉得这可是报复董卓的好机会，于是便欣然前往。

一路上，李肃暗中盘算。我虽手持天子诏书去请董卓，可他若不来该怎么办呢？既然董卓一心想篡汉位，不如就投其所好，诱他入朝。

李肃来到郿坞，宣读了天子的诏书。董卓问：“天子召我入朝有什么大事？”

李肃说：“近几天，天子病体稍适，欲会文武于未央殿。虑及龙体欠安，难以为人君，念及太师拉立之恩，欲将汉禅让给太师。”

董卓一听，高兴得似驾了云雾一般，转而又认真地问：“朝中文武之意如何?”

李肃说:“王司徒已奉诏令人修筑‘受禅台’,众卿只待太师前往。”

董卓见李肃说得真切,当即许愿说:“我若为帝,封你为执金吾。”

李肃听罢,当即以君臣大礼谢之。此刻,董卓自觉得真做了皇帝一般。喜不自禁地对他母亲说:“未几日,母亲便可做太后了。”回头又对貂蝉说:“吾做了天子,便立你为贵妃。”接着使令亲将据守郿坞,率亲随乘车望长安而去。

刚出郿坞不到十里,车子便断了一只轮子。董卓只好弃车乘马而行。又走了不远,那匹马又咆哮嘶叫,掣断了辔头。董卓惊异地问身边的李肃:“车折轮,马断辔,这是什么兆头?”

李肃说:“太师继汉禅,是弃旧换新,换乘王辇金鞍之兆也。”董卓听罢,高兴地继续赶路。

第二天,突然又刮起了大风,昏雾蔽天,对面不见人。董卓又问李肃说:“此行因何如此不顺?这风又是什么预兆?”

李肃说:“主公将要登龙位,这是红光紫雾以助天威也。”董卓一听李肃解释得切,遂继续放心前行。

董卓来到长安城外,文武百官都出廓相迎。只有董卓的谋士李儒被软禁在府内。此刻,董卓早被皇帝梦冲昏了头,哪还注意到李儒的在与不在?

李儒在府中得知董卓回了京都,情知事情不妙,但又无法出府为董卓报信,于是便编了首儿歌,令府中顽童传唱。

董卓回到京都的相府内,怎么也睡不着,总是在想明日登基之事。朦胧中,听见有童谣传来:“千里草,何青青,十日卜,不得生。”其调极悲切。董卓又问李肃说:“此谣是什么意思?”

李肃说:“千里草,是说汉室江山皆尽荒芜;何青青,是说田野无处有青苗;十日卜,不得生,是说经过人算,汉室十日之内必亡,另有新君出现。”董卓听后,像吃了蜜糖一样,当晚又做了一个皇帝梦。

次日凌晨,董卓由相府出来,列仪式入朝。正行走间,忽见一位身穿青袍、头扎白巾的道人,手执一根长竿,上面挂着一丈布,布的两边各撕开一个口子。董卓问李肃:“此道人为何如此怪异?”

李肃应付说:“这不过是个精神不正常的人,理他做甚?”

到了朝门外,董卓见王允等人各持宝剑立于殿门。他又回头问李肃:“司徒等人为何持剑在此?"

李肃见车仗将入朝门,也不再做什么遮掩解释了,恨恨地说:"是为了让你去见阎王。"

未及董卓反应过来,随着王允的一声号令,董卓登时便被吕布一戟刺死在地。

不一会,军士们又把李儒缚上来,李肃问李儒道:"你既然知道'千里草'(董)'十日卜'(卓)不得生,为什么还编此童谣为董卓传信?"李抵赖道:"此谣虽出自我手,但并无传信之意,是家童无意得此谣随便唱的。"李肃笑了笑说:"你指使家童扮作道人,以长杆挑着开了两个口的布,这不分明是让董卓警惕吕布将军之意吗?"

李儒见李肃已将其谋拆穿,只好低头认罪。

抽其劲旅,大败敌方

袁绍,东汉末年汝阳(今河南商水西南)人,字本初,出身四世三公的名门世家。在割据混战中,袁绍迅速扩展了自己的力量,拥兵数十万,占据冀州(今河北省中南部)、青州(今山东省东北部)、幽州(今河北省北部)、并州(今山西)四州六地,可谓地广、兵多、粮足,是当时实力最为强大的军阀割据势力。而黄河以南的曹操却是他图谋称霸天下的最大障碍,因此自恃兵强势大,于建安四年(公元199年)夏季,亲率精兵十万,战马万匹,向南进发,决心一举灭曹。

说起曹操,已是家喻户晓,用不着多作介绍。面对着袁绍气势汹汹的进攻,曹操处于被动挨打的地位。这时的曹操虽然靠收编黄巾军和征服吕布、袁术等割据势力而建立了自己的军事力量,并挟持汉献帝迁都于许(今河南许昌),但与袁绍相比,在实力上却处于劣势。曹操不仅兵力不足,而且他所占据的黄河以南地区,连年战乱,残破不堪,物资匮乏。因此如何变被动为主动,变防御为进攻,在不利的态势下以弱胜强,就是摆在主帅曹操和众高参们面前的难题。

建安五年(公元200年)二月,袁绍派遣大将淳于琼、颜良和谋士郭图进军白马(今河南省滑县北,时为黄河分流处),围困曹操的东郡(今河南省濮阳地区)太守刘延,自己率领大军进至黎阳(今河南省浚县东,为黄河北岸古津渡口),准备渡河直捣许都,由此拉开了著名的官渡(今河南省中牟东北)之战的序幕。

东郡地区是曹军的北部屏障,一旦失陷,袁军就会以此为缺口,挥师南下,因此曹军势在必守。四月,曹操亲统大军北上解救白马城之围。针对战局态势和袁绍志大才疏、骄横轻敌的特点,曹操与谋士们对战略战术作了周密的策划。著名谋士荀攸献上"偷梁换柱"之计。荀攸,字公达,颍川颍阴(今河南许昌)人,出身士族,跟随曹操从征张绣、吕布、袁绍等,屡献奇谋,被任命为尚书令,在征伐孙权途中病故。这时,他向曹操进计说,敌强我弱,不能硬拼,只有先设法分散它的兵力,调开它的主力,才能扭转局势,取得胜利。他提出的具体方案是,请曹操亲率队伍直奔延津(今河南省延津北),伪装成要渡河北上进攻袁绍后方的架势,袁绍见状必然会分兵前来迎战,这时曹操再挥戈东向，飞奔白马，出其不意，袁军可破。

曹操采纳了荀攸的计谋，向白马以西的延津进发。在延津渡口，曹操布置军士、民众赶造船只，制造即将渡河的假象。袁绍闻报，惊恐异常，急忙率领主力部队向延津移动，只留下颜良继续围攻白马。曹操见调动敌方精锐、分散敌方兵力和策略已经见效，便调转兵锋，与袁绍相背而行，日夜兼程，向白马挺进。曹军神出鬼没，已经逼近白马城，颜良方才发觉。颜良部队惊慌失措，仓皇迎战。而且由于主力已被袁绍带走，颜军势孤力薄，军心涣散，腹背受敌，被曹军打得大败，主帅颜良也被曹军大将关羽斩首。

曹操白马大捷后，仍不与袁军主力硬拼，率部沿黄河南岸向西撤退。袁军南渡贡河，追杀而来。曹操撤至延津以南，见袁军大将文丑追军将至，便命令部队解衣卸甲，依山安营扎寨，又下令卸下马鞍，放掉马匹，并将辎重粮草放置山下营外，诸将不解曹操之意，只有军师荀攸心领神会，知道曹操在诱敌上钩。文丑有勇无谋，又急于为颜良报仇，头脑发热，果然中计。袁军开到，争抢辎重粮草、车辆马匹，队伍一片混乱。曹操见战机已到，命令曹军突然从山上冲下，猛烈出击，袁军被打得落花流水，大将文丑也被关羽斩于阵前。

颜良、文丑都是袁绍的名将，二将的阵亡大大削弱了袁军的实力。延津战后，曹军又主动撤退，退至官渡坚壁待战。曹军白马、延津大捷，为官渡之战的最后胜利奠定了坚实的基础。

曹操白马之战是运用“偷梁换柱”之计取胜的有名战例。如果不是使用“偷梁换柱”之计，而是直接去解白马之围，那么袁绍必将率主力前去增援，与原来围攻白马城的颜良会师，合力攻击曹军，这样曹操就会腹背受敌，在整体上处于绝对劣势。

宋江改名，梁山易帜

《水浒全传》中，运用偷梁换柱之计最典型的例子，莫过于聚义厅改为忠义堂一事了。奉行忠孝两全，立志为朝廷尽忠，图个封妻荫子、青史留名的及时雨宋江，在梁山泊好汉排座次之后，于聚义厅上立起了“忠义堂”大牌额，彻底改变了旧日梁山泊的纲领、路线，为实现朝廷招安的目标奠定了政治基础。

宋江原是一个刀笔精通、吏道纯熟的县衙押司，用现代话说不过是县政府的一般干部。此人于家大孝，于国大忠，又专爱结识江湖上好汉，以济人贫苦、解人之急、扶人之困为荣耀，所以深得上司的欢心，群众的拥护。按照宋江的本意绝不是要当打家劫舍的山大王、造反起义的朝廷叛逆，但后来因上了梁山泊的晁盖等人，为答谢宋江的救命之恩，派刘唐给宋江送去书信和黄金，宋江怕担私通梁山泊贼人的罪名，怒杀了以此要挟他的阎婆惜，成了浪迹江湖的杀人犯。在青风寨，与花荣一起，被刘高、黄信擒获，后在燕顺、王矮虎、郑天寿帮助下，杀了刘高，收了秦明和黄信，为逃避官兵围捕，被迫上梁山泊入伙。宋江的父亲假称病故，石勇投书，宋江奔丧被捕，发配江州。晁盖派刘唐带人于发配路上救出宋江，劝其上山落草，宋江誓死不从，还怪刘唐等人要陷他于不忠不孝之地，说上次上梁山泊是一时乘兴，并非真意。

后来宋江在江州吟反诗，又吃官司，被判斩刑；梁山泊好汉江州劫法场，杀死多人，救了宋江，宋江又引众攻取无为军，杀了黄文炳一门老幼，犯下大罪，不得已上了梁山泊，于晁盖之后坐了第二把交椅。

宋江上梁山之后，成为领导核心中的关键人物，公开打出了只反贪官，不反皇帝，替天行道，专等朝廷招安的旗帜。为了达到这一目的，宋江除了在政治上、思想上进行宣传教育，大造舆论之外，重点放在组织调整上，逐步改变梁山泊头领队伍的人员构成。其中最重要的，是利用各种手段，大量招降官军将领和社会上的富豪名流。从第五十五回“高太尉大兴三路兵，呼延灼摆布连环马”始，到七十一回梁山泊英雄排座次止，梁山泊先后把降了彭玘、徐宁、韩滔、呼延灼、关胜、宣赞、郝思文、索超、单延珪、魏定国、董平、张清等等一大批中高级朝廷命官以及卢俊义、李应等社会富豪，加上过去投奔的、招降的大大小小的朝廷命官，到排座次时，“三十六天罡”里面占了半数，其中由宋江、卢俊义、吴用组成的领导核心，主张接受招安的势力占了绝对优势，而宋江已牢牢把握了梁山泊事业方向的决定权。

梁山泊一百单八位头领排定座次之后，根据宋江的意见，在原来的“聚义厅”上，大书“忠义堂”三字匾额，山顶上立一面杏黄旗，上书“替天行道”四字。忠义堂前绣红旗二面：一书“山东呼保义”，一书“河北玉麒麟”。宋江择吉日良时，又带众头领焚香盟誓。宋江带头发誓曰：

宋江鄙猥小吏，无学无能，荷天地之盖载，感日月之照临，聚弟兄于梁山，结英雄于水泊，共一百八人，上符天数，下合人心，自今以后，若是各人存心不仁，削绝大义，万望天地行诛，神人检戮。万世不得人身。亿载永沉末劫。但愿共存忠义于心，同著功勋与国，替天行道，保境安民。神天鉴察，报应昭彰。

这段誓词表明，宋江用“忠义”锁住了众头领的心，使众头领成为其达到招安目的，向朝廷讨价还价的马前卒，重阳节前夕，梁山泊举办菊花会，宋江乘着酒兴，作《满江红》一词，更明确地抒发了“望天王降诏，早招安，心方足”的政治理想。

应该说，倘若没有宋江在组织上的偷梁换柱，改变梁山泊好汉的成分结构，要达到招安的目的并不是一件容易的事。在晁盖当梁山泊之主的岁月里，从来没有提招安一说，追求的是不怕天，不怕地，不怕官司的自由生活，倡导的是竭力同心，共聚大义的政治抱负。只是在宋江上了梁山之后，才不时提起接受招安一事。当时晁盖、吴用、刘唐、阮氏三雄及其他众好汉，虽对招安不感兴趣，但因为宋江颇重义气，又救过他们，碍于面子，不便当面反驳。实际上，当时宋江望招安的思想，并没有引起什么反响。后来梁山泊的官军降将多了，以及晁盖的阵亡，卢俊义等人的加入，使宋江的招安思想有了强有力的支持者。所以，当一百单八位头领排定座次之后，宋江可以放手实现他的招安目标了。

当然，宋江想接受朝廷招安，也并不是没遇到阻力。在重阳节菊花会上，铁叫子乐和演唱宋江作的《满江红》，当唱到"望天王降诏，早招安，心方足"一句时，只见武松叫道："今日也要招安，明日也要招安。冷了弟兄们的心！"李逵大叫："招安，招安，招甚鸟安！"一脚将桌子踢翻。但此时招安派已经占了绝对优势，反对招安的武松、李逵、阮氏三兄弟等等一班好汉，已扭转不了局势。宋江面对敢于公开反对招安的至爱兄弟李逵、武松，对李逵要斩首，后经众弟兄求饶，改为监禁；对武松则训了一通。还是鲁智深说了句牢骚话，道："只今满朝文武，多是奸邪，蒙蔽圣聪，就比俺的直裰作皂了，洗杀怎得干净？招安不济事，便拜辞了，明日一个个各去寻趁罢。"宋江担心队伍分裂，方才好言道："众弟兄听说，今皇上至圣至明，只被奸臣闭塞，暂时昏昧，有日云开见日，知我等替天行道，不扰良民，赦罪招安，同心报国，青史留名，有何不美！因此，只愿早早招安，别无他意。"众皆称谢，但赏菊宴会不欢而散。

宋江运用偷梁换柱之计，改变梁山泊的政治方向，经历了一段较长的时间，这与军事上调动敌人、蒙骗敌人的偷梁换柱之计相比，更加复杂和老谋深算。正是因为梁山泊政治上、组织上的"梁柱"被逐渐偷换，才使宋江接受朝廷招安的目的得以实现。

篡改诏书，雍正继位

清朝雍正皇帝是怎样继位的，长期以来一直是个谜，今天仍三说并存。内中缘由还得从头说起。

清初，皇权与诸王旗主势力之间展开了长期激烈的斗争，而皇位继承问题又是双方角逐的焦点。为此各自施展了各种权术和计谋。

皇太子是皇帝的继承人，他的选拔和确立成为皇位顺利并接的关键。康熙十四年十二月，康熙皇帝虽然年仅 22 岁，但却一反清初各帝生前不立皇太子的旧规，下诏册立刚满一周岁的嫡长子允礽为皇太子，以求"垂万年之统"。太子长大成人，内则赞襄政务，外则扈从巡幸，对于加强对臣下的统御起到了重要作用。但是随着权力的增长，皇太子觊觎父皇之位的欲望也有膨胀，不免"中怀叵测"，图谋轮班夺权，于是引发了皇帝与太子之间的冲突及诸皇子争为太子的内讧。康熙帝与太子允礽的矛盾日趋激化，康熙四十七年九月，废除允礽太子之位，将之幽禁。

康熙皇帝有皇子 35 人，成人者 24 人。争夺最高权力的欲望驱使他们拉帮结党，相互倾轧。允礽废去太子后，他们各显其能，都想立自己为太子，这又惹怒了他们的父亲，为此皇庶长子允佺、皇八子允禩先后被革去爵位；允礽重立为太子。允礽恢复太子之位后，不改前非，僭越如故，康熙五十一年十月又被废除。此后康熙帝一直没有再公开册封皇太子，太子之位空缺十年之久。宗室内部的严酷斗争，使康熙帝深深感到，太子乃国之根本，“立非其人，关系匪轻”，因此在他在位时不宜分开册立，而应秘密建储（皇太子又称为“储君”），在临终或死后予以公布，以免诸子争立。

虽然没有公开立储，但是对诸子亲疏好恶的不同态度却是明显的。皇四子胤禛、皇十四子允禵受到了父皇特殊的宠爱和重用，实际上已被康熙皇帝内定为未来嗣君的人选。胤禛有过人的政治才干和谋略，在诸皇子争立太子的斗争中，他表面上不露“妄冀大位之心”，而内地里却结成了以年羹尧、隆科多等人为核心的皇四子党，为日后龙升宝座准备了力量。他的韬晦之计获得成功，以“循理守分”的形象博得父皇的宠信，被封为和硕雍亲王。皇十四子允禵同样优渥有加，恩宠非常，被任命为抚远大将军，统领雄师，征讨新疆，在诸皇子中是惟一授予大将军之职的人，可谓位尊权重。

康熙六十一年（公元 1722 年）十一月十三日，康熙帝猝然而逝，皇四子胤禛继位登基，是为雍正皇帝。雍正帝是如何取得皇位的，大体说来有三种说法。

第一，受命说。据有关文献记载，康熙帝临终时宣布遗诏说：“皇四子人品贵重，深肖朕躬，必能克承大统，着继朕登基，即皇帝位。”就是说，雍正即位是秉承遗命，是合乎朝廷法度的，没有什么阴谋。

第二，矫诏说，亦即篡改遗诏而即位。这里又有不同的说法。一种说法是，康熙帝早已决定皇十四子允禵为继承人，因此在弥留之际，手书遗诏“传位十四子”。四子胤禛趁同胞弟弟允禵远在边陲之机，盗出遗诏。将“十”字改为“于”字，成为“传位于四子”，从而登上皇位。另一种说法是，康熙帝病重，胤禛及诸子在宫门问安，隆科多受顾命于御榻前，康熙帝在他的手掌中亲书“十四子”字样。隆科多出见诸皇子，胤禛上前迎问，隆科多遂将掌中的“十”字抹掉，只剩“四子”，于是雍正继位。隆科多乃雍正帝之舅父，时任理藩院尚书、步军统领，手握重兵担负着拱卫京师及卫戍皇宫的重任，实乃举足轻重的扛鼎人物。

第三，伪造遗诏说。这

种说法认为,根据种种迹象,康熙帝生前所定皇位继承人是十四子允禵而不是四子胤禛,便是否立有文字遗诏及藏于何处,则不得而知。而且康熙帝深夜猝死,临终时并未宣布遗诏,这就为四子胤禛和步兵统领隆科多伪造遗诏提供了绝好时机。根据分析,雍正继统的经过是这样的:康熙六十一年十一月十三日夜,康熙帝在畅春园心脏病(或脑血管病)急性发作,突然而逝。当时诸皇子、妃嫔及王公大臣都不在场,只有近侍太监在身边。太监急忙把死讯禀报给守卫京城及畅春园的隆科多。皇帝在与外界隔绝的环境中猝然病逝,而暗定的嗣君又远在数千里之外,这真是上天赐给了隆科多一个建树拥立新君之功的良机。于是他便凭借着自己的军威,与皇四子胤禛密谋,由他公布伪造的传位给胤禛的所谓"遗诏",然后登基即位。

第二种或者第三种说法如果成立的话,那么这里使用的都是偷梁换柱之计,即把皇位继承人由皇十四子偷换成皇四子。即使这两种说法不能成立,那么当人们演绎这些假说明,心中想到的也是雍正帝使用偷梁换柱、瞒天过海之术夺取了皇位,可见这是一个为人们所熟知、在政治斗争中经常使用的计谋。

巧借"幽灵",丹东破敌

若尔日-雅克·丹东是18世纪法国资产阶级革命时期的著名活动家。恩格斯称丹东是"一位最伟大的革命策略家","一个敢于代表本民族人民接受敌人的挑战而进行殊死斗争的人"。列宁赞扬丹东为"历史上最伟大的革命策略家",号召大家记取和运用丹东的"遗训"。

丹东的一生,虽然只有短短的35年,然而在正确地制定并巧妙而又成功地运用革命策略方面,却为人类留下了许多宝贵的精神财富。其中,在1792年的瓦尔密战役中,丹东借助弗里德里希二世的"幽灵"打破弗里德里希·威廉的进攻的战例,则不失为集中反映丹东军事谋略水平的"代表作"。

丹东原本是巴黎高等法院的律师,素以能言善辩而著称。早在法国资产阶级大革命爆发前的1787年,他就预感到已处于风雨飘摇的腐朽社会末日的来临,提出了"冰山正在崩塌下来"的著名论断。随后,丹东投身到了废除君主制的革命斗争之中。1792年4月,法国对奥宣战,丹东和人民群众一道,奋力抗敌,并成为革命的重要人物之一。7月初,奥普联军侵入法国境内,祖国存亡,危在旦夕。丹东挺身而出,以大无畏的气概迎接这场战争。8月初,丹东参与组织和指挥起义大军,推翻君主立宪的大资产阶级统治,并于8月10日取得胜利。丹东以惟一的雅各宾派首领,随之参加临时政府,出任司法部长。然而,当此革命胜利之初,国内形势十分危急之时,奥普联军也正按照预谋的战争计划向法国边境逼近。8月24日,法国边境要塞龙维被普军攻陷。敌军长驱直入。正当大敌当前之际,色当的军队则因拉法耶特的被俘而处于群龙无首的状态,无力抵挡普军的强大攻势。8月30日,普军进逼凡尔登城下,并实施包围和猛烈炮击。凡尔登一旦失守,就意味着通向巴黎的大门被敌打开。政府各部大臣立即举行紧急会议,丹东主张在采用恐怖手段,狠狠打击国内敌人的同时,紧急组织部队开赴前线,打退入侵军。

9月1日深夜，凡尔登城陷落的消息传来，整个巴黎人心惶惶。丹东深刻地意识到民心士气对于战争胜负的决定性影响。他在立法会议上当即发表了号召人民拿起武器、保卫祖国的著名演说，充满邀情地大声讲道："大家将要听到警钟，不是恐惧的信号，而是向祖国的敌人发起冲锋的号角。要想战胜敌人，我们必须勇敢、勇敢、再勇敢！这样，法国才能得救。"

法国新征召的部队源源不断地开往前线，决心不惜一切代价地阻止敌人的推进，并尽快地打退入侵之敌。此时此刻，作为"伟大的革命策略家"的丹东懂得，战争领域更是充满着诡道诈术，要想夺取战争的胜利，要使法国及早得救，对于战争指导者来说，光有勇敢精神是不够的，必须要有克敌制胜的大智大勇。因此，丹东冷静地思考与筹划着行之有效的退敌之策。

丹东和他的秘书爱格拉基首先想到的是，要在普军最高统帅身上做文章。他们具体地分析到，虽然侵法普军总司令是普鲁士的不伦瑞克公爵，但因普鲁士国王弗里德里希·威廉这次也亲自随军出征，侵法普军的最高指挥权实际上是由普王操纵的。普王弗里德里希·威廉作为继位国王，原本昏庸无能，迷信无知，且有诸多可供利用的怪癖。他不仅信奉"通阴术"，而且加入了秘密的"彩灯会"，和另一个秘密僧团组织"蔷薇十字会员"。同时，对于已故先生弗里德里希二世十分顶礼膜拜。针对普王的这些特点，丹东决计"请"出弗里德里希二世的"幽灵"来促成普王退兵。

丹东的计谋一定，便迅速付诸实行。他们请来了巴黎的一位著名演员，这就是曾在舞台上惟妙惟肖地扮演过弗里德里希二世的弗列利，赋予他前往普军再次扮演弗里德里希二世的特殊使命。与此同时，丹东一面同费列利从手势和说话声调等具体细节入手，共商再现弗里德里希二世的高超演技，一面派人迅速从柏林弄到了弗里德里希二世生前穿戴的礼服、鞋子和帽子。待一切准备就绪，近乎无懈可击时，费列利一行潜到了凡尔登。

就在瓦尔密战役开始前的一个晚上，弗里德里希·威廉特地为普鲁士军官和法国保王党贵族举办了一场舞会。舞会甚为热闹，不少与会者都认定击败法国革命者并进占巴黎已经指日可待。正当大家如醉如痴之际，一位不速之客来到国王陛下身旁，贴着耳朵，用他熟知的"蔷薇十字会员"的暗语说了几句话。国王不无惊奇地离开了喧嚣的舞会大厅，跟随这位"陌生人"来到了一个光线暗淡的房间。"陌生人"退出之后，弗里德里希·威廉顿感恐惧，浑身颤抖起来，因为这时他听到了一个似曾熟悉却又久违的声音。

"别急着走啊，你不想听听我要对你说什么吗？"

弗里德里希·威廉几乎不敢相信自己的耳朵。"这不是先王的声音吗?!"他的心里正在纳闷。再定下神来，暗淡的光线中，他看见了一个非常熟悉、同时也是令他极为敬畏的身影，这就是6年前即已逝世的弗里德里希二世。而先王在临终前的穿戴与眼前的这位先王也几乎是毫无二致。

"莫非这是先王的幽灵？"弗里德里希·威廉的思维很快搜寻出这种答案。

"你还认识我吗？""幽灵"继续发问，这说话的声调与先王的声调是何等的相像！弗里德里希·威廉只好相信先王在显灵了。

“你忘了吗？当我授权予你指挥大军，随军从巴伐利亚远征到布列斯特时，我就明确地告诉你：‘你是我的侄儿，但你比我的儿子还要亲；你将继承我的王位并分享我的荣光’。1640年我就让你继了位。现在，我只想再给你重复查理六世皇帝在门司森林听到的那几句话：‘不要骑马再前进了，你已经被他们出卖了’。”最后“幽灵”告诉他，法国保王党人正在把普鲁士诱上危险的歧途。

“幽灵”的告诫对弗里德里希·威廉的心理造成了极大的震撼。加上这时法军在军事上的积极打击，普军的补给不济，普军占领凡尔登之后，进攻巴黎的势头已经明显减弱，部分部队在凡尔登一线一度停止了前进。

法军在请出“幽灵”的同时，也进一步加强了作战的组织指挥，并十分注重于激励全体军民同仇敌忾，奋勇杀敌。在9月20日实施的瓦尔密战役中，最令弗里德里希·威廉和不伦瑞克胆颤心惊的是，面对普军的进攻，法国的克勒曼将军剑挑军帽，立于高地之上，大声高呼：“国民万岁！”法军官兵则齐声响亮高呼：“国民万岁！法兰西万岁！将军万岁！”法军的强大气势震慑了普军。从此之后，法军节节胜利，锐不可挡，而反法联军则士气低落，无心再战。

丹东借助“幽灵”破敌，应当说这是特定条件下的一个产物。对于“幽灵”所起的作用显然不宜估计过高，当然也不能简单盲目地移用于指导未来的作战行动。但是，透过这一近乎落后的现象，可以得到一个有益的启示，这就是深入细致地研究，尽可能全面掌握敌方指挥员尤其是高级指挥官的理想、信念、价值观念、文化和思想修养乃至生活习性、个性特征等方面的情况，继之以巧妙地抑制其长处，扩大其弱点，为我所用，对于克敌制胜，往往具有“四两拨千斤”的特殊功效。

一具尸体，掩护千军

乍看这个题目，似乎有些不着边际。但是细察苏军在1943年秋进行的第聂伯河会战和基辅进攻战役的战例，就可发现，苏军的1个坦克集团和1个步兵军之所以能从德军的眼皮底下隐蔽地实施转移，进而形成有利的作战态势，一个极为重要的因素，就是利用一具尸体导演了一出绝妙的战争活剧。

1943年8月起，苏军为了解放左岸乌克兰、顿巴斯、基辅，并夺取第聂伯河右岸各战略登陆场，集中使用中央方面军、沃罗涅日方面军、草原方面军、西南方面军（1943年10月20日起分别改称白俄罗斯方面军，乌克兰第1、第2、第3、第4方面军），共约263万多人，5万多门火炮，2400辆坦克和自行火炮，2850架飞机，发起了苏德战争中期规模最大的第聂伯河会战。

苏军最高统帅部根据1943年夏季的战场态势和战略全局的需要，决心在西南战略方向上实施主要突击。其中，以中央方面军、沃罗涅日方面军和草原方面军进至第聂伯河中游；西南方面军和南方面军则前出到第聂伯河下游和克里木岛。同时，西方面军、加里宁方面军以一部兵力向斯摩棱斯克方向进攻，使敌无法从该地域抽调兵力南下。

从客观上讲，第聂伯河地区对苏德双方都具有极为重要的战略地位。一方面，苏军一旦渡过第聂伯河，就可以乘胜收复白俄罗斯和右岸乌克兰，进而把战火引向苏联以外。另一方面，德军在库尔斯克附近的进攻战役失败之后，要想把苏军的反击阻止在韦利日、多罗戈布日、布良斯克、苏梅、北顿涅茨河和米乌斯河一线，从而保住第聂伯河以东一些最重要的经济区，并加速构成所谓“东方壁垒”的战略防御地区，就必须依托并控制第聂伯河这一险要的天然障碍。因此，在第聂伯河会战打响之前，德军就在苏军正面集结了“中央”集团军群所属第 2 集团军，南方集团军群所属坦克第 4 集团军、坦克第 1 集团军、第 6 集团军和第 8 集团军，共 62 个师，124 万人，1.26 万门火炮，2100 辆坦克和强击火炮，2100 架作战飞机。

1943 年 8 月下旬，第聂伯河会战全面打响。苏军在南部和中部战场全线出击，节节胜利。其中，8 月底之前，苏军中央方面军继 8 月 26 日发起攻击，收复格卢霍夫之后，于 8 月 31 日已在敌防御地区攻击突破了 100 公里正面，70 公里的纵深。沃罗涅日方面军解放了苏梅。西南方面军于 8 月 13 日发起攻击，成功地钳制了德军的主力。南方面军于 8 月 18 日转入进攻，突破了德军在米乌斯河的坚固防御地区，并于 8 月 30 日解放了塔甘罗格。9 月上半月，苏军继续在整个左岸乌克兰和顿巴斯实施猛烈的进攻。战至 9 月底，苏联红军已在洛耶夫至扎波罗热间约 750 公里的正面进抵第聂伯河，并实施了强渡，夺取了包括在大布克林地域第聂伯河弯曲部登陆场和基辅以北的柳捷日登陆场在内的 23 个登陆场；解放了苏联工业重镇顿巴斯，收复了左岸乌克兰全部土地。

进入 10 月以后，交战双方为争夺第聂伯河的各登陆场，展开了殊死的搏斗。苏军的目标是要扩大已夺取的登陆场，肃清德军在第聂伯河左岸的残余桥头堡，继而解放右岸乌克兰和克里木半岛，德军的企图则是清除苏军占领的登陆场，在第聂伯河地区组织坚固防御，并坚决扼守基辅地域。为此，德军在对前一段作战中的各溃败师进行休整的基础上，又加紧从西欧调来了新编兵团，特别是坦克兵团。

作战的重心移到了基辅。

瓦图京大将指挥的苏联沃罗涅日方面军接受了粉碎基辅地域德军集团

和解放乌克兰首都的艰巨任务。该方面军下辖第13、第27、第38、第40、第47和第60集团军，近卫坦克第3集团军，空军第2集团军。自1943年9月底攻占第聂伯河右岸基辅东南约140公里处布克林登陆场和基辅以北约40公里处的柳捷日登陆场之后，分别于10月12日至15日和10月21日至23日两次发起解放基辅的进攻作战。这两次进攻，苏军均在基辅东南的布克林登陆场实施主要突击，在基辅以北的柳捷日登陆场实施辅助攻击。由于德军在布克林登陆场当面集中了10个师(其中有5个坦克师和摩托化师)的兵力，并构筑了坚固防御阵地，这就意味着苏军的主要突击方向恰好是德军防御的强点。从而导致了乌克兰方面军(1943年10月20日前称沃罗涅日方面军)的两次进攻都未能取得预期的结果，而且造成了较大的损失。

乌克兰方面军司令员瓦图京大将认真总结了进攻受挫的教训，综合权衡诸方面的利弊条件，向最高统帅部提出了变更主要突击方向的申请。根据瓦图京大将的申请，最高统帅大本营决定将基辅进攻战役的主要突击方向转向敌人防御力量相对薄弱的基辅以北的柳捷日登陆场。

随着主要突击方向的变更，苏军又不得不在切实隐蔽行动企图的前提下，重新部署进攻力量，即把主要突击力量由布克林登陆场向北转移至柳捷日登陆场。为此，在进攻部署上，瓦图京决定将所属近卫坦克第3集团军、步兵第23军、炮兵第7军以及其他一些步兵和炮兵兵团等主力部队，迅速隐蔽地返回第聂伯河东岸，沿着敌人防御正面的有利地形北上，抵达基辅以北约40公里处时，再次西渡第聂伯河，占领柳捷日登陆场，并以此作为进攻出发基地，对敌实施主要突击。

从当时的敌情和地形条件看，苏军面临的主要困难在于：交战双方正处于直接接触状态，如此庞大的坦克、炮兵部队，要想悄悄地溜走而不被敌人发现，显然是极为困难的。敌人一旦发现，苏军是在两次进攻受挫之后转移兵力，就不难判断出苏军正在变更主要突击方向。其结果，难免导致苏军的前功尽弃。这就是说，兵力固然必须调整，但行动企图却非常难于隐蔽。

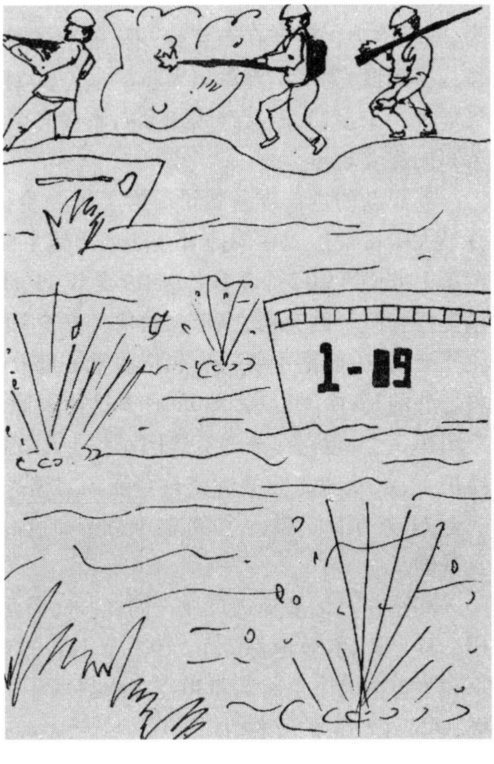

出路何在呢？瓦图京大将和朱可夫元帅经过大胆、周密的思考和精心的谋划，决定请出阵亡的“谋士”来扮演迷惑德军的主角。其基本步骤是：第一步，确定迷惑敌人的“主题”。鉴于苏军攻击部队主力在后撤并北上转移,必然要减弱原有的进攻势头,为了防止德军因此而生疑,苏军便巧妙地利用前两次进攻受挫的基本事实,立足于编造一个进攻受挫之后,暂停进攻,就地转入防御的“合理”假象。第二步,设法把“合理”的假象,以“逼真”的方式传递到敌人手中。为此,瓦图京亲手编写了一道暂停进攻,就地转入防御的假命令,装入一个参谋军官常用的公文包里,并派人找来一具阵亡士兵的尸体,换上一身苏军大尉军官的军服,背上装着“绝密”级作战命令的公文包,准备充当向德军“透露”信息的“传令兵”。考虑到“传送”这道命令必须逼真,苏军又将“死大尉”的尸体预先置于前沿阵地的适当位置,待德军发起反击作战时,苏军突击兵团的一线部队只是在进行象征性抵抗之后,便佯装溃退,撤至第二道堑壕。这样,待德军反击部队“占领”了苏军前沿阵地之后,便从“大尉”的公文包里搜走了那份“绝密”命令。又由于“命令”的内容“合情合理”,传送的时机和方式亦无破绽,所以德军不仅没有产生怀疑,而且是如获至宝。第三步,设法为敌人做出错误判断而制造尽可能充分的“依据”。在向德军传送假命令的同时,苏军还按照战争指导的基本规律,采取了多种多样的隐真示假措施,从不同的层面和角度不断强化苏军现正全线转入防御,进行固守并积极准备在布克林地区再度实施主要突击的假象。为此,一是主力部队的撤退和转移充分利用夜暗条件和便于隐蔽的地形地物;二是主力部队撤离之后,仍在原配置地域保留其指挥所和若干电台的正常工作;三是“减兵增灶”,制造大部队集结的假象;四是保持集结地域内部队防空活动照常进行。

苏军采取的这一系列的隐蔽伪装措施,加上天公作美;连日阴雨,敌人的空中侦察亦不便实施,果真有效地迷惑了德军。就在苏军主力“金蝉脱壳”,在秋季道路泥泞条件下悄悄北上的大转移时,德军却一直“坚定”地认为,苏军主力仍然守在布克林并积极准备着在该地区重新发起大规模攻击作战。因此,德军不仅派出大量的航空兵对布克林方向的苏军假阵地连续轰炸了一个星期,而且继续加紧向该方向调集大批的预备队,以便再次挫败苏军的主要攻击。

苏军新的进攻准备就绪。为了进一步扩大德军业已形成的错误判断,并最大限度地达成在柳捷日登陆场实施主要突击的突然性。瓦图京令乌克兰第1方面军以2个集团军于1943年11月1日在基辅东南面布克林登陆场先行实施辅助突击,以牵制德军第2集团军。德军则误认为这是苏军的主要突击,因而把主要兵力和指挥重心都放在该方向上。然而,出乎德军意料之外的是,两天以后,即11月3日和4日,苏军乌克兰方面军的主力——集团军3个、坦克军和坦克集团军各1个,骑兵军1个,在强大的空、炮火力掩护下,从基辅北面的柳捷日登陆场对德军实施了突然、猛烈的主要突击。战至11月6日凌晨,亦即苏联十月革命胜利26周年前夕,苏军胜利地解放了基辅。

苏军在总结基辅进攻战役的经验时着重指出:最可借鉴的是,巧妙地利用一具尸体,有效地保障了“在一个不大的登陆场集中重兵;在复杂的情况下和紧迫的时限里将大量坦克和炮兵从一个登陆场隐蔽机动到另一个登陆场,达成了突击的突然性”。

一颗螺丝，击落 U—2

1960 年 5 月 11 日，由美国中央情报局的驾驶员弗郎西斯·加里·鲍威尔驾驶的一架 U—2 型高空间谍飞机，在苏联斯维尔德洛夫斯克工业中心上空被击落，鲍威尔被活捉。这架间谍飞机的残骸，包括摄影机、录音机、雷达和无线电，都出奇地完整无损，在莫斯科公开示众，鲍威尔亦被公审，关进了克格勃的卢比扬卡监狱。

1965 年，一位苏联人走进了美国中央情报局，表示向美国投诚，要求政治避难。他就是苏联克格勃的一个重要特务亚历山大·尼古拉耶维奇·马托列斯基。他揭开了在 1960 年苏联尚未拥有升限 2 万米这么高的歼击机，地空导弹的射程也够不上，而是赫鲁晓夫利用克格勃施用了偷梁换柱之计击掉了美国的 U—2 飞机的谜。

1960 年 4 月的一个深夜，当时苏联领导人赫鲁晓夫的私人副官格兰尼托夫找到专管中东地区对外谍报的负责人马林斯基。

“马林斯基同志，现在我向你宣布一项中央的决定，因国防科学的需要，要设法搞到一架美国的 U—2 型高空侦察机，因此任务国防部无力完成，中央决定由管辖印度、巴基斯坦、阿富汗和伊朗的情报机关（克格勃）来完成此重任，请你抓紧时间安排。”

马林斯基举手向格兰尼托夫敬礼，“请报告赫鲁晓夫同志，我保证完成任务！”

第二天，马林斯基飞到了阿富汗首都喀布尔，很快同克格勃的一个特务头子见了面，并暗中挑选了一名身为帕坦族人的飞行员穆罕默德·嘉兹克·汗。这位飞行员在阿富汗空军中是最受尊敬和最优秀的喷气式战斗机驾驶员。

两天后，接受任务的穆罕默德穿着一身破旧衣服，从吉巴尔附近的一个村庄乘公共汽车进入了白沙瓦市。

在美军机场旁的一间咖啡店内，穆罕默德找到了他的一位朋友。

“亲爱的布托，请你帮助我找一个工作，比如在美军机场当清道夫、搬运工，或者去顶替某个工作人员都行，我需要一个工作。”

两个小时后，穆罕默德被带进白沙瓦市郊外，顶替了美军机场一名生病的清道夫,混进了白沙瓦美军机场。

在美国军用机场里,有一块停机坪和一个巨大的飞机库,日夜都有严密的警卫。

由于穆罕默德技术精明,会说英语,有勇有谋,又经过克格勃的训练,对他在机场进行工作创造了有利条件。他用巨额金钱收买了一个空军膳堂的工作人员,得知专搞空中间谍飞行的双十中队已从土耳其调到白沙瓦机场。然后又摸清了飞机位置和驾驶U—2飞机的鲍威尔队长。

穆罕默德决定亲自冒险,他知道,这是极其危险的,如若失误,就会丢掉脑袋的。

他用高倍红外线望远镜仔细观察,发现每两小时换一次岗,换岗地点都是在飞机右舷,离机门较远。他一直等到夜里两点,乘着换岗哨兵在飞机右舷聊天,赤脚溜进飞机,无声无息地钻进了驾驶舱。

机舱内布满了仪表,他很快找到了高度仪,高度仪外有一个塑料外罩,由4个很细小的螺丝钉拧得紧紧的,每个各有一颗。他用手慢慢地拧下了右上角的一颗螺丝,换上了他事先带来的一模一样的具有极强磁性的磁铁螺钉。干完之后,他又一动不动地等了两小时,乘着换岗时,溜出机场,隐没在黎明前的漆黑之夜中。

新换上的螺钉,由于具有很强的磁性,吸引了极细的高度仪指针。高度仪是按无液原理工作的,根据大气层的压力作出反应。气压越低,飞得越高,指针就向右摆,指出飞行的准确高度。由于这颗磁螺钉的影响,情况就不正常了,飞机起飞时,指针开始向右移动,当飞机升至1万英尺的高度时,指针便被磁铁吸引,提前指到了68000英尺的最高限度,鲍威尔不敢再继续升高,而实际高度只有1万英尺。当鲍威尔飞到斯维尔德洛夫斯克上空时,正好在苏军制空能力的范围内,结果,被苏军轻而易举地打了下来。而且飞机上的摄影机、录音机、雷达和无线电台等都出奇地完整无损,并在莫斯科展览。

当时,赫鲁晓夫利用这一点,在联合国振振有词地说,苏联已拥有洲际导弹,对全世界恐吓了两年多。

偷梁换柱,巨款购铀

1967年,以色列焊然对阿拉伯国家发动侵略战争,法国慑于世界舆论的强烈反对,对以色列实行全面武装禁运,停止向以色列供应制造原子弹的铀。以国防部长急得像热锅上的蚂蚁,提出“不得已时我们就偷!”于是,一场代号为“高铝酸盐行动”的秘密“偷铀行动”开始了。他们的第一步棋,是要找到一个不会使人怀疑,又能接受以色列秘密委托购买铀的合作伙伴。经过一番物色,他们选中了曾当过纳粹飞行员的西德商人舒尔岑,此人诡诈阴险,利欲熏心,见有利可图,便满口答应了。双方密谋:借用阿斯玛拉公司名义向比利时布鲁塞尔矿产总公司购买二百吨铀,又借用作催化剂的虚假用途,把铀运到摩洛哥加工,等运铀船一到公海,就将这艘船秘密劫持到以色列。这里包含着两次“偷梁换柱”的过程:一是调换角色,买主是假的;二是偷偷换掉买铀的用途,作“催化剂”也是假的,他们寻找偷换能得逞的机会是这样的:一方面以利诱之,将850万马克的订货款一下子全部汇入对方银行账号内;另一方面为掩人耳目,制造骗人假象:把卖主请到地中海岸的豪华别墅里,整日热情招待,使卖主在花天酒地中弄得晕头转向,才不至于识破阿斯玛拉公司是一个寒酸透顶的皮包商,根本不可能有此巨款购铀的骗局。

签完合同,舒尔岑心中大喜,却没料到卖主提出:将铀运往摩洛哥,还须经欧洲原子能委员会的特许。因为摩洛哥并非欧洲共同体成员。舒尔岑听了,心里顿时凉了半截。但他狡诈成性,诡计多端,又想出了第二招"偷梁换柱"办法:找个"转运站",将意大利米兰市某染料企业拉了进来,该企业老板是舒尔岑的老朋友,同样采取以利诱之,拿出四万马克的预付款,将那老板哄得眉开眼笑。因意大利属欧洲共同体,这场交易不再需要特别批准了。买主从舒尔岑的阿斯玛拉公司偷偷换成意大利米兰市赛卡染料公司,又一次采用了"偷梁换柱"办法。

接着,以色列间谍开始找船。这条船必须有合法的牌照,才有不会使人生疑的旗号,把铀运到米兰。他们在一位苏黎世律师的帮助下,和土耳其的船舶经纪人耶里萨尔合伙,打着利比亚国的招牌,成立了名为"比斯凯维纳商业船运公司"的空头公司,只花1500马克就在苏黎世注了册。经过这番偷换与替代,他们又用120万马克买下一艘载重量为1062吨的货船,请来了一名特务当"船长",带了一帮特务船员,至此万事俱备,只欠"东风"了。

他们买通一个对原子技术一窍不通的官员,竟然承认铀能作催化剂,并在欧洲原子能委员会的批准书上写下:"毫无危险"四个大字,批准放行了。1968年11月15日,由舒尔岑这个纳粹分子亲自督运,二百吨铀分装在560个特制的桶内,桶上都写下"高铝酸盐"字样,从比利时布鲁塞尔港起锚出航。它的航海志上的航向是热那亚,但它根本没有往那儿去。11月29午夜,这艘装铀的货船驶到塞浦路斯不远的公海上,一艘以色列油船早就等在那里,两船刚靠拢,油船里就钻出一大帮彪形大汉,将560桶铀全部搬上油船。这批偷到的铀制成了数十枚原子弹。在1973年爆发的埃以战争中,以色列已将这批原子弹偷偷运到幽灵式战斗机上,险些引起一场原子战争。后因战局发生转折,以军乘隙突过苏伊士运河,才未将这批原子弹扔出去。

这一事例中,计谋主体曾多次连续使用"掉包计":从买主迭换到货的用途;从运船公司到船长、船员;从航海志航向到装货桶标记,全是经过一番偷换后用假的替代真的,以掩人耳目。计谋的隐蔽性在于一个"偷"字,因为一切全在暗中进行的;而计谋的欺骗性又在于一个"换"字,所有须登场的人或物(角色),都经过一番乔装打扮,改头换面了的。因此它更能迷惑人,更易使人造成错觉,这是该计谋性质所决定的。它一旦被那些损人利己、逆历史潮流的人所利用,则其危害性及破坏性就更大了。

苏军使计,突占喀布尔

1979年12月24日,70年代最后一个圣诞前夕,全世界几乎都沉浸在辞旧迎新的欢乐节日气氛之中。善于观察和评估世界形势、指点江山的专家们,以及那些热衷于关注他国人民的"人权"、"民主"、"自由"状况的人士

美帝国主义的代理人阿明正被处决,以卡尔迈勒为首的新政府要求苏联提供军事经济和政治援助，苏已接受

们,此时也都给自己敏感的神经“放了假”,让自己的“眼皮子”和“嘴皮子”轻松一下,为新一年的“战斗”养精蓄锐。俗话说:文武之道,一张一弛嘛!

也许正是由于这一麻痹,也许由于距离太“遥远”、地处太“偏僻”,人们竟忽略了,甚至于根本就没有觉察到,一个时期来,从一个宁静的山国传出的大量令人不安的讯息。直到圣诞过后的28日清晨,从苏联中亚的一个秘密电台播出一则消息:“美帝国主义的代理人阿明已被处决,以卡尔迈勒为首的新政府要求苏联提供军事、经济和政治援助,苏已接受。”人们终于从狂欢中清醒过来,“北极熊终于向它的‘势力范围’以外的非‘大家庭’成员国家动武了!”

克里姆林宫的行动仿佛是在世界这个巨大的蚁穴里踩了一脚,蚂蚁立即乱成了一团。已经有好多年没有看到各国政府如此慌乱。阿富汗,这个国家的名字占据了世界一切报纸的头版,老百姓拿出地图寻找被人遗忘的这个位于中亚的高山之国。她的东面有中国,南面有印度和巴基斯坦,西面有伊朗,而北面则有苏联,她居诸大国之中,则显小矣。其实,就其面积、地理位置而言,本不应该被世人轻视的。

当人们找到地图册时,“阿富汗概览”这样写道:阿富汗民主共和国位于西亚最东部,是中东通往亚洲东部及东南亚的陆上交通要冲。她也是个多山的内陆国。1979年全国人口1500多万,国土面积647000平方公里,其中高原和山地占4/5,平均海拔高度为900~1200米。工农业落后,1978年国民生产总值为34.64亿美元。交通不发达,境内无铁路,公路总长为7000~9000公里。居民平均寿命约35岁,半数人口患有地方病,1/2儿童夭折。居民民族成分复杂,全民信奉伊斯兰教。

恩格斯曾预言,阿富汗由于其地理位置和居民的特性,在将来的国际政治中必然有极重要的价值。1747年是现代阿富汗的起点,当时普什图人首领亚赫麦特汗在坎大哈声明阿富汗独立,自立为国王。在此之前,这里一直是企图称霸的帝王征杀角逐的战场:公元前4世纪的马其顿亚历山大,公元前3世纪的印度阿育王,公元前1世纪的大月氏民族,公元7世纪的阿拉伯人,以及随后崛起的蒙古人、波斯人都曾占领过这个地方。阿富汗独立之后,近代帝国主义列强开始了世界角逐,凡有争霸世界野心的国家,无不垂涎此地，以吞并之而后快。她的最大的一个邻国——俄国，在发育成为一个富有侵略性的帝国后，就东冲西撞、四处寻找出海口，犹如一头张牙舞爪的困兽。“北极熊”的利爪早就悬在了阿富汗上空，伺机一掌踏下去，然后一跃迈向南亚次大路，贪婪地呼吸印度洋的海风，享受出入这开阔的暖洋的自由。在这里“北极熊”就可以吃到热带的果实了。因此，夺取南下的这块跳板，最后冲向大洋，就一直成为沙皇及其衣钵继承者的战略组成部分。

然而，阿富汗各族人民，尽管很穷，但他们却有山一样的脊梁；尽管他们可能还不理解“进步”和“民主”，但他们珍爱自由，他们只要求按自己选择的方式生活。当时世界第一强大的大英帝国，试图在此建立起自己的殖民地，使之纳入其殖民帝国，同时也是为了在此设立阻挡“北极熊”南下印度洋的“围栏”，曾以武力向阿富汗人民说话，但经过 3 次武力的较量，英帝国终于在 1919 年吐出这个咽不下去的“胡桃”，承认其独立。然而，新一代的某些苏联领导人，则念念不忘其祖传的“宏图大略”，总想在阿富汗试试自己的运气。

几十年来，苏联以“阿富汗人民真诚的朋友”的面目，以援助为名，向阿不断渗透。自 20 世纪 50 年代起，苏每年都接受阿留学生去苏学习，还利用驻阿使馆等机构培养训练大量的特务，利用“文化中心”吸引亲苏派。1965 年阿国王查希尔与首相达乌德发生矛盾，苏开始支持达乌德，并支持建立阿国内的政党。1973 年 7 月，苏劝查希尔国王出国治病，暗中却支持达乌德发动政变，建立了亲苏政权。原本是王室成员（查希尔的堂兄）的达乌德深知自己与苏的合作，不过是半路夫妻，难以持久，于是加紧改善与其他邻国的关系，试图摆脱对苏的依赖，还公开邀请反苏的“伊斯兰运动”领导人回国参政。苏于是决心除掉达乌德。1978 年 4 月 27 日，达乌德被枪杀，塔拉基在苏的扶植下当上了共和国总统。此后阿人民党内的两派——人民派和旗帜派矛盾激化，苏为减少两派公开直接的冲突，巩固现行的亲苏政权，同时也为了保存一旦出现万一进行“换马”的“棋子”，在苏的参与下，旗帜派的卡尔迈勒等领导人相继被派往国外任职。塔拉基则在国内捕杀旗帜派成员，权极一时。苏于是又设计将人民派分裂出阿明派，又暗中支持塔拉基刺杀阿明。但暗杀未成。1979 年 10 月 4 日，塔拉基反被杀。余怒未消的阿明，对苏的离心倾向更加明显。苏不甘心苦心经营 30 余年的成果毁于一旦。苏对阿已有 10 亿美元的“经济援助”和 5 亿美元的“军事援助”，在阿的军事专家和技术专家约 3000 人。看到拉拢傀儡并不见效，于是决心赤膊上阵扶植在苏联的卡尔迈勒执政，由苏在幕后当“太上皇”。

1979 年 10 月下旬的一天，被世人称为“神秘之宫”的克里姆林宫，已是昏庸暮年的勃列日涅夫仍然坐在这超级大国的第一把交椅上。此时，他正召集主管意识形态、组织部门、国防部门和克格勃的主要首脑开会。他向各部门主管们表示了对阿富汗局势的恼怒，要他们不失时机地制定一个彻底有效的解决方案。与会者们乐观地分析了当时局势：阿北部的阿苏边境有边无防，纵深也未构筑任何防御工事，阿政政府军内部两派对立，多次武装冲突，这使苏军一旦进入时，不会遭到有效的抵抗；苏对阿有压倒性的军事优势，有把握速战速决，造成既成事实；阿邻国伊朗和巴基斯坦是最有可能干预的国家，但其国内正发生动乱，无暇他顾；阿拉伯世界内乱，伊斯兰教派纷争，美伊关系恶化，加上阿为内陆国，苏入侵后暂不会直接触及西方在中东、波斯湾的根本利益，不严重威胁西方的"生命线"，因此不会遭到西方和国际上的强烈反对。然而策划者们却完全忘记了历史的教训，一个将把苏联拖入泥潭的入侵计划出笼了。

1979年，10月下旬，美国间谍卫星发现，与阿富汗接壤的苏联土耳其斯坦军区和中亚军区兵分调动异常。两个军区共6个师，平时兵员不满、装备陈旧、战备程度不高，但在1周之内进行了总动员，就地将人员补充就绪。11月军队开始向边境移动、集结。同时向边境地区调集了各种装备、器材和各类作战物资；工程兵补充和更新了装备。12月中旬，苏空军举行冬季演习，白俄罗斯军区第103空降师和南高加索军区第104空降师各一部分调往莫斯科，但不久就又转移到中亚军区的巴尔喀什和奇姆肯特机场。同时中亚军区近卫空降师第105师进驻苏阿边境的捷尔梅兹。11月下旬，为协调有关军区和各军种之间的统一行动，在捷尔梅兹建立了"前方指挥部"，总指挥是国防部第一副部长索科洛夫元帅；同时派出先遣电台潜入阿境待命，还建立了专门指挥通信网，增设了地面卫星站。从11月中旬开始，以协助阿军冬训为名，苏向阿增派1000多名军事顾问和专家，进一步控制阿军。12月3、4、8、日，携带全部装备的苏作战部队在阿境内军事基地巴格拉姆实施了机降，然后向外推进，控制了重要的机场和横贯阿境的兴都库什山脉的萨朗山口；同时以提供"无私援助"为名，派兵援助阿政府军镇压叛乱。苏军事顾问、专家们还说服阿军指挥官，使他们相信有必要清点弹药和给坦克电池采取防冻措施，对其他军械也要检修，以此为名，封存了阿军绝大多数的装甲部队和军火，限制阿军飞行员的飞行，调离部分指挥军官，拆掉了一些主要的通讯器材，解除阿军武装。

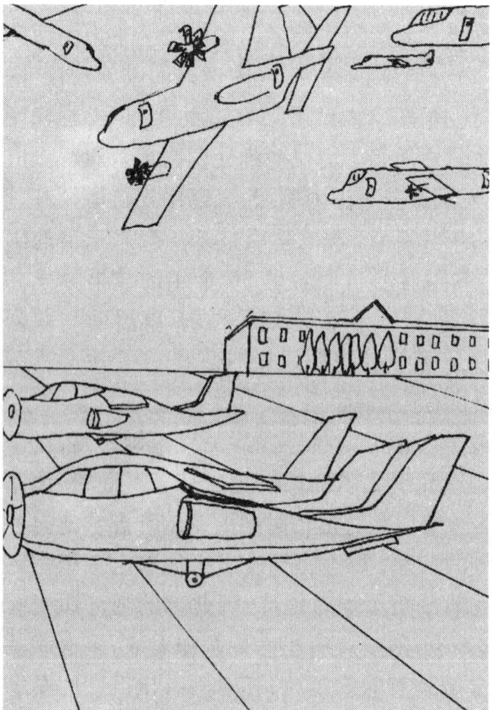

截止圣诞前夕，阿富汗早已丧失了自卫能力。美国尽管此时已为伊朗搞得焦头烂额，可还是感觉到苏军在阿的行动已非同一般，于是，向苏发出了"不要插手阿富汗"的警告。然而，苏只是轻蔑地置之不理。战争机器已开动，难以制止。苏援引《苏阿友好同盟条约》终于开始了大规模的实质性行动。

1979年12月24日，喀布尔国际机场和巴格兰姆机场上空突然出现大批数不清的苏联运输机。当机场塔台惊慌地询问时，得到的答复是：运送援阿物资的运输机。不由分说，第一架安东诺夫运输机已冲进了跑道，一座强大的“空中桥梁”的一端就建立在喀布尔和巴格兰姆机场，另一头则通向苏联境内的军队集结地，机场附近的人们，夜里都无法入睡，大批飞机在低空轰鸣着盘旋，等待降落，震得窗玻璃咯咯直响。巨大的安东诺夫 12 和 22 式运输机在跑道上连发动机都不关闭，等士兵们冒着卷起的风沙走下飞机后，它们就立即起飞，返回苏联去接另一批士兵；接着另一架飞机又降落下来……喀布尔机场一片喧闹，苏军象蜂巢里的蜜蜂一样紧张地忙碌着、奔跑着。他们向机场卸下了士兵全套装备、数万箱弹药、轻装甲车、食堂用具、散装的物资、整袋的粮食和私人用品……机场变成了一个巨大的军用仓库，而且飞机还在源源不断地把东西运来。如此大规模的空运整整持续了 3 天，出动了 350 架次运输机，从苏境内 3 个地区、航行 1000 ~ 3500 公里，将 3 个空降师的兵力运到阿境内。精锐的空降第 105 师在喀布尔国际机场着陆后，旋即占领了该机场及其周围的要点。第 103、104 空降师则在巴格兰姆空军基地着陆，协同以“援助”为名先期到达的苏军地面部队控制了该基地以及萨朗山口。

24 日，随苏军一道降落到喀布尔国际机场的还有一位部长级苏联的政府官员、邮电部部长塔雷津将军。他的使命一是宣布任命一个多月前就坐阵喀布尔负责入侵准备工作的内务部第一副部长、克格勃头目帕普金将军为阿明的顾问；二是两人一道说服阿明请求苏军开进阿富汗来援助他；三是让阿明主动将权力移交给仍在苏联的巴布拉克·卡尔迈勒。可是阿明怎肯让位，他发觉情况不妙，苏联很有可能要亲自动手发动政变。但此时他要反抗已太晚了，苏军早已切断阿明与武装部队的联系，剪除了他的重要亲信（阿明的表弟阿军总参谋长、阿明的外甥阿保安局长，还有司法部长等）。阿明只好带上少数亲信卫兵，乘 8 辆装甲车，躲进了达鲁拉曼宫，此地位于喀布尔的入口处，离城区 10 公里。

27 日晚 7 时许，集结在喀布尔机场的苏军 105 师，在先遣队和克格勃人员的配合下，开始向首都市区挺进。首先夺占了喀布尔电报大楼，切断与外界联系，占领了总统府、广播电台及其他要点，几乎没有遇到激烈抵抗，仅经过 3 个半小时的战斗，就完全占领了喀布尔市区。

在市区战斗还在进行时，帕普金将军统帅着一支装甲部队从机场直捣郊外的达鲁拉曼宫。这支部队由数百名苏军突击队员外加一支经过特别训练的克格勃军官突击队组成，他们身着阿富汗军服，坦克也涂有阿军标记。行进途中，阿军设置的一个检查站要求这支滚滚而来的部队停车受检，一些阿军官兵也上来围观。突然，坦克车灯大亮，顶盖一个个翻开。此时被贼亮的灯光猝不及防地一照本能地正用手臂遮挡的阿军士兵，还未等弄清怎么回事，就已纷纷倒在血泊之中。顷刻阿军检查站被拔掉，苏军装甲纵队趁势突击。7 时 30 分，孤零零的达鲁拉曼宫已静静地呈现眼前。果然，守军已有戒备。苏军特种攻击部队迅速分三路发起攻击，其势如此凶猛，以至于尽管王宫卫队拼命抵抗，攻击者还是冲进了行宫。行宫内枪声大作，处处交织着火力网，守方是殊死抵抗，攻击部队则更是毫不留情。为不让任何的阿富汗人活着出来，泄露宫内发生的事实真相，他们的枪下没有俘虏，见有人逃出大楼就乱枪击毙。显然苏军对战斗地形很熟悉，逐一清除火力点，迅速地接近阿明的居室。当突击队员伴随着手中冲锋枪喷出的火焰冲入室内时，阿明正手举酒杯，作了最后的“抵抗”，当然也未来得及倾吐对“老大哥”的怨恨，就倒在了血泊中，包括他的家人无一幸免。达鲁拉曼宫渐渐又恢复了平静。

喀布尔市区此时也已在苏军控制之中了，这次战斗之后，帕普金将军也神秘地死去，人们不清楚，他是死于激战，还是因没有完成说服阿明的“使命”而自杀。总之，苏军只好临时改变计划，拼凑了一个以卡尔迈勒为守的“革命委员会”。次日清晨，被苏军刚刚占领的喀布尔广播电台宣布，阿明已被新政府抓获，经审讯，判处死刑，立即执行。卡尔迈勒继任国家总统兼政府总理，并向苏联发出请求，要苏联伸出友好援助之手，来阿富汗帮助拯救国家。西方舆论不禁疑惑：既然苏军已在喀布尔，该“革命委员会”为何还要提出这种请求呢？形势变化如此之快、如此紧迫，记者和各国大使们早被夜里的枪炮声惊醒，听完广播后，顾不上多想，便向自己国内发出最新的消息，然后就冒着清晨的寒风四出联系，要求拜见这位新总统，但都一一碰了壁。他们哪里知道，此时，卡尔迈勒还在莫斯科等待着苏军替他平息国内局势后，再用飞机把他运回喀布尔。

3 天之后的 12 月 30 日，喀布尔的硝烟散去，外国记者看到的是一个遍体鳞伤、束手被缚的城市。市区到处是头戴天蓝色便帽或灰色大盖帽的苏联伞兵，这些金发或棕发的士兵，腰别短枪，以征服者的姿态出现在大街小巷，在洁白的雪地上深深刻上他们的皮靴鞋印。马路上空空荡荡，整个首都笼罩在一种奇特的寂静之中。寥寥无几的行人把脑袋缩在大衣领子下默默地匆匆而过，顾不及看一眼从身旁掠过的刚刚到来的入侵者。几辆巡逻车孤零零地从街上隆隆开过，它们的履带在路上留下了清晰的、难以平复的压痕。

后来几天，在通往北方的公路上，一批车队轰轰隆隆地向喀布尔直奔而来，喀布尔仿佛是一个吃不够的大肚子，卡车、吉普车、装甲车、油罐车、装坦克的平板拖车、广播车……成千上万的车辆，不分昼夜地源源不断地从入口处开进了市区。入夜之后，登上喀布尔的洲际饭店顶楼远望，那一队队开着前灯的不知疲惫的车队犹如一条条火龙照得全城像着了大火似的通明。首都郊区兵营林立，苏军士兵像高大的看门狗一样守在东南西北各方位的要点上，随时准备投入战斗；一排排坦克像是在接受检阅一样整齐地停在兵营里；巨大的雷达不停地旋转；无数的帐篷、卡车、壕沟以及指向四面八方的大炮都部署得极其严密。

28 日晨，喀布尔战役打响的同时，集结在边境的苏集团军群，在航空兵的掩护下，越过苏阿边界，分东西两个突击集团，沿东西两条战略公路实施高速度大纵深的钳形进攻。1980 年 1 月 2 日，两个集团在南部的坎大哈会合，1 月 3 日，各地面部队分多路出击，分别占领了连接阿巴、阿伊边境的主要通道和城镇。空降部队同时以机降方式夺占了赫拉特、兴丹、坎大哈等地的机场。苏军战略就是首先把圣战者放在一边，而把矛头指向政府的正规军，重在夺取大城市、交通要道、经济区域，控制政府行政机构、邮电、公用设施、银行金库等，认为只有这样才称得上真正掌握了一个主权国家，以在世界面前摆上一个占领的既成事实。同时，也是用其实力无比的军事机器，给阿富汗人民来个下马威。

苏军只用了一个星期就运用偷梁换柱之计达到了预期的战略目的。全世界不仅震惊，而且一些西方大国似乎已准备接受苏联摆在他们面前的既成事实。然而，为了尊严和自由，愤怒的阿富汗人民肩扛破旧枪支，离开了家园，走进了深山，决心要同这支“强大无比”的军队较量到底……10 年之后，圣战者们终于如愿以偿，高昂着头颅，返回家园。历史的事实再一次给那些蔑视历史的人一个严厉的教训。

把握心理，诱人消费

美国的服装商德鲁比克兄弟二人开了一家服装店，他们的服务十分热情。每天，哥哥都站在服装店的门口，向行人推销。但是，这兄弟二人都有些“聋”，经常听错话。

经常是，两兄弟中的一个，热情地把顾客拉到店中，反复介绍某件衣服是如何地物美价廉，穿上后又是如何地得体和漂亮。经过这样劝说一番之后，顾客总会无可奈何地说：“这衣服多少钱？”

“耳聋”的大德鲁比克先生把手放在耳朵上问道：“你说什么？”

顾客又高声问一遍：“这衣服多少钱？”

“噢，你问多少钱呀，等我问一下老板。十分抱歉，我的耳朵不好。”他转过身去向那边的弟弟大声喊道：“喂，这套全毛的衣服卖多少钱？”

小德鲁比克站起身来，看了顾客一眼，又看了看服装，然后说：“那套嘛，72 美元。”

“多少？”

“72 美元。”老板高喊道。

他回过身来，微笑着向顾客说：“先生，42 美元一套。”

顾客一听，随即赶紧掏钱买下了这套便宜的衣服，溜之大吉。

其实，德鲁比克兄弟两人的耳朵一点也不聋，而是借“聋”给想占小便宜的人造成一种错觉来促销。事实上，这两兄弟采用此种方法经营得非常成功，赚了不少钱，供着他们的三个孩子上大学。

还有一个类似的实例同样发生在美国。

在美国西部的某城，有两

家专卖廉价商品的商店，一家名叫美国廉价商店，而另一家则称纽约廉价商店。这两家的店面相邻，但店主却是死对头。长期以来，一直就各自商店的销售进行着激烈的“战斗”。

一天，纽约廉价商店的橱窗中挂出一幅广告，上书：出售亚麻布被单，瑕微疵小，价格低廉，每床售价6.50美元。

居民们看到这则消息，纷纷奔走相告，趋之若鹜。但同往常一样，没过多久，隔壁美国廉价商店的橱窗里赫然出现了这样一则广告：我店的被单与隔壁的相比，犹如罗密欧与朱丽叶的亲密关系一样，注意价格：每床5.95美元。

这样一来，拥向纽约廉价商店的人们看到隔壁卖的比这里更便宜，马上放弃了这里的交易，转而拥向另一家美国廉价商店，一齐挤进店内，只消片刻，被单就被蜂拥而至的人们抢买一空。

像这样的竞争在这两家商店之间可以说从未间断过。忽而东风压倒西风，忽而西风压倒东风，无尽无休。而当地的居民也总在盼望他们之间的竞争。因为他们的竞争会给人们带来好运气，可以用很少的钱就买到十分“便宜”的商品。

除了利用广告相互压价竞争外，两家商店的老板还常常站在各自的商店门口，相互指责、对骂，甚至拳脚相加，场面十分激烈，但最终总有一方败下阵来，才能停止这场残酷的“战斗”。这时等待已久的市民们则好比在比赛场上听到起跑令一般拥向胜利一方的商店，将店内的商品一抢而空，不论能买到什么样的商品，他们都感到很惬意。

就这样，两家商店的矛盾在当地最为著名、最为紧张，也最为持久。而附近的居民却从中获得了巨大的利益，买到了各种物美价廉的商品。他们总在盼望着两家商店的“战斗”再起，好使自己从中获益。这已经成了他们生活中不可缺少的一部分。

一晃，几十年过去了，两家商店的主人也老了。突然有一天，美国廉价商店的老板失踪了，铺面上了锁。大家再也看不到他们相互竞争的精彩场面了，感到很茫然，心里好像缺点什么。每一天，都在盼望出现奇迹：铺面又开张了，两家店主人开始“战斗”，但奇迹没有出现。

过了一段时间，纽约廉价商店的老板也将自己的商店拍卖了，随后也搬走了。从此，附近的居民再也没有见到过这两个带给他们刺激和利益的怪人。

终于有一天，商店的新主人前来清理财产时，发现了一桩令人费解的事情：两家商店间有一条秘密通道相连；在楼上，还有一道门连接两家老板的卧室。

这是怎么回事？大家都有些惊讶，猜不透昔日“仇敌”的卧室为什么会相通。

经过调查得出了一个让人哗然的结果：这两个死敌，原来竟是一对亲兄弟，他们平时的咒骂、威胁、互相攻击，都是人为地扮演的。所有的“战斗”都是骗局。因为在他们两个人的“战斗”中，不论哪一方胜利了，只不过是由胜利一方把失败一方的货物一齐卖掉罢了。

几十年来，他们偷梁换柱利用了人们的求廉心理，通过不间断的“战斗”，蒙蔽了当地的消费者。

白手起家，求美塑美

摄影是一种美的艺术，美容同样也是一种美的艺术，它不仅在美化别人，也在美化社会，还在美化自己的生活，美化自己的命运。怀有野心的马修斯，白手起家，从学摄影开始，而后半路出家改行从事美容，最后他成为世界一流的美容师，也成为了该行业中少有的百万富翁。美，使马修斯踏上追求美，塑造美的成功之路；也是美，塑造了马修斯的成功，美化了他的命运。

儿童时代，马修斯并不是一个刻苦的学生，由于他的贪玩，被教师列为顽劣的学生之一，加上家庭条件又不好，因此，在他14岁的时候就辍学了。

读书他不爱好，但他心中有一种最好的东西，就是照相机，当他父亲问他干什么工作好时，他的回答就是学照相。

他进了一家照相馆，跟师父迈克先生学照相，一学就是二年，苦没有少吃，但他能够独立工作了。

出师以后，他已是18岁，当时照相业并不景气，师父迈克的照相馆生意也不好！（这完全是迈克的经营思想不对头，虽然他的摄影水平是过硬的），为了不再给师父增加负担，马修斯又进了另一家照相馆。工作期间，他发现照相是一个很赚钱的行业，只是在于人会不会想办法赚钱。他还发现别人的照相馆很注意做广告，比如有的照相馆本来没有给名人照过相，结果却挂出某名人的照片，借以提高本照相馆的知名度。而他师父迈克先生和自己照相馆的老板却非常固执而古板，当马修斯提出要想办法像其他照相馆那样打出自己的招牌时，换来的却是呵斥。

师父说："人只要不要脸了，什么事做不出来。"

他的老板说："这是一种艺术工作，不能光在赚钱上着眼，如果你想发财，当初就不该学这一行。"

当然他们的观点从艺术的角度上讲是通的，但关键是他们现在还很穷，连生活费都没有。为什么照相就不能以赚钱为目的呢？

马修斯想通了，迈克师父和他现在的老板之所以穷，乃是必然的事，因为他们不是在做生意，而是在跟自己过不去。换言之，照相这一行也可以发财，就看你自己有没有办法。他既不愿意穷一辈子，也没有把照相当作神圣不可侵犯的艺术。

在受到这种启示以后，他想自己创业，开一家自己的照相馆。但谈何容易，别说购买照相器材，就是房租都难以解决。他想向别人借钱，结果处处碰壁，最后他想省吃俭用，省下钱来开照相馆。结果因营养不良而大病一场，省下的钱付医药费都不够，住院期间他又失业了。

病好以后，他的经济状况不允许他赋闲下去，他又找到一家人像照相馆。这家照相馆的客人多半是外地的客人。所以这次马修斯开动脑筋，跑各大旅馆，打听各地的客人消息，比如有一次他碰到一位芝加哥客人，他说："我们准备将来在芝加哥举办人像摄影展，能不能帮忙客串一下模特儿，让我来替您拍一张好吗？"

这种情况下，客人很少不答应的，最后见了他拍的照片，客人又不得不掏钱买几张照片作个留念。

这虽然有点像骗局，但他拍的照片实在是太好了。

有这么一段插曲。有一位土耳沙市的老市民被他说服拍了一张照片，这张照片可说是第一流的，老市民年纪大了，白发卷卷，可马修斯给他拍的照片不仅使他显得精神焕发，而且还具有一点点英武之气。

没想到三天后，这位老市民去世了，他的妻子要求马修斯一下子为他冲洗了三打，说是要送给他生前所有的朋友。不用说，马修斯完成了她的心愿。

自此，马修斯有了更深一层的体会：不管做什么生意，只要想出一些与众不同的东西吸引顾客，生意才会好起来。

一年以后，他开设起自己的照相馆。房子是租来的，器材是分期付款买来的。为了不至于让自己的生意垮掉，为了付得起房租和器材款，在决定开照相馆时他思前想后，最后在比较热闹的市区开设了他的照相馆，他没有选用偏僻的地方，虽租金比现在的每月 18 元要便宜得多。

马修斯
凡是与照相有关的事务，我都愿为您服务。

生意一开始，他就定一个宗旨，要把宣传工作做好。但他做不起大的广告，甚至于花本钱的广告统统做不起，只有在不花钱的地方动脑筋。

他印了一张别致的名片，上面有他的业务项目，用词句说明：凡是与照相有关的事务，我都愿为您服务。他把名片分送前来的人，无论是换胶卷，修照相机，他统统做。

开始人们并不相信他，但经过一段时间，人们开始慢慢相信了他，比如每次生意成交之后，马修斯总是递上自己的名片，特别叮咛道："如果我的服务您认为还满意，如果您认为我这个人做生意还诚实，请您对要来纽约的朋友们说，我在这里恭候服务的机会。"尽管这是一点小殷勤，但客人心里真受用，很多客人回故乡后为他广为宣传，"纽约有个马修斯，是一个很诚实的人。等你去纽约时，有什么事尽管去找他，就说是我介绍你去的，他一定乐于帮忙。"谁不希望在陌生的地方有一个熟识的人呢？

有一次，一对老夫妇到纽约度他们的金婚纪念，他们把照好的胶卷送给马修斯代为冲洗，结果马修斯遇上车祸在医院里住了几天，老夫妇听人说马修斯还不起债跑了，又见他的门面是锁着，便相信了别人，怀着懊恼的心情离开了纽约。

等马修斯出院以后，亲自坐飞机把这两卷胶卷送了去，虽然花费了一些路费，可令那对老夫妇很感动。刚好这对老夫妇在洛杉矶工商界很有名气，以后为他介绍了不少生意，马修斯也越做越有名，生意也越做越广，竟然除了房租，照相机的分期付款，还有盈余。

由于他肯不断地动脑筋，照相生意越来越好，一个人忙不过来，又花钱请了帮手。正当他的生意越来越红的时候，第二次世界大战爆发，马修斯应征入伍，照相生意告一段落。

然而他没有想到，从此以后他会与照相生意告别，而又从事一种新的美容业。但他初期的照相生意，使他懂得了怎样攻心，怎样创新，吸引顾客，这为他以后的创业打下了很好的基础。

二次世界大战以后，他回到了故乡，但这次回来的不只他一个，还有他的妻子娜玛和儿子巴拉。

那时，照相机已逐渐普遍，战后许多退伍军人都在从事照相生意，马修斯本想继续从事照相生意，但这时候生意难做得多，他又不愿意再挤别的照相行业与昔日的战友们为争一口饭吃而伤和气。由于他的朋友毕斯林的提醒他决定改行经营美容业。

在与妻子经过一段时间的商量之后，二人达成了共识。就这样，马修斯丢下了他的相机，和他太太一起进入了补习班，开始学习美容的技术和知识。

四个月之后，夫妇两人都具备了美容师的能力。但半路出家从事新的行业并不是件容易的事。美容院这一行，地点的选择比照相馆还要难。如果地点的选择不适合，手艺再好，生意也很难好起来。为了地点的选择，夫妇二个人在外面跑了很久，最后终于选择了百老汇的戏院厅。这个地方，不但房租贵，一切的装潢设备也要豪华才能吸引顾客。如果设备简陋，那些中上等社会的妇女，都不会进去美容。

为了装饰这家美容城，马修斯把相机卖给了别人，他太太也变卖了当年的一切首饰。他要破釜沉舟了。

根据他开照相馆的经验，马修斯为他们的新生意订了一个大的原则：要有与众不同的经营方式，来强化自己美容院的知名度。让人们一提起“美容城”来，决不会跟一般的美容院混为一谈，这就是他的起点。“如果我们的美容院没有突出的设施，完全跟普通美容院一样，将会跟我过去照相的生意一样，决不能有好的发展”。

一句话，就是要创新，不断地创新。

如何创新呢？

要想在不增加投资的情况下进行创新，这又是他面临的一道难题，但个性倔强的他相信一定会有办法的。

他日思夜想，一次偶然的机会，凌晨4点钟，他又来到阳台上，思考着这个老问题。这时两个女人的对话传了过来。

“你看我的头发乱得像茅草一样，连个地方整都没有，多难看！”

“我还不是一样，”另一个女人说，“所以我最讨厌大清早就出门”。

“美容院什么时候开门？”

“最早也要8点。”

“我的天哪！就让我这样蓬首垢面的坐飞机吗？”

“凑合吧！我们到飞机上，自己随便梳洗一下算了。”

她们谈话使马修斯的灵感一下子涌了出来，苦恼了几天的问题，终于找到了答案，何不开一家24小时营业的美容院呢？

就经营来说，这个方法的确够新颖的，合乎创新经营的原则，可以一试。

定下经营的大原则，他又开始思考实施这个办法可能遭遇的问题，以及如何来克服这些难题。

首先是人手问题。他和他太太24小时轮流转，别说他太太吃不消，自己也受不了，惟一的办法是培养人手。马修斯认为，为了使“美容城”的手艺和服务划一，技术水准提高，所有的美容师必须由自己亲自来训练，决不雇佣外来的。把自己对“美”的理论灌输给全部的工作人员，这是他在照相时就悟出来的。所谓“美”：不是突出，而是和谐；不是局部，而是整体。他认为：一个优秀的化妆师，不仅仅是为钱而工作，而且也是每一位顾客的顾问，向那些不知道如何打扮自己的人，灌输美的要领和方法。或者说，一个优秀的化妆师，不是一个唯唯诺诺，一切都听从客人吩咐的工匠，而是要在必要时，提出自己的看法，对客人作积极的建议。

其次，就是要那些夜间生活的人，都知道有这么一家全天候的美容院，不论在任何时间，都能为他们提供服务。

基于这种观点，在生意开展的前二天，马修斯展开了宣传活动，他采取重点政策，先在百老汇各大戏院，电影院做广告，其他的广告一律不做。他这样做的原因有二：一是他拿不出太多的广告费，二是多做宣传怕万一客人多了而人手不够。

刚开始时，生意并不太好，马修斯没有泄气，一有空，他就坐下来研究有关美容的书籍，等有了客人时，他就一面工作，一面揣摸客人的爱好和心理，并设法满足她们的要求。

实践中，他发现许多女人不知道怎么打扮才能更美一些，这个时候，马修斯总是以一个商量的口气征求客人的意见：“小姐，你的发型能不能换一种样式，这个看怎么样，如果您觉得不满意的话，再给更改过来，不另收费。”这个时候，这么良好的服务态度，还有谁会拒绝呢？而且效果很好，他所修改的发型多半被接受。

在这种认真服务的态度下，马修斯的美容城，生意突然好了起来，美容城仿佛一夜之间全城的人都知道了一样。

其实原因很简单,24 小时提供服务的新方法,给女人们带来很大便利,不必为防美容院打烊而赶时间,可以合理地安排时间。一般夜间去美容的女人都交游广泛,她们的嘴就形成了马修斯的宣传工具,美容院的名声也就随着她们的传播而名声大振了,当然这还要他的手艺精。

生意在不断扩大,美容城由原来的二个位置一下子增加到七个,幸好马修斯训练的第一批美容师结业了。

然而树大招风,他的红火引起了同行们的注意和嫉妒,他们私下开了个会,决定联合起来对付他:一是联合起来推行变相减价运动,实行八折优待;二是选定几家同业,也实行 24 时的经营方式,与他抢生意。

这是马修斯始料不及的,他担心自己刚刚建立的事业,会被这股强大的抑制力量粉碎。也正是这个时候,同行业的其他对手还派人来做说客,希望马修斯能变卖自己的事业。

这种绝望激发了马修斯的斗志:“别人想排挤我,我偏要与他斗一斗。”不服输的热血烧得他斗志昂扬。他开始筹划对策,还是在创新上做文章。经过半个月的苦思煎熬,马修斯的对策出笼了。

一是专人专户服务:当客人第一次来时,美容师就要把这位客人的爱好、个性、发型,甚至所用的化妆品等,都一一默记下来,等客人走后,把它写成资料存起来。当客人下次来时,美容师就可以动用这些资料与客人交谈,使客人有一种亲切感。同时也会使客人自然成为老主顾。

二是专用品橱的设置:给每个老客户配备一个专用的小抽屉,上面附有一把精制的锁锁起来。客人可以把钥匙带走,也可以交给美容城保管,不另收费用。使客户把美容城当成自己的化妆室,有自己专用的化妆品。这像一条无形的锁链,把老客户拴得牢牢的。

三是摄影服务:刚化好妆的女人是最美的时候,有些人难免有一种“留影”的念头,特别是那些靠照片做宣传的女人。因此,马修斯与自己从事摄影的朋友毕斯商量,由毕斯担任美容城的常驻摄影师,替化好妆的女人们拍照。

这几条措施的实行,显然,同行的排挤破产了。但仔细分析起来,服务的好坏只是一个方面,而另一方面就是马修斯认为的一是手艺好,二是最流行。总结起来还是他的宗旨一创新,这才是最重要的。

此时的马修斯已不是当初的他了,他要作更深层次的努力,他以前干的是“美发匠”,以后要干“美容师”的工作。“美发匠”与“美容师”是有很大区别的。

他招考化妆师的第一个条件是必须具有“创新”的冲动,也就是不喜欢墨守成规的人。从这一点来看,美容不再是简单的重复性的劳动,而一种塑造美的艺术。人是形形色色的,神态各异、气质各异。他记得他的老师曾经说过:“替女人美容化妆,就跟雕塑家一样,一定要根据每个人的脸型头发、甚至于神态,来决定她应该如何化妆。”

由此,马修斯使自己磨炼成一个优秀的美容师,他也把自己的审美观念传授给他的学生。“我不能把每一个客人应该如何美容化妆的要领教给你

们，这也是不可能的事。你们一定要自己去体会，如果你们不能举一反三，那你们在美容这一行里，永远只是一个二流角色。”他把创新的意念传给学生们。

除此之外，马修斯并未忘记自己的创新，为赶上时髦，他研究很多世界性的美容杂志，研究新的化妆技巧，不断地向客人介绍各种新款式，新产品。让美容城成为客人心中美的信息传播点。

马修斯追求流行式样，可以说是竭尽全力，用尽心机的。当女人流行染色头发时，他慢了一步，因为他决定找新的染色剂，可是他找遍了美国，没有一种颜色他是中意的。他决定到欧洲去找。他不顾太太的反对，只身前往欧洲，找到了二种紫色剂，一种是纯白的，一种是衰退的白色。前者看起来特别明丽惹眼，给人一种强烈的感受；后者的颜色较灰暗，但配上一张娃娃脸色，也会形成强烈的对比。但是这种紫色剂只适合于那些演员、舞女及过夜生活的女人，一般的家庭妇女当然不愿跟着学。他的这二种“流行色”没有得以流行。

但马修斯还不死心，又订制了一种紫色染发剂，并与世界知名的“库派夜间俱乐部”负责人拉上关系，要求他里面的女侍应生，都把头发染成紫色。

库派俱乐部的负责人认为这也是一种别出心裁的招徕术，答应了马修斯的要求。从此紫发的“库派女郎”传遍了纽约。库派俱乐部的宣传目的达到了，马修斯的目的也达到了，虽然表面上看，只有库派俱乐部的收入增加了几十万，而马修斯的紫色染发剂同样没有流行，对他的生意并没有什么助益。

其实，马修斯此举的目的就是为了达到宣传自己，以便为实现他更大的理想作铺垫。他要在美容界为自己树立一个形象：他是一个标新立异的美容师，不仅有创新的精神还有创新的魅力。女人们能接受他的观点，简而言之，他要成为一个能左右美容界的美容权威。

突然，有一天，好莱坞的一名化妆师来请他参加一部影片中主角有关发型服装的会议。他期待的机会终于来临，结局是喜人的，主角的发型称为“赫本头”的定型，大部分都是出自他的主张。马修斯又一次名声大噪起来，米高梅当即派代表与他约谈，要聘请为责任化妆师，但马修斯拒绝了。

这又是一件令人大惑不解的事情，能在好莱坞这样的大公司工作别人是梦寐以求的，而他竟不接受。

马修斯有自己的意向：第一，要使美容城真正成为城，拥有全套的美容设备;第二,要把他化妆的新意念传播给所有的人;第三,要研制一些贴有美容城商标的化妆品。因此他既要利用好莱坞提高自己的影响,又不愿意好莱坞来限制自己的理想。

两年以后,他的美容城已扩大到8000平方尺,里面的设备从美容到保健,几乎全都齐备了,真正具备了城的规模,此外他又在纽约西四十街和五十七街开设了两家新的美容城,座上的常客大部分都是百老汇歌剧界的女明星了。实现了第一步理想。

自从“赫本头”流行以后,他利用这个机会广为传播,造成了“美容城化妆师马修斯”的形象。他的财源也滚滚而来。他还把在电视里的讲稿交给出版商发行,每本出版以后至少也销到了十万以上。

为什么他的讲座和书这么受人欢迎?同样一点,是他的创新意念太吸引人了。在人们认为不可能有发展的美容界,他却在50岁以前,赚进了100万美元。又实现了自己的第二个理想。

马修斯要开始着手实现自己的第三个心愿了:研究一种属于自己的化妆品。

他又要创新,这本是他的一贯作风,这时候,他又一次遇到难题。

市面上的化妆品,一般人要用的都齐全了。而马修斯的产品,要与众不同,不只是厂牌,包装在实质的用途上也要不同。

他的创新思想,连他的合作者化学家杜贝克都反对,因为这个化学家连自己也不知道应该怎样标新立异。

马修斯的运气不错,又是在一种戏剧性的色彩中找到了答案。

听了马修斯的创新观点后,化学家杜贝克感到马修斯近乎一个怪人,赌气要辞职。但杜贝克是一流的化学家,少了他,马修斯的研究计划可能要打大大的折扣,马修斯想留着他。马修斯好说歹说,杜贝克软硬不吃,正在他们僵持着,马修斯无话找话的时候,看到走在前面的一位摩登女郎。他提出与杜贝克打赌:

“你看前边走的这位小姐身材多好!必定有一张美丽的面孔。”马修斯首先开口。

“那倒不一定。”杜贝克的表情已不像先前那样气忿了,终于开口应战。

“好,要不要赌点什么?”

“你说赌什么呢?”

“就一瓶1930年的拿破仑白兰地。”

“为什么要指定年份?”

“因为我家里有这样一瓶酒,如果你输了,我也可以借给你,不必赊账。”

马修斯完全是为了平息杜贝克的怒气而采取的策略,杜贝克当然也不知是计,就答应下来。

可是他们都没有想到会有意料不到的结果,他们紧走几步,赶到那位小姐的前面,然后一回头,眼前的结果令他们大吃一惊。原来那位小姐左颊的里侧与鼻子接连的地方,有一块不规则的红痣,看起来非常刺眼。那位小姐本能地把头转向了一边,反应虽然很快,但他们还是看清楚了。

杜贝克赢了，但心里不是滋味，他从心底里同情那位小姐，为自己的唐突感到吃惊，而马修斯的震撼更大，因为那样美好的身段，配上这样的脸，对比实在太强烈了，更使他们难过的是，他们的动作，很明显是故意的，那位小姐会是怎样的感受。但这件事使马修斯受到启迪，就像牛顿受到苹果掉下来的启迪一样，他的新产品也定型了，他的新产品即是“弥补缺陷的化妆品。”

他这样体会：“以前，我认为女人用化妆品，纯粹是虚荣的心理作祟，现在我才知道，对那些脸上有缺陷的人，化妆品所肩负的责任是很重大的。”

他的新产品问世了。由此可以看出，马修斯的创新并不是盲目的，都下过一番很深的研究功夫，他了解人们内心所需要的东西。

为此他的创新节目一个接一个，费尽心血，为客人提供新的服务项目。

马修斯成立一个“美容俱乐部”，凡是这个俱乐部的会员到美容城来，除了做头发需要付钱外，脸部的化妆是免费的，但每个人需自备化妆品，马修斯这样做的目的，主要是指导妇女如何使用她喜爱的化妆品，这正是他的原则“让所有的女人都能打扮自己”。这种化妆技巧很简单，教几下就会了，但她们需要的是美容顾问，而这种顾问服务正是马修斯可以而是应该提供的。

为了便于妇女自己化妆，他设计了不少的新产品，其中一种家庭“美容器”最引人注目。

这套用具很便宜，是专门用来做头发的，其效果和到美容院烫发差不多，头发的波纹高低，可以随心所欲，甚至于想染头发也可以。

“家庭美容器”推出应市后，令全纽约的美容业大惊失色，他们害怕会因为这种器械的流行而影响他们的收入和生计。他们联合起来商讨要对付马修斯，一方面运用一切关系，禁止他为美容器这一新产品刊登大幅的广告；另一方面派代表与马修斯谈判，请他打消生产这种产品的念头。

谈判是不欢而散的，这并不是马修斯要拆他们的台，而是他们不理解自己的用意。

这个用意不是一般人能体会到的，一方面来讲，这种美容器是对美容一行有利的产品，而且，这只能把头发弄得整齐一点，加上几个简单的波纹，但对于流行的式样，还是得到美容院去。另一方面来讲，美容器还可以发挥一种无形的巨大作用，它可以激发女人对头发梳理的兴趣，进而追求流行的发式，增加跑美容院的次数。此外美容器还具有唤醒女人爱护秀发的作用。一个从不做头发的人，也许不了解头发对整体美的重大影响，而当她们一旦开始整理头发，自己开始重视发型，这样跑美容院的队伍更庞大了。

这一点纽约的美容界里无论如何是少有人能体会到的。

接着他又在美容城里，附设儿童美容沙龙，这也是为那些母亲设置的。沙龙里设有很多新奇玩具，很受孩子们欢迎。刚开始时马修斯想到另外一点，母亲做头发还要再为孩子付出一笔费用，对于一般家庭妇女来说是一种浪费；如果不收钱、美容城又负担不起这笔设备费，他想出一个两全其美的办法，设立儿童美容沙龙，孩子们可以一面理发一面玩，理完发后还可以继续玩，直到孩子的母亲理完发为止。

认识马修斯的人都说他脑子里有一个智慧之泉，不断创设出种种新名

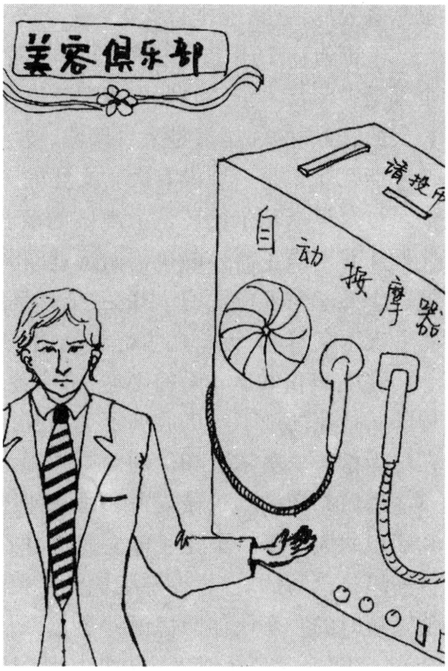

目。美容城自创立以来，服务项目虽不能说事事都在变，但一年之中，总要增加几项新的内容。他常说：“我靠这些新内容把顾客吸引来，再以周到的服务把顾客永远拉住。”

进过马修斯美容城的人都知道他的服务周到。凡是客人所需要的，美容城都有了，由健身运动到吃的、穿的、用的，几乎样样都有。还有一些额外服务，如果你时间来不及了，可以一面做头发、一面用餐；如果需要一只手袋或皮包，美容城也备有各式各样的产品，什么香水，珠宝首饰，甚至是最新时装，都可以在美容城挑选。这种“额外服务”企业赚钱不多，但都给客人留下了很深的印象，成为义务宣传员。

不久以前，马修斯又有了一个新主意，在美容城装置一种“自动按摩器”，只要你把一元的硬币放进机器里，就可接受按摩服务。这对那些上夜班的人是一种很好的服务。

马修斯的新花样太多了，有人跟他开玩笑：“有一天你的新构想用完了怎么办?”

但是像他这种一门心思用在事业上的人，智慧之泉是不会枯竭的。

他在别人认为发不了财的美容业里，50 岁以前就达到了 100 万美元。

那么在 60 岁以前呢?

马修斯的一生涵盖了“偷梁换柱”的含义，频繁地更换阵容，乘机兼并它，开拓自己的事业，创造自己的特色。

不懈奋斗，后来居上

1986 年第 10 期美国《幸福》杂志用一奇怪男子的大幅照片作为封面：他大约 60 多岁，戴着一顶老式的钓鱼帽，穿着一件伐木工人的格子衬衫，衬衫也是皱巴巴的，还有一颗扣子解开了，好像是被那傲然突起的大肚皮撑开似的，活脱脱就像一个倔强的花匠！只是那钓鱼帽下露出的笑靥有掩饰不住的一个成功者的自信和自豪——他就是美国数字设备公司(DEC)的始创者、总经理、“美国最成功的企业家”奥尔森(1986 年第 10 期美国《幸福》杂志语)。在他的带领下，DEC 在强手如云的计算机领域，经过 30 年的奋斗，逐步拓展，终于后来居上，占据了第二强的位置。

奥尔森 1906 年 2 月 20 日生于康涅狄格州的布里奇波特，父母名叫奥斯瓦尔德和伊丽莎白·斯维亚·奥尔森，分别是挪威和瑞典移民的后代。

奥尔森兄妹四个，他排行老二，

上面有一个姐姐艾琳娜，下面有两个弟弟斯坦和大卫。奥尔森兄妹四个都是在经济不景气时期的康涅狄格州特拉特福城的一座平凡的白房子里长大的，四周的邻居都是来自挪威、波兰和意大利的蓝领阶层。奥尔森的父亲奥斯瓦尔德是一个没有大学文凭的工程师，拥有几项专利，后来成为一名推销员。奥斯瓦尔德还是个虔诚的清教徒，曾经由于劝告顾客不要从他那儿购买并不真正需要的机器而远近闻名。不过他一生中最大的成就可能是把三个儿子培养成才，其中的一位就是奥尔森。

天下父母心，奥斯瓦尔德也是望子成龙，对孩子严加管教，从小就培养他们在机械和电学方面的兴趣，希望他们将来也能像自己一样成为一名工程师。他家的地下室里放满了奥斯瓦尔德珍爱的各种工具，听凭几个孩子在里面摆弄。奥尔森和他的弟弟在里面常常一呆就是几个小时，经常发明一些设计精巧的小机械或帮邻居修理坏了的收音机。当奥尔森 14 岁时，他和斯坦两人装了一个无线电发射机并在当时的火车站试用，同时还唱了一首斯坦自己写的名叫“摩菲的肉丸子”的歌。奥尔森根本无需父亲的管教。他童年时的一个伙伴回忆说：“奥尔森从小就脚踏实地，无论做什么事都不会让人失望，是奥尔森家中和街坊邻里眼中的宠儿。”但不管怎样，奥尔森兄弟日后都成为工程师，与奥斯瓦尔德的教育和影响是密不可分的，甚至连他的一些思想和性格也为奥尔森所接受。奥尔森既温和又坚决，很像他的父亲。而且奥尔森也像他的父亲一样是个清教徒，不喝酒，不抽烟，也不发誓，并且尽量避免社交集会。很少有商业伙伴能真正接近他，甚至连他的副总经理们也机会很少。

中学毕业后奥尔森参加了美国海军。当时二战已接近尾声，他的水兵生涯留给他的更多的是技术经验而不是战斗经验。他在不到 1 年的时间里学完了难懂的电子学技工培训课程，开始把电子学看作未来的机构工具。在海军的几年训练为他后来进入 MIT（麻省理工学院）学习工程学打下了坚实的基础。

1947 年秋天奥尔森脱下戎装进入 MIT 学习，主修电器工程，并于 1950 年获学士学位，1952 年获硕士学位。当时计算机还处在萌芽状态，而 MIT 正是那个时代的雅典，是新技术的发源地。能在这样的环境里学习和工作，并积累起丰富的知识经验，锻炼出一定的领导能力是幸运的,这无疑对奥尔森日后事业的腾飞起到了相当大的推进作用。因此,奥尔森一直把MIT看作是给予他知识、哺育他成长的母亲河。至今他还戴着学院授予的金戒指,戒指正面刻着一只河狸。这是工作勤奋的标志。

在MIT读书期间,奥尔森就成为学院的旋风工程师小组成员。这个小组是杰·弗雷斯特领导的一支精锐部队,在某个一流的空中防御系统中心专门设计计算机,他们的工作成就足以被人毫不夸张地形容是一支精锐部队。1949年8月,前苏联爆炸了第一颗原子弹,令人惊恐的蘑菇云下,冷战的阴风袭击大西洋两岸,MIT的科研任务要求随之涨高,那就是抓紧生产先进的军用计算机。于是,旋风工程师小组的工程师们手执计算尺和烙铁,全力以赴地去创造美国电子方面的优势,俨然是一支势不可挡的科学部队。

奥尔森不是军国主义者。他只想通过这一工程以实现自我。在他看来,旋风计算机的人机对话的特点是给人类带来了计算能动力,伟大之处在于使计算机与人之间的距离缩短了。他沉迷在旋风计算机的研制中,顺利地完成了任务,赢得了声誉,其实践技能得到了承认。

随着冷战的日益加剧,美国政府十分担忧,希望把科技界制作计算机方面的优势用于军事,建立一个地面环境半自动防御系统(SAGE)来保证国防,免遭突然袭击,于是美国空军向MIT求援。为此,MIT在莱克星顿附近建立了林肯实验室,由弗雷斯特带领,集合了400名“具有独创性”的“全才工程师”,专门处理巨大的SAGE工程,负责防御系统。奥尔森当时正着手攻读工程学硕士学位,他也很幸运地参加于其中。

空中防御系统依靠的基础是不可靠的,其中心设备磁芯存储器就像首批为计算机设计的许多部件一样,没有经过严格测试。当时实验室中一位精于战事工程的老兵泰勒深知这一问题的严重性,因为军事工程的关键问题是经久耐用,必须在测试上花些时间,以保证产品的质量。他向弗雷斯特保证:在一年内研制出一台测试计算机。尽管测试计算机小得多也简单得多,但在当时——50年代早期,制造计算机谈何容易,在泰勒领导的60名工程师中,他认定奥尔森是个“能成大事的人”,善于处理复杂局面,堪担此任。他对奥尔森说:“我希望测试能在9个月内完成。”奥尔森毫不迟疑地答应了。奥尔森和他的伙伴们夜以继日,终于在9个月内制作出测试计算机。

测试计算机的研制成功使奥尔森在人才荟萃的林肯实验室一举成名,也使他明白了纪律和计划的重要性,发现了有条不紊的必要性,也知道了该怎样组织一个攻关小组,而且效果出人意外。奥尔森开始认识到脱颖而出的缘由:他不再是一个单纯的工程师,而是一名合格的领导人才了。

1950年在接受测试计算机的挑战前,奥尔森曾为了一项更重要的任务而中断了他的学业,以至于放弃了参加旋风工程小组的机会,急匆匆去了欧洲。这次远行不是为了工作而是为了爱情。他爱上了一位芬兰籍的金发女郎:丽莎·奥丽基·瓦尔芙。无巧不成书,他们是通过奥丽基大学时的同屋认识的,而这位同屋又是奥尔森在康涅狄格州斯特拉特福时的友邻。

这对年轻人在瑞典重逢并订了婚。但是,笼罩全世界的冷战阴云波及了奥尔森和他未来的新娘。他们必须获得美国和芬兰两国政府的特许才能结婚。几经周折,1950 年 12 月,他们总算在奥丽基的家乡,芬兰的拉蒂城举行了婚礼。

婚后他们又回到美国的马塞诸塞。安顿好家以后,奥尔森又重新投入了 SAGE 工程。因其出色表现,泰勒和弗雷斯特又交给他一项新的任务。这次任务比上次更为紧张,更多考验,也带给他人生的转折。

美国空军把林肯实验室当作 SAGE 工程的顾问和主要承包商后,美国一些公司开始争夺那些有利可图的分项合同,IBM 公司力克群雄夺标。当时,IBM 已占据了市场优势,还在继续创造新的业绩,其他形形色色的公司都在暗中和它较劲儿。逆水行舟,不进则退,在商场的竞争中也是如此。

IBM 公司从林肯实验室接受了一个转包合同。合同签订后,IBM 公司和林肯实验室的工程师们一天两次乘坐 IBM 公司的一架合作飞机,往返于 IBM 公司在纽约的驻地波基普塞和马塞诸塞州的汉斯康姆菲尔德。往返不懈,双方人员都疲惫不堪。弗雷斯特强烈地意识到,必须有脱产的联络员在波基普塞,每天去 IBM 公司的工厂,为 IBM 公司生产专家索要林肯实验室的工程师所要传递的信息,在这个由研究工程师和生产厂家组成的不同寻常的团体中穿针引线起排解疏导作用。他让泰勒挑选一个合适的人选,泰勒选中了奥尔森。

泰勒告诉奥尔森,去那儿他可以学到许多新的东西,定会获益匪浅,“奥尔森,这将会是你一生中最宝贵的经验。”奥尔森却很不情愿地接受了这一项任务。

奥尔森清楚地知道,林肯实验室和 IBM 公司的关系可谓水火不相容,林肯实验室“做好为上”的有受规矩束缚的工作方式和 IBM 公司根深蒂固的官僚主义有着直接的对抗。IBM 公司的一个经理举行的家庭晚宴就说明了两者在观念上的巨大差异。晚宴上,主人根据客人的头衔安排到相应的座位上,可见头衔在 IBM 公司是多么受重视。而在林肯实验室里这种等级区别根本不存在,因为每个人不是工程师就是技术员,头衔不值一提。

在 IBM 公司的工作使奥尔森一下子心灰意冷。合同上规定两个组应该共同合作。但令人气恼的是 IBM 公司对工程的每一部分都保密,奥尔森仿佛进入了一个封闭的世界。此外,浪费惊人,人浮于事,甚至为了给他的办公室添置一些办公设备,他居然费尽口舌,结果还是自己动手,所有这一切都让奥尔森无法接受。

在困境中人们常常走向两个极端,或奋进,或沉沦。奥尔森属于前者。1953 年底的一个寒冷的冬夜,在自己的房间里,奥尔森对看望他的泰勒表达了对 IBM 公司的不满,愤愤地说:“诺曼,我可以在他们的地盘上打败他们。”就在那天晚上,奥尔森有了数字设备公司这一构思。

实现这一理想需要 7 万美元。为了资金,奥尔森即将成立的新公司只好答应付给风险投资企业 ARD 公司 70% 的利润。ARD 公司是计算机行业的先驱者,总经理叫多理奥特,是一位仪表堂堂的法国人,在以后的 30 年中,他自始至终是奥尔森的良师益友。当时,多理奥特仅出于单纯的考虑:或许他们能制造出比 IBM 价格更便宜、工艺更简单的计算机。在签约前,他坚持要会见奥尔森的妻子奥丽基。他有种奇特的看法,DEC 公司的成功需要一个妻子的忍耐和支持，当她丈夫一头扎进新企业时，妻子应该心甘情愿地当好贤内助扶助丈夫。而会见的结果是："只是几分钟的时间，奥丽基和总裁之间就建立了持续终生的友谊。"

1957 年 8 月，凭着银行的 7 万美元和唾手而得的机会，奥尔森和他的合伙人安德森进军马塞诸塞州的艾萨贝特山谷的梅纳德小镇。他们要在那儿开辟一个新的天地——DEC 世界。

1957 年 DEC 公司创建了。

开业的第一天，奥尔森的弟弟斯坦加入了这个尚不为人知的公司，组成一个"三重奏小组"，打开了一无所有的厂房。打开窗户时，成群的鸽子飞了进来，绕着办公室翩翩起舞，好像特意参加他们的开业典礼，预祝他们事业成功。

尽管只是个微型公司，也需分工明确，奥尔森毫无疑问地挂上了总经理的头衔。这位 MIT 出身的总经理执意要把 MIT 的精华注入这个新生公司：开放、诚实、信任、大度。他说："激励我们这番事业的并不是技术，而是这种精神。"MIT 对奥尔森的影响是如此之大，以至使他的行为有些偏激，甚至要让他的公司和 MIT 一样度假过节，但马塞诸塞州规定企业和大学的节假日不一样，通知奥尔森有几个职工节假日不能批准。奥尔森不服："可麻省理工学院有！"州政府明确告诉他："我们管不了麻省（MIT），但我们管得了你。"虽然创业艰难，但奥尔森一手造就的自由开放的工作环境却使人身心舒畅，乐于勤奋工作，尽情地发挥聪明才干。

功夫不负有心人。经过一年的辛勤经营，公司卖出了价值 94000 美元的存储器测试逻辑软件，还一度垄断了市场。初战告捷，新公司稳住了阵脚，增强了信心，加快了发展的步伐。他们开始把眼光越过逻辑软件和存储测试器，投向计算机的研制——这是他们的出发点。

这个目标不局限在研制计算机本身。当时的发展趋势是：人们需要亲自使用计算机，希望通过键盘和监视器同机器进行对话。当时生产大体积计算机的 IBM 等公司认为这种想法无疑是异端邪说。奥尔森却认同了这一趋势，顺应了这一趋势也抓住了时机。

1959 年 12 月，DEC 公司向市场推出了它的第一台计算机 PDP—1 的样机。这是一种人机对话型计算机，其售价低廉到只是一台大主机的零头，而且体积较小。它成功地把 DEC 带进了计算机行业,开辟了一个崭新天地。从此,DEC 在计算机行业中有了肥沃的土壤,并扎下了根,开始蓬勃生长。

1962 年是 DEC 的第五个财政年度,公司上报的销售额是 650 万美元,净利 80.7 万美元。这个成果完全是从 ARD 的 7 万美元的投资基础上获得的。虽然利润可喜,但奥尔森仍旧没有安全感。他担心他已建立的一切和他想要建立的一切都会土崩瓦解于瞬间。他明白:“你要发展,但发展会给你带来困难。”

在生产 PDP—1 的同时,DEC 开始考虑研制两个新产品 PDP—2 和 PDP—3,不料都失败了。倒是 PDP—4 从图纸变成了产品,但却在市场上受到冷遇。

PDP—4 遭到的冷遇预示着更深的困境与不幸的开始。

1963 年 1964 年度,生产开始每况愈下,利润也大幅度滑落。作为一位驾船驶向理想彼岸的总经理,年轻的奥尔森第一次遇到激流的袭击,DEC 面对危机。直觉告诉他:公司正日趋没落,失败正威胁着他。他必须找到原因,然而他不可能从他的经理们身上得到回答。问题就出在错综复杂的民主身上。那种松散的管理方式在公司刚刚开张时还行之有效,但随着 DEC 的迅速发展,越来越需要一个固定的管理结构。什么样的管理形式和机构才适合他和 DEC,奥尔森为了找到答案真是费尽了心机,整天苦思冥想。

一天晚上,奥尔森又躺在床上苦思冥想。突然,他的头脑中灵感闪过。诞生了一个彻底改变 DEC,使之走向成功的奇招:一个经理负责一条生产线,全面担负生产、销售和市场;他的职责就是赢利赚钱,不论是赢利还是亏损,责任都归他,他负责一切。从本质上说,他将成为 DEC 的企业家。这种组织机构,即 DEC 公司的标志。就是以在 1965 年还鲜为人知的术语“矩阵”而逐步出名了。

DEC 的生产结构随着生产的出现发生了质变,实现了划时代的飞跃,实际上 DEC 是进行了一场变革。到 1966 年,这种矩阵型的管理机制已基本完善,DEC 开始蓬勃发展朝气向上,财政收入也猛增。

变革带来了欢乐,也浸透着痛苦。安德森离开了他亲手创立的 DEC,与奥尔森分道扬镳,应邀而来的好友弗雷斯特也戚然离去。在安德森和弗雷斯特离开后,除去奥尔森,无人能在董事会中获得一席之地。一番争斗之后,奥尔森成功地巩固了自己在公司的统治。现在,DEC 只有一个领导,就是奥尔森,历史上有许多事情我们无法评价,DEC 这一段痛苦的经历至今还云遮雾罩,人们依然莫衷一是。

无论如何,1966 年确是 DEC 公司一个重要的转折点,其间奥尔森也确实是支柱,是他及时地采用了能迅速促进生产的生产线结构,使 PDP—8 型计算机获得了巨额利润,保证公司转危为安。

当计算机朝着复杂而昂贵的方向发展时,奥尔森却带着他的公司逆道而行,1965 年秋季,DEC 公司推出了小巧玲珑的 PDP—8 型计算机,作为自己的产品整体出售。奥尔森支持这种改装,因为这样做可以使公司免去高成本、高强度的软件编写工作。计算机行业里一种新的销售方法就应运而生了——销售原始设备(OEMS)。不久,原始设备的销售额占了 DEC 销售总额的50%,公司财源滚滚而来,甚至连奥尔森和他手下的决策者们也始料不及,PDP—8型计算机的生产迅速扩大,抢占了IBM公司的计算机市场。

PDP—8型计算机的成功使DEC公司发现自己正在进行一场易操作的小型机革命。但是,商业界许多人士当时并不真正了解PDP—8型计算机带来的信息。负责DEC公司在加拿大业务的约翰·伦格飞往伦敦去建立在英国的DEC业务处,并在那儿成功地销售出许多PDP—8型计算机后,向公司传送回了这样的销售报告:"当我驾驶微型力量车在大街上巡视时发现了这个流行迷你裙的地方也需要最新式的小型计算机。"这个消息在DEC公司引起震惊,接着工业贸易出版物也蜂拥地报道这条信息,小型计算机时代诞生了。

到了1970年,大约有70家公司在生产小型计算机,DEC公司在小型机上已拥有绝对优势。通过向成千上万的用户提供他们买得起的小型机这一方式,DEC公司一夜间成为引人注目的制造商。

1967年DEC公司已拥有3900万美元销售额并以此庆祝它的10周年纪念日。那时,奥尔森41岁,正是美国企业家实现梦想的最佳年龄,他竭尽全力经营着他的公司,正使它摆脱困境而进入蓬勃成长的时期,但是,奥尔森并不满足,他清楚地认识到当表面上事事如意时,尤其要注意避免失误,以免与机会失之交臂,因为失去机遇就会被无情的市场大浪淘沙。

当时DEC公司正在研究一种像PDP—8型计算机那样简单的设计方案,使公司得以进入16位机的领域。这项任务迫在眉睫:IBM于1964年推出的360系统使8比特字节和它的多路系统成为计算机行业的标准,完成改变了计算机方式,这仿佛明确地宣告DEC正在用12和18位计算机这两种落伍的武器打一场败仗;另外,最新打入小型机市场的竞争对手正在技术方面向DEC公司迫近,它们早已钻入DEC小型计算机的王朝,充分地研究并掌握了该公司16位机的技术。因此,DEC必须赶快地制造出新型的16位机,而且胜于市场上所能见到的任何类似的计算机。他们给这种正在研制的新型计算机起名为PDP—11。PDP—11将把DEC公司引向新的领域。

1970年1月5日,DEC终于推出了PDP—11型计算机。PDP—11拥有一系列计算功能,操作简便,外观优美,使用寿命也长于其他计算机,很快成为小型计算机工业的榜样,同时成为一代小型计算机设计的楷模。人们开始认为,DEC公司在向全世界教导如何制造计算机。不久,两种更先进计算机也投入市场。到1972年,DEC公司彻底地控制了小型计算机市场,从而引起了爆炸性的销售量和激增的产品增长率。从1971年到1975年,DEC的销售额从1.46亿美元上升到5.33亿美元,利润翻两番还多,并于1974年3月成为美国第475家最大公司,跻身《幸福》杂志选出的美国头500家大公司的行列。

DEC的影响开始遍及工业界的每一个角落,遍及全球。DEC已不满足于梅纳德的领域,开始向梅纳德以外发展。在美国本土,在欧洲,在远东,DEC到处建立了自己的办事处和子公司。凡到过DEC子公司的人们都很快感觉它们之间有明显的血缘关系:宽敞的办公室,熟悉的宣传画,职工工作的小屋,还有那浓郁的乡村气息。所有这一切都让人觉得如此地亲切,如此地温馨,有强烈归宿感。一位 DEC 的老人真挚地说:“无论在工厂、办事处或公司,你总有这样一种感觉,你属于这个家庭,这个俱乐部。”这个家庭,这个俱乐部就是奥尔森的 DEC 世界——立志要在 IBM 的地盘上建立的新世界。

奥尔森一直回避把 IBM 当作榜样或对手来激励自己的下属,他创立 DEC 的初衷就是要在 IBM 的地盘上打败他们。事实也正如他所希望的那样,DEC 终于脱颖而出冲破了这个巨人身影的笼罩,超过其他所有对手,成为 IBM 的头号挑战者。

DEC 初临人世时只有 7 万美元的资产,而 IBM 年收入超过 10 亿美元、在全美占有最大市场。在这样的形势下,DEC 硬是要与 IBM 面对面地竞争,肯定会碰得头破血流,仿佛寻死。所以奥尔森采纳了诺曼·泰勒的意见:永不公开批评 IBM,以免激怒这个巨人。一开始就放弃 IBM 所控制的大型计算机市场,另辟蹊径,制造小型计算机,悄悄一举成功,当 DEC 已经具有相当规模的时候,他还一再声明:“我们并没有与 IBM 竞争。”无论他怎样公开声明,他时刻忘不了要击败 IBM,让大家知道 1953 年的那个冬夜他对泰勒所说的话决不是痴人说梦。实际上,早在 1971 年 DEC 推出 PDP—10 计算机时,它已开始与 IBM 分庭抗礼。但 DEC 的销售员们却被告知说:不要提及那个比 DEC 强得多的对手。

然而,1976 年奥尔森已无法避免和 IBM 的正面交锋了。IBM 已看出小型计算机已成了价值 5 亿美元的产业,它想要吃肥肉。该年春季,IBM 推出了它的小型机系列 Seriesl,开始进攻 DEC 垄断着的市场。这个庞然大物的出击骤然间导致高技术战争的爆发,商贸界和新闻界也开始关注小型机市场这一番新的争斗,站在一边呐喊助威,但没有一家出版社愿刊登通用数据公司的一份广告:“人们说 IBM 进入小型机市场将使它获得法律地位。野种们说,欢迎。”

奥尔森的反应柔中有刚。DEC 的设计人员又想出了新招数——分置式网络。远离公司总部的下属部门使广大用户依靠它们如今也能及时得到计算机服务了。这样,许多户主“正在从 IBM 的强硬控制下走开”,不少地方都在考虑用小型计算机来完成以前一直使用大型主机做的工作。尽管 DEC 进行了有力的反击,但当时它处于四面楚歌的境地——IBM 的年销售额达 70 亿美元,比 DEC 在 1976 年的销售额大 10 倍,另外,通用数据公司及其他小型机公司挤在周围,虎视眈眈,窥视着 DEC 的市场。竞争是如此激烈,似乎无路可走。

正当高技术战火纷飞时,在加利福尼亚的帕洛和阿尔托,两位年轻的发明家正为第一台私人苹果计算机做收尾工作。这架计算机当时还只是个粗胚,但它标志一门新产业的诞生。正像当年 IBM 由于疏忽而把小型计算机市场让给了 DEC 一样,DEC 也犯了同样的错误。由于疏忽而没有在人机对话式计算机发展之后,及时走出下一步——发展个人计算机,从而使这两个年轻人占领这片领域。

1978 年,个人计算机刚刚冲击市场,大众反应还非常冷淡,丹·布罗克林这个哈佛商学院的学生就开始构思电子数据表格,实现在计算机上高效、迅速地处理复杂的数据运算。布罗克林曾在DEC公司当了3年程序员,对DEC的机器了若指掌,他想在DEC的PDP机上建立电子数据表格。于是,他向DEC公司的销售代理人询问购买PDP机的有关事宜,而销售人员却敷衍了事。此时,布罗克林借了一台苹果Ⅱ型机,便在这台机器上开发成软件(Visicalc)。配备上Visicalc软件,苹果Ⅱ型机的销售如虎添翼,个人计算机突然变得重要起来。

DEC公司就这样轻易放弃把Visicalc软件带入市场的机会,这似乎象征着DEC公司在个人6位计算机方面的历史——一系列机会的错过和一次次地误入沼泽。

如果说痛失Visicalc的错误归结于销售人员不具有进取心的话,那么奥尔森就应对在DEC以后的个人机发展史中所出现的一系列错误负责。

奥尔森坚持认为:“个人机在商业上将会栽跟头。”自亨利·福特阻止通用汽车公司生产高级车身失败以来,这或许是美国工商业界在决策上的最大失误。奥尔森是计算机行业的天才,但天才也会犯错误,一错再错。

1980年,奥尔森突然转变对个人计算机的态度,开始不停地谈论起个人机的巧妙之处,说这种机器简单到连牧师都能使用。难以置信的是,促使这一转变的催化剂是奥尔森与《商业周报》的一位女记者的一次交谈。那位女士带来有关DEC低档产品的不良反映,对DEC个人机的落伍提出有力的质疑,奥尔森奋然而起。

另外,1981年8月IBM公司首次将其个人计算机公布于世,整个市场被席卷。留给DEC的时间已经不多了,必须奋起直追。

忙中出乱,在这个关键的时刻奥尔森又犯了一个致命的错误。他决定同时研制、生产并向市场推出三种机型Professlon－al、彩虹100及DECmateⅡ型,他认为这三种机型各自的性能不同,要让市场去发现哪种最适用。可惜市场的确是发现了哪种最适用,那正是IBM,不是DEC。

1982年5月10日,在波士顿闹市区的一个礼堂里,奥尔森颇感自得地推出了他的那三个宝贝,还破例亲自渲染它们的种种好处。在奥尔森的眼里,那三种机型如同三弯美丽的彩虹横贯天空,定然会震惊在场顾客。但顾客们对奥尔森的宣传毫无兴趣,他们只关心两件东西:价格和应用软件。DEC的价格方面毫无任何优势,在应用软件方面则存在着更大的局限。这些致命的失误使得IBM公司在棋无敌手的情况下霸占了市场整整一年。

个人机的失败使DEC受到沉重的打击,它不得不进行改组,这也是公司历史上的第三次改组。

1966年公司从职能结构过渡到生产线结构,业务骨干离开了,包括早年的共同创业者安德森。现在,又轮回到职能结构——“一个公司,一种战略,一条信息”——依然是伤亡惨重。四年之内,DEC改组失去了16位副总经理和无数低级的工程师和经理人员。他们是计算机领域里的佼佼者,他们将自己的技能带往其他的公司,在这一场商业大战中无疑是自残其翼,这是对DEC的双重打击。但是,此时的奥尔森,只能默默地忍受痛苦。

改组之后,新的行政系统并没能立即运转起来,生产能力严重下降。1983年10月8日,DEC跌入“黑色星期四”的深渊——股票指数下降21个百分点并继续滑落。大多数用户的购货名单中都将DEC公司划去了,分析家和新闻界不约而同地指责DEC公司和奥尔森,媒介的公开讥讽是:“在大街上人们也异口同声地谈论DEC公司不可救药了。”

面对四面楚歌,奥尔森没有气馁。详细筹划,他毅然决定:重新回到VAX战略上来。

VAX战略已经实施五年了。这一战略是1978年秋DEC的工程师贝尔提出来的。贝尔认为,IBM的宗旨是为专门化的新市场提供以不同结构为基础的、用途单一的各式计算机,并没有考虑到这些机器的兼容性,使得这些机器无法自由交谈,也无法交换使用软件,但用户迫切要求打破规则和功能的类别界限。这样,IBM如果不及时修正宗旨,势必会陷入自己无意间设下的陷阱。而VAX战略的目标就是通过使用单一结构而达到简单化,而不会受到硬性分类的束缚。贝尔认为,利用这些优势,DEC一定会在即将到来的80年代迎头赶上IBM。VAX战略是一枚真正的导弹。

几经曲折,奥尔森终于回到VAX战略上来,并且成为它的坚定支持者。奥尔森一旦拿定主意,贝尔和其他副手们立刻是“柳暗花明”,仿佛那明丽的天空转眼又重新展现在他们的头上。

1984年10月31日,奥尔森终于搏倒长达两年的批评浪潮,容光焕发,精神抖擞,如同重返战场的斗士。而对着新闻记者、财务分析家和众多顾客,他宣布了VAX战略的第一个成果VAX8600的诞生。他激动地竟然将VAX8600说成VAX6800。怎能不激动呢?公司的收入和利润开始迅猛上升,并于1985财政年度跃至《幸福》杂志500家首富的第65位。DEC大踏步前进时,整个工业界十分萧条。这时,王安公司、数据总公司等减缓了前进,而7倍于DEC公司的IBM衰退得尤为惊人。正如贝尔所预料的那样,IBM陷入了自己无意间设下的陷阱中而难以自拔。

DEC的成长是如此迅速,如同东方神话中迎风而长的神,到了1987年它已从细如尘芥变成IBM的1/5大小,并且愈来愈强大,相反IBM却继续停滞不前。回避IBM30年之后,DEC终于从容地走到IBM面前。

1987年9月,和煦的阳光照耀在波士顿港口的水面上,波光粼粼,平添了几分富丽和辉煌。在通往世界贸易中心的码头上,富有的商人和优雅的女士在众多记者和DEC雇员的簇拥下缓缓步行，欢声笑语不时爆发和着那灿烂的光芒铺洒到一望无际的水面上，融成含蓄的深蓝。隐约，一艘巨轮——世界最大的巡游船“伊丽莎白二世号”——驶入了人们的视野里，隔断了这片热闹。

这一切都仿佛是蒙太奇镜头，这一切又恰恰是奥尔森的导演下真实的故事。DEC公司另辟蹊径来抓住商业世界的注意力。它邀请了近50000名顾客、记者和雇员，参观新建的DEC世界——DEC公司在波士顿的世界贸易中心独家举办的豪华展览。DEC公司一改往日对资金情况守口如瓶的谨慎，展出中公开宣称DEC世界的VAX将会带来20亿美元的订单，不日将出产其第100000台VAX机。峰头浪尖上的奥尔森也一改往昔的谦恭与卑怯。也难怪奥尔森如此陶醉。DEC的雇员们甚至怀疑自己的听力：DEC快有IBM大了！

DEC摇身一变成为IBM的头号竞争对手，但终究弱于IBM的强大，这艘巨轮能否赶上、何时才能赶上IBM这最大的、也是它决意追逐的对手呢？

观察阵势，就能发现精兵之所在。与友军共同对敌时，频繁地抽换友军的阵容，暗地里更换友军的主力。让自己的部队去替代他作梁柱……DEC公司在占领市场上很好的利用了“偷梁换柱”的意图，表面上DEC仿佛并未抓住这个机会，反而让一些在IBM的时代名不见经传的小公司占了先手，但是，DEC是否就是输家呢？

26计 指桑骂槐

立威慑众，齐国称霸

春秋时期，管仲相齐。那时正当春秋初期，周王室的势力已经衰微，不仅失去了对诸侯国的控制能力，而且自己也相当于一个二等诸侯国，只不过保持一个“天下共主”的虚名，相反，诸侯国的势力却迅速膨胀。由于经济的发展，诸侯国对别国土地和人民的占有欲更加强烈，于是出现了频繁的兼并战争和大国争霸的局面。春秋初期的诸侯争霸，主要在黄河下游各国之间展开，当时黄河下游的大国有郑、宋、卫、鲁、齐五国，小国则有陈、蔡、邢、谭、遂、纪、莒、杞等。最初中原地区曾出现了郑国独强的局面，但自郑庄公死后，由于发生内乱，郑国的势力便中衰了。由于中原无主，诸侯混乱，又造成异族入侵的局面。在这种形势下，把中原各国联合起来，节制诸侯之间的肆意侵伐，抵御异族的侵扰，以发展中原地区的经济和文化，就是当时客观形势的需要。这就是说，中原需要一个霸主，来代表周天子向诸侯国发号施令。这就看谁的势力最强，谁就能充当霸主的角色。

当时齐国是齐桓公在位。为了激励和帮助齐桓公实现称霸诸侯的目的，管仲深思熟虑，成竹在胸。他首先提出尊周亲邻的总方略，一是采取军事、外交等各种手段使诸侯朝齐，二是令周天子给齐桓公的霸权地位以合法的外衣。为实行总方略，他建议桓公先修内政，后图外事，他献出一整套改革方案，先使齐国国富民安，并且提出“仓廪实而知礼节，衣食足则知荣辱”的著名论断。在军事上，管仲提出要寓兵于民，并提出一套用军器赎罪的办法，在人才选拔方面，提出“匹夫有善可得而举”，从而提高了部分庶民的社会地位。为了保证一系列改革方案的施行，管仲还建议桓公改革中央官制。齐桓公接受这一系列的改革方案，并付诸施行。于是齐国迅速强盛起来。接着管仲想到要齐国称霸于天下，外交策略十分重要。于是提出一套“亲四邻、广结交、以德服天下”的外交策略，并且重新勘察齐国的疆界，把侵占邻国的土地归还给他们，明确标定邻国的边界。这样就安定了四邻，使邻国亲信齐国。管仲还主张积极发展同诸侯国的经济交往，实行“关市几而不征”的政策，即不征收关税和市场税，这样经济上的开放，又取得了政治上的信任，提高了齐国的声誉和威望。当然管仲也清楚地意识到，由于历史的原因和现实的利害冲突，诸侯国之间的矛盾和斗争，是异常激烈和错综复杂的，诸侯国之间的关系，也因此呈现出反复无常的状态，今日是盟友，明日可能就是仇敌，而强凌弱，大欺小，尚权诈，轻信义，更是普遍现象。因此管仲认为齐国处在这样一种环境中，要想称霸诸侯，光靠行德义是不够的，还必须“示之以武”。所以管仲辅佐桓公称霸的历史，也是一部武力征伐史。其间运用了许多计谋，其目的就是为了使桓公成为令人敬服的霸主。

公元前 684 年冬天，齐国开始对外用兵，目标是齐国西北边的一个小国谭国，因为齐桓公当年出奔莒国时，曾路过谭国，谭君对他很不礼貌。齐桓公回国即位后，诸侯国都来祝贺，谭国又不来。小小谭国竟敢对齐国如此不恭，何以服天下？所以齐国出兵伐谭，很快把谭国灭掉。但齐桓公“代谭而不有”，就是只征服它，并不贪其地而去占有它，这就达到了使许多小国对齐国“信其仁而畏其武”的目的。公元前682 年，宋国发生争夺君位的内乱，第二年三月，齐桓公借周天子名义，邀来宋鲁、蔡、陈、卫、郑、遂、邾等国会盟于北杏，谋划平定宋国内战。但到期前来会盟的只有宋、陈、蔡、邾四国，齐桓公便决定讨伐不尊王命、不来会盟的国家。经过管仲对形势的分析，最后决定先拿鲁开刀，但齐国并没有直接进攻鲁国，而是先出兵鲁国的附庸国——遂国，并很快灭掉了遂国。这明显的是杀鸡给猴看，目的是给鲁国点厉害瞧瞧。因为遂是鲁国的北部邻国，齐灭遂就直接威胁到鲁。当时鲁国在齐国的邻国中是最强的，又曾两次打败过齐国，对齐国从来不大服气。在齐国出兵救燕时，向各国请兵支援，鲁国口头答应，却按兵不动。因此鲁国是当时齐国通向霸主道路上的主要障碍。但由于齐桓公在管仲的策划下，实行以德报怨的安鲁政策，以免其投靠楚国。一方面努力与鲁修好，归还以前所侵占的土地，以利诱之，于是鲁庄公对齐国既惭愧又感激，所以第二年齐国伐莒，鲁庄公下令全国丁男全部参军入伍，支援齐国伐莒，于是关系有所改善。现在齐国灭掉遂国，对鲁示之以武，给予一定的军事压力。加上鲁国看到许多诸侯国都归附了齐国，感到寡不敌众，所以鲁国就主动与齐修好，与齐在柯结盟。

以上齐国伐谭和灭遂都是用了“指桑骂槐”之计。为了称霸诸侯，齐国必须实行兼并战争，但得师出有名，于是借口小小谭国竟对齐国如此不恭，即借谭的过失灭谭，并以此显示武力。齐国要称霸天下，必须让诸侯国敬服，才能树立威严。灭谭而不吞并其地，借以使许多小国对齐国“信其仁而畏其武”，恩威并重，达到敬服它的效果。灭遂也是一样，找其过失而灭之，但更主要的目的是要杀鸡儆猴，以此慑服鲁国。这是管仲施用“指桑骂槐”之计，使齐桓公迈出实现霸业的关键的一步。通过实施以上策略，齐桓公终于在继位的第七年开始登上霸主的宝座。

齐国称霸后，威望大增，势力迅速发展，连楚国的盟国都归服了齐国，这引起楚国的强烈不满。加上南方的楚国早有向中原扩张势力的野心，因此就接连几次伐郑，来打击齐国在中原地区的势力。于是齐桓公就考虑联合诸侯救郑伐楚，想对屡屡伐郑的楚国来一个出其不意的打击。但在当时的条件下，如何隐蔽自己的战略企图，迷惑楚国，达到攻其不备出其不意呢？恰在这时，齐桓公生活中出现了一个小插曲。原来蔡国曾与齐国修好，为了加深两国关系，蔡侯把自己的妹妹嫁给了齐桓公。有一天，齐桓公和蔡姬在园中乘船游玩，蔡姬和桓公闹着玩，故意把船摇得来回晃荡，桓公不会水，怕船翻了，被吓得脸色都变了。他制止蔡姬，而蔡姬却故意撒娇不听，把船摇得更加厉害。于是桓公大怒，就打发她回娘家蔡国，以示惩罚，但并没有要和蔡姬解除婚姻的意思。可是蔡侯却感到受了莫大的侮辱，以为桓公此举就是休妻，一气之下，就把妹妹嫁给楚成王。消息传来，桓公十分恼恨。借此，管仲就提出“以讨蔡之名行伐楚之实”的方略。蔡国与楚国相邻，拿下蔡国，再以迅雷不及掩耳之势，全力攻楚，就可以打楚国一个措手不及。桓公兴兵伐蔡事在情理之中，以此掩盖伐楚企图，不易被楚识破。虽然事情的发展有了变化，伐蔡之后，消息泄露，于是管仲随机应变，灵活地变换方略，决定和楚谈判，以大义责之，使楚国不战而屈服。齐国借口楚国已经二年没有向天子贡献菁茅了，菁茅是一种较长的茅草，是楚国按惯例应向周王室贡献的一种特产植物，祭祀时把菁茅捆成束立在祭坛上，把酒从上面浇下，使酒顺着菁茅下渗于地，以象征神饮酒。这样可以说是为天子而兴兵伐楚，迫使楚国承认不贡菁茅之罪。于是与楚国在召陵订立盟约，表示要共尊天子，友好相处。在这里管仲是又一次成功地运用了“指桑骂槐”之计，以讨蔡之名，行伐楚之实，既伐了蔡，又打击了楚国。

齐国在建立霸业的历程中，多次极为典型地运用“指桑骂槐”之计，以此慑服其他诸侯国，建立威信，达到称霸诸侯，巩固霸业的目的。

齐楚相争,问鼎中原

春秋五霸之一的齐桓公任用管仲为宰相,治国有方,国富兵强,正想问鼎中原。这时,楚成王杀了淫乱宫女的令尹子元,新任命了斗谷于菟为令尹。斗谷于菟字子文,文武双全,执法严明,并能以身作则,又善于用人,深受楚国人的爱戴。他精心治理国家,改革弊政,首先提出:凡受封者要以半数采邑归还国家,不致使朝臣势力强大而削弱君权。并立即从他自家做起,其余的人不敢不遵守。他又将国都从丹阳(今湖北秭归)迁郢(今湖北江陵),因为郢地可以北控长江、汉水地区,南指湘江流域,是古代兵家必争之地。子文提倡练兵习武,注意选拔人才,以屈完为大夫,以斗章统率军旅,楚国日渐强盛。

楚国的强盛对齐国想称霸中原,当然是个威胁。于是,在公元前681年3月,齐桓公借周天子的名义,邀宋、鲁、陈、蔡、卫、郑、曹、邾(春秋邾国,战国时改为邹)八国会盟于北杏(在今山东东阿县境),想定盟称霸,并以此威慑楚国。但仅有宋桓公御说、陈宣公杵臼、邾子克(邾国是子国,名克)、蔡哀侯献舞来会盟。会盟时,齐桓公约定共同出兵伐不尊王命、不来会盟的鲁国。宋桓公不同意,不辞而别。齐桓公又主张先伐宋,管仲建议:"宋远而鲁近,且王命会盟,鲁抗命不到,不先伐鲁,何以服宋。"因而准备伐鲁。管仲又建议用计慑服鲁国而免动干戈。齐桓公问计,管仲说:"济水东北有一遂国,是鲁国之附庸国,国小且弱,可一举而下。齐攻入遂城(今山东肥城南),鲁国必然害怕,鲁惧必来求我会盟,我可以因此而答应它。宋国见鲁国与我定盟,鲁已服齐,宋亦必然惧我。这就是攻伐一个遂国,而可制服两国矣!此为'指桑骂槐'的计谋。"齐桓公听管仲说出此计,竟能制服两国,连连称善,就按计而行。

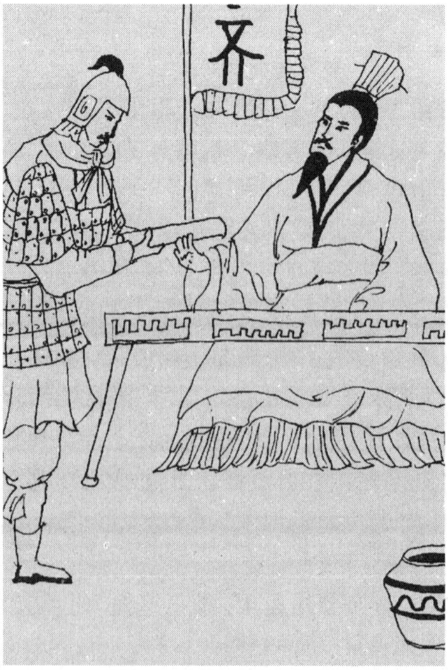

很快,遂国陷落,鲁君害怕,果然遣人送书请求到齐国境内会盟,于是盟于柯(今山东东阿县西南)。会盟后,齐桓公将原来侵占鲁国的汶阳田,退还鲁国,四方诸侯都认为齐国很讲信义。

公元前680年,齐桓公准备伐宋,卫、曹二国为齐国的威力所慑,自动请盟,卫、曹出兵助齐伐宋。时齐桓公于路途中收得谋士戚宁,拜为大夫,戚宁愿以三寸之舌说服宋桓公与齐会盟。戚宁到宋晓以利害关系,宋桓公果然派遣使者随戚宁到齐军中请和。

继而,齐桓公又帮助郑厉公

子突复国，于是齐国深受他国的尊敬。公元前679年。齐大会诸侯于幽（今北京城西南），参加会盟的有：宋、鲁、陈、卫、郑、许诸国，齐的霸业初步奠定。

这时，齐国称霸的主要对手就是楚国了。因而齐桓公与管仲再次商议争霸中原的对策。桓公想以"方伯"（即一方之长）的名义，号召诸侯起兵，共同伐楚。管仲说："楚为南方大国，江汉一带以至南海，为它所有。因能励精图治，所以国富民安，僭号称王。周天子尚不能控制，如用诸侯的军队讨伐他，不是良谋。今天许多小国刚刚慑服于齐国，应当广积威德，不可动辄兴兵，使诸侯不为我用。等待楚国内乱，再借故讨伐，方为上策。"

齐桓公一心想以军威提高霸主的地位，只是见管仲提出的意见有理，方才作罢。沉思良久，才又生一念：不如先讨伐齐国西南方的鄣国（在今山东平阴，一说在今山东诸城）为宜。鄣国为姜太公的子孙，齐国亦是姜太公的后代，故管仲说："鄣是小国，且又是太公的支孙，灭同姓，是为不义。"管仲想了一会儿又说："鄣国与纪国毗邻，鄣是纪的附庸国。纪国在齐襄公时，已被攻灭，今可派王子成父率大军巡视纪城，表示将要加兵于鄣国的样子，鄣必畏惧而来降齐。是无灭亲之名，而有得地之实矣！"齐桓公闻之大喜，又按计行事。

纪国与齐国九世有仇，两国交兵，由来已久。这次齐桓公因欲扩张土地，即命王子成父率三百乘战车，向纪城开进，目的在于：大军巡视纪国，降服鄣国。在纪城时，王子成父扬言："今我桓公多次与诸侯会盟，周天子对他尚且畏惧三分，言无不从。有些小国，还是一个同姓之国，处在齐的眼皮底下，竟敢目无桓公，如再不醒悟，大军到境，将要被踏成齑粉。"鄣国国君闻此言，忙召大臣商议对策："今齐将王子成父，兵巡纪城，扬言灭鄣，如之奈何?!"众大臣都是只顾家小，不管国亡的小人，就众口同声说道："齐桓公创建霸业，中原大国尚且岁岁朝贡，我鄣国小城，若与它抗争，无异鸡蛋碰石头，不如请降，尚可保存宗庙，否则国灭人亡，望主公决策。"鄣侯无奈，只好叫人将国中地图绘就，土地、人口清册整理，一并送给桓公，表示愿意投降。齐桓公当然大喜，对众大臣说："相国谋略，百无一失，真乃寡人之肱股，他的功劳可不小啊！"

赵奢收税，不避权贵

公元前271年，赵奢任赵国的田部吏，那是个征收田税的小官吏。他到平原君家收租税，可是平原君家不肯纳税。那时赵国的国君是赵惠文王，平原君赵胜就是他的弟弟，而且身居相国。在国内他有很大封邑，田连阡陌，替他管理各处庄园的大管家就有九个。这几个管家仗着平原君的权势，从不肯认真向国家交纳田赋。上行下效，影响到其他贵族、官员都不肯按规定交纳田税。赵奢一直等到规定的完税时间，也不见几位管家的动静，派人去催，又个个空手而回，甚至连管家的面都见不着。于是赵奢当机立断，立即派一队武士把九个管家统统抓来杀掉了，引起很大震惊。

这一事例中，赵奢运用了指桑骂槐之计，目的是要杀一儆百，敲山震虎。

当时的赵奢在赵国没有什么地位和名气，只不过是一个征收田赋的小官吏。而平原君赵胜，却不但是赵惠文王的弟弟，又曾三度出任赵的相国。当时与齐国的孟尝君、魏国的信陵君、楚国的春申君合有"四君"之称，是战国时代有名的四公子之一。他甲富天下,养士三千,广为交游,门客满盈,又好侠士,不仅在赵国声名显赫,是人人敬仰的大贵族、大豪杰,就是在诸侯列国中也有很高声望,被公认为第一流的政治家。他有很大的封邑,但他的九个大管家仗势不交税,因为平原君是赵王的亲族,当朝相国,谁敢把他怎样?何况一个刚上任地位卑微的小田部吏呢?他们根本不把赵奢放在眼里,表面上哼哼哈哈几句,心里很瞧不起赵奢。还觉得赵奢刚上任,不谙世故,就是“新官上任三把火”也得找对了地方才点火,岂能奈平原君何?但赵奢认为自己是担任国家征收田税的官员,平原君的封邑大,田税当然是大户,他不交,上行下效,别的贵族、官员也少交,或不交,他不遵法奉公,别人必然仿效,这其实是关系赵国兴衰存亡的大事。所以他想整顿国家田税,解决这个弊端,必然从平原君家开刀,才足以起到杀鸡儆猴,杀一儆百的作用。所以他毅然把平原君的仗势欺人、拒不守法的九个大管家抓来,以迅雷不及掩耳之势把他们斩首。当平原君知道他的九个大管家被赵奢杀掉,当然暴跳如雷。立即派人把赵奢抓来,准备杀了赵奢给管家们报仇。赵奢被抓到相府后,任凭赵胜叫骂、威胁,面不改色,毫不畏惧,镇定自若。这倒引起赵胜的注意,使以仁义豪杰自居的平原君赵胜不得不暗暗佩服。于是态度缓和地问:“你凭什么胆敢不通过我,就杀我的管家?”赵奢平静地说:“请大人想一想,您在赵国地位最高,最受尊敬。可是您的管家带头拒交田税,这样一来,许多有权有势的人都仿效不缴田税。而你们的土地又非常多,都不交田税,国家怎么办?缴税是国家的法度,如果我对相府上这样严重违法的事,放纵不管,这必然是削弱、破坏国家法度;法度松弛,国家必然衰弱;国家衰弱,其他诸侯国会乘虚而入,赵国就会有灭亡的危险。如果赵国灭亡,试问相国还能享受您的荣华富贵吗?现在我对相国违法的九个管家都不饶过,全国上下谁还敢抗税不交呢?如果全国的人都奉公守法,国家就会安定富强;国家富强了,诸侯们就不敢欺凌。您身为赵国的亲族,赵国的贵公子,是否该从国家着想。难道您愿为这点小事去坑害自己的国家吗?对于我,您如果不怕天下人耻笑,尽可以随便处罚我。”

这一番话,软中带硬,入情入理。平原君不得不心服口服。他发现赵奢是个有胆识的人,是个难得的人才。因此他不但没有处罚赵奢,相反,他把赵奢杀九个管家的原因、经过,一字不漏地向赵王叙说,而且极力推荐赵奢。赵惠文王接受了平原君的建议,启用赵奢,让他主管国赋财政。赵奢上任后,大力整顿财税,有了平原君家九位大管家的样子,赵国的豪门贵族,谁也不敢从中作梗。不出几年,赵国的财赋收入大幅度增长,国库殷实,成为诸侯列国中强国之一。

这里,赵奢是恰当地运用了指桑骂槐之计。在过程中,他做到有理有节,“等”、“催”,警而导之,都不行,才用强硬果敢的手段,把九个管家杀掉。他选择了位高势大的平原君家开刀,法不徇情,就起到了杀鸡儆猴的最佳效果。一个地位卑微的田部吏,竟敢冒犯声名显赫的平原君,说明赵奢是为国家着想,不计个人安危,执法如山,确实是一个有胆识善谋略的人。后来赵奢曾受任为将军,精于用兵。公元前270年,秦伐韩国,包围了阏与(今山西和顺),韩国派人向赵国求救,当时蔺相如、廉颇都认为“阏与道险且狭,救之不便”。只有赵奢力主救援。赵王就命赵奢将兵往救。他坚壁增垒,佯做就地固守,只守不援,麻痹秦军。但继而卷甲急趋,直逼阏与,抢据北山,以先声夺人之势,大破秦军。以功封马服君。

优孟装扮,巧计行谏

优孟是楚国宫中的老伶人,身长八尺,擅长言辞论辩。他平日善以滑稽的言词来说三道四,所以很得楚庄王的宠信。当时,楚国的贤相孙叔敖刚刚去世,楚庄王很怀念他,十分悲伤。有一天,优孟到郊外去,见到孙叔敖的儿子孙安,正在山上砍柴,衣衫褴褛。问起是怎么回事,才得知因为家中贫困,所以孙安要靠砍柴度日。优孟心里很不是滋味。于是他回家后,特别制作了一套孙叔敖曾经很喜欢穿的衣服,戴着孙叔敖常戴的那种帽子,并且模仿孙叔敖的声音笑貌和一举一动,一直到学得惟妙惟肖。后来在楚庄王的宴会上,他就装扮成孙叔敖的样子去赴宴,并上前给庄王敬酒。楚庄王大惊,以为是孙叔敖真的复活了。这样一来,楚庄王更加想念他的贤相孙叔敖了。他甚至想要拜优孟为相。这时优孟对他说,让他回家和妻子商量一下再决定,三天后再来任楚相。庄王同意了。三天后,优孟来见楚王,庄王问:“你妻怎么讲?”优孟说:“我妻子说千万不要出任相国,楚国的相是不值得做的。说孙叔敖做了十多年的相国。一生廉洁尽忠来治理楚国,楚国才得以称霸。可是他死后,儿子没有立锥之地,还要上山去砍柴才能维持生计。说你要是做相国,不如自杀!”这番话使楚王听后猛醒,立即下令派人去召孙安入朝,封给他寝丘四百户,作为供奉孙叔敖祭礼的费用。

孙叔敖,是司马迁《史记》中记载的第一位清官,他是楚国著名的贤相。他在位时,对内曾经规划开凿了芍陂河工程,开辟了雩娄的田地,发展农业灌溉,整顿吏治,发展生产。对外则辅佐楚庄王,在邲大败晋军,奠立了以楚代晋称霸的基业,功劳大焉。而他为人又自奉极俭,因此身后没有财产留给后人。优孟在得知他的儿子靠砍柴度日这一情况后,并不是直接去找楚庄王指责他,而是巧妙地运用了指桑骂槐之计,装扮成孙叔敖,通过拒绝任相来表达出孙叔敖为相十几年,而后人却窘于生计的状况。这样使楚庄王触景生情,不需要更多的话语,马上就使楚庄王能够猛然醒悟。试想优孟是一个微不足道的戏子,他虽能得到楚王宠信,但对于楚庄王应该封赐相国之后这样的事,是不能直接加以指责的,即使是当面指出,也要考虑大王的面子。所以优

孟想出运用指桑骂槐之计，以假乱真，使楚王认识到，像孙叔敖这样一生为官清廉是很难得的，他没有照顾好孙叔敖的家属，是一件过失。这样，达到了进谏于楚庄王的目的。

还有一次，楚庄王有一匹心爱的马，庄王给它穿锦乡的衣服，住华丽的房子，睡露床、吃枣脯。可马因为养得太娇嫩、太肥而死了。楚庄王命令群臣为马服丧，想用葬大夫那样的棺椁和礼节来安葬死马。大臣们都诤谏劝阻，庄王不听，并且下令："谁敢因马的事来劝谏的，处以死刑。"优孟听说这件事，他就进入宫门，仰天大哭。庄王惊问："你为什么哭?"优孟说："这匹马是大王最钟爱的。凭着楚国这样堂堂大国，仅仅用大夫的礼节来殡葬它，礼太轻了，该用国君的礼节来殡葬它。我请求用雕有花纹的玉做棺，用梓木做椁，差精兵为马挖墓穴，老人和小孩背土修坟。让齐国、赵国使臣祭奠时陪于棺前，韩国、魏国的使臣护卫棺后。为死马立庙，使它享受太牢的蔡礼，以万户之邑的赋税收入，来供它日常祭礼的费用。诸侯们听说了，必然都知道大王把人看得很轻贱，而把马看得多贵重啊!"庄王听了这番话，说："我的过失竟达到这种地步吗? 那该怎么办呢?"优孟说："请大王让我把它作为畜生来安葬吧。"于是庄王就命令把马交给太官，不让天下人传扬这件事。楚庄王贱人重马，群臣直言诤谏无效，优孟用巧妙的讽谏，使楚王取消自己的错误决定，优孟用的也是指桑骂槐之计，归谬法，好比递给庄王一柄特制的放大镜，让他清晰地看到自己的行为是多么荒唐可笑，促其猛然省悟，立即纠正。而楚庄王就是曾经在即位之初，不理政事，而后一鸣惊人的聪明洞察之王。他本人就很有心计，所以对优孟这个巧妙运用计谋的戏子自然非常欣赏，而且很快就能心领神会。

善于讽谏，晏子计高

指桑骂槐，体现一种间接批评艺术。这种批评手法，往往令人比较容易接受。或者不点名的指责某人，甚至通过寓言或讽刺挖苦，语言犀利但又委婉，采用善意的帮助态度，往往能取得较好的效果，特别是用讽刺，即以微言讥讪，是指桑骂槐的最高技巧，也含有深刻的教育意义。春秋末期的晏婴也是善于用讽谏这种指桑骂槐之计的，和优孟异曲同工。

有一次齐景公让养马人给他养一匹他最喜欢的马，不料这匹马突然死了。景公大怒，让人拿刀把养马人肢解掉。这时晏子正在景公面前陪侍。左右拿刀进来，晏子阻止他们，问景公道："尧、舜肢解人体，从身上哪一部分入手呢?"一听这话，景公明白了晏子的话意，尧、舜是古代明主，他们从来不用酷刑。便下令不肢解，让把养马人交给狱官处理。晏子说："他还不知道他的罪过，就要死了，请让我数数他的罪状。让他明白他犯了什么罪，然后再交给狱官。"景公说："可以。"晏子就数落说："你知道你有三大罪状，应判死刑。君王让你养马，你却把马养死，这是死罪之一；你把君王最爱的马养死，这是死罪之二；你让君王为一匹马的缘故而杀人，百姓知道了肯定会怨恨国君残暴，诸侯们听到这样重马轻人，肯定会轻视我们国家，甚至加兵于我们。你让君王的马死掉，使百姓积下怨恨，让我国的国势被邻国削弱，这是死罪之三。你有这三条应判死罪的原因，你是该死了，就把你交给狱官

吧。”景公听了这些话，猛然醒悟，急忙说：“放了他吧，不要为此坏了我仁义的名声。”

公元前531年，晏子奉齐景公之命，出使楚国。楚灵王以南方大国自居，没把齐使放在眼里，并有意借此羞辱齐使一番，以显楚威。他得知晏子身材短小，特在郢都在城门旁开了个五尺左右的洞，让晏子从洞进城。晏子大声喝叱道：“出使到狗国，才从狗门进，今天我出使到楚国，不应从这种门进。”楚王一听，急命军士开城门迎接。晏子一进郢都，又遭各种刁难。先是一群状如天神、手执兵器的大汉来迎，以反衬晏子的矮小；后又有一班智能之士出来戏弄，讽刺齐国，指责晏子，甚至挖苦说晏子身高不足五尺，力不能缚鸡，只会耍嘴皮子卖乖等等。晏子都从容应对，言辞犀利，鞭辟入里，把这班大臣驳得哑口无言，满面羞惭而退。进见楚灵王后，楚王又亲自出马捉弄他。楚王轻蔑地说：“难道齐国没有人了吗？怎么派你来当大使？”晏子反唇相讥说：“临淄城有七千五百多人家，人人撑开衣袖就成了阴凉棚，每人挥一把汗，全城就像下雨一样，人们肩碰肩，脚挨脚，怎么说没有人呢？”楚王说：“那为什么派你出使楚国呢？”晏子回答说：“我国派遣使臣有个规矩，什么样的人出使什么样的国家。有贤才的出使上等国，不才的人出使下等国，大人出使大国，小人出使小国，我最无才最没出息，所以只能出使楚国。”几句话羞得楚王面红耳赤。接着，楚王招待晏子喝酒。在喝到正高兴的时候，两个差吏绑着一个人走到楚王面前。楚王问：“捆绑的人是怎么回事？”回答说：“是齐国人，犯了偷盗罪。”楚王看着晏子问道：“你们齐国人善于偷盗吗？”晏子离开席位回答说：“我听说橘树长在淮河以南，就结桔子，长在淮河以北就结枳子，只是叶子相似，两者的果实味道并不相同。这是什么原因呢？是水土条件不一样。今天这个人生在齐国不偷盗，进入楚国就偷盗，莫不是楚国的水土使百姓善于偷盗？”这幕戏是晏子来楚国前，楚王和侍臣策划来羞辱晏子的，没想到得到这种结果。楚王技穷，只好向晏子赔不是说：“我原来想取笑大夫，没想到倒被大夫取笑了。”

又一次，晏子出使到吴国，骄横的吴王自诩为天子，命令引导宾客的小吏说：“晏子要见我时，就喊：‘天子请见’。”第二天晏子有事要见吴王，主管外交事务的官员说：“天子请见。”晏子当即表现出吃惊的样子。那人又说：“天子请见”。晏子仍然表现出惊异的样子；当第三次听说：“天子请见”时，晏子又第三次表示大为惊骇，说：“我奉国君之命，出使到吴王这里。是我不聪敏而感到迷惑不解，难道这是进入了天子的朝廷？请问吴王在哪里？”这之后，吴王方说："夫差请见"，用诸侯之礼接见了晏子。

从以上这几个事例可以看到，晏子在各种场合，屡次巧妙地运用了指桑骂槐之计中的间接批评方法，广泛的施展了他的广识通变之才，以睿智善辩的口才，赢得了威望，使他成为春秋时期最出色的政治外交家。

晏子名婴。他出仕齐卿，先后从政五十六年，历事齐灵公、齐庄公和齐景公三朝，史书记载他见过谏，每朝必谏，进忠极谏，给后世留下一个贤臣诤臣的形象。晏子善用指桑骂槐之计，很讲究进谏的方法策略，语智、善辩，善于运用犀利明快的语言技巧。当然这也在一定的环境背景之下。晏子出使楚国，正是楚灵王时期，楚国兵强马壮，大挞征伐。各诸侯国畏惧楚国之威，纷纷主动与楚国改善关系。这时晏子出使楚国，楚国君臣听到这一消息，依仗自己的国势强威，所以表演了一系列的戏弄晏子的计谋。但是晏子不卑不亢，从容应付，运用语言的艺术，战胜对方。他是代表齐国出使楚国，对楚国君臣的一系列恶作剧，他不能直接批评和谩骂。处在诸侯混乱、群雄逐鹿的东周列国时代，晏子深知自己的处境，如果一生气冲动起来，说了不该说的话，完全可能导致一场战争。所以他必须用计进行外交斗争。当时的齐国和楚国之间，虽然不处在交战状态，却存在着利害冲突。以国力而言，当时于齐国不大有利。因为齐国是个贵族专政的国家，大贵族之间不断为争权夺利而互相倾轧，制造内乱，政权不稳。所以晏子对楚国君臣运用的指桑骂槐之计，丝毫没有火辣辣的火药味，只是做到针锋相对，寸土不让。楚国企图以开玩笑方式，来戏弄晏子，晏子也用笑谈隐喻的方式进行反击。当楚王使人伪装齐盗，且当晏子的面辱骂齐人时，晏子则巧妙地用果树异地的自然现象为类比，说明了齐人入楚则盗垢道理，既巧妙地揭穿了楚王君臣的把戏，又给对方以有力的回击。晏子先迂回后反驳，使楚王无法逃避，自计没趣，终于不得不向晏子赔不是。这样，晏子赁睿智和胆识，在谈笑风生中，用微言浅谈，解决了繁难的纷争，获得了骂槐的效果，维护了齐国和自身的尊严，不辱使命，同时也赢得了楚王的敬重。通过他的出色的外交活动，不仅改善了两国关系，而且提高了齐国威望。出使吴国时，野心勃勃的吴王，竟然以天子自称。企图以此抬高自己，贬低齐国。晏子以计提醒吴王，两国是平等关系。难怪有人说："外交斗争搞得好，有时能达到不战而屈人之兵"的目的，其作用胜似千军万马。

至于晏子救养马人的事例，那表面上数的是养马人的罪，实际上骂的是齐景公的重马不重人。因为君王是不便直接骂的。在这里他首先发出无答之问，提醒景公，有道之君，不会有肢解人的残暴行为。然后用数罪的方式，暗示杀人的反效果，正面文章反面做。景公听出了弦外之音，立刻放了养马人。这里晏子在智慧妙语之中巧用指桑骂槐之计，可谓达到最高技巧。

旁敲侧击，范睢谏王

战国时期，魏国人范睢曾作为魏国使节须贾的随从，前往东方的大国齐国。齐襄王从臣下口中得知范睢其人能言善辩，是一个人才。所以他一方面冷遇魏国的使团，但另一方面又特别赏赐范睢，想要拉拢他。可是范睢并没有接受齐王的赏赐。但这已经引起了须贾的不满。他以为范睢一定是个内奸，暗地里勾结齐国，出卖魏国的情报。于是回国后，他就把范睢如何得

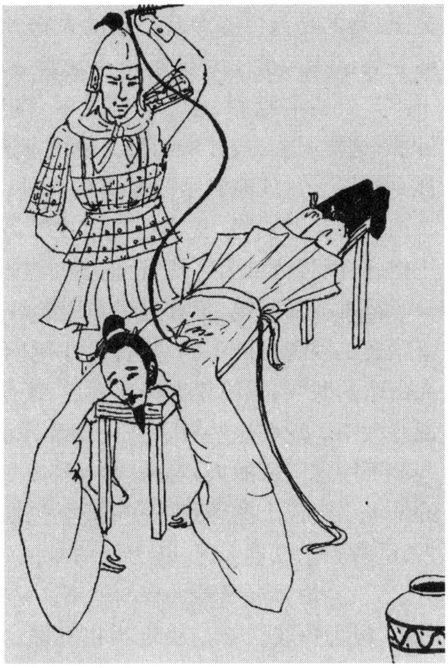

到齐王赏赐的事情，原原本本地报告了魏相魏齐。魏齐得知后大怒，命人狠狠笞打范雎，把他的肋骨都打断了。然后把他席卷起来，扔到厕所之中，让人随意在他身上小便，以侮辱他为乐。后来弃之荒郊。正在这时，秦昭襄王的使者王稽恰好出使魏国，魏国的郑安平悄悄将范雎改名张禄推荐给他。王稽发现范雎确实是个很有用的人才，所以就答应带他到秦国去。到达秦国以后，王稽将范雎作为贤才引荐给秦王。可是，当时秦王并没有马上重用他，只给了他一个下等宾客的位置。一年多时间没有召见他。

后来，秦国之相穰侯打算越过韩、魏去攻打齐国，以便扩大自己的封地。范雎认为机会来了。他就给秦王上了书，秦王阅后十分中意，果然召见了他。而范雎入宫以后，假作旁若无人之状。秦昭襄王老远出迎，他也装作没看见一样。旁边服侍的内官对他这种行为很恼火，推了他一下，大声说："大王来了。"范雎装做迟钝，翻着眼问："秦国有王吗？"范雎故意提高嗓门说这些话，惟恐秦昭襄王听不见。在这里，范雎就是巧用了指桑骂槐之计。

原来，当时秦国的相国是魏冉，他是秦昭襄王母亲宣太后的弟弟。魏冉凭着这层关系，独揽大权。秦国原有任用客卿的传统，但魏冉极力排斥来到秦国的贤人智士，而将本家族的人安排在秦国朝廷内掌握大权。例如，宣太后的同父弟华阳君曾为将军，后因有罪逃到楚国，但不久就被宣太后和魏冉召回，拜为左丞相。昭襄王的同母弟高陵君、泾阳君，也都以贵族身份执掌国政。随着秦国对外军事争斗的不断胜利，宣太后这一家族在朝廷的权势愈来愈大。他们不仅每人都有大片封地，成为全国最大封君地主，而且擅权专横，连国君都不放在眼里，出现了所谓"太后擅行不顾，穰侯出使不报，华阳、泾阳等击断无讳，高陵进退不请"的局面。使国家内政昏暗，对外斗争失利。本来穰侯魏冉被封于陶，其地在齐国边境附近，他为了扩大自己的封地，竟越过韩、魏去进攻齐国的刚、寿两地，可见其势焰之高。穰侯魏冉在秦国擅权专国，早已为其他诸侯国所知，许多诸侯国都把魏冉视为秦国的最高统治者。国与国之间的一切交往，外国纳贡的一切礼品，都被魏冉一手操纵和独吞。秦昭襄王对此特别恼火。但鉴于魏冉已经营多年，羽翼早成，而慑于宣太后这一家族的庞大势力，昭襄王一时无可奈何。范雎深深了解这一点，因此用此计起敲山震虎之效。当时在昭襄王左右都是穰侯耳目的情况下，范雎不能直接讲明，只得以指桑骂槐之计，旁敲侧击的办法，指的是秦昭襄王,骂的是魏冉等专政乱政的人物。在讽喻之中暗藏了谋略。一方面范雎是要试探昭襄王对他是否有诚意,另一方面,暗示他上畏宣太后的威严,下惑于奸臣的献媚,居于深宫之中,终身受到他们的包围迷惑,而不能明察奸邪,这样下去,最坏的结局是使国家遭到灭亡,轻一点,也将使大王的地位孤身难保。这就戳到了昭襄王的痛处,扣动了他的心弦。范雎进一步分析秦国的形势和内政,提出远交近攻等策略,秦昭襄王大为赞赏,决定马上任用他,破例拜范雎为客卿,让他参与谋划兵事和国政。

范雎抓住时机,打算进一步用指桑骂槐之计警而导之。终于有一天,当秦昭襄王因魏冉的飞扬跋扈行为闷闷不乐时,范雎再一次挑起话题,说:“我在山东的时候,只听说秦国有太后、穰侯、华阳君、高陵君、泾阳君,但没有听说有大王。现在这些权贵把持朝政,就是人们所说没有君王了。臣听说那些善于治理国家的人,对内、对外都要巩固和加强自己的权威。现在自乡间的低等小吏以上的各级官吏,甚至包括您身边的人,没有一个不是相国的人,臣看到您孤立无援,甚为您的君位不稳而恐惧担忧。此情发展下去,万世之后,恐怕掌握秦国大权的就不一定是大王您的子孙了。”秦昭襄王听此分析,极为惊骇。于是决定当机立断,宣布废除太后,免掉魏冉相位,把魏冉、华阳君、高陵君、泾阳君全部驱逐出秦国。这样削弱了贵戚的力量,加强了王权,使秦昭襄王一直忧虑的君权旁落问题,得到解决。与此同时,秦王把相国的职位授给了范雎,并封范雎为应侯。此后,秦国一直实施范雎提出的远交近攻的谋略,蚕食诸侯,为秦国的发展立下了功劳。

顺水推舟,杜绝恶俗

战国初期,魏国的建立者魏文侯,晚年任李悝为相,吴起、乐羊为将,积极奖励耕战,支持变法改革,使魏国日益富强,开始称雄诸侯。他鉴于邺(在今河南安阳北,河北临漳西南)地处魏、赵、韩三国交界,是个战略要地;但因过去治理不善,虽自然条件本来很好,有漳河水流经全境,但邺竟是田园荒芜,城乡萧条,人烟稀少,老百姓困苦不堪。于是持任命精明能干的西门豹去做邺县县令。

西门豹刚到任,就邀请当地父老们来,向他们了解人们的疾苦和灾情。父老们说:“祸害是‘河伯娶妇’,就是帮河神讨娘娘,所以弄得民穷财尽。”西门貌问:“这是怎么一回事?”父老们说:“邺地方上的三老和衙门里的师爷,每年要老百姓缴纳捐款,收取的钱有几百万,用其中二三十万来帮河神讨娘娘,而剩下的钱就由他们和那班庙祝、巫婆们一起瓜分。每到为河伯娶妇季节,巫婆到处察看,见小户人家有姑娘长得标致的,就说她该是河神娘娘,就把人拉走,为之洗澡、更衣、梳洗打扮。还替她在河上打造一条船,算是河伯行宫,让那姑娘单独住在里面,作为斋戒。十几天后,把姑娘放在一张如同出嫁用的床上,把床放到河上,任其漂流。漂一段后,就沉到水里,说是让河伯接去了。许多有姑娘的人家,都怕灾难临头,相继外逃。因此田园荒芜,民苦不堪。这事已经进行了好多年。人们都说,如果不给河伯讨娘娘,大水就会冲来把一切淹没,人也给淹死,所以不能不这样。”西门豹听后,心中明白了。他就约定:到了帮河神讨娘娘的日子,大家都到河边去送新娘,并请通知他也去参加。

到了那一天,西门豹带领随从吏卒赶到河边,三老、各级官员、豪绅,当地父老都已齐集河边,沿河两岸百姓围观的也有两三千人。只见那为首的老巫婆有七十来岁,有十来个女门徒站在她背后。这时,西门豹走到前面大声说:“喊河神娘娘来让我看看是否标致。”巫婆便把姑娘领出来。西门豹看了一下那受害的姑娘,对三老、庙祝、豪绅、父老们说:“这姑娘长得不够漂亮,怎么能做河神的新娘娘呢?现在麻烦大巫婆去向河神报告一声,就说这个不成,要重选了改天再送去。”说完,就命吏卒抱起老巫婆投进河里。西门豹装出认真的样子,弯着腰注视河面,像是等待老巫婆回来。过了一会儿,故意说:“老巫婆下去这么久,怎么还不回来,想必是让河神留下了。现在需要派她的弟子下去催一下。”随即命吏卒把一个小巫婆也投进河里。过一会儿,又说:“老巫婆的弟子怎么也不回来?再派一个去催催她们。”于是又把一个小巫婆投进河里。这样一连把三个小巫婆投进去,都不见回来。西门豹说:“看起来老巫婆,小巫婆都是妇道人家,不会禀报公事。现在就只好麻烦三老下去把事情说明白了。”说完,命人把三老投入河中。然后装着严肃地在河边等候。这时站在河边的那些剩下的巫婆、地方官吏、师爷、土豪劣绅都惊恐万状。西门豹说:“派下去的巫婆和三老都不回来,下一步该怎么办呢?”这些家伙吓坏了,怕下一步就轮到扔他们下河了。于是一齐跪在地上,磕头如捣蒜,头磕破了,血流满面。西门豹说:“看样子你们都怕被派下去,那就再等一会儿。”又等了一会儿,西门豹说:“看样子是河伯把他们留下再也不回来了。既然你们都明白了是怎么一回事,又都怕被派下去,那就暂且饶了你们,都起来回家去吧。”经过这一场惊心动魄的惩治,邺地就再也没有人敢提为河神讨娘娘的事了。

在这里,西门豹采用的是指桑骂槐之计。在这以前,他明察暗访已知道,漳河因年久失修,每当夏秋之交遇上暴雨,河水就泛滥成灾,一片汪洋,淹没庄稼,冲毁田园,这是自然灾害,哪有什么河神?但是当地三老、师爷等地方小官吏却趁机勾结装神弄鬼的巫婆,把自然灾害说成是河神显灵,来欺骗愚昧迷信的老百姓,声言每年给河神献上美女,就可保安宁。

于是借着给河神娶亲来敲诈钱财,以饱私囊,闹得地方上民不安生。西门豹了解了这情况,但老百姓受蒙蔽多年,已习以为常。如果直接去跟大家说穿,肯定人们不信。只有在现场演出上面所说的那一幕,按现在的话说,是直观教学。西门豹装着像真的一样,可是把老巫婆、小巫婆、三老一个个扔到河里以后,河水根本没有反应,没有出现河神显灵。在众目睽睽之下,西门豹戳穿了这个骗局,惩办了老巫婆、三老等那些骑在人民头上的邪恶势力,也看到了其余的诈财者们,那怕死告饶的狼狈相,起到了杀一儆百的效果,也教育了民众。这说明西门豹除弊有方,而且计谋就在其中。下一步西门豹知道要巩固教育的效果,必须做点实事,让老百姓知道,可以和自然灾害作斗争,没有什么河神。所以他发动民众先后修筑了十二条水渠,引漳河的水来灌溉农田,既肥沃了土地,又减少了漳河泛滥的灾害,老百姓受益不浅。邺地人民为纪念西门豹破除迷信,除弊兴利的德政,把当年投巫下河的地方,改名叫“大夫村”。村外修庙、立碑,把西门豹领导修筑的水渠叫“西门渠”。

杀鸡儆猴，秦先灭韩

战国晚期，是诸侯争雄，互相兼并，龙虎相斗的时代。在偌大的政治舞台上，秦王嬴政采纳李斯的计谋，韩国在六国中第一个被灭亡。李斯所用正是指桑骂槐之计，值得我们细细品味其中的玄机微妙。

从秦孝公任用商鞅实行变法图强以来，到秦王嬴政时，秦国已是兵强国富，实力远远超过了关东六国。席卷四海、统一天下的形成已基本形成，进一步需要具体考虑统一的时机、谋略和步骤。这时李斯向秦王进言，首劝秦王抓住历史的机遇，分析当前的形势，诸侯互相兼并，关东只剩下六国，现在是秦国万世难逢的好时机，以秦国的强大，灭诸侯，成帝业，天下一统，好比从灶台上扫除灰尘一样容易，千万别坐失良机。但对他们不能只是硬攻，要善于运用谋略，要恩威并用，软硬兼施。他建议秦王派出谋士间谍，去游说诸侯，并让他们多带珠宝金玉，贿赂各国的权臣名士。可以重金收买，让他们为秦国工作，去蒙蔽其君王，陷害其忠良，离间其君臣关系，阻止其国与别国联合反秦。金钱收买不了的，就派刺客去杀掉他，这会使六国内部越来越乱。最后，秦国不难扫平六国，统一天下。秦王对这番进言，很是赞扬，立即采纳建议，不久提升李斯为客卿，专门负责统一六国的战略计划。

正当李斯春风得意之时，不料起了一场风波。韩国是秦国近邻。国小势弱，常受秦国欺凌。为减轻秦国的军事压力，韩国就派了一个叫郑国的水工到秦国去，建议秦国在关中修建一条三百多里长的大水渠，凿山开道，引泾水灌溉田地。韩国的原意是使秦国耗费大量人力物力，疲劳不堪，就腾不出手来向东征伐。秦国不知道其用心，认为这是增强关中经济实力的好主意，就接受了。但工程进行到一半，韩国的阴谋就被发觉。于是秦国一些守旧的宗室贵族，本来就对秦重用异国异姓的政策不满，就以水工郑国的事为借口说，其他国家人来到秦，都是为他们的君主做间谍的，请秦王下逐客令。

为什么这些不
因非秦所产而
摈斥,独独对士
人,则非秦者去,
为客者逐呢?

秦王迫于压力，下了逐客令。这样，来自楚国上蔡一介平民的李斯也不得不打点行装归去。但他不甘心，于是立刻上书秦王，指出：秦国赶走异国之客是错误的，历数自秦穆公这位强秦的奠基之君到秦昭王的四位国君，都是靠任用客卿而为秦国的发展建立了功勋，如由余、蹇叔、商鞅、张仪、范雎等都是异国的来客，假如这四位君王，拒客而不纳，疏才而不用，秦就不可能有今天这样的富强。李斯又以秦王对来自异国的珠宝、良马、乐曲等的喜爱为例，问秦王："为什么这些不因非秦所产而摈斥，独独对士人,则非秦者去,为客者逐呢?”说明秦王重声色珠玉而轻人才,这不是想要“跨海内、制诸侯”的君王应采取的态度。又进一步说要建立帝业的君王,必须要有泰山和河海一样的博大胸怀;今天的逐客,无异于给敌国送兵器,把天下智谋之士推向敌国,这对秦国来说是太危险了。这就是李斯著名的《谏逐客书》。他铿锵有力的言词,使秦王读后,立刻改变了主意,取消逐客令,追回已经上路离开秦国的李斯,并让他官复原职。一场因修渠引起的逐客风波平息了。而郑国渠的完工,不仅未能“疲秦”,反而增强其经济实力,把平定六国提上了日程。

李斯提出平定六国需要选择弱点,正面突破,先灭韩国,再灭两翼,最后灭齐。所以首先应以韩国为突破口。他分析了六国的地理位置和实力状况,认为韩国地处天下之中,又正当秦军东向之路,韩国国势弱小,如做突破口,这一炮容易打响。第一炮打响,不但可振军威,而且敲山震虎,从心理上慑服其他五国。于是秦军向韩国边境进击,使韩王极度恐慌。李斯又亲自出使韩国,威逼利诱,迫使韩王向秦称臣。于是韩王就找韩非商量。韩非是韩国的王室贵族,他曾和李斯一起跟老师荀况学习,都是荀况的学生,韩非曾提出更张强韩之策,未被采纳,就闭门著述。他的著作集先秦法家思想之大成,风行一时。秦王嬴政读过他的著作,十分仰慕。韩王考虑韩非有这些条件,就决定派他去秦国,想通过外交努力,保存韩国。但韩非处于两难境地,作为一个深谙历史大势的思想家,他知道秦灭六国已是水到渠成,不可逆转。但作为一个韩国贵族,自然不忍他祖宗的基业毁于一旦,还得做一次最后努力。于是上奏章劝秦王缓攻韩而急攻赵。李斯立刻反驳韩非的“存韩”之论。他说韩非此来,只能是维护韩国利益,不可能为秦着想,这也是人之常情。而秦灭韩是不可动摇的。过去韩国每每在关键时刻和魏联合起来对付秦国,对秦是一个心腹之患。秦国和韩国的地形就像一块织锦一样交错在一起,韩国的存在,对秦国来说,就像木头里长有蠹虫一样,太危险了。一旦天下有变化,对秦国构成祸患的国家,没有比韩国更厉害的。别看他现在顺服于秦,实际是顺服于强力,一旦秦保留韩国而去攻赵、齐,难保它不与赵、齐、楚合谋,从后面来夹击秦军,故韩国不可信。力劝秦王不要为韩非的辩辞所惑,要明察其心。最后,李斯建议,自己前往韩国,诱使韩王入秦。秦就以韩王为人质,胁迫其大臣俯首归顺。于是秦王按李斯建议,一面把他的同学韩非关进监狱,一面让李斯出使韩国。韩王眼见秦国的大军压境,再也无计可施,只得交出传国玉玺,向秦国称臣归属。三年以后,秦又借口韩国背叛,向其全面进攻,韩在六国中第一个被灭亡,李斯的战略首举成功。接着,在不到十年的时间里,由近到远,各个击破,如蚕食叶,赵、燕、魏、楚、齐五国也先后灭亡,中国的历史翻开了新的一页。

秦灭六国的过程中,李斯提出首先灭韩国,是深谙指桑骂槐之妙用。在并战中大凌小,强凌弱,秦强韩弱,第一炮容易打响,这不但振奋军威,而且从心理上慑服其他五国,这就起到杀鸡儆猴,敲山震虎的作用。而且在进行中,警而诱之,威迫利诱,无所不用其极,最后制造事端,借韩国背叛,一举歼灭。李斯在这里是把指桑骂槐之计,发挥得淋漓尽致。

李广智勇，计败匈奴

汉文帝死后，汉景帝（公元前156－前141年在位）即位。这时，李广做了陇西郡（治所在今甘肃临洮南）都尉不久又升任骑郎将。

汉景帝继续实行汉文帝时期的基本政策，采用了著名政论家晁错“削藩”的建议，进一步削夺诸侯王国的土地，把它逐步收归中央直接统辖，以削弱地方割据势力，加强中央集权。汉高祖的侄子吴王刘濞，早就“积金钱、修兵革”，招降纳叛，蓄谋夺取中央政权。汉文帝为防止吴王刘濞叛乱，曾把自己的次子刘武封在梁国（即梁孝王），作为屏障。

公元前154年（景帝前元三年），刘濞因反对“削藩”，便联合楚、赵等七个诸侯王，打着诛晁错、清君侧的旗号，发动武装叛乱，并首先进攻梁国的棘壁（在今河南睢县），杀数万人。梁孝王被迫坚守睢阳（在今河南商兵南），抗拒吴楚叛军，不使西进。当时，汉景帝既要平定叛乱，又要削弱梁国势力。他派太尉周亚夫率领大军前去讨伐时，接受了周亚夫提出的“以梁委（放弃给）吴，绝其食道”的战略，所以周亚夫不是直接援救睢阳，而是进驻梁国东北部的昌邑（在今山东巨野东南），并采取防御战术，坚守不出。梁孝王多次向周亚夫呼救，吴楚叛军也多次向周亚夫挑战，周亚夫坚守如故，同时却派轻骑兵在淮泗口（在今江苏淮阴西）断绝吴楚叛军的粮道。吴楚叛军粮草短缺，欲战不能，相持三个月，便被迫退却。周亚夫乘机指挥大军，奋起追击，一举击溃叛军。由于“七国之乱”不得人心，所以很快就被平定了。

在昌邑之战时，李广正在周亚夫手下做骁骑都尉他英勇作战，并夺得了叛军的旗帜，再立战功。从此，李广开始闻名于世。当时，汉景帝的弟弟梁孝王为了表彰李广的战功，特意授给他将军的勋衔和印信，李广接受了。但是，李广身为西汉朝廷的命官，竟私自接受一个诸假王的封赏，这是汉朝法令所不允许的。所以，回到长安以后，李广没有得到汉朝的封赏。不久，便调出长安，到上谷郡（治所在今河北怀来东南）担任太守。

上谷郡位于汉朝北部，与匈奴相毗连。那里经常是战云密布，狼烟滚滚。匈奴和李广几乎三天两头打仗。李广每次都亲临战阵，经受了许多风险。当时有个名叫公孙昆邪的人，很为李广的安全担心。有一天，公孙昆邪跑到汉景帝面前，哭哭啼啼地对汉景帝说：“李广才气非凡，天下无双;但是,他自恃武艺高强,屡次跟匈奴交战,死打硬拼,要决一雌雄。我真担心会损失了这员勇将!”于是,汉景帝又把李广调到上郡(治所在今陕西榆林东南),继续担任太守。

跟上谷郡相比,上郡离京师长安要近得多。但是,上郡也是汉朝和匈奴经常发生战争的地区。李广到上郡以后,就跟匈奴大队骑兵发生了一次意外的遭遇。

有一次,匈奴骑兵大举进攻上郡。汉景帝把一个亲信宦官派到上郡,去跟李广参加军事训练,准备抗击匈奴。

一天,那位宦官率领几十名骑兵,离开大营向北驰骋。路上发现三个匈奴人,宦官自以为人多势众,便跟他们交战。三个匈奴人毫不畏惧,沉着回射。几十名骑兵纷纷中箭伤亡,宦官也险些丧命。

宦官带着箭伤,狼狈逃回,急急忙忙地跑到李广那里,报告事情的经过。李广一听,就断定那三个匈奴人是射雕的能手,于是翻身上马,带着一百多名骑兵前去追赶。李广一行快马加鞭,一口气儿追了几十里,只见那三个匈奴人连马都没有骑,正不慌不忙地走着。李广一面命令骑后从左右两翼包抄过去,一面盘马弯弓,连发几箭,两个匈奴人应声倒地,另一个也被活捉了。

李广刚把这位射雕的能手绑在马上,突然发现前面尘土飞扬,原来是匈奴的大队骑兵,有好几千人。这时,匈奴骑兵也发现了李广。他们见李广一行人数不多,便疑心是汉朝的诱兵。于是,迅速占据了附近的一个山坡,摆开阵势,观察李广一行的动静。

李广的一百多名骑兵见大敌当前,神色紧张。他们都想调转马头,赶快撤退。在这万分危急的关头,李广沉着镇定。他冷静地分析了形势,认为自己已经远离大营几十里,身边又只有一百多名骑兵,要是仓皇撤退,匈奴大队骑兵就会乘机掩杀过来,这一百多人就会全部丧命。惟一的办法就是坚持下去采用指桑骂槐的计谋,利用匈奴的错觉,让匈奴相信这一百多人确实是诱兵。这样,匈奴就不敢发动进攻。

于是,李广把这个道理告诉给士兵,并命令他们继续前进。当他们走到离匈奴阵地只有两里来地的时候,这才停下来。接着,李广又命令他们都下了马,并卸下马鞍。

这样,一边是兵力占着绝对优势、严阵以待的几千匈奴铁骑,一边是下马解鞍、放松戒备的一百多个汉朝骑兵;两军相距只有二里地。李广的部下更加紧张,纷纷议论说:“匈奴骑兵这样多,这样近,万一发生紧急情况,怎么办?”李广回答说:“匈奴以为我们会撤退,我们却偏偏卸下马鞍,叫他们知道我们决不后退一步。这样就会加深他们的错觉。”

果然,兵强马壮、英勇善战的匈奴骑兵,因为错把李广等人当成了诱兵,害怕中汉军的埋伏,不敢进攻;李广也巧妙地利用匈奴的错觉,冒险坚守自己的阵地。双方相持良久,气氛十分紧张。战场上鸦雀无声,寂静异常。

过了一会儿,一个骑着白马的匈奴头目到阵前监护匈奴骑兵,李广见了,立即跨上战马,带领十几名骑兵,冲上前去,射杀了那位“白马将军”。然后又从从容容地回到原地,解下马鞍,让大家把马放了,横七竖八地躺在地上休息。

这时，天色渐晚，夜幕徐徐降临。匈奴骑兵对李广一行的举动始终觉得神秘莫测，一直没敢贸然进攻。到午夜时分，他们惟恐受到汉朝伏军的袭击，便趁着夜色全部退走了。

第二天凌晨，李广见对面山坡上静悄悄的，一个人也没有，这才带着那一百多名骑兵平安地返回大营。这时，汉营里的大军还不知道李广到哪去了呢！而跟着李广的那些骑兵却捏了一把冷汗，他们好不容易才熬过了那漫长、紧张而又可怕的一天一夜啊。

这段巧计退敌的故事，充分表现了李广临危不惧、指挥若定和随机应变的军事才能。在匈奴稳操胜算、汉军危在旦夕的不利情况下，李广不仅看到了匈奴骑兵在兵力上的优势，而且准确地掌握了匈奴骑兵的心理变化，并靠着自己的正确指挥和布置，运用指桑骂槐计迷惑了对方，保存了自己，不费一兵一卒，就顺利地渡过了危难关头。由此可见，李广已经成为汉朝年轻骑兵的出色将领。

此后，李广又先后在陕西、北地、雁门（治所在今山西右玉南）、代郡（治所在今河北蔚县东北）、云中（治所在今内蒙古托克托东北）等郡担任太守。在长期驻守汉朝边郡期间，李广都以力战闻名。

班超出使，力服鄯善

“指桑骂槐”，在军事上是一个“杀鸡儆猴”的计谋，目的是树立权威。在以罚来严肃军纪时，要做到“罚不避亲，刑不畏贵”，这样才能令人信服。司马穰苴出身低微，统帅三军怕难以服众。他针对齐军一贯散漫、纪律不严的情况，采取辕门斩庄贾的果敢措施，使齐军令行禁止，一举而军威立，是一个治军成功的典范。

公元73年，东汉奉车都尉窦固派假司马班超和从事郭恂出使西域，争取那里的国家归顺汉朝。

班超带着三十六个人来到西域的鄯善国（鄯善原叫楼兰，在今新疆若羌一带）。当时，鄯善国王正在考虑究竟归附汉朝，还是归附匈奴，决心还没有下，班超一行刚到的时候，鄯善国王对他们非常恭敬，招待非常周到。过了几天，突然变得冷淡。班超很敏锐，察觉到情况有变，就对同来的人说：“你们感觉到鄯善王在礼节和态度上对我们冷淡了吗？我猜测一定是北边匈奴派人来拉拢他，鄯善王犹豫不决，不知归附哪边好，因此才冷淡我们。善于洞察事物的人，能发现细小的苗头，何况现在事情已经十分明显了呢。”

为了把情况搞清楚，证实这个推测的正确性，班超把鄯善负责招待匈奴使者的人叫来审问，班超装出非常了解内情的样子，连诈带唬地问：“匈奴使者来了好几天了，现在他们住在哪儿？”招待人以为班超真的知道匈奴使者来了，加上这砀班超的威严，就如实说了。就这样，班超得到匈奴使者到来的真实情况和居住地点。他怕走露消息，就把这个招待人关了起来。

班超把同来的三十六个人叫到一起喝酒，当大家喝到痛快的时候，他突然激动地说：“你们和我都处在绝境，生死未保。我们也都想立大功，求得富贵。现在匈奴使者刚到几天，鄯善王就冷淡我们。他要是把我们捉起来送

给匈奴人，那我们把这骨头就非丢在这里让豺狼吃了不可。你们说这事怎么办才好？”大家听后说：“现在我们处于危险境地生死听从你的决定！”班超说：“不入虎穴，不得虎子。眼前之计，只有在夜里用火焚烧匈奴使馆，让他们弄不清我们多少人。火一起，他们一定会惊恐害怕，我们乘机把匈奴使者消灭干净。消灭了匈奴使者，鄯善王就会吓破胆，我们征服鄯善就算成功了。”大家说“这事非同小可，应当跟郭恂从事商量一下。”班超发怒道：“成败在此一举。郭从事是个普通的文官，胆小怕事，叫他知道了一定会把事情泄露出去。不必和他商量了！”大家都表示赞成。

天黑以后班超带领大家来到匈奴使者驻地，他让十人拿着鼓隐蔽在房子后面，并和他们约定说：“看到火起，你们都要拼命敲鼓，大喊大叫来造声势。”其余二十几人手持刀枪弓箭埋伏在匈奴驻所门前两侧。这天夜里正赶上刮大风，班超顺风点起大火。顷刻间，前后鼓声喊声连成一片。匈奴人不明情况，惊恐万状。班超带领大家冲杀，他亲手杀死三人，东汉官兵杀死了匈奴使者和随从人员三十多人，其余一百多匈奴人都被烧死。

天亮以后，班超把鄯善王叫来，拿出匈奴使者的头给他看。鄯善王大惊失色，消息传出，全国震惊。从此，鄯善国归附了东汉。

由于匈奴使者的拉拢，使鄯善王归附东汉的决心发生动摇。班超一行生命也受到威胁。这时班超果敢地火烧匈奴驻地，除掉匈奴使者，一举慑服鄯善的事实说明，严厉果敢的行动，不仅对内治军有效，而且对外降伏弱小敌人也一样成功。

令行禁止，曹操除恶

东汉后期，在古都洛阳，一批东汉最大的豪强地主，过着荒淫糜烂的寄生生活。那一眼望不到边的良田，成了外戚（皇帝的母族和妻族）的花园、猎场；一连几十栋高楼大厦，是宦官的豪华邸宅。他们奴役着成千上万的奴婢，搜刮了无数的金银珍宝。豪强地主的两大集团——外戚和宦官，轮流把持着东汉王朝的统治权，作威作福。到了东汉第十一代皇帝——灵帝时，宦官集团独掌大权。他们依官仗势，为非作歹，把一个洛阳城闹得乌烟瘴气，昏天黑地。

当时，洛阳城分为东西南北四个部。每部有一个负责治安的官员，叫做尉。在洛阳城里，这不过是一个小官，那些豪强，根本不把他们放在眼里。部尉的衙门年久失修，破旧不堪。

可是，洛阳北部尉的衙门这天与往常大不相同。两扇大门刚涂上朱红的油漆，焕然一新。朱红大门的两边，各高挂着十几根簇新的五色大棒，有手腕那么粗，红的，绿的，蓝的……十分显眼。

路过这里的人，看到这个新鲜景象，十分诧异。渐渐地，聚集在衙门口的百姓越来越多，不一会儿，两个兵士扛出一块木牌，竖在大门正中间。上面写着一道口气强硬的禁令：

“为了维护城北治安，禁止夜行。如有违犯者，不论平民豪强，一律用五色棒严惩。”

下面署名是“洛阳北部尉令”。

大家看到这个禁令，不免七嘴八舌小声地议论起来：

“新部尉刚到任，就出了这道禁令，来势可不小哇！”

“嗨，这样也好。那些豪强再也不能在夜间到处横行了。”一个吃过豪强亏的小贩说：“你看这几根大棒真厉害，谁要是挨个三五十下，准完蛋。”

旁边有个老人摇头苦笑说：“我看不过是新官上任三把火，虚张声势罢了。”

这时，有人轻声嘘了一下：“别说了，新部尉出来了。”

几个小吏拥着一个青年官员从衙门里缓步走出来。这个官员约摸二十来岁，中等个子，身体结实，眉宇间显出一副沉着、果断的神态。他在门口兜了一个圈子，观察了一下门前刚布置的五色棒和禁令，向左右小吏微微点头，表示满意。

这个年轻官员，便是新任北部尉曹操。

曹操早就知道洛阳城里治安混乱的情况。他雄心勃勃，决心在城北地区强化法令，改变混乱的局面，尤其是改变豪强在洛阳城为非作歹的局面。因此，他一上任，就命令手下人把衙门修整一新，叫工匠连夜赶造了二十多根五色大棒，悬挂在大门两旁，并且出了这道《夜禁令》。

当晚，曹操又派了一队兵士在城北一带巡夜，专门搜索违犯夜禁的人，并且吩咐：只要遇到夜行的，不管什么人，都把他抓来审问。

深夜，北部尉衙门的大厅里，还是灯火通明，曹操坐在几案旁，一面阅读兵书，一面在等待着巡夜队的汇报。三天过去了，巡夜的兵士回来，总是说外边平安无事，他觉得情况有点可疑。难道凭一道禁令，那些平时在夜间胡作非为的豪强，就会老老实实地销声匿迹了吗？想到这里，他站了起来说：“明天我去巡逻。”

这时，有一个掌管文书的老吏说：“部尉，我看你不必亲自去了，他们巡逻还不是一样，再说，过去的部尉从来不巡夜。”

曹操说：“过去的事我不管，《夜禁令》是我下的，我要亲自去查一查。”

第二天深夜，上弦月已经下去了。洛阳城北，除了远处还有几点灯火外，已是黑洞洞的。四下里静悄悄的，偶然传来了几声打更声和狗叫声。

街头转角外，闪出了七八个人影，两个家兵打着灯笼，后面骑在马上的是一个年约五十岁、穿戴华丽的人，长得獐头鼠目，满脸横肉。那人喝得醉醺醺的，和随从的几个宾客正在大声地谈论：

“曹操这小子下了《夜禁令》，能把我怎么样？”

旁边一个宾客谄媚地接口说：“这种芝麻大的官儿，也想管到我们蹇大人身上来，哼！那些夜巡的兵士，见了你的影，早就躲得远远的了。”

这个被称作蹇大人的，是汉灵帝宠幸的宦官蹇硕的叔父，一般人称他为蹇叔。这个老家伙依仗他侄儿在朝廷的权势，兼并土地，欺压百姓，横行霸道，无恶不作，是洛阳北部的一个出名的大恶霸、地头蛇。他白天干尽坏事不算，还经常在夜间喝足了酒，带着一批爪牙在外面强抢民女。当地百姓视如瘟神一般。

这天晚上，他们一伙又想闯入一家民宅抢夺民女，正在持刀破门时，曹操亲自带领巡夜队伍赶到了。

蹇叔身边几个眼尖的爪牙，一看势头不妙，滑脚溜走了，另外几个也吓得面如土色。只有蹇叔，仗着酒劲，仍旧满不在乎，嘴里还乱骂：“哪里来的小子，胆敢找到老爷我头上来了！”

几个兵士呆住了。曹操喝令道：“把他抓起来！”

二十多个兵士一拥而上，把这个老家伙五花大绑捆了起来。

蹇叔虽然被反绑着，却依然盛气凌人。一双贼眼骨碌骨碌翻动，干瘪的嘴唇斜撇着。

曹操见了他那种嚣张的样子，大喝一声：“你为什么违反夜禁，闯入民宅？”

蹇叔恶狠狠地叫嚷：“你一个区区部尉，有什么资格来审问我。”

曹操强抑着心里的怒火，冷笑几声说：“看来你是不会老实招供了。”随即吩咐兵士：“来人，拿五色棒！”

当兵士去取五色棒时，旁边的老吏慌慌张张地走近曹操身边。

“部尉，”老吏轻声说，“这个人是当今皇上宠臣蹇硕的叔父，部尉要对他用刑，恐怕……”

曹操冷笑起来：“禁令要么不设，既然设了就决不允许有人随便违犯。任凭他是皇亲国戚，三公九卿，我也要依法处理，我今天就是要杀一儆百，叫这些豪强知道禁令的厉害！”

说着，他转身向蹇叔怒喝：

“好一个当朝大臣的叔父，你既然存心触犯禁令，就饶不得你了！”

当十几个兵士拿着五色大棒在大厅两旁挨个排开的时候，蹇叔的骄横气焰顿时一扫而空。他脸色蜡黄，两腿发软，跪倒在地。

"看在我侄儿的面上，饶了我吧！"蹇叔哀求着，声音已经发抖了。

曹操一拍惊堂木："你依仗权势，漠视禁令，必须严惩。"接着命令兵士："给我狠狠地打！"

兵士们平时惧怕蹇硕威势，敢怒不敢言。今天见新部尉一声令下，立刻将蹇叔按倒在地，挥舞起五色大棒，一阵痛打。那个作恶多端的蹇叔开始还嗷嗷乱叫，挨到三十棒光景时，连求饶的声音也听不见了。

第二天，洛阳北部的大街小巷，人们都传播着部尉棒杀蹇叔的事，大家都为洛阳城少了一个大恶霸拍手称快。尤其是那些平日依仗权势的豪强，也不得不在表面上收敛一下他们的蛮横行径。

曹操利用指桑骂槐的计谋，树立了自己的威信，从此以后，洛阳城里的治安秩序渐渐好了起来。

刚正威严，巧治苏州

明宣德五年（公元1430年），苏州知府况钟到苏州上任。他第一次办公务时，群吏环立，请他在公文上做批示，况钟装着不懂，左右顾问，吏员怎么说，就怎么批。拿文书给他看，他总是不看当否，就说可以。吏员们很高兴，就小看他，认为这位太守昏庸可欺。于是就营私舞弊，无所顾忌。通判赵忱对他很不尊敬，他也只是"唯唯"，不计较。过了一个月，忽然有一天，他让人拿香烛来，召集僚属以下全部集合起来，况钟说："这里有皇帝敕书，过去没宣布过，今天向大家宣布。"其中有"属员人等作奸害民，尔即提问解京"，"僚属不法，径自拿问"等语。然后把地方豪绅召来，向他们宣布：作为太守，我有彰善惩恶之责。现准备了善、恶两个登记簿，谁是善户，谁是恶户，自己登记。善户我优礼之，"且宾致乡饮"，恶者我为百姓杀之。官吏乡绅大为震惊。接着况钟升堂，召集全部知府衙门下属的胥吏到来，说："某日有件事，你欺瞒我，偷偷接受贿赂若干，对不对？还有一天也是这样，对不对？"胥吏们一听都惊而佩服，不敢辩。况钟说："我不必多说了，把他的衣服脱掉，找四个有力气的人，把这个胥吏高高抛在空中，摔死他。"就这样，顷刻就摔死了六个胥吏，并暴尸于市，公布于众。如此处置，上下人等都很害怕，震动了整个苏州府。从此苏州府做坏事的人都洗心革面，不敢轻举妄动。

以上事例是况钟巧用指桑骂槐之计，来杀一儆百。选择他刚到任不久，这样时机是合适的；在他明察秋毫后，再制以刚正威严。

况钟，少小读书机会不多，靠自学成才。23岁被靖安县选中，做书吏九年，吏部考绩，礼部留任，后升郎中，做15年京官。他不是科举出身，但干练精明，廉正有为。那时正当宣宗宣德年间，锐意整顿内政，清理统治机构，惩治贪官污吏，同时也推动清理地方吏治。宣宗以"郡守悉由资格，多不称任"，命部、院大臣荐举属官廉能者充任知府。经尚书蹇义、胡濙等推荐，况钟任苏州府知府。况钟是书吏出身，对这一阶层的情况，是有些了解的。但他并非下车伊始，就咿里哇啦，所以他先对文书判谍不随便发表意见，"阳作木讷状"，而是集中一段时间明察暗访，搞清情况。当他了解了苏州地方吏治多年散乱，土豪与官吏勾结作弊，侵公害民，他觉得法不立则吏奸难除，最终是民受害。所以他经过这段察知吏民积弊之后，决定先拿不法的胥吏开刀，杀一儆百，这给当地豪吏一个下马威，宣示了浩然正气，惩治了邪恶势力，树立了威望，为后来正常办理公务，清扫出一条道路。从此再也没有人认为新来的太守昏庸可欺了。

围绕着整肃吏治，况钟在苏州先后向朝廷上奏 11 次，罢免了 12 名昏庸无能、无所作为的冗官，惩办了一批营私舞弊、侵公害民的赃官，提拔了一批办事公正的清正官员。由于过去苏州的吏治不清，苏州府所属 7 个县历年积存了不少积案、冤案，况钟逐县清理复查，纠正了许多冤假错案。使苏州吏民震惊，奉法唯谨，坏人不敢为非作歹，安定了社会秩序。苏州因曾是张士诚的据点，所以开国之初，朱元璋对苏州粮额独重。苏州府七县，农田约占当时全国耕田总面积 1/80，而交纳田赋却占全国的 10%。而在况钟到任之前，苏州治理不善，各级官吏、地方恶霸与江南织造太监勾结在一起，操纵苏州政局，一般上级官员都轻易不敢过问苏州的事情。当地的豪强恶霸，想方设法盘剥老百姓，苛捐杂税多如牛毛，人民负担沉重，规定的粮税年年拖欠。拖欠不下去，就向豪家借债，倍纳利息，至以子女折偿或卖田逃亡。况钟到任当月，就上奏朝廷，要求根据减免诏规定减免，但户部不准。况钟坚持上疏 3 次，终于获得批准，减免 72 万多石粮食，还实行折征，以布匹代替粮食，使得苏州府每年共减轻赋税 150 多万石，苏州人民莫不欢颜。除此外，况钟在苏州任知府 13 年，清理军籍，兴修水利，发展农业生产，设济农仓，招还逃户，兴办学校，大规模扩建苏州府儒学，做了许多利民业绩。深受民众拥戴，民众几次上书请留，作歌传颂。盖自洪武开国以来七十余年，苏州太守无一人能满任者，只有况钟却连任了 13 年，卒于任上。他死后，老百姓伤心痛哭。苏州和下属七县都为他建了祠堂祭祀。“一摺传奇十五贯，家家齐唱况青天”，他饮誉江南，为后世留下了一个清官形象。

况钟初到任不久，运用指桑骂槐之计，当场击毙了 6 个不法的胥吏，又设善恶簿，这种执法如山，杀鸡儆猴的做法，首先毫不留情地警告了贪赃枉法之徒，镇住了他们不敢轻举妄动。而后又一系列地严以驭吏，孜孜爱民，自身刚正卓特，其清操纤尘不染，受人爱戴。

况钟对于吏也是恩威并重的。在他为苏州太守期间，一次府治起火，文卷都烧了。引起大火的是一胥吏。火灭后，况钟坐在砾场上，让把肇事的胥吏杖一百，以示惩罚，随即放其回家，自己则急急上奏章，一味地归罪于己，不累及该吏。起初吏自忖当死，可是况钟说：“这是我的事，你怎能担得起呢？”奏章呈上之后，况钟被罚俸。况钟为官廉明如此。他对该严的决不留情，而对一般过失也能体恤下情，因此威行而无怨，这也是况钟善于体会指桑骂槐之计奥妙，“刚中而应，行险而顺”。不刚则无威严，不足以服众；过刚，则暴而无以怀之。需要量情行事，恩威并用。这也说明况钟的为人和他的高尚品德。

大岗法官，巧计救人

在江户，人人都确信大岗是个仁慈正直、秉公办案的法官。无论在大街

小巷、茶楼商店。也无论穷人或富人都异口同声地称赞他。所以,当人们听到大岗对仅仅因为失手打碎一个花瓶的小姑娘要判处死刑的时候,无不惊讶。

一个风和日丽的艳阳天,幕府将军,这位古老日本的封建统治者,兴致勃勃地登山漫游,观赏秋日的景色。他对枫树的红叶尤为欣赏。

有棵小树在这深秋的季节,枝繁叶茂,使将军心旷神怡,他命人折下一枝带回城堡。一个小女仆拿着将军最喜爱的花瓶来插树枝,不料,一不小心,花瓶掉到地上打碎了。

这位统治者立即勃然大怒。小花瓶是他祖父的传家宝。而他的祖父是著名的德川家康,一位伟大的军事统帅。幕府将军非常崇敬他的祖父。早就下过命令,不论是谁,若是损坏了他祖父用过的东西,一律处死。

将军派人叫大岗来,命令老法官判处小女仆的死刑。老法官一时不知所措,惊呆了。这个小女孩不过是一时失手打碎了花瓶,怎么该判死刑呢?再说,他还是大岗法官一个老朋友的小女儿,小时候常和自己的孙子雄一起听他讲故事,是个很乖巧的好孩子,可是怎么救她呢?

"我最尊敬的将军阁下,"大岗试探着提出异议,"她仅仅是个小女孩,我想,……"

"你不要为她找任何借口!"幕府将军暴跳如雷,"老百姓一定会高兴地认为有你出来讲情,就能免此贱女一死。他们都知道,你能想办法来曲解法律,保护他们,可这次绝不能!"

大岗清醒地意识到,硬坚持自己的主张是无用的,于是便在盛怒的统治者面前深鞠一躬:"我要斗胆地为她最后说一句,她是十足的笨蛋!"

"完全是,百分之百!"

"她应当受到惩罚!"

幕府将军盯了大岗一眼,心想要大岗这样有头脑的人,事事俯首帖耳可不那么容易。

这时候,在屏风后面,一个女佣人听了他们这段对话,便跑去告诉了其他佣人,说大岗同意把那个小女孩处死。这一不幸的消息在江户城立即传开了。几分钟之内,成千上万的人都知道,大岗也无法挽救小女孩的性命啦!

在城堡里,大岗继续对幕府将军说:"这个女孩是那样地愚蠢,大概她还不知道为什么她要被处死。”

“够了，大岗！”幕府将军余怒未息，“你又在兜圈子。”

大岗急忙打躬施礼：“不敢。可是，我认为任何犯人都应当叫他明白被判处的缘由，糊里糊涂地行刑，效果不好，再说，还有其他理由使这个小女仆受到严惩。实际上她有三条罪，要是您——尊贵的将军不反对的话，我要向她当面宣判。”

“三条罪？你编的吧？”幕府将军问道，“她还犯了什么罪？”

“我来解释一下自己的看法。”大岗转向那个可怜的小女孩，严厉地说，“第一，你打碎了一个我们最伟大的德川家康将军用过的圣洁的花瓶，这是你第一条罪；由此而产生的结果，幕府将军受了原来命令的约束不得不判处你的死刑，这是被迫拿一个人的生命去抵偿一个碎花瓶的陶土，这是你的第二条罪。”

幕府将军狠狠地瞪了大岗一眼，但是法官假装着没有看见，继续说：“现在，弄得全江户城的老百姓，都纷纷抱怨咱们敬爱的幕府将军随意草菅人命，把个活人的性命看得还没一把陶土值钱。这使我们伟大的幕府将军处境很难堪，这是你的第三条罪，也是最严重的一条，还有什么比将军的威望更重要哪！？”

幕府将军脸红了，但是仍然很严厉地说：“大岗，你这是暗示我，处死这个小女仆是愚蠢的，对吧？可是已经晚了，你知道在我们的历史上，没有哪个幕府将军更改过他颁布过的刑罚。现在，在我这方面已经没有考虑的余地了，她必须被处死。”

“当然，”大岗说，“这我知道，死刑是不能更改的。”

“看来”，幕府将军接着说，“你也像她一样是有罪的。你虽然指出了我的错误，但为时太晚了。你是阻止我避免错误的谋臣，却不能使我避免错误，是不能原谅的。”

“我有罪！！”大岗非常同意将军的指责，再次深深地鞠躬，“等这个小女仆还清了打碎的花瓶钱以后，我就宣判：把我们两个都斩首示众！”

“偿还？你这是什么意思？”幕府将军莫名其妙。

“是啊，她打碎了花瓶首先必须偿还，这是法律规定的，”大岗十分认真地说，“她和我，都因为使您受到老百姓的责难，而应当立即处死。但要立即处死，花瓶钱就不能赔了。这个小丫头在受死刑之前，必须先赔偿花瓶钱！”

幕府将军皱起眉头说:“那是非常珍贵的花瓶,至少值一百文。一个女孩哪弄那么多钱啊?”

“她一次可以少还一些,慢慢地还清啊,”大岗接着说,“一年还一文钱,直到她把花瓶钱偿还完了,然后她和我一起上断头台!”

“一年一文,”幕府将军已经明白了大岗的真意,脸上泛起笑容,“哪能一百年哪!她能活得那么久嘛?”

大岗笑了:“如果您允许的话,尊贵的将军,我就叫她试试。”

幕府将军哈哈大笑起来:“好吧,那我就命令你自己也试试看,看能不能活那么长。”

大岗可谓把“指桑骂槐”术发挥到了极致,既挽救了小姑娘的性命,又使幕府将军消了气,可谓皆大欢喜。

创造机会,打造总裁

他叫约翰·贝利,可是人们都昵称他叫“杰克”。

他很爱学习,可他生不逢时,在他高中毕业那年,正是社会处于经济不景气的1931年,工厂倒闭,失业率增加,他的家庭也陷入了困境,结果是他进大学的学费没有着落。

他想半工半读,只要他父亲帮助他解决第一学期的注册费,但就是这一点小小的要求也不能满足,原因是他家里连生活费都难以保障,更谈不上他的学费了,加之当时经济萧条,人们都在支撑着苟延残喘。即使想找别人借钱也没有人能借给他。

“你为什么不先去找个工作?”他父亲建议他,“等赚够了学费,到下学期再开始读。”他认为不错,在这种不景气的年代,何必再去拖累别人呢?

但是找工作谈何容易,许多公司硬撑着,不裁员是很不错了,谁还有能力雇佣新人呢?那时候惟一好找的工作是不支薪水的推销员。

他决定试一试,经过仔细分析,他选销电器产品,不管经济何等不景气电器产品该买的还是要买。

他找到了一家电器制造商,叫杰西·伦道夫,这位老板也是白手起家的人,虽是大老板但仍与员工打成一片,很得人缘。一见面杰克就产生了一种愿为他效力的直觉。就这样17岁的杰克,第一次当一名推销员。

杰克第一次学着做生意,什么都不懂,既不知道什么是推销对象,也不知道什么是推销策略,推销方法。通货膨胀使失业人口增加,很多家庭陷入极端困苦之中,对添置用具并不热心。

一开始,杰克以满腔的热情投入到推销工作中,挨家挨户去推销,结果他到处碰壁,一个星期下来,他只卖掉一个电锯。

按理说杰克在这样的现实面前,应该去尝试做其他的行业,可是第一次的挫折更激发了个性倔强的杰克的斗志,他发誓要做好!

在他的细心体会观察下,又经过了十几天的失败推销,他终于找到了推销失败的原因所在,他发现自己什么都推销不出去是因为找错了对象。

在经济不景气时期,一般家庭添制的用具大为减少,再好的产品,如果不是等着急用,一般是不会买的。倒是一些中上等家庭有一定的购买能力,对添置一二件家庭用品根本不会计划。而且这样的家庭一般都请有佣人，添置用品的大权多半就操纵在这些佣人手中，只要说服了这样的佣人，生意就算是成交了。他选准了对象，即中上等家庭的佣人。

选准了对象之后，他又思考着怎样做通这些佣人的思想工作，最后他想出了这样一个办法——他告诉佣人自己的困苦情形，告诉他们自己是多么希望读书，可家里穷得交不起学费。最后他还加一说话的技巧："只要你点头说买，主人绝不好意思说不的。"

这一着果然有效。因为许多佣人的家庭环境也不好，谁的家庭条件好会出来做佣人呢？许多家庭困苦的情形与杰克的相似，甚至更糟。这样他们引起了共鸣。另外最后一句话又强调了佣人在主人心中的重要地位，以及主人的重视程度。

话说到这种程度，这些佣人们也不好意思说不买。

杰克在伦道夫的公司干了一年多时间，因为伦道夫的公司最后支撑不下去而宣告倒闭了。但一年多的实践，杰克对自己的推销工作产生了信心。他检讨了一下自己，也比较了一下，推销电器产品利润太小，佣金也少，除了生活开销，根本赚不了多少钱，他决定从推销电器产品中跳出来到其他的行业求发展。

正好有一个费城的汽车商来找他，希望他能当推销员，这位经销商是杰西·伦道夫介绍给杰克的。

这位经销商又是一个很重视创新的人，他告诉杰克："这是个非常时期，一定要用非常手段才能把东西推销出去。"

这正合杰克的口味，他也是一个喜欢创新的人，他辍学后，没有看过一本推销员的书籍，而是用自己的脑筋，自己的方法。

在他推销电器产品的时候，他就对美国中上等家庭的生活情形有了较深入的了解。不景气的时代，对这些家庭条件好的根本就没有多少影响，购买力并未下降。这次推销汽车与推销电器产品不一样，这不是一个佣人能左右得了的。但杰克并未放弃佣人这一队伍，他们能够向杰克提供主人的有关情况，以便杰克能有的放矢。

比如他通过佣人了解自己的主人爱好什么？有什么嗜好？经济大权掌握在谁的手中？他的汽车是哪个厂牌，是哪一年买的？有没有抱怨车子有什么地方不理想。许多的情况，杰克全都记在心里，回家再整理出来，根据这些情况，想出接近对方和说服对方的方法和技巧。

他的方法很多：

假如对方是个爱好古董的人，他就要准备一些有关古董的最新消息；如果对方是个"附庸风雅"的"半吊子"，杰克就会天南地北的"乱侃"一场，反正对方不会认真地去考据；假如对方是个爱狗的人，他去拜访时，在车子上一定带一只可爱的小狗，表示他们之间有共同的爱好，以缩短彼此的距离。

总之，杰克去拜访任何一位客户，他都要准备并掌握这个人的详细资料，以便与对方"一见如故"，这样，交易成功率就非常大。

正因为杰克有这么多的新念头，他的推销工作也进行得非常顺利，不到二年的时间，他自信已经有了足够上大学的钱。他决定上大学。

他的决定使经销商大感意外,极力想挽留他,经销商不知他的志向,他搞推销就是为了读书,充实一下自己,多学一点做生意的诀窍和基本知识,以便以后有更好的发展。他的野心不是一个汽车推销员就能满足得了的。他进了华登商业学院。

虽然他干推销工作是为了积蓄读大学的学费,但初出茅庐的收获使他懂得了选择推销对象和推销技巧。或者说他懂得了怎样避开产品市场的死角,而选定推销产品的突破口。

杰克在三年的时间内学完了四年的课程,提前离开了学校,这时杰克就不是三年前的他了。在他快毕业时,就有十三家大公司都想争取他,这是因为华登商业学院的声誉很好,毕业的学生不怕没有事做。杰克不但成绩优异,而且又是班级中年龄最大,经历也最丰富的一个。

杰克经过慎重的考虑,认为到美国钢铁公司去比较有发展前途,可是当该公司派代表跟他约谈之后,杰克感到失望,杰克需要继续干他的推销工作,而该公司需要的是会计,他拒绝了会计这个工作。

他入学前的两次推销工作,不仅建立起他对这一工作的信心,而且也对它发生了极大兴趣,推销工作是活的,有多大才能就可能有发挥多大的才能。而会计工作则不然,这是一种呆板的工作,才华的显露,远没有不出错误重要的多。杰克是一个坐不住的人,不但腿闲不住,连嘴也闲不住。粗心大意和好动的人是不能担任会计工作的,而杰克却具备这两种习性。当然杰克并不知道会计工作不是单纯的记账,在经营上会计也能提供一般人所见不到的资料,如财务的分析,成本的分析等等。但杰克的心不在于此。

他等待的机会终于来临,仍然是美国钢铁公司要聘请他。

原来,与杰克约见的代表回到公司之后,据实把杰克的情形报告了上级、他的这位上级倒真想替公司吸收人才,听到报告后对杰克非常感兴趣,派了一名业务经理调查杰克的经历,是否是位优秀的业务员。这一答案证实了"这个年轻人的确是个杰出的推销人才"。这是他的老上级汤尼蓝赛评价的。就这样,杰克进入了美国钢铁公司。

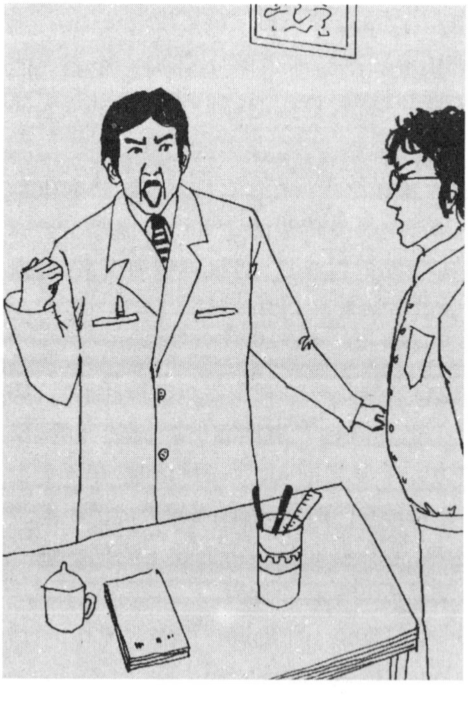

对商科毕业生来说,能进入这样的大公司的确是件神气的事。杰克报到之后,便被派到了纽约分公司去服务,担任市场推广工作。然而,杰克想错了。

他的顶头上司叫马丁,是个快五十岁的中年人,在钢铁公司工作快二十年了,是公司里所谓的“元老派”,为人跋扈,又喜欢卖老资格,喜欢顺服老实的部下。

显然杰克不是一位顺服老实的部下,他是个很有才能的推销员,常常带点傲气,不大愿意对上级低声下气。这就犯了马丁的忌,把杰克狠狠训了一顿。马丁指望会把杰克镇住,没曾想杰克起了想与马丁干一干的念头。

马丁又使出更厉害的一招,以“了解公司生产的实际情形”为名,把杰克派到工厂去实习半年。这是个冠冕堂皇的理由,杰克只能忍气吞声到工厂去报到。

所谓“实习”,实际上就等于罚劳役,他父亲劝他:“遇到这样的长官,你别想有出头之日,趁早辞职,到别的公司去干吧,别在这里活受罪浪费时间。”

可杰克不服输,“我相信我不会永远在挨打的地位。有一天,我会展开反击,让他知道我不是好欺负的。”

一个大学毕业的高材生,被送到工厂里去学习,而他渴望的工作是推销业务,碰到这种情况,十有八九的会拂袖而去。而杰克没有。他不但毫无颓丧、泄气,反而满怀信心地进入工厂,学习他不懂的业务。在推销方面,杰克自认为不比马丁差,但对钢铁业实际情形的了解,他则不如马丁。他必须要在这方面赶上他,将来才有希望跟面对面地斗一斗。

虽然在半年中,他吃了不少的苦头,但这对他一生的事业却发生了深远影响,生产的各个环节,与课本上学的是一次很好的印证。

半年之后,杰克谢绝了厂长的真诚劝告和热情挽留,仍然回到公司。“我何尝不知道,他派我到工厂实习是故意在整我,但事实证明,他不但没有整倒我,反而使我获益非浅。同时我也知道,回去后不会有好的日子过,他视我为眼中钉,也正因为这一点,所以我才非回去不可。”“因为我要把我这根钉子放在他眼里,不让他如愿以偿。他给我小鞋穿,我也不能让他舒服。”

这个认真负责,进取心很强的青年人有着如此顽强的生命力,只有他自己去吃苦头,去体会,不是用语言能挽留的。

杰克回到公司后,与上司马丁的第一次见面,就表示了“我不怕你”的态度。杰克做事认真小心,又不怕吃苦,在分公司里人缘很不错,惟独跟他顶头上司马丁,闹成水火不能相容之势。他曾公开对人表示:“除非马丁能把我开除,否则,我决不自动辞职,也决不到其他部门去工作。”

杰克施一点小手段,把他与马丁的不和让总公司知道了,并造成一种公开的印象,使大家认为马丁是在嫉才的情形下,千方百计想把他弄走。

马丁在杰克之前,曾排斥掉三四个大家认为很有才华的青年。而杰克过去的经历,说明他是个很富有创意的推销人才,不可能一进入美国钢铁公司就变成低能儿。另外马丁派杰克到工厂去实习也是一大败笔,如果此举不是为了将来重用他,那么明显是在折磨他,排挤他,也就更说明他没有容人之量了。

杰克就是利用这些微妙的因素,使马丁在公司处于很不利的地位。也正因为这样,更激发了马丁的牛脾气,非要把杰克弄走不可。

机会终于来临了。美国钢铁公司在纽约的业绩,连续一个月都是下降

的纪录。而这三个月中，杰克的下降幅度最大，马丁认为这是最好的机会。在总公司勒令改革业绩的当口，正好把杰克弄走。

马丁拟好了一份计划改革书，另外附了一份人事配置的报告表，而其中一点就是“杰克·贝利业绩显著衰退，工作不努力，应予资遣，请公司另派人员充任，以鼓励士气。”

总公司考虑再三，虽然知道这是马丁的一种借口，但为了公司的业绩不得不牺牲某些人才，准备答应马丁的要求。最后还是公司副总经理邱诺士的一句话改变了公司的初衷，也使杰克得以幸免。

邱诺士就是当年找杰克的那位业务经理，他现在已升副总经理，仍主管业务。他的话理所当然有举足轻重的作用。他认为马丁的计划与执行报告固然不错，但为什么等业绩走坡了才提出呢？一个主管人员，在一个地区这么久，仍不洞悉市场情况，防患于未然，本来就有失职之嫌，不能以开除一个干部作为搪塞。

其实，邱诺士以前对杰克的印象较深，因为杰克帮蓝赛推销汽车的故事令他颇为感动。而这次邱诺士能帮杰克的忙也不是有意的，而是从他的职位上而采取的措施。但邱诺士的话道破了问题症结，使其他的人无法提出反对意见。

命运往往捉弄人，假如没有邱诺士对杰克的一点点好印象，杰克这一次必然会被资遣或调职，那他的历史就要重写了。然而这件事验证了杰克父亲的话，粉碎了他想在大公司中发展的美梦，也因此才种下了独立创业的种子。

正是这个时候，战争爆发，杰克被应征入伍。

入伍一年多时间，杰克在一次战役中受伤，伤愈后退役还乡。以他此时的身分，人们对这种英雄人物可说是崇敬尤加，因此他要在各大机关、大公司找工作可说是太容易了。

杰克在美国钢铁公司已经有了一定的基础，他的亲朋好友，还有美国钢铁公司都笃定地认为他一定仍会回美国钢铁公司工作。可是令他们失望的是杰克选择了肯尼伍兹钢铁公司任职。

肯尼伍兹公司是新泽西州一家中型的钢铁公司，主要业务是生产铁铜铸材、零件和一般材料，跟美国钢铁公司的营业额相比，那是小巫见大巫。

以他的雄心和才能,说什么也不该选择这样一家不起眼的公司。

理由很简单:一个人要充分发挥自己的才能,一定要到比较大的公司去。

可是他母亲不同意他去,他热恋中的女朋友也不让他去,美国钢铁公司派马丁来挽留他,他们已经和解。但杰克说服了自己的母亲、女朋友和马丁,到肯尼伍兹钢铁公司去报到了。

肯尼伍兹钢铁公司的负责人叫司徒生,是一个野心很大但心机不深的人。虽然不是那种急功近利的人,但在经营中却念念不忘扩展业务。他跟杰克一见面就谈得很投机,马上聘他为总经理,分工负责,司徒生负责生产技术上的事,杰克负责如何经营,如何开展业务,请杰克全权做主,并为了表示诚意,以公司1/10的股权送给杰克作为酬劳。

受到重用的杰克,开始不遗余力的为司徒生策划拓展业务。由于不受牵制,他的才能得到了充分的发挥。他重视创新,对肯尼伍兹公司进行重大改革,使公司的发展步入一个全新的里程。

第一个改革,是调整公司的产销体制。以前,公司的产品多半是以较大的铸铁零件为主,供应对象也都是那些较大的制造厂,而且一般小零件根本就不供应。这种做法不仅限制了销路,而且也失去了不少零星的客户。所以杰克要把公司改为"仓储式"的,使供应的产品走向多元化的路线。

所谓"仓储式",不是仓库的意思,而是分成加工部和陈列室,加工部负责加工,而陈列室接受别人的订货,不管数量多少,不管什么样的产品,他们都接受订制,他的口号是"你想要的我都有"。用这种"小生意,小做法"的方式经营,订单上的数量虽不大,但供应的产品种类多,加在一起就相当可观了。第二个改革是研制开发不锈钢产品。

这两项改革,都是改变肯尼伍兹传统的做法。杰克负责经营,但他知道这种重大的事情,首先得征求司徒生的同意。

有天晚上,杰克带着自己拟定的计划去见司徒生,请他作裁决。

开始司徒生不以为然,以为杰克的一些措施无非是在现有的基础上做文章,不会有大变化。然而当杰克一边翻计划书,一边解说内容时,司徒生才开始慢慢严肃起来,他为杰克两项措施所震撼。

内容讲解完了,杰克急着想知道司徒生的意见。而司徒生则不得不考虑改革所带来的"运动力",他担心两件事,一是投资的大量增加,例如增加新产品,就必须增加新的生产设备;二是技术员工的大量增加,人事费用也是笔大开支。

但他的这两点担心,杰克早都考虑到了解决的方法,杰克告诉司徒生,关于前一部分的增加零部件供应种类,是以现有的设备为主,只是在加工方式上多上些花样而已。至于开发不锈钢制品,这是一个逐步开发的过程,不会一下子推出很多产品,以现在的设备还可以凑合。

这个计划得到了司徒生的认可,计划的实施由杰克全权负责。

杰克只有一个难题,需要司徒生出面解决,这不是杰克所能独立完成的,因为他初来乍到,许多工人并不了解他。他要改革,可有几位老技师反对他的做法,对杰克的反应很不佳,认为生意做得好好的,何必另外求发展。

如果是这样的话，杰克的计划得不到工人的支持和全力合作，改革也就成了纸上空谈了。杰克在改革计划上与司徒生生达成了一致的认识。在做通工人的思想工作上也达成了共识。

杰克又动起了脑筋，仅是司徒生一个人去说，凭司徒生的地位和资格，工人们可能不说什么，但内心里一定不会全力去配合，这就必须再用其他的方式。

这个方式，杰克有了答案，就是办培训班。让工人们了解改革的必然性、可行性、意义和作用，否则杰克的想法不能使他们深切体会和了解，工作效果自然要大打折扣。

这种方法好是好，可哪有这样顺利的呢？首先要工人们去上课比杀了他们还难过。其次公司的一些老技师、技工对杰克的敌视情绪越来越强烈，甚至有人造出谣言，说他是有计划的图谋肯尼伍兹公司。

一个又一个的难题，都没有难住杰克，群众的一些心理杰克很理解，也非常警觉，因此在第一天上课时，杰克为主角，司徒生当配角，共演了一出戏：

教室里，气氛紧张，大有一触即发之势。杰克走上讲台，心中已想好了对策。“我今天早上来上班时，碰上了一件很尴尬的事，”他用拉家常的语气说，“我在停车场把车子停好，沿着人行道来公司，突然一位年轻女士由后面跑上来把我抱住了。嘴里还咿咿呀呀地说：‘亲爱的，怎么到现在才来？’

“我想这个女人一定是喝醉了，可身上又没有酒味，我又想，这会不会是神经病，可是看那位女士朝我直挤眼，好像在暗示什么。

“她抱着我的臂，推着我一直往前走。我心里突然害怕起来，这会不会是绑票的新花样，直等走到公司的大门前面我才弄清楚怎么回事，不由自主地一个人哭起来。”

杰克讲到这里停住了，并翻阅讲义准备上课，听的人沉不住气了：“究竟怎么回事？讲啊！”

杰克抛出了一个诱饵：“暂时保密，由各位猜，在下课之前有人答对了，就放特别假一天，另发奖金二十元。”

敌意消除了，大家叽叽喳喳开始议论，还有人开始在大声地笑。

杰克继续浇油：“我再为大家提供一个范围，这个答案是最荒唐、最不可能的一件事。”

“我再给大家提供一个线索，线索就在我这一课要讲习的内容里。”

听讲的人开始鼓噪起来，答案在讲习的内容里，显然是骗人的把戏，钢铁一类的制品跟女人撒娇扯不上关系。

杰克与听讲的人打赌：“当然答案不可能印在讲义里，但我在讲述时，在适当的时候，我会把答案说出来。为了取信于各位，我现在请我们的董事长司徒生先生做个证人，如果我没有把答案说出来，随大家的意思接受处罚。”

“不管大家有多少人答对，统统放假一天，给奖金二十元。”

大家真的开始聚精会神的听讲，杰克抓住机会，把他的计划内容，并且对公司可能产生的利润，很生动而仔细的介绍了一遍。他之所以费了这么大的苦心安排这次讲习，其目的就是要这些技师、技工们彻底了解他为公司所做的改革，是为了大家的利益，也是为了整个公司的成长，消除他们对他的排拒心理，发挥他们的特长，做出更精细的产品。

他告诉工人们：“我们要开发新产品，不是光凭我的脑子可以奏效的，最主要的还是要看各位执行的是否认真。这就像男女谈恋爱时的情话说得再动听也没有用，主要看结婚后，彼此是否履行诺言。我的计划再好，各位执行的不力，或是在工作中不能尽善尽美，要想使公司成为最赚钱的公司，要想使我们的薪水高过其他公司，这无疑是痴人说梦。”

这一堂课下来，大家对杰克的观点完全改变了。杰克开始讲习时还有点紧张，但略施小计，终于化险为夷。当他讲完时，大家安静而且用热切的目光瞪着他，杰克在表演成功了。

寻找答案的事当然没完，司徒生后来把赌注加到奖金一百元时，还是没人猜出，但杰克与司徒生一唱一和把讲习班的情绪推向了活跃和融洽。

其实答案杰克已经说出来了，就是“痴人说梦”。

第一期讲习结束以后，杰克的员工心目中，已建立起非常良好的印象，他的才华，他的学识，以及他待人处事的方式，都让这些人佩服。

善于掌握群众心理的杰克，一看时机成熟了，立即展开开发新产品的工作，成立一个研究开发小组，专门负责研制不锈钢新产品。

另外，他又把各地的推销人员召回公司作了一次短期讲习，来配合新产品的销售业务，并告诉他们推销的新方向。

杰克开发的不锈钢产品，并不是一把勺子、一个锅，而是制各种产品的材料，销售对象中小型加工厂。由于他经营得法，经一年的市场拓展工作，订单就纷纷涌到了。

此时的肯尼伍兹公司，呈出现极端繁荣的景象，进货出货的大卡车昼夜不停地从大门口进进出出，机器一天 24 小时都在开动。

这是肯尼伍兹公司出现了从来没有过的繁荣景象，上上下下都精神饱满的在努力工作。但有一个人例外，就是董事长司徒生。

这个人虽然野心勃勃，但他有一个天生的心理缺陷，当置身在极端兴盛的境况中时，他会不由自主想到最坏的一面去。

说起来可笑的很，有一天司徒生站在大门口，看到一车车的材料拉进来，一车车的产品运出去，工作的流程紧张而顺畅。突然，一辆载满了不锈钢块的汽车在大门口抛锚了，后面所有的车子都被迫停了下来。这一情景令他联想到整个公司的营运上面去,假如有一天产品的销路猛然下降,甚至于没有了销路,只有进货的车子往里开,没有运产品的车子开出去,那将是怎样可怕的情形。

一个经营者有了这种心态,就不能不说是一种心理残缺,如果在温和的环境下成长的企业,这种心理的反应还不太显著,只要一遇到快速成长,就会明显地表现出来。

一天夜里,鼓足了勇气的司徒生敲开了杰克的门,听了司徒生的问题后,杰克滚烫的心里,像被浇了一盆冰水。他没有想到司徒生会提出这样的问题,就像对一个身体健康情况非常良好的运动员来说,他突然跑不动了怎么办,荒谬又可笑,这也是不可能的事。

天有不测风云,人有旦夕祸福。

本来防患于未然的清醒是正确的,也是必要的。司徒生找杰克,不是向他提出质询,而是希望作未雨绸缪的防范,希望从杰克那里得到有力的保证。

然而司徒生的愿望落空了,杰克认为自己只能忠心耿耿的为公司全力以赴,不能保证绝不会发生意外的变故。作为老板,不能把意想的难题推给当伙计的,应该自己有信心才行。杰克还想到司徒生这种想法,是不是受了什么人的挑拨,对他的经营才能发生了怀疑;是不是不赞成公司这样快速发展下去。不管怎样,司徒生有这种想法,这几个问题不能说是不可能存在的。

两个人的心里留下了一个很大的阴影,他们之间的分歧也出现了。

创业时期,很多人同心协力,表现出令人羡慕的合作精神。可是当业务逐渐成长,公司规模扩大时,彼此就产生了意见。杰克与司徒生也是这样。

对于司徒生来说,当初他看中杰克的才华,推心置腹地把经营大权交给他,可是当公司的业绩蒸蒸日上时,司徒生的欲望满足了,或者说他很重视所拥有的一切,难免有了患得患失之心,对过分的扩展就不那么热衷了,宁愿稳打稳扎,慢慢寻求发展。

但杰克不是像他这样的人,他重视经营的气势,不愿放弃任何有利的机会。在业务发展上,他惟恐不够快速,又怎能容忍慢下来呢？这是他跟司徒生观念上的基本差异,一开始合作时,这种差异不明显,但发展到一定程度,就很自然地爆发了。

司徒生的心理状态是,在生意好起来之后,他并没有忘记他是老板,甚至于随着资金日渐庞大,他这种“我是老板”的意识还在与日俱增。因此一旦他的想法受到冷遇后,心里自然产生反感,抵消了杰克创业的功劳。对他自然没有那么信任了。

而杰克的心理状态却是另一回事,他认为自己对肯尼伍兹的重要性是别人无法取代的,有这种念头之后,在气势上,言行上难免有时候跋扈一点。而且自认为比司徒生高明很多,如果不受别人掣肘的话,他完全可以发挥得更好;一旦想法被阻则一定产生反感。同时杰克认为自己对司徒生忠心耿耿,真心实意地为了公司发展,想不到干到最起劲的时候,司徒生出现如此相反的情绪，如泼了一盆冷水，他怎么会泰然处之呢？

正好这个时候，司徒生所预料的事情戏剧性地发生了，不锈钢产品突然没有人问津，一连一个星期，肯尼伍兹一张订货单都没有收到。不锈钢的坯料仍在一车车往公司拉，工厂仍在不停地出货，但产品却没有地方送了，三天下来，公司的每一个角落几乎都堆满了做好的产品，司徒生看在眼里，急在心头。

司徒生又找到杰克，希望能找到解决问题的办法。一个心急火燎，一个心存闷气，两个人说话自然不会好言好语，闹得很不愉快。但杰克仍然在想办法，司徒生也忍了下来。

司徒生又找自己的老同乡、老同事亚伦诉苦，亚伦是钢材生产厂的厂长，说自己受杰克的气受够了，希望亚伦来当总经理。

亚伦拒绝了他，相反劝司徒生应相信杰克，杰克才是这块材料。

司徒生想把工厂关闭一段时间，等存货出光了再开始生产。

但这点绝对行不通，一是工厂停工之后，工人无法安排，既不能全部资遣，也还要发给他们一笔生活费，停工费是白白的损失，对公司没有好处，而且机器一停一开，也要花很大一批维护费用。二是公司订的原料是有契约性的，会一批批源源送到，如果不提货会增加仓库费用，如果要生产商停止送货，就等于毁约，这是有后果的。还有一个不能停工的重要原因，如果公司一旦停止，各债权人就会大感紧张，一齐来逼债，到那个时候，公司不倒闭也不行了。

这个时候，司徒生责怪杰克没有听自己的话，要是早作防范的话，也不会有这种局面出现。

其实司徒生这么做不是待人之道，对杰克也不是公平之道。如果司徒生能肯定自己所预料的情况，又能有充分的理由和根据，杰克是不可能不听他的。事实上他当时只是说说而已，自己也没有一点点把握，只不过是碰巧被料中了。

司徒生像热锅上的蚂蚁，又等了三天，眼看堆积如山的存货仍在增加，杰克仍没有想出对策，本来有点神经衰弱的司徒生昏倒在办公室里。

在医院里，当杰克风尘仆仆从外地赶去探望司徒生时，司徒生提出自己要结束生意，把生意让给杰克。

这个提议让杰克感到十分突然，司徒生这么做有多大的诚意呢？他自己又去哪里筹这么庞大的一笔资金呢？

答案有了，公司的几位小股东都要求杰克把司徒生的股权买下来。不管这是司徒生的授意，还是股东们的意思，杰克知道此时如果能凑到一笔资金的话，他便可以把肯尼伍兹公司接下来，在大家的心里，此时的公司如一个烫手的热山芋，尽早脱手的好。

杰克认为自己创业的时机到了，决心要运用一切的关系去借一笔资金，把司徒生的股权买下来。

司徒生占有公司 60% 的股权，这笔庞大资金不是短时间能凑得起来的。但时间紧迫，杰克找到了美国钢铁公司的邱士诺。

杰克与邱士诺达成协议，各买下 30% 的股份。共同经营肯尼伍兹公

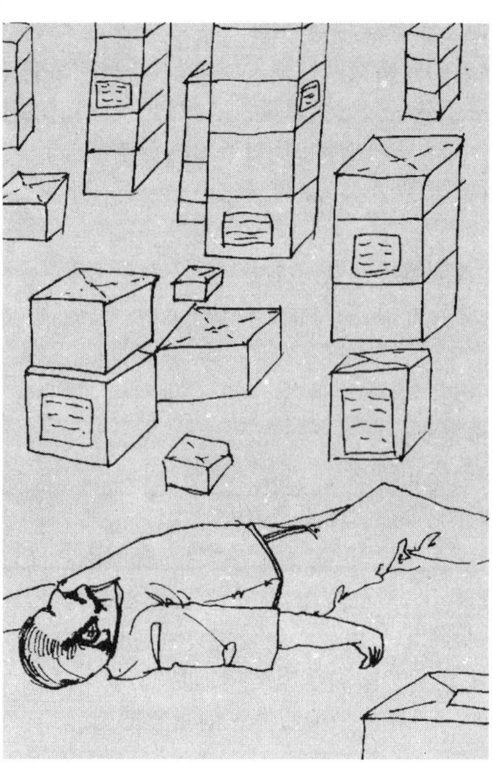

司。他们二人把肯尼伍兹公司的实际情形查看了一下，擅长于经营的邱士诺很快便找出了问题的症结，他增强了信心，决定投资。

不到十天的时间，杰克办妥了收购肯尼伍兹公司的手续。司徒生的病也不医而愈。而杰克也几乎在一夜之间把公司的难题解决了，就像司徒生的病一样，仿佛没有用什么急救措施。公司的危机全部解除，恢复了正常营运。

其实问题的症结很简单，就是杰克的推销策略快速成长发生了副作用，也就是卖得太多，使客户的存货太充足，发生了短期的消化不良症。

这次的权利转移，可以说是工商界里最富有戏剧性的，外面断言这是司徒生玩的计谋，以装病为手段，把他认为要倒闭的公司推给了杰克；也有人说这是杰克的手段，他对公司的危机早有了办法，却故意不告诉司徒生，以便将计就计把公司买下来。

但无论如何，杰克接手公司多少有点意气用事的成分，但司徒生对公司的发展存在恐惧心理，这次权力的转移，也就该是很自然的事。

杰克成为了老板，他可以开创自己的事业了，但他从这件事上，有了深刻的体会："一个人有好的创新意念，必定要使四周的人都合作才行，否则即使有通天的本领也无法施展。一个企业的成长，不可能永远顺利，会遇到挫折，这种挫折、就是对公司内部团结与否的一种考验，假如一遇到事故就互相猜疑，这个企业的寿命就不会长久了。"

"假如你要成立一个公司，当然需要有一笔资金，但公司的业务是否能获得十足的发展，则全靠上下一致的创新意念。"

"这就像人一样，没有远大抱负和创造力的人，永远不可能有大的成就。"

因此，杰克每个月都举行一次创新研讨会，让每位员工都来参与公司的发展，都有动脑筋的机会，团结一心，使公司不断发展壮大。

后来人们说："肯尼伍兹公司是由一群标新立异的家伙组成的，即使给你一个摆货的架子，他们也不会用正常的方式向你推销，因为不管什么事，他们都有自己的一套。"

杰克不是仅靠指桑骂槐的计谋博得员工尊重和佩服，而是靠长时间的勤奋、才华、学识打造了自己的人生。无疑,杰克将在自己的成功路上不停地奔跑。

三菱公司,指桑骂槐

在现代商战中,如果对抗双方当中有一方处在极其不利的环境中,随时都有被搞垮的可能,那他们应该怎么办呢?

1872 年,日本的岩崎弥太郎经营横滨——大阪——神户——高知间的海运事业。此时,一家半官半民经营的三井系列公司,受到政府的庇护,而且资本雄厚,是岩崎的危险敌手。岩崎弥太郎为了抵抗三井系列公司,采取降低运费的做法,将大阪到神户间的运费由原来的一个人 1 枚银币,降为一个人只需要天保钱 2 枚,降低了 4/5,最后甚至是免费服务。

他当时的想法是:虽然海运业的利润微薄,但国家仍非常需要海运,将来仍有赚钱的希望。所以即使是财务亏损,即使是在垂死的边沿,弥太郎还是咬紧牙关支撑着,倾全力冲刺。

针对三井系列公司的服务质量非常差,弥太郎立即着手推行“货主至上,旅客至上”的亲切口号,以最佳的服务态度与他们相抗衡。这样,虽然三井系列公司的实力很强,却无法挤掉岩崎弥太郎的海运事业。

就在弥太郎用尽精力和财力,快要崩溃之际,好运降临了——日本政府宣布入侵台湾,指定邮便蒸汽船公司(属三井系列公司)做军事输送工作,但是,该公司因为和三菱(属岩崎弥太郎)的战斗遭受重创,无法负担重任。不得已政府转向三菱要求协助,虽然三菱更是困难重重,他们还是接受了这项委托。

兵事不到 5 个月就结束了,此举对三菱的影响很大,1874 年三菱被指定为官方保护公司,政府无条件地提供 12 艘轮船,并把邮便蒸汽船公司的 18 艘轮船给三菱,并且每年提供 25 万元的航运补助金。

就这样,三菱在海运业界奠定了屹立不动的地位。到了 1877 年末,三菱拥有 61 艘轮船,占船总数的 75% 强,成为一个海上王国。

基于这样的场面,三井系列公司的益田孝对三菱恨之入骨,扬言要搞垮三菱。

由于 1881 年,政界发生政变,三菱的保护者大限重信离开内阁。弥太郎因为大久保利通被暗杀,而失去和政府联系的管道。这样,三菱与政府的通道全部中断了;又面临资金丰富的对手三井,三菱不得不面临和三井正面冲突、孤立无援的战斗。

这次的商战可谓是达到疯狂的境界,共同运输公司从英国订购新式的轮船,加入三菱的航线内彼此争斗,并且双方均在同一港口、同一时刻驶向同一目的地。后来演变为速度的竞争,甚至出现过轮船相撞。

运费竞争也愈演愈烈,从神户到横滨间的运费由原来的 5 元 5 角降到最后的 5 角 5 分。加上此时,官方宣布通货紧缩政策,于是物价下跌,经济活动停滞。

在此情况下,三井和三菱的争斗,使三菱蒙受极大的打击,巨大的赤字

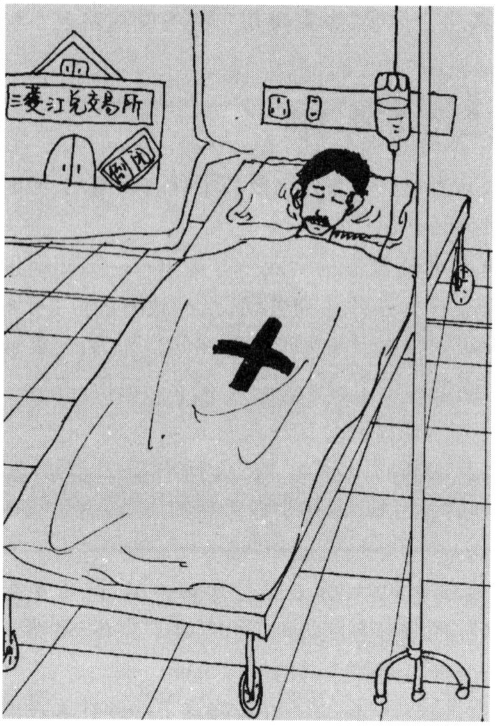

累积使他们不得不封闭香港和琉球航线，也逼得三菱江兑交易所倒闭。弥太郎也因负荷不了而病倒。

尽管如此，弥太郎不畏艰难，拼命支撑。

同样，共同运输公司也面临困难，加上他们内部不和，于是共同运输公司的股票就一直下跌，跌到只剩下面值 2/3 的价值。股东们发觉后都心慌了，纷纷抛出股票。而病床上的弥太郎闻讯后秘令收买共同运输公司的股票，直到弥太郎买共同运输公司的股票过半数，共同运输公司竟然没有察觉。

弥太郎死后，弥之助接受了哥哥的旨意，果敢开战。一上阵就将 5 角 5 分的运费，再降至 2 角 5 分还附赠礼物，使共同运输公司看得目瞪口呆。

为了快速分胜负，弥之助一边凑齐资金，准备还政府的补助金，同时散布消息：公司准备集体烧船，以要挟政府。

此时正值中日战争，政府哪容许烧船呢？有人提议三菱和共同运输公司合并，三菱没有意见，但三菱运输公司的董事会则提出抗议，尤以益田最为强烈，后来在股东大会的投票上，益田败北，合并成定局。

两家合并后，更名为日本邮船股份有限公司，出资额是共同运输公司 6 百万，三菱 5 百万。但支配权反而在三菱这边，因为三菱的股份多。

弥太郎就是先将自己假设在垂死的境界，为了求生存，必定要全力一搏，敲山震虎，因此才能获得最后的胜利，成为日本明治时代经济界最突出的人物。

27计　假痴不癫

装疯卖傻，箕子避祸

箕子是商朝末年国君纣王的叔父，纣王即位不久，开始使用象牙筷子，箕子看见后，就说："用象牙做的筷子，那就一定不会再用泥土烧制的器具，而是要用犀玉之杯了。用象牙筷子和犀玉之杯，也一定不再吃粗茶淡饭，穿什么粗布短衣，而住在简陋的茅屋之下了。肯定要追求锦衣玉食，高台广室，以此作为标准，物质的追求是无穷无尽的。从此以后，我恐怕他要走上绝路了。”

箕子真是见微知著，纣王果然荒淫无度，他与宠妃妲己过着“酒池肉林”、“为长夜之饮”的腐朽生活。纣王常常喝得天昏地暗，酩酊大醉，甚至连年月日都忘得一干二净，不知当天是哪月哪日，就问左右的人，左右的人都回答：“不知道。”纣王就派人去问箕子，箕子想了一下，回答说：“我喝醉了，也搞不清今天是什么日子。”使者走后，他的弟子问箕子：“先生明明知道今天是什么日子，为什么说不知道呢？”

箕子说：“作为天下之主，而使一国失去了时间的概念，天下已到了危急的时候了。但是举国的人都说不知道的事情，惟独我一个人说知道，那我岂不是危在旦夕了吗？所以我推说喝醉了酒，也不知道。”

从这件事可见箕子提防纣王对自己起疑心，已是处处明哲保身了。

纣王晚年变得更加残暴，制定“炮烙”之刑来镇压人民的反抗，还文过饰非，拒斥劝谏，对宗室重臣，同样无情打击。纣王的庶兄微子对这些情况看不惯，多次劝谏他，他根本听不进去。微子为了躲避灾祸，就忧愤出走了。

纣王的另一个叔父，少师比干，认为做臣子的不能不冒死劝谏，于是他苦苦规劝纣王，一连谏了三天不离开，纣王恼羞成怒，命令武士将比干处死，还把他的心剜出来看，说：“比干自以为是圣人，我听说圣人心脏有七窍，我倒要看看他的心是不是有七窍。”

纣王的残暴着实令人恐惧，箕子也担心纣王要对自己下毒手，于是他假装疯狂，披头散发，胡言乱语，一点太师的尊严也没有了。他还颠倒行事，大夏天，别人穿着单衣尚嫌热，他却穿着破棉袄，畏缩在火炉旁，不住打颤，口里喊着“冷呵，冷呵。”箕子完全像个疯癫之人。即使如此，纣王还是把箕子关进了大牢。

商朝西边有一个诸侯国叫周，周武王即位以后，招贤纳士，励精图治，使国家很快兴盛起来，武王见商纣王倒行逆施，人民在水深火热之中挣扎，大臣和诸侯与纣王离心离德，感到灭商的时机已经成熟，他与谋臣吕望商议，率领三千勇士、四万五千甲兵，联合八面诸侯，大举讨伐商纣王。纣王发兵在都城殷的郊外牧野

抵抗各路诸侯，但士兵们都恨透了纣王，阵前倒戈，反把周兵引入都城。纣王众叛亲离，于是穿上漂亮的衣服，登上豪华的宫殿——鹿台，自焚而死，这个玩火者终于得到了应有的下场。

周武王亲眼看到纣王因暴政失去天下，注意吸取前朝灭亡的教训，因此减轻了政治迫害，对关押在牢狱里的人实行大赦，被羁押几年的箕子总算是得到了他所渴望的自由。

箕子，是第一个有史书记载的成功运用假痴不癫的政治家，他凭着自己的政治才能，很早就敏锐地从小事看出了纣王必将走向灭亡的道路，但他又回天乏力。比干等人的赤胆忠肠，到头来只落得个剖腹剜心的悲惨下场。鉴于前车之覆，为了保全自己，箕子想出了假痴不癫的奇计，把自己伪装成一个疯疯癫癫之人，目的是为了逃避纣王的迫害，纣王虽然把箕子囚禁了起来，但也没有进一步迫害，最终，箕子还是被周武王从狱中释放，实现了死里逃生的目的。

石碏定计，大义灭亲

东周末年，卫庄公有三子，长子名恒，次子名晋，三子名州吁。

州吁生性暴戾，喜武谈兵，动辄讲攻讲杀，但庄公非常喜爱他，任其所为，一点也不加禁止。

大夫石碏是正直的人，国人对他很信任。他曾规劝过庄公，说："凡做父母亲的，对子女要严加教育，不要溺爱过甚，纵得太过必生骄，骄必生乱，这是必然规律。主公若想把王位传给州吁，便马上立他为继承人，不然的话，就要管制他，叫他不要这样横行放肆，免得日后搅出骄奢淫逸的祸患。"

这些话，庄公当作了耳旁风，对州吁的行动，照样不加干涉。

石碏有一个儿子石厚，和州吁的个性一样，好似天生一对宝贝，经常同玩同游，并车去打猎，骚扰民居。石碏看不过眼，将石厚鞭责了一顿，并把他锁在一间空房里，不准他再出外去惹是生非。可是石厚怙恶难驯，野性不改，竟然爬墙跑了，一直躲在州吁府里，不敢回家。石碏没奈他何。只好装聋作哑，把气忍在肚里。

不久，卫庄公死了，公子桓继承了王位，叫做桓公。桓公生性懦弱，毫无主张。石碏见他这样无所作为，而州吁又是那样嚣张，料定将来一定会生乱子，于是借口年老，辞职归家躲起来，对朝政不理不问。这样一来，州吁更加肆无忌惮了，日日夜夜和石厚商量怎样去夺取王位。

适巧周平王死了，太子即位，这是国家的一件大事，各地诸侯要亲往去吊唁，卫桓公也整装准备入朝去。

石厚见到这个机会，欢天喜地对州吁说："大事可成了，这一个难得的机会，千万不要放过！"

"有什么计划没有呢？"州吁问。

"当然有啦！"石厚接着说："明天不是桓公要起程入朝吗？你可设宴在西门外，假意给他饯行，预先埋伏五百名勇士在门外，敬酒的时候，乘机把他杀死。如有哪一个不服从的，立即将他消灭，这样你就唾手可得王位了。"

州吁顿时眉飞色舞起来，着令石厚去部署一切。

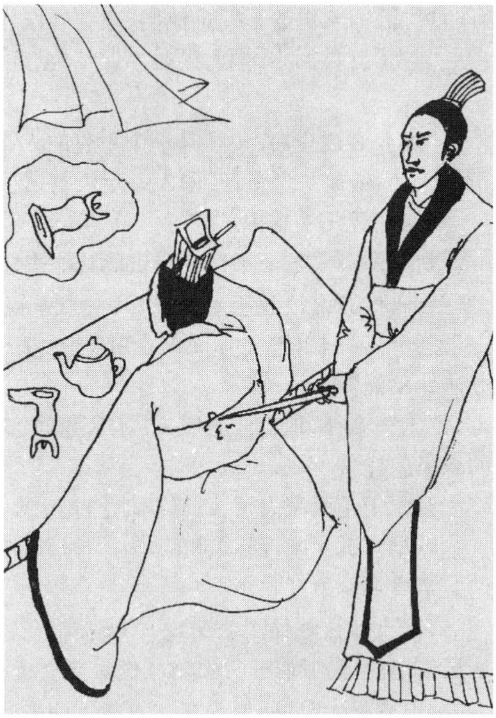

次日一早，桓公便出发了，州吁把他迎入公馆里去，筵席早已摆好，客气一番之后，州吁便躬身向桓公敬酒，说："兄侯远行，臣弟特备薄酒与兄侯饯别！"

桓公说："又叫贤弟费心了，我此行不过个把月就可以回来了，敢烦贤弟暂时代理朝政，小心在意！"

"兄侯放心，小弟会特别小心！"州吁说完，忙斟满一杯酒，奉给桓公，桓公一饮而尽，亦斟了杯酒回敬州吁，州吁双手去接，诈为失手，酒杯跌落于地，慌忙拾取，亲手把杯子洗涤，桓公不知这里有阴谋，叫左右另取一只酒杯来，想再敬州吁一杯，州吁乘机跳到桓公背后，掏出刀子，向桓公背后猛刺，桓公便这样当场被杀死。

随行的臣子大吃一惊，但平时已知道州吁的武功非同一般，石厚又引军把公馆团团围住，自知不能反抗了，只好投降归顺。

州吁很快就把桓公的尸体埋葬好，向外界说是得了急症暴卒的，自立为君，拜石厚为上大夫，他的二哥公子晋着了慌，也逃到邢国去求政治庇护。

州吁即位三天，听到外边沸沸扬扬，都在传说他弑兄夺国的事，因此又和石厚商议起来，他说："你听见外面的话没有？全国人民都在说我的坏话了。看来，惟有施展武威向邻国打它一次胜仗，借此来压制国人的反抗情绪。你说应向哪一个国家动兵呢？"

"那自然要攻打郑国，郑国侵略过我国，正好趁机报仇雪耻！"石厚很高兴地回答。

他们计议停当，立即动员向郑国发动攻势，在五天内果然打了一个胜仗，石厚便下令班师。

"为什么？"州吁惊讶地问，"大军还未接触就要班师？"

石厚请州吁屏退左右，秘密地告诉他："郑国的兵素称强悍，我们没有什么胜利把握，现在打了个小胜仗，足可以向国人示威一番了。何况主公登位未久，国事未定，若久留在外，恐怕国内有变乱呢！"

"你真想得周到，我还没有考虑到这一点哩！"

于是石厚得意洋洋地下令班师，叫兵士沿途高唱凯歌，拥着州吁浩浩荡荡地班师回朝。

可是,国人仍然不拥护他们,还到处作冷嘲热讽的咒骂。

“打了胜仗回来,国人还是不服从呢,还有什么办法?”州吁又请教石厚说。

“那只有这样:我父亲是一个正直的人,国人对他很尊重,不如主公把他再征入朝,给他一个重任,国人一定没有话说了。”

“对! 我几乎忘记了。”

州吁即命人带来了很多名贵的礼物去聘石碏入朝议事。

石碏推辞说:“我年老了,病又一天天地重下去,就是上朝也行不得了。……”州吁又问石厚:“你父亲已托病不肯入朝,我想亲身去向他请教一个办法好不好?”

“主公亲往,他也未必愿见,还是我回家去一趟,代公先说句好话,看他的意思怎样!”

石厚于是回家去了,石碏问他:“新主要召见我究竟为着什么?”

石厚告诉父亲,说:“就因为国人对新主没有好感,诚恐王位不稳,故想请父亲决一良策!”

“这有什么困难?”石碏说,“凡是诸侯即位的,必先禀告王朝才算真王,如果新王能得到周天子的诰命,国人还会说什么呢?”

“这意见十分好,但现在无人能入朝去,恐怕天子会起疑心,最好先派一个能在天子面前说得着话的人去疏通一下,但谁可担当此任呢?”石厚说完,向父亲投下希望的一瞥。

“那还不容易!”石碏抖擞一下精神说,“目前周天子最相信的是陈国的桓公,只消他一说,包会成功。如果新主能亲往陈国走一趟,央陈桓公帮帮忙,这件事绝不会让人失望的。”

石厚把这番话告诉州吁,州吁不胜欢喜之至,立即备好礼物,带了石厚到陈国去。

石碏和陈国的大夫子鍼很是相好,他见机会来了,乃割指沥血写了一封信,托一个心腹人带往陈国,秘密交给子鍼,托他转呈陈桓公。陈桓公拆开信,这样写着:

“外君石睃百拜致书陈贤侯殿下:卫国不幸,天降重殃,竟出弑君之祸。此虽逆弟州吁所为,实臣之子石厚贪位助桀。二逆不诛,乱臣贼子行将接踵于天下矣。老夫年迈,力不能制,负罪先公,今二逆联军入朝上国,实出老夫之谋,幸上国拘执正罪,以正臣子之纳,实天下之幸,不独臣国之幸也。”

陈桓公看罢,便问子鍼:“你看这件事咋办?”

子鍼毫不考虑地回答:“我国和卫国素相亲睦,守望相助。卫国的不幸,亦即我国的不幸,他们来,乃是自投罗网,切不能放他们回去!”“好,就这么办!”

于是便定下擒州吁之计。

州吁和石厚威风凛凛地到了陈国,陈国桓公特派公子佗出郭迎接,安置他们在一间华丽的馆舍里,致陈侯仰慕之意,并请第二天在太庙里接见。州吁见主人这么殷勤客气,心里非常欢喜。

翌日，太庙上摆设得肃穆堂皇，陈桓公站在主位，左右文官武将排列得很整齐。

大夫子鍼先陪石厚到来，一上石阶，石厚一眼瞥见门口竖立一个白牌，写着“为臣不忠，为子不孝者，不得入此庙”十四个大字，顿时心里一怔，回头问子鍼：“立这个牌是什么意思？”

子鍼很有礼貌地向他解释：“这是上几代立下来的规矩，已经有几十年了。”

石厚才把心放下。不一会，州吁驾到，站在宾位，赞礼的高唱，请入庙去行礼。州吁把衣冠一整，方要鞠躬行礼，子鍼大声高呼：“奉周天子命令，擒拿弑君贼州吁、石厚两人，余人俱免！”

话声未完，已先把州吁拿住。石厚急忙拔剑想抵抗，一时着急，拔不出鞘，只用手格斗，打倒了几个人，但埋伏在左右壁厢的武士一拥而上，把石厚也捆绑起来。

门外的车马随后，一时不知所措，子鍼出去向他们抚慰一番，并当众宣读石碏的信。大家才知道是卫大夫石碏主谋，便一哄而散，跑回卫国去。

陈桓公想将州吁、石厚就地正法，左右臣子却异口同声说：“石厚乃石碏的亲生子，况且这件事又是他策划的，未知他的意思怎样，不如请他自己到来，把两人交还给他亲自处置好了，才可以避免误会。”于是把州吁和石厚分别监禁起来，连夜使人到卫国去通知石碏。

石碏自从告老居家之后，未曾出过门口半步，今早见陈国有使命到，心里便明白一切，即令人驾车伺候，准备上朝，再派人通知各文武官员出朝相见。

各官员见石碏破例要上朝议事，很是惊奇，便怀着焦急疑惑的心情齐集在一起，石碏到来了，当众宣读陈侯的来信，谓州吁和石厚已被陈国拘禁了，专等卫大夫亲自发落。

“各位都明白一切了，要怎样处置这个忤臣逆子？”石碏问。

“这是国家大计，全凭国老主张是了。”群臣齐声答。

石碏继续说：“两个逆徒罪恶昭彰，俱杀无赦！不明正典刑，何以谢先灵？有谁肯到陈国去诛两逆贼？”

右宰丑站了出来说：“乱臣贼子，人人得而诛之，州吁此畜生，我去解决他！”

有几位大臣跟着说：“主谋人州吁明正典刑是天公地道，但从犯石厚，似可以从轻发落——”

话未说完，石碏将把眼一睁，拍案大叫起来：“州吁之恶，皆由逆子所酿成，各位说要从轻发落，岂不成怀疑老夫徇私？我要亲自去，亲手杀此不忠不孝的逆贼！”

家臣獳羊肩连忙说：“国老不必发怒，我愿意去执行国老的命令！”

他两人赶到陈国，谢过陈侯，先后去执行任务。先把州吁押赴市曹，州吁对右宰丑说：“我是君，你是臣，安敢犯我？”

右宰丑说：“你兄长为君，你为臣，你却把他刺死了，我现在不外跟你学一学罢了。”

说完，一刀下去，州吁顿时身首异处。

孺羊肩把石厚押出来，石厚向他求情，说："我自己是知道死有余辜的了，但事到如今，只请你把我押回卫国去，见父亲的最后一面，然后就死！"

孺羊肩说："我奉你父亲命令而来，着即就地正法。你如要见见父亲，我带你的头回去见见好了！"

不由石厚再说，一刀从脖子里擦过去，什么都完结了。

佯作疯癫，孙膑脱险

年轻时的孙膑与庞涓，都投在鬼谷子门下学习兵法，两人不仅是同窗好友，还曾结为八拜之交。可是庞涓表面上与孙膑交好，为人却刻薄妒忌。他自知自己的才能远逊于孙膑，所以暗地里早就妒火中烧。学成之后，庞涓先下山到魏国做了将军，深得魏惠王的宠信，声名显赫起来。这时墨子周游列国到了魏，在魏惠王前举荐了孙膑，于是孙膑被任为客卿。这时庞涓深怕孙膑在魏国对自己是严重威胁，如此人得以施展才能，得到重用，会妨碍自己的前程，因此处心积虑打算置孙膑于死地。他经常在魏惠王面前说孙膑是身在魏国，心在齐国，有里通外国之嫌。随后骗得孙膑的亲笔书信，窜改了内容，献给惠王作为证据。惠王信以为真，就让庞涓问罪。庞涓对孙膑施用了膑刑，破掉了他的两块膝盖骨，使孙膑再也无法站立起来，成了废人，还给他脸上刺了字。只是为了骗他写出鬼谷子注释的《孙子兵法》，才留他一条活命。孙膑遭到这样的迫害以后，起初还受庞涓的假面所蒙蔽，为他写下老师私下秘授的《孙子兵法》。幸亏有个庞涓的家丁把事情真相都明白告诉了他，孙膑这才恍然大悟，认清了庞涓的真面目。可是这时他身陷险境，肢体残废，怎么能够摆脱加害呢？他心生一计。当晚只见他突然昏倒在地，忽而大哭，忽而大笑，口中念念有词，却又语无伦次，把写下的兵法统统烧掉，还对庞涓叩头不止，拉住他叫鬼谷先生。这时庞涓生怕有诈，所以让人把孙膑拖到猪圈里，虽污秽不堪，可是孙膑倒头就睡，并且抓起猪粪和泥土就往嘴里送。这使庞涓相信了他是真的疯了，于是慢慢失去戒心，不再严密监视他了。而孙膑以猪栏为家，检污物为食，披头散发，衣不蔽体，时出时入，时哭时笑，一直等到齐国使臣到魏国去时，才悄悄救孙膑逃离魏国。当时庞涓还以为孙膑投水死了，根本没有怀疑到他是逃走了。

当初庞涓以为孙膑从此不能站起来了，而且已经成了疯癫废人，这样就再也不能对自己形成威胁了。可是孙膑在绝境之中，运用了假痴不癫之计，他佯装作疯癫，以此麻痹了庞涓，使他认为孙膑的一生真的就这么全完了。实际上孙膑正是以此计，迷惑住庞涓，留得青山在，立志忍辱负重，伺机报仇，决心在将来的战场上一展身手，与之较量高低。他坚强地活了下来，忍受了难以想象的奇耻大辱。他知道，只要保全了性命，满腹的才学和韬略，必将有用武之地。正是假痴不癫之计，使他得以保全自己，以屈求伸，待机而发。他在逃出魏国回到齐国以后，终于得到显示才华的机会。

当时魏国非常强大，魏惠王成为继魏文侯、武侯之后的诸侯领袖。而齐国素称东方大国，曾有着称霸诸侯的历史。齐威王即位后，他是个雄心勃勃的君主，整顿内政，招纳贤才，使国力很快强盛起来，具备了与魏争霸的条件。而孙膑回到齐国正是这个时候。他首先受到大将田忌的赏识，言听计从。通过赛马，孙膑一鸣惊人。田忌乘机把他推荐给齐威王。他的才智使齐威王极为赞赏，所以马上就拜为军师。

周显王十五年（公元前354年），魏惠王命庞涓为主将，起兵伐赵，包围了赵国都城邯郸，形势非常危急。赵国向齐国求救。孙膑感到他大展才能的机会来了。于是他运用避实击虚、攻其必救的原则，创造了围魏救赵的战略，率齐军直捣魏都大梁。他估计到庞涓一听国都被围，会马上回师，便以齐军主力在其途中必经之地桂陵事先埋伏好，大败魏军。这是孙膑以假痴不癫之计得以脱身后，第一次教训了庞涓，挫败了魏国。

公元前341年，魏国怪罪韩国背叛，没有参加逢泽会盟，就出兵攻打韩国，韩国向齐国求援。齐王出兵，孙膑仍作为军师随军出发。这时魏军的主将庞涓得知齐军又进攻大梁，就回军尾随其后，追击齐军。孙膑巧妙地运用减灶示弱的计谋，引诱魏军紧追不舍，他埋伏主力军队于马陵地区的山谷之中，准备一举全歼魏军。孙膑特命人在路旁大树上写下八个大字：“庞涓死于此树之下”，又命理伏好的弓箭手，待一见火把就乱箭齐发。而庞涓果然不出孙膑所料，天刚黑，领兵进入马陵道，一直追至大树底下，并命人点起火把照亮树上字迹，此时齐军弓箭手乱箭齐发，魏军死伤无数。庞涓也身中数箭。他自知中计，斗不过孙膑，愤愧拔剑自杀。这一仗大获全胜，是历史上著名的马陵之战。从此，魏国失去了霸主的地位。而孙膑不仅报了自己的深仇大恨，而且使齐威王代魏惠王成为诸侯领袖，齐国得到霸主的地位。孙膑以此名垂千古。

孙膑在政治上军事上获得极大成功，都是因为他具有出色的智谋和才干。而假痴不癫之计的运用，是他在政治上处于极为危险的境地时，采用的政治韬晦之术，通过装疯卖傻来隐藏自己，保全性命，以此避免政敌庞涓对自己的进一步追害。采用这一计谋，孙膑经过周密的考虑，因为只有这样，才能使庞涓真正失去对他的戒心，放松对他的警惕和管制，以便伺机逃生。而庞涓也果然中了他的计，真的以为他是疯了，而没有杀掉他。并且放松警戒，使孙膑得以逃出了魏国，最后,孙膑这个刑余之人,在齐国大展才华,终于在战场上与庞涓一决雌雄,成就了显赫的功业,名垂史册。所谓“大丈夫能屈能伸”,孙膑假痴不癫之计的运用,说明他有出众的智谋,同时也具有极为坚毅的忍耐精神,不如此,是不能获得此计的成功的。惟有外表癫狂,内心极为冷静和沉着的人,才能出色地运用此计,在狡猾狠毒的政敌的眼皮底下,达到保全性命的目的。并且终于实现了自己的远大抱负。

孙膑所采用的这一假痴不癫之计,颇类似于苦肉计。但这是他在生命攸关的时候,急中生智而想出的绝妙之计,如果不运用此计,他就无法幸免于难,而后来的赫赫事功,也就无从说起。这是一位极具智慧理性的人,运用奇计脱离险境,绝处逢生的突出事例。

孙膑精心研读《孙子兵法》,所以他能够成功地运用假痴不癫的计谋。孙子云:“能而示之不能”。意思是说本来是有能力的,但是却伪装作没有能力,通过掩藏真实的情况,制造假象蒙蔽敌人,麻痹敌人,使敌人上当受骗,达到战胜对方的目的。孙膑假痴不癫妙计的运用,是对《孙子兵法》的发挥,而他在马陵之战中,通过减灶以示弱,诱庞涓紧追不舍,最终战胜了庞涓,运用的也还是这一示弱的奇谋妙计。

通过伪装生病麻痹政敌,造成政敌判断和行动的失误,使自己掌握有利时机,置敌于死地。

卧薪尝胆,吴越争霸

黄池(今河南省封丘县城西南七里)这个不起眼的小村庄突然间成为世人瞩目的政治风云中心。公元前 482 年春,晋、齐、鲁、卫、曹、宋、郑、陈、蔡、吴等十国国君大会于此。各种颜色、奇形怪状的各国旗帜在微风中轻缓地飘动着,可在诸侯会场上国君们却一脸严肃,神情十分紧张。尤其是争当盟主的吴王夫差脸色阴沉可怖,他见晋国不肯退让,心中十分恼怒。几天来,他心急火燎,一连杀掉了七个从姑苏(今苏州市)匆匆赶来报告吴国都城被越国攻破、太子友被俘消息的使者,以封锁消息。他不能再等下去了。于是他拍案离开会场按王孙雒的建议,在会场外布置了强大威严的三个吴军方阵:中军白裳、白旗、素甲、白羽之矰,一望如芦花白雪;而左军皆红,一片如火如霞;右军皆黑,一片如漆如墨。这一招果然使晋军及各国惊骇不已,立即同意请吴王主持会盟。当吴王夫差率先歃血主盟后,各国国君依次进行之时,吴王却面容凄惨。他心中十分清楚,他已为这一梦寐以求的时刻付出了无法弥补的代价。

公元前 491 年,卑躬屈膝,辛苦谨慎地侍奉吴王夫差三年的越王勾践终于获准回国了。他犹如出笼之鸟、漏网之鱼般急切切地回到了自己的国家。他要报仇、要雪耻、要灭亡吴国……可暂时却什么也不能做,仍要装出对吴国的忠顺虔诚模样,只能暗地里奋发图强,积蓄力量,等待那可以一逞的时机。因此,勾践在越国实施简政省刑、轻徭薄赋、强国富民的政策;并对外实行结齐、亲楚、附晋、厚吴的全方位外交方针;对内加强国防,造城修堡,选将练兵,使越国军队战斗力迅速提高。为了增加人口,勾践发布了奖励生育、繁殖人口的法令,规定女十七岁不嫁,男二十岁不娶,治其父母之罪。人民生男育女，都有奖赏。生二子，政府代养一个，生三子，代养两个。孤儿寡母，疾疹贫病均由官方收养照料。为不忘报仇雪耻，勾践自己睡在柴草之上，并在吃饭的地方挂上个苦胆，每在吃饭前，总要先品尝苦胆（卧薪尝胆）。经过“十年生聚，十年教训”，越国国富民强，实力大增，已经在寻找灭吴的时机。

对于越国的复兴和准备对吴国的报复如非利令智昏可以说是无人不晓。公元前484年，鲁臣子贡到达越国，便是知道越国将必然攻吴，才说服越王出兵助吴攻齐，一方面可以继续装出对吴国恭顺的假象；另外也可以促使吴王夫差深陷对齐、晋的争霸战争不能自拔。其实早在公元前496年，越王战败求和时，吴国重臣伍员（伍子胥）便反对吴王夫差对勾践施妇人之仁。他对吴王说：“吴之与越，仇敌相战之国，”“今不灭越，后必悔之。”但吴王听信早已被越国金钱收买的近臣伯嚭的话，相信越国不会报复。勾践回国后特别注意不断送给夫差优厚的礼物，表示臣服，以麻痹腐蚀夫差，消除他对越国的戒备，并送美女西施、郑旦给他，使他沉溺女色、分散精力。公元前486年吴国欲伐齐，越国赶紧派人帮助修凿邗沟，还象征性地出兵助吴，越王还亲自去吴国致贺，并带着许多宝物对吴国君臣进行贿赂，使吴国君臣个个喜气洋洋。又是伍员看破勾践的用心，深以为忧，提醒夫差警惕勾践“豢吴”，并说：“越在，我心腹之疾也。”可夫差不听，反让伍员前往齐国约战。等夫差伐齐获胜归来，受到勾践重贿的伯嚭乘机欲置伍员于死地，在夫差面前极力诋毁诬蔑伍员。夫差一怒之下，竟赐剑伍员，令其自刎！

公元前484年吴齐艾陵之战，吴国大获全胜，更使吴王称霸的野心无形膨胀，他更不把越国放在眼里。到公元前482年春，夫差与晋定公约定在黄池会盟。夫差将吴国的精兵全部带上，只留下些老弱病残，交给太子友守国。太子友说：“父王调动全部人力财力北上，越王勾践一旦入侵，吴国将岌岌可危！”夫差已被称霸的欲火烧晕了头脑，哪里还听得进太子的话，吴倾国之兵北进远征，浩荡开拔。

消息传到越国，越王勾践心中十分激动，认为伐吴雪耻的机会终于来到，想立刻出兵攻吴。“五大夫”之一的范蠡仍觉时机未到，赶紧向勾践陈述了自己的看法。他认为：吴王北上兵行未远，一旦听说越国乘虚攻吴，即可迅速回师，可暂缓师期，更待良机。勾践点头称是。数月后，吴王到达黄池，时机终于成熟。越王勾践于6月兵分水、陆两途，近五万大军，大张旗鼓齐头并进。一路由范蠡、后庸率领，由海路入淮河，切断吴军自黄池的归路；一路由大夫畴夫余、讴阳为先锋，勾践亲率主力跟进，从陆路北上直袭姑苏。

越军天至，吴举国惊恐。吴太子友等率5000人到泓上（今苏州市西南）抵抗，他感到兵力严重不足，只宜坚守，并赶紧派人请吴王回兵。6月20日，吴将王孙弥庸不听太子友的指挥。擅自率兵出战，另一将王子地也率部助战，竟意外地击破越军先锋，俘虏了畴无余和讴阳。两日后，越王勾践主力推进到吴郊，王孙弥庸觉得越军非不可战胜，更鼓动太子友全面出击，并说：“能打赢，敌人便可退逃，打不赢，再坚守也不迟。”太子友觉得或许可以

再胜一战，便不再坚持固守待援，亲自率军杀出营垒。

太子友哪里料到，吴军刚与越军交手，就犹如羊入狼群，身不由己。勾践亲自督战，越军如潮如涌，攻击凶猛，迅速将吴军裹在核心，根本无法招架。片刻之间，吴军死伤殆尽，太子友、王孙弥庸、寿于姚等均成越军俘虏。6月23日，越军乘胜攻入姑苏，只见吴王数年精心修建的姑苏台浓烟烈火，直冲天际。这时，范蠡、后庸所率的越军在江淮之间，掠足了吴国各城军械粮物之后，自邗沟南返抵达姑苏。接着越军在吴都抢修工事，准备在吴王夫差自黄池返回时进行决战。

"黄池之会"终于落下了帷幕。新霸主吴王夫差来不及悔恨自己的愚蠢，立即下令全军迅速返国。尽管已经不再有告急的使者前来，可首邑被占，太子被俘的消息已在军中迅速传开。吴军将士笼罩在一片绝望的阴影之下，哪里还有什么斗志士气。此情此景使夫差反击越军的信心大打折扣，于是便在途中派伯嚭前往向越王求和。范蠡认为吴军主力犹存，还很强大，非朝夕可以消灭，建议勾践同意议和。因此是年冬，吴越议和，越军撤出吴国班师。

吴越战后，越国不但摆脱了对吴国的臣属地位，而且破坏了吴国的经济，歼灭吴国的若干兵力，并得以利用缴获的吴国资财充实自己，提高了最后战胜吴国的信心。吴王夫差自越军退走后，气恨交加，表面上虽息民罢兵，暗地里却密谋备战，准备报仇。不过吴国连年争霸战争，国力已过度消耗，加上内政不修，生产凋敝，整体实力亦无明显改观。

越国国内，为着彻底击败吴国，正在进行着全面的谋划。数年之中，越王勾践除继续施行富国强兵之策，还经常与文种、范蠡、后庸、逢同、苦成等"五大夫"共商进取之计，集思广益，改革政治，整顿军事，部署内政，申严军令。公元前478年，吴国大旱，饥民遍地，怨声载道。越国君臣一致认为，动员全部力量向吴进攻的时机已经成熟，决定大举进攻。命令一下，越国一片欢腾，首邑会稽（今浙江省绍兴市）出现了父兄昆弟互勉的壮烈场面。

越王勾践假痴不癫、忍辱负重，"十年生聚，十年教训，"终于换来了富国强兵，报仇雪辱的一天。

忍辱胯下，终成大事

当初，淮阴人韩信，家境贫寒，品行不端，不能被推选去做官，又不会经商做买卖谋生，常常到别人家里去讨闲饭吃，人们大都讨厌他。一天韩信在城下钓鱼，有位在水边漂洗丝绵的老太太看到他饿了，就拿饭来分他给他吃。韩信非常高兴，对那位老太太说："将来我一定会重重地报答您老人家。"老太太生气地说："男子汉大丈夫不能自己养活自己！我不过是可怜你这位落魄公子才给你饭吃，难道还希图有什么报答吗？"淮阴县屠户中有一青年侮辱韩信说："你虽然看上去身材高大，喜好佩带刀剑，其实却胆小得很。并当众羞辱他说："韩信你要真的不怕死，就来杀我。若是怕死，就从我的胯下爬过去！"韩信仔细地打量了那青年一会儿，毅然俯下身子，从他的双腿间钻了过去，匍匐在地。满街市的人都嘲笑韩信，认为他胆小。待到项梁渡过淮河北上抗秦时，韩信持剑去投奔他，留在项梁部下，一直默默无闻。项梁失败后，韩信又归属项羽，项羽任他做了郎中。韩信曾多次向项羽献策以求重用，但项羽却不予采纳。汉王刘邦进入蜀中，韩信又逃离楚军归顺了汉王，依然默默无名，做了个接待宾客的小官。后来韩信犯了法，应判处斩刑，与他同案的十三个人都已遭斩首。轮到韩信时，韩信头高高仰起，恰好看见了滕公夏侯婴，便叫道："汉王难道不想取得天下吗？为什么要斩杀壮士啊！"滕公觉得他的话不同凡响，又见他外表威武雄壮，就释放了他，与他交谈后，欢喜异常，随即将这情况奏报给汉王。汉王于是授给韩信治粟都尉的官职，但还是没觉出他有什么不寻常之处。韩信多次与萧何谈话，萧何感觉他不同于常人。待汉王到达南郑时，众将领和士兵都唱起民谣思念故乡，许多人中途开小差逃跑了。韩信想到萧何等人已经多次向汉王荐举过他，但汉王仍没有重用他，便逃亡而去，萧何听说韩信逃走了，没来得及向汉王报告，就亲自去追赶韩信。有人告诉汉王说："丞相萧何逃跑了。"汉王大发雷霆，仿佛失掉了左右手一般。过了一两天，萧何来拜谒汉王。汉王又怒又喜，骂萧何道："你为什么逃跑呀？"萧何说："我不敢逃跑哇，我是去追赶逃跑的人啊。"汉王说："你追赶的人是谁呀？"萧何道："是韩信。"汉王又

骂道:“将领们逃跑的已是数以十计,你都不去追找,说追韩信,我不相信!”萧何说:“那些将领很容易得到。至于像韩信这样的人才,全国都找不出第二个。大王您如果只想长久地在汉中称王,自然没有用得着韩信的地方;倘若您要去争夺天下,除了韩信,就没有可与您图谋大业的人了。只看您作哪种抉择了!”汉王说:“我也是总想要东进,怎么能够死气沉沉地老呆在这里呀!”萧何道:“如何您决计向东发展,就能用得上韩信,韩信也会留下来,如若不能真用他,他终究还是要逃跑的。”汉王说:“那我就看在你的面子上任他做将军吧。”萧何说:“即使是做将军,韩信也不会留下来的。”汉王道:“那就任他为大将军吧。”萧何说:“太好了。”于是汉王就要召见韩信授给他官职。萧何说:“大王您向来傲慢无礼,现在要任命大将军了,却总像呼喝小孩子一样,这便是韩信所以要离开的原因啊。您如果要授给他官职,就请选择吉日,进行斋戒,设置拜将的坛台和广场,准备举行授职的完备仪式,这才行啊。”汉王答应了萧何的请求。众将领听说汉王要拜大将军的消息,都很欢喜,人人各自以为自己会得到这个职务。但等到任命大将军时,发现竟然是韩信,全军都十分惊讶。

授任仪式结束后,汉王就座,说道:“丞相屡次向我夸奖您,您将拿什么计策来开导我啊?”韩信谦让了一番,就乘势问汉王道:“如今往东方争夺天下,您的对手不就是项羽吗?”汉王说:“是啊。”韩信道:“大王您自己估量一下,您在勇敢、慓悍、仁爱、刚强等方面,与项羽比谁强呢?”汉王沉默了很久,说:“我不如他。”韩信拜了两拜,赞许道:“我也认为大王您在这些方面的确比不上他。不过我曾经侍奉过项羽,就请让我来谈谈他的为人吧。项羽厉声怒吼时,上千的人都吓得一动不动,但是他却不能任用有德才的将领,这只不过是匹夫之勇罢了。项羽待人,恭敬慈爱,言语温和,别人生了病,他会心痛得掉泪,甚至把自己所吃的东西也分给病人;但当所任用的人立了功,应该封赏爵位时,他却把刻好的印捏在手里,一直到磨去了棱角还舍不得授给人家,这便是人们所说的女人之见啊。项羽虽然称霸天下令诸侯臣服,但却不占据关中而是建都彭城;背弃义帝怀王的约定,把自己亲信偏爱的将领分封为王,诸侯都愤愤不平;他还驱逐原来的诸侯国国王,而让诸侯国的将相当国王,又把义帝迁移逐赶到江南;他的军队所经之地,所有财富全部都遭到破坏毁灭;老百姓都不愿拥护他,只不过是迫于他的威势勉强归顺罢了。

“上述种种,使他名义上虽然还是霸主,实际上却已经失尽了天下人心,所以他的强盛是很容易转化为虚弱的。现在大王您如果真的能反其道而行之,任用天下英勇善战的人才,那一定是所向无敌的!把天下的城邑都封给有功之臣,那还有什么人不心悦诚服呢?以正义的东进军事战略,结合将士们对东方故乡的迫切归情,还有什么敌人打不垮、击不溃呢!况且分封在秦地的三个王都是过去秦朝的将领,他们率领秦朝的子弟作战已经有好几年了,被杀死和逃亡的不计其数,而他们又欺骗自己的部下,投降了诸侯军,结果是一抵达新安,就遭项羽诈骗,被活埋的秦军降兵就有二十多万人,惟独章邯、司马欣、董翳三位将领得以脱身不死。秦地的父老兄弟们怨恨这三个人,恨得痛彻骨髓。现今项羽倚仗自己的威势，封这三人为王，秦地的百姓没有爱戴他们的。大王您进入武关时，秋毫无犯，废除了秦朝的严刑苛法，与秦地的百姓约法三章，秦地的百姓都希望您在关中称王。况且按照原来与诸侯的约定，大王您理当在关中称王，这一点关中的百姓都知道。您失掉了应得的王位而去了汉中，对此秦地的百姓都有怨言。如今大王您起兵向东，三秦之地只要发布一道征讨的文书就可以平定了。”汉王于是大喜过望，自认为得韩信太迟了，随即听从韩信的计策，部署众将领所要攻击的任务，留下萧何收取巴、蜀两郡的租税，为军队供给粮食。

韩信忍一时胯下之辱，假痴不癫，才会暗暗的积聚力量，寻求合适的时机，一旦寻得了明主，便会“一飞冲天”，找到自己的用武之地。

苏武牧羊，执节终归

公元前100年，汉武帝赞赏匈奴单于的诚意，派中郎将苏武护送留在汉朝的匈奴使臣回匈奴，顺便携带厚礼，答谢匈奴单于的好意。苏武与副使中郎将张胜及兼充使团官吏的常惠等一齐到达匈奴，将礼品送给单于。单于却认为汉朝惧怕匈奴，显得更加骄横，与汉朝原来希望的截然不同。就在这时，曾经归降汉朝的匈奴缑王和长水人虞常，以及随卫律一起投降匈奴的一些汉朝人暗中商议，想劫持匈奴单于的母亲归顺汉朝。卫律的父亲本是长水地区的匈奴人，卫律本人则因与汉协律都尉李延年关系很好，经李延年推荐，受汉朝派遣出使匈奴。卫律出使归来，听说李延年一家被抄斩，便逃到匈奴。卫律投降匈奴后，很受单于的赏识，被封为丁灵王，经常与他商议国家大事。虞常在汉朝时一直与副使张胜关系密切，于是暗中秘访张胜，说：“听说大汉天子非常痛恨卫律，我可以埋伏弓箭手为汉朝把他射死。我的母亲和弟弟都在汉朝，希望他们能得到汉朝的照顾。”张胜答应了虞常的请求，并送给他很多礼物。一个多月以后，单于出外打猎，只有他母亲和部分子弟留在王庭。虞常等七十余人正准备发动政变，不料其中一人夜间逃到宫中，告发了虞常等人的政变计划。于是单于的弟子们调兵袭击了虞常等人，缑王等全部被杀，虞常被活捉。

匈奴单于派卫律处理此事。张胜听说后，害怕先前与虞常约定之事被查出，

赶忙向苏武报告。苏武说:“既然发生了这样的事,肯定会涉及到我,如果等他们抓去杀死,那就更加辜负国家的重托了。”于是准备自杀,被张胜、常惠一起阻止。后来虞常果然供出了张胜,单于大怒,召集贵族们商议,打算杀死汉使。匈奴左伊秩訾官说:“如果谋杀卫律就要处死的话,谋害单于,那又该当何罪呢?应让他们全部归降。”单于派卫律捎话给苏武。苏武对常惠等人说:“如果卑躬屈节,辱没我们的使命,即使活着,又有何脸面再回到我们大汉呢!”说完拔出佩刀刺进自己的胸膛。卫律大吃一惊,一把抱住苏武,急忙召医生前来,并在地上挖了一个火坑,点起炭火,把苏武放在坑沿上,捶打苏武的后背,使瘀血流出。苏武已昏了过去,很久才慢慢苏醒。常惠等人失声痛哭,用轿子把苏武抬回驻地。单于很钦佩苏武的气节,每天早晚都派人来探望慰问,而将张胜逮捕。苏武的伤痊愈后,单于派人劝说苏武,希望苏武归降他们。正在此时,虞常被定为死罪。匈奴就借此机会逼苏武投降,他们用剑斩下虞常的人头,卫律宣布说:“汉使张胜想谋杀单于的亲信大臣,其罪当死,单于招募归降,这样才可赦免。”说完举剑要杀张胜,张胜投降了。卫律又对苏武说:“副使有罪,你作为正使,也应连坐受罚。”苏武回答说:“我本来没有参与其事,与张胜又无亲属关系,为什么要连坐受罚!”卫律又举剑威胁苏武,苏武一动不动。卫律说:“苏先生!我以前背叛汉朝,归顺匈奴,有幸蒙单于大恩,赐号称王,并拥有数万人众,牛马满山遍野,荣华富贵,到这样的地步!苏先生如果归降,很快就会和我一样,否则白白陈尸荒野,天下又有谁知道呢!”苏武闭口不言。卫律又说:“你如果听我的话,归降匈奴,我和你就像兄弟一样;如不听我言,以后即使想再见我,只怕都很难了!”苏武骂道:“你身为汉朝臣子,却不顾国恩,背叛君主、亲人,投降蛮夷异族,我见你干什么!况且单于信任你,让你裁决别人的生死,你不但不公平处理,反而想挑动两国君主相互争斗,在一旁坐山观虎斗。南越国杀死汉使,被汉灭掉后变为九郡;大宛王杀死汉使,他的人头被悬挂在长安北门;朝鲜杀死汉使,立即招来灭国之祸;只有匈奴还没有干过这种事。你明知我不会投降,却想借此挑起两国之间的战争,只怕匈奴的灾难,将会从我开始。”卫律清楚地知道苏武始终不会受他的胁迫,只得禀报单于。单于见苏武如此忠心,更想争取他归顺,于是就将苏武囚禁在一个大地窖中,断绝苏武的饮食,想逼迫他屈服。当时正下大雪,苏武躺在地上,靠吞食雪片和自己衣服上的毡毛维持生命,几天之后,竟然没死。匈奴人以为有神灵庇护苏武,便将苏武放逐到北海荒无人烟的地方,让他放牧一群公羊,并对苏武说:“等到公羊能产出羊奶,你就可以回国了。”常惠等使团中不肯投降的官员,也被分别扣留在其他地方。

公元前81年,当初,苏武被匈奴放逐到北海牧羊,常常得不到粮食供应,只能靠挖掘野鼠,草根等度日。每日无论是睡觉,还是牧羊,代表汉朝皇帝的符节从不离身,时间一长节杖上的毛缨全部脱落了。苏武在汉朝时,与李陵同为侍中,李陵投降匈奴后,心中惭愧,一直不敢求见苏武。过了很长时间,单于派李陵来到北海,为苏武摆下酒筵,并以乐队助兴。李陵对苏武说:“单于听说我与你是多年好友,情谊深厚,所以派我来劝你,单于对你确是诚心相待。你已经不可能再回汉朝,白白在这荒无人烟的地方受苦受罪,你的信义节操，又有谁知道呢！你的两个兄弟早已都因罪自杀；我来这里时，你母亲也已不幸去世；你的夫人年纪轻轻，听说已经改嫁；只剩下两个妹妹、两个女儿、一个儿子，如今又过了十几年，是否还活在人世谁也说不清。人的一生，就像早晨的露水一般短暂，你又何必这样苦自己呢！我刚投降匈奴时，精神恍惚，痛苦得要发疯，痛恨自己辜负国恩，还连累老母身受牢狱之苦。你不愿归降匈奴的心情，未必会超过我！况且皇上年事已高，法令变化无常，朝中大臣无罪而被抄杀满门的就有数十家之多，人人安危难保，你这样做，究竟为的是谁呢！”苏武说：“我父子本无才德功绩，全靠皇上栽培，才得以身居高位，与列侯、将军并列，甚至让我们兄弟都可以亲近皇上，所以我常常能够希望肝脑涂地，报答皇上的大恩。如今真幸运有机会以报效皇上，即使是斧钺加身，热锅烹煮，我也情愿接受！为臣的侍奉君王，就像儿子侍奉父亲，儿子为父亲而死，虽死无憾。希望你不要再说了。”李陵与苏武一连饮酒数日，又劝道：“你再听我一句话。”苏武说：“我早已料想必死无疑，你如果一定要我投降匈奴，今日的欢聚就到此为止吧，我立即就死在你的面前！”李陵见苏武出言至诚，态度坚决，便长叹道：“唉！你真是忠义之士！我与卫律实在是罪大于天！”不觉泪湿衣襟，给苏武留下牛羊数十头，告别而去。后来李陵又来到北海，告诉苏武汉武帝已经去世。苏武一连数月，每天早晚面对南方号啕大哭，甚至吐血。

壶衍鞮单于即位后，他的母亲行为不正，国内分崩离析，常常害怕汉军前来征讨，于是卫律为单于献计，要求与汉朝和亲。汉使来到匈奴，常惠暗中面见汉使，报告实情，并让使者对单于说：“汉天子在上林苑射下一只大雁，脚上系着一块绸缎，上面写着苏武等人现在某湖泽之畔。”使者大喜，按常惠的话责问单于。单于大吃一惊，环视左右侍从，然后向汉使道歉说：“苏武确实还活着。”于是只好同意将苏武及马宏等人放还。马宏也是以前汉朝派往西域各国出使的光禄大夫王忠的副使，因使团受到匈奴军队的拦截，王忠战死，马宏被俘，也一直不肯投降匈奴。所以匈奴这次将苏武、马宏二人放回，目的是想向汉朝表示他们和亲的诚意。当时，李陵摆设酒宴祝贺苏武说：“如今你返回祖国，英名传遍匈奴，功劳显扬汉朝，即使是史籍所记载、丹青所描画的古代名将也难以超过你！我虽然愚笨怯懦，假如当年汉朝能宽恕我的罪过，保全我的老母，使我能够忍辱负重，春秋时曹刿劫持齐桓公于柯盟的壮举正是我当时念念不忘的志向。谁知汉朝竟将我满门抄斩，这是当世最残的杀戮，我对汉朝还能有什么眷念呢！如今一切都已过去，现在只不过是想让你知道我的心情罢了！”李陵泪流满面，与苏武告别。单于召集当年随苏武前来的汉朝官员及随从，除已经归降匈奴和去世的以外，共有九人与苏武一同回到汉朝。苏武一行来到长安，汉昭帝以牛、羊、猪各一头诏令苏武，以最隆重的仪式祭拜于汉武帝的陵庙，封苏武为典属国，品秩为中二千石，并赏赐苏武钱二百万、公田二顷、住宅一所。苏武被扣留匈奴共十九年，去时正当壮年，归来时头发、胡须已全白了。霍光、上官桀过去都和李陵交情很好，所以特派李陵的旧友陇西人任立政等三人前往匈奴劝说李陵回国。李陵对他们说：“回去容易，但大丈夫不能两次受辱！”最后终于老死在匈奴了。

苏武以顽强的意志，以假痴不癫之计，保持自己的信义节操，终于迫使单于放其归国，留下了顽强不屈的千古佳话。

以屈求伸，终遂大愿

刘秀（公元前6年～公元57年），字文叔，南阳蔡阳（今湖北枣阳西南）人，汉宗室。王莽末年农民大起义爆发后，他和他的哥哥刘缜乘机起兵攻城略地，散发檄文，宣布王莽的罪状，不久就成为南阳豪强集团的首领。公元23年他们已经有十多万人的汉兵，声势不断地扩大。在这种情况下，起义军将领商议要立刘姓人做皇帝。南阳和下江的豪强、主将都拥戴刘秀的哥哥刘缜，而其他将领却因为害怕刘缜严明，阻止他们掳掠财物，于是蛮横地拥立了懦弱无能的刘玄做了汉帝，号称更始帝。

更始元年（公元23年）三月，更始帝刘玄派刘秀等分别率人马攻打昆阳。王莽见事危急，便率领百万大军，来与汉军决战，而昆阳城内汉军不足万人，将士急忙报主帅刘秀，建议放弃昆阳。但刘秀从容自若地对诸将说："我军固守昆阳，兵少粮缺，突遇强敌，全靠大家并力抵御，方可取胜。如今宛城尚未攻下，援军一时不会来到，如果昆阳失守，敌必逼我而打围宛城之部，那时情势就危机了！"他又说："坚守绝非死守，眼下需派出数人，出城请援。"于是就秀等13人趁王莽军立脚未稳，突然冲入敌阵，左冲右突，冲出重围。

十天后，他带着一千多援军，又杀回昆阳城下。令一名弓箭手向城上射书，谁知箭杆折断，书信掉落在莽军阵中。士兵们把书信送到主帅手中，主帅一看，大吃一惊，只见信中写道："呈国上公主王麾下：宛城已破，陛下即令大军来解昆阳之围。我引前锋且先冲杀，大军片刻即到。"这消息不胫而走，莽军大乱。刘秀带领一千援军，以一当十，直冲莽军大营。汉军大获全胜，这就是历史上著名的昆阳大捷。这一仗，刘秀凭借其谋略家的勇气和智慧，以少胜多，把莽军的主力几乎全部摧垮了，为东汉的兴起奠定了基础。

更始帝刘玄最大的特点是嫉贤妒能。宛城攻克不久，他借口"大司徒刘缜久有异心"，下令将战功卓著的刘缜谋杀了。刘玄的这种举动，主要是怕刘缜和刘秀兄弟夺取他的皇位。

刘秀在昆阳得到长兄

刘缤被杀害的消息，几乎昏厥，但当着信使的面，他极力克制自己，他恨刘玄，恨新市、平林将领，更恨策划谋杀的刽子手朱鲔和卖友求荣的李轶之流，他恨不得立即起兵报仇。但稍一思索，立即想到自己的处境，他此时还是寄人篱下，羽毛未丰，稍有不慎就会身首异处，何况那些杀害刘缤的人，一定正在窥测自己，伺机找借口除掉他，斩草除根。他必须保存自己，留得青山在，不怕没柴烧。于是他忍辱负重，以屈求伸，强行压抑自己的真实感情，用假象来迷惑敌人，立时去宛城向刘玄请罪。新市、平林的将领原来估计，刘秀一定会起兵为刘缤报仇，那时正好以此为由杀掉他，想不到刘秀却主动跑到刘玄面前请罪，这倒使原来磨刀霍霍的新市、平林将领们手足无措了！刘秀抓住刘玄性格上的特点，让他充当挡风墙。果然，刘玄对自来请罪的刘秀安慰了一番，说："这是刘缤的事，与你无关，你回去好好休息吧。"刘秀这第一步的韬晦就取得了成功。接着，当刘缤的属官来吊唁时，刘秀不露声色，还口口声声只说自己有罪，也不为刘缤服丧，饮食与谈笑如常，这种装傻扮懵的假象，又进一步麻痹了敌人，隐藏了自己。他们终于放了心，而刘玄颇有愧意地封刘秀为武信侯，任破虏大将军。

一日，刘秀带人巡视到邯郸附近，听说王朗诈称汉成帝后代，自立为天子，定都邯郸，并以封十万户的代价悬赏捉拿刘秀，因而刘秀无法进城。可是大家饥饿难忍，刘秀便自称是邯郸派来的使者，与大家一起若无其事的走进传舍。传吏开始时信以为真，备好酒饭，他们便如狼似虎般大吃起来。见此情景，传吏顿起疑心，想出一个办法来考验他们是不是真使者。这时只听外面十通鼓响过，一个高喊："邯郸将军到！"刘秀手下人大惊失色，拔腿就跑。刘秀站起身一想，邯郸将军如果真来到门外，怎能跑得出去，他又坐定，泰然对传吏说："邯郸将军既到，请入见。"传吏无可奈何，一面假意逢迎，一面出去让人关上大门。幸亏门人不肯听从，他们才得以走脱。

刘秀这种以屈求伸和以智取胜的策略，在他创建东汉王朝过程中屡加运用，他能够"忍小愤而就大谋"，遇事不慌不乱，终能化险为夷。

在更始三年（公元 25 年）初春，刘秀在河北正式与更始帝刘玄决裂。原因是长安政坛混乱，四方背叛，不少人自立旗号，不再听从刘玄的号令。刘秀以谋略家敏锐的政治眼光，把握住有利时机，着手在河北扩大势力和扩充地盘。

为了扩充自己的军事力量，刘秀收降各地的地主武装，兼并其他农民起义军，将俘虏的敌兵将士放回去，从不乱开杀戒。他还骑马走访各营，和将士们亲切交谈。这些农民出身的义军首领，深为刘秀这种豁然大度作风所感动，都死心塌地归顺。

刘秀对手下将领的劝进，早有考虑，他清楚要真正坐上皇帝的宝座，不但要有实力，更要得人心。到更始三年（公元 25 年）四月，形势对刘秀愈来愈有利，他却迟迟不称帝，其原因就是缺少让天下人信服的应天命的"符谶"。符谶自汉兴以来，一直为人们所看重。直到关中书生强华，得到一条"赤伏符"，专程送来河北之时，刘秀见时机成熟，这才答应称帝的事。在同年六月，刘秀在群臣的拥戴下，举行了隆重的登基大典，是为光武帝，建国号"汉"，改年"建武"，史称东汉。刘秀称帝以后，虽然在军事上取得了一些重大胜利，但作为一个头脑清醒的谋略家，并没有过于乐观。他是在戎马倥偬之中立国的，当时来不及认真考虑整个国体的设计，当他得知前密县的县令卓茂在治理国家方面很有才能时，便千方百计将其请来，拜为太傅，可见他对人才的重视。

刘秀想尽各种办法发展农业生产。他特别注意奴婢问题，禁止主人残害奴婢，还多次下诏释放奴婢，目的当然是为了增加农业生产力。他又下诏令各州郡检核垦田顷亩及户口年纪。建武三十二年他下令修明堂、灵台和辟雍。明堂是帝王宣明政教的地方；灵台是观象台、天文台，后来张衡在灵台观测天象、研究天文仪器，取得了很大成就；辟雍是皇家大学。刘秀的这些做法，促进了中国文化和经济的发展。

公元57年2月，在位34年的光武帝去世了，终年63岁。

刘秀，这位中兴汉朝的光武皇帝，他一生所建立的功业，应该说是非常辉煌的。作为一代封建帝王，他的做为，当然有一定的历史局限。但刘秀在建立和中兴东汉王朝的艰辛经历中，淋漓尽致地发挥和运用了自己的谋略智慧，以其文治武功，无可辩驳地跻身于中国古代谋略家的行列。应该提及的是，刘秀一生不尚空谈，身体力行办实事，始终采取以智取胜、以战为辅的策略。假痴不癫忍小愤而就大谋。这些，都是一个谋略家所应具备的作风和品德。为此他的晚年，不像一些帝王那样，喜欢吹嘘自己的政绩，而是公开承认“百姓怨气满腹”，说自己“无益于民”。这丝毫没有损伤他所创立的丰功伟业，反而更增加了他作为一个杰出的政治谋略家的光彩。

曹操痴愚，以计取胜

曹操一生足智多谋，工于心计，是中国古代政治家中，善用计谋取胜的典型人物。他毕生用计甚多，如：“诈死计”、“隔岸观火”、“将计就计”、“反间计”等等。更屡次运用假痴不癫之计，往往假戏真做，以计取胜。以下几个例子，足以说明。

东汉末年，统一的帝国已经无法维持。东汉王朝的统治，在公元184年爆发的震撼全国的黄巾大起义中分崩离析，州郡牧守和地方豪强形成割据势力，在镇压农民运动的同时，相互之间展开了错综复杂的兼并战争。出身于四世三公大贵族的袁术，因遭曹操、袁绍夹击，率余众退屯寿春（今安徽寿县），割据扬州（今长江下游与淮水下游间），建安二年（公元197年）称帝，自号仲家。当时称霸兖州的曹操，以汉室丞相身份，率军征讨袁术。由于袁军坚持，战争相持了很长时间。曹军粮食告急，军心涣散。曹操心生一计，在典仓吏（负责粮食供应的官）身上打主意，他把典仓吏叫来，说：“现在我军粮食紧缺，军中议论纷纷。我发现你身上有一样东西，可以消除这些不满情绪，不知道你愿意献出来吗？”典仓吏马上忠心地说：“只要是能替丞相解忧分愁，我什么都舍得拿出来。”于是曹操恶狠狠地说：“我要借你的项上人头来派用场！”话音刚落，还没等典仓吏意会过来，曹操即挥刀将典仓吏的头砍了下来。随后令人到军营中四处散布：“典仓吏克扣军粮，证据确凿，丞相已把他杀了。”兵士们听后都大骂典仓吏，同时赞扬丞相铁面无私。这样，军中的怨恨情绪很快就烟消云散了。

一次，曹操亲自率领大军征讨张绣。正值盛暑天气，长时间的行军途中，一直没见到水源。将士们口干舌焦，十分难忍，都几乎走不动了。曹操也心急如焚，担心这样下去，势必影响士气，对征战不利。猛然他想出一个主意，传令道："前面有座大梅林，咱们赶到那里，大吃一顿酸甜的青梅，就可以解渴了。"士兵们听说有梅子，嘴里都自然地生出唾液来，就不感到那么口渴难耐了。"于是，大家振作精神情绪饱满地往前赶路。终于发现了水源，解决了喝水问题。后来的成语"望梅止渴"，就来源于这个故事。

曹操疑心很大，自从把持汉室朝政以后，无时无刻不在提防别人暗算他，即使是亲信和贴身侍卫，曹操也都怀有戒心。曹操曾对侍卫们说："在我睡觉的时候，你们不要随便走近我，如果有人靠近我，我就会在梦中跳起来杀人，你们服侍我的人千万注意。"一天，曹操躺在床上假装熟睡，故意把被子掉在地上。一个侍卫想要为他盖上被子，可是刚走到床前，曹操猛然跳起来把他杀了，接着又躺下睡了。等到醒了的时候，曹操又故作惊讶地问道："是谁把我的侍者杀了？"从此以后，曹操睡觉的时候，再也没人敢走近他。

还有一次，曹操对别人说："如果有人要谋害我，我会有预感，我的心会颤动。"于是，他对一个平时他所亲信的侍者说："你怀里藏着一把刀，悄悄地走到我身边，我说心动，卫士们会把你绑赴刑场，那时候你什么话都别说，我保证你不会出什么问题，而且我还要好好报答你。"那个侍者信以为真，按他的话做了。结果，侍者一句话没说，就被杀掉了。侍者至死都不知道，这是曹操用的计谋，而左右的人还以为侍者是真正想要谋害曹操的人，因为他临死连一句冤枉都没喊。

曹操屡次运用假痴不癫之计，都成功地达到了预期的目的。

借人头稳军心，是当曹操知道军中粮食匮乏，军心浮动时，他明知道粮食紧缺，是因军粮没有运到，他也明知道典仓吏忠心耿耿。可曹操假作不知，且利用典仓吏的忠心，诱他上当。杀了他，还散布他克扣军粮，嫁祸于人。借人头，稳定军心，消除不满情绪，同时还为曹操自己树立了威信。

"望梅止渴"，是当行军途中军队缺水时，曹操明知道前方没有梅林，而假说前面有梅林，这样迷惑将士们，是为稳定军心，鼓舞士气，以利征战。他真正的意图是取得战争胜利。

曹操为保护自己，提防别人谋杀他，他就假布迷阵，说他梦中会起来杀人，杀了人又故作惊讶，其实他根本没有睡。更有甚者，他说如有人谋害，他会有预感，心必颤动。为进一步地使人坚信不疑，他假戏真做，和一亲信侍者约定，只要按他的指示做，将会给他好处。其实他存心借人头，保护自己，慑服部下，不惜让亲信侍者背黑锅。这和借人头，稳军心的事例是异曲同工。足见曹操诡计多端，谋略出众。

司马装痴，除敌夺权

三国时，曹芳即位，为魏明帝。当时，司马懿和曹爽同执朝政。

司马懿是三朝元老，为曹家天下立下了功勋，羽翼众多在朝廷举足轻重；曹爽是先帝直系，皇亲国戚，自幼出入宫廷，很得明帝宠幸。他蓄养了五百多门客，何晏、邓扬、李胜、丁谧、毕范、桓范等六人为智囊团，参与机密大事的策划。

一天，何晏对曹爽说："主公现如今手握军政大权，正是施展抱负的时候，可惜只是多了一重牵肘，无法专意推行，现在如不及时巩固势力的话，今后万一发生困难，恐怕就为时晚矣。"

曹爽听后，嘿嘿一笑，道："先生之言我已明理，可司马公和我同受先帝之托，万万不可使司马公难过的。"

何晏上前一步说："难道主公不想想令先翁（曹真）当年是给这老头气死的吗？"

曹爽听后，猛然省悟，心想司马懿既容不得老子，哪还会把我放在眼里？随即进宫朝见魏明帝，先把司马懿称赞一番，最后奏请明帝将司马懿调做太傅。

当时朝廷编制，太傅位于三公之列，是掌管文官的。而太尉是掌管兵权的。曹爽此计，是把司马懿明升暗降，剥夺了他的兵权。

魏明帝准奏之后，兵权尽归于曹爽。曹爽大喜，立即走马换将，任命自己的弟弟曹义为中将军，曹训为武卫将军，曹彦为骑将军。各管三千御林军，随便出入宫廷。又任命自己的门客何晏、邓扬、丁谧为尚书，毕范为司隶尉，李胜为何南尹。至此，军政大权尽在曹爽掌握之下。

司马懿见此情况，推病不出，两个儿子司马师、司马昭亦在家闲闷。

曹爽大权在握后，骄横专权，气焰不可一世，渐渐连明帝都不放在眼里了。

是年秋天，李胜升调为青州刺史，曹爽叫他去司马懿处辞行，实为探听消息。

司马懿接到通报，知道是曹爽的人来访，就对两个儿子说："这是曹爽对我不放心，派人来打探我的动静，你们都回避好了。"

随后将头冠摘去，披头散发，拥被坐在床上，叫侍女搀扶着，请李胜入见。

李胜进来拜见后，大吃一惊："一向不见太傅，只知偶患小疾，谁知病到这般。今下官调做青州刺史，特来向太傅辞行。”

司马懿佯答：“并州是在南方吧，挺远的。”

李胜说：“我是去青州，不是并州！”

司马懿笑了，说：“噢，你是从并州来的？”

李胜大声说：“是山东的青州。”

司马懿听了，说：“是从青州来的？”

李胜心想，怎么病得这么厉害？侍女告诉他，“太傅已病得耳朵都聋了。”

李胜说：“拿笔来。”随后写了给司马懿看。

司马懿仔细看了李胜递过来的纸片，笑着说：“啊，是去青州，你看我病的耳朵都聋了，听不见了。”

随后，大咳，又把手指指口，侍女将他扶起，端汤碗给他喝，司马懿嘴直哆嗦，将汤泻了满床。哽咽了一会儿，司马懿示意李胜近前来，说：“我老了，病又这么重，恐怕也活不了几天了，我的两个儿子不成器，还请先生多多训导照应，如先生见了曹大将军，千万请他多多照顾我这两个儿子。”说罢，又摔倒在床上，喘息起来。

李胜拜辞回去，来曹府将情况报与曹爽，曹爽高兴万分，说：“此人若死，我就放心了！”从此后，对司马懿再也不加防范。

司马懿等李胜走后，从床上跳下，对两个儿子说：“曹爽中了我的假痴不癫之计，至此曹爽对我再无戒心了，你们要加紧习武，等待机会，我们再东山再起。”

朱棣装病，起兵“靖难”

明太祖朱元璋死后，因继承人皇太子朱标早已亡故，由长孙继位，是为惠帝，改年号建文，亦即建文皇帝。建文年纪虽小，却相当精明，他知道自己的环境，在十多个王叔的威胁之下，地位处于动摇未稳之势，为使皇权免于受控制，在黄子澄等策划下，大刀阔斧来个削藩运动，把那班老叔父按其危险性程度，流放的流放，杀的杀，逐步把这批对皇朝有威胁的势力肃清，只有宁王和燕王因环境特殊，还未敢遽然下手。

燕王朱棣眼见各位王兄王弟一个个倒了。兔死狐悲，此趋势迟早要轮到自己，与其等死，不如先发制人。他的军师道衍以军备未足，时机尚未成熟，劝他再等机会，因此暂时隐忍，秘密练兵，预备行事。

有一次，燕王照例派亲信葛诚入京奏事，见了建文帝，建文帝有意收买葛诚，便召他进入密室，对他说："如果你能把燕王的活动情况及时报告于我，将来升你为公卿。"葛诚说："食君之禄，担君之忧，臣愿效犬马之劳，此次回去，必密报燕王举动，为陛下做内应。"

葛诚回到燕京后，怂恿燕王入京（南京）见帝，以释嫌疑，此计无非想驱羊虎口。燕王与道衍商议，道衍力主不去，燕王却说："此时我举兵，便当举兵，若不能举兵，不如暂往一回，料他也无奈我何。"因此便毅然进京，果然有人怂恿建文帝将他扣留，但建文帝犹豫，一时又找不到借口，于一个月后，便放燕王返回燕京。

燕王相当精明，他最清楚自己的处境，一回来就诈病，病得很厉害，此举无非使朝廷不疑他有变。

建文帝虽放走燕王，却也时刻防备，并不因他"病重"而松懈。用了一个调虎离山计，以边境防卫为名，把燕王所属的劲旅调了一部分离开北京，派亲信工部侍郎张昺为燕京布政使（行政长官），谢贵为都指挥（城防司令），把文武两权夺了过来。又制造借口把燕王的得力部属于谅、周铎两人杀了，罪名是阴谋叛变。

燕王眼见这种夺权把戏，无非因自己而发，为保全性命起见，便诈癫扮傻，溜出王府，整天在街边游荡，口出狂言，见物就抢，十足一个疯子。有一次，出门几天都没有回来，众人到处寻找，只见他睡在泥淖里，扶起来他还在骂："我好好睡在床上，干吗要抬我出去？"

张昺和谢贵知道此事，便入宫去探病，想看个究竟。这时是暑天，只见燕王穿起皮袄，围炉而坐，还身子发抖，牙关打颤，不停地说天气太冷了。

他们认定燕王是真病，防备稍为放松，但葛诚认为燕王根本没病，这是装病扮傻，用意难测，切勿让他瞒过。

张昺于是具报明廷，建文帝便立即采取行动，密令城防副司令张信下手。那张信过去乃燕王的亲信。接到密令，犹豫不决，他的母亲见此情形，问明底细，劝他要饮水思源，不可忘恩负义，他便把事情拖延下去。

建文帝见还没有消息，又再下密旨催张信，张信火了，说："朝廷为何逼人太甚？"乃愤然去见燕王。守门的不准他进去，张信大声说："你们只管去传报，说我张某有要紧事求见！"

燕王召见张信，却仍卧在床上，不说半句话。左右说："殿下正患风疾。"张信明知其诈,便说:“殿下不必这样,有什么事,可对老臣直说无妨。”燕王打量他的神气,并无恶意,才开口说:“这场病真惨,已有几个月了。”张信见他仍不肯露真情,心一急,便流起泪来,率直告诉燕王:“殿下,事到如今,还不说真话,大祸真的已临头了。”顺手拿出建文帝的手谕来,说:“朝廷命我擒拿殿下,如果你有意,就要坦诚相告,让大家想个办法,否则便肉在砧上,宰割由人。”

燕王一见连忙下床,向张信叩谢,急召军师道衍入室,商量救急之计。密议结果,由张信增兵王宫,说是严密监视,实际上是保护燕王的安全,进一步定计要除掉张昺和谢贵这两位朝廷命官。

外弛内张的情势,已到一触即发的地步,张信暗里要保护同党人的安全,即晚下令把燕王的部将全体逮捕,说是有造反嫌疑,要押赴朝廷处决。这一着无非掩人耳目,他又暗中派出精壮士兵,埋伏在东殿两旁,宫门内外,密布便衣警探。第二天,说燕王的病已好了,要召见张昺和谢贵,商议如何把这批阴谋造反的将领押解入朝。

张谢两人虽然不疑,但也有防备,带了很多卫兵前往,到了礼端门,燕王扶杖把他们迎进去,卫队却被拒于门外。宴会行酒间,一片欢乐气氛,左右献进几个西瓜,大家都吃起来,燕王忽像有所感,停食站起来,气愤愤说:“想起我目前的处境,有吃都难以下咽,就是做老百姓,兄弟叔侄间也应该互相怜恤。我身为皇帝叔父,反而要惶恐度日,今皇帝待我这样,国家还有什么希望呢?”说完将手上的西瓜往地上一摔。

这原来是个暗号,两旁埋伏的士兵一见,即拥了出来,不由分说就把张昺、谢贵等斩首,再揪出葛诚来,一同处斩示众。随即宣言,起义兵、清君侧,直向南京进军,不久便攻破皇城,逼得建文帝削发为僧,化装逃亡海外。燕王抢了帝位,是为明成祖。

明扬暗抑,惩治衙内

明朝嘉靖年间,奸相严嵩当权,在全国各地广植党羽。浙江总督胡宗宪便是其中的一个。胡宗宪的儿子胡衙内仗着父亲的权势,为非作歹,欺压百姓,人们敢怒而不敢言。

这一年的秋天,胡衙内带着几个随从离开杭州,溯富春江而上浙西,一路上游山玩水,作威作福。所经府县的官吏惧怕胡宗宪的权势,无不殷勤招待,宴请送礼,把胡衙内捧得飘飘然。

然而,胡衙内来到淳安县时,却是另一番景象:到城门边仍无一人来接,住到馆驿后知县也不来看望一下。胡衙内不由得勃然大怒,喝令将驿吏捆绑起来,拿起马鞭边打边骂:“小爷我从杭州出来,一路上哪个不巴结?知府大人还为我牵马呢!只有你们这个淳安县小小的知县不肯出来迎接小爷。待我回去告诉我老子,定叫你们一个个脑袋搬家!”

馆驿的人赶紧将此事报告给知县。这个知县便是有名的清官海瑞。海瑞闻报,肺都气炸了,想立即派人去抓胡衙内,但转念一想:他老子毕竟是自己的顶头上司,公开作对,未免要吃亏。他思索了一会儿,想出一条假痴不癫的妙计。

于是,海瑞带着捕班人马直奔馆驿。进门后,海瑞用手一指正在打人的

胡衙内，喝道："把这个恶棍抓起来！"胡衙内满不在乎地说："我是堂堂浙江省胡总督的儿子，我看你们谁敢抓我？"

海瑞冷笑道："你是何方恶棍，胆敢冒充胡总督的儿子？胡总督是国家一品大臣处处体察民情，爱护百姓，他的公子定是文质彬彬之人，怎么会是你这样的花花太岁？来人，将这个冒牌货捆起来，先掌嘴五十！"捕班不由分说把胡衙内捆起来，几个嘴巴下去，胡衙内便满嘴流血，两腮红肿。

"再搜他的行李，看有无违法物品！"海瑞大声吩咐。捕班从胡衙内的行李中搜出许多银子和贵重礼品。海瑞沉着脸问道："这些赃物是从哪里来的？"胡衙内回答："都是沿途官吏送的。"

海瑞冷笑道："这么说，你肯定是个冒牌货了。若是胡公子出游，他每到一处必定访古问幽，决不会像这样索要银子宝物，败坏胡总督的名声！"

这么一来，胡衙内再也不敢吱声了，吓得浑身直打哆嗦。几天后，海瑞差人将胡衙内解押到总督府，并交给胡宗宪一封信。胡宗宪拆开信，只见海瑞写道：

"属县近来查获一名冒充总督公子的诈骗犯。该犯以胡公子之名，到处招摇撞骗，敲诈勒索，骗得数千两银子和甚多珍宝。属县深知老大人教子甚严，府上公子每日攻读，怎能有闲出游？如若出游，必然瞻仰名胜古迹，以广见识，怎会专门搜罗金银财宝？属县故此一眼将其识破，所骗赃物，一律充公。特将该犯押往府上，请老大人严惩！"

胡宗宪看完信，又看看被打得鼻青脸肿的儿子，气得一句话都说不出来。毕竟自己的儿子做了错事，把柄抓在海瑞手里，胡宗宪只得打掉牙往肚里咽，埋怨儿子一番，此事便也不了了之。

在等级森严的封建社会，与掌权的上司作对无异于将自己往虎口送。海瑞在这里利用"假痴不癫"之计，既避免了与上司直接对立，又为民出了一口恶气。他抓住胡衙内的恶行，假装不信其身份，又指出身为官吏之子的本分应是什么样子，最后装糊涂装到底，直接将胡衙内送到他老子那里，用一封信堵住了胡宗宪的口，不愧是清官、智官。

假象惑敌，战胜法军

纸桥，位于越南河内城西部一公里处，是一条涸水的小桥。1883 年 5

月 19 日，中法两国军队曾在这里展开一场激烈的战斗，最后法国军队被打得落荒而逃，中国军队大获全胜，这就是威震中外的中法纸桥之战。

早在 16 世纪，西方资产阶级就将侵略魔爪伸向了越南，要求打开越南的大门进行通商贸易。当时的越南仍是一个封建国家，自给自主的自然经济占主要地位，对外实行“闭关锁国”政策。

17 世纪初，法国的第一批传教士来到越南，到处刺探情报，为大规模入侵越南作准备。法国殖民者来到越南的时间虽然比葡萄牙、西班牙、荷兰、英国等国晚，但它对越南的侵略比其他国家更猖狂，它竭力要把越南变为自己的殖民地，达到目的以后，可以把越南作为根据地，为进一步侵犯中国做准备。所以，法国对越南侵略的每一步都是针对中国的，可以说是“醉翁之意不在酒”。

到了 19 世纪 80 年代，法国大资产阶级更加强烈地要求推行殖民政策，在这种情况下，镇压巴黎公社的刽子手茹费理——这个狂热的殖民主义者出面组阁。他一上台，就宣称要征服广大无比的中华帝国。1881 年 7 月，在茹费理的主持下，法国议会通过了 240 万法郎的拨款，作为侵略越南的军费。1882 年 3 月，法国交趾支那海军舰队司令、海军上校李威利，攻陷红河下游一带，并沿着红河向上游进犯。他扬言要为 10 年前被黑旗军击毙的法国侵略者的急先锋安邺报仇，并悬赏 1 万元捉拿刘永福，悬赏 10 万元攻取黑旗军的根据地保胜（今老街），来势汹汹，气焰嚣张。

黑旗军原是太平天国时期活动于广东、广西边境的一支农民起义军，它的首领叫刘永福。刘永福，在 21 岁的时候，就参加了广西农民起义的队伍。1865 年，刘永福加入了吴亚忠为首的广西天地会的反清起义军，这支军队经常执七星黑旗作战，因此，人们把刘永福领导的这支农民起义军叫作黑旗军。由于受到清军的压迫，刘永福率黑旗军于 1867 年几经奋战，进入越南边境，建立了保胜根据地。刘永福足智多谋、爱护士兵、纪律严明，深受当地群众的爱戴和拥护，在越南北部人民中享有很高的威望，因此队伍一天比一天扩大，很快由 200 人发展到 2000 多人。

1883 年，黑旗军的正规编制为前、左、右三个营，由黄守忠统帅前营为前营管带（相当于营长）；吴凤典统帅左营为左营管带；杨著恩统帅右营为右营管带。此外，还有刘永福直属亲兵营，由其义子刘成良统带。刘永福出身寒苦，久历戎行，刚强果敢，治兵勤奋又有韬略，善于调度又训练有方，因此，在当时既缺乏武器又短少弹药的十分困难的情况下，仍然具有很强的战斗力。他们站在抵抗法国侵略者的最前线，并取得了相当可观的战果，使法军不断损兵折将、节节败退，甚至连英国人练兵也用黑旗军的操练方法，所以，在中法战争正式爆发前，黑旗军就以勇敢善战的精神和对法国侵略军的辉煌胜利而闻名中外，同时越南政府和人民也对刘永福寄以重望，倚为长城。

黑旗军的抗法斗争，打乱了法国侵略者的预定方针，推迟了他们吞并越南的进程，成为法国人越过红河入侵中国的重大障碍。

“辅车相依，唇亡齿寒”，面对法国侵略者的长驱直入，黑旗军为了保卫中国边疆不受侵犯、支援友邦越南，又一次接受了越南政府邀请，出兵协助抗法。刘永福亲率3000名黑旗军，会合越南黄佐炎军队向法军进攻，收复了一些失地，把法军赶到河内孤城，李威利躲在河内城里，不敢轻举妄动。1883年2月，茹费理第二次组阁，为搭救困境中的李威利逃出"囚笼"，向议会提案，要求增加军事拨款550万法郎，派军队前往越南。法国议会通过了这个提案。

1883年5月10日，黑旗军全体将士在河内城外慷慨誓师，决心"为越南削平敌寇，为中国捍蔽边疆"，并向李威利投下战书，约他十天之内在河内怀德府空旷之地决战。这时，李威利已从西贡得到了新的增援，决心孤注一掷，并企图借此逃出黑旗军的重重包围圈。刘永福则一面整顿部队，加强战前训练，教育战士打败洋人不可操之过急，否则欲速则不达；另一面派人侦察敌情，他自己也天天出去考察地形，绞尽脑汁筹划作战方案。

当时，法军龟缩在河内城，刘永福经过侦察，感到河内城固沟深、工事坚固，不宜强攻，应该引蛇出洞，找到有利地形设下埋伏，化劣势为优势，只有这样才能取胜。于是，刘永福一方面在军事上进行骚扰，一方面从政治上进行挑衅，诱惑敌军出动。1883年5月18日，李威利在黑旗军的挑逗和激怒之下，决定不待援军到来，立即出城进攻黑旗军，显示一下法军的"威力"，以挽回失去的体面。这样，李威利以部分兵力驻守河内，命令河内的城防司令韦鹥率领"胜利号"和"维拉号"两个海军步兵连以两舰的炮兵，以及其他的附属勤务人员共400余人出城进攻黑旗军，自己则随队督战。

5月19日凌晨时分，天色未亮，黄佐炎派人前去通知：刚刚接到河内越方人员的密报，法军准备在黎明时倾巢出动。黑旗军先锋杨著恩闻讯后立即命令吹号起床，率先锋营迅速赶赴纸桥，由他们把守纸桥。刘永福也赶紧派黄守忠跟在杨著恩后面，扼守从纸桥到黑旗军军营之间的大道，准备与法军直接正面交火。另外，由装备有快枪的左营吴凤典率兵预先在路旁设下埋伏，准备出其不意迂回包抄敌人。刘永福布置完毕之后，自己则率亲兵营往来指挥。战前，刘永福命令每个战士随身携带一只竹筒，装满用一种树木熬出的殷红的红木水备用。

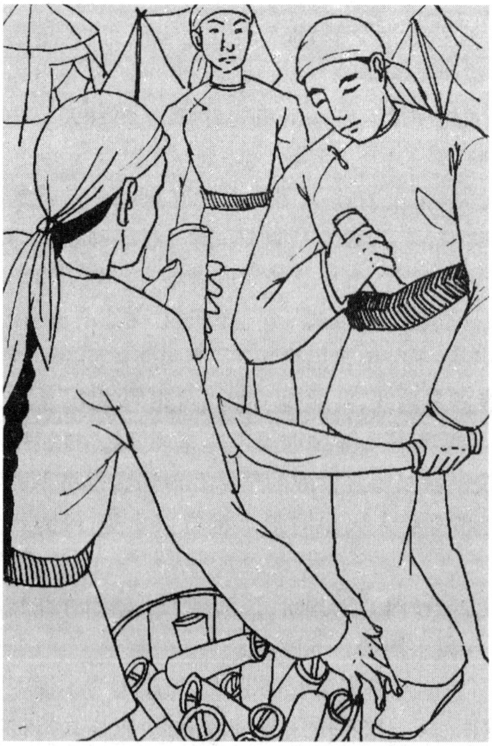

大战地点选在纸桥旁边的关帝庙，这里平时是一个热闹的市场，房屋密布、杂乱无章、便于隐蔽。杨著恩来到纸桥后，立即把兵马分为三队，一队占据桥旁的

关帝庙，一队列于庙后，他自己又亲自率领一队在大道压阵。

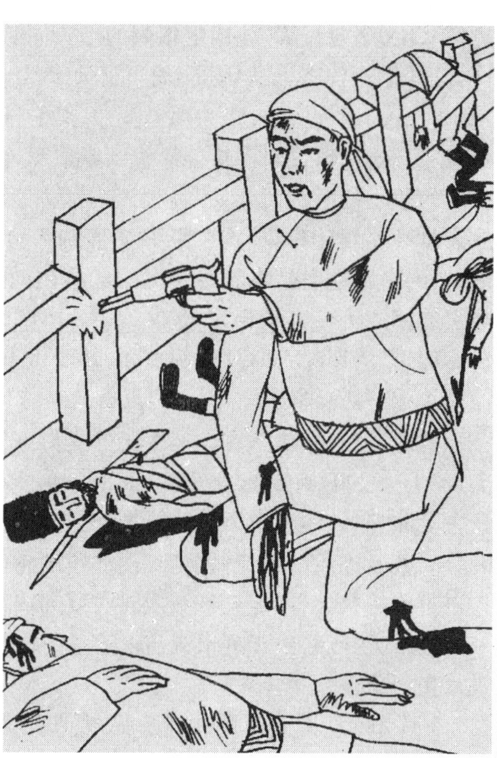

19日凌晨4时，法军大队人马从河内出发，6时左右冲到纸桥东侧，这时杨著恩营刚刚布置完毕。法军一见黑旗军早有准备，不免有些心慌，但立即又壮起胆子，集中炮火向关帝庙轰击。刹时，炮火纷飞，振聋发聩，转瞬之时关帝庙瓦飞屋坍、一片混乱，一场激烈的战斗就这样开始了。法军见庙中没有动静，渐渐大胆起来。这时，一个法国侵略军的军官，驰马上桥，立即被右营火筒炮击落桥下，这个军官就是韦鹭司令，是仅次于李威利的一个法军头子。见此情景，紧随其后的法军惊慌失措，纷纷转过身来往回跑。李威利见第一次进攻失利，而且韦鹭也受了伤，便亲自指挥战斗。为了鼓舞士气，李威利让士兵喝酒来壮胆，于是，法军士兵席地狂饮，然后借着酒劲儿发起进攻。他们十人一队，连环放枪，交替掩护，再次冲过桥来。庙中的一队黑旗军抵挡不住，开始退却。正在这危急关头，庙后的那一队黑旗军赶紧冲上去堵截，因为人少而未能挡住法军的进攻。法军鼓足气力拼命夺取关帝庙，于是兵分两路，一路包抄庙后，一路冲向大道，夹击杨著恩营那队士兵。先锋营杨著恩亲自指挥部队顽强抵抗，他的双腿被子弹打穿，鲜血汩汩而流，身边的战士准备扶他起来退出阵地，但他死也不肯离开，继续坚持指挥战斗。腿不能站立了，他就坐在地上继续指挥战斗，可不幸的是，他右手腕又受了重伤，于是他就用左手射击。他使用的是一枝16响手枪，击倒了十多个敌人后，当打到第十三响时，敌人一颗子弹射中了他的胸部，他便永远地倒下了。

杨著恩营由于主将阵亡，部队损失较大，暂时退到大道以北集结待命。这时，黑旗军主力仍隐伏未动，李威利误以为黑旗军主力已经被击溃，只要大胆向前推进，就可以夺取怀德。他对大道以北的村落稍加搜索后，即率队沿大道向怀德前进。这时埋伏在大道左侧的吴凤典营立即以敏捷而隐蔽的行动，穿过稻田、向法军右翼靠拢。当离法军100米时，吴凤典营以密集火力进行射击，顿时，法军队伍就乱了阵脚。

趁此机会，刘永福一声令下，亲兵营勇往直前，犹如一阵狂涛向敌人猛扑过去。黑旗军枪弹的猛烈射击，像暴风骤雨一样，法军根本来不及躲闪，有几百人相继殒命。法军在这强大的攻势面前慌忙后退，李威利大怒，急忙重整队伍,亲自督战,他用更猛烈的炮火向黑旗军阵地猛轰。为了与敌人肉搏,使其炮火优势无法施展,刘永福命令战士纷纷扑倒在地,倒出红红的苏木水。敌人远远望去,以为那是黑旗军将士受伤后血流成河,便一阵惊喜,得意忘形地冲杀过来。待他们进入黑旗军阵地时,刘永福又一声号令,仆倒在地的战士们一跃而起,挥舞大刀向敌人砍杀。只见刀光闪闪,杀声阵阵,敌人被吓得目瞪口呆,有的跌跌撞撞跑入大道旁的稻田,哭爹喊娘,丑态百出,有的坐在地上站不起来。在这场激烈的肉搏战中,李威利也受了重伤,被黑旗军战士一刀结果了性命。这个作恶多端的侵略者受到了应有的惩罚。后来,法军派人向刘永福求和,并要以 10 万两白银赎回李威利的尸体,被刘永福严厉斥退。

这次战役,黑旗军在越南军民的支持下,奋战 3 小时。击毙法军军官 30 多人,士兵 200 多人,大获全胜,原来身负重伤的韦鹭回到河内后也于当晚死去。此外,还缴获了大量的枪械、弹药和大批军用物资。但黑旗军没有及时分兵截断逃敌归路,特别是红河北岸的越南友军没有及时配合,给部分敌人以逃跑的机会,未能全歼和及时收复河内。

红桥大捷后,由于刘永福抗法有功,被越南政府任命为“一等义良男”,三宣正提督。

5 月 22 日,黑旗军乘战胜余威,发布讨法檄文,义正词严地历数法国侵略者侵略越南、图谋中国的罪恶行经,严厉地告诫他们:如果不肯改悔,继续与越中两国人民为敌,那么黑旗军将与他们势不两立,血战到底。黑旗军在刘永福的带领下假痴不癫,静不露机,以仆地的假象迷惑敌人,然后出其不意来个瓮中捉鳖,取得纸桥大捷。

假装失态,蒙骗沙皇

1805 年,拿破仑与第三次反法同盟作战。奥俄联军大败,拿破仑乘胜追击奥俄军至奥斯特里茨。年轻的沙皇亚历山大调来了精锐的近卫军和其他增援部队,自认为实力超过拿破仑,是取胜的绝好机会。

当时的联军内部,关于下一步的作战行动问题,出现了两种截然不同的意见。60 岁的俄军名将、联军总司令库图佐夫主张暂时避战,如法军来攻,应继续撤退,摆脱仍处于全军覆灭的危险境地。而年轻气盛的联军参谋长魏洛特则认为拿破仑惯于声东击西,虚张声势,实际上法军早已疲惫不堪,战斗力大大削弱,且联军数量上已远远超出法军,主张立即转入对法军的进攻。

此时的拿破仑正在密切注视着亚历山大的动向,决定以假象迷惑敌人,寻找时机,消灭强大的敌人。

11 月 3 日,拿破仑结外交大臣塔列兰写信,承认法军目前处境十分困难,正面敌人兵力占绝对优势,两翼敌人咄咄逼人,两支普鲁士大军也跃跃欲试。

同时,拿破仑命令法军部队从某些前沿阵地开始后撤,做出被迫退兵的样子,并故意散布法军兵力不足,需要收缩战线的流言。

11 月 25 日,拿破仑派其侍卫长萨瓦里将军打着休战旗前往联军司令部，向年轻的沙皇亚历山大递交一封国书，建议休战，要求与俄军讲和，请亚历山大派全权代表进行谈判。

亚历山大看到拿破仑要求讲和，认为拿破仑已经害怕，现在正是歼灭拿破仑的最好时机，虽然库图佐夫竭力反对，但亚历山大不予理睬。

亚历山大派自己的侍卫长道戈柯夫公爵进行回访，进行象征性的谈判，同时也嘱咐这位心腹，注意观察拿破仑的动静。

拿破仑在会见道戈柯夫公爵时，抓住时机，制造假象，进一步欺骗对手。

拿破仑首先表现出自己十分疲劳一副精疲力竭的样子，同时，他又故意摆出大国皇帝的样子，以示不能丢失尊严。他巧妙地回绝了沙皇使者的要求，坚持不能放弃意大利和其他一些占领地的立场，在一些枝节问题上表现一定的让步妥协。

会谈之后，沙皇使者认为拿破仑外强中干，外表虽然故作威严，但实际上已心中有虚。道戈柯夫公爵兴奋地向亚历山大报告了他关于拿破仑信心不足和胆怯的印象。年轻的沙皇高兴地踱来踱去，并向侍卫长敬酒致谢。

数日后，俄、奥皇帝经过会晤，决定立即向“正在退却的、削弱了的拿破仑军队进攻”，从而中了拿破仑的计谋。

12 月 2 日，在奥斯特里茨村以西、维也纳以北 120 公里的普拉岑高地周围，展开了大会战。这是拿破仑战争史上最著名的一次会战。

拂晓之前，俄奥联军开始进攻，大有不可一世之势。

胸有成竹的拿破仑在望远镜里密切地注视着敌军的行动。大约上午 7 时半，当他发现普拉岑高地俄军防御力量十分薄弱时，他立即命令两个加强师占领了高地，从而把敌军切成两段。俄军受到侧面攻击，秩序大乱，向西方溃逃。当时俄国沙皇和总司令库图佐夫以及他的司令部都跟在这支纵队之后，因而失去了对联军的控制，首尾不能相顾。

拿破仑完全控制住普拉岑高地之后，随即命令近卫军和骑兵师及两个步兵师向敌人展开全面的猛烈的进攻。将北段 4 万多敌军团团包围并压缩到狄尔尼兹半结冰的湖泊上，湖泊上的冰块被法军炮火击碎，致使敌军整团整团的淹死、被击毙和生俘。

俄奥联军在几小时内被全歼,俄国亚历山大和奥地利弗兰西斯两个皇帝狼狈逃跑,总司令库图佐夫受伤,险些被俘。奥斯特里茨战役中俄奥联军8.2万人,死1.5万人,被俘2万人,损失大炮133门,余众四处逃命。

夜幕降临了,一切都结束了。拿破仑在一群元帅、近卫军将军的陪同下,在从四面八方跑来的士兵的欢呼声中,踏着人和马的尸体视察了战场。

奥斯特里茨战役结束的第二天,奥地利皇帝要求休战,拿破仑当即同意,条件是要求所有俄军撤出奥地利,退回波兰。

12月26日,法奥在普莱斯堡签订和约,奥地利把威尼斯割让给法国,拿破仑将其并入意大利王国。

法奥的普莱斯堡和约结束了第三次反法联盟,并导致德意志神圣罗马帝国的终止。

奥斯特里茨战役使拿破仑赢得了欧洲第一名将的荣誉。在这次战役中,拿破仑突出地表现了指导战争和指挥作战的非凡才能。作为政治家,他成功地利用"假作不为而将有所为"的手段,诱骗敌人,影响着形势的发展,为自己赢得胜利创造了条件。作为军事统帅,他巧妙地运用了作战指挥艺术,在战略上以少胜多、在战术上以多击少,为彻底打败敌军奠定了基础。

"愚蠢"福特,巧发大财

1908年10月,福特汽车公司成功推出T型车成为市场上的抢手货,第一年就销出6000部,创下历史最高纪录。以后每年都几乎以比上年翻一番的速度递增。到1913年止,福特汽车公司的T型车生产了近20万辆,全部销售一空,而市场依然供不应求。福特汽车公司的事业如日中天。

这时,1914年初的一个周末下午,福特由他刚满20岁的独生子埃德赛尔陪着,到工厂巡视。因为工厂不断扩大生产规模,努力提高产量,工人周末不能放假,连星期天常常也要用来加班。

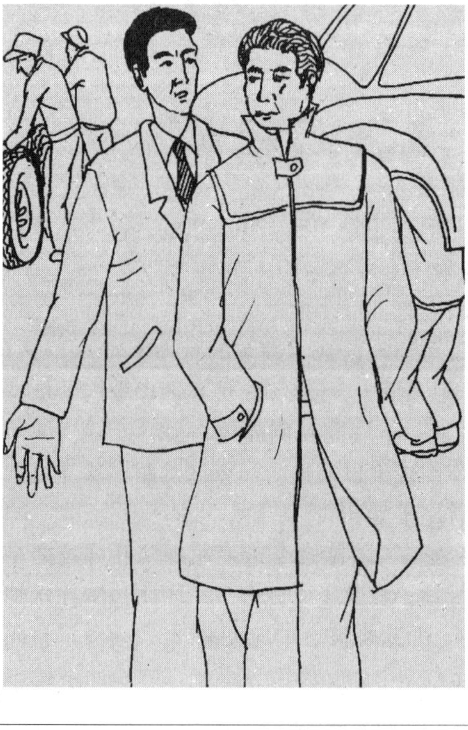

他们巡视完工厂后,埃德赛尔不无忧虑地说:

"爸爸,工人们看你的眼神不太对劲,您注意到了吗?"

经埃德赛尔这么一提醒,福特也突然有所发觉,说:

"你这么一说,我似乎也觉得有点奇怪,到底是怎么回事?"

"爸爸,您曾和职工们沟通过吗?"

"以前常和他们交谈,但是最近因为职工人数激增,很少再和他们交谈。"

“我倒常和他们交谈呢?”儿子说。

“那很好啊……他们有什么反映吗?或者抱怨什么吗?”

埃德赛尔沉默了几秒钟,福特回过头来注视他。

“抱怨倒没什么,但由于工作量不断加大,T型车十分畅销,反而员工们情绪低落了。”

“为什么?”父亲有些惊讶地问,似乎也意识到了什么。

“工人们不是机械呀,即使机械也要时时上油呢,何况是人。他们都是有家庭、老婆、孩子,但他们不得不把大量时间花在工厂里,难免对工厂的劳动制度有所不满。”

“不满?难道工运激进分子已潜入工厂,准备起来闹事了吗?”当时正是工人反对资本家剥削而纷纷起来罢工、游行的高峰期,福特不得不十分警醒。

“不是的。”

“那么,是怎么回事?”

“爸爸,您最好去问问主管人苏伦森。”

福特知道苏伦森是一个非常出色的管理人员,他工作勤奋努力,技术上也是一把好手。但有一点令人担忧的是,他是个工作狂,他一周干6天,白天不休息,晚上还要熬至深夜,星期日、节假日也不例外,他要求工人们也如此,主张一周工作时间应为60小时。他不过问职工们的想法,经常武断地要求职工加班加点,职工们对这种夜以继日的劳动制度早已不满,如今快到了无法忍受的地步。

埃德赛尔看到了山雨欲来风满楼的迹象。福特也意识到问题的严重性了。

第二天星期天,福特突然传下命令:所有管理人员停止休假,召开紧急会议。

福特首先对着苏伦森问:

“现在工厂的平均工资是多少?”

“一天2元。”苏伦森不假思索道。

“上一期的利润超过很多,红利达20000%(股东资金的200倍),这个你知道嘛!再把工资提高点吧。”

“是的,这些我都知道,可是2元钱已经比附近的别克汽车公司多出20%了。”

“再提高点!”

“那么……加到2.5元吧!”这个数字是苏伦森费了好大劲才提出来的。

“还是太少,苏伦森先生。”福特将手抱在胸前,若有所思地说。

然后苏伦森把工资定在3元上。这时与会者议论纷纷,有的表示赞成,有的表示反对。赞成者主要认为,高薪能买来平安,使工人安心工作,继续不断扩大福特汽车公司规模,着眼点在长远;反对者则考虑到过高的加薪会引起同行们的反感,弄不好会弄巧成拙。

正当众人在热热烈烈的争论着的时候,一旁沉默着的福特说话了:

"好,决定了,苏伦森先生,从明天开始,福特汽车公司的最低薪资上升为5元!"

在场都无不目瞪口呆,面面相觑。

"5元钱!"许多人都不相信自己的耳朵。

"怎么,你们有什么意见?"

"您是想把今年所得的利润的一半分享给职工?"

"是的,把股东红利的一半拿出来。"福特果断冷静地回答。接着,话锋一转,又说:"好了,这事到此为止吧。下面讨论一下工时改革,我认为每天工时10小时劳动强度过大,工人们的意见很大,我注意到了一些企业已开始尝试8小时工时制了,职工们普遍欢迎,为什么我们不尝试一下呢?"

这个意见得到大多数人的赞同,很快就决定下来了。

亨利·福特的这两个决定在美国历史上写下了高薪短时这一历史性的一页,在美国近代劳工界掀起了一场革命风暴。

福特公司紧急会议的第二天,《纽约时报》登载了这样一段话:

"福特汽车公司董事长亨利·福特提出日薪5元的最低薪资,同时提出一天8小时工作制度……这是美国工史上的大革命,这个革命风暴势必为欧洲带来很大的影响。"

消息一出,《纽约时报》的社长欧克斯嘲讽地说:

"福特那个乡巴佬恐怕是发神经了!什么一天5元?现在是产业革命时代,他这么做,简直是想破坏资本主义社会。"

美国财经界发言人《华尔街经济日报》也向福特猛烈攻击:福特汽车公司的清洁工一天2.34元已经有些过分,现在居然升到5元,实在有悖资本家理论。

一些社会主义的激进分子也在底特律市发起了几百人的集会,指责福特的日薪5元的做法实际上是一种欺骗性的策略,目的不是保护劳工,而是为了避免罢工,这种行为可耻。

更令人遗憾的是,由于风闻福特汽车公司日薪5元,一万多名来自全美各地的求职者涌向了福特汽车公司门口,因行为粗野而和警察发生摩擦……

更有甚者,个别别有用心的人指使一名工人的妻子写信给福特说:"一天5元的薪金，虽是您的恩赐，但是如此促使我丈夫赌马、酗酒、找女人……是毁灭我们家庭啊！"

各种各样的攻击铺天盖地，然而福特并没有动摇，他想信他的诚意是会被理解的。

他义无反顾实行他的日薪5元，每天8小时的工作制度。还积极改善职工的福利待遇，专门从教堂请来了马季斯神父担任工厂新成立的福利部顾问，把全厂15000名职工当作一个大家庭成员，给予每一个人的生活关心照顾。工人们自然非常感激公司，更加努力地工作。

几年后，即20世纪20年代，欧洲、美国相继进入经济萧条期，工人的罢工运动更是风起云涌，席卷而来，许多工厂企业纷纷破产倒闭，劳资矛盾不断激化。可福特汽车公司却安然无恙。

许多企业主这时不得不赞叹福特的先见之明，也纷纷行动起来加薪，缓解劳资双方的矛盾。

表面是很愚蠢的举动，取得了福特汽车的飞速发展，能不说是一种聪明之举吗？

假痴不癫，成功阶梯

在美国，有一家最古老的专门制造钓鱼用具，并以其始终占美国第一而闻名全美的公司——格莱汀公司，而在格莱汀公司，有这样一位女性，她，一个少奶奶却自愿去车间当女工，一个公司大股东却带头闹薪，一个公司副总裁却去"折节外交"，一个不懂生意的人却最终成了公司成就的创造者。以似"痴"而不"癫"的举动和她的艰苦、踏实、虚心、勤奋、爱心赢得了职工，赢得了事业，她被人称为创造了奇迹的女性，"祖母推销员"，她就是格莱汀公司副总裁碧丽·克利曼。

碧丽是一个很有文艺天赋的人，从小对文艺就有着极大的兴趣，尤其是音乐，早年在音乐学院就读时，她的钢琴演奏表现出很高的才华和极大潜力，深受教授和学生的喜爱，人们预言她的未来是一个杰出的钢琴演奏家。但谁也没有想到，毕业后，她在一次舞会上与格莱汀公司的前总裁肯兹·安格尔一见钟情，最后成为安格尔夫人。与安格尔结婚后，她一直过着"少奶奶"式的生活，吃穿不愁，优哉游哉，与世无争，可不幸的是安格尔很早就去世了，留给她的是一个十岁的儿子和格莱汀公司1/3的股权。生活中除失去丈夫外，其他的并未多大的改变，好在她不重名利，生性淡泊。

然而，有一天，就是这位女人来到了公司总裁办公室，找总裁格莱汀要工作，要公司最低一级的工作：制钓鱼线厂的女工。

总裁吃惊了："你怎么会想要工作，而且要这样一种辛劳的工作呢？"

"我了解我自己，在公司而言，我是个无任何专长的人。"碧丽冷静而温和的回答。

在总裁眼里，碧丽是前总裁夫人，过习惯了舒适的"少奶奶"生活，况且她名下有公司1/3股份，是公司的大股东，即使要工作，也用不着有什么专长，要个名义上的职务是理所当然的，要进公司干，必定是个很高的职位。要当制钓鱼线的女工，这样低下的工作她都要干，这的确是一种不可思议的事情。

格莱汀对此事持反对态度，碧丽的亲戚们也持反对态度，包括她前夫的亲戚和昔日的部下们。

“我们给你一个相当的职位，挂名也可以。”这是他们的意见。

“不。”碧丽表明了自己坚持干女工的决心，“公司有公司的规矩，不能因为我个人而坏了公司的章法，以免影响公司正常的管理。”

“话是这么说，但一个什么都不会，一个不称职的人占一个位子，总有人在背后要说闲话的。”

但不管怎么说，公司的领导层及她的亲戚们就是反对她去跟工人们混在一块儿。

到了这个地步，碧丽告诉他们：“反正我也不是真想工作，在家里呆着无聊，孩子也逐渐长大了，我干活也不过是借此消遣消遣罢了，还计较什么名义。再说公司里多一个少一个像我这样无用的工人也不会有什么影响，说不定我会混得安心一些呢！”

“难道你不怕外界笑话你？前总裁夫人与工人为伍，这不是让别人来笑话你吗？”总裁格莱汀为她担心。

可碧丽不这样想，她很认真：“我认为与工人们为伍并不是一件丢人的事，如果别人要笑，就让他们笑好了！”

在碧丽的再三坚持之下，她如愿以偿，进制钓鱼线厂当了一名女工。

其实，真正去干活对她来说并不是一件简单的事。这不，上班第一天就有很多人不相信她真的会正规地干活，在看她的笑话，果然麻烦发生了，她看管的抽丝机的纱头断了，她心里慌张极了，不知所措地大叫起来，领班开她的玩笑：“夫人，我就相信刚开始您会给我们添很多麻烦。”从此以后，她更加谨慎从事，学习也非常认真刻苦，早晨七点就上班，一直工作到很晚才下班，不久她就成了一名合格的工人。

工作中，慢慢地，工人们也与她混熟了，工人们还是不解，像她这样的少奶奶怎么干这种普通而低下的活，许多人问她：你不在家里享福，为什么偏要到这里来受罪呢？的确车间的活又苦又累，机器整天轰隆的响，震得人头昏耳鸣，相互之间说话都听不清楚，整天站着巡视机器，下班回来腰酸背疼脚发麻，手指头都快不听人使唤，这不是受罪吗？碧丽笑着说：“如果把工作看成乐趣，就没有受罪的感觉了。”看来，富有音乐细胞的她把机器的轰鸣看成是钢琴的共鸣箱了，这就是她的“乐趣”所在，而人们认为她是“傻”得可以。

其实，无论人们猜疑也罢，不解也罢，误解也罢，碧丽干活既不是为了赚钱，也不是为了消遣时间，而是为了“干活”而干活。

她的前夫安格尔总裁去世以后，她就常常听到有关公司的情况，譬如公司的经营状况慢慢变糟，内部管理日益混乱，工人的积极性不断下降，售货市场渐渐缩小等等。有人说：“格莱汀公司照这样下去，总有一天要关门。”以前丈夫在世时，公司的一切事务她都无须过问，而现在她不得不为公司的前途担忧。她的想法很朴素：她是公司的大股东，这是她与儿子安身立命的依靠，万一公司垮了对她及家庭是不可想象的。因此，她要参与，要去了解公司的一切状况，然后去解决它。

要了解公司内情，简捷的办法莫过于查账，但这样无异于一个弱女子与公司负责人干上了，此路难以行通。任何事必须循序渐进，更何况是自己对做生意一窍不通，而且自己也无做生意的兴趣，要想达到自己的目的，只能从头做起，先从最底层做起，先做工人。她在钓鱼线厂干了一年，又在仓库保管部门干了一年，两年下来，碧丽便对公司的生产、销售等等各个环节都有了较为深刻的了解，尤其是一些实质性的环节，她看到了公司里浪费严重，管理松懈，工人吊儿郎当。

有一次，她来到仓库，只见仓库里钓鱼线新的、旧的，零乱地堆在地上，像垃圾一样不堪入目，她有点火了，忙把仓库里工人找来，“你看看，公司花那么大的力生产出的钓鱼线被搞成这样，每年要损耗多少？”“你嫌太凌乱，太浪费是吗？”“哪间仓库不是这样，我们这间还算是好的呢！”这是工人满不在乎的回答。

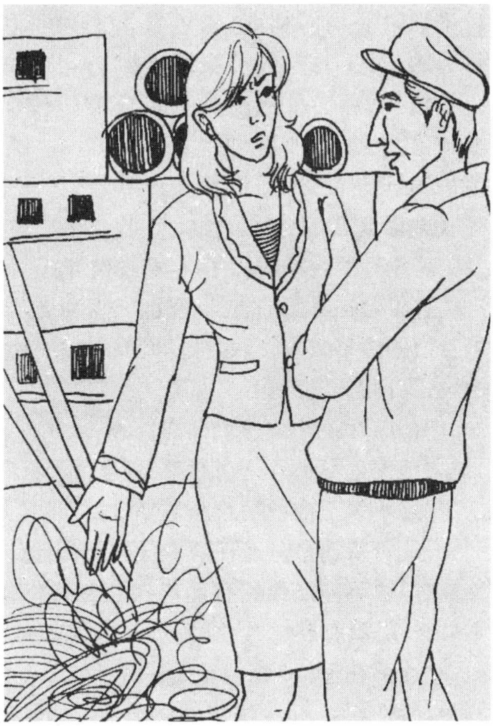

“那为什么这么多断的呢？”

“还不是老鼠咬的，公司里的人越多，老鼠也越多，好像在和人比赛似的。”

“为什么不除掉呢……”

“除不尽，它比人还精，好在它不以吃钓鱼线为生，只是偶尔磨磨牙，只好随它去了……”

看来公司里老鼠是的确越来越多了，碧丽了解到了公司的许多症结以后，她有了第一张底牌。

一个少奶奶自愿去公司干最低下的活，本身就给工人们树立了一个榜样：前总裁夫人都干这样普普通通的活，那些工人们又有什么理由不好好工作呢？更甚至于公司的管理人员呢？但事情并不是这么简单，格莱汀公司之所以出现这种局面，有其环境的影响，并不是一天两天，一个人两个人能使然的。

格莱汀公司的所在地是美国纽约西边的一个很小的镇，镇中只有350人，风景优美，民风古朴，水面宽广，鱼类丰富，被人称为“纽约最大的鲈鱼类卵化所”的地方，也是垂钓养性的佳景所在，看来这就是老格莱汀当年选择这儿做钓鱼线的主要原因。镇上的人一半在公司干活，大伙儿低头不见抬头见，人人熟识，彼此都像一家人，人情味浓重，关系网密切，公司的管理即使想严也严不了。这些人干活是为糊口,不是求发展。对员工吧!有时候连一个女工都管不了了。记得有个女工未请假就与男朋友出去玩了三天,按照公司规定是应该开除的,可是她父亲,这个公司的老职工找到格莱汀总裁,哭诉家中如何困难等等,结果这件事就不了了之了,相处了几辈子的老街坊了,总不能看着他们全家穷困潦倒吧!对上级吧!是格莱汀总裁,格莱汀一家方圆百里是以慈善著称的,要想在公司里有什么过激的举动,他是不会同意的。

这一点,碧丽是清楚的,她在公司干了都两年了。正因为她了解公司的一切情况,而且也找出了问题的症结,所以她才想出这种办法,表面看来,这种做法是利用员工闹加薪,其实,她是想通过这次闹加薪,让员工知道公司的难处,知道员工们切身利益是与公司的命运紧紧联在一起的,员工自身的情绪影响到公司的命运,影响到生产的顺利进行,要想加薪,就必须提高员工自身的积极性,扩大公司的业务,等到公司增加收益之后,加薪才能成为现实。这就是她的意图所在,通过员工加薪的美好愿望,达到整顿生产秩序,扩大销售市场,达到员工与公司同呼吸共命运的目的。

总经理罗吉斯明白了她,碧丽终于赢得了公司的支持。

有了公司方面的支持,碧丽·克利曼开始她的第二套方案,她把几个有号召力的领班找来,以站在他们同一战线的身份,亲切地说:“关于改善待遇的事,我找总经理谈了。”

“他怎么说?”领班们非常关心。

“他说他早都有这个意思,只是苦于目前的财力有限!”

“这不等于白说吗?”领班们开始泄气。

“改善待遇是总经理的事,这应该由他想办法才对。”一个领班说。

“这也不能怪他。”碧丽说,“假如你们能设身处地地为他想一想,公司不多赚钱,没有效益,让他拿什么来改善,他能自己掏腰包吗?”

“这话在理!”“我们看加薪的事就不要再说了。”一个领班这么说。

看到他们一个个失意的样子,碧丽的这步棋又走对了:“当然也不能说完全没有办法。”

“什么办法?”领班们异口同声。

“只要想法增加公司收益,我敢担保,公司方面决不会亏待大家。”

“可是我们能帮什么忙呢?公司赚钱不赚钱是总经理的事。”领班们非常焦急。

领班们随着碧丽的设想逐步沿着她的思路跑,碧丽笑着说:“大家也许没有意识到,关键就在大家身上,只要你们支持,我相信会有办法。

碧丽接着说:“大家应该清楚,公司到目前这个地步,并不只是总经理方面的原因,据我的观察和了解,目前我们公司的弊端一是浪费严重,二是管理混乱。而这两大弊端又是一回事,浪费严重在于管理混乱,管理混乱又在于我们人情和关系网的困扰。大家知道,我们公司员工安于现状,不求进取,管理上漏洞百出,已经到了不可收拾的地步。”

碧丽的一席话说到领班们的痛处,他们不就是因为人情的困扰而常常不能大胆管理吗?

“所以,如果从现在开始,革除这些弊端,健全管理体系,冲破人情的干扰,不就可以杜绝浪费,提高效益。不就能够增加薪水,改善生活了吗?”

“怎样才能加强管理呢?就是几个天不怕地不怕的老油条都难得对付。”有的领班担心。

“假如你们信任我、支持我,我倒有个可行的办法。”碧丽加强了语气。

领班们瞪大了眼睛等着她的回答。

“道理很简单,就是自己管理自己。”

见时机已到,碧丽便端出了她酝酿多时的方案:第一,争取工人家长的配合,把员工的管理由家长和公司共同承担。如果想改善待遇,就得鼓励子女好好工作,如果子女不好好干,加不到薪,甚至扣薪、被开除,他们出面交涉也没有用。第二,选择工人组成管理机构,制订出管理规章和赏罚标准,督促大家共同执行,不能特殊。第三,公司除了发放工作奖金以外,还将订出分红利方法。

领班们心服了,无条件地支持碧丽的方案,工人家长们也非常赞成,公司与家长紧密配合,这个历史悠久,逐步走下坡路的公司如同注入了春风,重显新气象。在极短的时间内,公司产量增加了50%,浪费现象大大减少,员工们的积极性提高了。

碧丽不仅意识到“人情”、“情面”这个关键,又利用了“人情”和“情面”,工人们无不兢兢业业,家长们也无不紧密配合,他们都不仅仅只要得奖金和分红,关键是多年的乡里乡亲,谁都不能比别人差。

好一个“作茧自缚”的“假痴”。

28计 上屋抽梯

先击弱敌,逐个击破

公元前770年,周幽王被犬戎所杀,其子宜臼继位,称平王,建都洛阳。平王继位时因得到郑国的大力支持,所以郑武公、庄公相做作了周室的公卿重臣。平王去世,桓王继位后,觉得郑庄公权大欺君,于是解除了他的职务,委政于虢公林父。这引起了郑庄公的不满,一气之下,数年不向周室朝贡。桓王不见郑庄公前来朝贡,更是怒气难消,决定亲自带兵讨伐。于是周王室与郑国之间便发生了历史上有名的繻葛之战。

公元前707年秋,周桓王召集陈、蔡、卫三诸侯国,出兵伐郑,令虢公林父统领蔡、卫两国的人马为右军;周公黑肩率领陈国的部队为左军;桓王亲统中军。三路人马浩浩荡荡直奔郑国而去,一路上旌旗飘飘,战车辚辚,尘埃滚滚,人喊马嘶,一派杀气腾腾的气氛。

郑庄公听说桓王亲自领兵前来征伐,立即召集群臣,商量对策。大夫子元胸有成竹地说:“周王的三军,是以中军在前,两翼在后的品字形老阵法。我们这次作战,改换一下这种传统的阵法:用中军在后,两翼在前,成倒品字形，夹击王师，必能取胜。”子元说到这里，见郑庄公和众大臣们面面相觑，不解其意，忙又说：“这次作战，必须先从弱处下手。陈侯鲍去世不久，陈侯佗为了取得侯位，谋杀了兄长免，国人不服，局势不稳，现在又是被迫出兵，必然士无斗志。只要我右翼勇猛冲杀，陈兵一定溃败。其左翼败退必然会影响中军。中军一乱，其右翼蔡、卫的军队就很难支持，只能一跑了之。这样两翼既退，我则集中兵力围攻中军，如此岂有不胜之理？”众人一听，齐声称赞。（子元提出的这个阵法，因为左右两个方阵在前像撒开的渔网一样，所以又称为鱼丽阵。丽字就是罹的假借字，陷入其中的意思。）郑庄公欣然采纳了子元的建议，遂令曼伯率领一路人马为右翼方阵，祭仲足领兵一部为左翼方阵，庄公自领中军，原繁、高渠弥、祝聃等人在中军听候调遣。

王师入境时，郑国的军队已经做好了一切准备。庄公遂令三军出师迎战。两军相向而进，很快便在郑国的繻葛（今河南长葛北）相遇。两军布阵完毕，桓公到阵前观察敌情，正要下达冲阵号令时，见郑国中军阵内两杆大旗不停地摆动。随着大旗的挥舞，郑军两翼方阵，顿时擂鼓呐喊冲将过来。曼伯率领方阵，战车在前，步卒在后，队伍整齐，人马雄健，伴着震耳欲聋的鼓声，向陈军冲去。陈国军队本无斗志，一见郑军凶猛地冲来，立即四散奔逃。虢公林父统帅的蔡、卫两国军队，受到祭仲足所领方阵的冲击，也纷纷向后退却。桓王见两翼溃败，着急万分，正想指挥中军出阵抵挡，哪知郑军中军和两翼部队一齐向他猛冲过来。王师中军在郑军三路夹击下，难以支持，很快就乱了阵脚。郑将祝聃冲入敌阵，见桓王立于车上督战，随即弯弓搭箭，只听“嗖”的一声，正中桓王的肩膀。幸而桓王还有点临危不惧的气概，他忍着疼痛，毫不惊慌，亲自殿后指挥应战，才使中军稳住阵脚，徐徐向后撤退。祝聃求功心切，见桓王中箭向后撤退，便要率领战车向前追去。郑庄公连忙制止说：“正人君子从来都很知足。我们与王师作战，本来是为了自救，现在桓王既已引军败退，怎敢过分相逼？能保住社稷安然无损，也就足够了。”遂下令收兵。

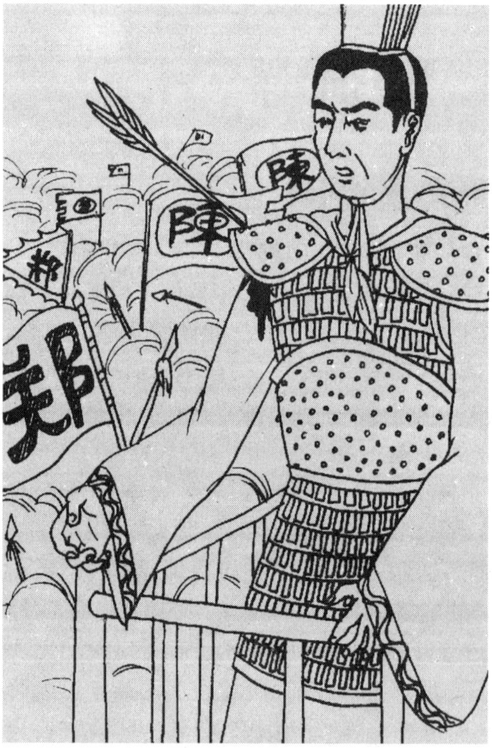

繻葛之战，是一次典型的从弱处下手，各个击破的上屋抽梯的战例，其体现的战术原则，在中国军事史上有重要意义。

“登高去梯”，计迫楚服

2350 年前，中国处在

诸侯相争，强国称霸的战国时期。

地处中原的周围境内，有一个山势陡峭的山谷。谷内树茂草密，云雾缭绕，处处流溢着仙气，可天下人却称它为鬼谷。鬼谷居住着一位世外奇人，自号鬼谷子。传说鬼谷子知日月星相，明兵法谋略，擅长杂学游说，精通养气长寿，虽一百余岁，仍童颜鹤发，神采奕奕。

鬼谷子讲学的地方在一陡峭的高台上。每逢讲学之日，弟子便沿一条长长的木梯攀至高台上。立在高台上，可见远山翠绿，闻谷中林涛。平台一侧立着一间树枝和山草搭成的草堂，堂内是鬼谷子休神养性的地方，堂前便是鬼谷子讲学的场所。

鬼谷子收了十几个学习兵法谋略的弟子，其中齐国人孙膑和魏国人庞涓尤为出类拔萃。庞涓好强，事事争胜一筹；孙膑宽厚，常常谦让一分。孙膑二人同年向鬼谷拜师，同怀建功立业之志，便结为兄弟。孙膑年长庞涓数月，庞涓称他为兄。

鬼谷子讲学，常让弟子们各抒己见，尤其是天下大事。当时弟子们谈论最多的是谁能称霸天下。孙膑认为，诸侯七雄，齐国与秦国最有霸主之相。齐国国富兵强，地处东方，东临大海，虎视中原，有渔盐之利，无背后之忧，当年齐桓公便以此称霸于诸侯；秦国虽地处偏远之疆，但经卫鞅变法，国力强盛，法令严明，有称霸之心，更有称霸之力。因此能称霸天下者，不是齐国，便是秦国。

庞涓则认为能称霸诸侯的应该是魏国。魏国富庶，国人强悍，又地处中原，可北联赵国，南联楚国，西联韩国，向东威胁齐国，向西威胁秦国；也可东联齐国，西联秦国，使赵国与韩国称臣，迫使楚国割让疆土，更为重要的是，魏国国君魏惠王立志图强，广招天下贤士，一个国家要称霸天下，最重要的是重用人才，因此魏国最有霸主之气。

弟子们问鬼谷子孙膑和庞涓谁说得有道理，鬼谷子笑道："他们一个是齐国人，一个是魏国人，各自偏爱自己的国家，老夫很难评说。"

庞涓打算下山回魏国应招出仕，并向鬼谷子发誓：若不能让魏国称霸天下，永不见先生之面。鬼谷子让他到山谷中摘一朵山花，为他占一卦。

庞涓寻遍山谷，只找到一朵弱小的草花，他担心草花弱小，先生会认为他难成大器，便将草花放在衣袖中。

庞涓回到鬼谷草堂，告诉鬼谷子山中没有花。鬼谷子道："山中没有花，你衣袖中的东西又是何物？"

庞涓一惊，慌忙从衣袖中拿出枯萎的草花递给鬼谷子，辩解道："我以为这草花不算花……"

鬼谷子接过草花，掂在手中对庞涓道："这草花叫马兜铃，一开十二朵。它预示你可以享受十二年的荣华富贵。你在鬼谷采到这花，花又被太阳晒的枯萎，'鬼'傍着'委'，你的发迹之地必在魏国。"

庞涓一脸惊喜道："先生，这么说我到魏国后，肯定会受重用？"

鬼谷子微微点头。

庞涓不由一阵激动，道："先生，如果我真的被魏王重用，我一定不辜负先生对我三年的教诲……"

鬼谷子看着手中的草花，道："庞涓，你刚才不该欺瞒为师，欺骗他人，最终会被他人所欺骗，你一定要去掉这个毛病。我送你八个字，你要牢牢记住：遇羊而荣，遇马而瘁。"

庞涓答应，随后道："弟子听说先生有一部世间罕见的兵书，叫《孙子兵法》，它可以教人百战百胜，先生若能将《孙子兵法》送弟子一部，弟子称霸更有把握。"

鬼谷子不动声色地道："《孙子兵法》的确是一部罕见的兵书，当年孙武子将这部用心血写成的兵法献给吴王阖闾，吴王屡战屡胜，称霸诸侯。吴王十分珍惜《孙子兵法》，将其藏入姑苏台内。后来越国灭吴，焚烧姑苏台，珍藏在姑苏台内的《孙子兵法》化为灰烬，那是世上惟一的《孙子兵法》。"

庞涓道："弟子听说，先生曾经是孙武子的好友，孙武子将兵法送给先生一套。"

鬼谷子说："孙武子除了吴王，从不让别人看他的兵法，更不用说送人了。"

庞涓道："这么说，先生不想把《孙子兵法》传给弟子了？"

鬼谷子微微一笑，道："你若不相信为师之言，就留在山上，昼夜陪伴为师，看为师到底有没有《孙子兵法》。"

庞涓有些不好意思，道："弟子不是不信，弟子太想得到《孙子兵法》了。"鬼谷子望着庞涓，道："该得到的，你会得到；得不到的，你就是百般强求，也得不到。"

庞涓离开鬼谷的那天，孙膑为他送行。孙膑请庞涓将他举荐给魏王。庞涓笑道："孙兄不是认为齐国最有霸主之气嘛，为何不回自己的故国？"

孙膑欲言又止，似有难言之隐。庞涓微微一笑，非常大度地："孙兄别当真，我方才是说着玩的，我与孙兄有八拜之交，孙兄既然想到魏国，我见到魏王后，一定将孙兄力荐于魏王，你我兄弟二人携手相伴，共图大业。"

庞涓见孙膑似信非信，指天发誓："若言而无信，就死在乱箭之下。"

庞涓走后，鬼谷子打算把《孙子兵法》传给孙膑，孙膑不解，问："先生，你不是说《孙子兵法》已经失传了吗？"

鬼谷子解释道："它既失传，又没失传。你曾祖父献给吴王阖闾的那套兵法失传了，但还有一套副本在老夫手里，是他送给老夫的，老夫仔细研读，受益匪浅，还为兵法作了注释……这许多年来，老夫未将《孙子兵法》传于任何人。

孙膑，你忠厚善良，又是孙武的重孙，老夫应该将《孙子兵法》传授于你。”

孙膑又问：“庞涓苦苦寻找《孙子兵法》，你为何不将兵法传给他呢？”

鬼谷子回答道：“得到《孙子兵法》的人，若用得好，将有利于天下；若用不好，则会对天下造成大害。”

秋去春来，孙膑将兵法烂记于心。鬼谷子问他：“《孙子兵法》中的‘兵者，诡道也’，作何解释？”

孙膑回答：“用兵打仗，诡诈为道。因此，能打，装作不能打；要打，装作不要打；要向近处，装作要向远处；要向远处，装作要向近处；敌人贪利，就用小利引诱他；敌人混乱，就乘机攻取他；敌人力量充实，就注意防备他；敌人兵强卒锐，就暂时避开他；敌人气势汹汹，就设法屈挠他；敌人言卑慎行，就要使之骄傲；敌人修整良好，就要使之疲劳；敌人内部和睦，就离间他……”

鬼谷子嘱咐孙膑：“老夫希望你对《孙子兵法》不但烂记于心，而且要学会运用，否则你不但战胜不了敌人，还会被敌人所制。”

鬼谷子让孙膑到山崖下，找个僻静处，把兵法烧掉，不得留下一根竹简。孙膑烧完竹简，正打算回草堂，遇见了一脸英气的后生，“他”穿戴利索，背着一把长剑，说是来学兵法的。

孙膑攀上高台，通报鬼谷子，鬼谷子未见其人，便表示不收，说因为那后生是女人。来人的确是女人，是女扮男装的钟离春。钟离春听说鬼谷子因为她是女人不收，气愤道：“女人怎么了？女人也会杀人，也能带兵打仗！”

孙膑劝她别生气，告诉她，不收女人做弟子，是鬼谷先生多年的规矩。钟离春骂了一通“狗屁规矩”，饭也没吃，便离开鬼谷。

庞涓回到魏国不久，便得到魏惠王的重用，拜他为元帅。庞涓带领魏国军队先打败卫国、宋国等小国，再败齐国，名声大振。魏惠王非常高兴，请庞涓同食可口的蒸羊，道：“寡人得庞元帅，犹如周文王得姜太公。”

魏国的南方是楚国，楚王也是一个想称霸天下的君王，他派楚国十万军队出方城，进攻魏国的高陵。魏惠王和庞涓率领魏国三十万大军击退楚军，并进攻方城，意欲彻底打败楚国，称霸中原。

楚王的大军驻扎在方城南边的宛城，派楚军袭击魏国高陵，就是想引诱魏国大军进攻方城，然后利用方城一带的楚国长城这一有利地形，打败魏国，称霸诸侯。楚王听说魏国大军到达方城，兴奋不已，打算亲率大军前往方城与魏王一决雌雄。楚国的史皇大夫是一个很有头脑的谋臣，他对楚王道：“大王，此时不能急于前往方城决战，而应该按兵不动。魏国军队连败齐国，士气正盛，此时决战，胜负难测。魏国军队若久攻方城不下，士气必然低落，那时大王再出兵决战，将稳操胜券。”

攻打方城的战斗非常惨烈。当魏国将士抵挡着石块与箭矢几乎要登上城头时，庞涓鸣金收兵了。魏惠王对庞涓收兵非常不满，立刻召庞涓到他的营帐，质问庞涓：“你为何要停止攻城？若不鸣金收兵，寡人的士兵现在已经站在了方城城头。”

庞涓解释道：“微臣的奸细在百里之外的宛城，发现了楚国大军，楚王也在军中。我们即使攻克方城，也将损兵折将，若此时楚王率大军前来与我决战，将胜少败多。”

庞涓命令军队退兵一舍，并让人散布谣言，说因水土不服，军中染病者超过三成。

楚王得知魏国退兵一舍，楚王高兴地不住拍手，他要进军方城，与魏军决战。史皇大夫劝楚王不要被庞涓的假象所迷惑，道："魏国的元帅庞涓用兵鬼诈，齐国就因此败在他的手下，若魏国军队伤病者真的超过三成，他早就悄悄撤兵回国了。"

楚王问："我们该怎么办？"

史皇大夫道："他有千变万化，我有一定之规，方城军队坚守不出，大王的军队按兵不动。"

楚王又问："魏王如果因此退兵回国呢？"史皇大夫回答："大王将不战而胜，天下诸侯会因此抛弃魏王，臣服大王。"

楚王按兵不动，庞涓愁眉不展。庞涓手下有一个年轻的谋士，叫公孙阅。他智谋超群，胆识过人。他劝庞涓道："元帅，高下之分，不在一时一地，不如先撤兵回国，待来日对我有利之时，再与楚国决战。"

庞涓考虑的比他多，他对公孙阅道："方城之战，不但决定魏国的霸主之位，还将决定我在魏国能否稳居元帅之位，若不胜而归，大王将不再信任我；若此战取胜，即使来日有失，大王也不会抛弃我。"

公孙阅问："此处离鬼谷不算太远，元帅何不骑快马去请鬼谷先生出一良策？"庞涓答："我出山之时有言在先，不称天下，不见先生之面。"

公孙阅说他可以代庞涓前往鬼谷。

公孙阅来到鬼谷草堂内，请鬼谷子告诉他获胜的计谋，鬼谷子不肯。公孙阅道："庞元帅说，他身为鬼谷先生的弟子，若兵败方城，不但他身败名裂，还将玷污先生的名声。"

鬼谷子笑道："老夫乃隐居之士，从不看重名声。"

公孙阅抽剑在手，将剑尖对准自己的腹部，威胁道："先生如果不答应，我就死在先生面前。"

鬼谷子微微一笑，道："后生不必轻生，老夫不帮忙，有人会帮忙。"

公孙阅问："何人？"

鬼谷子答："老夫的弟子，孙膑。"

公孙阅道："庞元帅说，鬼谷之中，除了先生，别人帮不了他的忙。"

鬼谷子笑道："庞涓也太目中无人了，孙膑只在庞涓之上，不在庞涓之下，老夫把他

叫来,你可以当面一试。”

孙膑攀木梯而上,来到高台草堂前,鬼谷子悄悄离开。公孙阅向孙膑详细介绍了方城的战事。夕阳快要落山的时候,孙膑还没有想出取胜良策。公孙阅有些着急,对孙膑道:“孙先生,魏国的霸业,庞元帅的声誉,我的生命,全系于孙先生一身,孙先生千万不要让人失望。”

孙膑让公孙阅先生吃饭,吃了饭再商谈方城的战事。公孙阅道:“高台下的木梯子已经被人抽走了,你下不去了。”

孙膑有些不快,对公孙阅道:“计谋是想出来的,不是逼出来的。”

公孙阅道:“这不是我逼你,是鬼谷先生让我这样做的。他说只要断你后路,你就有好计谋了。”

孙膑眼睛一亮,道:“公孙先生,计谋有了!”

公孙阅问:“什么计谋?”

孙膑回答:“登高去梯。”

公孙阅昼夜兼行赶回军营,假借鬼谷子之名将孙膑的计谋告诉庞涓,道:“鬼谷先生说元帅停止攻打方城,诱楚王决战是对的,但不该向楚国示弱,魏国军队数败齐国,便将魏国统帅的精明与军队的强悍告知天下,若未败于楚国,便向楚国示弱,必然令楚国感到其中有诈,不肯决战。”

庞涓点头道:“有道理……”

公孙阅继续道:“鬼谷先生说此时应该示强,让楚国感到魏国轻视它,不把它放在眼了,在示强之中,采取轻敌盲动之举,这样,才能诱楚王前来决战。”

庞涓让公孙阅讲得具体一些。公孙阅指着军图道:“先生让元帅留十万人守卫大营,其余二十万人马沿楚国长城向南,然后绕过长城南端,似乎要直逼宛城,找楚王决战……但是不,元帅留五万人监视楚王,其余十五万军队改道向南,向楚都挺进。此时楚王必以为魏军是轻敌妄动,他定会率大军追你们决战……”

庞涓不无疑惑地问:“可是……这样做将使魏军进入死地,若不能获胜,就全军覆没。”

公孙阅道:“我也是这样问先生,可先生说,《孙子兵法》言道:投之亡地然后存,陷之死地然后生……"

庞涓一愣,问:"先生提到了《孙子兵法》?"

公孙阅点点头。

庞涓沉默片刻,道:"接着讲接着讲。"

公孙阅道:"兵法上道:将士身在死地,无路可走,不须修明法令,就能注意戒备;不须强求,就能完成任务;不须约束,就能同心协力;不待申令,就会遵守军纪;断其归路,就像登高而抽去梯子一样,将士们人人都会勇往直前。"

庞涓赞叹道:"说得太对了!"

公孙阅接着道:"先生说,楚王的军队一旦离开宛城,元帅立刻从大营中调五万军队……"

庞涓打断公孙阅,兴高采烈地道:"与留在长城南端的五万军队合为一起,切断楚军归路,将楚国军队围在无险可守的山野之中。"

公孙阅点点头,继续道:"楚军必然惊慌失措,以勇往直前之师,对惊慌失措之旅,岂有不胜之理?"

庞涓击掌道:"太妙了,太妙了……我若学过《孙子兵法》,也能想出这样的妙计。"

公孙阅问他为何鬼谷子没有把兵法传给他,庞涓笑笑:"为师嘛,总要留一手,否则,弟子不就超过老师了嘛。"

公孙阅想把兵法的实情告诉庞涓,又担心庞涓知道实情后不肯按计行事,只好作罢。

魏惠王与十万大军留在方城外大营,庞涓率二十万军队,绕过楚长城,直奔宛城。楚王得知这个消息,得意异常,道:"魏国人终于沉不住气了。他们长途跋涉,深入寡人的腹地作战,寡人就已经占了上风。"

庞涓的军队绕过楚国长城后,一部分停止不前,大队人马突然改变方向,向唐城方向而去。这令楚王迷惑不解。史皇大夫认为,魏国人可能是想用一部分军队牵制楚军,然后经唐城进攻楚国的都城。楚王笑庞涓胆大妄为,命全军出击,追上魏国大军决战。史皇大夫还有些担心,劝道:"大王,是不是再查一查,以免魏国人有诈。"

楚王冷冷一笑,道:"查什么,你们深入楚国腹地,就是进入死地,即使有诈,也难免灭亡的下场。"

庞涓率领魏国军队来到预设的战场,非常严肃地告诫将士们:"我们在死地与楚军决战,不胜则亡,只有勇往直前,拼死一战,才能死地求生。"

一声令下,十数万魏国军队,如十数万求生的虎狼向楚国军队猛扑过来,楚国司马将军的八万军队顷刻间便溃不成军。

楚王得知八万军队溃不成军,不知如何是好。史皇大夫劝楚王立刻撤入方城,与方城之军合力对付魏国人。当楚王正准备下命,撤军方城时,后军送来急报:方城的魏国军队,突然出现在楚王军队身后,切断了楚王军队与方城之间的联系。楚王不知所措。史皇大夫让楚王割让城邑,向魏国屈服。楚王坚决反对,道:"不行,寡人的国家乃泱泱大国,怎么可以屈服于魏国呢?"

史皇大夫道："大王，司马将军的军队在楚军中最为英勇善战，可不足两个时辰，便溃不成军，大王所剩之军又岂是魏国人的对手？如今大王退路已断，不屈服，又能如何？"

楚王沉默不语。

史皇大夫又道："大王，能折能弯，才能最终成就霸业。"

楚王还是不表态。

史皇大夫最后道："大王若不肯暂时屈服，很难生还。命将不在，霸业又何从谈起？"

楚王闻此，只好答应就范。

不足一天，一个泱泱大国便臣服于魏国，庞涓非常得意。归途中他问同车的公孙阅："公孙先生，你说天下还有何人是我的对手？"

公孙阅并没有应承他，而是脸带歉意之色，道："元帅，有件事我没有向你讲明。"

庞涓问："何事？"

公孙阅道："破楚之计，不是出自鬼谷子，而是出自你的师兄孙膑。"

庞涓一愣，问："此事当真？"

公孙阅道："孙膑怕元帅不相信他的计策，所以让我假托鬼谷子之名。"

庞涓一脸阴沉，问："这么说，《孙子兵法》中的那些话也是他说的了？"

庞涓十分气愤，鬼谷子对他并没有说真话，他有一套《孙子兵法》，而且还传给了孙膑。

公孙阅对庞涓道："孙膑若出山，将是元帅难以战胜的劲敌……"

庞涓沉默片刻，冷冷笑道："我要让他为我所用……"

赵高弄权，李斯受骗

在秦始皇统一中国以后，李斯由廷尉升为丞相，官职越来越高，权势越来越重，名声也越来越大。在统一战争和巩固中央集权制的过程中，李斯是秦始皇的左右手，他提出了许多建设性意见，做了大量的工作，就连秦始皇东巡郡县，也多由李斯随行，记载秦始皇历史功绩的不少刻石的文辞，也是由李斯执笔的。这一方面说明，当时李斯是坚决执行秦始皇的法家路线的；另一方面也说明，秦始皇对李斯是十分信任和重用的。李斯的儿子都娶了秦始皇的公主为妻，女儿也都嫁给秦公子，李斯真是"富贵极矣"。

李斯的长子李由做了三川郡（今河南西部，治所在今洛阳东北）守。有一次，李由回咸阳探亲，李斯在家里大设酒宴，朝廷百官都去祝贺，门前的车马数以千计，盛极一时。李斯触景生情，感慨万端。他志得意满地说："我听荀子说过：'事情最忌讳好过了头'。我本来是一个普通百姓，竟做了丞相，可以说富贵到了顶点！但是，物极必反，盛极则衰，我还不知道自己会落个什么结局呢？"这段话表现了李斯在改变了社会地位富贵已极的时候，对自己前途茫然莫测的矛盾心理。说明他的斗争精神已经在消退。

李斯的结局究竟怎样呢？这要从沙丘之变谈起。

公元前210年，李斯随从秦始皇出巡到沙丘（今河北平乡东北）时，秦始皇突然病危，便命令赵高写了一封诏书，让大儿子扶苏赶回咸阳办理丧事。这时，扶苏正在上郡（今陕西北部）监督蒙恬〔tián 田〕的军队。诏书还没有发出，秦始皇就去世了。这事只有胡亥、李斯、赵高和几个亲信宦官知道。因为秦始皇死在外面，太子又没有确定，李斯恐怕声张出去发生变故，便严密封锁了这个消息。这样做，完全是正确的。

秦始皇死后，以赵高为代表的旧贵族便蠢蠢欲动。地主阶级中央集权面临着一场严重的威胁。

赵高原是赵国的旧贵族，他对秦始皇灭掉赵国怀恨在心，发誓要报仇，伺机复辟。秦始皇死时，赵高正做中车府令，同时兼管皇帝的御玺印信。他故意扣留了秦始皇给扶苏的诏书，准备立胡亥当皇帝。胡亥是秦始皇的第十八个儿子，赵高曾当过胡亥的法律教师，胡亥也把赵高视为心腹。赵高立胡亥，实际上是要立一个年幼无知的傀儡，自己好篡夺最高权力，为所欲为。

但是，要立胡亥，就必须通过李斯。李斯身为丞相，掌握着最高权力。没有李斯的同意，胡亥是上不了台的。当时，在朝廷内部，李斯是能揭露赵高、粉碎复辟阴谋的惟一的一个人。但是，由于李斯软弱和妥协，他并没有这样做。

为了让胡亥上台，赵高就去劝诱李斯。他首先编造谎言，对李斯说："诏书和御玺都在胡亥手里，确定谁当太子都在你我一张嘴。"李斯表示拒绝，骂赵高说的是"亡国之言"。接着赵高就挑拨李斯同蒙恬的关系，威胁李斯，说李斯处处不如蒙恬，如果立了扶苏，扶苏就一定让蒙恬当丞相。到那时，扶苏是不会让你带着封爵告老还乡的。随后，赵高又抓住李斯的弱点，用高官厚禄引诱李斯。赵高对李斯说："如果你照我的话办，立胡亥为太子，就会永远封侯。否则就要祸及子孙，令人寒心！希望你早拿主意，转祸为福。"

赵高软硬兼施，威逼利诱，说得李斯一把鼻涕一把泪地"仰天长叹"。李斯本来就贪恋"富贵极矣"的社会地位，总想保全已经到手的既得利益，所以面对着赵高的威胁，一再妥协退让，终于听信了赵高。对赵高的复辟阴谋，李斯缺乏认识，丧失警惕。这充分暴露了李斯作为地主阶级政治家的严重局限性。

然而，李斯的妥协，只不过是赵高复辟的开始。

不久，赵高毁掉了秦始皇的遗诏，逼死了扶苏，杀害了蒙恬，立胡亥为二世皇帝。赵高当上了郎中令。在宫中左右秦二世，操纵政权。

赵高上台后,立即改变了秦始皇的法家路线,推行一条“兴灭国,继绝世,举逸民”的复辟、倒退的儒家路线。他更改法律,大赦天下,实行“收举余民,贱者贵之,贫者富之,远者近之”的反动政策,极力扶植被打倒的奴隶主贵族,听任他们在咸阳街头弹冠相庆,作威作福。疯狂打击新兴地主阶级,进行阶级报复,对执行过秦始皇法家路线的大臣,大肆清洗,血腥镇压。蒙恬的弟弟蒙毅也惨遭杀害,右丞相冯去疾、将军冯劫被逼自杀,相连坐者不计其数。就连秦始皇的公子、公主也难于幸免,搞得宗室震恐,“群臣人人自危,欲叛者众”。赵高的复辟,加重了对农民的剥削和压迫,给劳动人民带来更加深重的灾难。兵役徭役没有止境,赋税越来越多。许多农民被迫离乡背井,有的又重新沦为奴隶。激起了人民的反抗。

公元前209年,陈胜、吴广领导的农民大起义爆发了,革命风暴席卷全国。各地的六国旧势力也趁机纷纷叛秦,拥兵自立。当时,陈胜派吴广率军西进,围困荥阳(今河南荥阳)袭击三川郡。李由无法抵御,只好全力固守。与此同时,由周文率领的另一路起义军数十万人,一直打到咸阳附近的戏水。后来秦朝派大将章邯击败起义军,暂时解除了威胁。但是,起义的烈火已烧遍全国。秦朝的统治面临着严重的危机。

李斯对赵高的所作所为和当时的局势,深感不安。他曾多次要求进谏,被秦二世拒绝,秦二世反而把吴广攻打三川郡,李由不能抵御的责任,归咎于李斯。并责备李斯身为丞相,为什么让起义军如此“猖狂”。李斯心里很害怕,惟恐失掉自己的爵位和俸禄,便给秦二世上了《劝行督责书》。

在《劝行督责书》里,李斯一面劝秦二世要坚持申不害、韩非和商鞅的法术,要“独制(统治)于天下”,防止大权旁落,不要被人所左右。主张用严刑峻法监督和控制群臣,这样臣下就会奉公守法,不敢作乱,天下就会安宁,国家就可以富足;一面却提出,这样做秦二世就可以满足自己的欲望,君主就会尊贵。

《劝行督责书》是李斯为挽救秦朝危机所做的最后努力,是李斯法家思想的产物。李斯希望秦二世坚持法治,继续贯彻秦始皇的法家路线,并暗示秦二世要警惕赵高篡权,提醒秦二世要防止赵高的复辟活动。这是正确的。但是,李斯的《劝行督责书》又迎合了秦二世恣意淫乐、长享天下的欲望,并包含着镇压劳动人民的一面。这完全是地主阶级本性决定的。

当时,秦二世昏庸无能,被赵高玩得团团转。他不可能领会李斯的良苦用心,也没有采纳李斯维护中央集权、防止赵高复辟的进步主张。他看了李斯的《劝行督责书》很高兴,果然刑法更严,凡是征税多的,他就认为是好官;杀人多的他就认为是忠臣。当时,路上的行人有一半是受过刑的,死人更是堆积如山。秦二世认为这就算是能“督责”了。李斯的《劝行督责书》虽然保全了自己,但是秦王朝的危机却日甚一日。

赵高因为杀人过多,惟恐朝中大臣在秦二世面前揭发他,便劝秦二世深居宫中,不要跟大臣们见面。秦二世一味追求声色酒肉,再次听信了赵高。结果,秦二世被架空,一切政事都由赵高一人决定。

对此,李斯当然不满,希望能晋见秦二世,但又苦于没有机会。赵高知道后，假惺惺地对李斯说："你如果能劝诫皇帝，我一定为你留意。有机会，就来通知你。"

赵高是有阴谋的。过了几天，赵高趁秦二世跟宫女们饮酒作乐玩得正开心的时候，派人去通知李斯说："这会儿皇帝有空，请赶快去上奏。"李斯信以为真，赶忙到宫门求见。秦二世正玩在兴头上，哪里肯接见李斯呢？李斯一连碰了几次钉子。

秦二世认为李斯是故意打扰他，跟他为难，很生气。他对赵高说："我平时经常有空，李斯不来。偏偏我正玩的时候，李斯就来捣乱。这不是看不起我，故意跟我作对吗？"赵高趁机对秦二世说："这太危险了！沙丘之谋，李斯是参与的。现在陛下做了皇帝，李斯还只是个丞相，没有再高升。我看呀！他是想'裂地而王'！况且，李斯的长子李由是三川郡守，陈胜这帮人都是李斯家乡附近的人，所以这帮盗贼才敢如此横行。他们经过三川郡时，郡守李由不肯派兵出击。我早就听说李斯父子跟陈胜等人书来信往，勾勾搭搭。因为我不知详情，所以没敢向陛下报告。再说丞相在外边，权力比陛下还要大哩！"秦二世信以为真，准备查办李斯，并派人到三川郡去调查李由勾结陈胜的罪状。

李斯碰壁以后，知道上了赵高的当。后来又听说秦二世在调查李由私通起义军，心里才恍然大悟。

李斯非常气愤，又无法见到秦二世，便给秦二世上书，揭发赵高的罪行。李斯说赵高弄权，"擅利擅害，与陛下无异"，指出赵高有奸邪之心，叛逆之行，如不及时防范，赵高就会作乱。但是，秦二世受赵高蒙蔽已深，不但不听李斯劝告，反而认为赵高对自己一片忠心，说赵高精明强干，既了解地方的人情，又能顺迎自己的意志，是不容怀疑的。他对赵高不但没有警惕，反而害怕李斯害掉赵高，就把这件事告诉了赵高。赵高便进一步诋毁李斯说："李斯最嫉恨的就是我赵高。我一死，他就可以杀君谋反了！"秦二世一听，勃然大怒，立刻把李斯逮捕入狱，并派赵高亲自负责审讯。

李斯被套上了刑具，关进了监狱。沙丘之变以来，一幕一幕的往事，展现在他的面前。严酷的斗争事实教育了他。这时，他才认识到秦二世"行逆于昆弟（兄弟）"，"侵害忠臣"，"大为（修）宫室，厚赋天下"，以致造反的人越来越多，已经占据了秦朝的半个天下，秦朝的灭亡已经无法挽回。

李斯被赵高严刑拷打，百般折磨，忍受不了痛苦，只好"供认"了"谋反"的罪行。但是，这时，李斯仍然寄希望于秦二世，幻想他能省悟过来，并赦免自己。这当然是不可能的。

李斯给秦二世上书，陈述了自己追随秦始皇三十多年立下的功绩，用满腔血泪歌颂了法家路线的正确，表明自己忠心耿耿，决无反意。想以此感动秦二世。可是，赵高这时党羽成群，一手遮天，李斯的上书，落到了赵高手里，被甩在一边。赵高骂道："囚犯哪能上书！"

为了不使李斯翻供，赵高派人装成秦二世的使者，对李斯轮番审讯。李斯不知是假，便诉说真情，结果是一顿毒打。经过十余次这样的审讯，李斯被打得死去活来，哪里还敢说真话！等到秦二世真的派人去复审时，李斯以为跟前几次一样，还是赵高的爪牙，只好一乱供，不敢再申辩了。秦二世听了使者的回报，以假为真，高兴地说："要不是赵高，我差一点儿叫李斯给卖了！"

秦二世派去调查李由罪状的使者到达三川郡时，李由已被起义军杀死。赵高便编造了许多由李由谋反的罪状，以此陷害李斯。后来，李斯被判处了死刑。

公元前208年初冬，北风呼啸，落叶满天。奴隶主复辟势力的刽子手们，把李斯押赴刑场。李斯回过头来看了看他的二儿子，说："我想跟你一道，再牵着黄狗，出上蔡东门猎逐狡兔，还能办到吗？！"说罢，父子相对痛哭。就在这一天，李斯在咸阳街头被腰斩，全家大小全被杀害。这是当时复辟与反复辟斗争尖锐激烈的表现。

李斯死后，赵高做了丞相。事无大小，都决定于赵高。权势极重，他给秦二世献上一只鹿，硬说这是马。秦二世的亲信也都慑于赵高的权势，随声附和，说是马，没有一个敢说这是鹿的。指鹿为马的故事，说明了当时的形势，以李斯为代表的地主阶级没有能制止复辟势力的反扑，使赵高更加飞扬跋扈，为所欲为。第二年，赵高便逼死了秦二世，立子婴为秦王。

这时秦末农民大起义风起云涌，所向披靡。公元前206年10月，刘邦率领农民起义军直捣咸阳，子婴无力抵抗，不得不向刘邦投降，维护了十五年的秦朝，终于被农民起义的革命洪流所推翻。猖獗一时的赵高复辟势力并不能阻挡历史车轮的前进。赵高政权仅仅维持了三年，就被农民起义的浪潮击得粉碎。

赵高就是这样运用上屋抽梯的计策，杀死李斯另立秦王的。

巧计退兵，诱杀张郃

公元223年，刘备经夷陵一战，大败，后忧郁成疾，临终受命诸葛亮辅佐后主刘禅。诸葛亮得到遗诏后，忠心耿耿地帮助后主刘禅平定中原，兴复汉室。在227年至234年间曾六次北伐曹魏，其中公元231年，是诸葛亮第五次北伐曹魏。

诸葛亮这次率领蜀汉大军复出祁山（今甘肃礼县东），适逢曹魏镇守西部主将曹真有病，群龙无首，魏营一片惊慌，一日三报许都，魏明帝曹睿急召大臣商议。正好司马懿这时从荆州回到许昌。曹睿大喜，便对司马懿说："诸葛亮复出祁山，西方军事吃紧，非你不能对付，孤欲派你率领张郃、郭淮等将，立即去长安，以解祁山之围。"司马懿听曹睿这样一说，也顾不得休息，当即率领大队人马，日夜兼程，向西奔去。到达长安后，司马懿留精兵四千亲自防守上邽（今甘肃天水市），其余人马由张郃率领，增援祁山。

再说诸葛亮闻报司马懿西来，留下王平率部分兵力围攻祁山，自己带姜维、魏延等率主力到上邽和司马懿决战，首先大败魏将郭淮，乘机抢收了陇西小麦。司马懿见蜀军来势勇猛，据险不战，诸葛亮虽多次挑战，司马懿始终不敢出营。于是诸葛亮遂率兵向祁山方向撤退，以调动魏军。司马懿见诸葛亮撤兵，稳步尾追，逼近祁山时，遭诸葛亮率兵反击，魏军大败，被斩杀三千余人，缴获衣铠、角弩近万件，司马懿只得收兵返回上邽。

诸葛亮大败司马懿后，因粮食不继，一方面扎营操练士卒，一方面等蜀中运粮。这次负责督运粮草的是中都护李严。李严只图安身求名，平时疏懒，很少考虑国家大事。当里正是夏末秋初，连下了几天大雨，道路泥泞，运粮不继，李严深恐受责，便假传后主刘禅旨意，叫诸葛亮返回成都。诸葛亮接旨后，不知国中出了何事，只好做回军的准备。但诸葛亮知道，这一撤军，司马懿必然会率领大军进行追击，便考虑如何能在撤军中，再次大败魏军，以保证安全撤退，不受损失。诸葛亮知道司马懿为人谨慎，老成持重，遇事从不轻举妄动，要击败他，必先以小利调动他上钩采用上屋抽梯之计，然后用重兵伏击消灭他。经过深思熟虑后，诸葛亮召集各路人马如此这般一番将任务布置下去。

再说司马懿在上邽，以为诸葛亮会乘胜追击，正调兵遣将，加强防守，忽探卒来报，说诸葛亮会调祁山各路兵马，聚集卤城，向木门而去，觉得奇怪。这木门乃是回蜀必经之路，莫非要撤？但诸葛亮新近连胜两仗，士气旺盛，说他要撤，是不可能的。正当司马懿狐疑不定时，诸将说："诸葛亮聚兵木门，非攻即退，我正可乘其聚集，调重兵予以围歼。"司马懿却说："诸葛亮素来善用诈术，不可轻举妄动，应察看虚实再说。"于是带领张郃及部分人马来到木门附近山上，观看动静。只见木门蜀军营寨旌旗招展，烟火不断，但始终未见诸葛亮一兵一卒。司马懿察看良久，才对张郃等将说："诸葛亮果真走了。"但仍恐有诈，不敢追赶。诸将见司马懿仍犹豫不定，又纷纷进言："今蜀退兵，必然是国中有事，或南夷为叛，或刘禅有疾，或粮草不济。诸葛亮设空营迷我，乃是怕我追他，我若乘势追击，必获大胜。望将军下令。"司马懿见诸将立功心切，且又势在必追，正欲下令，见张郃沉默不言，便问："将军不语，莫非是不宜去追？"张郃答道："兵法有言：'归军勿追'。"诸将听后，说："将军未免前勇后怯了。"为此一语，激得张郃性起，愤然答道："郃临阵至今，向不落后，要追就追，岂肯怯敌？"司马懿便命令张郃率领轻骑万人先行，并再三叮嘱张郃道："蜀兵虽退，险阻处必有埋伏，将军不可大意。"自己则自主中军，率三万人马继进。

张郃乃曹魏一员虎将，曾随曹操南征北战，屡立战功。蜀中很多名将，都与他交过锋，知其有勇有谋，连诸葛亮都认为他是北伐中原一大劲敌。这次张郃领命，引兵追赶诸葛亮。刚出木门不久，忽听背后一声喊起，树林内闪出一队人马来。为首一员大将乃是魏延，只见他横刀勒马，大声叫道："狗贼张郃，丞相命我，在此等候多时，你往哪里走！"张郃大怒，回马挺枪直向魏延刺来，两人厮杀了一阵魏延假作抵挡不住，向后败退。张郃哪里肯舍，随

后紧紧追赶。刚转过一个山坡,魏延忽然不见了。张郃勒马四下观察,却找不到一个伏兵,便又拍马向前追去,忽然喊声又起,一队人马冲杀过来,为首大将乃是王平,大叫:“张郃不必追赶,我在这里!”张郃也不答话,挺枪直刺过来,王平拨马就走,张郃追至一片树林时,只见王平纵马逃了进去,张郃这时心里疑惑,怕有伏兵,便令士兵四下打探,回报林中无一伏兵,便引兵冲进林子。谁知刚进树林,却遇魏延迎面拍马而来;魏延刚败走,王平又杀将回来。这样冲杀了几个来回,魏延、王平轮番出战,边战边退,每退都遗弃一些衣甲、头盔、马匹。张郃连续大战魏延、王平,越战越勇,没有丝毫怯意。这时魏延驰入木道中,道路逼仄,佯装人马败乱,弃甲抛戈,塞满道路,诱张郃追来。张郃骤马急进,已入窄径,忽听一声号炮,山谷两侧火起,接着巨响连珠,好似山崩一般,山鸣谷应,张郃知已上当,立即下令退出谷口。可是已经迟了!号炮响过,由两山滚下巨石大木,将山谷口完全堵住,张郃只好返身再追魏延。这时两旁山上万箭齐下,可怜张郃躲避不及,已被飞矢射中死于马下。魏兵跟入道中的都被射死,只有后队人马未入道中仓皇逃回,又多被蜀兵所杀。

第二天,司马懿率兵赶到木门道山谷,只见魏兵横尸遍谷,张郃已死,而蜀兵的影子也不见一个,不敢前进只好收尸而退。

这一战,诸葛孔明佯装败退,引得魏军大将张郃陷入重围,大败曹军。蜀军本意是撤军,却在撤军过程中,上屋抽梯,不但使大军安全撤回,而且给曹军以重创,这真是一个双重妙计。诸葛孔明真不愧为智谋超人的军师。

乾隆弄权,压制贤臣

乾隆是封建社会中颇有建树的皇帝之一,在位 61 年,享年 89 岁,是封建帝王中享年最高的人。和他的祖父康熙一样,他也是一位传奇式人物,有关他的故事流传甚广。

乾隆即位的时候,经过康熙、雍正 70 多年的锐意经营,国力显著增强,经济出现了繁荣景象。在乾隆的不懈努力下,清朝发展到了极盛时期。他开办博学鸿问科,优容知识分子,笼络读书人,又组织编纂了空前绝后规模的《四库全书》;武功方面也卓有成效,不断平定叛乱,安边固防。曾两次平定准噶尔，又经历了回疆一役，大小金川之战，两次廓尔喀战役，以及缅甸、安南战役等大小十余次战役。他天资凝重，以刚柔相济的治国之道把国家整治得妥妥帖帖，社会井然有序，统治基础稳固，连他自己也自豪地声称是文治武功方面的古今第一人。乾隆曾志得意满地夸耀自己为“十全武功”，自称“十全老人”。在他自己总结治世成功经验时，认为在位期间共举两件大事，一是西师，二是南巡，前者指平定准喀尔和大小和卓的叛乱，统一新疆，后者分量似乎超过前者，是乾隆最值得骄傲的行动。

一方面，他对自己的才干和政绩有极高的估价，另一方面是他喜怒哀乐等性情上的特点，因而影响了对反对意见的反映和态度。就性格而言，他比康熙、雍正更加敏感，自尊心和虚荣心更强。虽然即位之初，他曾实行了一些宽松的政治方针，那是因为要改变其父苛严政治所带来的紧张气氛，改变官僚人人自危、百姓人心惶惶的不安定环境。所以，当他的一系列改弦更张的措施发生了实效，缓和了统治集团内部及朝廷内外的僵滞关系时，官民无不欢欣雀跃，颂声如雷，那时的乾隆比较注意听取臣下不同意见，并且鼓励人们直言进谏，献计献策。即位之初，他就说：“论才能和年纪，我赶不上皇考（雍正帝），但是，自从我即位以来已过半年，群臣中竟无人指出我的过失，难道说我所做的一切都上合天理，下协人情吗？今后务必请大家直言无隐。”乾隆还在上谕中多次表示要广开言路，虚心纳谏，并对进言者颁以奖赏，专司监察弹奏的御史在这种环境中也显得非常活跃。但是，随着经济、政治、文化日趋繁荣，面对稳固的基业和强盛的国力，他开始为自己的才干超群而自豪不已，开始暴露出对进言者的厌烦情绪，嫌他们的意见太琐碎，不屑一顾。同时，敏感的性格也使他越来越受不了臣下不留情面的指摘，自尊心受不住这等“不敬”的刺激。他的厌烦情绪使他在具体的政治活动中暴露得越来越明显，对进言者日益缺乏耐心，经常寻找借口，挑剔反驳乃至斥辱进言者。他在上谕中责辱言官说：“因为我要广开言路，所以宽待言官，以收进言之益。不料这些人却见我不加谴责变得肆无忌惮。试问，近来进谏的大臣中，有几个真心诚意地提出了有益国家政治的主张？我留心观察他们的用心，无不是在处心积虑地追逐名利，即使提出建议，也不是出于为国为民的考虑，无非想博取虚名，指望能得到我的赏识，有望升迁，多得养廉（指报酬）而已。”在他眼中，进言者一概是追逐名利的不齿之徒。

更有甚者，为了阻止百官进谏，他还想方设法寻找机会整治进言者，其中不少是玩弄政治手腕，以计谋玩弄性情直率、直言无隐的人。

乾隆五年(公元1745年)，他召见太常寺卿陶正靖，希望他指出政治得失，并劝诱他说：“你不必有什么顾虑，尽管如实讲出，这才有益于我反省修身。”陶正靖不敢贸然直言，惟恐言多语失，触怒皇上。乾隆则摆出一副大度而坦诚的姿态，鼓励他说：“我看你还是位骨鲠之臣，所以才向你询问政务得失，你姑且据实陈奏。”陶正靖于是上奏说：“现在的政治环境很好，只有工部尚书魏廷珍身负众望，本来没犯什么大错，却在近日被赶回原籍，在对他的态度上，皇上严词峻厉，根本不像是优待老臣的样子。”乾隆听了话后，和颜悦色地说：“你是我专门选用的大臣，将来还要升迁进用。”陶正靖连连叩头谢恩，高兴而去。谁知没过几天，乾隆就降下圣旨，将陶正靖的进言驳斥了一通，指责他为魏廷珍辩护，是营和之举，必须严加惩处，就这样，悲愤失望的陶正靖只有弃官回家，以讲课谋生，不到两年就郁闷而死。

上屋抽梯，智破疑案

那些惯于作案的凶徒，没有不狡猾的。他们往往利用办案人的疏漏，百般抵赖，为自己开脱罪责。清代张治堂所著《未能信录》中，收录了由他复审的一起杀人案。本来原审案情十分明显，定罪也很准确，只因下级办案人提交赃证时出现了失误，反而被罪犯钻了空子，将真案办成了假案。原想使案件更加稳妥扎实，却险些让杀人凶手溜出法网。

清朝时，广昌县内发生过一起窃贼拒捕杀人案。窃贼刚刚入室，被主人发觉，从后面紧抱窃贼，不肯放手，窃贼狗急跳墙，用刀连戳，失主松手倒地，当场丧命。报案后，县令亲自勘验，很快将凶手捕获。窃贼供认不讳，县里据此定案，按例报送州府、按察司，并将起获的血污短衫一件，无血青缎羊皮马褂一件，凶刀一把，随犯人一道解送。到了按察司，犯人却推翻原供，否认前罪。按察使又将案件发回重审。

上级委派南昌县同知张治堂接管此案。张治堂仔细阅读案卷，见其中血衣、凶刀均已起获，显然是真凶无疑。等到提审时，罪犯说：“血污白布短衫。其实是被害人的衣服，并不是我的，衣上现有刀戳破的窟窿三处，可以验证。就是解送来的凶刀，也是捕役随后上交，并非从我身上搜出，也不是我供出放于何处才起获来的。我并非贼匪，实未杀人，都是捕役怕上司责罚，枉抓好人，凭空栽赃陷害。”供词与原审大相径庭。张治堂重验物证，见血污白布短衫上，果然有三处刀戳破的痕迹，的确是被害人的血衣。张治堂当着犯人的面，问身旁的捕役说：“你见过穿缎面羊皮衣服的小偷吗？”捕役突然被问，来不及思索，无法回答。张治堂又问罪犯：“只怕这件马褂也不是你的衣服吧，是不是借人穿的？”罪犯说：“这件马褂确实是我的衣服，我从不借人衣穿，别人也从未借穿我的。”张治堂问他有什么记号，罪犯说：“衣领后面的合缝处有丝线绣成的‘万’字为记号，靠领口的扣袢还是去年新换的。”张治堂拿起马褂反复细看，见缎面已旧，毛皮发黄，里和面像是被擦洗过，胸前一块皮板较硬，能敲打出声响，透过毛丛，可以看到明显的水痕。张治堂究问原因，罪犯说是雨淋湿的。问他雨水为什么不湿后背但湿前胸，罪

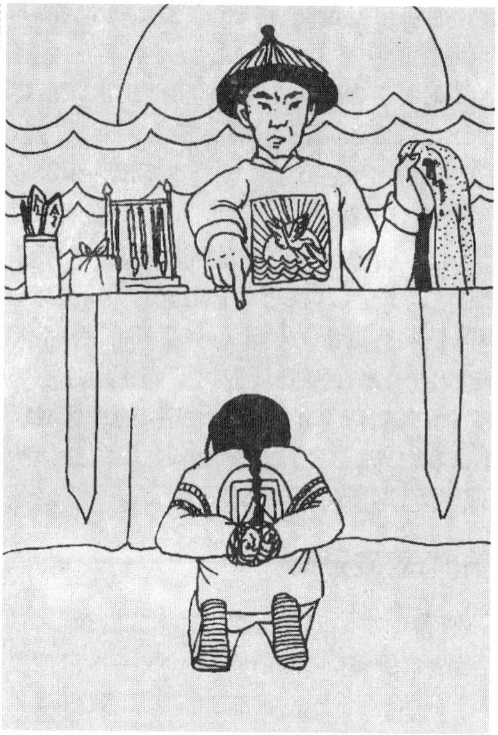

犯结结巴巴地说不上来了。进一步追问，犯罪又谎称擦洗油腻造成的。用衣服上的油腻水无法擦掉来驳斥他，罪犯又低头不语了。张治堂命人将马褂拆开，见白布贴边上竟有四处指印大小的血点，当即递到罪犯面前，喝令他从实招供，并让他对照说明拒捕杀人的情形，罪犯一一供认，盗窃、行凶等过程，历历如绘。一桩疑案，终于真相大白。张治堂并未用刑逼供，却使罪犯甘心服罪，不再狡辩，也不再翻供了。

上级认为原审官吏用被害人的血衣顶替罪犯的衣服，致使罪犯翻供，准备向朝廷揭发。张治堂请求先问一问其中的隐情。据原审县令讲，当时勘验完毕，带回死者的血衣，原是为了对比刀痕，确认凶器，只因注意力集中在对比刀痕上，反而忘记查验罪犯衣服上有没有血迹，实在是疏忽冒昧。等起获凶刀之后，对比衣服破口处的刀痕，与案卷中记录的长短、宽窄，都很相符。但是用别的刀试着一比较，宽窄也很相似。考虑再三，自己反而对这把凶刀的可信程度产生了怀疑。因此和助手商量，放弃被害人的血衣，只把它当做窃贼的血衣，和凶刀一并报送上司。助手也认为此案情节真实，定罪正确，又没抓错正凶，若只报送凶刀和没有血迹的犯衣，恐怕要遭到上司的驳斥，追问为什么没有凶犯的血衣，案情反显得不严密。不如将被害人的血衣当做犯人的衣服，一起写到公文里。况且起到凶刀，对比血衣，犯人并不在场，而上司验明是真正的血衣就行了，绝不会拿在手里细看。一心想使案情扎实充分，没料到会出这么大的差错。上司认为凶手既没弄错，过失出于无意，也有情可原，这才严厉警告一番，宽恕了县令等人的失职。

虽然原审办案人的过失，给了罪犯翻供的把柄，但是，罪犯消息的灵通、行事的刁钻，也是他一时得逞的重要原因。他竟能凭着一件血衣，将确凿的证据，昭然的罪行否得一干二净，这也足见他心机的狡诈。他否认血衣的理由，是相当充分的。短布衫是贴身的衣服，经血污又被刀刺破，纵使窃贼从容得手，也不会将他剥下来拿走。而且主人被杀身死，凶手逃脱犹恐来不及，哪有闲功夫剥这件血衣？说他在被害者死后剥取血衣，已经无法令人相信，更何况他逃跑之后，还能身穿一件染满鲜血的衣服么？张治堂心里明知罪犯就是真凶，由于根本不知道错出在哪，所以一时无法使罪犯屈服。物证中还有一件无血迹的马褂，它是找出犯罪迹象的惟一希望。倘若罪犯再否认马褂是自己的东西，要想查明疑案，恐怕还要大费周折，弄不好这惟一的希望也将破灭。所以必须不动声色，让罪犯先认定这一事实，才可以仔细查验。穿得起绸缎、羊皮衣服，家境想必富有，富有的人一定不会去做小偷小摸的事。这是人们通常的想法，其逻辑性并不十分严密。也许是罪犯过于自信。以为乾坤早已倒转，新来的长官无能为力，说了这么一句题外话。所以他也就装出未做亏心事的平静模样，随口唠了几句家常。万没想到自己一时大意，刚刚起死回生，却又出生入死。正应了“机关算尽太聪明，反误了卿卿性命”这句话，反而中了张治堂“上屋抽梯”之计。问明了记号，罪犯便自动走上了绝路，此时想后退半步也是不可能的了。就好比一块烧红了的铁块，无论它从前是多么烫手，一旦被牢牢地钳住，稳稳地放在砧板上，就只有任人敲打的份了。张治堂步步紧逼，一问一驳，察言观色，一定能感觉到罪犯的理亏词穷，此时未必不可以用刑讯逼他招供，这样也可以尽快定案。但张治堂却显得很有耐心。为了避免罪犯再一次翻供，考虑到仅仅怀疑擦洗血迹，说服力不够，便将眼光仍落在罪犯的马褂上。擦洗和拆洗毕竟不同，擦洗外面，竟浸透了皮里，致使毛色有异，可见当时血污之多。马褂的面里之间，缝合之处，隔着缎面未必能一一洗净。这便是张治堂拆开马褂之前的一番想法。张治堂凭着过人的智谋，干戈未动，大获全胜。他却谦逊地解释为“冤魂不散”的缘故。我们不相信因果报应之说，却该相信“法网恢恢，疏而不漏”这一至理。

假之以便，唆之使前

1976 年 6 月 6 日，伦敦豪华的萨顿宫中央大厅放着一具橡木棺材，世界头号富翁——琼·保罗·格蒂疲倦地躺在棺中。紧闭的嘴唇依然封闭住复杂的内心世界，微睁的蓝眼睛仍似看透一切地面对着冷漠的人生。

格蒂富有而又吝啬，60 亿美元的遗产使儿孙个个都成为大富豪，却在萨顿宫中为客人和工作人员专设收费电话。他有父母、子孙，却极为孤独，一生几乎都在和亲人进行毫不留情的斗争。他有不少情人，给每个人都有馈赠，却没有一个终身相守的妻女，5 次结婚 5 次离婚。他在庞大的石油王国里是至高无上的君主，却 20 年不到公司总部视事，用流浪式管理作无微不至的遥控。他令竞争对手憎畏，却又使对手说不清他是怎样的人。

1892 年，在明尼阿波利斯市的一个律师的家中，乔治怀抱着刚刚出生的儿子，望着疲惫的妻子，高兴地说：“我们的儿子，就叫他格蒂吧！”孩子的母亲微笑着点点头。40 多岁的乔治望着儿子红红的小脸蛋，欢喜得不知道怎么好。

20 年后，格蒂进了牛津大学，他性情十分孤独，学业不佳，四处游荡。父亲为了使他勤奋学习，下了很大的功夫，但格蒂照样不务正业，获得英国名牌大学文凭后，向父亲要回自己有限的资金，只身来到格尔萨开始了石油冒险。他把注意力放在了各大公司忽略的地区，果然发现了两块大油田，顺利地做成几笔租地转手买卖后，他创起几家小石油公司。日历还未翻过 1906 年，24 岁的格蒂已当上了百万富翁。

1930 年，格蒂的父亲——美国洛杉矶首富乔治去世。格蒂望着棺中的

父亲，心中一阵阵恼火。乔治在生前的遗嘱中写明：遗产1000万美元归格蒂的母亲萨拉所有，家族公司2/3的股权由萨拉为首的委员会监管，公司的董事长由格蒂接管。格蒂对父亲只留给自己有限的管理权十分恼怒。他决心摆脱美国超级石油公司的支配和压榨，形成从原油开采到提炼、运输、出售的系列经营，气一气冥冥之中不信任自己的父亲。

格蒂为做成石油帝国之梦，冷酷阴毒地对员工们实施了上屋抽梯之计，他指示以资金短缺为由，解雇所有工人，真所谓“断其援应，陷之死地”。在工人生活无着之际，他又“假之以便，唆之使前”，用极低的工资再把工人雇回来，强迫他们卖命工作。他利用血腥剥削的剩余资金再次向下一目标冲击。终于在1931年底一举控制了太平洋石油公司，那年他39岁。

在机场通往市区的公路上，高大的椰树从车窗飞驰而过，格蒂坐在他的高级奥特轿车里，驶向王宫，去晋见沙特国王。

望着车窗外的热带丛林，格蒂又在精心盘算着他的宏伟计划。二战后，美国经济飞速发展，石油需求量直线上升，然而国内的两大产油地得克萨斯和俄克拉荷马已被各大公司分割一空。甚至中东产油区也被世界石油“七姐妹”瓜分完毕。此时，格蒂把眼光盯住了波斯湾以西2200平方英里的不毛沙漠。这里北接科威特，南邻沙特阿拉伯，是块边境线模糊的“中立区”。只是因为出油把握不大，世界几大石油公司才没有起劲地争夺开采取。此时，格蒂望了望自己的手提箱，里面放有美国最有权威的地质学家对这块沙漠之地出油情况的预测，而格蒂也把这种判断当做赌注，义无反顾地争夺开采权。来沙特之前，他的智囊团已为他制定了全套的上屋抽梯之计。

汽车驶进了王宫，宫廷侍者将格蒂引入内殿。

国王十分热情地接待了格蒂。

格蒂请求国王允许他开采石油，“我可以先将800万美元的订金献给国王，再付给沙特政府950万美元的现金。今后不论这块土地上能否开采出石油，我都每年支付给贵国100万美元，如果开采出石油我付的每桶开采费是其他公司的一倍半。”格蒂走出了第一步，即“假之以便，唆之使前”。

沙特国王听后微笑着说：“格蒂先生的计划我很感兴趣，但至于我的国家允许谁来开采，我们还要权衡后再定。”

“亲爱的殿下，”格蒂笑着说：“我还有一个计划是献给沙特人民的，我愿为贵国人民修建几项永久性社会设施，还可以培训技术人员，以此作为我与贵国友好的诚意。”此时，格蒂使出了对其他竞争者“断其援应，置之死地”的第二步。

国王十分高兴，“格蒂先生，请你参观一下我的美丽的国家，至于您的请求，我想是会得到满意的答复的。”

1948 年底，沙特阿拉伯政府正式通知，将旷日持久的开采权争夺战的胜券授给了格蒂。雄心勃勃的格帝立即定下了50年代末成为世界首富的规划。

贪婪使人疯狂，疯狂叫人铤而走险。荒漠开钻整 3 年，滴油未见，一份份失败的报告使格蒂躁动不安，他夹着公文包奔波于无迹荒野，指挥掘井开钻。

在高高的钻井旁，格蒂身着工作服，满脸油垢地仰天躺在灼热的沙土上。汗水湿透了衣服，耳边只有钻机的隆隆声。

“这口井钻了有多深了?”格蒂问。

大胡子的总监举起茶杯喝了口水，说：“已经钻了 3480 英尺了。”

格蒂坐起身子，一拳砸在身边的沙土上，大声喊道：“继续钻!”

这时，从钻台上跳下一名钻工，一边往这边跑，一边喊：“出油了！出油了!”

1953 年，美国《幸福》杂志爆出特大新闻：“格蒂在中立区有了伟大的、历史性的发现！他的第六口井终于在 3482 英尺深处见到了含油沙层!”

当月，格蒂公司股票每股从 23 美元翻到 47 美元。顷刻之间，格蒂的财富增长了一倍多。

此后，格蒂的原油源源不断地涌进美国。他扩建了炼油厂、加油站，还购置了超级油轮，成了真正的石油大王。

1957 年 10 月，一向默不作声的格蒂突然在《幸福》杂志上向全世界宣布：个人拥有纯财富已达 10 亿美元；超出了名噪一时的洛克菲勒家族、杜邦家族以及肯尼迪、丹尼尔、路德维格等家族。

他终于实现了全球首富的梦，也为长达 20 多年的上屋抽梯的计划打上了一个圆满的句号。

29计 树上开花

张仪设计，诓骗楚王

战国时期，齐、楚、燕、韩、赵、魏、秦七雄并立，其中西部的秦国、东部的齐国和南部的楚国力量最强。张仪和他的师兄苏秦凭着三寸不烂之舌，游走于各国之间，合纵连横。大约在公元前313年前后，楚国与齐国结成联盟，共同对付秦国。

秦王想去伐齐，又怕楚国起兵帮助齐国，便想拆散他们的盟约。秦王把相国张仪召来问计，张仪回答说：“凭着我的三寸不烂之舌，南游楚国，伺机向楚王进言，必定能使楚国与齐国断绝关系，而转而与秦国友好。”秦王听后很高兴。说：“就按你的意见办吧。”

张仪拜辞秦王，来到楚国。楚王见张仪这个大名人来了，便命令把上等宾馆整理好，让张仪居住。楚王问张仪：“你到敝国来，有何见教呢？”张仪说：“我这次来楚国，是想让秦、楚建立起友好关系。”楚王说：“我何尝不愿与秦结盟呢！但是秦国屡次出兵攻伐楚国，所以我也就不想和秦国结盟了。”张仪说：“现在虽然有七国，但大国只有楚、齐与秦三家。秦与齐结盟，则齐国势力大增；秦与楚结盟，则楚国势力大增。不过秦国的心意，是想和楚国结盟。这是为何呢？因为齐与秦是婚姻之国，却多次负秦。而大王您却与齐交好，触犯了秦王的嫉恨。现在大王如果能闭关与齐国断绝关系，秦王愿意把当年商鞅从楚国攻取的商之地六百里归还大王，还愿意把秦女嫁与大王为妾，这样秦、楚世为婚姻兄弟，共同抵御诸侯的侵犯。”楚王听了这话，很是高兴，说：“秦国肯把旧地还给我，我怎么还会偏爱齐国呢！”当下答应下来。楚国的大臣们都认为楚国将要收回失去的故土了，纷纷向楚王称贺，只有客卿陈轸表示反对。楚王大怒说：“我不发一兵一卒就能得到六百里地，群臣都祝贺，你为什么反对呢？”陈轸说：“不然，以臣看来，商于之地得不

到，齐、秦将要结盟了，齐、秦结盟，楚国的祸事来了。”楚王问：“你这么说有何根据？”陈轸分析说：“秦国所以看重楚国，是因为楚有齐国这个盟友。现在如果与齐断交，则楚国就陷入孤立无援的境地了。秦国还有什么可重视楚国的，而会割让商于之地六百里？张仪回到秦国，必定食言，辜负大王。”楚王听了很不高兴，问：“你说怎么办？”陈轸说：“最好的办法，是表面上和齐国断交而暗中依然交好，派一名使节跟张仪去秦国。如秦国给地，那时再与齐断交也不晚；如不给地，仍与齐交好，共同对付秦。”楚王说：“希望你闭上嘴不要再多说，就等着看我得到土地吧！”

于是，楚王下令北关守将不要让齐国使节进入楚国，派将军逢侯丑随张仪到秦国接受土地。一路上，张仪与逢侯丑饮酒谈心，欢若兄弟。快到咸阳时，张仪假装醉酒，失足从车上跌下来。左右侍从忙将他扶起，他说：“我的脚伤了，需要立刻医治。”便先乘车入城去了。向秦王汇报过，便躲在家里伪称养伤，一连三月不上朝。逢侯丑求见秦王，秦王不见，去见张仪，张仪推说伤未愈合，也不见。他只得上书秦王，把张仪许地之言说了一遍。秦王复书说：“张仪如果有约，我一定会履行。不过听说楚与齐尚未决绝，我怕被楚国欺骗了。还是等张仪病愈入朝，弄清楚再说吧。”逢侯丑把秦王之言报告楚王，楚王说：“大概秦国认为我没有彻底和齐国断绝关系吧？”于是派勇士到宋国，借宋之符，直到齐国边界，把齐王百般辱骂一番。齐王大怒，立即派人到秦请求交好。张仪听说齐国的使臣到，知道计谋已成，便称病愈入朝。在朝门遇到逢侯丑，张仪故作惊讶地说：“将军为何还没有受地返国，尚淹留我国？”逢侯丑说：“秦王只等你病愈面决，现在你病好了，就请进去向秦王禀报，早日划定地界，我也好回国复命。”张仪说：“此事何须请示秦王？我所说的，是我的俸邑六里，愿献给楚王。”逢侯丑说：“我受命于寡君，言商之地六百里，没听说只有六里。”张仪说：“楚王大概听错了吧？秦国的土地都是百战所得，岂肯以尺土让人，何况六百里土地呢！”逢侯丑回国一汇报，楚王大怒说：“张仪真是反复无常的小人，我一定要生吃他的肉才解恨！”于是起兵伐秦，结果被秦齐联盟杀得惨败，汉中之地六百里反被秦国夺去。

张仪是战国时代著名的纵横家，诡计多端。他辅助秦王，实行远交近攻的策略。为了牵制秦国，楚国与齐国结成联盟，使秦国不敢放手行动。面对这种情况，张仪决定设计诓骗楚王，让楚王自己断绝与齐国的盟友关系。张仪非常了解楚王的心理和秉性，掌握了楚王的两大特点：第一，楚王虽然与齐结成联盟，但又觉得齐国远离楚、秦二国，倘若真的发生战事，不免有远水救不了近火之虞，而楚国与秦国毗邻，时刻处在秦国的威胁之下，倘能建立友好关系，则可缓解面前的危机；第二，楚王为人十分贪婪，又庸懦昏愦，缺乏主见，轻信人言。针对这两点，张仪投其所好，用“六百里地”在本来无花的树上做成一树假花，引得楚王跷足去摘。楚王的贪心给宿敌秦国带来莫大利益，秦国不费一兵一卒，仅凭着张仪的一张巧嘴，竟然拆散了齐楚联盟。使秦之仇敌、楚之盟友转变为楚之仇敌、秦之盟友，借局布势，强己弱人，真是树上开花之计的成功运用。

骊姬设计，谋害太子

晋武公晚年求娶于齐，齐桓公以宗女嫁之，是为齐姜。此时晋武公已很衰老，齐姜年少而美，世子佹诸与齐姜发生私情，生下一子，暗中寄养于申氏，故取名申生。公元前677年，武公死，佹诸继位，是为献公，立齐姜为夫人、申生为世子，任命里克为世子之傅。公元前662年，晋国出兵攻打骊戎，骊戎主求和，将两个女儿献给献公，长曰骊姬，次曰少姬。骊姬相貌美丽，又工于心计，不久就得到献公宠爱，逾年生下一子，取名奚齐，又逾年少姬也生下一子，取名卓子。献公越来越宠爱骊姬，竟立骊姬为夫人，封少姬为次妃。献公打算改立奚齐为世子，与骊姬一说，骊姬心中早就想这样，但又不露声色。她思谋再三，觉得无故变更世子，君臣必然不服，出面谏阻，而且献公的庶子重耳、夷吾与申生关系很好，此事若办不成，引起他们的提防，反而坏了事。想到此处，她便对献公说："申生立为世子，各诸侯国都知道，而且申生贤而无罪，不可废黜。您如果因为我们母子的缘故废掉申生，我宁可自杀也不答应。"献公以为她说的是真心话，也就把这件事搁下不提。献公有一个很宠幸的优人，名叫施，常出入于宫禁，骊姬便与他私通，与他商议废立之事。优施出主意说："应该以封疆为名，让申生和重耳、夷吾到外地出镇，然后从中行事。但此事须由外臣口中说出，才见出是忠谋。现在主上宠信的大夫有两人，一个叫梁五，一个叫东关五，别人合称他们为'二五'。夫人如果肯出重金贿赂二五，让他们相机进言，事情必成。"骊姬闻言大喜，拿出许多金帛，让优施去办这件事，二五巴不得结交君上的宠姬，双方一拍即合。晋献公不辨忠奸，果然派世子申生出镇曲沃，重耳出镇蒲，夷吾出镇屈邑。这样，晋献公身边只有奚齐和卓子这两个儿子，宠爱之情不由地与日俱增，骊姬更使出浑身解数献媚取宠，二五也不时在献公面前夸赞奚齐。

但是，申生为人忠正小心，又屡次带兵出征，立下战功，一时竟无加以陷害的借口，骊姬非常焦急，又与优施商议。优施说："君上虽然对世子日益疏远，但知子莫若父，他了解世子的为人，若诬告世子谋逆，他必然不相信。夫人只有经常在君上面前哭诉，表面上赞扬世子，话里暗含诬谤，才能见效。"骊姬是很聪明的女人，一听此言，心里也就有了主意。夜半时分，她伏枕而泣，晋献公慌忙讯问原因，她只是抽泣，再三推托，不肯明说。晋献公逼着她讲，她才收泪说道："我就是说出来，您肯定也不相信。我所以哭泣，是怕不能长久侍奉在您身边啊！"晋献公说："你为什么说出这种不祥之言？"骊姬回答说："我听说世子为人外仁而内忍，他在曲沃，极力给人民实惠，人民都愿意为他效死力。他这样做，是有目的的。他经常对人说君上您为我所迷惑，国必乱，这话举朝皆知，就是君上您不知道啊。他莫非是想用清君侧的名义，祸及君上，您何不杀了我以谢世子，阻止他的阴谋。不要因为我让百姓受苦啊！"献公听了，果然有些不信，说："申生对庶民都很仁惠，难道对父亲反倒不仁吗？"骊姬说："您说得有道理。不过我听说，地位高的人与庶民对仁的理解是不同的，庶民以亲爱为仁，地位高的人以利国为仁。只要对国家有利，还有什么亲情可讲呢！"献公又说："申生很重视声誉，他难道就不怕留下恶名吗？"骊姬说："过去周幽王不杀宜臼，把他流放到申，申侯联合犬戎杀幽王于骊山之下，立宜臼为君，是为周平王，成为东周的始祖，至今代代相传。有此事件，幽王之恶益彰，谁还把不好的名声加到平王头上呢！"

听了骊姬的话，晋献公悚然而惊，披衣起坐，越想越觉得骊姬说得有理。

骊姬见晋献公已被自己的话说动,便进一步火上浇油说:“您为何不自称年老,把国家交给申生呢?他得到国家,满足了欲望,或许会放您一条生路。”掌握权力的人很少有甘心情愿地交出权力者,哪怕是交给自己的儿子,更何况晋献公已对申生起了疑心。他听了骊姬的建议,断然拒绝让位,下了惩治申生的决心,可又找不到借口。骊姬见时机成熟,献计说:“赤狄皋落氏屡次侵犯我国,您为什么不让申生带兵讨伐,看看申生是否真得能收拾人心。如果他打了败仗,处治他就有借口了。如果他打了胜仗,说明他的确已是人心所归,他自恃有功,必有异谋,那时再惩罚他,国人必然心服口服。”晋献公觉得这个主意很高明,果然传令让申生率领曲沃的士兵去讨伐皋落氏。大臣里克进谏说:“太子是国家的储君,所以国君出行便让太子监国。太子应该朝夕在国君身边,派去远方已不适宜,哪能让他统兵出征呢?”晋献公说:“申生已多次带过兵打过仗了。”里克说:“过去太子带兵,都是跟随您出征,现在让他单独领兵,不可。”听到这里,晋献公仰天而叹,说:“我有九个儿子,哪个是太子,还未定呢。”一听这话,里克立即明白了晋献公对申生的态度,默然而退,告诉大臣狐突。狐突听了,知申生地位危险,急忙派人给申生送信,劝他不要出战,应该逃走。申生是个忠孝之人,虽然明白了父亲让他带兵出征是想试探他的心,还是不愿违抗君父之命,说:“违抗君命,我的罪过就大了。如果在战斗中我有幸战死,还可以落下个好名声。”于是率军出去,打败了皋落氏,和晋献公报捷。骊姬说:“看来世子果然是人心归附了,怎么办呢?”晋献公说:“他的罪过还未显露,再等待一阵子。”狐突预料国家将出乱子,便假装患了重病,闭门不出。恰在这时,虢国屡次进犯晋国南境,边关告急,晋献公准备派兵伐虢,骊姬又趁机说:“何不再让申生出征,他威名素著,士卒愿意替他效力,一定会成功。”晋献公因相信了骊姬先前说的话,怕申生战胜虢国之后,威名更盛,更难以驾驭,踌躇不决,询问大夫荀息的意见,荀息认为虢国与虞国同姓比邻,必相互救援,出兵讨虢不一定会获胜,不好抓住虢公好色的毛病,赠以美女,让他不理政务,再贿赂犬戎侵扰虢国边境。晋献公依言而行,果然大见成效,在虢国内外交困之时,又按照荀息提出的先假虞灭虢然后再灭虞的计策,派里克为上将,荀息为次将,灭了二国。

骊姬本想怂恿晋献公派申生伐虢,不想由里克代行,又兵到功成。骊姬认为里克是申生一派的人,很觉忧虑,对优施说:“里克功高位重,我无以敌之,怎么办?”优施说:“荀息的功劳和智慧都不在里克之下,如果请求君上派荀息为奚齐和卓子之傅,抵挡里克足足有余了。”骊姬跟晋献公一说,献公也就答应了。将荀息拉到自己一边后,骊姬总觉得里克在朝,对实现自己的阴谋终归是个阻碍,想收服他,或至少让他保持中立,优施又献计说:“里克为人外强而中多顾虑,如果晓以利害,他很可能首尾两端,然后可慢慢收归我用。里克喜欢饮酒,夫人如果能设宴,由我出面陪里克饮酒,我用言语试探他,他听得进去,是夫人的福分,他听不进去,就算我这个优人与他开了个玩笑,也不会出什么事。”于是骊姬为优施准备好酒食,优施与里克约好,携酒至其家。酒至半酣,优施为里克唱歌道:“暇豫之吾吾兮,不如乌乌。众皆集于菀兮,尔独于枯。菀何荣且茂兮,枯招斧柯。斧柯行及兮,奈尔枯何!”里克问:“什么是菀,什么是枯?”优施说:“拿人做个比方,母亲身为夫人,儿子将成为国君,根深叶茂,众鸟依托,这就是菀;如果母亲已死,儿子又得谤,祸言将及,本摇叶落,鸟无所栖,这就是枯。”说罢,优施就告辞而去。里克知优施出入宫禁,深受国君和夫人宠爱,越想越觉得他的话暗藏玄机,不待天明,就到优施家询问究竟,优施把里克让入内室,对他说:“我早就想告诉你,可你是世子之傅,所以才未敢对你直言,恐怕你怪罪。”里克说:“能使我预先思虑免祸之策,这是你对我的爱护,我怎么会怪罪呢!”优施遂附耳低语说:“君上已答应夫人,将杀掉世子,改立奚齐。内有夫人主持,外有中大夫协助,事情必成。”里克一听,心生恐惧,叹息说:“支持君上杀掉世子,我不忍心,辅助世子对抗君上,我又才力不及,我就中立旁观吧。”于是假装坠车伤足,不再上朝。

笼络住了荀息、里克这两名朝廷重臣,骊姬就不用担心改立世子会遭到外朝反对了,下一步的工作是促使晋献公下定杀世子之心。一天夜里,骊姬对献公说:“世子久居曲沃,你何不把他召回一见呢?不过,你要说是我思念他,这样我有德于他,将来或许能免杀身之祸。”献公依言召回申生,申生拜见骊姬时,骊姬设宴款待,次日申生入宫谢宴,骊姬又留饭。夜里,骊姬流着眼泪对献公说:“我想挽回太子的心,所以以礼待他,不想他更无礼了。”献公问:“他做什么了?”骊姬说:“我留他吃饭,酒半酣时,他调戏我说:‘过去我祖父老的时候,把我母亲姜氏给了我父亲,现在我父亲老了,肯定要把你留给我。’说着就要拉我的手,我坚决拒绝,才避免受辱。您若不信,我可以与太子同游园囿,您躲在台上亲自观察。”献公答应了。第二天,骊姬先把蜜涂在头发上,然后招申生到园中同游。蜂蝶闻到蜜味,围着骊姬的发髻纷飞,骊姬说:“世子替我驱赶一下蜂蝶吧。”申生从后面用袖驱赶,献公望见,以为申生真有调戏之事,不由大怒,便想抓住申生处死,骊姬劝阻说:“我把世子召来,使他被杀,就等于是我杀了他。而且宫中暧昧事,不可传扬,先忍耐一下吧。”于是献公让申生回曲沃,暗中派人搜求申生的罪过。

几天后,献公到外地狩猎,骊姬抓住时机,派人告诉申生说:“我梦见你母亲齐姜诉苦,说没有饭吃,你赶快祭奠一下吧。”申生果然祭祀其母,派人向献公呈送胙肉,骊姬向酒肉中下了毒。过了几天,献公回宫,骊姬把申生致胙之事告诉他，献公拿起酒就想喝，骊姬拦住说：“从外面送进来的食物，都应该先试一下。”把酒洒在地上，地面鼓起，把肉丢给狗吃，狗立即就死了。骊姬还假装不信，召来一名小内侍，强迫他尝酒肉，七窍流血而死。直到这时，骊姬才佯装大惊失色，呼天抢地地说：“老天爷呀，国家本来就是太子的，君主已老，难道就不能等待几天吗，非要杀君不可！”说完，又跪在献公面前，痛哭流涕地说：“太子所以做这种事，全是因为我们母子的缘故，请您把这酒肉赐给我吧，我愿替你而死。”说着，拿着酒就要喝，献公急忙夺下，气得半天说不出话来。待缓过一口气来，献公怒气冲冲来到朝堂，召集诸大夫议事，狐突早就杜门不出，里克以足疾为辞，其他人毕集朝堂，献公把申生的“逆谋”告诉群臣，群臣面面相觑，不敢置对，只有东关五自请带兵讨伐太子，献公任命他为主将，以梁五为副，率领二百乘兵车，开往曲沃。申生闻讯，自缢而死。申生死后，骊姬又想除掉重耳和夷吾，二人闻讯，逃往国外去了。于是献公立奚齐为世子，骊姬的愿望得以实现。

骊姬陷害申生、扶立奚齐，是一场惊心动魄的宫廷斗争，她运用了树上开花之计，获得成功。骊姬作为战败的骊戎送给晋献公的礼物，本无什么地位，但她凭着自己的美貌和才智，博得献公宠幸，生下奚齐，从此便有夺嫡之心。但她深知，申生立为世子，诸侯尽知，且申生为人仁孝，颇得人心，力量强大，自己一时尚不是他的对手。若想除掉申生，须从两方面下手：一是在献公身上下功夫，让他不但厌恶申生，还要相信申生是大恶之人，才能痛下杀手；二是在朝臣身上下功夫，剪除申生的羽翼，增强自己方面的力量。在这两方面，骊姬都运用了一连串计谋，无所不用其极。比如，为了让献公相信申生有调戏她之意，她竟想出以蜜涂发招引蜂蝶的主意，在本来无花的树上做出花来，而且做得逼真之至，让献公亲眼目睹，借献公自己的眼睛欺骗献公。其他计谋，莫不是因势利导，借局布势，壮大自己，削弱对方。就这样，骊姬步步为营，稳扎稳打，巧设机关，布置陷阱，最终把申生逼上绝境，让奚齐取而代之。

奉献娇妹，“移花”夺权

楚国的国君考烈王，年入晚境，身体一天不如一天，虽然妃宾成群，但膝下无儿，很为继位无人忧心。大臣春申君也很觉烦虑，怕一旦驾崩的时候，会因争夺皇位而引起皇室阋墙而大乱。

当时有一个赵国人名叫李园的，为人机智，工于心计。他有一个妹妹李嫣，长得非常漂亮。李园想把她送给楚王做妃子，又怕她不会生孩子得不到楚王的宠幸。经过一番的冥思苦想，终于想出一个“树上开花”计来；他知道要晋见楚王必须先搭上春申君这位炙手可热的人的关系才行，不如把妹妹先献给他，待有了身孕，然后再设法进献给楚王。万一肚皮太不争气呢，自己也可以和春申君保持郎舅关系。

计想停当，便跑到楚国去，请求春申君给他在府上当一名差事。

他在黄府里一段时期，很得春申君赏识。一天，他请了五天假期回家探亲去，又故意过了十天才回来。春申君问他为什么过了期限。

李园回答说：“因为我有一个妹妹李嫣，颇有些姿色，给齐王知道了，遣人来说亲，要求我妹妹做他的妃子，刚巧碰上了使者，请他喝了几天酒，所以误了假期。”

春申君原是一个色鬼，听了这番话，心里便十五十六起来。想她既然名闻齐国的，必定是位绝色佳丽了。便急忙问：

“你已接过齐王的聘礼没有？”

李园答：“没有，我还要慎重考虑才行！”

“可以让我先见见令妹吗？”春申君笑嘻嘻的说。

“当然可以，难得相国肯垂青提携！”

李园知道春申君已上钩了，很快便把妹子送到黄府去。春申君一见，如生滋猫入眼，立即据为己有，立为姬妾，宠爱非常。

不久，李园知道妹妹有身孕了，便偷偷地跟她商量，问：“你认为做相国的夫人矜贵还是做相国的妾侍矜贵呢？”

“当然做夫人矜贵啦！”

“然则做相国夫人矜贵呢还是做王后？”

“那还用说？自然是王后！”

李园马上告诉她：“好了，既然是王后矜贵，那你今日在春申君府上，不外一位宠妾罢了，无论如何不会升为夫人，不用说王后了。我有一个计划，你如果跟着去做，保管会做到王后。喏，楚王现在还没有儿子，我设法把你送进宫去，你是有了身孕的，将来如果生下的是男孩，那你一定会母凭子贵，立你为王后，等到儿子继承王位时，你就是当然的太后了。”

李嫣听了很欢喜问怎样才能进宫去。李园便教她如此如此，这般这般。

当晚，李嫣对春申君撒完娇后，乘机便说：“楚王这般尊敬你，信任你，连亲兄弟也比不上，你做楚国宰相已经廿多年了，楚王又没有儿子，万一楚王驾崩，继承王位的是楚王的兄弟，那时候，换了一个国王，他所尊重和信任自然是他一向亲近的人，你想还要得到像现在的宠信是万不可能了。”

她一边说，春申君不断地点头，说：“你说得确有道理，我也考虑到这一点！”

“还有哩！”她继续说，“你掌管国政的时间很长，对于楚王的兄弟有许多不周到的地方，不管将来他们谁继承王位，必定对你不客气，他会勾起旧

日的仇恨，把你彻底清算，我俩能跑得掉吗？不要说地位保不住，就想回老家去做个老百姓也不可能，你说是不是？”

春申君本是一团高兴想和她玩两手，经此一说，心都冷下来了，没奈何的长叹一声：“唉！谁不知道一朝天子一朝臣这道理呢，但有什么办法可想？”

李嫣见他心动，便打蛇随棍上，使出浑身解数，倒在他怀里撒起娇来，说：“事到如今，眼见大祸就要来了，我为了这件事，吃不安，睡不宁，好和歹都想过，总想不出一个好法子。”说到这里，故意停着不说，故意扭动几下，媚着眼问：“如果我想得出一个法子来，你不会怪我吧！”

“哪里！哪里！你尽管说出来，我绝不怪你！”

“其实，事情已这般急迫，也顾不得这么多了。我想……”李嫣继续说，“我在这里的时间还短，有了身孕，谁也不知道，如果你肯割爱我，把我及时送进宫去，楚王看你面上，一定会宠爱我，将来如果把孩子生下来，必定继承楚王，那岂不是你的儿子做了王？到那时，整个楚国不是春家的吗？比起刚才说起那件可怕的大祸，那个合算些？其实，我也不愿意这样做，但为了你、为了我、为了将来的孩子，为了你我所有的亲戚朋友们，就是火坑，我也要跳！”

这番话，说得入情入理，春申君听了，还赞她有见解，转忧为喜地对她说：“真想不到你有此思想，肯为我牺牲，比男子汉更勇敢、更伟大！”啜的一声，吻她一下。

“不过，”李嫣又佯作郑重其事地说，“我有身孕一个多月了，再拖下去就会露出破绽，事不宜迟，你要赶紧行动呀！”

天明，李嫣便被送到外面去，秘密住在一间防卫严密的屋子里。跟着，春申君入宫去奏请楚王，说千辛万苦找寻到一位美人李嫣，长得如花似玉，又是一副宜男相，连齐王都遣使者来求她去做王妃，现在把她接过来，肥水不流别人田，怂恿楚王赶快把她召入宫去。

楚王把李嫣召入宫，一见就中意，遂纳为妃子，强拖老命与她几番云雨，竟喜出望外珠胎“暗结”。虽然提早二个月生产，楚王并不怀疑新妃子为他生了男孩，他正为“有意栽花花不发，无心插柳柳成荫”的意外收获，而喜昏了头脑。当即立李嫣为王后，李园做了国舅，参预国政。

李园见妹子做了王后，外甥做了太子，这位太子的来历他是最清楚不过的，时刻担心春申君泄露了秘密，为使地位更加巩固，便暗中收养一批勇士刺客，打算把春申君杀掉。

这一年，楚王害了重病，春申君有个门客叫朱英的，对春申君说："世上有意想不到的幸福，又有意想不到的灾祸，而且，现在你处在这个安危示知的环境，对着喜怒无常的国君，怎不可以需要一个突然需要的人呢！"

"什么叫做意想不到的幸福？"春申君好奇的问。

朱英说："你做楚国宰相已经二十五年了，名义上是宰相，实际上却是楚国之王。目前楚王病得很厉害，早晚就要驾崩，太子又年幼，将来还不是抱幼主登基，像古时的伊尹、周公一样？要不然的话，自己把王位坐了，楚国就归你所有，这就是意料不到的幸福！"

"什么又是意料不到的灾祸呢？"春申君又问。

朱英说："你知道李园是怎么的一个人没有？他本来是个深谋远虑而又行险侥幸的亡命之徒，现在做到国舅了。他凭那条裙带关系，必会先抢进宫去，拥立幼主，挟天子下一道命令把你满门抄家，这就叫做意想不到的灾害！"

"那么，什么叫做突然需要的人呢？"

"那还不简单？事实上既有这种趋势，就应当死猫当生老虎打。你现在就派我做个侍卫长，带兵去驻守宫门，以防事变，到楚王驾崩那天，若李园抢先入宫，我就一剑把他杀死，以免后患，这就是突然需要的人了！"

"哈哈哈哈！"春申君忽然大笑起来，"你说的原来是这一些，还是少顾虑吧！我明白李园是个懦弱人，又是我一手提拔的，无论如何不会发生这种事！"

朱英见春申君这样，便不多说了。恐怕将来会祸及自己，便偷偷地跑到别地去了。

过了十七天，楚王真的死了，李园果然先抢入宫去，在两旁埋伏好兵马，然后叫人去通知春申君，着速入宫办理善后。春申君及时赶往，刚踏入宫门，却被两旁兵士杀死了，连他的家族一个也不留。

新主登位，李园便做起宰相来了。

田单布局，复国建勋

齐国和燕国是地处东方的两个大国，双方虽然都没有力量消灭对方，但都心怀觊觎，等待着时机。公元前320年，燕易王去世，其子哙即位。燕王哙为人愚暗，却又想名垂千古。权臣相国子之便想趁机篡夺燕国政权。子之的同党鹿毛寿利用燕王哙好名的心理，对他说："尧所以至今被称为圣贤，是因为有让天下的行为。尧想把天下让给许由，许由不肯接受，结果尧有让天下之名而实际上没有失去天下。现在大王若仿效尧的行为，将国家让于子之，子之必定不肯接受，大王却有尧那样的德行声誉了。"燕王哙大喜，遂让国给子之，子之却不想学习许由，毫不犹豫地接受了。将军市被心里不平，与被废黜的太子平合谋，起兵攻打子之，双方激战数日，死去数万人，人心离叛。齐国抓住这个大好时机，派大兵入侵燕，燕人箪食壶浆以迎齐军，燕国都城被攻破，子之被杀，燕王哙自缢。燕人立太子平为王，是为燕昭王，原来投降齐军的燕国城邑见齐国有灭燕之心，都重新归附燕王，齐军立脚不稳，只得撤军而归。

燕昭王以报仇雪耻为己任，筑黄金台以招贤士，许多有才能的人都从别国前来投奔，这其中还有具有杰出军势才能的赵人乐毅。公元前284年，燕昭王见时机成熟，便任命乐毅为上将军，联合秦、楚、赵、魏、韩五国之师浩浩荡荡杀奔齐国。齐湣王亲自率领大军在济水之西迎战，大败。其他几国军队分路收取边城，独乐毅率领燕军乘胜追击，长驱直入，接连攻占七十余座城池，齐国只剩下莒、即墨两城未被攻下。乐毅见强攻不下，又觉得齐国只剩下二城，于是就把二城紧紧围住，不断攻打。齐国军民拼命抵抗，燕军围了一年也没有攻下来。乐毅考虑，光靠武力硬拼不行，还得收买齐国的民心，不然就是攻下来的地方也不易守住。如果齐国民心能够转向燕军，这两座城也就会不攻自破，于是他重申军纪，严整燕军骚扰齐国百姓，还废除了齐颁布的各项残暴法令，减轻赋税，优待齐国的大臣和著名的人物，以此笼络人心，他还解除了以莒和即墨的包围，让燕军在离城九里的地方驻扎。虽然采取了种种措施，但过了三年，莒和即墨还是不投降。

这时候燕国有个大臣煽动燕太子到燕昭王跟前说乐毅的坏话，太子说："乐毅攻打齐国，开始不出半年，连下七十座城池，现在只剩下两座城，三年都没有攻下来。他围而不攻，还用种种办法收买齐国民心，想必他是想自己当齐王。"燕昭王明辨是非知人善任，他一听知道是来挑拨是非的，当即训斥太子，还令鞭笞太子二十下，又派人传令给乐毅，封他为齐王，乐毅非常感激，以死自誓，不接受封王。但没过多久，昭王去世，太子继位为惠王，当时他与一个叫骑劫的大臣关系密切，骑劫有野心，一直想掌握乐毅手里的兵权，昭王在世时，他不敢贸然行动，惠王即位后他就多次到惠王面前游说，说乐毅要自称齐王，应当趁早免掉他的职务，以免日后势力坐大，不好收拾。惠王听信谗言，下令叫骑劫代替乐毅当上了将军，召乐毅回国。乐毅自知回去后凶多吉少，声称自己是赵国人，悄悄跑到赵国去了。

骑劫一上任，齐国人认为自己复国的时机到了，当时守卫即墨的齐将叫田单。他原来是齐国国都监淄的一个小官，燕军攻破临淄以前他逃到了即墨，当时燕军长驱直入，齐军败逃时十分混乱。田单在撤退时，命家人锯短车轴两端，并包上铁皮，这样在撤退时，田单家人车子一直保持完好，得以顺利逃出。田单逃到即墨后，即墨的守城长官战死，众人看出田很有远见，又熟悉兵法，就推他当了首领，田单一上任就把自己家人和本族人编进军队，同士兵共甘苦，他也身先士卒，深得军民拥护。乐毅为燕将时，田单知他有勇有谋，就一直坚守城池，拒不应战。燕惠王即位后，他听说惠王对乐毅有疑心，就派人到燕国去散布谣言说："乐毅早就想当齐王了。"挑拨乐毅与惠王的关系，田单这时听说骑劫代替乐毅当了大将，他就准备反攻了。但这时齐势单力薄，士气又不振，田单知道不用计谋是无法取胜的。

田单利用人们当时对上天的迷信心理，编了一套梦话，他对部下说："昨天晚上我做了一个梦，梦见天神告诉我，齐当复兴，燕当失败，乃是天意。天神马上就要派一个军师来帮助我们，有了天神当军师，我们就会攻无不克。"

部下听了高兴，这时有个机灵的士兵悟到了田单的意思，走到田单跟前说："你看我能当神师吗？"说完就迅速走开了。田单先是一愣，但很快就明白过来，上前一把抓住他，向大家说："看啊！他就是天神在梦中派给的神师啊！"随后他就把这个士兵当作神师打扮起来，放在帐幕中上坐，田单事事向他"求教"。这个士兵倒慌了，私下对田单说："我是跟您开玩笑的，我没什么本事，这个神师我可干不了！"田单吩咐他说："一切有我呢！你看我眼色，见机行事就行了。"从此田单就叫这个士兵装神弄鬼，田单则常常用神师的名义布置自己的作战方案。有一天，田单传达"神师"的命令；早晚饭前要把祭品放到房前庭院中，先祭祀祖先，这样祖宗就会显灵保佑我们。城里人都照着做了。这下可乐坏了那些乌鸦、麻雀，都来争吃食物，每天到吃饭的时候就成群的飞来。城外的燕军将士都觉得很奇怪，刚听说城里来了神师，这会儿怎么乌鸦都会定时飞去朝拜，看来齐人是得到天神相助了，怪不得我们久攻不下，这仗看样子是打不赢了。于是燕军内一传十，十传百，人心惶惶，斗志开始动摇了。田单又派人到燕军中去散布说："乐毅太仁慈了，见齐人不杀，所以城里人人不怕，现在如果燕军把齐国俘虏的鼻子都割掉，并让他们示众，齐国人就会吓破了胆，不投降才怪呢！"

骑劫上任后，改变了原来围击不攻的策略，改为拼命硬攻，打了几次攻打不下，十分恼火，一听到这些话，就下令凡抓到齐军俘虏，一定要割掉鼻子，拿到阵前去示众，他以为这样真的会把齐人吓破胆呢？其实，适得其反，燕军的残暴更激起了齐国军民的怒火，都下定决心死守，惟恐燕军俘虏，田单又想出一招，派人到燕军中去煽动，说："城里人的祖坟都在城外，他们非常担心，燕军会不会把他们的祖坟刨了，祖坟一刨他们这些不肖子孙就没脸活在世上了，哪还有心思打仗呢？"骑劫听到后又认为这是出口恶气的好机会，于是下令让燕军在两座城外到处刨齐人的祖坟，还烧死人，暴骸骨。城里人见了，个个咬牙切齿，痛哭流涕，纷纷向田单请战，要为祖先报仇雪耻。

田单看到反攻的时机快要成熟了，又进一步施展计谋，他公然派出使者去见骑劫，说城里快要粮尽援绝，无法再守下去，田单想要投降，不知骑劫同意不同意。骑劫一听喜出望外，得意地对部下说："你们看我比乐毅如何？"部下都说："你比乐毅强多了！"燕军将士兴高采烈，高呼"万岁"，认为苦战已久，胜利在望了！

为了进一步涣散燕军的士气，田单还派人打扮成一些富户，拿着财宝偷偷贿赂燕军将士，请求在攻下即墨城时，保护他们家生命财产的安全。燕军大喜，收下钱财，并发给这些富户小旗，让他们插在自己家门前做记号，这样燕军将士都认为齐军投降就在眼前，因而全不备战。他们呆呆的只等田单开城门投降了。田单认为反攻的时刻到了，但是即墨城小，守军人少，如何借局布势，壮己声威，以震慑敌人，一举取得反攻的全胜呢？他突然想到齐国军民撤退时，撤退到城中有不少牛，他突发奇想。认为这是一支可以借用的“牛军”，他迅速下令把全城各家各户的牛全部集中起来，一点数，有一千多头，他命令给每头牛披上一件红色的褂子，褂子上画着五颜六色稀奇古怪的花纹。牛的犄角上还都绑上两把非常锋利的尖刀。牛尾巴绑上了浸满了膏油的麻苇，好像一把巨大的扫帚，田单又挑选了五千名身强力壮的战士，个个身穿五色花衣，涂上五色花脸，手持兵器跟在牛后面。在预定约好要“投降”的头一天晚上，田单命令军民把城墙挖数十处口子，偷偷把牛赶出去，然后点着了牛尾巴上的麻苇，麻苇一着火，烧到了牛尾巴，烧痛了牛屁股，这些牛又惊又躁，就没命地往前狂奔。麻苇加油越烧越旺，牛也越来越暴躁，一个劲朝前横冲直撞过去，五千名壮士紧紧跟在后面，向燕军营帐冲杀过去。

这时已到深夜，骑劫和燕军将士正在呼呼睡觉，忽听帐外一片喊杀声，都从梦中惊醒了，衣服也顾不上穿，赶紧抄起兵器往外跑。燕军还没弄清楚是怎么回事，火牛已冲进营帐，一片火光，一片混乱。五千齐国壮士又跟着杀过来，他们大刀阔斧，逢人便砍，原来听说齐人得天神相助，现在眼见这些发疯的火牛和妖形怪状的武士，吓得屁滚尿流，落荒而逃，一败涂地，骑劫也被齐军杀死。田单整顿队伍乘胜追击，一路齐军声威大震，队伍不断扩大，作战节节胜利，收复七十余城，终于把燕军全部赶出国门之外，收复了失去的领土。随后把齐襄王从宫城接回到国都临淄。就这样齐国在濒于灭亡的边缘转危为安。历史上称之为“田单复国”。

张良妙计，太子登基

张良是汉高祖最重要的谋臣，在楚汉战争中，他运筹帷幄，决胜千里，立下殊勋。汉朝建立后，左右大臣多为山东（指函谷关以东）人，力主定都洛阳，张良则认为洛阳周围不过数百里，乃是四面受敌之地，不是建都的适宜场所，而关中沃野千里，地形封闭，乃是金城千里，天府之国。刘邦采纳了他的建议，定都长安。此后，朝端无事，张良因体弱多病，便闭门不出，练习气功。

忽有一日，吕后的弟弟建成侯吕泽派人把张良强邀到自己家里，说：“你一直是皇上的谋臣，现在皇上想改立太子，你还能在家高枕而卧吗？”原来，刘邦非常宠爱戚夫人，想废掉早在做汉王时就被立为太子的吕后的儿子刘盈，改立戚夫人的儿子赵王刘如意为太子。大臣们多次谏争，所以刘邦迟迟未下决断。吕后为此事焦虑不安，却想不出一点办法。有人对她说：“张良善于谋划，而且皇上很信任他。”听了这话，吕后便让吕泽强邀张良问计。张良知道了这些情况，说："过去皇上在危急之中，接受了我的计策，现在天下安定了，皇上因自己的爱欲想易太子，这是骨肉之间的事情，就是有像我这样的一百个人，又有何用呢？"吕泽软磨硬逼说："无论如何也要想一个计策。"张良说："这件事难以凭口舌之利争辩。皇上想招致而又招不来的，天下共有四个人。这四个人年纪都很大了，都以为皇上轻慢侮人，故逃匿在山野之中，发誓不做汉臣。但是，皇上非常看重这四个人。现在你如果能不怕耗费金玉璧帛，让太子亲笔写信，派一个能言善辩的人前去恭请，这四人大概会来的。他们来了，奉以为太子宾客，时时随从太子入朝，让皇上看见他们，皇上必问，一问知是四个大贤人，这对太子必有帮助。"吕后听了，立刻让吕泽按张良所言，派人带着太子书信，卑辞厚礼，把四人请下山来，供养在吕泽家里。

汉十一年（公元前196年），英布造反，正赶上刘邦患重病，便想让太子带兵攻讨。四个人商议说："我们来是保护太子的，太子带兵，地位就危了。"于是找到吕泽说："太子带兵，有功劳也不能再提高地位了，无功而返，从此就有祸事了。而且军中诸将，都是跟随皇上平定天下的枭将，现在让太子率领他们，就像让羊率领狼一样，他们必不肯尽力，无功而还是必然的。我们听说过'母爱者子抱'这样一句话，现在戚夫人日夜服侍皇上，赵王如意常抱在皇上面前，皇上说'总不能让不肖之子位居爱子之上'，这不是明摆着是要改立太子吗？你要赶快让吕后找机会向皇上泣涕进言说：'英布是一员猛将，善于用兵，现在诸将都是陛下故旧，让太子率领他们，就像羊率领狼一样，必不肯尽力，让英布知道了这些情况，必定鼓行而西，直捣长安。陛下虽然患病，也应卧在辎车中亲征，诸将才不敢不出力。'"吕泽当夜就去见吕后，吕后找一个机会，按照四人的话向刘邦哭诉一番。刘邦说："我也觉得竖子没能力带兵，还是我自己去吧。"于是率兵而东。张良强起病躯，到刘邦军营说："我理应随陛下出征，可病得太重了。英布的士兵剽悍，不要与他们硬战。陛下去了，应当让太子做将军，监督关中兵马。"刘邦说："就按你的话办。你虽然重病在身。还是要尽力辅佐太子。"

第二年，刘邦得胜回到长安，病得更厉害了。他自知将不久于人世，更加急迫地要改立太子。张良进谏，不听。叔孙通博引古今，力陈不能易太子，刘邦表面上答应了他，内心还是想易太子。一天，刘邦举行宴会，太子侍坐。四个人跟随太子之后，他们都八十多岁了，头发胡须都白了，但衣冠甚伟。刘邦感到奇怪，问："你们是什么人？"四人趋前，自报姓名，乃是东园公、角里先生、绮里桑、夏黄公。刘邦大吃一惊，说："我派人访求你们数年，你们都躲避开我，现在你们为何跟随我的儿子呢？"四人都说："陛下轻视士人，每加辱骂，我们义不受辱，故而逃匿山野。听说太子为人仁孝，恭敬爱士，天下的人都愿意为太子赴汤蹈火，所以我们就来投奔了太子。"刘邦说："就烦请你们调护太子。"四人祝寿毕，快步离去。刘邦目送四人，召戚夫人，指着四人说："我想废掉太子，这四个人却辅助他，太子羽翼已成，难以动摇了。"并作歌道："鸿鹄高飞，一举千里。羽翮已就，横绝四海。横绝四海，当可奈何！虽有矰缴，尚安所施！"歌毕，戚夫人唏嘘流涕，刘邦起身离去，中断宴会。太子转危为安，保住地位。不久，刘邦去世，太子登基做了皇帝。

在册立太子的问题上，尽管从周代就形成了立嫡立长的原则，但这一原则能否真正被遵循，还是因时因事因人而异，历朝历代，围绕太子之位总是不断发生明争暗斗，祸起萧墙的惨剧不绝于史。刘邦虽然早在战胜劲敌项羽之前就按照惯例，立嫡妻吕雉之子刘盈为太子，但他认为刘盈过于柔弱，不像自己，并不喜欢刘盈。后来他宠爱年轻貌美的戚夫人，觉着戚夫人所生的儿子刘如意刚毅果敢，与自己相类，便想寻机废掉刘盈，改立刘如意为太子。刘邦是君，刘盈是臣，刘邦是父，刘盈是子，刘邦身经百战、老练敢为，刘盈生长宫中、幼稚软弱，刘邦拥有决定一切的权力，刘盈虽贵为太子却没有自己的武装力量，在这种局势下，刘邦为刀俎，刘盈为鱼肉，刘盈似乎只能听凭刘邦的宰割了。刘邦并没有隐瞒自己改立太子的意图，满朝文武俱知，一些开国元勋和直言敢谏之士也曾力劝刘邦不要废太子，刘邦一概听不进去，很显然，文武官员在这件事上无法构成对刘邦的制约力量。如何才能保住刘盈的太子地位？当这个棘手的问题摆到足智多谋的张良面前时，他也颇费踌躇。按道理说，君主有过举，臣下只有劝谏一条路，但张良深知，尽管自己是刘邦最重要的谋臣，为汉朝的建立立下赫赫功勋，然而现在已时过境迁，他的话不再有举足轻重的影响，特别是在皇家的内部“私事”上，更难发挥作用，就是他和满朝文武一齐进谏，恐怕也难扭转皇帝的心意，弄不好还会引起皇帝的猜疑，认为臣下结党营私，那样后果将不堪设想。在无现实力量可以利用的情况下，张良周密思索，想出一条树上开花的妙计，这就是与刘邦玩心理战，让刘邦相信太子已深深博得天下百姓的爱戴和拥护，人心所向，不可拂逆，倘若一意孤行，废黜太子，天下百姓必然会伤心失望，还可能生出不可预料的事变。为了制造这种效果，张良想起了“商山四皓”，这四个人并不是不想获得政治地位，只不过是因为刘邦对儒生一向傲慢无礼，甚至向儒冠中撒尿，名声太坏，他们怕投靠过来受到侮辱，故而逃匿山林，刘邦数次聘请，坚不肯就。太子有仁厚之名，如果卑辞厚币迎请，他们是会下山的。皇帝请不到的人，太子却可以请到，这自然证明了太子名声是何等得好，太子的影响是何等得大，太子是何等地拥有民心的拥戴。果然，毫无实力、只有虚名的四位白发苍苍的老翁一下山，竟似乎有了神秘的力量，他们的一言，胜过满朝文武谏言万千，刘盈的太子地位转危为安，泰然无恙。张良因势利导，化虚为实，真乃千古一大智人！

因局布势，借阉除阉

明武宗朱厚照是明朝历史上有名的荒唐皇帝。他即位之后，贪图玩乐，重用刘瑾、马永成、谷大用、张永等八名宦官，号称“八虎”。其中刘瑾为人阴毒，最有心计，他知道武宗好玩，便日进鹰犬、歌舞、角抵之戏，引导武宗微服出游。武宗对他宠爱有加，他逐步把持了朝廷大权，势焰熏天，以致当时人说有两个皇帝，一个朱皇帝，一个刘皇帝。刘瑾为非作歹，为了打击异己，竟将内阁大学士刘健、谢迁等五十三人定为奸党，在朝堂张榜示众，还让群臣跪于金永桥之南，恭听宣布奸党名单和训诫。对于刘瑾的变乱朝章，胡作非为，许多大臣都敢怒不敢言，想除掉他，又无机会。

正德五年(1510)，安化王朱寘𨱆谋反，武宗命都御史杨一清率军征讨，由太监张永监军。张永与刘瑾同列“八虎”，本为同党，后来对刘瑾的骄横跋扈颇为不满，两人之间的裂痕越来越深。这次他奉命出征，武宗身穿戎服，亲自送到东华门，赐予关防、金瓜、铜斧，很受宠遇。大军未至，朱寘𨱆已被当地守将擒获。杨一清到宁夏，曲意安抚军民，局势很快安定下来。杨一清从小就以神童著称，很有智略。他痛恨刘瑾，知张永与刘瑾不合，见张永仍深受皇帝信用，觉得现在倒是除掉刘瑾的好机会。于是，杨一清曲意结交张永，两人相处得甚为融洽。有一天，他寻机叹息说：“宗室的叛乱，赖公之力平定了。外乱易除，国家的内乱还不知如何了结呢！”张永不解地问：“这话是什么意思？”杨一清促膝向前，在手掌上写了一个“瑾”字。张永觉着很为难，说：“刘瑾日夜在皇上左右，党羽众多，耳目很广。”杨一清见张永也有意除掉刘瑾，只是下不了决心，便进一步说：“公也是皇上信任的人，这次平定叛乱的重任不交与他人而交与公，足见皇上对你的宠信。现在大功告成，回朝奏捷，公如寻找机会与皇上讨论这次平叛之事，趁机揭露刘瑾的罪恶，极力陈说海内百姓愁怨，都怕皇上遭遇心腹之变。皇上英明果断，必定会听从你的意见诛杀刘瑾。除掉刘瑾，公将更加受到重用，矫正刘瑾弊政，收拾天下人心，这样公就能名垂千古了。”张永还是担心，说：“如果事情不成，怎么办？”杨一清鼓励说：“话从公嘴里说出，皇帝必信。万一不

信，公叩头据地而哭，请求死在皇上面前，皇上能不动心吗？只要皇上意动，必须马上动手，一刻也不能延缓。”张永的信心被鼓舞起来，说：“我就豁出老命报答皇上的恩德吧！”

张永上疏向皇帝告捷，并说将于八月十五日到京向皇帝献俘，刘瑾命令缓期进行。张永怕事情有变，但提前入京，举行献俘礼毕，皇帝设宴慰劳张永，刘瑾等都陪侍在坐。夜深了，刘瑾等先行告退，张永便拿出藏在身上的朱寘𫔮反叛时痛诋刘瑾奸恶的檄文，并向皇帝历数了刘瑾的多起恶事。武宗已喝得有些醉醺醺的，低着头说：“刘瑾辜负了我。”张永说：“此事不可延缓。”马永成等也早对刘瑾不满，立刻在旁附和，于是武宗于夜间就下令逮捕了刘瑾，关在菜厂，并分遣官校查封刘瑾的多处宅邸。次日早朝后，武宗向内阁大臣出示了张永的奏疏，宣布把刘瑾降为奉御，谪往凤阳。武宗亲自主持抄没刘瑾家产，结果抄出伪造的皇帝玺印一枚、穿宫牌五百以及衣甲、弓弩、衮文、玉带等违禁物品。在刘瑾每日拿在手中的扇子里，也发现藏着两柄匕首。武宗这时才真的勃然大怒，说：“奴才果然反了！”立命将刘瑾下狱审讯，后凌迟处死，其族人、逆党皆被诛杀。

刘瑾在武宗为太子时就侍奉在身边，武宗嗣位后，宠遇日加，他利用手中的权力，遍植死党，内阁大学士焦芳、刘宇，吏部尚书张采，兵部尚书曹元，锦衣卫指挥杨玉、石文义等，都是他的心腹，他们相互勾结，互通声气，正直的朝臣们要想搬倒刘瑾，实在是难上加难。但杨一清抓住与也很受皇上宠幸、却又与刘瑾有嫌隙的张永共事的机会，曲意结交，使张永对自己产生好感，然后动之以情，晓之以理，鼓起张永的勇气和信心，御前请命，胜过举朝共谏，竟使刘瑾这棵根深枝繁的大树，转瞬倾倒。因局布势，借宦官之力以除宦官，遂收事半功倍之效，妙计之用大矣哉！

奇袭智取，破敌占城

1860年5月17日，加里波第率领远征军乘胜前进，从卡拉塔菲米挺进到离巴勒摩只有30英里的阿尔卡莫城。在这里，加里波第颁布征兵令，组建了8个野战团队，准备集中全力，攻克西西里首府巴勒摩。

行军途中，加里波第的部队与由波斯科少校率领的6000名那不勒斯军遭遇。他们从蒙雷阿莱倾巢而出，妄图阻挡远征军。为了保存有生力量进攻巴勒摩，加里波第指挥部队避敌锋芒，虚虚实实地交了一会儿火，便边打边撤。同敌军周旋到傍晚时分，加里波第决定兵分两路：由奥西尼上校率领炮兵、辎重、一个加强师以及部队西西里起义队伍取大道向科莱奥纳前进，加里波第则率领司令部人员以及其余部队，向米西尔梅里方向前进。

当波斯科少校追上来时，发现远征军的大部队和炮兵早已向科莱奥纳撤走。他断定加里波第绝不可能离开主力部队，便挥师紧紧追击奥西尼上校的队伍，而奥西尼则继续后撤，诱使波斯科穷追不舍。而加里波第早已金蝉脱壳，率领精干部队挺进到米西尔梅里，这是一座可以俯瞰巴勒摩平原的小山村。

26日，加里波第把他的一些主要的军官、巴勒摩的几个市民以及各个游击队的领导人召集到身边。其实加里波第并不习惯于举行军事会议。但是，他感到自己有责任与他们商量，因为将要做出的决定关系到西西里岛、甚至整个意大利的命运。他指出，供他们选择的只有两种作战方针：一是出其不意地攻占巴勒摩，一是后撤至西西里岛的内陆组建部队，积蓄力量。而他本人赞成奇袭，因为奇袭可以速战速决，立即决定这次远征的命运，并指出这件事必须迅速决定，不能花太多时间去讨论，否则便会贻误战机。

到会的多数人为这种大胆的战略设想感到吃惊，指出远征军兵力不足，又缺少弹药，贸然奇袭风险太大。加里波第则强调说，面对兵强马壮的那不勒斯军队，不能靠火力去打败他们，而必须急速猛攻，既能节省弹药，又可以出奇制胜。经过激烈的争论，大家一致同意奇袭的方案。

此时，那不勒斯军队正在巴勒摩周围构筑堑壕，加固城墙，城里部署着22000人的兵力，远远超过了加里波第的8000兵力。面对这种敌众我寡的形势，加里波第不愧是一位杰出的将领，他巧施调虎离山之计，先以少数兵力在巴勒摩西南方向发动佯攻，诱使敌军大队人马出城作战，并尾随追击佯装败退的远征军部队。加里波第则趁机乘着夜色完成侧翼行军，直抵巴勒摩城下，突然发动强攻。

巴勒摩居民早已接原定计划做好准备，一俟加里波第兵临城下，便发动起义，与远征军里应外合，一举攻占巴勒摩。27日凌晨，巴勒摩全城各教堂的大钟一起敲响，人们高喊着“永远自由！西西里万岁！”蜂拥着走上街头，与那不勒斯军队展开了激烈的巷战。当这场搏斗进入高潮时，加里波第的部队高举着“意大利独立”的旗帜冲入城内，与起义居民一起，打得敌军四处逃散。当受骗出城的敌军主力第二天返回时，城市已经丢失了。气急败坏的敌军从陆上和海上向城内猛轰，加里波第率领全城军民与敌军血战了两天，终于保住了巴勒摩，创造了神话般的英雄业绩。加里波第在后来谈到这次战斗时感叹道：“每个人都准备葬身在这座美丽城市的瓦砾之下，专制制度的2万名卫兵不得不向为数不多的城市居民投降，这应该说是一个奇迹。”

战场无情智者胜。以弱对强，不能强攻，只能智取。避敌锋芒，通过灵活多变的运动战，打乱敌军的战略部署，然后乘虚而入，集中优势兵力打击敌人，才有取胜的可能。

虚构军队，迷惑敌人

1944年3月2日，正在潮湿多风的约克郡沼泽地讲评军事演习的英军军官麦克劳德，收到了一封紧急电报。这份从英军最高司令部直接发出的电报，只有短短的一句话：“立即到诺福克大厦最高司令部报到。”麦克劳德收到电报，心中一阵惊喜：会不会是上司看上了自己，准备让自己在即将到来的作战中扮演一个“比较重要”的角色呢？麦克劳德的最大愿望，是成为一个步兵师的师长。然而，由于他“官运不好”，这位参加过第一次世界大战的老兵，却始终未能如愿。

麦克劳德一到诺福克大厦的英军最高司令部，就立即被告之，在未来的几个月里，他将得到一个非常重要的职务——指挥英国第4集团军。指挥一个集团军，这是一个远远比步兵师师长大得多的官。然而，麦克劳德听到这个惊人的决定却一点也没有感到高兴，因为在英国陆军中根本不存在第4集团军！稍后，英军特种战委员会的理查得·巴克将军向他进一步交代了任务：“罗里，你已被选中负责从苏格兰司令部实施最高司令部的一项欺骗行动的计划，你得去一趟爱丁堡，在那儿，你将代表一支实际上并不存在的部队，然后，利用无线电台愚弄德国人，发出一些假电报使他们相信这支部队真的存在，要使他们相信这支部队在挪威登陆，把德国人从那里清除出去。这件事对即将开始的解放法国的作战十分重要。你一定要把德国人拴在挪威，使他们无法从那里向法国增援。……这是至关重要的一着，绝对不能失败。”

接受这样的任务，就意味着自己参加作战的愿望永远破灭了。然而，麦克劳德毕竟是一位不折不扣的军人，听完了巴克将军介绍的情况，他没有提出任何异议，而是立即登上了去往爱丁堡的夜班火车，走马上任，去指挥这个并不存在的第4集团军。

其实，麦克劳德新接受的这个任务并不轻，其重要性更如巴克将军所说，要远非一个步兵师所能比拟。因为麦克劳德现在所要做的，正是为顺利实施诺曼底登陆战役而精心制定的一系列战略欺骗中的最重要的部分——“北方坚韧”计划。

1944年1月，英、美军的高级将领们在研究实施诺曼底登陆战役，在欧洲开辟第二战场的计划时认为，要顺利地实施诺曼底登陆战役，必须设法做到两点：第一，迫使希特勒把他的力量分散于欧洲各地，使德军在诺曼底缺少足够的兵力来挫败登陆行动；第二，通过干扰和破坏德军的通讯、情报、后勤和行政系统，迟滞德军对登陆做出反应。为此，英军特种战委员会拟定了一项代号为“卫士”的极其庞大、复杂的欺骗计划。“卫士”计划中规模最大，目标最宏伟的计划，被命名为“坚韧”计划。这项计划的着眼点，是要把多达90多个师的德国陆、海、空军以及大量的军需供应牵制在远离诺曼底的地区。而“坚韧”计划又有两个组成部分，其中之一，就是麦克劳德负责实施的“北方坚韧”计划，这个计划的目的，是用各种特殊手段诱使希特勒相信，拥有35万人的英国的第4集团军——这支从来就不存在的部队，正在苏格兰进行集结，并将配合美国第15军和另一支实际上也不存在的苏联军队，准备在1944年的夏季向挪威发动大规模的进攻。这样，迫使希特勒把他部署在丹麦、挪威和芬兰的27个师滞留在原地，坐等英、美、苏军的联合进攻。英国特种战委员会之所以选中麦克劳德来负责实施“北方坚韧”计划，是因为委员会中的一位委员在挑选该项计划的负责人时，想起了他读书的一篇军事论文，这篇论文写的是成吉思汗征服从广州到布达佩斯近半个世界所使用的战略和策略。而这种战略和策略同现在正着手进行的整个欺骗计划有着惊人的相似之处。这篇论文的作者——显然是对这种战略和策略颇有研究的人，正是麦克劳德。

麦克劳德一到爱丁堡，就立即开始集结他的"第4集团军"的工作。两天后，他的集团军司令部建立起来了。稍后，两个年纪较大的少校军官和6个下级军官在斯特林成立了一个"军"；另几位军官又在敦提建立了第4集团军所属的另一个"军"。到第4集团军移驻英格兰东部准备"进攻"加来海峡为止，它已经有了2个统辖有部队的军司令部，1个空降师，4个步兵师，1个装甲师，1个装甲旅，共计25万多部队，350多辆坦克和装甲车，并备有自己的战术空军。只不过所有这一切，都是由不足一个营的兵力和20余名军官扮演的罢了。

既然有了这么多的"部队"，当然要有部队的行动。麦克劳德知道，展示部队行动的最省力、最有效的方法，就是无线电发报。因为德国的无线电报侦听和无线电定位的本领高得出奇。他们能非常精确地测出无线电台的位置。最大误差不会超过5英里。而且前后不过几个小时就可完成这样的任务。此外，德军的无线电侦听人员，可以根据电报的性质、发报频繁程度及发报设备判断出司令部的级别。所以麦克劳德指示他的各"军"各"师"开始编造并互相拍发电报。

从1944年4月开始，在苏格兰的上空，便可以经常接收到密码电报、明码电报及无线电电话的信号。从这些信号中，不难分辨出哪些信号是"营"发出的、"旅"发出的或者是"师"、"军"、"集团军"发出的。而且从电文中，也不难得出盟军即将进攻挪威的结论：如"步兵第10团的史密斯上尉准备立即向艾维埃莫尔报告滑雪训练的情况……""第5军吉普车连需要发动机在低温高寒情况下工作的使用手册。……""第7军要求立即派来早已同意派出的那些讲授比尔格山岩攀登法的教官。……"等等。像这样的电报，清楚不过地表明英军下一步行动的地区，将是一个寒冷、多雪的地区，即挪威。更何况有些加密的电文，已经明白地指明了地点呢！

正像麦克劳德所知道的那样，德军很快就测出了第4集团军电台的位置，还破译了大量的电文。然而，德国的情报机关也不是这么容易就上当的，因为利用无线电进行欺骗毕竟是英国人的拿手好戏。因此，德军并没有轻易地得出结论，而是又派出两名间谍，进行实地调查。但这两名间谍刚刚来到"第4集团军"驻地附近，就被英军逮捕，并被迫开始向德军情报机关提供假情报了。而这两名间谍提供的情报，无疑都证实了无线电侦察中得到的消息。

除了无线电欺骗之外，新闻媒体也被充分地利用起来了。当地的报纸刊登了一条关于“第4集团军足球比赛”的新闻；英国广播公司苏格兰广播电台还广播了一篇第7军“随军一日”的报道。还有些报纸则报道了“第2军”的管乐队的爱丁堡演出以及“第4集团军的一名少校同第7军的一个女辅助队员结婚”的新闻。在挪威的英国间谍也不甘寂寞，开始不断地向国内报告情况：如挪威哥伦山脉的积雪有多深，翁达尔斯内斯附近劳马河上的桥梁可以通过中型坦克；德军第7步兵师山地部队都有些什么高山装备等。英国情报机关也在不断向他们的间谍发出指令，要求他们了解“德国的登山部队在雪原上能否日行20英里”；报告“德国登山部队是否已经研制成功了用以提高他们的类似芬兰卡累利阿气候条件下的特殊服装。”

与此同时，大量的“军事装备”也开始在苏格兰地区集中了。苏格兰地区开始扩建、整修机场，随后则出现了数百架双引擎战斗机，当然，这些飞机都有重兵把守，闲人不得靠近。因为人们一旦靠近，就不难发现，这些造型逼真的飞机，都是木头做的。数以百计的战舰也已集结在苏格兰沿岸。这些战舰倒都是真的，不过，之所以把它们集结在这里，只不过J橇亮麦克劳德又将目光转到了当时的中立国瑞典，在瑞典展开了一场以制造谣言为主要手段的欺骗。一时间，在瑞典到处都流传有关英、美军事行动的谣言：如“美、英的军事工程师正在调查瑞典火车和路基的负载能力，这些调查与盟军拟从挪威向波罗的海运送装甲部队有关”；“英国的空军在视察瑞典国用机场的跑道和停机坪”；“西方国家正在为盟军就德国波罗的海海岸对面的哥得兰、厄兰德等地的过境权和使用港口设施进行谈判”等等。甚至有人劝说瑞典公民修筑防空掩体、储备食品、木柴和汽油等。就在谣言越来越多的时候，瑞典的证券交易所又传来了新的消息：伦敦和纽约股票投机商们正在大量买进长期以来一直不景气的斯堪的纳维亚股票，这更使谣言变得可信无疑。

那么，这场精心策划的骗局，在盟军以后进行的诺曼底登陆战役中到底起到了什么作用呢？只要看一看希特勒的部署就可以知道了：希特勒不仅没有将驻守在挪威的德军调往法国，而且为了对付盟军“即将到来的入侵”，还加强了那里的兵力。到1944年春天结束的时候，德国在挪威的兵力共有13个陆军师，9万海军部队，6万空军部队，6000名党卫军以及1万多准军事人员。在这些部队中，包含一个精锐的装甲师，一个小型然而却是战斗力极强的潜水艇和鱼艇中队和一个精锐的空军师。德国在挪威的这支10万大军一直等着盟军的进攻，一直等到盟军在诺曼底登陆战役结束后。

漂亮女郎，巧窃机密

艾米·伊丽莎白·孛普，有着高雅的举止和漂亮的脸蛋，是一个很有名气的女间谍。她堪与同时代苏联著名的间谍尔格媲美。但她从不在危险的环境动手，通常是在床上享乐中完成任务的。于是人们给她取了一个动听的名字——辛西娅(月亮女神)。

辛西娅1910年11月22日出生于美国尼苏达州的尼阿波利斯，为美国公民。她的父亲是斯堪的纳维亚—爱尔兰血统，母亲是法国—加拿大并掺有德国巴伐利亚血统。父亲是美国海军陆战队少校，曾参加过上世纪末西班牙和美国战争，并被派到许多国家任职。一战时期，辛西娅一家住在古巴，这时她学会了西班牙语，后来她们又搬到华盛顿、夏威夷等地。

14 岁的辛西娅就初尝了禁果，此后就读于瑞士一所女子预备学校，并周游世界，后又到了华盛顿。这个身材苗条、长着一头金发、有一双妖媚大眼睛的少女，很快就引起了英国大使馆商务处二级秘书阿瑟·帕克的垂青。他们热恋起来，并于 1930 年 4 月 29 日结婚，婚后她随丈夫到过智利和西班牙，无论走到哪里，她总能找到情夫，后来帕克被调到波兰任职，辛西娅随行。她的风韵使得当时被称为欧洲最狡猾的政治家、波兰外交部长约瑟夫·贝克上校的机要副官很快坠入情网，并多次替她窃取文件。这使英国军情六处认识到：辛西娅很有价值，她很可能会更出色的完成间谍工作。接着，英国情报机关把辛西娅派回美国，在华盛顿的上流社会区乔治城为她租了一栋两层的楼房，使她在美国用情网，招引那些身居要职的人们。

《破译者》一书的作者，美国密码协会及纽约密码协会两个组织的前主席戴维·卡恩曾说："英国某些最重要的信息系统情报，无论如何中不是来自于沉默寡言的密码分析员的冥思苦想，而是来自在美国的一个秘密情报员的具有爆炸性的特殊魅力。她打动了不少男人的心，使英国走进了浩瀚的情报宝库。"

第一个被诱入情网的意大利驻华盛顿大使馆的海军武官艾伯托·莱斯海军上将。两个故人相见后高兴异常，而此刻的莱斯时值中年，那段时间正被海军武官的日常琐事搞得头昏脑涨，正想找个知心朋友说说话、解解闷，于是，辛西娅通过战术使莱斯交出了意大利海军密码本，这些情报很快送往了伦敦。由于她的这一重要情报，使英国皇家海军于 1941 年 3 月 28 日在地中海海战中，一举打垮了意大利的舰队。丘吉尔兴奋地说："在此关键时刻，清除了对地中海东部英国海军制海权的一切挑战。辛西姆从莱斯那得到许多同时也给自己带来了危险，于是便利用他提供的情报，使莱斯被驱逐回国。因为莱斯曾告诉过她意大利、德国在美国港口破坏船只的联合行动计划。英国把这一计划转给了美国联邦调查局。莱斯便很快成为"不受欢迎的人"被驱逐了。这时辛西娅在码头向他亲昵告别，并向他索取了他走后可能向她提供密码的另一位意大利官员的住址。

英国安全协调局对辛西娅的表现十分满意,决定让她想办法获得维希法国驻华顿的密码机密,这个任务比原来困难并危险,指挥辛西娅的是英国的名牌间谍斯蒂芬森。

1941 年 5 月的一天,斯蒂芬森破例来到辛西娅在华盛顿的住处,自称是"从纽约办事处"来的威廉斯先生。他们一面喝酒,一面相互揣度。斯蒂芬森一直在寻找她的弱点,考查她当特工的能力。而她则拐弯抹角地窥探他究竟是谁。显然双方的把戏完全一样都使对方十分满意,最后,辛西娅认定"威廉斯先生"是在国家安全协调局的首脑,而斯蒂芬森承认辛西娅确是一个难得的特工。他毫不犹豫地向她交代了新的任务:搞到维希法国大使馆与欧洲之间的来往函电,最重要的是获取维希法国大使馆密码本。这对辛西娅来说确实风险很大,因为维希法国在大使馆安插了他们自己的秘密警察,一旦在他们之间发现间谍,将格杀勿论。经过思考,辛西娅决定从纽约着手,而不是在华盛顿。因为华盛顿是首都,众目睽睽,而纽约则是个国际大都会,外国人住得比较轻松。她首先经常去探望嫁给了德国伯爵的智利老朋友和一个当了法国商人太太的英国妇女。从她们那里她了解到了维希法国驻华盛顿大使馆的内部情况。而其中一个人引起了辛西娅的特别关注,他就是管理新闻事务的官员查尔斯·布鲁斯。他过去是一名战斗机驾驶员,上尉。她知道大使是个好色之徒,弄情报很方便,但目标太高,反而容易暴露,所以她选的第一个目标是布鲁斯。她很快通过英国情报机关稿到了布鲁斯的全部情况。于是她变成了一名记者直接找到新闻专员布鲁斯门上,要求采访大使。

这天,辛西娅经过精心打扮,显得潇洒、素雅而又大方,一到大使馆,头一个接待她的便是布鲁斯。布鲁斯见到了这位漂亮的女记者显得格外热情,他不仅向她大吹特吹自己的光荣历史,而且还特地告诉她,他曾经结过 3 次婚。两人一见倾心,于是布鲁斯细心地指导她应如何采访大使才能获得最大成功。

在刚刚接触辛西娅时,布鲁斯对她的英国护照怀疑过,但辛西娅解释说她的丈夫是英国人,现已经分手,由此布鲁斯打消了对她的怀疑,并且无话不谈,当布鲁斯说到英国攻击维希法国舰队行动时,辛西娅显得十分同情,这使布鲁斯更加高兴。第二天,布鲁斯上尉就给辛西娅献上了一束红玫瑰,同时邀请她共进午餐,尔后,他被辛西娅邀请到了乔治城的住处,开始了一个漫长的故事。但好景不长,两个月之后,大使便通知布鲁斯,维希政府由于经济困难,决定在华盛顿精简人员,布鲁斯必须回国,早已堕入情网的布鲁斯十分不情愿。为了照顾情绪,大使同意他保留目前的工作,但要接受减薪,这在物价昂贵的华盛顿是无法生活下去的。况且他还有妻儿老小,因此他把情况告诉了辛西娅。辛西娅向布鲁斯表明:自己是美国间谍,只要他答应提供大使馆一切有关战争的来往信函和明码电报的复制件,他就可以得到一大笔报酬。经过反复的思想斗争,他终于表示愿意合作。从此凡是辛西娅感兴趣的信函、电报、使馆档案文件,以及个人活动情况等,他都会毫无保留地提供。但英国海军情报局急需获取的维希法国海军的密码,却还没有得到。所以英国一再催辛西娅要迅速完成任务,但布鲁斯不肯帮忙。据布鲁斯说:首席译电员是个老头,无论如何也不会上辛西娅的钩,而且他很快就要退休,接替老头的是一个聪明过人的、诡计多端的职业外交官。但是要想取得密码只有通过首席译电员,辛西娅还是决定一试,她了解到接任人的妻子正怀着第二个孩子现单独住在一套公寓里,她决定向他发起进攻。一天她竟亲自登门拜访,虽然电译员也很怀疑,但看见一位漂亮的单枪匹马的女人站在门口,也就热情地把她让进了屋里,并搞得很热乎,但就是不肯泄密。不久他俩的暧昧关系被布鲁斯发现,后被大使发现并向布鲁斯询问。大使说:"电译员揭发辛西娅企图以金钱收买他出卖机密,你是什么看法?"早有思想准备的布鲁斯说:"这位电译员的饶舌很可能惹恼美国,因为辛西娅任华盛顿上层人士中有保护人……"于是不出24小时,大使便通知电译员再也不要到机要室去了。这件事虽然化险为夷、但辛西娅的任务仍没有完成。于是,她决定直接到机要室去偷,她找了一个专业的撬锁贼,让布鲁斯假装上班,并买通保卫人员把自己带进使馆,但没有得手。第二天,撬锁贼又潜在机要室的窗下,辛西娅和布鲁斯两人一丝不挂地躺在地毯上,保卫人员见到这种情景,急忙走开了。就这样,密码本终于被取出,布鲁斯从窗口递给了在下面接应的英国安全协调局人员。

借力打力,为难政敌

1959年,尼克松作为美国副总统去参加在苏联莫斯科举办的美国国家展览会的开幕典礼。在尼克松动身去苏联之前不久,美国国会正好通过了所谓《被控制国家决议案》。这个决议案是针对苏联和东欧社会主义国家的,它攻击苏联的社会主义制度"压迫"、"奴役"人民,"剥夺"人民的自由。

赫鲁晓夫对《被控制国家决议案》十分愤怒,他认为这是美国对苏联的挑衅。而且,对尼克松长期以来坚持反共立场,指责苏联社会是"铁幕",赫鲁晓夫也非常不满。他决定在尼克松这次访苏期间,利用种种机会,给尼克松上一课。但是,在外交场合中,这又不能做得太明显、直露。

美国国家展览会开幕式上,赫鲁晓夫陪同尼克松出席。一行人边谈边参观展览。大家走到展览的电视台模型前,一位青年技术人员走上来,提议把赫鲁晓夫和尼克松互相寒暄和谈话的镜头拍摄下来,以便在展览期间向参观的群众播放。在场的苏联观众围拢过来,兴致勃勃地看着这个场面。赫鲁晓夫发现时机到了,于是爬上讲台,开始讲话,并示意技术人员准备录像。

赫鲁晓夫对着摄像机问尼克松:"美国存在多少年了?170年。好吧,大家请看,这就是她达到的水平。我们存在只不过42年,而再过7年,我们将达到同美国一样的发达水平!"在场的苏联观众被赫鲁晓夫的讲话吸引住了,他们振奋地热烈鼓掌。赫鲁晓夫继续情绪高昂精神焕发地讲着:"当我们赶上你们并超过你们的时候,我们会向你们招手的!"说着,他回身向后挥着手,好像美国正在慢慢逝去。

赫鲁晓夫抓住偶然碰到的机会,敏锐地借题发挥,既奚落、挖苦了美国,难堪了尼克松,又大大振奋了在场苏联人的精神,提高了自己的威信。

尼克松访苏期间,有一次由赫鲁晓夫陪同乘游艇游览莫斯科河。游艇在河上行驶着,河上许多游客在畅游。赫鲁晓夫几次让人把船停下来,向附近的人招手致意。人们游过来,围着游艇,向赫鲁晓夫欢呼。赫鲁晓夫故意

大声问他们:“你们之中哪个是被控制、被压迫的?”河里的人们一齐大声回答:“没有!”赫鲁晓夫又大声问:“难道你们都是奴隶吗?”游泳者又异口同声喊:“涅特!”——不是。赫鲁晓夫得意地用胳膊肘碰尼克松的胸脯,高声说:“看看我们的奴隶们是如何生活的?”然后他又冲河里的人们说:“有人非说你们是被奴役、没有自由的人,这可笑吗?”河里的人们“轰”地发出一阵嘲笑声。随同的苏联记者们将刚才的每一句话、每一个场景都记录下来,第二天就在各个报刊上发表了。在这一过程中尼克松窘迫得哑口无言。

赫鲁晓夫这种随时随地抓住一切机会,宣传苏联的成就、美好,借以回敬、驳斥、戏弄尼克松的做法,虽使得尼克松感到难堪,但却佩服其手腕的高明。他对赫鲁晓夫说:“你知道,我真佩服你,你决不放过任何一个机会进行宣传。”赫鲁晓夫当即反驳他:“不,不,我不是搞宣传,我说的是真话,是千真万确的真理。”

在访苏期间,尼克松参观、访问了许多工厂、农庄、市场。在每个尼克松要去的地方,赫鲁晓夫都安排布置好几个人。当尼克松来到的时候,这几个人就从人群中走出来,站在尼克松面前,自我介绍说:“我是一个普通苏联公民。”然后,一连串地质问尼克松:“为什么美国阻挠为停止原子弹试验所做的努力?”“为什么美国想要战争?”或者:“为什么美国拿在外国领土上建立军事基地来威胁我们苏联?”

尼克松明明知道这是陷阱和圈套,也只好硬着头皮往里跳,往里钻。他反反复复一遍遍讲着道理,回答着问题,弄得口干舌燥、疲惫不堪,最后也达不到任何效果。提问题者毫不在意听他的回答。

就这样,在访苏期间,尼克松常常被这种场面纠缠得苦不堪言,而第二天还要受苏联报刊诸如“苏联一工人质问尼克松,尼克松在正义面前无言以对”之类的题目控告、奚落。由于这些提问者都是以群众面孔出现,尼克松也无法向苏联当局抱怨,怕落个“美国领导怕见群众”的名声。

宣传,是一门高深的学问,里面包含着丰富、复杂的智谋。聪明的宣传家,能够随时把握一切别人往往忽略的机会,从容、自然、顺势地进行宣传,以达到既扰乱、打击了敌人,又激励、鼓舞了自己,同时还抬高了宣传者本人的多重效果。

金钱开道,一本万利

拿金钱买情报,拿金钱招募间谍,前苏联克格勃这样做,美国中央情报局也这样做，外国的许多间谍机构，都善用这一手。他们把金钱贿赂发展间谍看作是一本万利的事情。

1984年10月2日，美国联邦调查局高级官员查德·米勒在圣地亚哥市的住所被捕，他被指控向苏联克格勃间谍出卖美国机密情报，犯了间谍罪。同日，与米勒同案的苏联移民尼古拉·奥戈罗德尼科夫妇在芝加哥市被捕。米勒事件在美国情报界引起了很大震动。他是几十年来第一个被指控为苏联进行间谍活动的联邦调查局特工。

查理德·米勒高个，相貌端正，衣着讲究，戴一副金线眼镜，举止文雅，颇有风度。他肄业于布里格姆·杨格大学，在联邦调查局从事反间谍工作已20多年了，负责反间谍工作，年薪4万美元。他是8个孩子的父亲，年龄最大的19岁，最小的2岁，全家住在圣地亚哥市，因孩子多他的经济负担很重。

尼古拉·奥戈罗德尼科夫1971年认识了莫斯科姑娘斯维特拉娜，很快就结了婚，婚后住在莫斯科，70年代这对俄罗斯夫妇随着成千上万的犹太移民，来到美国芝加哥，两人都找到了工作，生活比较安逸。斯维特拉娜在一家私人门诊部当护士，为人和善热心，后来尼古拉虽也有一些小毛病，犯过一些小错误，但他们夫妇同大家相处得比较融洽，直至他俩被捕，邻居和同事才为之惊愕，事情是这样的：

1980年初。联邦调查局获悉奥戈罗德尼科夫夫妇想回苏联，便派米勒到侨民区访问，彼此相识，互有往来。斯维特拉娜为了取得联邦调查局的信任，表示愿意合作并提供一些情报，经过一些时间的往来，米勒经不起色情诱惑，同斯维特拉娜发生了两性关系。一天米勒向斯维拉娜诉说自己工作，经济，生活等方面的苦恼，斯拉特维娜认为机会成熟了，便坦率地跟米勒说，她是克格勃的一名少校，她丈夫尼古拉在克格勃中已有13年工作资历，他要求米勒跟他们合作为克格勃服务。她还说尼古拉有权支付酬金，帮助他解决经济困难，由于米勒急需摆脱经济困难，就答应了，并表示愿意建立长期关系。接着他们进一步谈妥，米勒向克格勃提供联邦调查局的机密文件，可获得价值5万美元的黄金，这些黄金放在三家银行的保险柜里，米勒和尼古拉各有一把钥匙，同时使用两手钥匙才能开启，随后米勒和斯维特拉娜一起去了旧金山，她将米勒提供的机密文件复印件共25面交给了克格勃，内容很丰实也很有价值，从旧金山回来，斯维特拉娜同米勒约定，下次递交情

报的地点在墨西哥,酬金1.5万美元。她的"朋友"转来一个条件,一定要带上"行李"不得有误。由于米勒与斯维特拉娜的关系过于亲密,这种关系开始引起联邦调查局的怀疑,于是从1984年9月起,开始对米勒进行监视和秘密调查。正当米勒申请去墨西哥的护照时,联邦调查局从电话中窃听到,斯维特拉娜准备去日内瓦旅行,还听到有两个俄国男人约她在华沙会面,他们还发现斯维特拉娜自己花钱为米勒买了一件风衣,联邦调查局在米勒住处搜出了该局1980年—1984年的反间谍活动文件,在斯维特拉娜家里搜出了付给米勒酬金的银行单据,与米勒的谈话录音,会面时拍摄的照片及联邦调查局的文件和密码本,最后将三人逮捕。

金钱不是万能的,但对那些见利忘义之人却很有效果,所以,在各个方面对方为了更快的战胜对手,往往将金钱作为第一位的诱饵。

心理战术,瓦解敌军

士气是构成部队战斗力的重要因素,士气的高低,对战争胜负具有重要影响。在伊拉克与美国进行的海湾战争中,双方通过运用多种多样的心理战而取得了枪炮与炸弹所不能达到的效果,为高技术战争下瓦解敌人士气而胜之,提供了最佳例证。

伊拉克通过巴格达电台以短波英语节目,加强对美军官兵进行心理战。他们从第二次世界大战中被称为"东京玫瑰"和"轴心茉莉"及越战期间被称为"河内之花"等广播员所作的广播中吸取经验,把专门对美军广播的英语节目区分为新闻、特别报道、音乐、讽刺剧等,其代号为"巴格达玫瑰"。这个节目每天播音一小时,其广播内容和播音技巧很精彩,很有涣散人心的作用。

如:"亲爱的美国兵阿哥们,你们知道石油王国的王公贵族是怎样搞美丽的美国女孩的吗?他们用大把大把钞票把你们的女人弄到手,你难道不生气反而要来保护他们吗?"

"在这酷热的沙特阿拉伯沙漠中的美国兵们,你们难道不怀念家中的冷气吗?你们不想妻子、儿女或情人吗?你们难道希望家人成为孤儿寡母吗?你们千里跋涉而来,为的是什么?你们可能还从未作战就先死于中暑。如果太阳晒不死你的话,你还得小心沙漠中的流沙。请多多保重,为家人珍惜自己。"等等。

“巴格达玫瑰”极富情调的声音和播音词，引起美军官兵的深思，促使他们怀念家乡、亲人，从而士气消沉、厌战，从而出现了活一天混一天的想法，致使男女官兵之间性骚扰泛滥。据说，整个海湾战争中，有 64% 的女兵，受到男兵的性骚扰，18% 的男兵受到女兵的性骚扰。一位美国军官也不得不承认，开战后，不断发生男兵钻进女兵帐篷，女兵钻进男兵帐篷的事。

在这方面，美国也不甘示弱，充分利用现代化的手段。瓦解伊拉克官兵及群众士气，激起他们的反战情绪。在海湾战争爆发前的 1990 年 8 月 12 日，美国总统布什就先后两次签署了对伊拉克进行心理战的秘密授权命令。海湾战争打响后，美国在对伊拉克进行猛烈轰炸的同时，通过卫星和广播电台向伊拉克播送反萨达姆的节目，诱导人们看清萨达姆发动侵科战争给科威特和伊拉克人民带来的灾难，并向伊拉克境内和伊军占领区散发了 9000 个多波段微型收音机，以便伊拉克军民收听到美国的广播节目，同时散发了大量的录音带和录像带，使伊拉克军民了解美国和其盟国强大的军事力量以及伊拉克孤立无援的困难处境，以使他们悲观失望，并投下了许多漂流瓶，漂向伊拉克海岸。美国还用飞机向驻科威特的伊拉克军队扔下了 1400 万张传单，告诉伊拉克军队：如果投降就受到善待，如果抵抗就面临死亡。传单详细告诉伊拉克士兵投降的方法：凡投降者接近多国部队的防线时，应右手挥动传单或其他白色东西，武器背在右肩，枪口必须朝下，还劝伊士兵趁早逃跑，不要坐以待毙。有些人士透露，伊军在受到多国部队沉重打击的同时，传单又如重型炸弹在他们的心灵深处爆炸。

在心理战方面美国还采取了蛊惑和造谣的手段。如：1991 年 1 月 18 日，也就是海湾战争爆发后的第二天，美联社报道了一则传闻，说萨达姆总统已被打死，其家属已逃出伊拉克，到了毛里塔尼亚，1 月 26 日再度有消息说，萨达姆的妻子及 9 名家庭成员住在赞比亚总统的国宾馆，通过这些报道以瓦解伊拉克。在多国的广泛宣传和诱导下，伊军许多官兵的思想发生动摇。在美军及其盟军发起大规模地面反击之前，就有 1200 多名伊拉克士兵逃离部队，在大规模的地面战争打响以后，伊拉克军队的士兵竟然成营地向多国部队投降。

美、伊双方通过树上开花计谋的广泛使用，都相互涣散了军队的士气得到了自己预期的效果。

树上开花，摩根成功

在美国东海岸，康乃狄格和派克河汇合于距纽约大约 40 公里的地方。两河的汇合地绿草如织，郁郁葱葱，风光如画的山水田野间，坐落着康乃狄格州首府哈特福。这里曾有过辉煌的经济发展史，那时无论居民收入还是联邦税收，都高居全美之前茅，吸引了全美乃至世界各地的经济人才和冒险家。19 世纪初，一个叫约瑟夫·摩根的人，卖掉了祖先公元 1600 年前后从英国迁居美国后就一直经营的农场，从马塞诸塞州到哈特福定居。他起先经营一家小咖啡店，赚了钱后，就盖了家大旅馆。此后，他开始成为汽船业和地方铁路的股东。1835 年，他投资参加了一家叫“伊特那火灾”的小型保险公司。他不太懂保险业，但却敢于冒险和心存侥幸。巧的是，不久纽约遭受一次特大火灾，许多保险公司出资者认为必赔无疑，纷纷抛售股份。约瑟夫下决心冒一次险，与人合作，统统买下他们的股份，又凑资10万美元，到纽约处理赔偿事项。这一举动，提高了保险公司信誉，吸引了大量投保者。火灾后，约瑟夫·摩根净赚15万元。2年之后，这位胆识过人的实业家有了一个孙子，这个孙子于1837年4月17日出生在亡命者街的一所砖房内，名字叫约翰·皮尔庞特·摩根。

约翰·皮尔庞特·摩根的父亲吉诺斯·斯宾塞·摩根没受多少教育，16岁，就被送到波士顿一家商行当学徒。约瑟夫后来出资5万元买下了哈特福的一家干菜店，让吉诺斯负责经营。这一年吉诺斯23岁，娶波士顿一个牧师皮尔庞特的女儿为妻。皮尔庞特热情浪漫，写过诗，狂热地主张社会改革。他的女儿，也生性热情机敏。这一点，后来深刻地影响了约翰·皮尔庞特·摩根。当然，吉诺斯对他长子的影响，也许更为深远。作为实业家，他不仅把干菜店的生意经营红火，而且跟城里有名的银行家皮鲍狄合伙，做起了债券、股票生意。生意场上的激烈竞争，常常令年幼的约翰·皮尔庞特·摩根不自觉地激动不止。

约翰·皮尔庞特·摩根渐渐地长大成人了。人们开始嫌他的名字长而别扭，就称他“皮柏”。皮柏有3个妹妹莎拉、梅莉、朱丽叶和1个弟弟小吉诺斯，相互之间处得很融洽。但是皮柏的身体很糟糕，常生病，为此吉诺斯很痛苦。这时，在他们建造的一个相当豪华的新居周围，已经发展成威明顿街，街上的金融业、保险业发展活跃。在这街上，吉诺斯也许会前途光明，然而他最终听取了皮鲍狄的劝告，随其前往伦敦从事金融业。全家动身前，吉诺斯提心伦敦的雾会影响皮柏的健康，就临时决定送他去瑞士读高中，待毕业后，看看能否进德国格廷根大学深造。皮柏对这个安排很满意。就要告别美国了，皮柏心里阵阵凄凉，他决定到各地旅游一下。于是这个17岁的男孩同比他还要小一些的表弟吉姆，乘刚竣工的伊利线铁路的火车，去了水牛城，看了尼亚加拉大瀑布，然后沿哈得逊河而下，去萨拉托加、佛蒙特直至新罕布夏州，把阿巴拉契亚山脉以西的地区尽情地玩了个够。他的冒险精神，令吉诺斯惊奇。父母相互耸肩摇头，却觉得这个家伙将来是很可能成就一番事业的。

皮柏后来果然进入了格廷根大学的乔治·奥古斯都皇家学院。这所素以数学、自然科学卓越的教学质量和学术声望闻名于世的大学，荟萃着一流的教授予来自英、法、德、美等世界各地的出类拔萃的学子。早皮柏20多年，德国首相俾斯麦曾就读于这个大学。1862年，当俾斯麦被威廉一世任命为首相时，正是皮柏偏爱在课后沿莱茵河散步的时候。他昂首阔步地走着，手持一支长约1.2米的陶制烟管，大口吸吐着强烈的维吉尼烟草，这个派头，是俾斯麦当年创办的社团“学生团”的共同标志。正值年少的皮柏，脑子里充满了众多莫名其妙的想法，他参加了“学生团”，常常头戴一顶缀着羽毛的圆帽，穿一件紧身皮背心并套件短夹克，腰扎宽皮带，佩着中世纪骑士的军刀，当然，手里必定持着俾斯麦烟管。追求一种落拓不羁的风度，他自我感觉不错，他觉得这简直就是“骑士”。不过，聪明的皮柏并未因此影响多少学业，他的成绩优异。在这里奠定的学识基础，后来成了他几十年纵横商界、实业界的文化资本。

1857 年时,皮柏大学毕业时正值周期性经济危机笼罩美国纽约华尔街。他感到一种开始前的慌乱和迷惘,于是决定先实习 2 年。在父亲的建议下,皮柏选定父亲的朋友邓肯在华尔街开设的一家商行,由此产生了一段可以说影响他人生的经历。

去商行前,他先前往邓肯别墅度假。那座美丽的别墅在康乃狄州,山水灵秀,风光如画。瘦高细长、风度翩翩的皮柏在明山秀水间,遇到一位姑娘。她端庄妩媚、摇摆地从山水间走来,她温文尔雅、神采飞扬地与邓肯夫妇谈论音乐或美术,她楚楚动人地笑,似嗔似娇地怒。她的一切,都仿佛一张无形的温柔网,向皮柏罩来。皮柏陶醉了,他知道自己完了。而这时,他甚至还不知道姑娘叫亚美莉亚·斯塔杰。

那以后是一段诗情画意的日子。皮柏与姑娘相恋了。他知道姑娘向往成为著名歌唱家,一心想成为歌唱家的姑娘有个可爱的昵称叫咪咪。他把咪咪的情况告知了父母。皮柏的母亲后来特意从伦敦赶来,把咪咪带往欧洲。那时,皮柏已经在邓肯商行干了一段时间。一次,邓肯派他去古巴采购鱼、虾、贝类及砂糖,返程途中,轮船停靠新奥尔良,皮柏上了岸。码头上腥臭灼热,两艘沿密西西比河下来的轮船正在装卸货物。忽然,一位陌生人从背后拍拍皮柏的肩,把他拦住。那人自我介绍是常跑巴西买卖咖啡的船长。“哎,哥儿们,买点咖啡吧?”他高兴地嚷着,并解释说,他受托从巴西运来一船咖啡,没想到这期间美国那家买主已破了产,只好自行推销。船长说着就往饭馆拉皮柏,他认为这位气质、衣着很有些不凡的年轻人是个买主。“如果你能出现金,我还可以半价出售!”他补充说。皮柏从最初的惊疑中清醒过来,觉得这桩生意不错,决定买下这船咖啡。他带上咖啡样品到新奥尔良,跑遍了所有与邓肯商行有联系的客户那儿推销,但是没人接受,他们反过来还劝告他,也许这些咖啡不符样品,也许船主是有意用手段。皮柏无计可施,只好先以邓肯商行的名义买下咖啡,并电告商行总部。谁知还未容他舒一口气,总部就回电将他不由分说斥责一番,并责令其“不许擅用公司名义!立即撤回交易!”。“蠢货!”皮柏嚷道。他想这还有什么希望,就立即给在伦敦的老父亲去电报,获准后，用伦敦公司的款偿还了所挪用邓肯商行的款项。并且通过那船长，又买了一些其他船上的廉价咖啡。就在皮柏积极联系客户的时候，巴西遭受持续风寒袭击，咖啡大幅度减产，国际市场咖啡价格猛涨 2 ~ 3 倍。皮柏赢了。他的冒险精神和经营胆识令熟悉他的人赞叹不已，连他那在商海中奋斗大半辈子的父亲，也情不自禁夸赞孺子可教："有出息！"

咖啡事件虽然令皮柏十分伤心，但他并未想过要离开邓肯商行。此时，与咪咪的恋情实际上起了缓冲作用。不幸的是，娇弱的咪咪在那些幸福的日子里，不料染上了肺结核这种在当时属于绝症的可怕病症，低烧、喘、消瘦，人渐渐憔悴。皮柏痛心极了，他决定用提前结婚来医治咪咪身体和心灵的创伤。1861 年 10 月 7 日，皮柏不顾众人反对，无视其父母不很赞同的模糊态度，在纽约东 14 街的一幢石砌豪华住宅内，毅然与咪咪举行了注定不会有完美结果的婚礼。婚礼充斥着排扬、奢华与喜庆的气氛，但却怎么也掩盖不住那哀伤的、犹如葬礼般的悲凉气氛。在牧师主持下，身着黑色礼服、洁白衬衣的英姿勃发的新郎，与一身雪白婚纱、面如纸灰的新娘宣誓、互换戒指、拥吻，仪式一丝不苟，庄严得令人心疼。当时皮柏的父母都不在场，咪咪的母亲斯塔杰夫人看着人们同情地向新郎、新娘祝贺，心中涌满凄楚。她再三恳求新郎，一定要救救可怜的咪咪。皮柏对天发誓，他认为他能做到。婚礼结束，皮柏抱着咪咪下楼，跨上了一康科特黑色双马马车，在亲友的护送下来到布鲁克林码头，登上前往英国的船，去阿尔及尔。医生告诉说，这个地中海的小岛，气候温和，风光秀丽，城堡、寺院星罗棋布，环境幽雅，在那里疗养也许会有意外的效果。然而皮柏却有一种不祥的预感。动身前，专程从哈特福赶来的弟弟问他何时归来，他一片茫然，喃喃地说："还没定好……也许，不回来了！"生活的热望，湛蓝迷人的地中海，都未能留住美丽而薄命的姑娘。3 个月后，咪咪在法国巴黎的一家医院里去世。

极度的悲伤，彻底改变了皮柏。他黑衣、黑裤、黑背心，仪态严整，沉默寡言，那个血气方刚、潇洒热情的青年从此消失了，皮柏成熟了。

曼哈顿岛纽约证券交易所是一座堂皇的建筑，每天都出入成百上千的人，相比之下，它对面的一所破落的旧式木制建筑却显得无比寒酸。一天，那楼的二层上新添了一块招牌，"摩根商行,"主人是皮柏。

丧妻后,皮柏渴望工作能有所成就,然而邓肯不愿再收留他,原因是他不好使用。出差新奥尔良,他擅自做主投机咖啡生意;新婚后陪伴新娘一去又是三四个月,令人难以容忍。吉诺斯得悉老友的态度后很愤怒,电告儿子不要再跟邓肯合作,自己办一家公司,并出资给予了鼎力支持。于是,一座经济的摩天大厦就这样奠基了。当然,那时皮柏对将来做什么生意还完全没有计划。有一天,一位比皮柏大二三岁、名叫克查姆的小伙子来拜访他。克查姆机敏健谈,一下子获得了皮柏的好感。克查姆告诉皮柏他父亲是华尔街的投资经纪人,工作带有投机性质,这方面他也内行,他们可以密切合作。他还似乎是随意地提到1862年1月27日林肯总统颁布的"第一号命令"。这道命令决定2月下旬北方军队总动员,陆海军全面进击,南北战争即将进入一个新的阶段。"这一段似乎北军伤亡惨重。"克查姆说:"不过,南军还不至于打到查尔斯顿港。"皮柏一下子激动起来。他点燃一支雪茄,小声说:"这么说金价又要上涨了。如果现在有人大量买进黄金,汇往国外,那金价不是要狂涨吗?"他们已经意识到,这是一个投机的千载难逢的好时机。那时的林肯政府,常被军费严重不足所困扰。后来,曾任过俄亥俄州长的波兰·乔伊斯出任了财政部长,他开始实施一种"赤字财政"政策。尽管政府出现货币不足,除国债外,乔伊斯还用高达7%的利息发行战争债券。结果一种反常现象出现:如果北军胜了,金价就会下跌,反之,就上涨,甚至暴涨。这就给黄金投机造成了极好的机会。皮柏和克查姆约定,要抓住机会做一笔投机生意。

他们会面后不久,北军在布尔渊河战役中大败。为补充军备,乔伊斯赶紧发行200万美元战争债券,但是无人认购,最后,只好通过纽约联合银行转卖到伦敦。克查姆将情况迅速通告了皮柏。他们很快又得知,债券是经皮鲍狄倒手的。"这就好办了。"克查姆说:"咱们可以同伦敦皮鲍狄商量,由你和他的公司秘密买下400~500万的黄金,一家一半,如果泄露出去汇款的事,而北军又恰好战败的话,金价必定暴涨。那时,咱们就把自己的抛出去。""干!"皮柏决定破釜沉舟。计划顺利实施了。美国、英国果然到处都流传着皮鲍狄购买黄金的消息,金价也随之飞涨。人们开始了种种调查和猜测,因为这时北军不止一处失利,金价上涨似乎与军备、日用品、工业用品紧缺没有联系,那么,一定是有一只无形的手在后面操纵。随后,《纽约时报》宣布这个操纵者找到了,他就是青年投机家J·P·摩根。这家报纸严厉批评蓄意导致金价暴涨的行为,认为这是无视国家的命运。它呼吁议会,要赶紧建个刑场,将这些家伙斩首示众。但是批评归批评,金价还是在暴涨。克查姆幸运地没遭牵连。当纽约的经纪人纷纷抛售时,克查姆将它们统统买下。当伦敦在纷纷批评他们时,这两个年轻投机家,却正在餐馆里大张旗鼓地欢庆他们的第一个胜利呢!

从这件事,看得出年轻的皮柏为了赚钱有些不择任何手段,他父亲对此的解释是这孩子胆子太大了。随后,又发生了一起霍尔步枪事件,使得皮柏名声极差,不少美国人都认为这应该算是摩根大佬生命的不光彩之处。

美国南北战争爆发后,军械奇缺,枪支弹药成了抢手货。特别是各州的义勇军，急需枪械装备自己，却苦于买不到。这时的华盛顿陆军总部军械仓库内，正躺着5000支老式的霍尔步枪。这些枪造于10多年前，早已锈蚀得不能使用，一个名叫伊士曼的商人却盯上了它。他与陆军部订好了合同，以每支3.5美元的价格买下这批枪，交货后3个月现金付款。谁知交易并不顺利，找客户成了棘手的事，眼看合同就要到期，伊士曼将它转给纽约的另一个投机家史蒂文生。史蒂文生是克查姆的朋友，他的姐姐又是皮柏高中时的数学老师，接下去的事就理所当然了。史蒂文生找到了克查姆，克查姆答应与他合作，并为其开出了支付陆军部枪械费的支票，支票签名是J·P·摩根。枪支马上运到弗吉尼亚州义勇军队长弗莱蒙特少将那儿，不过，狡猾的史蒂文生却只运来2500支，随后致电说，若想要另2500支，就先付已收货物的款。价格也上升了，每支枪卖到22.5美元，这样5000支枪就不是原来合同上说的15700美元，而是高达56250美元。更致命的是，这批枪搞不好不仅打不着敌人还会先炸死自己，简直比南军更可怕。弗莱蒙特少将当即退了货。

然而舆论已经出现了。还是《纽约时报》，刊登一篇报道，说皮柏用不正当手段，欺骗弗吉尼亚的弗莱蒙特少将，鼓动他购买根本不能使用的霍尔步枪，大发战争之财。同时指控弗莱蒙特贪污受贿。众议院的一个特别调查委员会也逐一审核了陆军5000万美元的账目，发现了104件可疑事件，向法庭起诉。其中就有《国会报告第97号事件：J·P·摩根要求供应局支付58075美元案》。事情似乎是清楚了，弗莱蒙特在劫难逃，由林肯总统痛下决心，革职流放。其后，史蒂文生又向法庭起诉，要求陆军部代弗莱蒙特付2500支枪定购过程中所有款项，共58275美元。这样，就不由分说地把摩根商行，也就是皮柏、克查姆牵涉进去了。特别调查委员会在报告中说："J·P·摩根公司所付的订金没有强有力的证明来说明它是合法的。摩根在听证会上拒绝说明他是怎样依据史蒂文生和弗莱蒙特少将所订的合同来支付订金的。因此，对于摩根商行一再声称的所谓霍尔步枪事件是一件合

法的交易的说法,本委员会实难赞同。"

26 岁的皮柏对此保持着沉默,他中途退出诉讼,他不再需要一个"好市民"的名声。1865 年,皮柏再次结婚,新娘是个年轻律师,叫法兰西丝·崔西。第二年,生下长女露易丝。1867 年,法兰西丝生下了皮柏惟一的儿子 J·P·小摩根。小摩根后来继承父业,掌管了摩根商行,并进一步发展了商行。1870 年,皮柏的二女儿朱丽叶诞生。3 年后,三女儿安也来到人世。事实上,南北战争后,皮柏的公司日趋兴旺。他从前的同事、邓肯商行的查尔斯·达布尼及他的表弟古特温,都加盟了他的公司,公司的名字也因此改为达布尼·摩根商行。沉默寡言的皮柏,紧皱着双眉久久地思索:他该向实业界进军了。

1869 年,皮柏插手闻名的萨斯科哈那铁路之争。

萨斯科哈那铁路是联结美国东部工业城市与煤炭基地的大动脉。它起于纽约州首府奥尔巴尼,到宾夕法尼亚州北部的宾加姆顿,全长 220 多公里。宾加姆顿城有许多铁路通往各煤炭产地,是著名的煤炭集散地。而且,这条铁路南接伊利铁路,西达美国中部重镇芝加哥,匹兹堡的钢铁和产油河的石油都可经此运抵纽约。所以,在实业家眼里,萨斯科哈那地方铁路简直就是条运钱的路。1869 年 8 月,围绕着这条铁路的所有权问题,华尔街的投机家们展开了一场激烈的争夺战。争夺是由在投机业上独霸华尔街的年轻投机者乔伊·顾尔德发动的。顾尔德 33 岁,满脸胡须,凶狠暴烈。他靠在杂货店当学徒省吃俭用积攒起的 5000 美元资本起家,短暂几年功夫,就成了涉足皮革、铁路业、握有大量股份的华尔街巨富之一。为了夺取萨斯科哈那铁路,他联合了年轻力壮的吉姆·费斯克一起行动。他们聪明地利用华盛顿的金融紧缩政策,在渥多维剧场印刷虚有的公司交换债券,使铁路半数左右的股份落入自己手中。同时,又行贿司法人员,在萨斯科哈那铁路股东大会召开前,查封了萨斯科哈那总公司。纽约州法院同时下令,免去萨斯科哈那铁路总裁拉姆杰的职务。随后,顾尔德很快延长他所有的伊利铁路到宾加姆顿,准备宣布拥有萨斯科哈那铁路的所有权。但是,当他把满载武装人员的列车驶入萨斯科哈那铁路时,却被拉姆杰率领全副武装的公司职工们堵住,双方发生了激烈冲突,死伤惨重,成为轰动全美的一大惨案,政府只有出动军队予以平息。

拉姆杰决心雪此奇耻大辱。他经人介绍,求助于已成为华尔街年轻金融投资家的皮柏。皮柏经再三考虑后,答应给他帮助。办法是与顾尔德上法庭。皮柏要求拉姆杰雇用他的岳父崔西律师及其助手韩特律师,拉姆杰满口应承,并许诺事成之后,专门发行 3000 股新股,使皮柏、达布尼、崔西和韩特均列为股东。法庭斗争很快有效,法院为拉姆杰复了职。接着,他们又准备迎接股东大会上的斗争。崔西预料,在大会上,顾尔德和费斯克很可能各施手段,以武力相威胁。皮柏觉得岳父的想法是正确的,就与拉姆杰等人进行了周密的协商与布置。股东大会那天,一大早,皮柏、拉姆杰、崔西、韩特 4 人就赶到会场,却见费斯克早带着许多全副武装的侍卫到来了。看着他们如此紧张,皮柏觉得滑稽。就在这时,会场大厅入口传来一声断喝:"费斯克,不要动!"随即,四周冒出许多身着灰制服的奥尔巴尼郡警察,费斯克

呆住了。在局长的指挥下，费斯克被逮捕。当然，没有出示逮捕证，没有公布他的罪行，遭受恐吓的费斯克也忘记要求他们这样做，就糊里糊涂地被押上马车带走了。由于费斯克的被捕，顾尔德破坏大会的计划泡了汤，股东大会顺利举行。会上，拉姆杰继续担任总裁职务，而皮柏，则被选为萨斯科哈那铁路的副总裁。步出会议大厅，皮柏情不自禁大笑。人们后来才知道，逮捕费斯克那戏剧性的一幕，完全是皮柏一手策划、导演的，那些所谓"警察"、"警察局长"自然也是雇来的。

股东大会后，皮柏实际上取代了拉姆杰，掌握了萨斯科哈那铁路的实权。不久决定，将萨斯科哈那铁路租给顾尔德的伊利铁路的后台老板特拉华·哈得逊运河公司，年利率70%，租期长达99年。这个决定令人难以置信。千方百计夺来的铁路所有权，在手中还未把握住，就毫不在意地拱手让给总裁拉姆杰的死对头，于情于理似乎都说不通，因为利率虽高但租期太长，近百年后的事情难以把握，所以这条铁路事实上已经等于奉送了。华尔街乃至全美国都对此议论纷纷，各种猜测纷至沓来。无形中，摩根的知名度迅速提高，无人否认他第一次涉足铁路投机业所获得的巨大成功，并且有人把他喻为华尔街极有谋略和手腕、极有发展前途的新军。《美国人物志》就这样评价他："摩根作为一个企业经济者，同当代最具有实力、拥有各种武器的金融资本家抗衡，他获得了胜利，由此奠定了驰骋于企业大舞台的基础，也开拓了他自己的人生。"

开拓了人生的皮柏运筹帷幄，准备扩大投机范围，迎接来自任何方面的任何挑战，为此他关注波诡云谲的世界政治、经济局势。那是19世纪70年代初，法国军队先后在色当、梅兹两次被普鲁士军队所败，拿破仑三世及麦克马洪元帅，帕杰诺元帅被俘，曾经发誓与普鲁士血战到底的共和政府，违背誓言与之和解，并反过来镇压民众对普军的反抗。1871年3月，震惊全球的巴黎公社起义爆发，激奋的巴黎人民攻入凡尔赛宫，成立了"巴黎公社"这个世界上第一个无产阶级专政的政府。5月，巴黎公社失败。远在美国的皮柏知道这些政治斗争中间，经济自由发展的缝隙日增。还在色当战役不久，皮柏作为治丧委员会委员长，刚刚在马塞诸塞州的坦巴村主持仪式为皮鲍狄先生举行了葬礼，就得到消息说，接替皮鲍狄主持伦敦公司的父亲吉诺斯·摩根，眼见法国临时政府首脑梯也尔的密使谈妥，代表法国政府发行2.5亿法郎、约合5000万美金的国债。这些国债的用途不光彩，主要是镇压民众、镇压社会主义和发展殖民地。但作为美国国民，吉诺斯对此漠不关心，他只看到此举有利可图，因为债券的年利率为6%，发行指数为票面的85点，如果顺利的话，仅票面即有15%的赚头。吉诺斯的这些演算，当然是后来才告知皮柏的。他致电要求皮柏在美国卖出价值2500万美元的债券。他知道皮柏无法独立承受，就建议成立“辛迪加”，也就是企业联合。通过组建一个国债承担组织，集中一些大规模的金融公司，把国债推销到一般投资家身上。精明透顶的皮柏马上思考这个主意，并着手在华尔街联络投资家。不久，父子两人先后在伦敦和华尔街遭到强烈指责。人们谴责说，这种貌似化解风险的办法，实际上是把危机转嫁给大众，一旦经济恐慌发生，势必发生大范围的经济动荡。这些舆论，阻碍了“辛迪加”的建立。同时，由于经营策略和其他方面的原因，达布尼和古特温相继辞职，达布尼·摩根商行宣告解散，皮柏的实力大受影响。华尔街上的人都清楚，若再有一两个月没有转机，皮柏的“辛迪加”就注定失败。

这时，安索尼·德雷克歇露面了。德雷克歇是费城的著名投资金融家，13岁进入投机业，后来继承了父亲的产业，先后在伦敦、巴黎、纽约等地建立分行，是费城的第二号投资家，仅次于南北战争期间曾帮助财政部长乔伊斯发行战争债券、为北军胜利立下大功的投资大佬杰伊·科克，长皮柏9岁。德雷克歇电报邀请皮柏去费城一晤。一见面，赞赏了皮柏用联合募购方式处理法国国债，并要求两人合作在华尔街一显身手，要有点新的气派。“最好在华尔街建幢大楼。”他一边喝着波尔多产的白葡萄酒，一边瞪着两只充满血丝的蓝眼睛兴奋地说，“造价嘛？大概要94.5万。”“好，我愿意，我都愿意。”皮柏显然有些兴奋起来，这段时间的失败和紧张工作，使他的身体状况不大好，时常头晕眼花和偏头痛，医生说是劳累过度。“你能干就多干点吧，我有时候索性就不想再工作了！”德雷克歇笑笑同意了。随后，皮柏就携妻子开始了一年的欧洲旅行。他们先到了利物浦，然后途经伦敦、巴黎、奥地利的提罗尔以及因斯布鲁克、萨尔斯堡、维也纳、慕尼黑、罗马、埃及等地，山清水秀，人才辈出，皮柏第一次发现生活是如此美好。

一年后，皮柏精神抖擞地回到美国。他高兴地看到德雷克歇－摩根公司的新变化，美英法国际联合募购组织“辛迪加”，尽管他只有功夫帮父亲把它建立起来，并未花费多少心血，却仍然运行得很正常。公司新大楼也在华尔街耸立，这是他第一次有了豪华的工作基地。德雷克歇做得出色。他满意地笑了。可惜的是这种轻松心情只保持了一顿饭时间，皮柏很快就被德雷克歇拖入了与杰伊·科克的竞争。

杰伊·科克在南北战争中胜利，使他不断地产生一些狂热的想法。他联系了再次当选美国总统的格兰特，接着作他们的南北战争中就有过的合作。皮柏旅欧度假期间，共和党在费城召开党员大会，德雷克歇曾去电让他回来参加大会，以示支持格兰特。然而会上，格兰特却提出要恢复“纸币不能兑换正币”的禁令。那么，为消化这些战争期间的纸币票，务必要发行新的国债。杰伊·科克想承包这项业务，以年利率6%，发行3亿美元。为此，他联系了与华盛顿政府和当局有密切联系的人——伦敦罗斯查尔男爵，同这个世界闻名的德裔犹太财团首脑联手，志在夺标。德雷克歇在为皮柏举行的接风酒宴上，将这些全盘托出，要求皮柏同意德雷克歇－摩根公司竞争，同时，扩大联合募购组织，以“辛迪加”的势力增加竞争性。皮柏默然以对。这事干系重大，一不小心，将来很难立足于商界、政界。几天后，他发觉，杰伊·科克早在两三年前，就涉及过北太平洋铁路的投资。这条铁路是项庞大的建设项目，起于明尼苏达州的苏必利尔湖，止于华盛顿州的太平洋沿岸，中间经过落基山脉。为了发行铁路债券，杰伊·科克买通新闻界，以夸张的报道，树立造成铁路沿线土地乃至美国北部土地，开发前景灿烂、寸土寸金的印象。铁路动工之际，他的1亿美元债券也发行了。此外，杰伊·科克还打算在北达科他州境内苏里河水源地附近，兴建一座以德国首相俾斯麦的名字命名的城市，该计划也附有1亿美元债券。皮柏凭第六感官感到杰伊·科克是浮躁而心虚的，三面同时出击，而且都是大手大脚，急功近利，不看自己潜力而过分依靠后台和舆论，犯了大错误。“他必败无疑！”皮柏决定接受德雷克歇的建议，大干一场，不仅为了获利，也为了阻止杰伊·科克这种以操纵股市和舆论为主要手段的投机行为。

皮柏的计划得到了父亲的大力支持。年利率6%，票面100点，承购3亿元。这比起杰伊·科克的65点，显然更能打动格兰特政府的心。因为这种以全面额承购，代表着皮柏他们只是以手续费销售，那么，一点也不愚蠢的格兰特政府官员们，还有什么理由一定要让杰伊·科克独立承购国债、堂堂皇皇地赚去35点呢？接下去，皮柏采取杰伊·科克的战术，联络新闻界入战。与德雷克歇有千丝万缕联系的《大众休闲报》首先挑起战火，要灭掉杰伊·科克。科克不甘落后，立即组织他那多达1500家新闻机构的庞大通讯网络迎战。一时唇枪舌剑，忠奸莫辨，难分负胜，直看得格兰特政府眼花缭乱。最后，只好提出由杰伊·科克和皮柏两家各承购一半国家债券，以平息战争。皮柏无疑又胜了。而杰伊·科克，却因少了巨额收入，无法消化掉北太平洋铁路的巨额债券等原因，最终导致破产。一年后，杰伊·科克在费城票子街、纽约华尔街的巍峨大厦另易其主，引发一了一场不大不小的经济恐慌，多达40家大公司接连倒闭。皮柏看到，以纯粹的赚钱为目的，凭借股票倒来倒去的投资方法已经跟不上时代潮流了，必须建立新的投资秩序，制定新的投资战略。比如纸币问题，如果政府不解除黄金买卖的禁令，还会有投机者在这上面失败。他衔着粗大的雪茄，慢慢对德雷克歇说，投资银行家能把握美国政府，因此必须加强实力和严于自律，不能做杰伊·科克那类的投机者。他们约定："像侵略那种模式的投机，是绝不能从事的，希望能够在华尔街从容指挥，成为全美国企业的领导者。"未来的发展方向，皮柏说："华尔街目前真正需要的，是尽可能多地发展产业。"

1879 年 1 月 2 日，皮柏一大早就来到华尔街刚竣工的"德雷克歇－摩根商行"新厦。这是一座 7 层大楼，用坚硬的石料砌成，看上去宏伟壮观。皮柏走进宽大的办公室，以苛刻的眼光看着职员们连夜布置好的房间：一张大写字台横卧屋子当中，对面是一壁很大的暖炉，靠墙立着一排又厚又高的书柜和一些其他家具，天花板装饰得金碧辉煌，空着的墙壁上还挂着时尚的油画。皮柏笑着摇摇头，这画适合挂在剧院的化妆间里。他在舒适的皮椅上坐了下来，习惯地点燃雪茄。一年又匆匆消逝了，他已经 42 岁。这些年，他的成就是令同行们敬仰的。单提生活的变化，他在麦迪逊街 219 号买下了一座阔气宅邸；在哈得逊河上游，建了一个占地约 250 万平方米的快艇港口；在西点军校前边不远，买了一个有网球场的殖民地式大型别墅。可是，他却从未满足过。他常常跟人谈起他父亲这个年龄听取得的壮举，鼓励自己努力干。新年刚过就赶来上班，皮柏是为了尽早地制定出今年的投资方略。这是秘书推门进来，告知有个叫凡德毕尔特的先生来拜年。

威廉·凡德毕尔特是美国数一数二的铁路业大亨、有"小偷贵族"之称的 C·凡德毕尔特的长子。他子承父业，继承了纽约中央铁路和其他一大笔资产。但是，他与靠奋斗由船老大起家的父亲不同。他瘦弱得多，酷爱骑马，却不热衷铁路和其他一切经营事业，曾一度独自跑到一个叫斯达汀的荒岛上过农夫生活。他来拜年，皮柏料到必有一番苦恼要倾诉，果然，刚坐下，他就愁眉不展地说他真不愿干了。后来，他又说，想开放纽约中央铁路的股份。这一下惊得皮柏差点跳起来，"机会来了！"皮柏激动不已，听凡德毕尔特讲下去。凡德毕尔特打算卖出 35 万股，这是个天文数字，从控股的角度讲，他已经把自己置于困境了，只是要价高了点，大约在 120 点上下。"115 点上下吧。"皮柏说，他能够通过他和他父亲的"辛迪加"来收购这些股票。不过，附有两个条件，一是，5 年内必须保证皮柏享有 8% 的股票红利；二是，无论把股票卖给谁，必须把一份公司干部的空白委任状给他。皮柏这样做，实际上是要控制股份转让，但急于转变舆论形象，有所作为，又苦于经营无术的凡德尔毕特还是欣然同意了。

交易顺利进行。皮柏利用父亲在伦敦的公司，很快将股票销售出去，总额达 2500 万美元，这次交易，是私人企业股票交易量中史无前例的，是美国铁路股票以个人交涉方式达成秘密交易的第一次，也是英美两国间首次进行的跨国股票交易。这是皮柏对股票投资业的一次杰出贡献。同时，通过这次交易，皮柏正式成为纽约中央铁路的负责人之一，他拟定并公布了买卖后纽约中央铁路的经营策略和扩大改造铁路网计划，令人精神一振。以往，美国铁路公司的债券买卖，旨在赚钱，多数事后经营不善，害了不少国外、尤其是伦敦的投资者。皮柏打破了这种局面,赢得了极大的信誉。他以 119 点销售股票,不料却暴涨到 135 点。这次交易中,他和德雷克歇共赚了 300 万美元,利润在 10% 以上。

此后 5 年,皮柏父子为威廉·凡德毕尔特销售股票,皮柏也每年拿取 8% 的红利。5 年后的一天,吉诺斯·摩根听说儿子依旧在领取这份红利,只是降到了 4%,就把皮柏叫去。“未免太过分了吧,4%!”一身英国绅士气派的吉诺斯·摩根气愤地对儿子说,“我们做事一定要讲信誉,拿 5 年就是拿 5 年,多一点也不能要,否则我们怎么取信民众、取信实业界和金融界。”皮柏听得有些惭愧。他知道许多英国人,特别是佃农,都是临时从银行提出存款或者省吃俭用攒点钱来购买纽约中央铁路股票的,实在不好多占他们的便宜。吉诺斯·摩根最后说:“不要那 4% 的红利了,英国现在正闹饥荒,在三四年内,如果不从美国大量进口粮食,就很难生存下去,纽约中央铁路的经营状况不论如何,你都不能辜负英国人对你的信任。”皮柏接受了父亲的忠告,他承认自己太爱财了。他知道,若不改掉这个错误,他的事业就会受到致命的打击。像霍尔小偷骗局、甚至再早些时候的咖啡投机,都可以称得上是“阴谋家、“掠夺者”的行为,而他的梦想,不是要通过投资组织生产,进而领导美国现在的企业、发展国家现代工商业的吗?皮柏猛然醒悟,这个醒悟直接影响了他未来发展的计划。从伦敦返美,在轮船的甲板上踱步,望着苍茫海天,他酝酿了一个铁路建设计划。

南北战争后,经济的迅速发展,异地贸易急剧增加,从而导致了美国铁路的不良发育。纽约州首府奥尔巴尼到五大湖畔的水牛城,不过 30 多公里,竟然并行着 4 条铁路;纽约和芝加哥之间,已经有 5 条铁路干线,但 1888 年,又有两条铁路在建设中。不仅铁路建设毫无计划,而且铁轨宽度也各不相同,轨距更是千奇百怪,为此建设了拥挤不堪的中继站,中继站却又缺少转运设备。这是一种兴旺而糟糕的局面。1888 年秋天,皮柏决心改变这种局面。他计划不断买进铁路,加以统一的建设和治理,形成新的垄断。

最先成为皮柏靶子的,是西海岸铁路。这条铁路南起新泽西域,沿哈得逊河北上,经奥尔巴尼,到五大湖畔水牛城,与皮柏实际控制的纽约中央铁路平行。由于经营无术,西海岸铁路连年亏损，正濒临破产，如果买下来，与纽约中央铁路统一治理和经营，能控制美国中西部整个铁路运输业。他找来老友德普洽谈。德普曾任美国驻日大使，后来给C·凡德尔特担任法律顾问，并进而控制了纽约中央铁路的实际经营权。德普告诉他，宾夕法尼亚铁路的董事长罗勃兹已经先他动手，目前正在西海岸铁路的股东们暗中买卖契约。“罗勃兹可是个强硬的对手！”皮柏一阵懊悔。他清楚这个前纽约技术专科学校的高材生正在开展一项宾夕法尼亚铁路系统计划，拼命收买地方支线，计划控制五大湖、中西部及匹兹堡地区的铁路运输业。看来，要得到西海岸铁路只能另想计谋。经过严密调查和考虑，皮柏和德普决定利用正在建设中的南宾夕法尼亚铁路来一个声东击西。这条铁路，是凡德毕尔特和匹兹堡的钢铁大王卡内基各出资500万美元兴建的，路线大体上与兵夕法尼亚铁路平行，主要目的只有一个，就是跟罗勃兹抗衡。建设中，所需费用超过了卡内基的预算，他曾想把铁路卖给罗勃兹，但惨遭拒绝。“就用它来恫吓一下罗勃兹！”皮柏笑着说。

为了说服凡德毕尔特支持他的计划，皮柏费时整整两个晚上。他反复陈述西海岸铁路的经营可行性，指出它如果经过扩建，从纽约到芝加哥，再由芝加哥延伸到加利福尼亚州，就将成为五大湖地区最大的干线。它的存在，不仅运输力增加，更重要的是保护纽约中央铁路竞争力，避免破产。终于使凡德毕尔特开始考虑可行性。然后，皮柏约纽约中央铁路总裁德普，一起在他的游艇“海盗号”上摆一次鸿门宴，邀请罗勃兹做客。那一天，约50米长的豪华装饰一新。甲板的餐桌上，摆满贵重的银制餐具和加勒比的海虾、缅因州的贝类等山珍海味。皮柏在他营造的温馨气氛中，平静地谈到了南宾夕法尼亚铁路对罗勃兹的威胁，并暗示他将全力支持凡德毕尔特。这一下，准确地打中了傲慢的罗勃兹的心头之痛，他含着满口的鱼子酱不动了。皮柏抓住时机，建议他放弃面临破产的西海岸铁路，而买下南宾夕法尼亚铁路。他说，凡德毕尔特和卡内基由于经济状况都不打算再要这条铁路了，只要出成本价就可以将它买下来。罗勃兹望着哈得逊河两岸的秀丽景色和皮柏的古拉格颂别墅，长久地思索。

后来局势的发展一如皮柏所料，罗勃兹接受皮柏“你是拿正在下沉的木船换一条建造中的军舰”的观点，买下了南宾夕法尼亚铁路，同时出让了西海岸铁路，

并把买西海岸铁路只需2200万美元低价的底暴露给了皮柏。皮柏终于实现了梦想,并且是排斥了凡德毕尔特,以自己的资金独立地买下了这条铁路。接着,他又暗中把夺取纽约中央铁路列入争取计划。不久,长皮柏16岁的凡德毕尔特突然身亡,皮柏轻而易举获得纽约中央铁路这条全美最具潜力、经营又好的铁路干线。对此,社会议论很多,褒贬不一,有人甚至怀疑凡德毕尔特身亡原因。但不管怎样,皮柏是获胜者。他控制了铁路间的竞争,铁路运费上涨约20倍。同时,中西部、西部各大煤矿也在皮柏坚持不懈的铁路政策下妥协,经皮柏调停,签订了一份减产的秘密规定,同意今后在摩根协商下维持一定的价格水平。皮柏的社会影响和作用与日而增。他感到以企业和金钱的力量左右政府法规和政策,已经不再是天方夜谭。

1888年12月的一天,皮柏在麦迪逊街219号寓所中,召集了有美、英、法等投资企业联合的代表,以及全国主要铁路所有人参加的秘密会议。人员齐全,像宾夕法尼亚铁路的罗勃兹、原伊利铁路现经营北太平洋铁路的顾尔德这样一些皮柏的过去对手和宿敌都来了。会议内容是怎样应付民主党总统克利夫兰一年前制定的《州际通商法》。这项法律,目的是为了改变共和党当政时所遗留的以州政治为中心的政治原则,通过不准运费折扣、不当升值和控制贬值等手段,整顿无政府状态下的铁路体系。颁布后,铁路和企业都苦不堪言,原来可以自行决定的一切社会活动、经营活动,如今却只好在直属联邦政府的州际通商委员会监视、干预下进行。于是他们开始向委员会贿赂和施加压力,使其具有威胁力。皮柏更是直截了当地说:“没有人会遵守执行这项法律!”他相信钱的力量大于法律。当时,铁路业因这项法律和恶性竞争,普遍出现资金危机,皮柏正是抓住这一机会,召开了这样一个秘密会议,成立了“铁路大联盟”,开始了金融资本左右企业经营的新的篇章。这在后来被称为“摩根化”体制,这次会议也被史学家们赞为“历史性的摩根会议”。从此以后,美国铁路界和金融界的经营大都依据“摩根化”模式,放弃了海盗式经营方式,逐步走上了企业联合、大规模、多层次责任束缚的具有时代特征的现代生产道路。

皮柏的一句话在美国广为传播:“政府和法律没法做的事让钱来做!”

铁路大联盟的消息是电告吉诺斯·摩根的,皮柏想让老头子意外惊喜一下。然后他登上了向蒙卡地罗海岸航行的轮船,赶去法国庆贺老父亲77岁生日。年已花甲的吉诺斯·摩根看上去神采奕奕,并且注重养生。他选中风光秀丽的地中海作休闲地,在法国南部港都蒙卡地罗建了一幢别墅。1890年4月4日,星期五,吉诺斯·摩根按照惯例,乘马车郊游。然而当他兴致盎然地驾车过铁路道口时,马却受了惊。吉诺斯被甩下了,脑袋重重地砸在一块石头上,当即不省人事。4天后,吉诺斯·摩根告别人世。这时,皮柏还兴高采烈地航行在地中海上。

丧父之痛,使J·P·摩根变得更为冷峻和沉默寡言。从此,他将继承父业,包括庄重地使用“摩根”这个名字,维护和发展家庭的荣誉与事业。“建筑海盗二号!”吉诺斯·摩根在故乡哈特福下葬不久,J·P·摩根就这样指示下属。这个时候,他必须重新振作起来。海盗二号很快完工。这条船长70多米,双桅杆,庞大雄伟,通体使用最先进的材料仪器,虽是游艇,却可以畅游海上。当它昂然驶入哈得逊河、顶着波涛逆流而上的时候，仿佛是正值壮年的J·P·摩根的矫健的人生姿态映入眼帘。

这一年的晚些时候，摩根的独子J·P·小摩根完成大学学业，进入德雷克歇·摩根公司。这个被人昵称为“杰克”的23岁的青年，聪敏爱动，是哈佛大学的高材生，并去巴黎、柏林进修过法语和德语。他走进华尔街时，美国金融业正面临一场危机。不久前，美国的加利福尼亚州和澳大利亚、南非相继发现大金矿，历来坚挺的白银开始疲软，逐步沦为辅币。但是共和党的主要资金赞助者，是银矿业集团，他们极力要求恢复银本位制。早在民主党总统克利夫兰当政时期，这一问题其实已经暴露。克利夫兰授意参议院财政委员会主席夏曼提出解决意见，这位稳重的资深议员，竟不假思索地制订了《夏曼白银购买法案》，不过并没有公布于众。共和党人哈利逊当选第23任美国总统后，在银矿业集团的压力下，通过了这一法案。导致政府每月必须以市场价格购买约7万公斤生银，造成财政混乱和乱发纸币。接着，黄金开始外流。杰克很快获悉，将有1.56亿美元的黄金流往伦敦市场。对这样一个令人心惊胆战的消息，摩根却平静如水，只眯着两眼望着粗大雪茄上的袅袅青烟。他在等待时机。终于，出现了第一家破产的铁路，这是横贯大陆的影响颇大的北太平洋铁路。随后南方铁路系统等30多家铁路公司宣告破产，美国铁路运输业出现史无前例的恐慌，这意味着由于黄金外流造成的大规模经济恐慌已经来临。这时，哈利逊下台，克利夫兰再度当选美国总统。对于这些，摩根一律置若罔闻、胸有成竹地沉默着。他断定政府迟早要求救于他，那时，一个可以被称做“摩根化”的时代就要在美国、在华尔街来临了。

那是一个高兴的下午。德雷克歇找到摩根，说总统的密使要来公司跟他们商谈，在议会通过新公债发行法案之前，能不能先借给政府一些黄金，以解困境。摩根清楚时机来了。这笔借款，恐怕少说也要上千万，甚至上亿，只有他与英国金融界联盟，除此之外没有第二家公司能拿得出，他没有必要过早地表现出过多热情。“还是先解决北太平洋铁路、南方铁路系统的破产事件吧！”他故意不在意地对德雷克歇说。德雷克歇愕然间，摩根又突然话锋一转，告诉他想在星期天进行海盗二号的处女航。“到新港怎么样？”不待德雷克歇回答，摩根又说：“我想邀请第一国家银行总裁贝克先生加入。”这时，德雷克歇才从摩

根狡猾的微笑里,弄清了他的真实意图。

海盗二号处女航在一个初夏的早晨开始。若有若无的薄雾,如画的山林,在舷边轻轻掠过。海盗二号驶过长岛的水道,经康涅狄格附近的海面,一路驶向北方。摩根吩咐给客人们上威士忌,微笑着劝今天的首席嘉宾乔治·贝克多喝一点。贝克微微地笑了。他比摩根大3岁,1863年,他在纽约创立了当时商业银行储金最高的第一国家银行,其社会地位极高。他与摩根交往很深,曾被华尔街称为“摩根的财政部长”,第一国家银行也被认为是摩根的隐秘财源。这一次,摩根准备正式拉他入伙,策略还是借助对方的竞争对手。摩根谈到了一直想击败贝克的第一国家银行的市银行总裁詹姆士·史提曼。史提曼是个经济狂人,从普通银行职员到总裁,不知经过了多少艰辛。为了发展同威廉·洛克菲勒的关系,投入石油业,他甚至促成了将两个女儿嫁给洛克菲勒两个儿子的,轰动一时的战略性婚姻。最近,史提曼和洛克菲勒联合起来,要购买纽约煤气公司和中西部、南部的股票,并且要进行铁路融资。摩根一语道破了这种微妙的竞争形势后,立即建议贝克投资重建史提曼染指的北太平洋铁路以及南方铁路系统的一部分路线。并暗示他已经知道贝克在各地铁路的融资额十分惊人。这使贝克难堪起来,闷闷地喝着饮料,不再说话。摩根知道贝克的心动了,但仍有疑虑,就索性将他打算联合30家破产公司、推行“摩根化体制”的构想透露给贝克。摩根告诉贝克,他想组建一个专对债权人负责的信托委员会,委员会下面设一个委托公司,选四五个精明强干的人负责。这样,就会招来因破产而陷于恐慌的股东和债权人。“如果您也能加入信托委员会,那么信任度就会增加三四倍。”摩根适时地奉承了他一下。贝克终于一展笑容。德雷克歇－摩根商行与第一国家银行两大金融资本的大组合,就这样在谈笑之间诞生了。从此,摩根将会通过这个组合,巧妙地左右30家铁路,但决不至于引起非议,因为他看起来并不是乘虚而入的强盗,而更像见义勇为、救死扶伤的义士。

那次处女航之后,摩根迅速根据双方议定,推行他“摩根化体制”的企业改组战略。他依次进行了五个计划:①组成一个调查小组,深入铁路企业内部调查财务状况。然后,推算出收入最低限,定下改组期限。将股票置于无红利状态,实行公司债和银行借贷等负债的负评价。暂时停止支付利息和股票红利。这样,就迫使已经认可破产的股东和债权人不必担忧,完全寄希望于摩根高明的经营手腕。②实施增资计划,给股东和债权人以再投资的机会。摩根充分利用贝克的资本和第一国家银行的信誉,给人一种可充分依靠的可靠后盾的感觉,吸引人们尽可能多地投资购买股票。这一点,实际上也是他千方百计拉乔治·贝克入伙的最真实、最关键的原因。③低价发行优先股。按美、英、日等国的金融惯例,约定分红的优先股,必须以高价形式发售。但摩根却提出,当利润产生、改组完成、对旧股东支付红利后,公司最重要的经营手段,是以低价格发行优先股,然后,才是普通股。这是一个反常识的冒险策略。④办理改组手续的,收取的契约费极高。摩根首先在北太平洋铁路和南方铁路系统的里士满终站公司的改组中试行。他不仅收取50万元的基本手续费,又要求每家在改组过程中追加200万美元的改组费。人称“高医疗费”。这是投资银行处理一般业务的公债、公司债及股票发行的手续费所无力做到的。⑤抓决策实权。改组实施后,摩根立即派自己的人入主各铁路。此外,他组织了由四五个人组成的所谓“信托委员会”,自任理事,直接发号施令,撇开股东大会。

对摩根这5项企业改组战略,非议纷至沓来,有人觉得其实就是一个掠夺者。但是,这已经丝毫不影响“摩根化体制”的强硬推行了。除北太平洋铁路外,先后有伊利铁路、里丁铁路、新泽西中央铁路、宾夕法尼亚铁路、拉卡瓦纳铁路、特拉华－哈得逊铁路、乞沙比克－俄亥俄铁路,以及新英格兰东北部和南部的几条铁路,都在19世纪结束的时候逐步过渡到这个体制。到1900年,美国铁路大体稳定为三股势力,一股是摩根直接控制的铁路,总长约30500公里;第二股是受制于、从属于摩根的,像凡德毕尔特的铁路、宾夕法尼亚的铁路等等,总长约76800公里;第三股是非摩根体系的,像哈利曼、顾尔德等公司的铁路,总长约58100。算下来,摩根直接、间接控制的约达10.8万公里,竟占当时全美铁路的近2/3。他以短如闪电的时间,掌握了惊人的铁路。他已经名副其实的被称为“铁路大王”了。

当然,这个“铁路大王”是一个不怎么贪虚荣的人,也是一个永不满足的人。经营铁路的同时,他并没有忘记《夏曼白银购买法案》给美国政府带来的难堪。他相信最终解除这种难堪并从中获利的只会是他。

不过事情最初并不顺利。按政府财政当局的估算,要救济金库空虚而造成的经济恐慌,没有1亿美元是做不到的。但是,若说因此就发行1亿美元公债,民主党政府还不至于这么情愿地往陷阱中跳。财政部长卡利史尔几经周折,提出了只发行5000万美元的公债,其余的靠争取美国国内银行贷款解决的计划。然而实际上不可行。由于经济恐慌,国内银行纷纷着急只能顾自己,哪里还有余力支持政府。卡利史尔于是痛下决心,以超出面额的117点,公开募集5000万美元的公债,年利率5%。至于后果,当然是顾不上了。他却万没料到这一招竟招惹了摩根。摩根虽然一直不动声色,但华尔街上谁都知道他既有能力做、又极想做这笔生意,他闻风不动,那叫“待价而沽”,所以卡利史尔前往纽约游说银行家时,人人顾左右而言他,谁也不答应承购。倒是摩根放出消息来,他自己要认购并控制住全部债券,若政府不同意,那他就一点也不认购,态度十分高傲。卡利

史尔开始不服气，找到市银行总裁史提曼。史提曼困于各种关系，只好从洛克菲勒的标准石油公司账上，提出2000万美元给他。卡利史尔这才不得不正视一个现实：摩根是惟一的救命草了。

摩根坦然地坐在克利夫兰总统宽大的办公室里，打量着四周的陈设，耐心而自信地等待白宫主人的最后选择。刚才，他应召见到总统时，就重申了自己的意见，并且陈述："除了我和罗斯查尔组成辛迪加，使伦敦的黄金回流外，否则毫无办法来解救濒临破产的国库。当然，我不是非要这样做，现在就有人想从我这儿提1000万美金去伦敦，如果您不信，我马上就在这儿拍电报汇出钱。"现在克利夫兰一脸苦笑，正摊着双手快步从会议室出来。摩根知道，白宫已经做出让步。

19世纪末20世纪初，美国加快对外扩张资本的步伐。他们发现风景诱人的加勒比海中，古巴岛是一个蕴满了金、铁、铬、铜、镍等丰饶矿藏和土地肥沃的宝岛。然而可惜，却早早被西班牙控制，当地印第安人被强迫种植烟草和砂糖，当地财富如水般流入西班牙。美国对此真是无可奈何，他们觉得有责任解救古巴人民。1898年2月15日，停靠在哈专那近海的美国巡洋舰缅因号，发生莫名其妙的爆炸而沉没。美国第25任总统麦金莱和国务卿约翰·亚当斯认为，即使为了保护当地美国侨民的安全，也应当以1亿美元买下古巴岛，但谈判却碰了壁。4月21日，美国正式向西班牙宣战。当时，摩根正滞留伦敦，对这场战争不明原因，深感奇怪突兀。回国后他才知道，当战争打得难分胜负时，美国的资本家们是怎样兴奋得像没头苍蝇一样。洛克菲勒及南方的烟草、砂糖资本家，在古巴不惜血本，投资总额超过3000万美元；纽约、华盛顿的快艇俱乐部成员，陆续捐出他们的快艇以充军用。既然如此，摩根就要考虑他的态度和战略了。不久，一位海军次长突然闯到他的办公室。说是为了往古巴岛运送兵员、武器、海军决定征用民间船只，海盗二号在应征之列。"不行！"摩根断然拒绝："我可以再造一只船给他们，海盗二号对我有着特殊涵义，恕我不能转让。"然而那位海军次长却平静地，缓缓陈述利害，并许以22.5万元的价钱，终于把摩根心爱的游艇征走了。这艘船，成了摩根进入这场战争的开端。接着，摩根订做了"海盗三号"。5月，美军击败强大的西班牙舰队，攻进古巴岛。7月，西班牙加勒比海舰队全军覆灭，攻陷波多黎各岛，美西战争结束。华尔街的大佬们高兴了。

不管西班牙得多么忿忿不平，却还是坐在巴黎的谈判桌前，承认了古巴的独立。美国，则兴高采烈的拥有了对古巴的"保护权"，同时，从西班牙手中接管了波多黎各、西印度群岛、关岛、菲律宾。"开个庆祝会吧！"摩根得意地对属僚们说："就在我的办公室里。"他深知普通人民对这场战争不满，也深受其苦，但是，比起一个即将来临的国际投资时代，这实在是小菜一碟。华尔街上，数百名反战的自由派群众在示威游行。他们一路喊着："杀掉麦金莱！""华尔街是战争的挑拨者！""埋葬摩根、洛克菲勒、卡内基！"然而被人们计划埋葬掉的摩根却安然无恙。他沉浸在雪茄的烟雾中，计划着如何到菲律宾、中南美、日本和中国去投资。"亚洲！对，就是亚洲！那是个大市场。"摩根两颊通红，眼睛雪亮。菲律宾、中国、日本的铁路事业简直还在摇篮里。还有钢铁和军火，听说中国国内出现了义和团，那么镇压他们就缺不了武器,虽然有杜邦公司在垄断,但德雷克歇－摩根公司就未必不能插一手。一时间,他觉得美国主张欧美两大陆互不干涉的外交政策有利有弊。它虽然能排斥欧洲各国对美国经济的介入,却也作茧自缚,将自己的势力范围局限在西半球的南北美洲之间。这太小了！摩根集团要成为一个经济帝国,作为帝国,能不设法征服世界吗！摩根陷入了史无前例的幻想。

一个消息中止了摩根缥渺的精神翱翔。麦金莱政府为了偿还美西战争债,决定发售2亿美元年利率3%的战争债券,并且打算将其直接卖给国民。"截住它!"摩根和他的联合募购组织立即强硬地与政府交涉。很快,白宫就又让步了,把债券全部给了摩根。摩根经过市场调查,决定小额发售,下令把债券票额做成500美元以下。投放后,果然债券在几天时间内便被抢购一空。意外的顺利,膨胀了摩根的信心与野心,他下令公司凡事大胆承接,不要过多地顾忌国内国外、数额多少,他要做一个国际大投资家。很快,有消息说,由于无法偿还西班牙政府的旧债,墨西哥政府悬崖勒马,不得不做呕血一搏,发行也许不可能由这一代人偿清的1.1亿美元公债,但至今未有承购渠道。摩根当即联系德国银行联合辛迪加,提出联合收购,条件是墨西哥要以油矿和铁路权作担保。仿佛捞到一根救命草的墨西哥政府满口答应,令那些早就得到消息,但却不敢承购的美、英、法国诸大佬们妒忌得直了双眼。接下去,是阿根廷政府公债。阿根廷在19世纪中期曾同巴拉圭进行了6年战争,事后发现国库一贫如洗,不得已也发行公债。最初,他们是以土地为抵押,恳求伦敦的哈林公司承担。哈林公司与摩根盟友罗斯查尔是对头,要腾出资本跟罗斯查尔竞争,所以虽然在这项交易中获利不少,却终因财力缺乏而想放出一些公债。罗斯查尔的纽约代表贝尔蒙得知这一秘密后,立即转告摩根。"这国家的铁路潜力很大,况且,它的乳产品居世界之冠。"贝尔蒙狡黠地笑了。摩根暗想,恐怕还得加上一句,若不救助阿根廷政府就要进天堂。他痛快地答应了,承购7500万美元,年利率6%。

这样几笔生意过后,摩根就在战争债券领域成了首屈一指、势力宏大的巨擘,连英国政府也寄希望于他。那时,英国的殖民地布尔(即今南非),是一个黄金产量雄居世界榜首的天然宝地。为了黄金,英国同当地布尔人进行了两次战争。第一次胜了,英国人拼命搜刮,导致布尔人再度宣战。这一次,英国远征军却偷羊不成倒染一身臊,打不死,用不掉,战争旷日持久,军费开支庞大,政府难以承受。而英国皇家海军,又探悉德国正在悄悄地建造一支大型舰队,英国海军老大的地位和国家安全受到威胁,请求政府加拨军费。万般无奈之下,英国政府求到美国,求到摩根。财大气粗、得意洋洋的摩根笑了。由罗斯查尔银行做桥梁,他同英国政府详谈了投资细节,先购买了第一次布尔战争的公债1500万美元。几个月后,第二次认购2000万美元。接着又连续几次承购,总金额竟达1.8亿美元。事后摩根告诉人们说,他其实已不在意多捞一点少捞一点战争债券的好处,从长远的角度讲,他只是不愿看到哪个政府突然一天就消失了,他的父亲就曾救助过法国政府而使它重振旗鼓,他这样做,也算子承父业。

那以后摩根就开始减少了对战争债券的兴趣,从心理讲,他实际上是反感这种倒来倒去的生意。恰好这时华尔街突然冒出了一个暴发户,激起了摩根新的争斗的强烈欲望。

这个暴富的人叫约翰·盖兹。比摩根年轻18岁，一直默默无闻，但是却有手腕，他天性好赌，并靠赌发家，人称“百万赌徒”。有一天，“百万赌徒”看上倒钩铁丝制造业，联合新泽西洲7家倒钩铁丝公司，组成了一个资金为9000万美元的美国钢铁·铁丝公司，希望以此为后盾，逐步征服世界钢铁工业。美国盖兹的第一步，就是打算合并明尼苏达州的优良铁矿公司。两家公司的股东大会对此没有意见，但都提出了一个令盖兹为难的条件：将合并业务全权委托J·P·摩根处理。盖兹万般无奈，只好请来了一个熟识的名律师加利代为前往商谈。加利花言巧语，不仅使摩根答应了这件事，而且生出了进军、称雄钢铁业的雄心。同时，交往中，摩根发现加利机敏灵活，是员干将，就有意收买他。而加利更深为钦佩摩根的目光深远、手段老辣，也起了易主之意，明里暗里，没少挖了盖兹墙角垒摩根院头。后来，盖兹提出，筹集2亿美元，创建一个联邦钢铁公司，排挤钢铁大王卡内基，实现中西部各州钢铁企业大联合。这令摩根十分惊异，暗叹盖兹的确有些手段，只是，盖兹忽视了用途广泛、潜力极大的白铁皮工业。他以决策者的口吻骄傲地对加利说：“我同意这个想法。但是要加上全美265家白铁皮企业，将它们统统收归己有，创立一个更大规模的联邦钢铁企业，使它发展成为企业复合体，至于资金，由盖兹负责筹措。”

联邦钢铁企业经过艰苦筹备宣告成立。股东大会后，摩根单独留下。加利对摩根没同他商量就任命自己为公司总裁不太乐意，他和大多数人都认为，这个总裁应该是盖兹的，摩根对此报以轻蔑的冷笑：“盖兹？他仅能办好像钻石、火柴或饼干一类的公司，但联邦钢铁将是控制世界钢铁的大公司，像他那样的德和能，有资格来控制这一切吗？我请你来，不是谈这些的。”摩根开始大谈特谈他组织联邦钢铁的宗旨。他认为，今后美国的资本，要更多地转向国外，盯住欧洲、亚洲、中南美洲、非洲，这些地方盼望着美国的资助和工业制品的介入。当然，美国从中得到的不仅仅是钱。他得意洋洋地笑着：“合适的时候，那些受惠国家和领土的债权，也可以卖掉嘛！”所以，他告诉加利要尽一切可能加强实力。加利听得糊里糊涂。最后，只好求救地问他具体该怎么办，目前该怎么办。摩根站起身来，在房间里紧踱几步，然后盯着加利问：“你知道第5街的那个小苏格兰人安德鲁·卡内基吗？”不待加利回答，他就接着说，卡内基钢铁去年净赚4000万，今年增加了一

倍。他喃喃道："我想，对我而言，世界上再没有比卡内基更令我讨厌的人了。不过，也只有他的事业，我才注意。"加利这时才明白，圈子兜到地中海，却原来是要说卡内基。

不久，联邦钢铁公司的全部企业、宾夕法尼亚铁路等摩根集团和全部铁路，一起去向卡内基钢铁订购各种材料和铁轨。喜出望外的卡内基没有发现，一场钢铁争夺战的阴云，已经黑沉沉地罩在了他的头上。

1900年，美国一家不起眼的杂志，谈论全美钢铁企业生产经营形势。它说单论实有资产和经营额，华尔街J·P·摩根仅居卡内基之后，排在第二位。第三位是石油霸主、在五大湖周围和南方地区玩命般地购买矿山、插手制铁业的洛克菲勒。而第四位，则是华尔街新近崛起的莫尔帮。摩根很欣赏这种分析。虽然他对卡内基的成见很深，但却从未否认过卡内基是钢铁行业惟一让他小心看待并有所顾忌的人。至于洛克菲勒，光石油就够他搞的了，他若聪明就不该涉足钢铁业。而莫尔帮，那时摩根还不太熟悉，想来也是成气候的人。然而有一天，他却得知说，卡内基似乎打算把钢铁、焦炭以及其他有关的制铁企业股票全部卖给莫尔帮。这令摩根惊呆了。果真如此的话，钢铁业的形势就不够明朗化了。他不得不重视并深度了解莫尔帮。

莫尔帮的核心人物是芝加哥投机家威廉·莫尔。他高大健壮、聪敏异常，早先干过律师，后来曾帮助钻石公司将资本从750万扩充到1100万。接着，又在纸张制造业、饼干工业上大有收获。他的"国家饼干公司"大约垄断了全美90%的市场。组成莫尔帮的他的弟弟和伙伴们也都精明能干，帮助他将"白铁皮铁板公司"、"国家钢铁"和"美德钢管"等3家公司合并，组成了一家约有资金1.5亿美元的大型制铁企业。摩根甚至听人说："今后华尔街的主宰，不是摩根，就是莫尔。"这一次，卡内基同他做买卖，很大程度上是看好了他是个后起之秀。当然，这不是主要原因。从每星期打工挣1.2美元，发展为当时的世界首富，卡内基显然有很深的城府，也没有什么理由做慈善事。那时的卡内基，在很短的时间内，母亲归西，弟弟去世，他最信任的助手、布拉德克工厂厂长琼斯死于工厂事故，他受到太大的打击，加上年纪一天天大了，极想隐退，放弃蒸蒸日上的事业，于是有了这个打算。他并没有亲自见莫尔。当时他隐居苏格兰斯吉伯堡，一切事宜都是他的同伴佛里克处理的。开价3.2亿美元，期限半年。但莫尔必须先付100万元的定金，交易谈成则已，谈不成，这100万元就归卡内基了。谁知，后来这事竟由此告终。莫尔错误地估计了自己的财力和能量，无论如何也无法筹划这笔巨资，只好白白赔进去100万元。此后不久，摩根又得知，卡内基现在又打算将家业卖给洛克菲勒了。他一时不明白，卡内基到底是真想出让事业，还是想以此赚取定金呢？当然这笔交易后来也没有成功，原因正如摩根所料，洛克菲勒的兴趣最终仍在石油上。这样，似乎该轮到摩根了。

摩根跟卡内基进行的，却是一场钢铁决战。决战开始之前，卡内基跟他的总裁佛里克不欢而散，佛里克愤而辞职。总裁的继任者是许瓦布。许瓦布跟摩根在纽约大学俱乐部的一次演讲活动中成了朋友。原因是当时许瓦布做了一个演讲，分析了美国工业的弊端。他认为妨碍美国工业更快发展的重要因素，是全美没有一个产品是由一家企业的独立制造的，都是几家联合的产物,既费时费力,又相互限制,如果解决了这个矛盾,那么效率就将不是成倍提高的问题。摩根坐在下边越听越受启发,脑海里闪过一个大胆的设想:创造各行业单一公司的独占性企业,然后再将它们大合并!演讲一结束,摩根立刻主动热情地将许瓦布邀请到他的办公室里,促膝长谈到深夜。

接下去的事情意味深长。卡内基突然从各个方面加紧同摩根的争夺。攻势猛烈,并且宣布了全面扩张计划。在伊利铁路沿线,建造价值1200万美元的"国家钢管公司";在匹兹堡兴建新工厂,在匹兹堡到伊利间建设新铁路,等等。随后,卡内基从斯吉伯堡回来,再次向许瓦布打听摩根的态度和动向。接着,拉许瓦布到纽约的圣安德鲁尔俱乐部打了一场球,回到书斋,就在一张纸条上草草写下:"1元5角。"看到许瓦尔不解,他加重语气说:"如果是'时代'的1.5倍,我就卖!"许瓦尔立即高兴地将这消息告诉摩根。摩根以4亿美元以上的高价达成协议,两家迅速办完交接手续。1个月后,摩根与卡内基在大西洋客轮上巧遇。两个刚刚进行了一场世纪性企业战争的巨头之间未解宿怨,卡内基自嘲地说:"摩根先生,你还欠我200万元呢!""什么?"摩根一惊,张大了嘴。谁知卡内基轻松一笑:"卖给你太便宜了。"摩根松了口气,不在意地笑笑说:"那么我就付你200万。不过,得有个条件。"卡内基呆呆地听着,摩根笑得更亲切了:"以后,无论在哪里见到你,都不跟你说话!"

1901年4月1日,春光明媚。纽约人多数放下手中的工作,狂欢愚人节。而华尔街一间宽大的会议厅里,却挤满了各路知名人士和新闻记者,在这里举行一个盛大的新闻发布会。摩根西装革履、满面春风地步入大厅,看着攒动的人头,难抑兴奋。他郑重宣布:US钢铁正式成立。接着,就任US钢铁总裁的加利公布,新公司的资金为8.5亿元。这是一件当时震惊全美的经济大事。钢铁行业的摩根时代显然已经来临。1个月后,摩根授意加利再次公布,US钢铁已经拥有10.18亿美元资金。同时,公开发行3.01亿美元的新公司债券。昔日卡内基的鸡肋般的钢铁企业,让摩根经营得生机勃勃,很快,竟出现了原料不足的危机。加利与公司智囊们商量的结果,是必须设法买下五大湖铁矿。这个矿蕴量丰富、品位高居世界榜首,尤其是运输便利,惟一的问题是它属于洛克菲勒。摩根听完加利的意见后,慢慢地啜着咖啡说。"你的意思是让我去见洛克菲勒?""是的!"加利肯定地点点头。"可我不喜欢那个家伙!"摩根骄傲地说。摩根先生!"加利急得差点跳起来:"这么一个钢铁大联合,可以说是美利坚合众国的历史性伟业,个人的恩怨成见不应当进入这么巨大的事业之中。请您抛弃那些个人的成见,去见洛克菲勒,买下那富有的矿山吧!"摩根怔了一会儿,随即勉强地笑笑:"你误会了,加利先生,我只不过说我讨厌那个人,去还是要去的。"

洛克菲勒在五大湖的铁矿名叫梅瑟比矿山,藏量居全美第一,约5000万吨,开发得好,可以满足全美60%钢铁生产用料。摩根经加利一说,完全发现这座矿山的意义,迫不及待地要将其据为己有。但这时发生了一件分散摩根精力的事。1901年9月14日,美国第25任总统麦金莱被暗杀。摩根是准备去码头乘海盗三号出航时听到这个消息的,他立刻返回办公室,跌坐在椅子上半天不动弹。"这是我平生听到的最悲痛的消息!"摩根对人说。US钢铁成立后,摩根即获得了"华尔街朱庇特"之称,成了人们注视的企业之王。他自己也颇以实业界砥柱自居,计划以 US 钢铁为核心,建立一个超越洛克菲勒的大托拉斯。麦金莱历来对大资本的独占垄断持积极协助态度,尤其是对摩根,更是备加关照。他的突然故去,对摩根无异于火上加油。而真正麻烦的是,副总统老罗斯福极有可能升任总统。这位受民主党支持的人,做过牧场主、军官和纽约警察局长在警察局长位上,因铁面无私、残酷冷漠地肃清贪污腐败而有"肃清鬼"的绰号。后来他任纽约州长,又仇视大企业,对其课以重税。"他要当总统,我们可就要倒霉了。"摩根为此担心了很长的时间,把买矿山的事也忘在九霄云外。

这种状况在一个明丽的早晨发生了变化。那时他刚得到一个消息,说佛里克也曾想买梅瑟比矿山,出价 500 万美元没有成功,但洛克菲勒开始从梅利特五兄弟手中买下这座矿山时,却只花了 50 万元。"这么说我的确该去会会洛克菲勒了。"摩根一大早兴冲冲直赶到西区 54 街,见到了虽只有一面之交,却了如指掌的洛克菲勒。他直截了当,提出要购买梅瑟比矿山和五大湖的矿石运输船。洛克菲勒似乎早就洞悉了他的来意,并有所安排。他缓缓地告诉摩根他老了,不再管梅瑟比矿山的事,若摩根打算买,他可以告诉他的儿子小洛克菲勒,现在小洛克菲勒是"标准石油"的副总裁,负责经营方面的事。后来,摩根就在自己的办公室里接待了小洛克菲勒。小洛克菲勒索要的价格是天文数字:7500 万美元。并且,要求价款必须用 US 钢铁股票支付。摩根笑了。价格的确是太贵了,但是能够答应,有的时候吃亏也是一种魄力。至于用股票支付,卡内基不是也曾要求用 US 钢铁的股票吗?这正证实了"华尔街朱庇特"的地位和胜利。他平和、亲切地握了握这位年轻人的手,交易谈妥了。梅瑟比矿山的易主,使摩根更加相信自己的力量。他认为美国的政治将彻底受制于经济,社会历史也将由经济来引导,纽约的实业家,就是崛起于美国东部的新的领导阶层。

美国第 26 任总统老罗斯福就任时 43 岁,是至今美历史上最年轻的总统。他思维敏捷,崇尚"改革",憎恶垄断资本。1902 年初,他发表了出任后的第一篇国情咨文,大力抨击垄断性企业,提出:"资本过分集中是一种罪恶,即使不禁止,也必须对这种资本过度集中的垄断性企业联合进行严厉监视、管制。"这篇咨文一度引得美国朝野众说纷纭,褒贬不一。而摩根对此的态度,简直是势不两立。因为从插手铁路业以来,摩根就一直追求和探索垄断经济,US 钢铁成立后,开始慢慢走向垄断,罗斯福的这一政策,等于葬送他的企业大联合,等于要粉碎他以经济干预政治、进而影响美国历史的宏伟梦想。但是,摩根说到底是个很有谋略、很讲策略的人。却不料,两个月后的 1902 年 2 月中旬的一个傍晚,他正与几个知交共进晚餐时,忽然接到电话说,罗斯福命令司法部长诺克斯提出控告,说北方证券公司违反反托拉斯法,必须解散。摩根一听就恼羞成怒,在餐桌上无礼地大叫大嚷,声称一定要把罗斯福从总统宝座上"踢"下来。

《夏曼反托拉斯法》制订于 1890 年,在防止企业独霸和铁路垄断,平抑社会矛盾,改善经济结构等方面颇有作为,也基本上为历届政府所认可、为民众所拥护。但是垄断远没有制止住,从钢铁、石油、小麦、砂糖到威士忌酒等等,均笼罩在垄断的阴影里,就像罗斯福所忿忿指出的,这简直就是一个

垄断的时代！由于政府督办无效，民众拥护、议会支持的反垄断法律，不仅有同于无，干脆就成了大财阀们的助手，而摩根控制的北方证券公司，更是毫无顾忌。它是摩根同哈利曼、希尔三财团和解的产物，总部设在新泽西洲，其控股公司控制着通往西海岸的6条铁路中的4条。称雄一方，声势逼人。比如，摩根清楚地算出，他垄断钢铁后，每年利润超过10%，但却仍不考虑降低钢铁价格。所以，罗斯福下决心要动一动它。一提出诺克斯的控告，华尔街的股票正如摩根接到电话时所预料的那样，立即暴跌。很快，又有消息说法院准备受理罗斯福总统对摩根的控告。如果总统胜诉，不仅北方证券公司在劫难逃，US钢铁、标准石油等等全美一系列托拉斯都将遭致厄运。摩根知道，罗斯福控告他决不是目的，总统更想做到的是巩固联邦政府权限，攻击资本总额已达130亿美元的全美托拉斯。事关生存，他决定去白宫当面与年轻气盛的罗斯福斗斗。

罗斯福从容不迫地接待了摩根。他高大健壮的身躯安静地端坐在皮椅上，显得凛然不容侵犯。摩根以不与当事人通气就提起诉讼责问罗斯福。年轻的总统当即告诉说，他的宗旨就是不论什么事只要一决定就立即执行。摩根又表示这事完全能够让司法部长与他们协调，罗斯福立即顶道："那不行！"会谈简直就无法进行下去了。摩根忿然起身，口气强硬地说："看来总统是准备解散US钢铁了！"总统轻轻一笑："没抓住违法的证据，我是不会那么干的。"罗斯福讥笑摩根言谈话语的思维层次，他竟把一场含义深远的政治斗争理解成要毁掉他的公司，把堂堂国家总统当作他的投机竞争对手，这怎么能避免失败？事实上，只要跳出经济这个狭窄的圈子，就会发现，1902年是总统中期选举的一年，要更换各小选区众议员，所以有关关税变化和企业垄断的激烈争论，也就演化为政治问题。罗斯福素以替民众说心里话而赢得民众爱戴著称，他敏锐地发觉了民间蕴藏着的强烈反托拉斯情绪，决定利用时机，下一个大赌注，拼命地打击支持共和党的独占资本家，以争取广大民众的选票。

两年以后。1904年3月14日，联邦最高法院经过漫长的调查审理，终于宣布司法部长控告北方证券公司一案终结。9名最高法官表决结果是5：4，总统罗斯福获胜，摩根败诉。这一年，正是大选年。罗斯福因此博得全国喝彩和拥戴，奠定了极好的竞选基础。同时，财界还向他提供了一笔庞大的政治捐献金，总额高达210万美元。奇怪的是，J·P·摩根公司竟主动捐献了15万美元,标准石油也捐献了10万美元。当时,罗斯福的竞选班子里有人认为这是摩根的一计,总统哈哈一笑未予理睬。没过多久原卡内基钢铁总裁、如今做了焦炭大王的佛里克,站出来替摩根等公开指责罗斯福,说他是因怕竞选失利而妥协于摩根、洛克菲勒以及佛里克本人等垄断资本家的,他们也是因为罗斯福保证不动手垄断企业才提供政治捐助的,但他不守约!此言一出,一片哗然。罗斯福发表声明,愤怒地指责这是撒谎。不过,无论摩根持什么态度、做什么文章,罗斯福还是连选连任了。只是后来他的咨文里,稍有变化,少了一些刚烈,多了如下言论:“我们不是要毁灭大企业,巨大的企业对于近代工业的发育成长,具有不可缺少的作用;我们不是要对大企业进行冲击,而是要去除随之而来的各种弊端。”人们明白,这是总统面对时代和现实不得不做出的小小妥协。

岁月似水,与罗斯福交锋失败后,摩根突然认为自己老了。他不再像以前那样意气风发,也不大致力于公司的事务。转眼,就到1912年,摩根75岁了。这一年,美国举行第28任总统大选。反托拉斯成为大选中的主调,人们发挥想象力地称这次选举,是被剥夺者对剥夺者的报仇。民主党高举着讨伐腐败政治、清除垄断、提高劳工地位的旗帜,推出激进派、新泽西州长伍德罗·威尔逊为总统候选人,并在大选中获胜。接着,威尔逊任命主张财富再分配、粉碎托拉斯的更为激进的民主党人威廉·布莱恩为国务卿。摩根认为,反垄断已成时代潮流,不是几个人在短期内所能控制的。所以,尽管他的健康状况已经不尽如意,1912年11月的最后一个星期日,他还是前往众议院银行货币委员会主席普乔所举办的“金钱托拉斯听证会”作证。

苍老而神情疲惫的摩根,试图挺直腰板保持着威严的仪态,一生中最后一次为自己的人格、为自己所认为是正确的事业进行辩护。他按照普乔和5位委员的要求,开始介绍说明事业伙伴及精确内容,详细介绍了曾经成为金融业务代理店的全部铁路、企业与摩根公司的关联,甚至公开了所有有关存款金额。言辞恳切动人。摩根慢慢地提到,他和他的证券交易所,在与顾客的交易上,一般都以信用来换取抵押,只要信用保证,无论用多少款他都贷给。普乔以为他是指可偿还贷款的信用。普乔一直认为摩根的信用贷款和清算交易,是造成经济恐慌的一个原因。但是摩根说,他是指人,相信人的信用。普乔不甚理解他的话意一个执著追求高额利润的大企业家、大富豪,竟然会相信“信用”,而凭空给许多身无分文的人开出支票,有的甚至是万元一张的支票。于是他问摩根金钱财产和人格哪一项更重要,摩根断然回答:“当然是人格!金钱买不到人格。”第二天,伦敦各大报刊都醒目登出:“摩根信条——人格是信用的基础!”

此后不到半年,摩根告别了人世。

然而摩根的事业犹在。到20世纪20年代末,有摩根家族系,包括银行家信托公司、保证信托公司、第一国家银行,摩根同盟系,包括国家城市银行、契约国家银行,这5大金融资本以及超过20万的主力金融机构,相互联系,组成的结构庞大、组织严谨的“摩根体系”最终出现了。这个金融集团共有资本200亿美元,占全美金融资本的33%;保险资本125亿美元,占全美保险业的65%。此外,摩根体系还遏制着当时全美35家主力企业,数十家铁路公司和电信公司，以及大批的饮食业，占有400多亿企业资本。几方面合计，摩根体系拥有的总资本达740亿美元，相当于当时全美所有金融、企业资本的1/4。这就是一个热血青年在新奥尔良码头上开创的事业。这个事业在它最强盛时，足以影响白宫的统治。

有人说，摩根的成功是由于他不择手段，不达目的决不罢休造成的。其实，在摩根的一生中充满着智慧与传奇，在每一次生意的转机中，摩根总是能够借他人之力，造己之势，给外人造成财力雄厚的印象，使自己在商场上所向无敌，取得骄人成绩。

信义感召，创造奇迹

信义无价，用信义作感召创造奇迹，理所当然。不要以为自己财大气粗就可吆五喝六，市场中的成功人士无论在何时都保持着谦恭的品质，因为他们深深懂得，只有这样才能把人才和员工凝聚在自己周围，形成创业的合力。

日本麦当劳汉堡店的经营者藤田先生，曾经创造过一天销售一亿日元的商业奇迹，他以自己的切身体会，写出了《犹太商法》和《麦当劳赚钱秘诀》两本书，在书中他响亮地提出："日本麦当劳成功的信条是，为员工多花一分钱绝对值得。"

"为员工多花一分钱绝对值得。"这句话说得相当深刻，一语中的。员工是为自己企业创造财富的劳动者，只有把信义播于员工中间，才能激励他们为企业贡献才智。

藤田先生以一个专章的篇幅论述了"勤劳的员工是公司的财富"这个大问题，强调把调动员工的积极性放在重要的位置。

赏罚分明是激励员工的重要措施之一。除此之外，还包括金钱、友谊、尊重、工作条件、令人感兴趣的工作等等。

作为公司领导，要高度重视自己的表率作用，以良好的言行举止影响员工。玛丽·凯是美国玛丽·凯化妆品公司创办人兼董事长，她总是在下班前整理好办公桌，并将当天应该完成而却由于各种原因未能完成的工作带回家去完成。她的秘书们也全部照着她的样子做了，尽管她并没有要求他们这么做。

美国"钢铁大王"卡内基对此也深有同感。有一次他上班穿了休闲装，结果男职员们纷纷仿效，不再穿西装了。于是他马上换回了西装，男职员们也把西装又穿回了身上。

公司领导的一言一行都能

在员工心上留下深深的烙印，这远比针对某些人的奖惩影响面更为深广，作为公司领导，万万不可忽视自己的言行举止。

对员工持极其尊重的态度，才能使员工的身心处在极其放松的状态，员工的创造才能才能极大地发挥出来。

IBM 公司实行一种极为开明的“门户开放政策”，总理办公室一直敞开大门，随时欢迎员工踏进门来，提出自己的想法。

日本松下公司全力培养员工的“松下精神”，把员工塑造成工业报国、光明正大、团结一致、奋斗向上、礼貌谦虚、适应形势、感恩报德的“松下人”。松下公司在日本率先实行“五天工作制”，推出高福利政策，建立“松下纪念馆”，把对员工的尊重落到了实处。松下公司成了员工们“既愉快又赚钱的场所”，极大地调动了每一个员工工作的积极性，为公司创造了巨额财富。

给员工创造成功的机会，让员工时时刻刻有明确的奋斗目标，同样能极大地焕发员工的工作热情。为正食品连锁店总经理贩家正兵卫以“人人有店，就会卖力工作”的口号，实行“分号制度”，只要员工卖力工作，该店就出资让这名员工开设一家分店。结果连锁店的规模越来越大，员工的工作热情越来越高，因为他们深信，只要他们努力工作，他就完全有可能成为老板。

由于人的需要各式各样丰富多彩，公司领导就要时刻关注员工的心理变化，拿出恰当的措施，来满足他们的需要，激发他们的创造热情，使公司真正变成“既愉快又赚钱的场所”。

综上所述，我们强调“为员工多花一分钱绝对值得”，是要求公司领导时刻把员工放在心上，给予他们足够的关怀和尊重，努力挖掘他们潜在的创造力，而并非要求公司的领导仅仅用奖惩制度来解决一切。

有些企业在做广告时往往不惜巨资，但在对待自己的员工时却吝啬无比，试想，这样的企业能支撑几天呢？

巧借亚运，老窖飘香

20 世纪 50 年代，法国白兰地酒为了打入美国市场，经周密策划，决定借助法美人民的情谊大做文章，时机选定为在任美国总统艾森豪威尔 67 岁寿辰。为此，他们通过不同媒介向美国人民宣布下列消息：

“法国人民为了表达对美国总统的友好感情，特选赠两桶极为名贵的、酿造已达 67 年之久的白兰地酒为贺礼。”

……

美国各大报刊、电台连篇累牍地报道，抓住了千百万人的心，运送两桶白兰地的传说，立即成了华盛顿市民的热门话题。名酒运抵华盛顿的当天，机场通至白宫的沿途街道，挤满了数以 10 万计的观众，盛况空前，国内所有报刊对赠酒仪式的报道几乎覆盖了头版的版面。

就这样，法国白兰地酒在轰动的气氛中，挤掉了所有的竞争对手，大摇大摆，昂首阔步地摆上了美国的国宴及市民的餐桌上。

无独有偶，中国四川泸州老窖利用同样的时机抓住两次荣获国际大奖的机会，大力庆祝宣扬，提高了自己在全国、全世界的知名度和荣誉度，销量猛增。

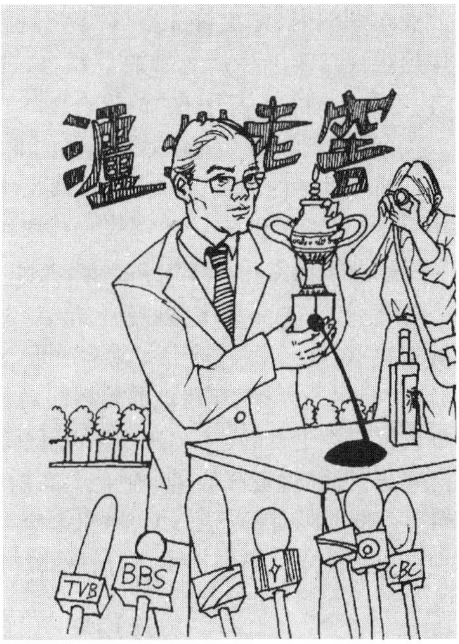

四川泸州老窖酒厂,是一家历史悠久的酒厂。该厂生产的泸州老窖大曲酒,到1990年为止已4次荣获国际金奖。第一次是于1915年,荣获巴拿马国际食品博览会金奖,并5次蝉联国家金奖。

1987年9月,泸州老窖大曲酒荣获曼谷国际饮料食品展览会惟一金奖——金鹰杯奖。喜讯传来,厂领导和公关部门决定利用宣传活动拉开了序幕。首先,他们组织了迎金奖大游行。游行队伍敲锣打鼓,到火车站迎接金鹰奖杯。此举轰动了整个泸州城。市民们争睹金奖,纷纷夸赞泸州老窖酒厂为泸州人增了光,为国家增了光。其次,他们专门为此而向省、市领导报喜,感谢省、市领导的支持与指导。省政府马上发来了祝贺电。市政府则专门召开庆祝大会,邀请全国人大和政协的领导人,一些部委的领导人,以及首都各大新闻单位的记者到会同贺。会后,50多家新闻媒介发了专稿。泸州老窖的大名传遍了全国。

1990年,泸州老窖大曲酒又获得第14届巴黎食品博览会金奖,是中国惟一获金奖的白酒。泸州老窖酒厂对此更加大力庆祝宣扬。他们在全国许多大报上刊登大幅广告,在许多省级以上电视台播发长时间的广告,宣扬这次荣获国际金奖的消息,并表示衷心感谢国内外广大消费者的信赖和推崇。泸州老窖的美名又一次在长城内外大江南北震响,又一次在欧、美、亚、非、澳、南北美洲传播,成了饮料食品市场上的高档抢手货。

1990年,第11届亚运会将在北京举行。泸州老窖酒厂得到一条信息:中国广播音像出版社经第11届亚运会组委会批准,正筹备出版一套亚运会歌曲盒式录音带《亚洲雄风》和《亚洲的太阳》。为扩大影响,这家音像出版社准备寻找一个知名度较高的企业,联合举办亚运会歌曲传播有奖活动。

"我们泸州老窖酒厂怎样?"厂里的公关人员主动找上门来,表示出愿意赞助传播亚运歌曲。双方很快就签订了协议,泸州老窖酒厂拿出了10万元举办"泸州老窖杯"亚运歌曲传播有奖活动。

双方本着互惠互利的原则,在预计发行的200万盒《亚洲雄风》和《亚洲的太阳》盒式录音带中,每盒装一张选票卡,由消费者从22首创作歌曲中,评选出6首优秀歌曲,选中者将获得奖励。而每张选票卡后面都印着广告和祝词:"历届中国名酒'泸州老窖'三次荣获国际金奖,五次蝉联国家金奖,中国四川泸州酒厂(现名中国泸州老窖酒厂)热烈祝贺第11届亚运会在北京隆重举行"。同时,在中央人民广播电台《今晚八点半》节目连续播放亚运歌曲时，每次都先播放“泸州老窖杯”亚运歌曲传播奖，是由中国音像出版社与四川泸州老窖酒厂联办，还特制了1万件“亚运衫”发给获奖者，每件运动衫上都印有“泸州老窖”……

“我们亚洲，山是高昂的头，我们亚洲，河像热血流……”

泸州老窖的酒香，借着韦唯、刘欢那高昂豪迈的歌声，飘游万里，四方回荡。

选票卡像雪片一样飞到北京，工作人员紧张地统计着。从1月22日到8月15日，评选办公室共收到包括台湾在内的全国31个省、市自治区投寄的选票10万多张，还收到了来自香港、日本、新加坡的选票。

“泸州老窖杯”亚运歌曲传播活动，经过8个月的听众评选，600多次中央人民广播电台的连续“广告”，几十家电视台、电台、报刊等新闻单位的广泛宣传，无疑对提高企业、企业产品的知名度，起了极大的作用。当年10月，在郑州举行的订货会上，泸州老窖一下就签订了供货合同1亿多元，现在已供不应求。中国台湾、新加坡、韩国的客商也纷纷要求订货。

善用机会，借题发挥

正如孙子所说：战争的成功不可能不借助于外力，而外力是很多的，借助什么样的外力，这就要慎重地加以考虑了。一旦决策错误，就会带来不可挽回的损失。

1958年，中国商人刘文汉在美国还是一个普通的商人，没有什么大的资产，他只能做一些汽车配件生意。当时在美国做这种生意的人很多，他的生意很不景气。他早就有一种要开拓一个新行业的想法，可是干什么好呢，他一直拿不准。

这年的夏天，他到美国克里富兰市做一次商务旅行。这天晚上，他的一个美国朋友请他去吃饭。当时刘文汉的心情很不好，他一直不想去，可架不住这个美国朋友的热情，只好去了。

他们吃饭的地方是一个不太大的餐馆。刘文汉走进去，看到不少黑人青年，男男女女地围在一块，又喊又打又叫，他的心里又是一阵烦躁。

“汉斯先生，我真的不想到这里来了，我对这里很不习惯。”

当时去美国的中国人，很多人经济地位不高，大家总是想着如何做好生意，很少到玩乐的地方去。

“刘文汉先生，不要紧，很快你就会习惯的，美国就是这样的。”

过了一会儿，汉斯的朋友来了，他有一头长长的黑发。开始的时候，刘文汉还以为这是一位小姐，坐下来说了几句话才看清是个男人。

刘文汉只好在心里暗暗叫苦，来到美国，自己连男人和女人也分不清了。

大家坐下来谈了一会儿，汉斯看到刘文汉的情绪不高，便半开玩笑地说：“这是我的朋友刘文汉先生，是专门在美国做流行生意的，美国人需要什么，他就卖什么。”

那个长头发的男人叫了起来：“那可真是太好了！”说着一下子把自己肩上的头发扯了下来：“你看看吧，这就是目前美国人最需要的。”

刘文汉吃了一惊："你的头发是假的？你为什么要戴一头假发？"

汉斯的朋友笑了起来："我是一个推销商，我卖得就是这个！"

"假发在美国很流行？"

"那当然了，有多少就可以卖多少啊！"

"这是真的？"刘文汉还是有点不相信。

汉斯说："现在美国的假发工厂很少，生产不出来，主要是从法国进口。"

"为什么美国人一下子需要这么多的假发？"

"这个，这个……我们也说不清楚。"汉斯笑了："只有你们中国人，什么事情都要问这是为什么。"

从饭馆里出来，刘文汉走在大街上，一边走一边想：美国人为什么需要假发呢？正想着，耳边传来了一阵轰鸣声，一群摩托车疯一般地开了过来，车上是一群美国青年。女人全都是光头，男人则是长发。他们对着刘文汉大叫了一阵，接着几个男青年将长发脱下来，给那些光头女人戴上，女人成了长发，男人全是光头了。

"太好了，太好了！"刘文汉叫了起来，他找到了美国需要长发的根据了。

那些嫁皮士听到他在叫好，高兴地把他围起来，又唱又跳……

当时美国的国内反越战情绪十分高涨，美国黑人争取平等的斗争也是一浪高过一浪。这时候社会上出现了一批对现实不满的专披长发的青年，这就是人们所说的"嬉皮士"运动。男人的头发不可能一夜之间长到披肩，再说这些人连脸都不洗，哪里有时间梳长发，所以假发一夜之间成了美国最时髦的商品。

刘文汉回到香港之后，发现香港市场上有人用从印尼进口的真发做成假发出售，那主要是为脱发者和演员用的。生产的成本很低，做一个只有一二百港元，到美国可以卖到500港元。可是美国的市场很大，这点假发根本不够卖的。刘文汉便自己下功夫研究了一种做假发的机器，产品直接卖到美国。

60年代，香港的假发业成了香港繁荣的四大产业之一。到了1970年便超过了电子工业，外销总额达到了10亿港元。刘文汉在香港组成了300多家假发工厂，每年有20万副假发销往美国。刘文汉成了真正的"世界假发之父”。

许多年之后,刘文汉说:“如果1958年不到美国去,如果没有碰上汉斯的朋友,没有看到那些‘嬉皮士’,也就没有今天的假发大王刘文汉了。”

酒赠总统,借机扬名

美国首都华盛顿白宫内。

法国最大的白兰地酒公司向美国国务卿呈上一份礼单。

“尊敬的国务卿阁下,法国人民为了表示对美国总统的敬意,将在艾森豪威尔总统67岁生日那天,赠送两桶窖藏67年的法国白兰地酒。请总统阁下接受我们的心意。”

美国国务卿握着法国代表的手说:“我代表总统向法兰西人民致谢!”

第二天,为了引起两国公众的注目,法国白兰地公司宣布为这两桶酒办理保险手续,支付巨额保险金,又请法国最著名的艺术家精心设计酒桶,继而又征得法国政府的赞许,开亮外交渠道的绿灯。

紧接着,白兰地公司又在美法两国的报纸上宣布了贺礼赠送的程序:先用专机送往美国,再让精选的四名英俊的法国青年身着传统的法兰西宫廷侍卫服装,抬着礼品进入白宫,然后在白宫的南草坪上举行隆重的赠送仪式。

如此阵势,简直把白兰地酒抬到了十分尊贵的地位,既提高了商品的身价,又不露痕迹地让美国总统客串了一次最高级的推销员。

消息传到美国,仿佛平地一声惊雷,立刻成为千百万人街谈巷议的最热门话题,无不急切地盼望名贵礼品的来临,都想一睹它的惊人风采。

法国白兰地公司总经理室。

宽大的白色写字台的后面,史密斯总经理慢慢地放下了手中的报纸,嘴角露出了不易察觉的微笑。

他点燃了一支雪茄,轻轻地踱步到窗前。看着窗外的景色,他不禁想起了往事。

法国白兰地公司生产的白兰地酒在国内声名卓著,畅销不衰,但是,却难以在美国大量销售。为了占领巨大的美国市场,白兰地公司自50年代起耗巨资,邀请了各路营销专家调查美国的酒市场状况、美国消费者的饮酒习惯,制定了各种推销策略,但都因为促销手段过于直露和单调,收获甚微。

白兰地公司决定改弦更张,重金征求出人意料的推销妙法,让白兰地酒节奏明快地打入美国市场。

总经理室的门被推开,走进了一位名叫柯林斯的推销专家。他提出了可利用美国总统艾克(艾森豪威尔)67岁寿辰之际,来它个借局布势,树上开花。

总经理十分注重柯林斯的建议,迅速召集专家研究美国公众对白宫班子的评价,分析总统在新闻界的形象。

公司公关部长在分析综述了全部情况后说:“从所得的大量信息证明:艾克在美国公众心目中仍是个二次世界大战的英雄,战后在两大阵营的对峙中,他的强硬态度颇受众多上层人士的赞许,他的生日庆典将会隆重而热烈。"

总经理一锤定音,这是一个极为有利的促销局势,不利用实在可惜,用!

大计一定,总经理立即站起身来宣布:"经过分析对比美法两国的民族差异、本公司与美国公众的心理距离,经过反复研究,我们现在要迅速调整我们的政策,实施要点有以下几条:首先要淡化白兰地的销售形象,要让它扮演疏通情感、传递友谊的友好使者的历史性角色。再者在它面对美国公众时,宣传重心是两国人民的传统友谊。最重要的还要最充分地利用两国传播媒介,迅速扩大影响。总之,此次我们要先法后美,由内向外全面辐射。"

一切准备就绪之后,白兰地公司亮出了向美国总统赠酒的秘密武器。

一阵电话铃声,打断了史密斯总经理的沉思。

秘书送来几份文件,史密斯迅速签上自己的名字,同时吩咐:"下午召开会议,议题是研究赠酒的具体事宜。"

美国总统艾森豪威尔的生日终于到了。

庆典那天,美国首都华盛顿的主要干道上竖起了巨型标牌:"欢迎您,尊贵的法国客人!""美法友谊令人心醉!"

各街道上空悬挂着美、法两国国旗。商店的广告牌上画的是鲜艳夺目的美国鹰和法国鸡干杯,写的是:"总统生日,贵宾驾临,美国人醉了!"

这种气氛,简直把总统的生日庆典变成了法国白兰地的光临仪式。

美国人确实醉了。

轿车、摩托车、自行车似过江之鲫涌向白宫,白宫四周人山人海,挤得水泄不通。

人们扬起笑脸,挥动着法兰西国旗,等待着"法国特使"的出现。

"来了!来了!"

仪态华贵的两桶白兰地酒终于亮相了!

顿时群情沸腾,欢声雷动。翘盼已久的美国人禁不住唱起了法国的《马赛曲》,他们似乎闻到清淳的酒香,品到了甘美的滋味……

庆典后,争购法国白兰地的热潮在美国顷刻掀起。一时间,国家宴会、家庭餐桌皆被法国白兰地占领。西方各国的订货单也都相继飞来。

法国酒昂首阔步地跨进美国市场之后,白兰地公司的总经理盛赞树上开花的妙计,面对喜不胜收的惊人效益,他一再惊叹:“一本万利!一本万利!”

30计 反客为主

田氏乘隙,巧代齐政

陈完是陈国的公子,因陈国内乱,他怕大祸及身,便逃到齐国,改姓田氏。到他重孙田须无时,步入仕途,在齐国已有一定地位。田须无去世后,其子田无宇继续事齐庄公,很受宠爱,地位益重。在齐国的贵族中,田氏与高氏、栾氏、鲍氏颇有四雄并立之势。其时高氏的家主是高强,栾氏的家主是栾施,鲍氏的家主是鲍国。高强之父高虿因驱逐高止,谮杀闾邱婴,引起国人不满,高强继其父为大夫,也把国人的怨愤承袭下来。高强年少嗜酒,栾施也贪恋杯中物,两人很合得来,与田无宇、鲍国也就来往较少,四族遂分成二党。高强和栾施两人聚次,醉后常谈论田、鲍两家短长,两家闻知,渐生疑忌。一天,高强醉后鞭打一个仆人,栾施也帮着他打,仆人怀恨,连夜跑到田、鲍两家,说高强和栾施准备聚集家众突袭田、鲍二家,田无宇和鲍国急忙召集家众,分发盔甲武器。派人打探消息,回报说高强和栾施正在栾家痛饮,才知是仆人谎报情况。田无宇与鲍国商量说:“仆人的话虽不可靠,可我们起兵的事他们必定知晓,产生怀疑。倘若他们先下手攻打我们,再后悔就来不及了。不如趁他们饮酒无备,前去袭击。”于是两家甲士杀往栾家,将栾府围住。栾施急忙点起家众迎战,从后门突围而出,高氏家众闻讯也赶来助战,双方都奔向王宫,相持不下,栾、高屯于宫门之右,田、鲍屯于宫门之左。齐景公闻变,紧闭宫门,命人召见晏婴,晏婴劝齐景公助田、鲍以攻栾、高,于是栾、高大败,逃奔鲁国去了。

田、鲍既胜,便将栾、高两家的财产对半分了。鲍国将家财据为己有,田无宇却别有打算,他将分得的土地财产造册登记,献给齐景公,齐景公大喜。他还给齐景公的母亲孟姬送了一份厚礼,孟姬对齐景公说:“田无宇诛除强宗势族,以振兴公室,胜归于上,他这种谦让的品德应该得到报尝。你何不把高唐之邑赏赐给他呢?”齐景公按照母亲的话做了,田氏开始富足起来。田无宇还想进一步做好人,便对齐景公说:“各位公子当年被高强之父高虿驱逐出来,实在是无辜受罚,应该把他们召回来。”齐景公答应了,田无宇以齐景公的名义派人分头去迎接流亡在外的子由、子商、子周等公子。并用自己的私财为他们置办幄幕器用以及随从人员的衣履。诸公子能够回到祖国,已是欢喜不尽,又见器具应有尽有,非常完好,知是田无宇送给他们的,个个都感激不尽。田无宇索性一不做二不休,大出家财,凡公子公孙没有俸禄的,都以私禄分给之,又访求国中有贫穷寡者,私下送给他们粮食。田无宇去世后,其子田乞继承了他的这些做法,极力施惠于民,向外借贷时,以大斗出,收回时,却以小斗入,贫不能偿者,则把债券焚毁。晏婴看出了田氏的野心,屡次劝谏齐景公,让他宽刑薄敛,给人民以实惠,以挽留人心,但齐景公执迷不悟，不肯听从。于是，田氏逐步获得齐国人心，宗族越来越强盛，势力越来越大，人民心归田氏，愿为田氏赴汤蹈火。

齐景公病重，命左右相国夏和高张立宠姬芮子之子荼为太子，到他死后，国夏和高张立荼为王。田乞与齐景公的另一个儿子阳生友善，对立荼一事很不满。他表面上对高张和国夏表示尊敬亲近，上朝时常与他们并车而行，对他们说："各位大夫都不想立荼为王。现在荼已立为王，你们辅助他，各位大夫人人自危，都想作乱。"又欺骗各位大夫说："高张很有威胁性，不如先下手搞掉他。"诸大夫表示同意。于是，田乞联合鲍牧和各位大夫，率兵杀入王宫，经过激战，高张被杀，国夏逃奔去莒国，国王荼则逃奔鲁国去了，遂立阳生为王，是为齐悼公，由田乞为相专国政。

田乞死后，其子田常代立。鲍牧与齐悼公有嫌隙，杀掉悼公。悼公之子被立为王，是为齐简公，以田常和监止为左右相。田常一心想害监止，但监止很受简公宠爱，搞不掉他。于是田常重施其父故伎，大斗出，小斗入，收买人心。当基础牢固后，田常便起兵杀害了监止，并杀简公，立简公之弟为王，是为平公，田常为相。田常杀了简公，怕其他诸侯国起兵讨伐，便把过去侵夺的鲁、卫二国之地归还二国，遣使与晋国韩、赵、魏三氏及吴、越交好，对内则论功行赏，亲抚百姓，于是齐国安定无事。他对齐平公说："德施是人所喜欢的，由你来行，刑罚是人所厌恶的，由我来行。"如此五年，齐国的大权民心全部归于田常。田常势力既盛，起兵尽诛鲍氏、晏氏、监氏及公族之强盛者，把齐国自安平以东直至琅琊的土地都划为自己的封邑，封邑面积比齐平公拥有的土地要大得多。至此，齐国基本上已是田氏的了。其后，田常子田盘，田盘子田白，田白子田和世专齐政，田和最终取代齐康公，成为齐国的君主。

田氏自陈国逃到齐国，势单力孤。经过数代经营，竟能在几大强宗并立的情况下发展出自己的势力，且脱颖而出，实在是方法得当，正合"乘隙插足，扼其主机，渐之进也"之言。纵观田氏代齐的过程，最值得注意的有两点：一是极力收拢民心，把民众的支持从公室拉到自己这边来；二是利用齐国贵族之间错综复杂的矛盾，寻找同盟，抓住时机，把有可能成为自己对手的强宗大族一一消灭。在代齐这件事上，田氏并不操之过急，而是从巩固基础入手，稳扎稳打，步步为营，循序渐进，经过几代人的不懈努力，终使田氏大盛，在齐国一枝独秀，最后水到渠成，瓜熟蒂落，由魏文侯替田和向周天子进言，由周天子正式册封田和为齐侯，既代齐国之政，又无篡夺之名，田氏之心机可谓深矣。

临难不避，班超杀使

班超字仲升，是扶风平陵（今陕西咸阳市西）人，自小就很有志向。汉明帝时，奉车都尉窦固出击匈奴，让班超代理司马之职，另率一支部队进攻伊吾，大战于蒲类海，获得胜利。窦固看出班超是个有才干的人，便派遣他与从事郭恂一道出使西域。一行人到达鄯善国，鄯善王对他们恭敬备至。可是，过了不久，鄯善王忽然对他们疏远冷淡起来。班超便对随从人员说："你们是否觉得鄯善王对我们冷淡了？这一定是匈奴的使者来了，鄯善王心中犹豫，不知依附哪一方好。聪明的人在事情尚未萌芽时就已有感觉，何况现在事情很明显了呢？"

原来，汉朝和匈奴是相互敌对的两大势力，双方经常发生战争，又都想把西域置于自己的控制之下，以孤立对方，打击对方。西域存在着许多绿洲国家，但每个国家都不大，人口少，力量也较弱，对汉朝匈奴，哪一方都得罪不起，只能采取模棱两可的策略，哪一方力量强，威胁大，就依附哪一方。所以班超一行到达后，国王热情招待，而当不久后匈奴使者也到达时，鄯善王便不敢表现出与汉朝使者亲近，以免得罪匈奴。

知彼知己，百战不殆。班超虽然猜测匈奴使者已到，但还是要核实一下，以免误生枝节。他把服侍自己的鄯善人召来，诈他说："匈奴使者已到了好几天了，现在他们在哪里呢？"侍从突然被问，不知所措，只得把事情真相和盘托出，说："他们已到了三天了，现在住在三十里以外的地方。"得知这一确切消息，班超立即将侍从禁闭起来，召集起自己所带来的三十六名随员，与大家共饮，酒酣，他激怒大家说："你们和我现在都在万里异域，想建功立业。现在匈奴的使者才来了几天，鄯善王对我们就疏远冷淡了。如果匈奴人让鄯善王把我们逮捕送往匈奴，我们的骸骨恐为豺狼食矣！你们看怎么办？"众人都说："现在我们都处在危亡之地，是生是死就看你的了。"班超说："不入虎穴，焉得虎子？当今之计，只有趁夜用火攻击匈奴人，使他们不知我们人数多少，把他们全部消灭。消灭了匈奴人，鄯善人也就吓破了胆，我们的大功就告成了。"众人说："这事应当与从事郭恂商量一下。"班超发怒说："吉凶就决于今日。郭恂是文官，听到这个计谋必定害怕，倘泄露出去我们白白送死，还算什么壮士呢！"众人说："那就按你的办吧。"

初夜时分，班超率领众人偷偷摸到匈奴人的住地。这时正好刮起大风，班超让十个人拿着鼓藏在匈奴人住所后，对他们说："看到火点燃了，就一起鸣鼓大呼。"其他人则手持兵刃弓箭埋伏在门两边。班超顺风放起火来，埋伏在前后的人一起呐喊，鼓声震天。匈奴人突遇变故，大乱，纷纷向外逃窜，使者及三十余名随从被杀死，其他随员一百余人都被烧死。

第二天，班超把鄯善王召来，拿出匈奴使者的人头给他看，鄯善一国震恐，被班超的威势镇住了。班超好言好语，百般抚慰，劝鄯善王与汉朝交好，

鄯善王便把儿子送到汉朝做人质。其后，班超奉命继续在西域从事外交活动，西域五十余国都送质子到洛阳，与汉建立起友好关系。

班超率领三十余人到鄯善，依靠汉朝这一后盾，他们受到了热情招待。但当一百数十人的匈奴使团到达时，这一切都改变了。匈奴在军事上并不比汉朝弱，而使团的人数，又大大超过了汉朝，对鄯善是一个现实的威胁，鄯善王心怀疑惧，疏远汉使，是必然的。在孤立和敌对的环境里，班超这三十余人就显得过于单薄，力量太弱了。如不抓住时机，争取主动，让匈奴人知道了消息，抢先下手，不仅班超这三十余人要埋骨荒野，鄯善也会投入匈奴怀抱，给汉朝对匈奴的整体战略造成重大损失。在这危急存亡之时，班超审时度势，认为鄯善王不会主动开罪汉廷，用不着担心，关键是对付匈奴人，战胜匈奴人则汉得鄯善，被匈奴人击败则汉失鄯善。在敌强我弱、敌众我寡的局面下，班超有勇有谋，毅然定计，利用匈奴人不了解情况的有利条件，以夜色做掩护，放火鸣鼓，猝然出击，一举而获全胜，威镇鄯善，反客为主，为汉朝立下赫赫功勋。

王莽沽誉，代汉建新

王莽字巨君，是汉元帝皇后王氏的侄子。汉朝外戚屡有专权之局，王莽的伯父、叔父在汉元帝、汉成帝的时候，居位辅政，一门竟有几个侯、五个大司马。王氏一门虽然贵显，但由于王莽的父亲王曼死得早，未能封侯。王莽的从父兄弟们极尽声色犬马之乐，惟独王莽家境孤贫。王莽虽然缺乏财富，但他的才智比从父兄弟们都高。他知道自己要想出人头地，就必须博得好名声，于是生活力求节俭，为人谦让。他在沛郡陈参门下研习《礼经》，十分刻苦，衣服被褥同其他贫寒的儒生一样。他侍奉母亲和守寡的嫂子，养育亡兄的独生儿子，非常精心周到。他广泛结交才俊之士，对各位伯叔父都很恭敬。

他的行为见到了效果。汉成帝阳朔年间，他的伯父王凤患病，王莽在王凤身边侍疾，尽心竭力，亲自为王凤尝药，蓬头垢面，一连几月未解衣安睡。王凤自然很欣赏他，临死的时候，把他托付给皇太后和皇帝，王莽因而被任命为黄门郎，升射声校尉。后来。他的叔父成都侯王商上书，表示愿意把自

己的一部分食邑分封给王莽。长乐少府戴崇、侍中金涉、胡骑校尉箕闳、上谷都尉阳并、中郎陈汤都是当世名士，都为王莽说好话，于是王莽逐步受到皇帝器重，于永始元年(公元前16年)被封为新都侯，食邑一千五百户。他的官职也不断迁升，至骑都尉、光禄大夫、侍中。

王莽尝到了沽名钓誉的甜头，更加注意表现自己，爵位越高，态度越谦虚，家里有钱就散与宾客，赈济别人，不留余财。他进一步结交名士，拉拢朝臣。他让侄子王光到博士门下受学，自己休假的时候，便带着羊酒去慰劳王光的老师，王光的同学们也都沾了光，都感念王莽的好处。王莽安排王光与自己的儿子同日结婚，宾客盈门，王莽故意让人每隔一会儿前来禀告，说他母亲某处疼痛，要吃某药。王莽听后，便起身去照料母亲，直到客人散尽也不出来，以显示自己的大孝。后将军朱博无子，王莽便买一婢女，对人说："我听说这个女子家中的人能生儿子，就为朱子元买下了。"当天就把婢女送到朱博家中。通过这些举动，王莽的声誉越来越高，朋友越来越多。当时，有官职的大臣纷纷推荐王莽，无官职的名士到处宣扬王莽的美德，王莽的声望已超越他的各位伯叔父之上。

其时，太后姐姐的儿子淳于长以才能为九卿，地位在王莽之上。王莽暗地里搜求他的罪过，通过大司马曲阳侯王根予以揭露，淳于长被杀，王莽被视为忠直之士。王根请求退休，推荐王莽代替自己，皇帝便提拔王莽为司马，时在绥和元年(公元前8年)，王莽年已38岁。王莽虽然已出类拔萃，身居辅政之位，但他并不以此为满足，一心想使自己的声誉超过前人，因而克己不倦，广泛聘贤良以为掾史，皇帝赏赐给他的邑钱都用来供养读书人，自己的生活却更加俭约。王莽的母亲病了，公卿列侯的夫人们纷纷前来探望，王莽的妻子出来迎接，穿着布短衣，仅仅遮住膝盖，别人以为她是王家的仆人，一问才知是王莽的夫人，无不惊讶。

担任辅政一年多，成帝驾崩，哀帝继位，皇太后王氏被尊为太皇太后。太后命王莽回自己的封地休养，以避哀帝外戚之家。王莽在家闭门不出，谨慎小心，以增加自己的令誉。一次，他的二儿子王获杀了一个奴仆。在当时，法律虽然规定不得擅杀奴仆，但这种事很多，没有人当做一回事。王莽却狠狠斥责王获一番，迫令他自杀，大家知道了，都说王莽公正无私。王莽在家呆了三年,这期间有数以百计的官吏上书为王莽鸣冤叫屈,说不应该让他在家闲着,应让他在朝执政。元寿元年(公元前2年),发生了日食,这在当时被认为是上天示警的大事,贤良周护、宋崇等人趁机在对策中为王莽歌功颂德,汉哀帝便征王莽入朝。

王莽回到京师一年多,哀帝去世,没有儿子。其时傅太后、丁太后都已先死,政事仍须由太皇太后王氏主持,她即日驾临未央宫,收取玺绶,派人飞马招王莽,将军国大政都交他负责。太皇太后与王莽定策,迎中山王入继皇位,是为平帝,平帝年仅九岁,太皇太后临朝称制,代行皇帝职权,具体政务都托付给王莽。王莽暗中支使益州负责官员让塞外部落贡献白雉,元始元年(公元1年)正月,他奏请太后下诏,把白雉献于宗庙,于是群臣纷纷上书,说周成王时,周公辅政,越裳人曾献白雉,现在王莽辅政,德高功大,致有白雉之瑞,正与周成王时事体相同。按照圣王的法度,臣下有大功生前就应得到美号,所以周公生前就托号于周,王莽有定国安汉之大功,应赐号安汉公,增加封户。太皇太后按照群臣建议,以王莽为太傅,号安汉公,益封二万八千户。

元始五年(公元五年),平帝去世。当时汉元帝的直系后裔没有在世者,而宣帝的曾孙中尚有活着的封王五人,列侯、广戚侯四十八人,应从他们中选择一位继任皇帝。但他们都是成年人,王莽怕继位后于己不利,就以“兄弟不得相为后”作借口,从宣帝玄孙中挑选了年龄最小的广戚侯子婴即位,年仅三岁。王莽给子婴取的年号是“居摄”,表明由自己摄政。太皇太后很信任王莽,诏令王莽朝见自己时称“假皇帝”,也就是“代理皇帝”。此时,王莽距帝位只有一步之遥了。梓潼人哀章在长安求学,他一向好说大话,见王莽欲据帝位,便制作了一个铜匮,写了两张标签,一张上写“天帝行玺金匮图”,一张上写“赤帝行玺刘邦传予黄帝金策书”。书中说王莽当为真天子,太皇太后应顺天命传位于王莽。王莽见此大喜,急忙到汉高祖庙中拜受神匮,声称自己不敢不顺从天命,于是即真天子位,改国号为“新”。到此,太皇太后王氏后悔莫及,大骂王莽,但已无济于事了。

王莽因篡汉之事,后世一直被骂为奸险之徒,观其行为,的确充满机巧。西汉后期,外戚在政治生活中的地位越来越重要,往往把持朝政。王莽出身外戚之家,一门九侯,大司马之职操于伯叔父之手,但王莽因父亲早死,在这个贵显之家却显得颇为孤单清贫。如果他与从兄弟们一样,是不会受人重视的,很难爬到重要职位上。在当时的社会环境中,除家族地位外,个人的才识德行能帮助人们博得声名,王莽既不能指望从家族地位中获利,便从建立声名入手,采取一切手段沽名钓誉,结果,在皇太后王氏的侄子们当中,王莽显得鹤立鸡群,也博得伯叔父们的青睐,在他们的提携下步入仕途。既入仕途,王莽的家庭背景就对他很有帮助了。有家庭背景的依托,再加上他不为暂时的成功所迷惑,而是循序渐进,折节下士,声名越来越高,地位越来越尊,朝野无又称颂,最后不用多费周折,瓜熟蒂落,帝位到手。

张华推棋,酌情进谏

司马炎重演“禅位”戏做了皇帝,他登上龙床的头一件事便是命太仆

（掌管御马的官）刘原代他前往太庙，追谥祖父司马懿为宣皇帝，伯父司马师为景皇帝，父亲司马昭为文皇帝。接着就大赦天下，封赏宗亲、大臣。

封赏先从宗室开始。司马炎把他的一个叔祖父、六个亲叔、三个亲弟弟、十七个同族的叔、伯及兄、弟统统封为王，这些王可在自己的封国内设置军队。诸王中还有人同时被封为辅政大臣或持节督都地方诸军事的将军。封完宗室，司马炎又将朝中所有大臣一一加官晋爵。他用心良苦，想出一个因人设官的办法，把历来朝中的最高官职——三公增为八公（太宰、太傅、太保、太尉、司徒、司空、大司马、大将军）；在武职中，不仅保留了汉代所设的骠骑、车骑、四征（东、南、西、北）大将军之职，而且增设了四镇、四安、四平等十二个大将军……宗室及大臣们得了实惠，个个笑逐颜开，叩头谢恩不迭。

他也自认为四海升平，国家无事，整日寻欢作乐。对于仍盘踞南方的东吴却掉以轻心，不思进取了。

这一天，司马炎正与大臣张华在棋盘上杀得难分难解，忽然内侍呈上一封来自襄阳的急奏。武帝展开看罢，半晌没有说话，只是微微点头，然后顺手将奏章递给张华。张华一看，原来是镇南大将军杜预的一道奏章，其中说道："自今秋以来，伐吴之势已明，即刻兴师，胜利在握，绝无倾败之虑！如不及早动手，等东吴有所准备，那就难以成事了！"张华看罢，忽然将手一伸，猛地把棋盘一推，当下黑子儿、白子儿噼里啪啦撒了一地。司马炎目瞪口呆，正惊愕间，张华早已站起身来，躬身施礼道："恭喜陛下，贺喜陛下！"武帝司马炎懵里懵懂地问："喜从何来？"张华眼里闪着光芒道："眼看陛下就要成就一桩惊天动地的勋业，如何不喜！"武帝让他细说原因，张华这才有板有眼地说出一番话来：

"陛下，杜将军所言甚是！目前敌我相比，成败之势洞若观火。陛下英明神武，我朝国泰民安，兵精粮足，一旦兴师，军民定能决死效命；而吴主孙皓则荒淫暴虐，滥杀贤能，国内民怨鼎沸。故因势发兵定能不劳而定。这也是当初羊太傅（指羊祜）的遗言，臣以为陛下决不会坐失良机！"

武帝听罢，顿时兴奋得满脸放出光来，他的鼻翅儿扇动着，猛吸了几口气奋臂一挥说道："卿言正合朕意。朕意已决，明日传旨发兵！"

张华为何要推棋盘故作惊喜，而后趁机进谏兴兵伐吴？原来，晋武帝在"平定东吴，统一六合"这个问题上始终犹豫不决，举棋不定，事情还要追溯到羊祜坐镇荆州之时。

羊祐在表面上与吴军修好,暗中却加紧了伐吴的准备,除加强本部的操练和作战的物资准备外,还委派一员叫王濬的部将出任益州刺史,以备日后顺江而下,协助平吴战争。

泰始十年,陆抗病故。东吴新主孙皓让陆抗四个儿子陆景、陆晏、陆机、陆云分领其军。这几个人都没有带兵作战的经验,而这时的孙皓更加肆无忌惮地滥杀大臣,荼毒百姓,弄得国内危机四伏。此时襄阳的晋军却已屯田八百余顷,粮草充足,兵强马壮。羊祜见时机已到,于是立即派人往洛阳送去奏章,说明现在是"平定东吴,统一六合"的大好时机,请求立即出兵伐吴。张华同意羊祜的意见,力主武帝抓住机会,平定四海,可是司马炎接到奏章之后,举棋不定,而以贾充为代表的一帮大臣更是极力反对,理由是国家初定,需要休养生息一段时间,加之西边还有鲜卑人扰乱,更不宜大举进兵伐吴。司马炎把羊祜的表章搁下了,这一搁就是七八年。

张华认为机不可失,时不再来,现在又有杜预进表,请求兴兵伐吴,这正是自己再次进言的大好机会,于是作出了上面那一惊人的举动,并且真的打动了武帝司马炎,帮助他定下决心。

石勒卑辞,欺骗王浚

南北朝时,王浚谋划当皇帝,前勃海太守刘亮、北海太守王抟、司空掾高柔恳切地劝王浚放弃这种打算,王浚把他们都杀了。燕国人霍原,很有气节、很清高,多次辞去王浚的任命。王浚又以称帝的事问他,霍原不回答。王浚就诬陷霍原与群盗勾结,杀了霍原并斩首示众。这样,士人、百姓都既怕又恨,而王浚狂妄骄纵,不过问政事,所任用的人都是苛刻的小人,枣嵩、朱硕贪婪专横尤甚。北州有民谣说:"府中赫赫,是朱丘伯(朱硕字丘伯),十囊五囊,尽入枣郎。"调遣征发非常频繁,百姓无法忍受,大多叛离投奔鲜卑。从事韩咸守护柳城,极力称赞慕容廆能够接纳士人、百姓,想来讽喻王浚,王浚发怒,把他杀了。

王浚开始是靠着鲜卑人、乌桓人而势力强大,但不久鲜卑、乌桓都叛离了他。加上连年蝗灾、旱灾,军队势力更弱。石勒想袭击王浚,但不知虚实,打算派使者去观察一下,参佐请石勒效仿羊祜、陆抗以交邻之礼对付敌人,应写信给王浚。石勒因此问张宾,张宾说:"王浚名义上是晋朝的大臣,实际上想废掉晋帝自立为帝,只是怕四海的英雄不听他的话罢了,他想得到将军您,就像项羽想得到韩信一样。将军威震天下,现在用谦恭的言辞和丰厚的礼物,降低身份去屈从于他,还怕他不信,何况是羊、陆势均力敌呢?谋算别人又让人家能够察觉真情,就难以达到目的。"石勒说:"好!"12 月,石勒派遣舍人王子春、董肇带上很多珍宝,给王浚奉表说:"我本来是小小的胡人,正逢饥饿变乱之时,四处流浪屯守,困窘不堪,流窜到冀州,想互相聚集来挽救自己的性命。现在晋朝皇室沦灭,中原无人主事,殿下是州乡高贵的名门望族,四海尊崇,做帝王的人,非您莫属。石勒所以冒死起兵,讨伐凶暴作乱的人,正是为殿下驱除这些障碍。希望殿下能够顺应天意、民意,尽快登上皇位。石勒我尊奉拥戴殿下就像对待天地父母一样,殿下体察我的心意,也

应该把我当作儿子看待呀!”又给枣嵩去信,并用厚礼贿赂他。

王浚因为段疾陆眷刚刚叛离,士人、百姓又大多离开了自己,听到石勒想来归附,非常高兴,对王子春说:“石公是当世豪杰,占据赵、魏之地,却想做我的藩镇,这可以相信吗?”王子春说:“石将军才能力量都很强盛,确实称得上皇帝了。但殿下是中州的尊贵的名门望族,威风势力已到夷人、华人地区,自古以来,有胡人辅佐君主当名臣的,而没有胡人做皇帝的。石将军并非厌恶帝王的地位而辞让给殿下,只是顾虑因为帝王自有天命,不是只靠智慧与势力就能得到的,即使强行取得帝位,也一定不被上天与人们承认。项羽虽然强大,但天下终归汉朝。石将军与殿下相比,就像月亮与太阳,因前事之鉴,才投身于殿下,这是石将军见识所以超过其他人的地方,殿下有什么可奇怪的呢?”王浚听后非常高兴,把王子春、董肇都封为侯,并用重金酬劳他们。

游纶的哥哥游统,是王浚的司马,镇守范阳,派使者去秘密依附石勒,石勒将他的使者斩首后送给王浚。王浚虽然没有将游统治罪,却更加相信石勒的忠诚,不再怀疑。

314 年 1 月 22 日,王子春和王浚的使者到达襄国,石勒藏起他所有的强壮兵士、精锐兵器,将老弱残兵和空虚的府帐给使者看,郑重地向北拜会使者而接受王浚的信函。王浚送给石勒标志风雅的麈尾,石勒假意不敢拿在手,把麈尾挂在墙壁上,早晨晚上向它叩拜,说:“我不能见到王公,见他所赐的物品,就像见到他一样。”又派遣董肇奉交奏表给王浚,约定 3 月中旬亲自到幽州尊奏王浚为帝。又给枣嵩去信,请求当并州牧、广平公。

石勒向王子春询问王浚的政事如何,王子春说:“幽州去年发大水,百姓无一粒粮,而王浚囤粮百万,却不赈济灾民,刑罚政令苛刻严酷,赋税劳役征发频繁,忠臣贤士都离开了他,夷人、狄人也都叛离。人人都知道他将要灭亡,而王浚自己却若无其事,一点没有惧祸之意,刚刚又重新设置官署,安排百官,自以为汉高祖、魏武帝都不能与他相比。”石勒按着几案笑着说:“王浚真能活捉到了。”王浚派的使者返回蓟地,都说:“石勒目前兵力阵势很弱,忠诚而无二心。”王浚听了非常高兴,更加骄纵懈怠,不再加强防备。

……

石勒戒严,准备袭击王浚,但犹豫不决,没有发兵。张宾说:“袭击敌人,应该出其不意，现在军队戒严一整天还不出发，是不是害怕刘琨以及鲜卑人、乌桓人成为我们的后患呢？”石勒说：“是的，又有什么办法呢？”张宾说：“他们三个方面的才智和胆略都比不上将军，将军即使远征，他们也一定不敢轻举妄动，再说他们不知道将军孤军深入，驰骋千里去夺取幽州。轻装军队往返，超不过二十天，即使他们真有这种打算，等他们谋划好再出兵，我们已经回来了。再说刘琨、王浚，虽然他们名义上都是晋朝的大臣，实际是仇敌。如果我们给刘琨去信，送去人质请求和解，刘琨一定为我们的服从高兴，对王浚的灭亡幸灾乐祸，最终不会为救王浚而袭击我们。兵贵神速，不要再拖了。”石勒说：“犹豫不决的事，右侯张宾的解释已能使我决断，我还迟疑什么呢？”

于是石勒率军举着火把连夜行军，到达柏人县，杀主簿游纶，这是因为他哥哥游统在范阳，怕他泄露情报。又派遣使者拿着信笺并给刘琨送去人质，自己陈述罪恶，请求以讨伐王浚来报效刘琨。刘琨大喜，向州郡传布檄文，声称：“我与拓跋猗卢正商议讨伐石勒，石勒走投无路，请求攻克幽都来赎罪。现在应乘机派拓跋六修向南袭击平阳，清除僭越伪逆皇帝刘聪、降服逃亡羯人石勒，顺应天意使百姓安定，辅助尊奉皇室，这是多年一直诚心请神保佑的结果。”

3月，石勒的军队到达易水，王浚的督护孙纬连忙派人告诉王浚，想指挥军队阻击石勒，游统制止了这个行动。王浚的将领参佐都说：“胡人贪婪而没有信用，其中必定有诈，请攻打石勒。”王浚发怒说：“石公来，正是要尊奉拥戴我，有敢说攻打的人，格杀勿论！”大家都不敢再说。王浚设宴准备招待石勒。初三，石勒早晨到达蓟城，喝叱守门卫士开门。开门后石勒还怀疑有埋伏的军队，就先驱赶几千头牛羊进城，声称是献给王浚的礼物，实际上想用牛羊堵塞住街巷。王浚这才有些恐惧，坐立不安。石勒入城后，纵兵抢掠，王浚身边的官员请示防御石勒，王浚仍然不让。石勒登上中庭，王浚于是走出殿堂，石勒的部众抓住了他。石勒召来王浚的妻子，与她并排坐着，押着王浚站在前面。王浚骂道：“胡奴调戏父亲，怎么这样凶恶忤逆！”石勒说：“您地位高于所有大臣，手握强兵，却坐视朝廷倾覆而不去救援，还想尊自己为天子，难道不是凶恶叛逆吗？你又任用奸诈贪婪的小人，残酷虐待百姓，迫害忠良，祸及整个燕土，这是谁的罪过呀？”石勒派他的将领王洛生用五百骑兵把王浚押送到襄国，王浚投水自尽，兵士们把他捆绑住拉出，在襄国的街市上把他杀了。

石勒杀了王浚手下的一万精兵。王浚的部将参佐争相到军门请罪，馈赠贿赂到处都是。只有前尚书裴宪、从事中郎荀绰没到。石勒把他们召来斥责说：“王浚残暴凶虐，我讨伐诛杀他，诸官都来庆贺谢罪，二君偏偏要与他同罪，将怎么逃脱死罪呢？”他们回答说：“我们几代在晋朝做官，承受着晋朝赐给的荣誉与俸禄，王浚虽然凶暴，但仍然是晋朝的藩臣，所以我们跟随他，不敢有二心。明公如果不讲德义，专靠威势刑罚，那么我们死也算是尽了自己的责任，又为什么要逃脱呢？请马上把我们处死。”说完也不辞拜便昂然而去。石勒又召他们进来，用客礼对待他们。荀绰是荀勖的孙子。石勒历数朱硕、枣嵩等人受贿乱政，是幽州的祸患，斥责游统不忠于职守，把他们都杀了。查抄没收王浚的部将参佐、亲戚的巨额家产，惟独裴宪、荀绰仅有几百套书，盐、米各有十几斛而已。石勒说：“我高兴的不是得到幽州，而是得到你们二人。”任命裴宪为从事中郎、荀绰为参军。分别遣送流民，让他们回到故乡。石勒在蓟城停留了两天，焚烧了王浚的宫殿，以前尚书燕国人刘翰担任幽州刺史，戍守蓟城，又任命了郡县长官之后回师。

石勒当初欲攻王浚时，意识到王浚的势力尚强，因而采用了张宾之计。他先是卑辞厚币给王浚，以迷惑他，使他造成错觉，减轻对自己的怀疑。另外对王浚的使者以假象迷惑，使王浚进一步放松戒备。然后整顿军队，出其不意地击败了王浚。

培植羽翼，大获全胜

正德十六年(公元1521年)三月，明武宗病死，既无儿子，又无亲兄弟。按照血缘亲疏，孝宗之弟、武宗之叔父兴献王的长子当继位为皇帝，是为明世宗。武宗去世后，存在着三股左右政局的势力：一是以孝宗皇后张氏为首的皇室勋贵；二是以首辅杨廷和为首的官僚士大夫；三是明武宗身边的亲信及佞幸之臣。由于武宗荒淫无道，举朝上下都认为他身边的亲信佞臣负有不可推卸的责任，早就义愤填膺，故而武宗一死，前两股势力就合力将第三股势力清除，以作为安定天下、收拢人心的手段。

四月二十二日，明世宗从封国所在的遥远的湖广安陆州(今湖北钟祥)来到北京，身边只带有五十名兴王府的人，这些人都地位很低，无甚影响。望着紫禁城巍峨的城阙，明世宗觉得有些孤零零的。但是，明世宗是个性格刚愎、不易屈服的人，还在路上，他就下定了争斗的决心。皇帝乃是最高主宰，他既被选为嗣君，本身已具有了非同小可的影响力，他要把握住这一主机，让整个朝廷跟着自己走，而不能依照他人的意愿走。

以张太后为首的皇室勋贵和以杨廷和为首的官僚士大夫都希望把明世宗纳入孝宗、武宗一系，既继统，又继嗣。张太后之所以同意立世宗，除他依伦序当立，很重要的一个原因是觉得他只有十四岁，便于控制。可是，他们的算盘落空了。明世宗到达北京，礼部官员拟定礼仪，如皇太子即位礼。世宗不同意，说：“遗诏以我嗣皇帝位，非皇子也。”杨廷和请按照礼部官员所拟礼仪行事，由东安门入居文华殿，择日登极。世宗坚执不允，大臣们只好让步，世宗自大明门入皇宫，出御奉天殿，即皇帝位。在议定年号时，杨廷和建议用“绍治”，意思是继孝宗弘治朝而治，世宗不用，改为嘉靖。世宗借此表明，他在帝系问题上要争独立，不肯纳入孝宗、武宗一系。而初步斗争的胜利，使他领略了帝权的威力，他决定把握主机，循序渐进，直到完全获胜。

登极之后四天，世宗派人去安陆州迎接母亲蒋氏。又过两天，下诏命令礼部召集大臣商议其父兴献王祀典和尊称。礼部尚书毛澄在杨廷和的支持下，会集文武群臣六十余人上议，认为应该效法汉朝和宋朝对类似事件的处理先例，称伯父孝宗为皇考，改称生父兴献王为皇叔父，称生母蒋氏为皇叔母。世宗拒绝这种变易父母的做法，命令再议，但杨廷和、毛澄坚持初议。世宗知自己羽翼未丰，不好硬碰，便将此事暂且搁置，等待时机。不出所料，数月之后，希图进用的观政进士张璁出来替他说话了，他于七月初上疏说，朝臣引汉、宋故事，但此事与汉、宋不同。汉哀帝、宋英宗都早就预养宫中，立为储嗣，故既继汉成帝、宋仁宗之皇位，又为之后嗣。现在陛下以伦序当立，只继皇统，又必为孝宗后嗣。世宗见疏大喜，立即抓住时机，下诏尊生父为兴献皇帝，生母为兴献皇后，但杨廷和封还手诏，拒不奉命。九月下旬，世宗生母蒋氏抵通州，以尊称未定，不肯入国门。世宗遂以“避位奉母归藩”挟胁群臣，张璁趁机又奏上《大礼或问》，劝世宗奋然独断，维护父子大伦。张太后和杨廷和为代表的两派势力只得让步，同意世宗尊生父母为兴献皇帝后，蒋氏才入京。杨廷和则把张璁调任南京，并寄语让他不要在议礼之事上再与自己为难。十二月中旬，世宗又提出兴献帝后宜加称“皇”字，杨廷和再次封还手敕，九卿一同劝谏。不久，恰巧清宁宫发生了一场火灾，杨廷和借机进言，谓火灾是“废礼失言”所致。世宗只得暂且妥协，称孝宗为皇考，张太后为圣母，称兴献帝后为本生父母，不加“皇”字。

经过几番交锋，明世宗明显感到缺乏羽翼，力量不足。他曾试图把杨廷和一派拉拢过来，但没成功，在议礼时，杨廷和封还御批四次，执奏凡十三疏。据说，世宗还派宦官到礼部尚书毛澄家，长脆请求通融，毛澄也不肯妥协。世宗虽心怀愤懑，但知道时机不成熟，还须耐心等待。他知道，在皇权高于一切的时代，终究会有依附者的，只是时间问题。张璁本想借议礼升官，现在被打发到南京，怎能甘心。在这里，他很快与席书、方献夫、桂萼等人拉扯在一起。四人都想通过议礼骤至高位，常在一起谋划。时间过去两年，桂萼在南京首先发难。嘉靖三年(公元1524年)正月，他疏请改称孝宗为皇伯考，兴献帝为皇考。此时的世宗也与初登皇位那段时期不同。他的地位已经巩固，权威已经树立。见疏后，他特旨召见了张璁、桂萼、席书赴京议礼，接着罢黜杨廷和，任命席书为礼部尚书。四月，追尊兴献帝为本生皇考恭穆献皇帝，上兴国太后尊号为本生皇母章圣太后。五月，张璁、桂萼又联合上疏，请去掉“本生”二字。朝臣们闻听此言，群情激愤，准备将张、桂二人作为奸臣在朝堂上打死，但二人得到武定侯敦勋的庇护，朝臣们无从下手。七月十二日，世宗召见群臣，宣布生母章圣皇太后去“本生”二字。群臣纷纷上疏反对，世宗一概留中不答，于是群臣共二百二十九人跪于左顺门外，高呼：“高皇帝！孝宗皇帝！”世宗多次宣谕命群臣退出，

但无人肯应。此时世宗羽翼已丰，无所畏忌了，他决定同大礼议中的反对派最后摊牌，命内臣将跪伏官员的名字全部录下，将其中一百九十三人逮下狱，制止了左顺门跪伏事件。几天后，正式处理此事，四品以上官夺去俸禄，五品以下官员一百八十余人被廷杖，其中翰林院编修王相等十七人被杖至死，为首的丰熙等八人严加拷讯，发边地充军。这样，反对派被一举打了下去，世宗也可以一意孤行了。九月，他决定改称孝宗为皇伯考，张太后为皇伯母，献皇帝为皇考，章圣皇太后为圣母，并诏令天下。嘉靖六年(1527)，命张璁入内阁，支持议礼的官员纷纷进用。七年(1528)六月，世宗颁布《明伦大典》，申说议礼的合理性，并进一步处分反对派，退休在家的杨廷和被削职为民，毛澄已故，削生前官职。

大礼议所争论的问题在今天看来不过是事关礼仪的小事，但在当时，却是非常重要的朝章大事。在这一争论中，不论世宗的看法是否合理，他采用的斗争艺术是很巧妙的，可以说很好地运用了反客为主之计，采纳了步步为营的策略。明世宗以藩王之子入继大统，身单势孤，他没有自己的势力基础，面对的却是皇室勋贵和官僚士大夫两股根深蒂固的势力。在这种情势下，明世宗虽然心有主见，不为张太后和朝臣所左右，但若毫不妥协，一味硬顶，其后果也颇难逆料。明世宗沉着机智，对任何机会都抓住不放，在朝臣中间制造矛盾，利用矛盾，该妥协则妥协，该强硬则强硬，使自己的地位不断稳固，而议礼中的反对派则被逼得节节后退。最后，当力量积蓄达到一定程度，胜利在握时，明世宗也彻底摊牌，清除了朝廷中的反对派势力，实现了尊崇亲生父母的愿望，使自己的权威大大上升。

崇祯伺机，清除阉党

明熹宗是个昏庸无能的皇帝，朝政大权逐步掌握在宦官魏忠贤和乳母奉圣夫人客氏手中。魏忠贤在朝廷内外网罗了大批党羽，形成了“阉党”集团，其中著名有的五虎、五彪、十狗、四十孙之辈。内阁中也都是魏忠贤的私人，惟命是从。凡是反对魏忠贤的人，无不遭到迫害，杨涟等六人、周起元等七人先后被逮入诏狱，遭受了非人的折磨，惨死狱中。不仅对朝臣如此，对不迎合自己的妃嫔，魏忠贤也痛下毒手。如张裕妃性情刚烈，不买魏忠贤的账，魏忠贤便矫旨将她幽于别宫，绝其饮食，张裕妃活活饿死。凡熹宗宠幸过的宫女，魏忠贤必置之死地而后快。对于魏忠贤的为所欲为，熹宗从来不闻不问，只是觉得魏忠贤是忠臣，不断荫官加爵，魏忠贤被称为“九千岁”，魏氏一门就有好几人被封为公、侯、伯。各地官员惟魏忠贤马首是瞻，最后竟掀起给魏忠贤建生祠之风，生祠几遍天下。朝廷内外，几乎到了只知有魏忠贤而不知有皇帝的地步。

天启七年(1627)八月二十二日，熹宗去世，魏忠贤当天夜里派人把熹宗之弟信王迎入宫中，是为崇祯皇帝。时朝臣尚不知熹宗去世，宫廷内外都是魏忠贤的党羽，崇祯怕遭暗算，入宫时，衣袖里装上一些食物，不敢吃宫中的东西。那天夜里。他秉烛独坐，心里忐忑不安，从一个宦官那里要了一把剑放在身边，听到巡逻之声，就起身慰问，赏赐酒饭，以笼络人心。即皇帝位后，他虽然把清除阉党集团视为头等大事，但知道阉党根深叶茂，不可盲动，

稍有不慎，不仅除奸不成，还可能招来杀身之祸。崇祯以高度的忍耐力克制自己，丝毫不露驱逐魏忠贤之意。魏忠贤也在试探崇祯，他请求辞去提督东厂之职，崇祯不答应，还赐给魏忠贤的侄子宁国公魏良卿、安平伯魏鹏翼铁券，以稳其心。

崇祯皇帝的计划，是待机而动，从剪除魏忠贤的羽翼下手。一向与魏忠贤狼狈为奸的奉圣夫人客氏请求出外居住，崇祯批准，魏忠贤少了一个互通声气的伙伴。魏忠贤的忠实干将太监李永贞上疏称病，崇祯当即命他回老家养病。接着，李朝钦、裴有声、王秉恭、吴光承等魏忠贤手下的大太监们相继请求退休，崇祯概予允准。身边的执事人员，逐渐都换上了原来信王府的旧人。这样，魏忠贤在宫中的羽翼被不动声色地翦除了。

崇祯皇帝的态度高深莫测，阉党分子坐卧不宁，有些吃不住劲了。十月，魏忠贤在外廷最得力的干将、兵部尚书崔呈秀的父亲去世，请求回籍丁忧。阉党分子杨所修便上疏请皇帝允许崔呈秀回籍守制，接着，御史杨维坦、贾继春先后上疏攻击崔呈秀，说他“卖官鬻爵，贪淫秽迹，不可枚举”。他们这样做，一来想试探一下皇帝的态度，二来借攻崔以保护自己。崔呈秀受到攻击，请求罢职。崇祯皇帝不想操之过急，让自己的态度暴露无遗，他下旨慰留崔呈秀，崔呈秀连上三道辞疏，崇祯才下了一道言辞温和的圣旨，予以批准，并让他乘坐沿途驿站车马回乡。在这件事上，崇祯帝的态度虽然表现得模糊不清，但意向已明。不久，崇祯又将首先倡导为魏忠贤建生祠的浙江巡抚潘汝祯削职为民，以作试探，阉党虽布列朝端，但无人敢出面申救。崇祯看到了阉党的软弱，增强了自己的信心，只等待时机，对阉党大加挞伐了。

当时朝中多阉党党羽，又都惧怕魏忠贤之威势，都不敢出头弹劾魏忠贤。倒是官位较低的工部主事陆澄源和兵部主事钱元悫首先发难，上疏声讨魏忠贤的罪恶。崇祯觉得说得还不够具体有力，仍隐忍不发。接着，嘉兴贡生钱嘉徵疏劾魏忠贤十大罪，一并帝，二蔑后，三弄兵，四无二祖列宗，五克削藩封，六无圣，七滥爵，八掩边功，九伤民财，十通关节。疏上，崇祯皇帝命人把魏忠贤召来，让内侍把奏疏读给他听。魏忠贤非常恐惧，急忙用重金贿赂原信王府太监徐应元从中缓解。崇祯得知，立即将徐应元斥逐。十一月，命将魏忠贤安置凤阳，施又命逮治。魏忠贤行至阜城（今属河北），听到逮治的消息，与李朝钦都自缢而死。客氏也被笞死于浣衣局。崔呈秀在老家听到魏忠贤的死讯，知自己终不能免，呼酒痛饮，饮毕自缢。后来，崇祯又大张旗鼓地清除阉党，钦定逆案，阉党共二百六十余人都受到了惩罚，或处死，或流放，或禁锢终身。

在清除阉党这件事上，崇祯皇帝颇费心机，表现了高超的政治技巧。当时阉党遍布朝野，盘根错节，内阁、六部等重要部门都操纵在他们手中，势力很强。崇祯惟一的优势，就是手中的皇权，皇权虽至高无上，但在这非常时刻，也不能滥施，否则不但不能成事，反惹杀身之祸。但是，蛇无头不行，鸟无头不飞，崇祯清醒的认识到，清除阉党的主机，在魏忠贤这个阉党的总头子身上，只要除掉了魏忠贤，阉党失去了力量的中心和主心骨，也就容易收拾了。但是，魏忠贤既为阉党总头子，处在蛛网的中心，一触动他，整个蛛网都会有反映，因而不能鲁莽从事，必须慎之又慎。崇祯紧紧抓住魏忠贤这一个"主机"，但又先不触动他，而是从外围入手，把他的党羽爪牙从他身边弄走，可以说是事事都意在魏忠贤，可事事又都不落实在魏忠贤身上。在表面不动声色、暗地里却你死我活的斗争中，崇祯皇帝凭借皇权的威力，逐步把握住了主动权，并促使阉党发生分裂。最后，在时机成熟之际，迅速出击，将魏忠贤诛除，阉党分子失去主帅，树倒猢狲散，只能听天由命，等待审判了。

善抓战机，决胜莱芜

1946 年底的鲁南战役，华东中国人民解放军以歼敌两个整编师及一个快速纵队，共计 5 万余人的胜利，挫败了国民党军队气势汹汹的进攻锋芒，以顽强的精神和英勇的战绩，最终打破了敌人对其实行的半包围的态势，夺取了战场主动权，并获得了极大的行动自由。此时，以陈毅为司令员兼政治委员、粟裕为副司令员的华东野战军也有了很大发展，经过近半年的英勇作战，取得了许多内线歼敌的丰富经验，其主力主要集结在山东的临沂地区，以待歼敌的更好的时机。

而自恃有空军、海军、重武器和特种兵的蒋介石此时不但没有汲取刚刚受到沉重打击的教训，反而错误地判断了我军的形势，认为华东我军在苏北、鲁南长途奔袭，连续作战遭到重大伤亡已不堪再战。当获悉我华东野战军主力集结在临沂地区后，以为我军将固守临沂，于是急急忙忙调集 53 个旅 31 万人，组织所谓"鲁南会战"，企图寻机与我军在临沂附近决战，并达到借助军事上的胜利，影响即将召开的苏、美、英三国外长莫斯科会议，从而导致了国共两党军队之间一场大兵团运动战——莱芜战役的爆发。

1947 年 1 月底，国民党军队分南北两线开始向我华东野战军大举进攻。南线以整编第 19 军军长欧震指挥整编第 11、第 64、第 59、第 25、第 65、第 74、第 83 师及第 7 军共 20 个旅，组成主要突击集团，自陇海路东段台儿庄至城头一线，分三路沿沂河、沭河北犯临沂；北线以第二绥靖区副司令官李仙洲指挥第 12、第 46、第 73 军共 9 个未整编师为辅助突击集团，由胶济路明水（今章丘）至张店（今淄博市）之线南下，企图乘虚袭击我后方莱芜、新泰、蒙阴地区，以实现对我军的南北夹攻的战略意图。与此同时，又从冀南、豫北抽调第5军及整编第75、第85、第72师集结在鲁西南地区，以阻止华乐我军西撤和晋冀鲁豫野战军东援。蒋介石对此次军事行动极为重视并寄予厚望，敌参谋总长陈诚亲自出镇徐州督战，声称："党国成败，全看鲁南一役，只许成功，不许失败。"敌军来势凶猛，对华东我军来说可谓大兵压境，形势险恶。值此之际，一贯投机的郝鹏举于1月27日率所部华中民主联军叛变，被国民党收编为42集团军，位于白塔埠地区，担任进攻临沂的侧翼掩护。

针对国民党的上述企图，中央军委在1月底、2月初先后多次致电给陈毅、饶漱石、粟裕、谭震林，对华东野战军如何粉碎国民党此次军事行动的战略意图作了一系列方针性的指示。

1947年1月31日，南线之敌欧震集团按计划一字摆开分三路向北进犯；左路是第11、50、64第3个整编师，由整编11师长胡琏指挥，沿沂河西岸北犯；中路是74、83两个整编师和第7军，由整编83师师长李天霞指挥，沿沂河、沭河的中间地带北犯；右路是第25、65两个整编师和第67师，由整编第25师师长黄伯韬指挥，沿沭河东岸北犯。其他第20、28、57、77等4个整编师作为二线部队随后跟进。为实现其鲁南决战必胜的作战计划，蒋介石这次不仅集中了在华东战场所能集中的全部机动兵力，而且拿出了不轻易动用的嫡系部队，号称蒋军"五大主力"的整编第74师和整编第11师。我军根据中央军委的指示和实际战情，采取各种手段诱敌，欲逼其突出一路，以使分割歼灭之。但敌人行动十分狡猾和谨慎，小心翼翼，不敢大踏步前进，为了避免我各个击破，始终坚持稳扎稳打，齐头前进，步步为营的办法，每天行程平均不足10公里，直到2月3日，部队才推进到重访、郯城、桃林一线，使我军难以下手，迟迟没有寻到有利战机。

与南线稳步缓进之敌相反，由李仙洲率领的第73军、46军、12军却利用我军主力集中在临沂以南的机会，从胶济线迅速南下，其先头部队于2月4日进占莱芜、并狂妄大胆地继续南犯新泰、进窥蒙阴，严重威胁我后方腹地，积极策应南线之敌向临沂方向进逼。

根据党中央的指示，华野前委全面分析了所面临的形势和敌我情况，遂开始考虑根本改变原来保卫临沂的作战方案，陈毅司令员经过深思熟虑，制定了"放弃临沂，转兵北上，打北线的李仙洲集团"的作战计划。

陈毅一面将新的作战计划电报中央，一面命令二纵队于2月6日晚对郝鹏举之第42集团军发动进攻。经过一昼夜激战，2月7日黄昏，我二纵队将郝鹏举总部及所属两个师全部歼灭，活捉了国民党反对军官，反复无常、看风使舵、善搞政治投机的郝鹏举。

郝鹏举部被歼灭后，更加促使了南线敌军采取谨慎方针，不仅右路敌军未东援，连同左、中路敌人均停滞不前。此时，中央军委复电华野前委完全同意其提出的如南线仍无歼敌良机，我主力即隐蔽北上，求歼李仙洲集团的作战计划。

为进一步调动敌军，实现中央军委的战略部署，我军决心以主力第1、第4、第6、第7、第8纵队于2月10日兼程隐蔽北上，60多万支前民工也一同向北进发。与此同时，命胶东地区的第9纵队和渤海地区的第10纵队迅即向莱芜地区开进，以给敌人制造错觉，迅速抓住李仙洲集团。留在临沂地

区的华野第2、第2纵队则巧妙地略施迷惑术,使用各个纵队番号,伪装华野全军,以寡敌众,在临沂以南实施正面防御、顽强阻击、牵制南线敌军;并且布置地方武装进逼兖州,在运河上架桥,造成我将向运河以西撤退的假象,以迷惑敌人。

2月15日,南线之敌进占临沂城。蒋介石、陈诚得意忘形,并大肆吹嘘"胜利"。但是,此时在济南的第二绥靖区司令官王耀武得到了我军主力已向北运动的情报,并对此提高警惕,顾虑李仙洲部被围歼,一面命令以前出至颜庄、新泰的部队于16日后撤莱芜,一面电报给陈诚。陈诚对此报大为不满,他不仅没有同意王耀武"机动作战"的要求,而且以总长的身份严词命令王耀武:"着该司令派一个军进驻莱芜,一个军进驻新泰,诱敌来攻,勿使其继续北窜。"

不仅如此,陈诚还向蒋介石奏了王耀武一本。蒋介石于是写信告诫王耀武"务希遵照指示派部队进驻新泰、莱芜。新、莱两城各有一军兵力,敌人无力攻下,敌如来攻,正适合我们希望"。蒋介石说了这些似乎还不放心,又严厉责令王耀武:"切勿失此良机!"此时的王耀武可谓心烦意乱,他虽不赞成陈诚的判断,但又不能不执行蒋介石和陈诚的命令,又命李仙洲部重新占领颜庄、新泰。当敌军向北收缩时,华野前委持重待机,始终坚持全歼李仙洲集团的决心,令各部队继续按原计划兼程向莱芜、颜庄地区隐蔽开进,在主力完成集结以前不惊动敌人。对于此次我军秘密北移,国民党在它的战史是这样记述的:"共军主力作战略转移时,往由临沂、蒙阴、新泰、莱芜道东西山区小径,昼伏夜行,秘密前进,我空军既无法搜集,地面情况亦不易侦知,一时竟不知匪军主力所在。乃至判明其企图与行动时,我南进兵团(指李仙洲所率由胶济线南下的3个军)已被包围于古马陵道中"。

2月19日,我军各路部队进逼莱芜、颜庄、新泰等地,对莱芜地区之敌完成了战役包围。直到此时,王耀武最后判明我有围歼李仙洲集团的意图,他顾不得有违蒋介石和陈诚的命令,急令已进驻颜庄的第46军及进驻新泰的第73军主力向莱芜收缩,193师以颜庄撤到莱芜;同时命令驻在胶济线上张店的73军77师立即经博山南援莱芜,归还建制。但此时一切努力均已为时过晚。就在李仙洲被蒋介石、陈诚和王耀武变幻不定的命令牵来牵去的过程中,我军已最后完成了对李集团的包围。蒋介石所盼望的"良机"永远不可能到来,王耀武所要求的让李仙洲集团逃跑的"良机"也永远失去了。

2月20中午，当敌77师进至博山西南和庄、不动（地名）地区时，我军在该地设伏的第8、第9纵队主力立即向敌人发起了全面进攻。战至次日凌晨，全歼该敌。20日晚，我军对李仙洲集团发起全线进攻。22日，第10纵队攻占锦阳关，构成了阻击明水方向援敌的对外正面。第9纵队位博山以北，准备阻击张店方向可能来援之敌。第6纵队以主力围攻莱芜以北交通咽喉吐丝口（今口镇），以一个师的兵力在吐丝口以南担任对莱芜方向的堵击。第1、第4、第7、第8纵队则紧缩对莱芜、颜庄之敌的包围圈，但在行动中因没有能及时切断敌第46军由颜庄向莱芜的退路，致使该敌得以进入莱芜与第73军主力会合，使原定的将这两个军分割并各个歼灭于莱芜、颜庄的计划已不可能实现。华野首长分析，敌两个军集结莱芜后，有固守待援或向北突围的两种可能。于是又重新调整部署，以第4、第8纵队及第1、第7纵队并调原任南线阻击的第2纵队主力北上，分别组成东、西两大突击集团。预定如敌固守莱芜，则从东西两面实施强攻硬打。如敌向北突围，则由第6纵队在吐丝口南坚决堵截，而以东、西突击集团歼灭突围之敌于莱芜、吐丝口之间。

面对我军强大的包围和猛烈的炮火攻击，王耀武焦躁不安。在上述形势下，让李仙洲固守待援？还是冒险强行突围？他委实是举棋不定。形势发展到如此地步，使这个绥靖司令长官感到十分恼火，后悔当初不该不折不扣地执行老蒋和陈总长不采纳自己提出的“机动作战”建议而下达的进驻莱芜、新泰的作战命令，以致造成目前这种瓮中之鳖之势。正在他犹豫不定，难以决断之时，李仙洲与守口镇的新编36师师长曹振铎不断地向王耀武告急，李仙洲要求接济粮弹，曹振铎则急呼派兵增援解围。但截止到21日，南京方面没有明确指令，也未收到坐镇徐州的陈诚派部队来解莱芜之围的指示。根据以往的经验，王耀武已完全清楚了这一点：靠援军解围是没有什么希望了。他权衡利弊，再三考虑，与其在莱芜被歼，还不如坚决突围，莱芜离口镇只有13公里，以2个军的强大兵力，在空军掩护下作短距离战斗前进，应当能取得成功。这样既解了口镇之围，又可使李仙洲集团脱离险境，还可以支援胶济线、保住济南，可谓一举多得。决心下定后，他先向李仙洲下达了“全军往吐丝口向明水突围”的命令，然后派了他的副参谋长罗幸理带着他的亲笔信急赴南京，向蒋介石报告其前线情况和要采取的突围决定。

正在为鲁中战役形势焦虑的蒋介石，看了王耀武的信后，目瞪口呆，半天无话可说，最后他只好无可奈何地对罗幸理说：“敌前撤退不利，既已下令北撤，应特别注意后属及两翼的安全。”嘱咐了这些蒋介石仍放心不下，他亲笔致书给王耀武：“祈求上帝保佑我北撤部队的安全和胜利。”然而在解放军强大的攻势面前，乞求任何神灵的保佑都是毫无用处的。当李仙洲派出的突围先头部队刚走出莱芜北门，就遭到我军的猛烈攻击，一场突围和反突围的血战在鲁中大地上展开。

此时的莱芜城一片混乱。几万名蒋军终日处于惶惶不安之中，为求逃生。23日晨李仙洲率第73、第46军并肩由莱芜北进，实施突围。但此时要突破解放军之围谈何容易！军心涣散，加之道路少，车辆、辎重、人员、马匹争相夺路，根本无法保持正常的行军队形。此时早已与我党建立联系的第46军军长韩练成，经与华野派遣该部的敌军工作干部研究，决定于突围前放弃指挥，秘密脱离部队，更增加了敌军的混乱。过了中午 12 点，由于我第 6 纵队一部顽强阻击，先头部队仍然突进不到吐丝口镇，而敌人的后卫却再也沉不住气，自行仓皇撤离矿山和莱芜城，尾随北撤的部队而行，但最后都乖乖地钻进了我预先设下的埋伏圈。当敌军撤出矿山和莱芜城之际，我军立即进占两地，死死封住了敌人后退归路。至此，在东白芹村，西到高家洼、南自南白龙、北到周家高庄，东西只有三四公里，南北不过四五公里的狭长地区内，李仙洲集团的 4 万大军陷入了前进不能，后退不得的绝境。23 日下午 1 时整，我军发击了全线出击的作战号令，顿时，鲁中大地上大炮齐鸣，我军以排山倒海之势，同时从四面八方向敌人发起大规模冲锋，采取穿插分割的战法，迅速楔入敌人行军的各个纵列。被李仙洲挑选担任左右侧卫的敌军萧重光和海兢强师，首先被我突击部队斩成几段，并将之各个歼灭，萧重光和海兢强两位师长也都做了我军的俘虏。此时坐镇南京的蒋介石，如同热锅上的蚂蚁，坐卧不安，急不可耐。他一方面不断地向王耀武查问莱芜前线的战况，一方面命令他的空军副司令王叔铭尽全力掩护李仙洲部北撤。为救李仙洲于“水深火热”之中，王叔铭急忙调集了几十架战斗机和轰炸机到莱芜上空作战，他自己也驾机到战区上空指挥，对地面进行猛烈轰炸扫射，但仍无济于事，阻止不了我军的强大攻击。

值此四面楚歌、极其危难之中，李仙洲本人一面强令部属奋力抵抗，一面向在空中盘旋的黄埔一期老同学及山东老乡王叔铭紧急呼救。此时的王叔铭虽心急如焚，替在地面上负隅顽抗的老朋友捏着一把汗，但却苦于无回天之力，他在无线电话中毫无希冀地告诉李仙洲，从莱芜到吐丝口镇，整个地面上共军甚多，要突围难以成功，不如退回莱芜，固守待援。王叔铭打气保证由他负责投弹药和粮需。李仙洲听到这些，如雷轰顶，他十分丧气地说：“退回莱芜已经无望了！”他这时才真正地体验到叫天天不应，呼地地不灵的窘况味道了。

战斗在激烈地进行中。困以待毙的李仙洲集团在我军“缝制”好的口袋里已插翅难飞。在我军激烈炮火的攻击下，几万敌军乱作一团，人仰马翻，各自逃命，呈鸟兽散。一个骑着四川小马的军官正要逃跑，被我战士一枪击中其右脚，将他俘虏，查问后得知他就是 46 军 175 师师长甘成诚。此时的敌首脑机关也乱了套，总部内外一片狼藉，喊声连天。平日非常忠心的高级幕僚们纷纷抛弃李仙洲自寻活命，只有 73 军军长韩浚还和他在一起。乱枪当中，李仙洲突然感到左脚受到一击，一阵剧痛，鲜血直流，他心一惊，挣扎着继续向北逃跑。而韩浚侥幸带了 1000 多人乘混乱之机狼狈突入了口镇，与口镇守敌新编 36 师残部共 5000 多人会合在一起，急速向博山方向逃窜，刚到青石关，被我预先部署于该地担任阻援任务的第 9 纵队歼灭于博山之南。韩浚军长本人也做了我军的俘虏。

在一眼望不到边际的俘虏群中，有一个头发、胡子都已灰白的老兵。这个老兵穿着蒋军士兵的服装，头戴一顶掩耳的棉帽，窄小的军服对这个身躯肥大的老兵来说显得那么不合体和刺眼。他的腿上流着血，两手捂着肚子，愁眉苦脸地呻吟着。时候不长，我军战士找来一副担架把他抬下治伤，这个老兵就是国民党第二绥靖区副司令、蒋军北线总指挥官李仙洲。说起来也颇具滑稽,他开始说自己是长清县的一个小学教员,是被国民党抓来当兵的,直到被别的被俘士兵指认后,这个曾指挥千军万马、威震一时的将军才承认了自己的真实身份。

2 月 23 日下午 5 时,伴随着零零散散的枪声和滚滚的硝烟,此次围歼李仙洲集团的战斗全部停止。前后不到三天,莱芜战役胜利结束,李仙洲集团 7 个师全军覆灭。除 46 军军长韩练成已到达我方外,73 军 77 师师长田君健被我击毙,新编 36 师师长曹振铎逃回济南,19 名将级军官全部被我活捉。共歼敌 7 万余人,严重打击了敌人的气焰,打乱了敌进攻山东解放区的部署。李仙洲集团被歼灭后,驻胶济路之敌星夜向济南仓皇收缩,我军乘胜解放胶济路沿线县城 10 余座控制铁路 150 余公里,使鲁中、渤海、胶东三区连成了一片。

王耀武在写给第 83 师师长李天霞的信中说:“莱芜战役,损失惨重百年教训,刻骨铭心。”敌第 74 师师长张灵甫要求休整,并说:“本师装备不适合山地作战。”李天霞则屡次称病请假要求不干。莱芜战役的胜利,在精神上的确给了敌人一个严重的打击。

莱芜战役取胜最关键的一着棋就是我军以小股兵力伪装迷惑进而牵制住了南线敌军。而同时,敌李仙洲军由于国民党指挥失误,致使战机贻误,只能成为瓮中之鳖,被动挨打了。《三十六计》“反客为主”主要强调的就是发挥主观能动性,创造有利的作战态势。我军在无法寻机歼灭南线之敌时,果断北上,抓住战机,包围歼灭了李仙洲兵团。而敌则贻误战机,致使被围歼惨败。可见,指挥人员发挥主观能动性,造成对己方有利之势是极其重要的。

半明半暗,解放海南

海南岛战役是 1950 年 3 月 5 日至 5 月 1 日中国人民解放军第 4 野战军第 15 兵团在琼崖纵队的配合下组织实施的一次较大规模的登岛作战。此次登岛作战,我军在没有海、空军参加的情况下,创造了以木帆船突破敌海、空封锁,胜利实施大规模渡海登岛作战的范例。

1949 年 12 月中旬广西战役结束后,我中南大陆全部解放,国民党残敌一部逃至海南岛。12 月 18 日毛泽东在苏联访问期间电示第 4 野战军司令员林彪:“……以 43 及 40 军准备攻琼崖。”

遵照毛泽东的指示,第 4 野战军命令 15 兵团指挥 40、43 军和部分炮兵、高射炮兵、工兵,共 10 万余人,进驻雷州半岛,在琼崖纵队的配合下,组织实施海南岛战役。

海南岛又名琼崖,是我国第二大岛,位于南海北部,与雷州半岛隔海相望,海峡宽 10—20 海里,全岛面积 3.4 万平方公里,人口近 300 万。海南岛素有“南中国海的门户”之称,是华南的海上屏障,战略地位十分重要。岛的中部为五指山和黎母岭,山岭绵亘,丛林茂密;沿海地区多丘陵和平原,交通方便;沿岸多天然良港,可停泊中型以下舰船;岸滩大部为沙质,木帆船可随处靠岸。海峡为半日潮,海水流向受潮汐影响,有东流、西洲和平流之分,在东、西流期间,无顺风帆船单靠摇橹无法通过主流区。岛上由我党领导的人民武装——琼崖纵队,以五指山为根据地,已坚持斗争 20 余年,并发展到 3 个总队另 1 个独立团(共 10 个团),加上地方武装,共约 2 万人,并已建立了以五指山为中心的大块根据地。

1949 年 12 月中旬广西战役结束后，国民党残部纷纷逃至海南岛，并由薛岳负责将撤到海南岛的国民党军残部与原岛上部队拼凑一起，组成海南防卫司令部。共辖陆军 5 个军以及数个独立师共 19 个师，连同地方反动武装，总兵力约 10 万人。另有海军第 3 舰队各种舰艇 50 艘，空军作战飞机 20 多架。薛岳依仗其海空优势，组成环岛立体防御体系，并用其别名命名为“伯陵防线”，妄图凭借海峡天险，长期盘踞，与万山、金门、舟山诸岛构成一道防卫台湾的屏障，并以此为基地，从海上和空中对大陆进行骚扰破坏。其部署是：地面部队编为第 1、2、3、4 路军，第 1 路军以 1 个军 4 个师编成，守备琼东区；第 2 路军以 1 个军、2 个独立师和琼北要塞共 6 个多师编成，守备琼北区；第 3 路军以 2 个军共 6 个师编成，守备琼西区；第 4 路军以 1 个军、琼南要塞等共 3 个多师编成，守备琼南区。防御重点放在以海口为中心的琼州海峡正面。海空军也大部配置于琼北地区，以封锁海峡，阻挠我军的渡海进攻。此外，敌军在调整完部署后，加紧了对我琼崖纵队的清剿，企图在我军登陆前消灭我琼崖纵队，“清除内患”。

1950 年 2 月 1 日由中共华南分局第一书记叶剑英和 15 兵团司令邓华、政委赖传珠在广州主持召开了由各军和琼崖纵队主要负责人参加的作战会议。会议根据毛泽东的指示，研究分析了敌我形势和战役特点，确定了分批偷渡与主力强渡相结合的作战方针。首先组织小部队分批偷渡，与琼崖纵队会合，以增强岛上的作战力量，尔后以主力部队实施大规模的强渡登陆，里应外合，共同歼灭岛上国民党守军。会议最后决定登陆工具以机器船为主，为此将战役准备时间由 3 个月延长为 6 个月，即 5 月底完成战役准备，6 月大举渡海进攻，并组织人员去香港等地购买登陆艇和改装机帆船。

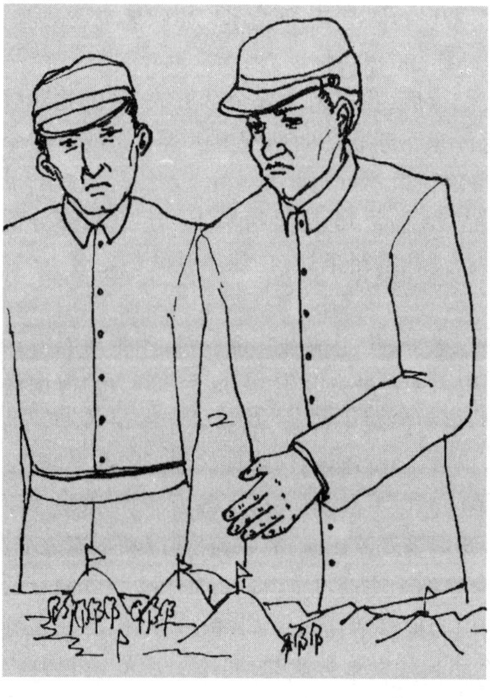

会后，我军各部队进行了征集船只、雇请船工和摸清大海规律、组织海上练兵等各项准备工作。2 月底，我军针对敌加紧对我琼崖纵队实行“清剿”，我军海上练兵初有成效等情况，兵团决定乘此机会，按计划实施偷渡。

3 月 5 日 19 时 30 分，第 40 军 118 师 352 团 1 个加强营 800 人在师参谋长荀在松率领下，乘船 13 只自雷州半岛的灯楼角起航。6 月 14 时，全营到达预定登陆点白马井以南海域，即冒着敌机、敌舰和地面密集火力的封锁，强行突击上陆，击溃守敌2个连,与接应部队琼崖纵队第1总队胜利会合。

3月6日19时,第40军119师356团自北海市东南白虎头起航,突袭涠洲岛成功,缴获大小木船300余只。

3月10日13时,第43军128师383团一个加强营1000余人在该团团长徐芳春率领下,乘船21只,自湛江东南硇洲岛起航。主力于11日9时在景心角东南的赤水港至铜鼓岭一线先后登陆,粉碎了敌一个团的抵抗,与琼崖队独立团胜利会师。

3月26日19时,第40军118师1个加强团共3000人,在118师政治部主任刘振华和琼崖纵队副司令员马白山率领下,分乘81只木帆船,从灯楼角起渡,预定在临高角西北登陆。起航不久,风停,午夜雾起,且潮水流向由南向东,船队无法保持队形,各船自行前进。27日晨,陆续在临高解东北宽20余公里的地段上分散登陆。登陆后部队逐步集中,先后击溃敌10多个营的层层阻击,终于在人民群众的支援下,于29日与接应部队会合。

3月31日22时30分,43军127师一个加强团共3800人,在师长王东保率领下,乘船88只,从雷州半岛东南角博赊港起航于4月1日4时,遭敌海军舰艇攻击,船队队形被打乱。经我军英勇奋战,击退艇舰,主力在海口以东之塔市附近登陆,与岛上接应部队胜利会合。接着,立即合力向纵深猛插,粉碎了敌人的围追堵截,进入琼东根据地。

我两批四次偷渡部队登陆后,敌人非常恐慌,停止了对我岛上部队的围攻,专门集中了5个师的机动力量,加强正面海防,以对付我军偷渡。此时我进入岛上的主力部队已近一个师,接应主力登陆的力量大大加强,我战役准备工作大体就绪;另一方面,向香港等地买登陆艇的同志几乎是空手而归,而改装机帆船又一时没有那么多大功率的马达,很难满足渡海登陆作战的需要;而且两批偷渡船只几乎是有去无回,损失严重,若再实施偷渡,将影响大规模登陆的船只使用;更重要的一点是,谷雨后(4月20日)海峡风向将变为东南风或南风,是木帆船的顶头风,对登陆极为不利。为此,兵团采纳了12兵团副司令兼40军军长韩先楚的建议,决定缩短战役准备时间,并于4月10日定下主力大规模强渡的决心。即兵团主力分成两个梯队向琼北实施强行登陆。以40军6个团、43军2个团为第一梯队,13日前集结完毕,待风向、潮汐有利时起渡。登陆点以马袅港为界,以西属40军,以东属43军。登陆后,迅速夺占并巩固滩头阵地,歼灭反扑和来援之敌,保障后续部队上陆。尔后40军主力包围和消灭加来之敌,进而向那大方向发起进攻;43军包围并消灭澄迈之敌,而后向海口方向发起进攻。以43军主力为第二梯队,在第一梯队登陆成功后迅速起渡登陆,协同第一梯队歼灭岛上敌军。琼崖纵队和先遣偷渡部队,以积极手段牵制敌军,接应主力部队强渡登陆。

4月16日晚,我第40军和第43军共8个团2.5万余人,由韩先楚统一指挥,分乘帆船380只、机帆船32只,于雷州半岛南端起航,我军“土炮艇”经与敌舰彻夜海战,击沉敌舰1艘、击伤2艘,突破了敌海上封锁,于17日凌晨突击上陆成功。

我40军登陆部队在临高角附近地段上陆后,即以果断、迅猛的动作向敌实施最坚决的攻击,在琼崖纵队和先遣部队的配合下,击溃了敌军的抵抗,夺取了可控制登陆场的临高山,并及时地组织防御,保障我后续部队上陆。当晚部队进至临高东西一线。19 日拂晓,40 军兵分两路,一路进攻美台,一路奔袭加来,至 19 日下午已完全控制了临高、加来地区。

43 军登陆部队在玉抱港附近地段上陆后,粉碎了敌军的抵抗,夺取了浅近纵深内的制高点和要点,当晚进至花场港以南一线,与接应部队会合。18 日拂晓,43 军各部队以攻助守,以守助攻,攻守结合,击溃从福山出援的敌军 4 个团的反突击,并乘胜攻入福山。当晚,部队于福山及其东南地区集结,准备包围和消灭澄迈之敌。

至此,我军登陆作战第一阶段任务胜利完成。

敌人向福山以北出援被我击溃后,薛岳还以为是我小部队的偷渡,仍从嘉积、海口调集兵力向澄迈驰援,企图乘我立足未稳,首先消灭威胁海口的我 43 军登陆部队于澄迈地区。敌变我变,我军立即改变计划,40 军不向那大发展进攻,转而包围歼灭澄迈之敌;43 军进至美亭、白莲地区,歼灭由海口、定安增援澄迈之敌。

我 43 军共 3 个多团于 20 日晨在美亭地区与嘉积北援之敌一个多团遭遇,我当即将其包围,同时占领了美亭以东和以北地区有利地形,形成对内对外正面。这时,敌仍未发现我主力上陆,薛岳集中 3 个多师的兵力,在航空兵的支援下,自东西两面向我阵地发起猛烈攻击,对我 43 军部队实施反包围。当时战况甚是激烈。21 日凌晨,我 40 军主力进占澄迈,发现敌人已出援美亭。兵团决心乘敌对我 43 军实施反包围之际,展开一个大规模的围歼战,内外夹击,粉碎敌人的反包围,消灭敌人主力,并迅速夺取海口。遂令 43 军克服困难、坚守阵地、吸引敌人;40 军连续作战,分两路向美亭东西两侧迂回包围,与 43 军夹击该敌。这就是海南岛战役中著名的"美亭决战"。21 日晚,我 40 军主力进至美亭东西两侧,与 43 军形成对敌 62 军的合围态势。至此,敌开始动摇。22 日我军发起总攻,在白莲地区粉碎敌军的抵抗,歼其一部,同时全歼美亭突围之敌。残敌向海口方向逃窜。薛岳见大势已去,命令全线撤退,其本人于当日飞往台湾。我军乘胜尾敌追击,于 23 日 8 时解放海口。

此时,我登陆部队第二梯队 5 个多团,于 24 日凌晨在海口以西顺利上陆。

24 日下午,我军得知敌已分路南逃时,即令部队分东、中、西三路对逃敌展开追击。东路追击部队由海口经加积、万宁、陵水直插榆林、三亚,歼灭并俘虏大量敌人,残敌乘船逃窜。30 日解放榆林、三亚。中路追击部队由美亭经琼岛腹地,向北黎挺进,5 月 1 日占领北黎,歼敌 4000 人。西路追击部队,乘船沿近海向北黎追击,因风浪大,影响航行,未能抓住敌人。当到达北黎时,该港已被陆路追击部队解放。至此,海南岛战役胜利结束,此役我共歼敌 3.3 万余人,我军仅损失 4500 人。

用敌之计,战胜强敌

西庇阿(公元前 236 年—公元前 184 年),有大西庇阿和小西庇阿之分,小西庇阿是大西庇阿长子的养子。大小西庇阿都任过罗马统帅。这里指的是大西庇阿。大西庇阿作为罗马统帅，以机智果敢闻名。曾几度任罗马的执政官。因在罗马迦太基争雄的布匿战争中战功卓著和在非洲迦太基本土（今突尼斯）结束第二次布匿战争而获“阿非利加西庇阿”称号。公元前210年—公元前206年，任远征西班牙的罗马军统帅，以奇谋和巧妙的战法屡败迦太基军，征服西班牙各部落，肃清了迦太基在西班牙的势力。公元前206年，率军远征迦太基本土，打败汉尼拔军队。公元前202年，在扎马会战中击败汉尼拔率领的迦太基军。公元前199年任监察官并居元老院首席。晚年离开罗马城，后死于卡姆帕尼亚庄园。

西庇阿在军事上善于夺取战略主动权，注意争取同盟军，对敌作战攻其必救，长于使用骑兵。他的统帅艺术受到西方历代名将的重视。特别值得一提的是，他勤奋好学，以敌为师。他曾率军多次打败汉尼拔的军队，而他采取的战法大部分是从认真研究汉尼拔的治军作战方略中获得的。

西庇阿与汉尼拔是同时代的两位杰出的军事家。汉尼拔是迦太基（今北非突尼斯东北部）著名军事统帅，他的一生几乎全部是在迦太基与罗马争夺西地中海霸权的战争中度过的。他具有战略眼光，足智多谋，用兵不拘陈规，经常以出人意料的行动实现其战略意图，曾率领孤军深入敌国，横扫意大利，威震罗马，取得了攻克大小城池400余座的辉煌战绩。西庇阿认真研究汉尼拔的作战方略，发现“避实就虚，各个击破”、“联盟结友，协力破敌”、“诱敌深入，逼敌决战”等都是汉尼拔在实战中常用的计谋，而且非常奏效。于是，当他统帅罗马军队同迦太基的军队作战时，就创造性地运用了从汉尼拔那儿学来的这些计谋。

公元前211年，罗马军队在西西里岛同迦太基军队作战，大获全胜，把迦太基军队从西西里岛上赶走了。但是在西班牙战场上，罗马军队在与迦太基军队的作战中，却遭到了惨败。在这种情况下，西庇阿率领罗马军队渡海向西班牙进军，于公元前210年在艾门波流门（安普利亚斯）登陆。

西庇阿登陆后，并不急于同迦太基军队决战。他首先派出侦探人员，详细了解迦太基军队的具体布防情况。他发现迦太基军队兵力分散，各据一方，而新迦太基城的防守十分空虚。于是他决定运用汉尼拔常用的“避实就虚，各个击破”的战术来对付敌人。

西庇阿集中优势兵力，向敌兵力空虚的新迦太基城实施突然袭击。由于西庇阿的兵力与新迦太基城守军的兵力相比占绝对优势，又是突然袭击，守军准备不足又缺乏友邻支援，新迦太基城很快被攻克。进城后，西庇阿立即释放了拘留在该城中的西班牙人质，并送给他们刀剑。他的这一行动赢得了当地人的好感，扩大了罗马军的影响。紧接着，西庇阿又率军进攻迦太基军在西班牙的其他各据点，并一一获胜。至公元前206年秋，迦太基军队全部被赶出了西班牙，整个西班牙归顺了罗马。

西庇阿是一位头脑清醒的军事家，他不为一次胜利而冲昏头脑。西庇阿把迦太基人从西班牙驱逐之后，他认为迦太基军队的实力仍然很大，决不能对其掉以轻心。迦太基军受到西庇阿军接二连三的打击之后，从西班牙撤回到本土。这个时候，汉尼拔采取的战略是，一面同当面之敌罗马军队签订暂时休战的和约，另一方面加修迦太基城的城防工事，准备固守迦太基城

和乌提卡城；与此同时，紧急召回远在意大利南部的汉尼拔军和北部高卢境内的马哥军，企图收拢拳头，集中力量，再与罗马军决一雌雄。

西庇阿看到汉尼拔军缩回本土后，便果断地率军远征迦太基本土。公元前203年6月，西庇阿的军队已经进至迦太基城南侧，并很快形成了对迦太基城和乌提卡城的包围之势。

这个时候的汉尼拔，对调回本土的军队已经进行了整顿。得知西庇阿来犯，他亲自率领2万大军，迅速向迦太基城靠拢，很快对迦太基城南侧的西庇阿军队形成了南北夹击之势。汉尼拔和迦太基当局认为，虽然迦太基人在西班牙战场上输给了西庇阿，但是目前罗马人劳师远征，来到自己的国土，地形生疏；而自己的军队经过休整，以逸待劳，同时在本土作战，地形熟悉，群众支持，取胜的希望极大。因此，迦太基当局拒绝批准汉尼拔与西庇阿签订的暂时休战和约，并且拘禁了罗马人派来的使臣。

西庇阿得知迦太基当局不愿议和，又见汉尼拔来势凶猛，便决定运用汉尼拔常用的“诱敌深入，逼敌决战”的计谋，在迦太基本土内彻底打败汉尼拔。

西庇阿断然决定：避开汉尼拔进攻的锋芒，解除对迦太基城及乌提卡城的围困，立即率军向巴格拉达斯河上游进军，深入迦太基内陆，尽快摆脱腹背受敌的不利局面，并诱使汉尼拔军改道西进，然后创造战机，伺机决战。

西庇阿率军转移，聪明的汉尼拔并未立即追击。他一方面下令固守迦太基城和乌提卡城，静观战事发展；另一方面自己率军北上，作战略运动。

西庇阿见敌军不追击，“诱敌”、“决战”的目的达不到，便生出一计：率领部队切断迦太基城的主要粮食供应来源。这一招很快见效，迦太基的居民大感恐慌，他们纷纷要求当局赶快讨伐罗马军，恢复粮食供应。

于是，迦太基当局命令汉尼拔立即对西庇阿采取作战行动。

正在陆续北上的汉尼拔军队接到命令后，只好改变行军路线，掉头向西朝内陆方向进发。

西庇阿见敌人入了圈套，便加快行军速度，诱敌深入。汉尼拔军队急于完成歼敌任务，疲于奔命地追赶西庇阿的军队。

公元前202年，西庇阿率军转移到迦太基扎马城附近时，觉得这里是决战的好战场,遂将部队部署成口袋阵,并命令各部队按照划分的位置迅速选择有利地形,隐蔽起来,伺机破敌。

迦太基军在汉尼拔率领下闯入了扎马地区,钻进了西庇阿预设的口袋。西庇阿一声令下,将“口袋”口收紧,汉尼拔的军队被压缩在一块即缺水又无壁垒依托的极端不利的地方。西庇阿率军队从四面八方冲杀过来。此时,西庇阿又得到了努米底亚国王马西尼萨骑兵队的相助,如虎添翼。汉尼拔军队饥渴难忍,乱了阵脚,成了任西庇阿军队和前来相助的骑兵队任意宰杀的羔羊。汉尼拔只身逃离扎马,他的军队遭到了重大的损失。战后,迦太基不得不同罗马缔结了有利于罗马的和约。从此,迦太基也失去了其强国的地位。

西庇阿以敌为师破敌,连敌人都很佩服。有人问西庇阿:“你战胜汉尼拔采用的是什么战法?”西庇阿答:“采用汉尼拔战法!”而汉尼拔在扎马战役失败后,继续统领迦太基军队时,常常对部将说:“我们要向西庇阿学点计谋!”

南北会战葛提斯堡

130 年前,在美国本土,曾经爆发过一场规模浩大的战争——南北战争,这实际是美国资产阶级的第二次革命。

战争的两方,一方是南方的奴隶主集团,一方是为资产阶级寻找廉价劳动力、拓宽自由贸易市场的北方资产阶级集团。

战争先后进行了 5 年。

南方军队虽然是为了维持旧制度而战,但是由于军队统帅罗伯特·李将军的杰出指挥,在战争初期,南军反而节节胜利,而北军则一败再败,以至首都华盛顿都处在风雨飘摇之中。

但到了战争的第 3 年,即 1863 年 7 月,李将军在东部战场上强攻葛斯提堡,结果遭到了惨重失败,北军获得了根本性的胜利。这一战役,扭转了整个战场上北军的颓势,稳定了大局。之后,北方资产阶级在林肯总统的领导下,依靠人民群众的力量,消灭南部奴隶制,为美国资本主义的发展扫清了道路。

战争的头两年,在东部战场上,南军除了安提塔姆战役遭到一些失败外,几乎是连连得手,大军步步向前推进。在西部战场上,虽然北军尽了最大的努力,但仍然陷于被动挨打之中,局势十分不利。

1863 年 5 月,南军弗吉尼亚军团在岑斯勒斯维尔采取迂回包抄的奔袭战术获得了巨大的成功。此后,军团司令罗伯特·李重新调整了军队的指挥官,下辖三个军,分别由詹姆斯中将、爱威尔和安布罗斯少将担任各军军长。

李将军感到由于连年战争,弗吉尼亚的物资奇缺,粮食十分匮乏。因此,他决定向北方发起进攻,去夺取北方充足的物资和粮食。同时,进一步巩固南军的军事优势,寻机对北军进行更为致命的打击。

李将军向北出击还有更重要的军事战略上的原因。在西部战场上,由于林肯总统启用了能征善战的格兰特将军,所以局势大变。格兰特上任后,在取得了初步胜利、军队占据了有利地形后，突然包围了维克斯堡要塞。李将军心里清楚，要想解维克斯堡之围，长途奔袭是不可能的，只能采用中国战术中“围魏救赵”的战法，在东线发动一场凌厉的攻势，以减轻西部战场上的压力。

格兰特将军是一个声名狼藉的酒鬼，常常在战斗的紧要时刻喝得大醉。但是李心里清楚，格兰特是一位杰出的军事指挥天才，由他当统帅是军队之福。李将军也十分敬服林肯总统，因为正是他力排众议，不拘小节，重用了格兰特，才扭转了北军一败再败的战局。

在东线发动进攻，李将军还有其政治上的迫切需要。自林肯发布了《解放黑奴宣言》和安提塔姆战役失败以来，一直支持他们的英法两国的态度变得越来越暧昧了。在这种情况下，极有必要发动一场强有力的攻击，来显示南军的强大，迫使英法等国承认南方同盟独立政府的合法性。

1863 年 6 月 3 日，李将军率领他的由 7.5 万人组成的军团，由弗里德里克斯堡出发，向宾夕法尼亚推进，直接威胁华盛顿和费城。

6 月 3 日，双方骑兵在布朗迪车站遭遇，刚一交手，北军便慌忙撤出。

6 月 13 日，爱威尔将军率领的弗吉尼亚第二军攻入谢南多亚河谷一带，大败驻防的美军，俘虏 4000 余人，并夺取了大量的军用物资，然后向波托马克河继续挺进。

面对扑面而来的南军，华盛顿在危急中悚然颤立。

在危急关头，林肯一方面调集北军的波托马克军团向弗里德里克集结，以加强那里的防御力量；一方面走马换将，撤掉了原司令官胡克将军的职务，让他的部下一个叫米德的军长接替胡克的职务，成为波托马克军团的总司令。

林肯的这一决定又是十分英明的。

米德是一位优秀的指挥官，他稳健、果断，曾担任过旅长、师长和军长，有着丰富的作战经验，在军队中有着极高的威望，也被自己的部属和士兵所信赖。

林肯选择将领时的一个重要因素，便是在考察该将军荣立战功的同时，还考察他的部属对他的信赖程度。

实践证明，这是一条十分可贵的经验。

只有部属和士兵真心拥戴的司令官，他才有随心所欲地指挥调动部队、战胜敌人的最基本的条件。

波托马克军团是北军中最为庞大的一支军队，有10万之众。但是由于刚刚在岑斯勒斯维尔战役中遭到重创，情绪非常低落，而且该军团中大多是刚刚入伍的新兵，战斗素质极差。

米德上任后，立刻对军团进行了组织调整，将新老士兵重新进行搭配编排，并且利用一切可能的时间进行短期修整和训练。

6月底，南军已穿过宾夕法尼亚，攻入北方。一支部队夺取了卡莱尔，然后在哈里斯堡待命。

希尔的军队直插位于哈里斯堡西南的小镇葛提斯堡，企图攻占约克郡后，直抵萨斯奎海纳河，掩护后面李将军的大军向哈里斯堡集结。

担任先锋的爱威尔将军一路上势如破竹，猛冲猛杀。

这对东线刚刚上任的米德将军来说，无疑，他碰到了最为严峻的考验。

米德将军在反复研究了敌情，全面地审时度势后，决定大军由弗里德里克前出至哈里斯堡，然后向葛提斯堡迫近，在那里同南军展开决战。

大战在即之时，李将军首先犯了第一个错误。

进入北方之后，李将军明显地觉察出自己的耳朵不灵了，眼睛不明了，完全不像在南方作战那样随时都可以准确地得到敌军的消息。为了摸清敌情，李将军命令骑兵师长斯图尔特少将率领他的骑兵对北军进行一次侦察性的袭击，以便摸清北军主力的确切位置。然而，连打胜仗、性情鲁莽的斯图尔特好大喜功，把侦察性的攻击变成一次大规模作战。他没有限制军队的进攻速度和前出距离，企图从后面包抄北军，可是等他们赶到预定战场时，才发现北军已渡过波托马克河，同正面的李将军的大军交上手了。

此时，斯图尔特的骑兵师同李的大军已经失去了联系，只好独自沿东线挺进，当他疲惫不堪地到达葛斯提堡时，才发现主战场上的胜负基本已定。

主战场的大战是从突然间的遭遇战开始的。

在米德大军向葛斯提堡集结的同时，李将军也率领弗吉尼亚军团抵达了葛斯提堡，他命令主力军在城堡以西待命。由于情报迟误，派出去侦察的骑兵师又没有消息传送回来，所以他竟毫不知晓米德的大军，就驻扎在离自己司令部几公里之外的平原上。

7月1日，南军希尔所部一支部队为了收集马鞍和马具，贸然闯进了葛提斯堡小镇，结果遭到了北军布德福师的迎头痛击。李将军这才知道，米德的大军已经同自己严阵相峙，已成盘马弯弓之势。

临时要调集兵力已经来不及了，于是，这场意外的遭遇战，拉开了为时三天的大战的序幕。

仓促迎战，这是李将军犯的第二个错误。

7月1日中午，南军首先发起凶猛的攻击，猛烈的炮火，逼迫北军撤出了葛斯提堡小镇。

待李将军进入小镇，仔细地观察了周围的地形后，才发现自己处于十分不利的位置，要想改变危局，必须夺取小镇后面的高地公墓岭。北军的后撤正是为了加强公墓岭的防御,并非真正的败退。

于是,他马上部署兵力,全力攻占公墓岭。

公墓岭是一个南北走向、呈鱼钩状的小山脉,凸出的一面正对着南军,"鱼钩"两端各有一座小山包,南端的叫圆顶山,北端的叫卡尔普斯山。事后,现代军事家们在评论这次战役的得失成败时指出:抢占公墓岭是这次战役成败的关键。

中午时分,李将军指挥大军将公墓岭团团围住。

但与此同时,米德指挥的北军抢先一步,将汉孝克将军统帅的第二军送上了公墓岭,及时加强了公墓岭的防御力量。

一场南北战争中规模最大的血战,就这样展开了。

南军调集了几乎所有的炮火,对公墓岭的几个高地进行了猛烈反复地轰炸。炮火未熄,地面部队便呐喊着冲了上去。

但北军的防御工事异常坚固,而且居高临下,占有有利地形。当着南军士兵冲上高高的山梁,力气用尽时,北军才从工事里准确地开火,将南军像羊群一样赶下山来。

公墓岭的山坡上,弃尸累累,山坡上的树木草荆全被烧光,空气中飘浮着一种枯焦混合着血腥的难闻气味。

7 月 2 日,南军厄尔利将军指挥的部队突破了北军的右翼防线,一度占领了鱼钩北端的卡尔普斯山。但他们立足未稳,还未来得及庆贺,便被北军强有力的反击给赶出了阵地。

南军老将朗斯特里奉命攻打北军的左翼,由于他在作战方案上与李将军有分歧,因此,对公墓岭的进攻只是勉强从命。他的部队利用岭下一片麦地和一个果园的隐蔽地形,十分谨慎地向岭南的制高点——小圆顶山逼进。由于他们攻势不猛,速度不快,掩护火力也十分薄弱,所以几次进攻都被北军反击了回来。

在初战遭遇挫折时,未能和属下主要将领统一意见,这是李将军犯下的第三个错误。

朗斯特里也组织过几次像样的进攻,小圆顶山的形势也一度吃紧,可是就在胜利在望时,北军沃伦将军的援兵又到了,防御小圆顶山的第五军力量得到了加强,朗斯特里特的期望成了泡影。

7 月 3 日黎明,南军经过一夜苦战,终于攻占了卡尔普斯高地,然而不到两个小时,北军斯洛卡尔姆率领的第十二军又反击回来,经过一番激战,卡尔普斯高地又为北军夺回。

正在此时,前去执行侦察任务的斯图尔特骑兵师在兜了一个大圈子之后,终于返回了。

如果斯图尔特早些察明敌情……

如果斯图尔特的骑兵师早些参加进攻战斗……

也许,战争就会是另一个样子了。

骑虎难下的李将军决定孤注一掷,他集结起最后所有能作战的力量,将 1.5 万人分编成数十个作战方队,在一阵密集的炮火对射之后,向中央阵地发起了海涛般最为猛烈的进攻。

但是，持有反对意见、对胜利已经不抱希望的朗斯特里消极地只派出了一个师加入战团，然后自己躲在一边静观作战的成败。

此时，北军坚固的工事中，亨特将军指挥的大炮发挥了巨大的威力，炮弹像急雨冰雹一般在冲击的南军方阵中降落，然后成火山喷发状的爆炸燃烧。

南军的官兵，成片成片地倒毙在公墓岭的山坡上。

终于，有一部分南军冲过了炮火编织的死亡线，渐渐靠近了山峰。

守卫在山头上的北军，透过弥漫的硝烟迷雾，可以看到南军密集的冲锋线像海浪一样向山头涌来，闪亮的刺刀，飘扬的军旗，嘀嘀的喇叭声……最后连南国士兵痉挛的面孔都看得一清二楚了。

米德也拼上了最后的力气，下达了全线反击的命令。

随着一声声轰轰隆隆的巨响，伴随着震耳欲聋的枪炮声和挥动着闪着寒光的刺刀的可怖画面，公墓岭上出现了最为惨烈的一幕。

血雨迸飞，惨号不断，死尸盈野、断肢遍地……

终于，在李将军的望远镜里，他看到，身着灰色军服的南军如落潮一般跑下山来，李将军痛苦地低下了高傲的头颅。他知道，自己的希望破灭了。

这场残酷的大战，双方都付出了巨大的代价，北军投入兵力 8.5 万人，伤亡 2.3 万人，南军出动兵力 7.5 万人，伤亡 2 万人。

北军赢得了这场战役的胜利，意义自然十分重大，不仅解除了南军对首都华盛顿的军事威胁，而且稳定了人心，争取了国际舆论的支持。

由此为转折点，战场上的敌我态势发生了重大变化，南军由进攻转为防御，北军由防御转为进攻。

4 个月后，为了纪念在这场战役中阵亡和负伤的将士，由国家出资，在这儿建立了一座规模宏大的烈士公墓。

在烈士公墓落成典礼上，林肯总统发表了一篇不朽的演说，他高度地评价了这一战役的伟大意义，热情赞扬了参加这场战斗的全体将士，激情洋溢地称颂了为国捐躯的英烈们的崇高精神，鼓励人民乘胜前进，去夺取战争的最后胜利。

一年半之后，美国南北战争结束，罗伯特·李将军向北军投降，北军取得了最后的胜利。

纵观持续 5 年的美国南北战争史，显然，葛提斯堡战役具有扭转危局、反败为胜的关键性作用。

以少对多，大胜敌军

1848年，革命的风暴席卷了波阿平原和亚平宁半岛。民主派提出的“召开全意大利制宪会议”的号召，引发了罗马人民起义，推翻了教皇的统治。革命的三色旗在罗马上空升起，罗马共和国在礼炮声中诞生了。然而与此同时，以法国为首的武装干涉者从四面八方形成了对罗马的包围。

5月，民族英雄加里波第在波波洛广场集合起自己军团的2500名士兵，离开罗马去打击来犯的那不勒斯军队。

当时罗马共和国的局势尚未稳定下来，秩序比较混乱。为了迷惑混入城内的敌方间谍，使敌人弄不清进军的真正意图，加里波第巧施了瞒天过海之计。首先，他把出发时间定在夜里，趁着夜色掩护行军，谁也不知道他们开向哪里去。其次，他把出发地点选在波波洛广场，由波波洛门出城。即使敌军间谍发现了，也一定认为他们是出兵远征法军，因为法军驻扎在这一方向，而那不勒斯军队却在完全相反的方向，再次，加里波第指挥部队迂回行进，不断改变行车方向，绕了一个大圈子才向敌军的方向挺进。为确保行军安全，还派出骑兵对行军地区进行广泛的侦察。尤其是在崎岖不平的地段，纵队便停止前进，由骑兵侦察了前方的情况回来报告后，再开始前进。这样走走停停，停停走走，不仅确保了行军安全，而且又让部队得到了充分休息。由于部队没有疲于行军，保持了充沛的体力，因而实际上并未减慢行军速度，而且也避免了部队到达目的地时因为太疲劳而让敌人处于有利地位的情况发生。

逼近敌军阵地时，加里波第派出两个连以搜索队形去狙击，占领了整个战场的制高点。从山麓上的阵地望下去，两军对垒的情景，可以尽收眼底。加里波第在这儿指挥战斗就像是进行一场军事检阅：他通过号兵可以随时把自己的作战意图传达给部下。在号音的指挥下，每件事情都进行得有条不紊，甚至士兵们的每一个动作都非常准确而迅速。在共和国战士们的勇猛冲锋和密集射击下，敌军大乱起来，几乎没放几枪就逃跑了。加里波第当机立断，派出一个营的预备队，命令战士们以刺刀全线冲锋，追歼逃敌。

这次战斗不到3个小时就胜利结束，敌军被全部击溃。很难想象这是一场2500人对6000人的战斗。加里波第以其非凡的军事天才，创造了奇迹。

一个星期之后，那不勒斯军队卷土重来。这次敌军由2万人和30门大炮组成，占据着韦莱特里、阿尔巴诺、帕莱斯特里等战略要地，左翼凭恃大海天险，右翼倚靠亚平宁山脉，从而控制了通向罗马的必经的山谷，在兵力、装备、地形等方面都占据着明显的优势。

加里波第率领1万名士兵迎敌。为了迫使敌人撤退，他认为必须迅速占领山谷并夺取敌军对外联系的侧翼阵地，这样就可以切断敌军的去路，迫使敌军犯分散兵力的错误，然后趁机用全部兵力打击敌军的薄弱部。然而狡猾的敌人并没有轻易上钩，而是主动放弃了一些阵地，把全部兵力收缩到韦莱特里城一线，准备以优势兵力与罗马军队进行决战。

当加里波第率领一支1500人的突击队逼近韦莱特里时，他先派出一支小分队直抵城下去侦察地形，并故意吸引敌军的注意，诱敌出战。果然，那不勒斯军队见加里波第兵团兵力有限，决定出击。在敌人的步兵和骑兵猛冲过来时，小分队则根据加里波第的指示梯次后撤。不久敌步兵团队因困乏而减慢速度，以密集队形在公路上缓慢行进，骑兵冲锋过猛、孤军深入，丧失了轻步兵团的掩护，全部进入了埋伏在两侧山上的预备队的有效射程之内。罗马战士的准确射击使敌军成了活靶子，损失非常惨重。

双方交火半小时以后，加里波第率领50多名骑兵猛冲向敌人。敌军的战马和加里波第的战马撞在一起，把他摔落在地上，抛出几码远。但他一跃而起，飞身上马，把帽子顶在刀上摇晃，向部队示意自己安然无恙，以安定军心。战士们见主帅死里逃生，顿时发出一片欢呼，信心百倍地投入战斗，取得了很大胜利。

战斗形势对罗马军队非常有利，本应当乘胜追击，向敌人发出总攻。但这时加里波第只有1500人，而敌人则有2万人，于是他便向总司令罗塞利请求迅速增援。罗塞利迟迟不下命令，贻误了战机。当远征军主力到达战场的时候，敌人已经收缩阵形，准备撤退了。加里波第提议派兵迂回截击可能撤退的敌人，但罗塞利仍没有采纳这个意见。于是，加里波第只好率领一支小分队直抵城下，准备偷袭。当他们发现韦莱特里已是一座空城，敌人已经撤退时，加里波第立即率军追击，可是敌军主力已无影无踪，只俘虏了敌人留下的大批伤员。这一仗，加里波第以少胜多，打得非常出色。但由于总司令的无能，错失战机，没能乘胜追击，扩大战果，结果只打了一个击溃战，而没有实现歼灭战。但加里波第的军事天才仍然得到了淋漓尽致的发挥。

先发制人，夺制空权

1956年第二次中东战争结束不久，中东形势发生了一系列的变化。1958年7月14日，伊拉克发生军事政变，上台的新政府宣布退出巴格达条约组织。1965年5月巴勒斯坦解放组织宣布成立。1966年2月23日，叙利亚发生军事政变，新政权加强了同苏联的关系。面对这一系列变化，以色列感到国家的安全又一次受到威胁。进入1967年4月后，形势的变化使以色列领导人更加确信自己的看法。1967年5月1日，埃及总统纳赛尔宣布同意向叙利亚派遣军队，对付以色列。5月15日，纳赛尔警告以色列不要冒险，并向西奈半岛增派2个师的兵力。次日，埃及要求联合国紧急部队从西奈半岛撤走。5月22日，埃及封锁了亚喀巴湾。5月30日，约旦国王侯赛因访问埃及，两国签订了双边军事协定。

在这些变化发生的同时，以色列国内就是否发动战争进行了激烈的争论。5月30日，以色列在野党正式决定建立各党派联合政府，要求态度温和的艾希科尔辞去总理职务。6月1日，以色列内阁改组，主战派人物摩西·达扬担任国防部长。以色列终于下定发动新战争的决心。

以色列分析了当时各国情况，发现埃及、叙利亚、约旦三国共有飞机969架，其中作战飞机650架；三个阿拉伯国家已动员的总兵力为32.8万人。而以色列空军仅有354架飞机，其中作战飞机196架。以色列国土狭小，资源短缺。这些都使以色列在新的一次中东战争中很难对付阿拉伯国家的进攻。以色列军方领导人经过对敌我双方形势的分析，认为处于劣势的以色列要想打败阿拉伯国家，只有先夺取制空权。而夺取制空权，只凭以色列的196架作战飞机去抵抗阿拉伯各国650架作战飞机的袭击显然是不行的。现实迫使以色列军方作出了一个大胆的决定，只能以先发制人的战略去击败阿拉伯各国。

但是，以色列在此之前已得到美国的警告，以色列若先发动战争，后果由其自负。以色列军方知道它的先发制人的战略是在多么危险的情况下制定的。为保证这一计谋的成功，他们在突然性和准确性上做准备，并且要求要最大限度地实现以下这个目标：迅速摧毁埃及空军。以色列了解到埃及空军的以下特点：第一，埃及空军每天拂晓仅有1—2架米格机在空中巡逻。埃及人认为这段时间以色列突袭的可能性最大。这段时间一过，2—3小时后，埃及空军基地的雷达就关上了。第二，埃及高级将领通常每天上午9点上班。根据这两点，以军将其突袭的时刻选在6月5日以色列时间上午7时45分，这时埃及空军戒备最松，其将领也都正在上班的路上。以色列还认为，拂晓时尼罗河多雾，7时30分雾可消失，以军在7点45分进攻时，正好阳光明亮了，对于轰炸机场极为有利。5月25日，以色列的发先制人的作战方案获正式批准，进入了紧张的准备阶段。

1967年6月5日上午7时，埃及时间上午8时，40架以色列"幻影"式和"神秘"式飞机从以色列起飞，由地中海上空向西飞行。几分钟后，第2批40架飞机起飞。以色列先后出动近200架飞机。这些飞机中途改变航向向南飞行，于埃及时间上午8时45分抵达埃及机场上空。正如以色列人所预料的那样，埃及空军戒备此时最松。以色列经过3个多小时的轮番轰炸，使埃及10个机场被炸毁。埃及300架飞机被炸毁在地面上，350名飞行员中的100名被炸死。6月5日下午12时15分，以色列空军对安曼机场进行了空袭、下午3时又对叙利亚的阿弗拉克机场和大马士革机场进行狂轰。仅这一天，以色列空军就轰炸了25—26个空军基地，完全控制了制空权，为其第三次中东战争中的胜利奠定了基础。

全面空袭，地面决胜

1990年8月2日，伊拉克总统萨达姆·侯赛因，指挥他的10万大军，突然入侵弱小的科威特，不到10个小时便并吞了这个富裕的邻国。于是遭到了全世界的反对，成为人人喊打的过街老鼠。

在海湾危机爆发后的几天里，美军参谋长联席会议主席鲍威尔上将根据美国的利益，迅速地向布什总统提交了一份在沙特阿拉伯大规模快速部署军队的计划，这个计划，后来经过修改，成为震撼全世界的"沙漠盾牌"计划。

到1991年1月15日，参加反伊的国家已经达到23个，并迅速组成了以美国为首的多国部队。多国部队总兵力已超过70万人，其中美国50万、英国3万、法国1.5万、沙特7.5万、埃及3.5万、叙利亚2万、摩洛哥1.1万、巴基斯坦1万、海湾6国联合部队1万，科威特6000。坦克总数35000辆，作战飞机1400架，各类舰艇245艘。

11月29日，联合国安理会通过了678号决议，将伊撤军最后期限定于

1991 年 1 月 15 日。这个决议向伊拉克发出了最后通牒。

从 1990 年 8 月下旬开始,美军为适应沙漠地区的地理和气候条件进行了“恐怖之夜”、“正义铁拳”、“海湾风暴”、“迅雷”等大规模演习,几乎所有美军飞机、舰只和 80% 的部队都经受了强化训练。美军还将许多还没有在实践中使用过的高技术武器,如“爱国者”式防空导弹、“阿帕奇”式武装直升机和“战斧”式巡航导弹等等都一齐搬出来了。可以毫不夸张地说,这次海湾战争,是人类历史上第一次高技术战争的奇观。

尽管如此,美军对发动战争仍表现出了特别的慎重。因为伊拉克是一个拥有大量现代武器和 8 年两伊战争经验的可怕的敌手。没有胜利的把握,他们是不会轻易动手的。

1 月 16 日午夜,霹雳一声,以美国为首的多国部队开始了对伊拉克的全面大规模空袭,海湾大战爆发了!

多国部队的大规模空袭,一浪高过一浪,空袭目标不断被摧毁,伊拉克几乎没有还手的余地。空袭连续进行了多日,伊拉克境内已是满目疮痍。

多国部队无休止的空袭进行到第四个星期,无论是五角大楼、白宫,还是前线部队都已认识到,单纯靠空袭是无法“解放科威特”的,地面决战一定要打。可是战争避免不了伤亡。人命关天,布什总统不得不权衡,要以最少的伤亡换取最快的、决定性的胜利。

美军虽然拥有强大的空中优势,但在地面上与伊拉克没有过大规模的交战。故而不能轻举妄动。特别是经过 1 月 29 日—31 日的海夫吉小规模地面战斗,暴露出多国部队的许多弱点,显示了伊军有相当的战斗力。所以,多国部队决定延长空袭时间,用空中火力消耗伊军实力,等待地面战斗的时机成熟。

对多国部队的地面进攻能构成较大威胁的,是伊拉克的那支由数千辆苏制坦克装备的占世界第四位的装甲力量,地面战斗一旦打响,大规模的坦克战势在难免。

伊军将主力部署在科威特东北部海岸线和伊拉克西部与科威特交界地区,在多国部队的连续空袭中深藏不出。其目的是准备一旦美军从这两个方向穿插包围过来,伊军将实施反包围。如果战场形势明显不利,萨达姆还有最后一招,即同多国部队打化学战。

多国部队迟迟不发动地面进攻,是因为他们认为时机尚未成熟。至2月9日,美军发言人说,多国部队空军只摧毁了伊拉克4000辆坦克中的750辆,3200门火炮中的650门,4000辆装甲运兵车中的600辆。伊拉克军主力部队——“共和国卫队”的战斗力仅丧失了25%。如果发动地面进攻势必增加多国部队的人员伤亡,延长战争进程。而这正是多国部队方面想尽力避免的。

持续的空袭,使得伊拉克军队的战斗力受到越来越大的削弱。武器装备的损失倒在其次,最重要的是通讯系统受到了极大的破坏,指挥机构无法保持与作战部队的联络,部队难以统一行动,运输线被切断,前线的供应无法保证,士气开始低落。这一切不利因素的来临速度之快,出乎萨达姆的意料之外。

1991年2月24日凌晨1时,多国部队在大规模空袭持续了37天之后,以雷霆万钧之力,从若干个方向同时向伊拉克、科威特境内发起了地面总攻,大决战开始了!

饱受空袭之苦的伊拉克军队,战斗力迅速下降。地面战斗一开始,伊军很快就被迫全线溃退,2月25日,多国部队全面突破伊军地面防线,进逼科威特城。美军第7军及英法各1个装甲师组成的突击纵队深入伊拉克境内西北部约200公里,切断伊科边境的伊军主力——“共和国卫队”的退路,此时的伊军,已无法进行有组织的抵抗。为避免部队被分割包围,当日晚,萨达姆下令全面从科威特撤退。当天,前线伊军26个师被击溃,有的在撤退中成建制地当了俘虏。27日下午,科威特宣告解放。伊军坦克在美军A—10型攻击机和“阿帕奇”式武装直升机的打击下已毁伤过半,共和国卫队大部分已失去抵抗能力。

格林威治时间2月28日凌晨2时,美国总统布什发表讲话,宣布科威特已回到科威特人手中,海湾战争基本结束,多国部队将停止进攻性军事行动。几小时后,巴格达电台播放军方公报,宣布萨达姆命令伊拉克军队在前线停火。世人关注的海湾战争的地面战斗,竟在不到100小时的时间内就结束了。

2月28日,多国部队总司令、美军的施瓦茨科普夫将军声称:在这次地面战斗中,多国部队仅阵亡126人,其中美军79人。伊拉克军队伤亡约10万人,被俘17.5万人。以美国为首的多国部队在这次战争中,对于开战时间的选择以及进行地面战斗的准备可谓是慎之又慎了。在大规模空袭未达到预期效果之前,迟迟不开始地面进攻。一旦空袭达到目的,则以迅雷不及掩耳之势发动进攻,一举获胜,创造了战争史上的奇迹。

不避风险,选点投资

1986年9月下旬,肯德基家乡鸡公司开始考虑如何打入人口最多的中国市场,发掘这个巨大市场中所蕴含的巨大潜力。虽然前景乐观,但是诸多难题也使肯德基的决策者们备感头痛,犹豫不决。对这家世界最大的鸡肉餐馆公司来说，面前的中国市场是完全陌生的：肯德基的纯西方风味是否能为中国消费者所接受？开发中国市场，不但需要技术资源，更重要的是还需要宝贵的管理资源。此外，从中国不能汇出大量的硬通货利润，即使是中等水平的汇出也不大可能。最为关键的是，要打入中国市场就必须选择一个特定的投资地点，而这又带有很大的不确定性。

托尼・王作为肯德基东南亚地区副总经理，承担了拓展中国市场的重任。早在1984年，王就与中国天津当地一家合伙人创办了一家名叫“兰花食品”的合资企业，这是中国餐馆业中第一家中美合资企业。这个有80个座位兼出售业务的餐馆从开业的第一天就大获成功，其营业收入比盈亏平衡点高出100%。

托尼・王始终坚信美式快餐在远东市场有着巨大的潜力。受到这一成功的鼓励，王开始考虑在中国主要地区转让特许权从而把家乡鸡引入中国。1985年，王写信给肯德基总经理梅耶，力图说服对方现在正是积极打入中国市场的有利时机：

“对于在目前打入中国市场，我完全确信肯德基比任何其他美国快餐连锁商店都更具有竞争优势。尽管麦当劳汉堡包正在试图与中国建立关系，要使牛肉供应成为可能还有很长一段路呢！另一方面，家禽饲养业作为中国农业现代化中一个优先发展的领域受到政府的大力支持与鼓励。我的观点是肯德基可以打开中国的大门，并通过建设一个稳固的家禽供应基地来建立一个无可争辩的领先地位。”

梅耶对王把肯德基引入中国的提案感到极大的兴趣。王本人在肯德基有长时间的富有成就的经历，可以完全加以信任。另外，王本人就是中国人，能讲标准的普通话，有利于谈判磋商。然而梅耶对把中国市场这一具有战略意义的重要市场转变成特许出让，还有许多牵挂和忧虑。国际市场经验表明，依靠出让特许权是很危险的。授予特许权还会危害肯德基今后向中国其他地区发展的能力。梅耶喜忧参半，总的想法是：中国这个市场“太重要了，以至必须作为一个公司的业务加以开发”。

与此同时，托尼・王也清醒地意识到只靠他自己的力量是无法把肯德基引入中国的。他在天津得到的经验更加强了他的观点：在肯德基旗帜下做买卖，要求中国雇员在工作态度方面做根本性转变。而这种转变只能通过耗费时间的培训计划获得，这便意味着在开始营业之前就要投入大量费用，而他无力全部负担。此外王还为寻找合作伙伴、谈判、签订租约及获得营业执照等前期工作所需的费用而担心。到1985年深秋，王越来越清楚地认识到“中国这个市场对个人来说是太大了”。

1986年4月，梅耶决定采取行动。改组肯德基东南亚地区办公室，买进在新加坡的全部特许经销权，这将给肯德基东南亚地区办公室增加相当分量的新的管理负担。梅耶邀请王担任东南亚地区的业务主管，并对王表示支持。

托尼・王接受了这一职务，并于1986年夏天成立了办公室，总部设在新加坡的肯德基东南亚地区。据王自己讲，他接受这一职务的原因是“在中国开发肯德基家乡鸡这一事业是对他个人的挑战”。他把在中国建立第一个西方风味快餐店的机会视为一个历史性的机会——不论对个人还是对整个公司都是这样。他还认识到这一机会将给他个人带来极大的风险,而这次冒险有可能失败。

从肯德基在整个东南亚地区的业务全局考虑,王开始以一种特殊的眼光看待在中国的投资决策。打入中国市场这一单一目标必须与这个地区的其他投资机会相互均衡。肯德基在整个东南亚地区都有巨大的发展潜力。这一地区其他国家的市场,虽然加在一起比全部的中国市场还要小,但是,这些地区的顾客已经接触了西方风味的快餐,对肯德基产品的需求方式也有了较深的印象。与中国市场相比,追求在这些市场的增长率有一定的吸引力,保持对合作伙伴和雇员的控制也相对简单。这将导致迅速的增长和更高的投资回收,硬通货也容易获得。与此相反,开拓中国市场需要投入大量的管理资源。首要的制约就是肯德基能讲汉语的管理人员数量有限,且这部分人多数已经在香港和新加坡有了安排。所以,到 1986 年夏末时,王开始考虑是否可以把这部分人力资源放在中国以满足由他负责的整个东南亚地区的最大利益。

在情况并不明朗时,王决定对中国市场进行更全面更彻底的调查。他面临的首要问题是:第一家肯德基店址应当选在何处?这一决策将对今后的盈利,对在中国其他地区的进一步开拓以及对投入管理资源时的决心等产生戏剧性的影响。

王最初想到的是天津。通过早先的经历,王已经同天津市政府建立了非常友好的关系;另外,天津是政府直接领导的三个直辖市之一。然而,他也看到了天津的几个弱点:首先肯德基的东南亚办公室与正大集团有良好的关系,目前正在与该公司的一个分部进行在曼谷出售特许权的业务谈判。

虽然上海一向是主要的商业中心,它的噪音和污染却令旅游者感到沮丧。对肯德基来说,上海的实际人口是重要的,但这比潜在的顾客群大小要次要一些。虽然上海可以为肯德基提供它渴望得到的新闻宣传,但还需要表明有足够的外汇收入,才能最终论证投资的合理性。这里所担心的是西方商人会不会被肯德基家乡鸡所吸引,更经常地光顾肯德基,显然没人知道答案。

广州是可供选择的另

一个方案。它位于中国东南部，离香港很近，作为中国14个沿海开放城市之一，广州于1984年成为优惠外资的经济特区。这样，广州在批准外资项目、减免税收和鼓励技术开发方面被授予更多的自主权。到1986年底，大约60亿美元都投放到这些沿海开放城市里。中国的4个经济特区的3个在广东省，这是为吸引外资特意设计建立的。广州是西方商人经常光顾的地方，同时也是旅游者从香港出发作一日游的好地方。广州和香港相距不到120公里路程，公路铁路交通都很便利。在广州做买卖很容易得到肯德基香港办公室提供的服务。另外，广东地区的中国人也更熟悉西方管理惯例和西方文化。广东和香港讲同样的粤语，差别不大，初步调查表明找到一个充分供应肉鸡的来源也没有什么大困难。

北京是最值得周密考察的地点。北京有900万居民，人口数量仅次于上海。从13世纪以来，北京就一直是中国的政治文化中心。全国统一使用北京时间，是这个城市权威地位的标志。北京市有发达的地下铁路和快车道系统，还有一个带空调、自动扶梯和通道的国际机场。

北京的外来人口数量众多，有潜在的顾客群体。北京还是中国的教育中心，是高等学府的聚集地。所有这些因素都造成人口大量涌入和人民智力启蒙，这对肯德基人民币销售部分是极为重要的。北京是那些向往故宫、长城、十三陵的西方旅游者的必到之地，这意味着肯德基将会有一个稳定的外汇收入。因此，如果从北京搞起，无疑将更大地吸引人们的注意力，并且不言而喻地表明当权人的赞同态度。这将有助于今后往其他城市的进一步发展。

北京可以给一个急切地要往全国扩展业务的公司提供相当可观的优势。初步调查得知，北京城郊有好几个家禽饲养基地。然而，从政治和经营方面来说，选择北京可能比选择其他几处城市更具有冒险性。一个成功的惹人注目的买卖会增加政府干预的可能性。

托尼·王是一个喜欢冒险的人物，他深知风险的程度。他也清楚，第一家分店地点选择得当，可以使打入中国市场的风险程度大大减缓。其他不能决定的是几个低风险的方案是否值得进行。为此需要把降低风险的可能性与通过投资可能得到的潜在的收益加以比较。王敢肯定，如果他在认真考虑之后建议肯德基目前应推迟打入中国的计划，梅耶将没有异议。王还认识到，由于在中国没有其他竞争者，这个时候恐怕是采取行动的最佳时机了。事实上，即使中国分店的地址已经选定，在开张之前可能还需几年时间谈判。贻误时间就等于把市场放弃给他人，这才是最大的冒险。对王的挑战是：在可能的风险和收益之间进行平衡。

新餐馆预定的实施进度由于寻找店址和获得批准的无限期推迟而陷入混乱。一个项目要经过制定无数规章制度的政府机构批准才能上马。此外，王还十分怀疑能否使中国的雇员积极地实施肯德基的质量、服务和清洁标准，这是该连锁商店要求其在世界各地的餐馆向顾客提供的。现在已经是对该项目做出干与不干的决定的最后时刻了。虽然王对中国市场的巨大潜力很感兴趣，但他也知道已经有不少人在类似的冒险中失败了。肯德基在国际市场上的历史是胜败参半。

公司于1970年在日本建立了第一家远东分店，然而，在70年代绝大部分年份里，肯德基的国际业务由于当地管理人员和公司职员之间关系不和而苦撑苦度。东道国管理人员经常感到公司的职员过于热衷施加那些与所在市场文化传统不相适应的控制。此外，公司在70年代的迅速增长主要是依赖出售特许权，这就更加难以控制。1975年，面临国内外分店业务成绩的严重下降，肯德基开始实施一个"回到基本宗旨"的长期战略，强调肯德基在全世界所有分店的质量、服务和清洁（QSC）的规范。美国本土外的业务，通过在公司的路易斯维尔总部新建的一个自治的国际业务部而得到加强。1982年初，经营状况戏剧性地转变了，肯德基公司被烟草大王R·J·雷诺收购了，在雷诺的有力支持下，肯德基的国际业务扩展得更快了。到1983年，其国际业务部下已经建立起5个自治区域，东南亚是其中之一。这一地区业务的增长与本地区人民喜欢家禽类产品的饮食传统有关。实际上，东南亚是世界上肯德基市场份额超过麦当劳的惟一地区。到1986年，肯德基在东南亚建立了112个分店，年销售收入达5300万美元。由于认识到开拓中心市场需要强大的管理作后盾，王坚持要求公司增加对这一地区的财务支持。这一要求得到梅耶的大力支持。他知道，不仅在东南亚，在世界其他地区肯德基都需要拥有更多分店。

以一个强化了的区域性组织机构为基地，王开始考虑和评价在中国选择投资地点的各种方案，这一考察评价过程是逐个城市进行的。由于找不到任何可靠的决定市场需求和定价依据的市场信息，选择投资地点的决策更加复杂化。由于没有一个本地同行做向导，投资地点的决策主要是追求能够对公司今后打入范围更大的中国市场提供最大的长期影响力。考虑到北京的现代化宾馆、大量的流动人口和在全国的形象，王决定暂时把北京作为一个起点。北京的另一主要优点是市政府有省政府一样的自主权，在直辖市投资意味着与庞大的政府系统打交道时可以减少一个层次。在意向性地选定北京作为肯德基在中国的第一家分店店址之后，寻找潜在的当地合作伙伴的过程就开始了。

改换包装，展示销售

救生圈薄荷糖是在1912年以新奇产品的姿态出现在市场上的，它的形状和味道很受消费者欢迎，但它的包装却差点使它刚上市就遭淘汰。

克莱伦斯·克莱恩于20世纪初在克里夫兰创办了一家巧克力工厂，准备将来交给儿子哈特经营。但小克莱恩的主要兴趣是诗，而不是生产他父亲手创的"玛莉园"巧克力，老克莱恩只好生产第二种产品，以便能在夏季时有所收入。当时因为没有足够的冷冻设备，因此巧克力在6、7、8月很容易溶化，巧克力销路因此几乎萎缩到零。

薄荷糖在1912年相当流行，因为它的味道清凉，又可以掩盖令人不愉快的口臭。当时最受欢迎的薄荷糖是在欧洲制造的，呈枕头形状，这种形状的生产成本很高，而且进口费用也不便宜。克莱恩决定就在克里夫兰当地生产成本较低的薄荷糖，并制成圆形。由于他的工厂内没有空间来生产这批新产品，于是委托一家制药工厂代为生产。不料这家药厂的打印机发生故障，意外地把糖果的中间部分挖空了，克莱恩只好收下这批形状像救生圈的薄荷糖。

他把这种糖果取名为克莱恩救生圈薄荷糖，并把它的形状拿去登记，取得专利权。

这批糖果被装进硬纸板制成的管子里，开始行销全美各地，在纽约市从事电车广告业务的爱德华·诺博买了一包，对它的口味、特殊造型留下深刻印象，也很佩服它有明确的销售目标，因为在它的包装上印有这样的文字："克莱恩救生圈薄荷糖——5 美分——专治口臭"。诺博很欣赏克莱恩不仅把他的新产品当作糖果促销，同时也吸引那些正为口臭苦恼的消费者。诺博认为他已找到了一个极有利益可图的客户，于是立即搭乘火车前往克里夫兰，企图说服克莱恩在全国各地为救生圈薄荷糖做广告。

结果，反倒是克莱恩说服了诺博。

尽管在救生圈薄荷糖的销售上已有进步，而且也知道这种糖果前途可能不错，但克莱恩还是比较喜欢他的巧克力事业，他对诺博说："诺博，既然你认为这种糖果那么好，你为什么不把它买下来，自己经营呢。"

诺博真的这样做，在一位从小一起长大的朋友艾伦的协助下，凑到了 3800 美元，其中 2900 美元用来买下专利权和配方，另以 900 美元打广告。他对艾伦说，只要做点广告，救生圈薄荷糖"可以每天赚进 50 美元"。

一个星期后，这两个合伙人在纽约市租下一处工厂的顶楼，以每周 5 美元的薪水雇了 6 名年轻女孩包装救生圈薄荷糖。诺博忙着筹划广告，艾伦则发现这项新产品的包装有问题：旧式的纸板包装盒会吸收薄荷风味，而且容易散开；结果，数以千计的救生圈薄荷糖全散落在杂货店的货架上。艾伦后来说："我们的事业真像是一场梦，救生圈薄荷糖的包装差点毁了我们。"

为了立即保存薄荷糖风味，并延长薄荷糖在货架上的生命，诺博首先用锡箔纸把它们包起来，外面再包上一张彩色印刷的标签纸，以进一步保护薄荷糖的新鲜。不过，当他带着新包装的产品拜访克莱恩以前的糖果店客户时，没有人愿意再销售救生圈薄荷糖，顶多只答应以新包装产品换回原寄放在店中的薄荷糖。

原来，救生圈薄荷糖最初的包装太差劲，弄得名声太坏，一些杂货店老板都不愿再代售薄荷糖，使得诺博损失了很多最好的零售点。诺博这时由于忙着经营薄荷糖，荒废了部分广告业务，而且也把积蓄全部投入了进去，逼得他只好赶快为新产品找个经销网，否则只有宣布破产了。

他几乎走遍了每一条街，从玩具店到理发店到百货公司一家家登门拜访，请求他们经销他的新产品。虽然大部分商店都拒绝代销薄荷糖，但诺博还是和少数几家商店谈妥经销合约。他后来回忆说："我想他们大概是同情我，因为他们一看就知道我是一个赤手打天下的年轻人。"

他的最大成就是在酒店方面，而这要归功于克莱恩那句广告名言："专治口臭"。当时的酒店往往奉送顾客丁香叶，以掩饰这些酒客的酒店酒味。不过，丁香叶很快就会失效，而且嚼完后再吐掉，会弄得满嘴脏兮兮的。因此，酒客们在酒店喝得尽兴之后，就会含上一块薄荷糖。

诺博把救生圈薄荷糖推销到酒店后，暂时解救了眼前危机，他的薄荷糖

除掉了酒客的满嘴酒味，而酒客们的光顾则使他的公司免于关门的厄运，并让他有更多的时间去替他的薄荷糖寻找其他非专一化的零售渠道，像香烟零售摊位。不过，诺博在和几个香烟摊接洽失败后，转而和规模很大的“联合雪茄”连锁店谈妥了合作关系。

诺博对这些连锁店老板说，他会设计一个法子让吸烟者在不觉得心疼的情况下购买救生圈薄荷糖。他设计了一种很轻的硬纸包装，可以摆在一个小型展示柜中——这是第一次有人发明这种展示柜。他建议连锁店老板把这些展示柜放在收银机旁边，每包薄荷糖只卖5分钱。

结果，“救生圈”薄荷糖成为“联合雪茄”1200家连锁店销路第一的非香烟类商品，销售量从1914年的90万条，跃增为两年后的672.5万条。最初的不良包装差点使“救生圈”薄荷糖惨遭淘汰，但诺博的销售方法不但弥补了以前的缺点，而且大大刺激了它的销路。

随着薄荷糖销路的好转，诺博终于能放弃广告业务，专心经营起薄荷糖生意。由于他以前做的是广告生意，所以诺博在全美各大城市街道上推出“救生圈”薄荷糖的广告，其中一幅广告海报上有这样的文字：玛莉宰了一只羊，炖肉加洋葱。“救生圈”去掉她的口臭，所以她能恋爱又接吻！

美国参加第一次世界大战后，由于糖实施配给，“救生圈”的产量因此减少，但并不影响到它的生存。战后，诺博聘请一些年轻女郎身穿制服，在纽约街头分发免费试用品给行人。电影院和餐厅开始出售“救生圈”薄荷糖，后来火车站的贩卖机也加入销售行列，不久汽车开始流行，加油站也成了薄荷糖的零售据点。在1918年，“救生圈”薄荷糖创下了28万美元的利润，到了1920年更达到100万美元的红利大关，诺博于是把他的“薄荷产品公司”改名为“救生圈公司”。5年后，救生圈公司公开上市，卖掉20%的股票，艾伦拿了330万美元的红利后，宣布退休。

诺博逐步把公司移交给其他人员经营，并在当过短时间的美国政府商务部副部长后，进军一个新行业，创造他事业生涯的第二个春天。他在1943年以800万美元买下RCA公司的蓝色广播网。后来改名为美国广播公司，成为私人拥有一家全国性广播网的第一人。当年年底，他把这家公司的部分股权转售给几位私人投资者和“时代公司”。

第二次世界大战期间,“救生圈”薄荷糖又安全熬过了第二次的糖配给危机;1946 年“救生圈”的销路一下子增长 200%,此后每年不断增长:1956 年,74 岁的诺博把“救生圈公司”和“山掬实公司”合并;1981 年,“救生圈公司”成为纳毕斯可公司的一家子公司。

令人感慨的是,饼干店最初拒绝经销的“救生圈薄荷糖”,最后却成为全美零售据点最多的糖果,几乎有 100 多万个零售据点都出售这种薄荷糖。到 1981 年为止,美国人一共买了 3400 亿条“救生圈”薄荷糖,占美国全部薄荷糖总量的 90%。很多薄荷糖只有一年的寿命,但“救生圈”薄荷糖却在 1981 年庆祝其 78 岁生日。